沥青路面车-路耦合抗滑分析理论与实践

黄晓明　马　涛　著

人民交通出版社

北京

内 容 提 要

本书以我国高速公路沥青路面设计、修筑、养护工程为基础，以沥青路面工程抗滑研究成果及工程实践为依托，采纳了国内外在沥青路面抗滑性能提升技术方面的先进思想。全书共分为十二章，通过丰富的实例和图表，介绍了路表水膜形成机理及预测，路表纹理分类标准、测量方法及表征参数，路表纹理信息获取及摩擦系数计算、车辆动力学稳定性、路表抗滑性能衰减特征、快速养护施工技术以及抗滑性能恢复决策模型、智慧道路背景下的道路抗滑感知监测等内容，形成了以车辆行驶安全性预警、沥青道路路面抗滑恢复技术的成套分析理论及实践体系。

本书可作为道路桥梁与渡河工程专业、交通工程专业以及土木工程专业等学生的参考用书，也可供从事公路、城市道路及有关道路工程设计、施工、研究人员参考使用。

图书在版编目(CIP)数据

沥青路面车-路耦合抗滑分析理论与实践 / 黄晓明，马涛著. — 北京：人民交通出版社股份有限公司，2024.9. — ISBN 978-7-114-19710-9

Ⅰ. U416.217

中国国家版本馆CIP数据核字第2024PT7683号

Liqing Lumian Che-Lu Ouhe Kanghua Fenxi Lilun yu Shijian

书　　名	沥青路面车-路耦合抗滑分析理论与实践
著 作 者	黄晓明　马　涛
责任编辑	王海南　周佳楠　李　沛
责任校对	赵媛媛　宋佳时　龙　雪
责任印制	刘高彤
出版发行	人民交通出版社
地　　址	(100011)北京市朝阳区安定门外外馆斜街3号
网　　址	http://www.ccpcl.com.cn
销售电话	(010)59757973
总 经 销	人民交通出版社发行部
经　　销	各地新华书店
印　　刷	北京印匠彩色印刷有限公司
开　　本	787×1092　1/16
印　　张	37
字　　数	762千
版　　次	2024年9月　第1版
印　　次	2024年9月　第1次印刷
书　　号	ISBN 978-7-114-19710-9
定　　价	149.00元

(有印刷、装订质量问题的图书，由本社负责调换)

作者简介

黄晓明，男，工学博士，教授，博士生导师，江苏省教学名师，主要从事路面结构力学分析与评价、沥青路面热再生利用、沥青路面抗滑特性与恢复研究。澳大利亚公路研究局和罗格斯大学高级访问学者，曾于伊利诺伊大学香槟分校进修。发表论文300余篇，授权发明专利60余项；出版专著、教材20余本；获得国家科技进步奖及省部级成果奖30余项；获国家教学成果奖4项；是国家精品课程《路基路面工程》负责人。

马涛，男，工学博士，教授，博士生导师，东南大学青年首席教授，国家万人计划科技创新领军人才，交通运输部中青年科技创新领军人才，主要从事沥青路面多尺度仿真、功能性路面材料与结构、路面智能感知与无损检测、沥青路面绿色建养与智慧运维研究。发表论文100余篇，入选2020中国高被引学者；授权发明专利40余项；出版专著、教材6本；获得省部级科技奖15项，省部级教学奖5项。

前言

交通安全问题历来是整个交通行业面临的共同难题,雨天事故多发产生机理和防治对策则是研究热点。通过对雨天交通事故的调查分析可知,道路交通雨天事故除与行驶速度有关外,很多还与路面抗滑能力下降有关。沥青路面抗滑性能不足导致的交通事故逐渐成为人们热切关注的问题,也是养护过程中考虑的重点之一。同时,沥青路面抗滑性能是路面功能性的基本要求,抗滑不足往往不能及时通过路面病害等结构性损害体现,需要通过预防性养护措施来恢复。根据美国公路战略研究计划(Strategic Highway Research Program,SHRP)估算,在整个路面寿命周期内3~4次预防性养护可以延长路面使用寿命10~15年,节约养护费用45%~50%。美国Crafco公司综合大量不同道路的调研结果,总结得出病害处治费用往往是预防性养护费用的3~10倍。因此,在道路养护管理中将抗滑能力作为判断沥青路面预防性养护时机和养护成效的重要参考因素具有很大的现实意义。

自2002年开始,作者一直关注沥青路面抗滑对行车安全的影响特性,收集相关研究资料和国内外交通安全有关数据,于2021年开始国家重点研发计划项目"陆路交通基础设施韧性提升共性关键技术"(2021YFB2600600)、国家重点研发计划课题"陆路交通基础设施结构灾变损伤机理与失效模式"(2021YFB2600601)的研究,同时分别于2011年获批"基于路表宏观纹理特征的沥青路面全周期抗滑行为研究"(51378121)、2017年获批"沥青路面水漂机理及类型选择策略研究"(51778139)和2022年获批"高速公路沥青路面正纹理抗滑磨耗层最优形貌特征及服役耐久性研究"(52278444)三项相关抗滑主题的国家自然科学基金项目,由此国内外不断进行路面抗滑行为基础理论的传授和沥青路面表面抗滑提升的工程实践,为本书的完成奠定了基础。

为了能够更加科学地指导高速公路沥青道路路面抗滑性提升的设计、施工,本书以沿海地区新建、运营道路工程为依托,以多项国家自然科学基金项目为支撑,介绍了作者多年来在沿海地区沥青道路抗滑性养护设计理论及施工技术实践方面的研究成果。本书以行驶车辆轮胎-路面间的相互作用机理及沥青路面抗滑基本理论为基础,兼顾沿海地区沥青道路设计与施工实践,应用BP神经网络、图像处理及数值模拟等先进理论方法,对沥青路面抗滑性能进行评价与预测,并对湿滑引起的风险性进行预测,介绍了沥青路表纹理特性、固体界面力表征、胎路间接触力学理论、车辆行驶稳定性、排水型沥青路面结构设计、微表处抗滑恢复技术、新型抗滑封层技术、抗滑养护时机决策、智慧道路发展前景及应用等内容,最终形成了由车辆行驶安全性预警、沥青道路路面抗滑恢复技术组成的成套分析理论及实践体系。

本书以我国高速公路沥青路面设计、修筑、养护工程为基础,以沥青路面工程抗滑研究成果及工程实践为依托,并采纳了国内外在沥青路面抗滑性能提升技术方面的先进思想。本书共分为十二章,第一章介绍了高速公路发展现状、公路沿线自然环境、沥青路面气候区划等;第二章描述了东南沿海地区的气候变化及降雨特征,以弹性流体动力润滑理论为基础分析了路表水膜形成机理及预测模型;第三章从沥青路面抗滑性基本理论角度出发,阐述了路表纹理分类标准、测量方法及表征参数;第四章从固体界面力角度出发,介绍了轮胎-路面间相互作用机理、汽车动力性与路表抗滑性联系及抗滑性测试方法;第五章基于路表分形理论介绍了沥青路面摩擦模型,利用图像处理技术进行路表纹理信息获取及摩擦系数计算;第六章基于轮胎-路面间接触机理,利用数值模拟方法建立轮胎-流体-路面三相耦合作用模型,分析了胎路间附着特性变化规律;第七章从沥青路面抗滑性能影响参数着手,计算分析了车辆制动稳定性与路面抗滑性之间的联系;第八章从车辆动力学角度出发,利用BP神经网络方法建立沥青路面抗滑预测模型,分析了路表形貌对车辆操纵稳定性的影响;第九章、第十章以工程实践为研究依托,针对沿海地区高速公路沥青路面的降雨特征及抗滑性衰变特点,分别提出了排水型沥青路面结构与材料设计方法,基于快速养护的沥青路面新型抗滑封层技术的设计理念、施工工艺及养护标准;第十一章考虑路表纹理特性与抗滑性的紧密联系,以典型的四种抗滑恢复技术为研究对象,采用计算机程序建立了沥青路面养护时机决策模型与抗滑恢复技术决策模型,并设计出一种快速、精准的沥青路面抗滑养护决策系统交互程序;第十二章阐述了智慧道路建设的发展前景以及车-路协同作用下对道路抗滑性感知监测的必要性。

  本书的第一章至第八章由黄晓明撰写,第九章至第十二章由马涛撰写。本书撰写过程中,吸收了东南大学朱晟泽、郑彬双、季天剑、周韡、乔海滨、丛菱、薛国强、罗浩原等博士论文及佘金波、戴琦、居浩、段绪斌、张丽宏、陈泳涛、梁彦龙、王飏奇、曹青青、马静雯、朱宇昊、陈明虹、赵润民、朱乐毅等硕士论文的研究成果;郑彬双和罗浩原博士协助进行了全书的整理工作。同时,本书相关研究工作得到了国家重点研发计划项目"陆路交通基础设施韧性提升共性关键技术"(2021YFB2600600),国家重点研发计划课题"陆路交通基础设施结构灾变损伤机理与失效模式"(2021YFB2600601),国家自然科学基金面上项目"基于路表宏观纹理特征的沥青路面全周期抗滑行为研究"(51378121)、"沥青路面水漂机理及类型选择策略研究"(51778139)、"高速公路沥青路面正纹理抗滑磨耗层最优形貌特征及服役耐久性研究"(52278444),以及江苏省有关交通运输科技研究计划的支持,在此一并表示感谢。

作 者
2024年1月

目录

第一章 概述 ·· 1
   第一节 我国高速公路发展概况 ·· 1
   第二节 高速公路交通安全性问题 ·· 3
   第三节 高速公路交通事故影响因素分析 ·· 5
   第四节 高速公路沿线自然地理条件 ·· 9
   第五节 公路分级及高速公路路面类型 ·· 12
   第六节 我国公路沥青路面气候分区 ·· 15

第二章 沿海地区高速公路路表水分布特征及水膜预测 ·· 17
   第一节 沿海地区气候变化及降雨特征 ·· 17
   第二节 多孔介质及流体力学基本理论 ·· 20
   第三节 轮载作用下路表水膜动力润滑理论 ·· 24
   第四节 沥青路表水膜形成机理及预测模型 ·· 29
   第五节 沥青路表水膜厚度影响因素 ·· 33
   第六节 高速公路水膜厚度测试方法 ·· 35

第三章 沥青路面路表纹理信息参数表征 ·· 40
   第一节 沥青路面表面纹理分类及标准 ·· 40
   第二节 沥青路面表面纹理的测量方法 ·· 43
   第三节 沥青路面表面纹理特征描述方法 ·· 45
   第四节 沥青路面表面纹理特性表征参数 ·· 49

第四章 胎-路相互作用及路表抗滑特性测试 ·· 52
   第一节 摩擦原理及界面力 ·· 52
   第二节 轮胎与路面间的相互作用 ·· 81
   第三节 汽车行驶的动力性能 ·· 101
   第四节 沥青路面路表抗滑特性测试 ·· 123
   第五节 静态激光轮廓测量仪测试系统 ·· 135

| 第六节 | 近景摄影和激光技术自动化测量系统 | 146 |

第五章　轮胎-沥青路面间的摩擦特性及摩擦系数计算　164

第一节	路表摩擦系数预测模型	165
第二节	Persson黏滞摩擦模型基本理论	169
第三节	橡胶轮胎与正纹理路面的接触摩擦机理	175
第四节	基于路表纹理分形特性的摩擦理论	185
第五节	基于ACRP系统的沥青路面表面纹理信息获取	194
第六节	干湿状态下沥青路面摩擦系数求解	208

第六章　多工况下车辆轮胎与路面间附着特性研究　220

第一节	橡胶轮胎与沥青路面接触特性	221
第二节	轮胎材料力学特性及有限元建模	234
第三节	表征纹理的沥青路面有限元建模	253
第四节	轮胎-沥青路面接触有限元模型建立	262
第五节	轮胎-流体-沥青路面接触模型有效性验证	264
第六节	轮胎-路面附着特性影响因素分析	275

第七章　沥青路面抗滑参数对车辆稳定性的影响分析　290

第一节	汽车制动影响因素及车轮受力分析与试验	290
第二节	汽车制动性评价指标	302
第三节	车辆动力学仿真模型建立	306
第四节	基于动力学模型的车辆制动性虚拟试验	315
第五节	路面抗滑参数对车辆制动性稳定性影响	320

第八章　车辆操纵稳定性分析及路表抗滑性预测　326

第一节	车辆动力学中的轮胎模型	326
第二节	汽车操纵稳定性分析模型	329
第三节	汽车行驶操纵稳定性试验	333
第四节	基于操纵稳定性的沥青路面抗滑性预测	334
第五节	路表形貌对汽车操纵稳定性的影响分析	351

第九章　多孔排水抗滑型沥青路面表层特性及实践　360

第一节	概述	360
第二节	多孔沥青混合料空隙特征分析	366
第三节	多孔型沥青路面排水性能变化规律	381
第四节	多孔型沥青路面结构与材料设计	394
第五节	OGFC沥青路面抗滑表层设计示例	410
第六节	双层排水型沥青路面设计示例	430

第十章 高速公路沥青路面抗滑封层性能及实践 ·············· 442
第一节 沥青路面抗滑性能提升技术 ·············· 442
第二节 基于快速养护的新型抗滑封层技术 ·············· 451
第三节 抗滑封层技术施工工艺 ·············· 468
第四节 抗滑封层质量检测及抗滑提升效果 ·············· 488
第五节 高速公路抗滑封层抗滑性能指标分析 ·············· 496
第六节 高速公路抗滑封层养护设计 ·············· 506

第十一章 基于路表纹理特性的沥青路面抗滑决策技术 ·············· 510
第一节 概述 ·············· 510
第二节 路表纹理特性与抗滑性的联系 ·············· 513
第三节 沥青路面抗滑恢复技术优选示例 ·············· 517
第四节 基于车辆动力学的路表抗滑阈值计算 ·············· 528
第五节 沥青路面抗滑养护时机决策模型 ·············· 545
第六节 沥青路面抗滑恢复技术决策模型 ·············· 550

第十二章 未来智慧道路建设及路面养护管理 ·············· 557
第一节 互联网背景下智慧道路建设特点 ·············· 558
第二节 智慧道路的基础设施交通安全应用 ·············· 560
第三节 智能交通背景下智慧道路养护管理 ·············· 566

参考文献 ·············· 569

第一章 概 述

第一节 我国高速公路发展概况

一、国家公路网规划

我国高速公路建设可以追溯到20世纪70年代,到了20世纪90年代,高速公路建设开始发展起来。进入21世纪以来,我国高速公路建设更是全面进入了腾飞时期。虽然我国开始修建高速公路的时间比西方发达国家迟了近半个世纪,但是我国公路事业整体起点高,并且发展速度较快。不仅在公路建设的数量上,而且在公路建设的质量上都有较大的突破。中国仅用20年就完成了发达国家50年时间所进行的公路建设目标,取得了举世瞩目的成就。

改革开放给我国的公路交通运输行业带来了历史性的发展机遇,公路基础设施建设发生了根本性的转变。国家先后出台多个国家级公路网规划,并于2013年发布了我国第四个国家级干线公路网《国家公路网规划(2013年—2030年)》。截至2023年12月31日,中国高速公路总里程已达18.36万km(图1-1),位居世界第一;公路总里程达到543.68万km,大大改善了全国公路的技术等级结构,有效缓解了我国交通运输紧张现况,显著提升了国家的综合国力和竞争力。

图1-1 2011—2023年中国高速公路里程增长

目前,我国形成了布局合理、功能完善、覆盖广泛、安全可靠的国家干线公路网络,实现"首都辐射省会、省际多路连通,地市高速通达、县县国道覆盖"。相距1000km以内的省会间可当日到达,东中部地区省会到地市可当日往返,西部地区省会到地市可当日到达。区域中心城市、重要经济区、城市群内外交通联系紧密,形成多中心放射的路网格局。

2013年10月,国家主席习近平提出的"一带一路"合作倡议发出后,中国积极开展亚洲公路网、泛亚铁路网规划和建设,与东北亚、中亚、南亚及东南亚国家开通主要公路通路13条,铁路8条,构成了"一带一路"新规划,涵盖了北线A、北线B、中线、南线及中心线共五条线路。其中,日本—韩国—日本海—扎鲁比诺港—珲春—吉林—长春—白城—蒙古国—俄罗斯—欧盟的高速铁路和高速公路规划是重中之重。基础设施互联互通是"一带一路"建设的优先领域。在尊重相关国家主权和安全关切的基础上,"一带一路"沿线国家宜加强基础设施建设规划、技术标准体系的对接,共同推进国际骨干通道建设,逐步形成连接亚洲各次区域以及亚欧非之间的基础设施网络。强化基础设施绿色低碳化建设和运营管理,在建设中充分考虑气候变化影响。

总体规划上,"一带一路"倡议有效连接了国家陆路门户城市和重要边境口岸,形成重要国际运输通道,与东北亚、中亚、南亚、东南亚的联系更加便捷。"一带一路"的核心内容就是要促进基础设施建设和互联互通,对接各国政策和发展战略,以便深化务实合作,促进协调联动发展,实现共同繁荣。

二、高速公路分布状况

截至2023年底,全国高速公路总里程18.36万km,由7条首都放射线、11条南北纵线、18条东西横线以及地区环线、并行线、联络线等组成。按照"实现有效连接、提升通道能力、强化区际联系、优化路网衔接"的思路,补充完善国家高速公路网;保持原有国家高速公路网规划总体框架基本不变,补充连接新增20万以上城镇人口城市、地级行政中心、重要港口和国际运输通道;在运输繁忙的通道上布设平行路线;增设区际、省际通道和重要城际通道;适当增加有效提高路网运输效率的联络线。

1. 首都放射线

北京—哈尔滨、北京—上海、北京—台北、北京—港澳、北京—昆明、北京—拉萨、北京—乌鲁木齐。

2. 北南纵线

鹤岗—大连、沈阳—海口、长春—深圳、济南—广州、大庆—广州、二连浩特—广州、呼和浩特—北海、包头—茂名、银川—百色、兰州—海口、银川—昆明。

3.东西横线

绥芬河—满洲里、珲春—乌兰浩特、丹东—锡林浩特、荣成—乌海、青岛—银川、青岛—兰州、连云港—霍尔果斯、南京—洛阳、上海—西安、上海—成都、上海—重庆、杭州—瑞丽、上海—昆明、福州—银川、泉州—南宁、厦门—成都、汕头—昆明、广州—昆明。

此外,还包括6条地区性环线以及若干条并行线、联络线,36条城市环线等。

规划方案的特点与效果如下:

(1)扩大基本公共服务。实现全国所有县级及以上行政区都有普通国道连接,提升公路交通基本公共服务能力,改善人民群众出行条件。

(2)有效促进城镇化发展。强化城市群内外交通联系,提升路网对中小城镇的覆盖水平,形成多中心放射的路网格局,为城镇化发展提供有效支撑。

(3)兼顾公平与效率。实现普通国道和高速公路的协调发展,明确普通国道侧重体现基本公共服务,高速公路侧重体现高效服务,加强两个网络在功能和布局上衔接协调。

(4)实现资源环境协调发展。新增普通国道建设以既有公路升级改造为主,高速公路合理把握建设规模和节奏,有效降低土地占用和环境影响,促进公路建设与资源环境和谐发展。

(5)完善综合交通运输体系。加强与其他运输方式的协调衔接,统筹主要通道运输能力配置,促进综合交通运输体系构建和现代物流业发展。

第二节　高速公路交通安全性问题

全国经济社会的快速发展带来了广大人民群众生活方式的深刻变革,住房、汽车、通信、旅游等成为主导型消费热点。机动车保有量伴随着GDP(国内生产总值)的快速增长而迅速扩大。截至2023年底,全国机动车保有量达4.35亿辆。其中,汽车保有量达3.36亿辆(图1-2),占机动车总量的77%;新能源汽车保有量2041万辆,与2022年底相比增加207万辆,增长38.76%,发展速度迅猛。

随着我国高速公路的飞速发展、交通量的增大及车速的提高,人们在享受现代化交通带来便利的同时也面临着越来越多地受到交通事故的威胁。2023年,各类生产安全事故共死亡21242人,比上年下降4.7%;工矿商贸企业就业人员10万人生产安全事故死亡人数为1.244人,比上年上升4.2%;煤矿百万吨死亡人数为0.094人,上升23.7%。道路交通事故万车死亡人数为1.38人,下降5.5%,直接财产损失超过10亿元,可以看到交通事故带给人民和国家的损失巨大。据统计,全世界每年死于道路交通事故的人数高达120万,受伤者多达5000万,即每天有3000多人死于道路交通伤害。

图 1-2 2010—2023 年全国汽车保有量

引起交通事故的原因主要包括人、车、路三个方面(图1-3),通常单纯由于人的因素导致的交通事故占比最高,高达57%至65%,占比第二高的是人和路的综合作用因素,占比可高达24%至27%。根据交管部门2018年全国道路交通事故的统计数据,由于驾驶员因素造成的道路交通事故及死亡人数所占比例分别达到90.68%和91.49%。由于高速公路具有封闭性强、严控出入的特点,道路两侧都会设置防撞护栏禁入栅、高路堤、护坡等封闭隔离措施,禁止行人、非机动车、牲畜等进入。所以,行人和非机动车骑行人对高速公路交通系统的影响很小,仅有极少数。因此,高速公路交通事故及其死亡人数中驾驶员因素所占比例分别为85.77%和85.92%,均有所减少。但是,如果有良好的路况条件,通过改善人的驾驶习惯,可以减少事故25%左右。因此,提高道路行驶状况和改善人的驾驶习惯成为减少道路交通事故的重要驱动力。

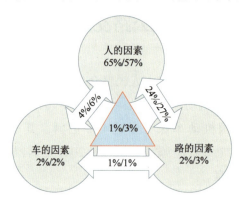

图 1-3 交通事故人、车、路之间的比例关系

道路路面直接承受行驶车辆的作用,行驶道路条件直接影响车辆行驶的安全性、稳定性。行驶道路条件包括道路线形和路面性能。在路面性能中,抗滑性能、路面不平整程度,以及路面质量(损坏状况),是道路安全的最重要影响因素。德国境内多条高速公路上抗滑性能、路面不平整度与交通事故率的大量统计数据显示,交通事故率与前两者有很大相关性。良好的路面性能可以保证干燥和潮湿的气候下,车辆都能有良好的行驶条件;在不利的状况下,也有

良好的行车视距;雨天时,最大限度地减小车辆溅水和喷雾现象;并且可以延长道路使用寿命。路面抗滑是与道路交通安全密切相关的世界性问题,轮胎-路面间的抗滑性能也已经被列为路网调查的重要参数,用于路面管理、路表维修评价、新建路面评价、交通事故调查、冬季公路养护等。研究通过对美国得克萨斯州571个事故点的调查发现:路面的抗滑水平和交通事故间存在关联,大部分事故发生处的路面抗滑水平较低,而发生在高抗滑水平处的事故几乎没有。

沥青路面的抗滑性能主要受表面宏观纹理和微观纹理的控制。研究路面微观形貌特征就是为了保障路面抗滑性能,以提高不利天气条件下的行车安全和运输能力。澳大利亚相关研究表明:路表宏观纹理的水平与大部分路段(特别是交叉口地区)的车辆相撞事故率密切相关。令人满意的路表宏观纹理最低值为0.4~0.5mm(对两条不同的道路),由激光仪器测得。当路表的平均宏观纹理值低于该标准时,路段的撞车事故率可能分别提高1.8~1.9倍。

随着公路等级的提升、交通量的增加和行车速度的提高,与车辆-路面间相互作用有密切关系的路面表面特性显得越来越重要。频繁发生的交通事故促使人们在对路面抗滑能力和交通事故进行调查分析的同时,从摩擦学、表面特性和汽车动力学等理论层次去探究路面抗滑能力在减少交通事故方面的作用机理。

第三节　高速公路交通事故影响因素分析

交通事故是在特定的交通环境影响下,由于人、车、路、环境等诸要素配合失调偶然发生的,是在一定条件下发生的具有随机性的动态过程。根据《中华人民共和国道路交通安全法》中规定,我国对交通事故的定义为:车辆在道路上因过错或意外造成的人员伤亡或财产损失的事件。高速公路相比其他等级与类型公路,具有速度高、封闭性强、车辆类型复杂等特点,使得交通事故的人员伤亡、直接经济损失及影响较为严重。在管理制度合理及完善的条件下,交通事故的发生主要与人、车、路及环境相关联。

一、驾驶员状态影响因素

在影响公路交通事故的诸多因素之中,人的因素又包括驾驶员、乘坐人、行人以及非机动车骑行人。但由于高速公路乘坐人是交通系统的被动参与者,不直接作用或影响交通系统。因此,在研究人的因素时应主要分析与驾驶员有关的特性。

(1)驾驶员的生理特征变化

由于高速公路的设计车速较高,且行车距离和驾驶时间往往较长,驾驶员在高速公路上驾驶机动车行驶时生理特征会发生一些变化,如动视力下降、视野变窄、心跳加快、新陈代谢水平变化等,进而成为引发交通事故的危险隐患。其次,相关研究表明,驾驶员的年龄、驾龄、性别、身体健康状况等与交通事故也具有一定的关联。

动视力是指人和视觉目标处于相对运动时实际所测得的视力。相关研究表明，车速越快，人的动视力下降越明显，如当车速从60km/h提升至90km/h时，人的动视力由0.7下降至0.6，导致驾驶员对车外运动物体的辨识能力下降，影响其对外界环境的感知和观察。视野一般分为静态视野和动态视野。动态视野是指人身体和头部固定不动，眼球转动，双眼注视前方所能看到的物体和环境的范围。在高速公路上随着车速提升，当车辆进入高速行驶状态时，车外的物体和周围环境等在人眼的视网膜上停留时间非常短暂，人脑还没有对其进行信息处理和辨识，目标物就消失在视野之中，因此，在高速行驶时驾驶员往往很难看清车外的物体和环境，尤其是道路两侧。同时，随着车速提高，驾驶员注视点会前移，能看清的视野范围越窄，从而形成"隧道视觉"。此外，车辆速度的突然变化和道路环境的改变都会使驾驶员的身体机能（如心跳和新陈代谢速度等）发生变化，进而影响驾驶员的辨识与反应能力，成为引发交通事故的危险隐患。

(2) 驾驶员心理状态与情绪变化

当驾驶员驾驶机动车在封闭的高速公路上高速行驶时，其心理状态与情绪同样会发生相应的一些变化。在车辆密闭空间内，车速以及道路、周围环境的突发变化与刺激，对不同心理素质驾驶员的心理状态、情绪和适应性等造成不同影响，导致其对道路或周围环境的分析辨识以及对驾驶行为的控制能力发生变化，心理反应较大的驾驶员往往会心理紧张或情绪激动，辨识分析与判断反应能力受到干扰。此外，当车辆处在高速行驶状态时，驾驶员在相对运动中会产生速度错觉，驾驶员主观感觉或受适应性影响，对实际车速的判断会产生误差；其次，当驾驶员长时间在封闭的高速公路和车辆密闭空间内驾驶机动车时，会产生心理疲劳和单调感，新陈代谢水平也有所下降，从而易出现疲劳、困倦、反应迟钝等状态，一旦前方或两侧道路出现突发情况，很难快速辨识反应，从而引发交通事故。

(3) 驾驶员的驾驶行为

除了驾驶员的生理、心理和情绪等状态的变化的影响，驾驶员的驾驶行为也是影响交通事故发生的关键因素。驾驶员通过驾驶行为操控车辆在高速公路上产生相对运动，驾驶员是车辆移动的主导者，在高速公路上不同驾驶员驾驶不同车辆在道路上跟车、会车、超车，从而形成交通流或交通波，出现集结、拥堵或离散等交通通行状态，彼此相互影响，所以，规范安全的驾驶行为是保证交通安全的前提。

在高速公路发生的所有交通事故现场记录中，90%以上的交通事故与驾驶员的操作行为相关，如超车、违规变更车道、倒车、逆行、未按规定行车与停车、驾驶员不能合理掌控车辆等，违法违规的不安全驾驶行为是引发交通事故的重要原因。近年来，我国高速公路产业迅猛发展，很多平时只在市区开车的驾驶员对高速公路的行车与道路环境仍不适应，缺乏相应的高速公路驾驶经验；并且，我国配套的交通安全宣传教育与法律监督体系仍不完备，很多机动车驾驶员自身安全意识不足,法律意识淡薄,忽视交通安全法律法规与指示标志,超速、超限、超载、非紧急情况下占用应急车道、高速公路倒车、逆行等违法不安全驾驶行为屡见不鲜,成为引发交通事故的危险隐患。

二、车辆本身状况影响因素

车辆因素是指因车辆自身安全性能、部件故障、超载等导致车辆异常而对行车安全造成危险的因素,具体如爆胎、制动或转向失灵、发动机或电瓶故障、超载等。近年来,我国汽车生产量和保有量呈指数增长,汽车行业的快速发展与车辆、交通管理的矛盾也日益突出,对高速公路的交通安全影响不断加深。首先,车辆的安全性能、动力技术、操控稳定性与驾驶舒适性等还有待提高;其次,高速公路的交通流构成复杂,车辆类型繁多,如重型半挂牵引车、重型厢式货车等大型货运车辆,大中小型客车以及油罐车等危险品运输车,性能差异较大的车辆同时行驶在高速公路上必然会彼此影响,成为引发交通事故的潜在因素,也造成交通事故不同严重程度的后果。

另一方面,很多驾驶员常常忽视车辆日常的维护与保养,缺乏对车辆性能和车辆状态的关心与重视,如不及时更换机油、制动液、润滑油等,不检查轮胎磨损状态和胎压胎气,车辆一旦在高速公路上行驶过程中车辆出现爆胎、制动失灵等故障或者不良状态,极易引发交通事故,成为危害高速公路交通安全的危险隐患。

三、道路条件影响因素

道路因素一般是指影响道路交通安全的道路基础设施和交通通行条件,其中,道路基础设施因素包括道路的几何要素设计、路面条件和视距条件等,交通通行条件一般指交通标志标线、设计车速、障碍物、交通管制等。在高速公路交通系统中,驾驶员从道路与交通环境中获取信息,再由人脑处理信息,并经过判断形成动作指令使驾驶员做出相应的操作行为,进而使汽车在道路上产生相应的运动,运动后汽车的运行状态、道路与交通环境的变化又作为新的信息反馈给驾驶员,如此循环反复直至完成整个行驶过程。所以道路因素既可以直接影响高速公路上行驶车辆的安全与稳定状态,也可以通过信息反馈影响驾驶员判断与驾驶行为间接地作用于整个高速公路交通系统。

(1)道路几何要素设计

道路的几何要素设计包括道路的平面线形、平纵线形组合、纵断面线形等,主要内容有直线长度、缓和曲线、曲线半径、曲率变化率、曲线转角、纵坡坡度和坡长等。直线道路虽然视距良好、缩短里程和节省成本,但长时间行驶在直线段道路不仅易使驾驶员放松警惕产生视觉和心理疲劳,同时会使驾驶员产生趋势和速度错觉,不自觉地提高车速,而弯道曲线半径和曲率变化率、坡度等也都对驾驶员的操作行为和车辆行驶状态产生直接影响,成为诱发交通事故的潜在因素。

(2)路面条件和视距条件

路面条件包括路面类型、路面附着系数和路面磨损程度,其中路面类型包括如沥青路面、水泥混凝土路面等。路面附着系数是影响车辆制动与制动距离的重要道路因素,是衡量车辆行驶过程中制动效果与道路通行条件的重要指标。路面的摩擦系数、干燥与潮湿状态、磨损程度等都会影响车辆在道路上的行驶状态与制动距离,路面附着系数越大,轮胎与路面间产生的摩擦力越大,车辆制动距离越短,行驶状态相对越安全。视距条件包括道路前方行车道范围内和道路两旁的交通设施、指示标志、路面标线、障碍物、建筑物、行道树等对驾驶员视野和视线的影响和干扰情况。本书主要讨论路面抗滑性能与车辆行驶稳定性之间的关系。

(3)交通通行条件

如前所述,交通通行条件指交通标志标线、设计车速、障碍物、交通管制等,交通标志线是诱导车辆安全规范行驶的重要标识,不同道路类型和路面情况的设计车速均有所区别。设计车速是决定道路通行能力以及保证交通安全的重要因素,需要综合考虑不同公路等级、线形、坡度、车道数等,合理的设计车速是确保交通通行安全,降低交通事故率的重要保障。我国高速公路设计为双向四车道以上包括六车道和八车道,不同道路宽度与车道设计分别适应和满足不同的交通量需求。其次,我国不同地区的经济发展水平和交通运输网络通达程度并不平衡,交通管制措施等不尽相同,导致车流量和交通流的变化复杂,这些都是诱发交通事故的潜在因素。因此,通过科学合理设计道路的几何要素、交通标志线、车速等,并根据路表、视距条件、车流量等分别制定不同标准限制直线段长度、曲线变化率、纵坡坡度等,完善道路基础设施和交通通行条件,可以有效降低事故发生率,消除诱发交通事故的危险隐患。

四、交通环境影响因素

在高速公路交通系统中,环境因素是指在车辆行驶过程中,驾驶员和车辆与环境发生相互作用的,除去人、车、道路因素以外的所有要素,包括天气条件、路表状态、照明条件、路侧环境、能见度、噪声、交通组成、交通量等。环境因素往往间接影响高速公路交通系统,通过作用于人、车、道路因素而影响人的驾驶行为和车辆行驶状态,与交通安全和交通事故密切相关。

天气条件对高速公路交通安全的影响主要体现在雨、雪、雾、大风、沙尘暴、高温、冰冻等恶劣天气条件下,能见度会不同程度降低,对驾驶员的视野、视距和判别能力等造成较大影响,使驾驶员难以看清和辨认道路设施、交通标志标线、其他车辆以及周围环境等;同时会影响路表状态和路面附着系数,使得路面潮湿或者结冰,摩擦系数下降,轮胎与地面间摩擦力大大降低,导致难以控制车辆的稳定状态,制动距离明显变长;大风、横风等天气条件下车辆会因侧面受到强劲横风影响而左右摇晃或发生横移,导致难以控制车辆方向和车辆行驶路线;高温和冰冻天气对车辆发动机、水温、轮胎和蓄电池等会造成较大影响,如在冰冻天气下易出现汽车启动困难、车身漆面腐蚀、制动失灵、胎压失衡等现象,在高温天气下车辆易出现爆胎、发动机过热、水温过高等问题。此外,驾驶员的心理和生理也会受天气条件的影响发生相应变化。

照明条件、噪声、路侧环境都是通过影响驾驶员的视野、听觉、视距和心理状态等间接影响高速公路交通系统和交通安全,黑夜不同的照明条件下驾驶员所能看清的视野范围差别很大,黑夜光线较弱时,驾驶员往往很难迅速辨识前方和道路两侧的障碍物或者紧急突发情况;噪声会干扰驾驶员的神经系统,以及对所驾驶车辆发动机等部件正常运行的声音和周围其他车辆鸣笛声等声音的判断;交通组成主要是指高速公路上行驶的不同车辆类型,包括大、中、小型客运车辆,重型、大型、中型和小型载货汽车、半挂牵引车、厢式货车、危险品运输车等,且不同车型的车辆车身尺寸、质量和动力特性等存在差异。如大型车辆占用的道路空间较大,质量和动能也更大,但推重比、灵活性相比小型轿车却差很多,进而导致大型车辆会遮挡和干扰其后行驶的小型汽车的视野、视距等;同时,大型车辆的制动距离相比小型汽车更长,制动效果更差,并且一般情况下大型车辆和小型车辆的车速相差较大,很难保持跟随状态而是形成非连续、离散的车流,会车、超车、变道等交通行为更加频繁,难以保持稳定有序的交通流状态,更容易发生交通事故。

第四节 高速公路沿线自然地理条件

我国幅员辽阔,各地气候、地形、地貌、水文地质条件等差异甚大。从北到南跨越寒带、温带和热带;从西部的青藏高原到东部沿海地区高程相差4000m以上,自然因素变化极为复杂。各地区自然条件特征不同,对公路结构、公路构造物产生的影响和造成的病害各不相同。因此,在公路设计中应考虑的问题也各不相同。例如,季节性冰冻地区的公路设计应考虑抗冻要求,主要病害是路面的冻胀和翻浆;而西北干旱地区的主要病害则是土基的干稳定性问题。因而,如何根据各地自然区域的特征,对公路的勘察设计、建筑材料的选择和施工方案的拟定等进行综合考虑是十分必要的。有关部门根据我国各地自然条件对公路建筑影响的主要特征,提出了我国公路自然区划,制定了《公路自然区划标准》(JTJ 003—1986),以指导公路的勘察、设计、施工与维护管理。

一、公路自然区划的原则

《公路自然区划标准》(JTJ 003—1986)根据以下三个原则制定区划:

(1)道路工程特征相似性原则。即在同一区划内,在同样的自然因素下筑路具有相似性。例如,北方不利季节主要是春融时期,有翻浆病害;南方不利季节在雨季,有冲刷、水毁等病害。

(2)地表气候区划差异性原则。即地表气候是地带性差异与非地带性差异的综合结果。通常,地表气候随着纬度的变化而不同,如北半球的北方寒冷、南方温暖,这称为地带性差异。除此之外,还与高程的变化有关,即沿垂直方向的变化,如青藏高原,由于海拔高,与纬度相同的其他地区相比,气候更加寒冷,这称为非地带性差异。

(3)自然气候因素既有综合又有主导作用原则。即自然气候的变化是各种因素综合作用的结果,但其中又有某种因素起主导作用。例如,冻害是水和温度综合作用的结果,但是在南方,只有水而没有寒冷气候影响,则不会有冻害,说明温度起主导作用;西北干旱区与东北潮湿区同样都有0℃以下的温度,但前者冻害轻于后者,说明水起主导作用。

二、公路自然区划的分级方法

我国公路自然区划,采用三级分区。一级区划主要按大范围的气候地理和地貌等条件的差异,将全国划分为冻土、湿润、干湿过渡、湿热、潮暖、干旱和高寒7个大区。二级区划是在一级区划基础上以潮湿系数为主进行划分。三级区划是在二级区划内划分更低级的区域或类型单元。

1. 一级区划

一级区划以全国性的纬向地带性和构造区域性为依据,根据对公路工程具有控制作用的地理、气候因素来拟定。对纬向性的,特别是东部地区的界线,采用了气候指标;对非纬向性的,特别是西部地区的界线,则较多地强调构造和地貌因素;中部个别地区则采用土质作为指标。

(1)以全年均温-2℃等值线,作为多年冻土和季节性冻土的分界线。

(2)以1月份均温0℃等值线,作为季节性冰冻区的分界线。

(3)按我国自然地形的特点,以100m和300m等高线为界划分三级阶梯。三级阶梯的存在使气候具有不同的特色,成为划分一级区的主要标志。

(4)秦岭、淮河以南不冻区,因雨型、雨量、不利季节与不利月份的差异,划分为东、西两大片。

(5)根据黄土对筑路的特殊性及其处于过渡的地区位置,同其他区域分开。

这样,根据气候、地理地貌等综合性指标相互交错与叠合,将全国划分为7个一级区域。

①Ⅰ区——北部多年冻土区。

该区北部为连续分布多年冻土,南部为岛状分布多年冻土。对于泥沼地多年冻土层,最重要的道路设计原则是保温,不可轻易挖去覆盖层,使路堤下保持冻结状态,若受大气热量影响融化,则后患无穷。对于非多年冻土层的处理方法则不同,须将泥炭层全部或局部挖去,排干水分,然后填筑路堤。该区主要是林区道路,路面结构为中级路面。林区山地道路,因表土湿度大、地面径流大,最易翻浆,应采取换土、稳定土、砂垫层等处理方法。

②Ⅱ区——东部温润季冻区。

该区路面结构突出的问题是防止翻浆和冻胀。翻浆的轻重程度取决于路基的潮湿状况,可根据不同的路基潮湿状态采取措施。该区缺乏砂石材料,采用稳定土基层已取得一定的经验。

③Ⅲ区——黄土高原干湿过渡区。

该区特点是黄土对水分的敏感性,干燥土基强度高、稳定性好。在河谷盆地的潮湿路段以及灌区耕地,土基稳定性差、强度低,必须认真处理。

④Ⅳ区——东南湿热区。

该区雨量充沛集中,雨型季节性强,台风暴雨多,水毁、冲刷滑坡是道路的主要病害,路面结构应结合排水系统进行设计。该区水稻田多,土基湿软、强度低,必须认真处理。由于气温高、热季长,要注意路面黑色面层材料的热稳定性和防透水性。

⑤Ⅴ区——西南潮暖区。

该区山多,筑路材料丰富,应充分利用当地材料筑路。对于水文不良路段,必须采取措施,稳定路基。

⑥Ⅵ区——西北干旱区。

该区大部分地下水位很低,虽然冻深多在100~150cm以上,但一般道路冻害较轻。个别地区,如河套灌区、内蒙古草原洼地,地下水位高,翻浆严重。丘陵区1.5m以上的深路堑冬季处理。由于气候干燥,砂石路面经常出现松散、搓板和波浪现象。

⑦Ⅶ区——青藏高寒区。

该区局部路段有多年冻土,须按保温原则设计,由于地处高原,气候寒冷,昼夜气温相差很大,日照时间长,沥青老化很快,又因为年平均气温相对偏低,路面易遭受冬季雪水渗入而破坏。

2.二级区划

在一级区划的基础上,以潮湿系数K为主要标志,综合考虑其他气候、地貌、土质、地下水和自然病害等多种因素,将全国划分为33个二级区和19个副区(亚区)。潮湿系数K值按其大小分为6个等级:

(1)过湿区:$K > 2.00$。
(2)中湿区:$2.00 \geq K > 1.50$。
(3)润湿区:$1.50 \geq K > 1.00$。
(4)润干区:$1.00 \geq K > 0.50$。
(5)中干区:$0.50 \geq K > 0.25$。
(6)过干区:$K \leq 0.25$。

潮湿系数K值为年降水量R与年蒸发量Z之比,即:

$$K = \frac{R}{Z} \tag{1-1}$$

3. 三级区划

三级区划是二级区划的进一步具体化,按各区内气候、地貌、土质、水文等方面的差异,将二级区划划分为更低一级的区划单位或类型单位。三级区划目前未列入全国区划图内,由各省(自治区、直辖市)结合当地自然条件自行划分。

各级区划的范围不同,在公路工程上的应用也各有侧重。一级区划主要为全国性的公路总体规划和设计服务;二级区划主要为各地的公路路基路面设计、施工、养护提供较全面的地理、气候依据和有关计算参数,如土基和路面材料的回弹模量、路基临界高度、土基压实标准等。

第五节 公路分级及高速公路路面类型

一、我国公路分级及等级选用

1. 公路分级

公路根据使用任务功能和适用的交通量分为高速公路、一级公路、二级公路、三级公路、四级公路五个等级。

《公路工程技术标准》(JTG B01—2014)规定:高速公路为专供汽车分向、分车道行驶并全部控制出入的干线公路。四车道高速公路一般能适应按各种汽车折合成小客车的远景设计年限年平均昼夜交通量为25000~55000辆。六车道高速公路一般能适应按各种汽车折合成小客车的远景设计年限年平均昼夜交通量为45000~80000辆。八车道高速公路一般能适应按各种汽车折合成小客车的远景设计年限年平均昼夜交通量为60000~100000辆。

其他公路为除高速公路以外的干线公路、集散公路,分四个等级。一级公路为供汽车分向、分车道行驶的公路,一般能适应按各种汽车折合成小客车的远景设计年限年平均昼夜交通量为:四车道15000~30000辆;六车道25000~55000。二级公路一般能适应按各种车辆折合成小客车的远景设计年限年平均昼夜交通量为5000~15000辆。三级公路一般能适应按各种车辆折合成小客车的远景设计年限年平均昼夜交通量为2000~6000辆。四级公路一般能适应按各种车辆折合成小客车的远景设计年限年平均昼夜交通量为:双车道2000辆以下;单车道400辆以下。

2.公路等级的选用

公路等级应根据公路网的规划,从全局出发,按照公路的使用任务、功能和远景交通量综合确定。一条公路可根据交通量等情况分段采用不同的车道数或不同的公路等级。各级公路远景设计年限:高速公路和一级公路为20年;二级公路为15年;三级公路为10年;四级公路般为10年,也可根据实际情况适当调整。

对于不符合标准规定的已有公路,应根据需要与可能的原则,按照公路网发展规划,有计划地进行改建,提高通行能力及使用质量,以达到相关等级公路标准的规定。

采用分期修建的公路,必须进行总体设计,使前期工程在后期仍能充分利用。

二、高速公路路面类型

1.按面层的使用品质分

通常按路面面层的使用品质、材料组成类型以及结构强度和稳定性,将路面分为四个等级。

(1)高级路面

高级路面的特点是强度高、刚度大、稳定性好、使用寿命长,能适应较繁重的交通量,且路面平整、无尘土,能保证高速行车。高级路面养护费用少、运输成本低,但初期建设投资高,需要用高质量的材料来修筑。

(2)次高级路面

与高级路面相比,次高级路面的强度和刚度较差,使用寿命较短,所适应的交通量较小,行车速度也较低。次高级路面的初期建设投资虽较高级路面低些,但要求定期修理,养护费用和运输成本也较高。

(3)中级路面

中级路面的强度和刚度低、稳定性差、使用期限短、平整度差、易扬尘,仅能适应较小的交通量,行车速度低。中级路面的初期建设投资虽然很低,但是养护工作量大,需要经常维修和补充材料才能延长使用年限,而且运输成本高。

(4)低级路面

低级路面的强度和刚度最低、水稳定性差、路面平整性差、易扬尘,故只能保证低速行车,所适应的交通量最小,在雨季有时不能通车。低级路面的初期建设投资最低,但要求经常养护修理,而且运输成本最高。

2.按路面结构的力学特性分

路面类型可以从不同角度来划分,但是一般都按面层所用的材料来区分,如水泥混凝土路面、沥青路面、砂石路面等。

在工程设计中,主要从路面结构力学特性的相似性出发,可以将路面结构划分为柔性路面(沥青路面)、复合式路面和刚性路面三类。根据基层材料类型及组合的不同,又可以将沥青路面划分为柔性基层沥青路面、无机结合料稳定类基层(半刚性基层)沥青路面、刚性基层沥青路面、组合式基层沥青路面。国外,一般将水泥混凝土路面和沥青路面称为有铺装路面;表面处治、沥青碎石、沥青贯入式路面称为简易铺装路面;砂石路面等归入未铺装路面。砂石路面是以砂、石为集料,以土、水、灰为结合料,通过一定的配合比铺筑而成的路面,包括级配砂(砾)石路面、泥结碎石路面、水结碎石路面、填隙碎石路面及其他粒料路面。

(1)柔性基层沥青路面

柔性基层路面的总体结构刚度较小,在车辆荷载作用下产生的弯沉变形较半刚性基层沥青路面大。通过合理的结构组合、材料组成和厚度设计,可以保证路面结构整体具有很强的抵抗荷载作用的能力,同时通过各结构层将车辆荷载传递给土基,使土基承受的单位压力在一定的范围内。路基路面结构主要靠抗压强度和抗剪强度承受车辆荷载的作用。柔性基层主要包括各种未经处理的粒料基层和各类沥青层碎(砾)石层或块石层组成的路面结构。国外发达国家主要采用柔性基层沥青路面结构。

(2)无机结合料稳定类基层(也称半刚性基层)沥青路面

用水泥、石灰等无机结合料处治的土或碎(砾)石及含有水硬性结合料的工业废渣修筑的基层,在前期具有柔性基层的力学性质,后期强度和刚度均有较大幅度增长。由于这种材料的刚性处于柔性基层与刚性基层之间,因此把这种基层和铺筑在它上面的沥青面层统称为无机结合料稳定类基层(半刚性基层)沥青路面。

(3)刚性基层沥青路面

用水泥混凝土[包括普通混凝土(JPCP)、钢筋混凝土(JRCP)、连续配筋混凝土(CRCP)、钢纤维混凝土、预应力混凝土、装配式混凝土、碾压混凝土]做基层,沥青混凝土(AC)做面层的路面结构。水泥混凝土具有强度高、稳定性好等特点,沥青混凝土具有行车舒适、噪声小的特点,这种复合式路面可以避免各自的缺点,具有良好的使用性能和耐久性。普通混凝土(JPCP)、钢筋混凝土(JRCP)基层沥青路面由于接缝处的反射裂缝,对使用性能有一定的影响;连续配筋混凝土(CRCP)基层沥青混凝土路面由于连续的配筋将水泥混凝土的裂缝宽度约束在一定的范围内(一般要求小于1mm),故其有良好的使用性能和耐久性,但必须采取措施保证沥青层与沥青层、沥青层与水泥混凝土层之间有良好的黏结状态,CRCP+AC是永久性沥青路面的典型结构。

(4)组合式基层沥青路面

沥青路面的基层含有无机结合料稳定材料、水泥混凝土材料等刚度较大或相对较大的材料,但是在沥青层与刚度相对较大的材料之间夹有柔性材料,如沥青混凝土层+级配碎石+无机结合料稳定材料层的路面结构、沥青混凝土层+级配碎石+普通水泥混凝土层的路面结构、沥青混凝土层+级配碎石+碾压式水泥混凝土层的路面结构等。

对组合式基层沥青路面结构必须认真验算级配碎石基层上面各结构层的疲劳性能,以避免由于整体性材料与非整体性材料界面出现的应力或应变突变而产生的疲劳破坏。

第六节 我国公路沥青路面气候分区

沥青路面结构层温度分布的研究,已经在世界上许多不同的气温区域进行,并取得了一定的研究成果。SHRP(美国公路战略研究计划)取得的沥青与沥青混合料设计方法研究成果详细描述了沥青性能等级的确定方法。首先,利用气象观测站30~40年的观测数据,计算每年夏季连续7天平均温度的最大值和冬季的极限最低气温,进一步再计算一定可靠度条件下夏季连续7天的平均温度和一定的可靠度条件下冬季的最低温度。最后,将气温根据路面温度与气温的关系转化到路面温度,由路面温度最大值和最小值确定沥青应达到的性能等级。

1972年起,由交通部公路规划设计院和北京大学地理系等科研机构协作从事公路自然区划工作,1975年交通部颁发了"中国公路自然区划图",主要是根据我国地理、气候特点采用年均温或月均温、潮湿系数来区划,重点在于地带性和公路的区划。"八五"期间,我国在吉林省长春地区和河北省涿州地区分别对半刚性基层沥青路面进行了温度观测和研究。

"八五"国家重点科技攻关项目"道路沥青及沥青混合料路用性能研究"对道路沥青及沥青混合料路用性能气候区划进行了研究。其采用7月平均最高温度和极限最低温度作为描述沥青材料在夏季和冬季温度特性的参考温度。年平均气温表示一个地区总的冷暖程度,它和地下5~8m深度的准恒温层温度很相近。在年平均气温低于0~4℃的地区,地下一般有永冻土存在。

沥青路面车辙主要包括:沥青混凝土的侧面流动变形和在高温条件下车轮反复碾压作用而导致的再压实。沥青路面车辙和连续高温联系最密切,一般取7月平均最高温度作为分区的第一个要素。

7月平均最高温度:先求每年7月份每天下午2时温度(一天的最高温度)的平均值作为每年的7月平均最高温度,再求取30年的7月平均最高温度的平均值,将其作为设计的7月平均最高温度,即相当于以30年作为设计周期。横向裂缝主要是由于降温及温度循环反复作用在路面沥青层产生的温度收缩裂缝及由于半刚性基层收缩开裂产生的反射性裂缝。最低温度、变温速率等是影响沥青路面温缩裂缝的要素。一般取极端最低气温作为二级区划的依据。

极端最低气温:先求每年的极端最低气温,再求取30年的极端最低气温的最小值,将其作为设计的极端最低气温,即相当于30年一遇的概率。根据"八五"国家重点科技攻关项目

"道路沥青及沥青混合料路用性能研究"的研究成果,考虑沥青路面的使用需求,将我国沥青路面气候分为9个分区,见表1-1。

我国沥青路面气候分区指标 表1-1

气候类型	类型名称	温度(℃)	
		7月平均最高气温	年极端最低气温
1-1	夏炎热冬严寒	>30	<-37.0
1-2	夏炎热冬寒	>30	-37.0～-21.5
1-3	夏炎热冬冷	>30	-21.5～-9.0
1-4	夏炎热冬温	>30	>-9.0
2-1	夏热冬严寒	20～30	<-37.0
2-2	夏热冬寒	20～30	-37.0～-21.5
2-3	夏热冬冷	20～30	-21.5～-9.0
2-4	夏热冬温	20～30	>-9.0
3-2	夏凉冬寒	<20	-37.0～-21.5

1-1 夏炎热冬严寒区:在我国所占范围很小,以新疆北部准噶尔盆地为冷中心,极端最低气温小于-37℃,气温由此冷中心向盆地四周升高。

1-2 夏炎热冬寒区:包括内蒙古高原阴山山脉以西地区、准噶尔盆地西部、塔里木盆地东部地区,南疆受天山阻挡,冷空气不易侵入,加上纬度较低,因此南疆比北疆暖,塔里木盆地夏季炎热干燥,冬季冷。新疆东部、甘肃西部,由于冷空气可以侵入,所以冬季要比塔里木盆地冷。

1-3 夏炎热冬冷区:分布在燕山以南、太行山以东的华北平原,以及浙江北部、苏、鲁、皖、鄂、秦岭以北渭水以南地区。

1-4 夏炎热冬温区:在秦岭山脉、四川盆地以南,因有高山围绕,阻滞北方冷空气的入侵,夜间云量又多,地面辐射冷却效应大为减弱,是我国同纬度上冬季最暖的地方,也是我国雨量最多的地方。

第二章 沿海地区高速公路路表水分布特征及水膜预测

第一节 沿海地区气候变化及降雨特征

一、东南沿海地区气温变化特征

东南沿海地区属于海-陆过渡区,为亚热带季风气候与热带季风气候共同作用的区域,冬季气候温和,夏季炎热多雨,雨热同期,四季并不分明。随着全球气候变暖,许多异常的热带气旋活动时常出现在全球各大洋区,对周围陆域地区有较强的影响。东南沿海陆域地区是我国受台风影响最为严重的区域,每年夏秋季都会受到台风的袭击。

1. 气温的空间变化特征

东南沿海陆域地区年均温呈现纬度变化特征,高纬度温度较低,低纬度温度较高。在同纬度呈现出海陆差异性,东部温度比西部温度高。海南温度呈现出明显的海拔差异特征,岛屿中部的山地、丘陵温度较低,而周围低平的平原温度较高。东南沿海地区年均温呈现全区增温状态,但增温速率存在明显的不同。大致呈现纬度地带性分布,增温的高值中心多集中在高纬度地区及高海拔地区,增温低值中心位于平原地区及沿海地区。东南沿海陆域地区年均温呈上升趋势,但不同区域响应方式不同,年均温较高的区域其增长速率较低,年均温较低的区域其增长速率较高,与全国的变化趋势基本一致。

2. 日照时数变化趋势分析

日照是太阳辐射最直接的表现,日照时数反映了一天内太阳实际照射某地的小时数,是气候变化的主要气象要素之一,是影响气温变化的直接因素。我国东南沿海地区日照时数的变化范围为 $4.65 \sim 4.93 h/d$,随着纬度的减小,日照时数缓慢减小。其中,浙江东北部地区日照相对最短,福建和广西北部日照逐渐加长,广东南部小部分区域日照相对最长。

二、江苏及东南沿海地区降水量变化特征

随着全球变暖所带来的负面影响日益突出,气候变化诱发的环境问题受到人们的广泛关注,诸多学者对各类气象要素(如降雨、气温等)进行了大量研究,并取得了一系列进展。降雨作为水资源的一个重要方面,其多寡和分布直接影响到区域经济的发展。

1. 江苏省降水特征

江苏属于温带向亚热带的过渡性气候,基本以淮河为界。江苏省各地平均气温为 13~16℃,江南地区为 15~16℃,江淮流域为 14~15℃,淮北及沿海地区为 13~14℃,由东北向西南逐渐增高。最冷月为 1 月份,平均气温 -1.0~3.3℃,其等温线与纬度平行,由南向北递减,7 月份为最热月,沿海部分地区和里下河腹地最热月在 8 月份,平均气温 26~28.8℃,其等温线与海岸线平行,温度由沿海向内陆增加。全省春季升温西部快于东部,东西相差 4~7 天;秋季降温南部慢于北部,南北相差 3~6 天。

江苏省地处我国东部的江淮流域,通过对 1961—2010 年的逐月降雨量观测并分析其空间分布特征。江苏省按降水量可以大致划分为四个区域:无锡市、苏州市、宜兴市地区附近的年降雨量最多,泰州市、扬州市、兴化市地区附近的年降雨量次之,盐城市、淮安市淮阴区等地区的年降雨量较少,宿迁市、徐州市、连云港市等地区的年降雨量最少。因此,江苏省年降雨量的空间分布整体呈现梯式变化,从东南沿海向西北内陆逐渐减少,并且趋势非常明显。年降雨量趋于增加的,降雨年内时间分布趋于均匀,降雨量较多月份的降雨量占年降雨量的比例增大。

近 10 年中,降雨量多的月份所占比例较大,主要集中在 6~8 月,且 6、7 月降雨量占全年降雨量的比例高达 50%。江苏省雨季月份降雨量较集中,主要在 6~9 月,尤其是 7 月,东南部大暴雨发生的频次会增大,引发水土流失的可能性会增加;非雨季月份降雨量较少,西北部容易造成土壤干旱。

2. 东南沿海地区降水特征

我国东南沿海地区处于欧亚大陆的东南端,位于海-陆交界地带,兼有热带和副热带气候特征;既受东亚夏季风控制,又受热带系统影响;其降水特征与长江流域既有联系,又有很大差异。东南沿海地区行政区划包括浙江、福建、广东等省份,地形主要为丘陵和平原,区域多为独立流入海的中小流域,流域面积小,调蓄能力差。具体降雨特征可从时空、季节性考虑。

(1) 降水量时间变化特征

1960—2012 年东南沿海地区年均降水量为 1586.7mm,整体呈波动上升趋势,增长速率为 1.91mm/a,远高于我国 1951—2010 年变化速率 0.94mm/a。从 5 年滑动平均曲线看,东南沿海

地区降水变化大致可以分为三个阶段：

①20世纪60年代至70年代中期，东南沿海地区降水先微弱减少后大幅增加，并在70年代中期形成一个降水"峰值区"。

②20世纪70年代末至90年代末，降水基本呈现稳定波动上升。

③21世纪初，降水先大幅下降后呈微弱上升趋势。

(2) 降水量空间变化特征

从降水量空间分布特征看，东南沿海地区降水从南向北逐渐递减。降水高值中心主要分布在广东佛冈及其沿海地带，福建北部的宁德，广东惠来、阳江等地。1960—2012年，东南沿海地区降水量高值区域，降水呈现减少趋势，而降水量低值区域，降水则呈现增加趋势。在空间上，东南沿海地区降水呈下降趋势站点主要集中于南部沿海地区，且从南向北降水呈下降趋势站点逐渐减少。

(3) 降水量季节性变化

通过对中国东南沿海地区降水量季节变化（图2-1）研究发现，东南沿海地区夏季降水量最多，其次为春季，再次为秋季，冬季降水量最少。20世纪60年代春季降水量为427.94mm，70年代大幅度上升，80年代略有增多，20世纪90年代至21世纪初降水量明显下降，2011年以后降水量逐渐增多。夏季降水量大致经历了一个"减少—增多—减少"的过程，其中20世纪90年代降水量增加达108.33mm。秋季降水量变化幅度较小，20世纪60至80年代降水量逐渐增加，20世纪90年代降水量下降，21世纪前20年降水量逐渐增加。冬季降水量变化则不明显。

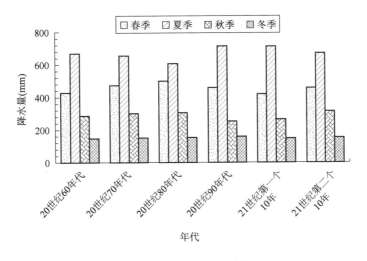

图2-1 东南沿海地区降水量季节变化

第二节 多孔介质及流体力学基本理论

一、多孔介质定义与物理特性

多孔介质是广泛存在于自然界中,大多为固体。多孔介质中分布大量的孔隙,且具有一侧向另一侧的连通性,即含有大量的连通空隙。流体在多孔介质中的流动即成为渗流。通常我们可以将沥青路面看作一种多孔介质,水在沥青孔隙中的流动也符合多孔介质孔隙水渗流规律。

多孔介质并非单独存在而是处于固-液-气三相之中,并且至少有一相是液体或者气体。多孔介质按照组成成分不同,可以分为单相多孔介质及多相多孔介质,单相多孔介质是在固体骨架基础上仅有水流存在,而多相多孔介质在固体骨架和水流之外还存在油或空气,如图2-2所示。在研究多孔介质结构和物理特性时,可以从物理参数入手来表征多孔介质的物理状态。

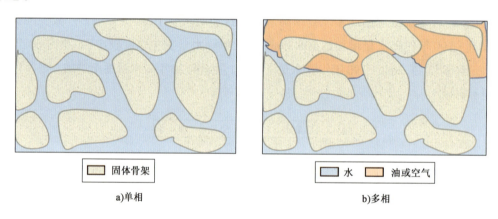

图2-2 不同类型多孔介质示意图

1.孔隙性

多孔介质的孔隙性现在多数采用空隙率来表征。多孔介质孔隙率 n 即为孔隙体积 $V_{孔隙}$ 与多孔介质总体积 $V_{多孔}$ 之比,见式(2-1),其中多孔介质总体积包括孔隙体积和固体介质体积之和。

$$n = \frac{V_{孔隙}}{V_{多孔}} \times 100\% \tag{2-1}$$

多孔介质之中固体所占比例较大,剩余空间随机分布的一些相互贯穿又相对较为狭窄的空隙通道形成孔隙。形成的孔隙有两种形式:一种是在主流通道上能够贯通的有效孔隙;另一种是在主流通道侧端没有贯通的封闭孔隙,在封闭孔隙中流体实际上是不流动的。由此,可以将多孔介质中的孔隙率分为两种,即绝对孔隙率和有效孔隙率。有效孔隙率即为能够连通的有效孔隙体积占孔隙与多孔介质总体积和的百分数,可用n_y表示。而绝对孔隙率则为有效孔隙和封闭孔隙总体积占孔隙与多孔介质总体积和的百分数,可用n_t表示。有时也可以用孔隙比代替孔隙率来表示多孔介质的孔隙性,孔隙比e即为孔隙的体积$V_{孔隙}$与固体介质$V_{固体}$之比,见式(2-2):

$$e = \frac{V_{孔隙}}{V_{固体}} \tag{2-2}$$

2. 弯曲度

多孔介质中,流体顺着孔隙方向流动并非像圆管一样顺直流动,而是具有一定弯曲度。孔隙弯曲程度大小对于水流在孔隙中的流动特性具有很大影响。多孔介质中孔隙弯曲程度的大小用弯曲度τ表示,见式(2-3):

$$\tau = \left(\frac{L}{L_e}\right)^2 \tag{2-3}$$

式中:τ——多孔介质弯曲度;

L——多孔介质孔隙弯曲通道真实长度;

L_e——多孔介质弯曲通道直线长度。

多孔介质弯曲度是无量纲量,其大小与空隙分布分形维数、排列方式以及固体颗粒尺寸大小有关。

3. 固体颗粒尺寸

在工程设计和自然界中,多孔介质中固体相的大小、形状以及分布方式等千差万别,想要精确丈量固体颗粒尺寸难上加难。目前,想要获取固体颗粒尺寸一般采取筛选法或比重计分析法来近似估测。筛选法是利用方形筛网的不同尺寸对固体颗粒进行筛分并根据筛孔尺寸换算成当量直径来估算固体颗粒尺寸。比重分析法则是将多孔介质材料近似看作圆球,以相同材料的圆球在水中获得与该材料多孔介质相同下降速度时的尺寸作为多孔介质固体颗粒尺寸。

4. 压缩性

通常采用压缩系数α来表征多孔介质的压缩性。多孔介质孔隙表面具有一定压强,当表明压强产生变化时,孔隙大小也会随之变化,由此影响孔隙内的水流变化。孔隙表面压强增大会引起孔隙的压缩,而固体介质的压缩相比孔隙的压缩可以忽略不计。设孔隙表面压强为P,则有:

$$\alpha = -\frac{1}{U}\frac{dU}{dP} \tag{2-4}$$

式中：α——多孔介质压缩系数；

U——所取单元总体积。

二、多孔介质渗流控制方程

流场内流体符合单相流体连续性方程，在流场内取如图2-3所示的流体饱和多孔介质六面体微元，设其孔隙率为n。取中心点流速为u_x、u_y、u_z，分别设边长为dx、dy、dz，取x轴分别计算左右表面流速，见式(2-5)和式(2-6)：

$$u_{左} = u_x - \frac{\partial u_x}{\partial x}\frac{dx}{2} \tag{2-5}$$

$$u_{右} = u_x + \frac{\partial u_x}{\partial x}\frac{dx}{2} \tag{2-6}$$

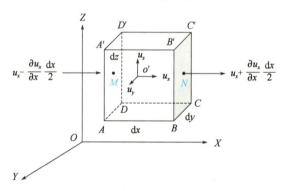

图2-3 多孔介质六面体微元示意图

流体流动产生各个方向的质量差，x、y、z方向单位时间质量差分别见式(2-7)~式(2-9)：

$$\Delta M_x = \frac{\partial(\rho u_x)}{\partial x}dxdydz \tag{2-7}$$

$$\Delta M_y = \frac{\partial(\rho u_y)}{\partial y}dxdydz \tag{2-8}$$

$$\Delta M_z = \frac{\partial(\rho u_z)}{\partial z}dxdydz \tag{2-9}$$

单位时间内，微元质量随密度或孔隙率的变化大小见式(2-10)：

$$\Delta M = \rho n dxdydz - \left[\rho n + \frac{\partial(\rho n)}{\partial t}dxdydz\right] = -\frac{\partial(\rho n)}{\partial t}dxdydz \tag{2-10}$$

式中：ρ——流体密度（kg/m³）。

理想流体或实际流体连续性微分方程形式见式(2-11)：

$$\frac{\partial(\rho n)}{\partial t} + \frac{\partial(\rho u_x)}{\partial x} + \frac{\partial(\rho u_y)}{\partial z} = 0 \quad 或 \quad \frac{\partial(\rho n)}{\partial t} + \nabla \cdot (\rho u) = 0 \tag{2-11}$$

大部分发生在多孔介质中的渗流水流流动的孔隙通道尺寸都相对微小,比如沥青路面内的孔隙通道体积与沥青路面体积相比不在一个数量级上,所以沥青路面内渗流流动的雷诺数比较小,可将流体在沥青路面内的流动看作层流。研究得到多孔介质中流体流动满足质量守恒和动量守恒,同时满足连续性假设。动量守恒方程和质量守恒方程见式(2-12)和式(2-13):

质量守恒方程

$$\nabla \cdot v \equiv 0 \tag{2-12}$$

动量守恒方程

$$\frac{\mathrm{d}v}{\mathrm{d}t} - f = \frac{1}{\rho} \nabla \rho + \sqrt{\nabla^2} \, v \tag{2-13}$$

式中:v——多孔介质渗流速度;

f——质量力;

ρ——流体密度;

v——流体运动黏度。

对于现实状态下多孔介质流体流动,如沥青路面内渗流无法模拟理想状态,因此需要对其简化:①多孔介质内流体流动不和外界发生能量交换;②孔隙通道表面不能产生相对滑移,模拟过程中采用无滑移边界条件。同时流体仅在孔隙通道内流动,固体颗粒为完全疏水性,不存在流体流动情况。基于以上假设,式(2-12)和式(2-13)分别简化为式(2-14)~式(2-16):

动量守恒方程

$$u \frac{\partial u}{\partial x} + v \frac{\partial u}{\partial y} = -\frac{1}{\rho} \frac{\partial \rho}{\partial x} + v \left[\frac{\partial^2 u}{\partial x^2} + \frac{\partial^2 u}{\partial y^2} \right] \tag{2-14}$$

$$u \frac{\partial v}{\partial x} + v \frac{\partial v}{\partial y} = -\frac{1}{\rho} \frac{\partial \rho}{\partial y} + v \left[\frac{\partial^2 v}{\partial x^2} + \frac{\partial^2 v}{\partial y^2} \right] \tag{2-15}$$

质量守恒方程

$$\frac{\partial u}{\partial x} + \frac{\partial v}{\partial y} = 0 \tag{2-16}$$

式中:u、v——不同方向轴的流体速度分量。

第三节 轮载作用下路表水膜动力润滑理论

流体力学的研究手段目前主要有理论流体力学、实验液体力学以及计算流体力学。理论流体力学主要根据连续性假设、质量守恒、动量定理、能量守恒等几个假设对流体运动进行分析,并利用数学分析法对建立的模型预测可能发生的结果。计算流体力学是以理论为基础在计算机上进行模拟实验,能够很好地解决一些非线性的复杂流体问题。

一、流体力学基本方程

流体根据是否有黏性被分为黏性流体和非黏性流体,非黏性流体即是我们常说的理想流体。流体力学基本理论包含能量方程、连续方程、动量方程和本构方程等。

1. 能量方程

流体在流动过程中遵循能量守恒。设单位质量流体所包含的内能为 e,单位体积流体所包含的内能为 p_e。能量方程见式(2-17):

$$\frac{d}{dt}\iiint_{v(t)}\rho\left(e+\frac{1}{2}u\cdot u\right)dV = \sum W + \sum Q \tag{2-17}$$

$\sum W$ 表示 dt 时间里系统接收外力做功的总和,可以表示为式(2-18):

$$\sum W = \iiint \rho\, fu dV + \int (n\sigma)u dS \tag{2-18}$$

$\sum Q$ 表示 dt 时间内外界传递到系统内部热量总和,可以表示为式(2-19):

$$\sum Q = \iiint Q\, dV - \int qn dS \tag{2-19}$$

根据以上公式整理可得能量方程,见式(2-20):

$$\rho\frac{de}{dt} = \sigma\frac{\partial u}{\partial x} + Q - \frac{\partial q}{\partial x} \tag{2-20}$$

2. 连续方程

流体在流动过程中遵循能量与质量守恒定律,根据质量守恒定律可推导出流体流动连续方程。设系统质量为 m,则 $m = \iiint \rho dV$,根据质量守恒原理,有:

$$\frac{d\rho}{dt} + \rho\nabla\cdot u = 0 \tag{2-21}$$

对于可压缩流,流体密度随流体流动而改变。单位时间内的净质量流量若小于零,则系统密度随之增加;单位时间内的净质量流量若大于零,则系统密度随之减小。对于不可压缩流而言,$d\rho/dt=0$,流体密度随流体流动保持不变。因此,对于不可压缩流而言,连续方程改写为式(2-22):

$$\nabla \cdot u = \frac{\partial u}{\partial x} + \frac{\partial v}{\partial y} + \frac{\partial w}{\partial z} \equiv 0 \qquad (2\text{-}22)$$

3. 动量方程

流体在流动过程中遵循动量守恒定律。根据动量定理并将其应用于流体质点系，动量方程改写为式(2-23)：

$$\sum F = \frac{\mathrm{d}(\sum mv)}{\mathrm{d}t} \qquad (2\text{-}23)$$

$\sum F$ 为作用于流体系统上的全部外力，$\sum F$ 可表示为式(2-24)：

$$\frac{\mathrm{d}}{\mathrm{d}t} \iiint_{v(t)} \rho u \mathrm{d}V = \sum F \qquad (2\text{-}24)$$

将 $\sum F$ 表示为质量力和表面力，用欧拉法改写动量方程，可得式(2-25)：

$$\sum F = \frac{\partial}{\partial t} \iiint \rho v \mathrm{d}V + \iint \rho v (v \cdot \mathrm{d}A) \qquad (2\text{-}25)$$

4. 本构方程

本构方程又称流变方程，是利用应力张量与应变张量之间的函数关系来描述连续介质特性的方程。一般张量形式写为式(2-26)，其中 δ_{ij} 为单位张量，e_{ij} 为变形速率张量。

$$\sigma_{ij} = -\rho \delta_{ij} + \lambda \delta_{ij} \nabla \cdot u + 2\mu e_{ij} \qquad (2\text{-}26)$$

将单位张量和变形速率张量分别展开为 x、y、z 方向的分量，见式(2-27)~式(2-32)：

$$\sigma_{xx} = -p - \frac{2}{3}\mu \nabla \cdot u + 2\mu \frac{\partial u}{\partial x} \qquad (2\text{-}27)$$

$$\sigma_{yy} = -p - \frac{2}{3}\mu \nabla \cdot u + 2\mu \frac{\partial u}{\partial y} \qquad (2\text{-}28)$$

$$\sigma_{zz} = -p - \frac{2}{3}\mu \nabla \cdot u + 2\mu \frac{\partial u}{\partial z} \qquad (2\text{-}29)$$

$$\sigma_{xy} = \sigma_{yx} = \mu \left(\frac{\partial u}{\partial y} + \frac{\partial v}{\partial y} \right) \qquad (2\text{-}30)$$

$$\sigma_{yz} = \sigma_{zy} = \mu \left(\frac{\partial v}{\partial z} + \frac{\partial w}{\partial y} \right) \qquad (2\text{-}31)$$

$$\sigma_{zx} = \sigma_{xz} = \mu \left(\frac{\partial w}{\partial x} + \frac{\partial u}{\partial z} \right) \qquad (2\text{-}32)$$

如上通过本构方程将未知量单位张量与变形速率张量相联系，便可以求解基本方程中未知量。

二、轮载作用下路表自由水作用形式

实际上，车辆轮胎驶过积水沥青路面时，在轮胎荷载挤压作用下表面水流会产生一定的动水压力，使得接触区域内的水流大部分沿着表面纹理、轮胎花纹间隙流走或飞溅，即不同形式的轮胎花纹会使水流有不同的流动方式。少量部分根据路面孔隙分布情况沿着"通道"渗入到路面结构内,不同的路面孔隙率、路面孔隙分布方式都会导致水流产生不同的流动方式和不同的动水压力分布。当车辆在有水膜路面上高速行驶时,水膜在荷载作用下对轮胎接触面产生一定的托举力,使得轮胎与水膜接触部分脱离路面,形成部分滑水现象,极大降低了轮胎在路面上的附着能力;当速度增大到临界滑水速度时,轮胎被水流完全托起并与粗糙路表脱离接触,即发生了所谓的"滑水现象"。

根据水力学伯努利定理,由于水流对轮胎胎面的作用力属于非线性分布力,轮胎驶过路面时挤压并改变了水流的运动场流线形状。当水流与路面相对于轮胎向相反方向运动时,由于水流与路面接触角较小,两者的接触近似于平面。当水膜中某水流微体随车辆向前运动时,由于轮胎面阻挡而流速瞬时变为0,即为瞬间停滞点B,如图2-4所示。

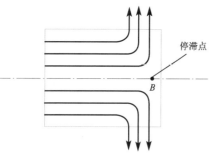

图2-4 荷载作用下水膜流线示意图

采用伯努利定理即可知水流微体动能转化为轮胎对路表的压强。当轮胎在一定速度下行驶时,水膜弹性动水压力在轮胎-流体界面垂直方向的分力等于轮胎荷载时,即发生水漂现象。从路面刚性解析体无限趋于平面的角度考虑,假定轮胎接触面为平面,则实际上胎/路接触面之间夹角很小,可以认为动水压力在轮胎运动方向上的分力趋近于0,此时停滞点B处动水压力竖向分力就等于总微体动能,则:

$$G = \int_s \frac{\rho_w v_p^2}{2} \mathrm{d}s \quad (2\text{-}33)$$

式中:G——轮胎荷载(kN);

v_p——临界滑水速度(km/h);

ρ_w——水流密度大小(kg/m³);

s——水膜作用面积(m²)。

研究表明,车轮荷载作用下引起滑水的主要因素为行车速度、道路状况(粗糙度、路面类型及水膜厚度等)与轮胎参数(花纹构造、橡胶材料黏弹性、胎压与荷载)。

三、路表弹性流体动力润滑机理

在受车辆外荷载作用下,轮胎与粗糙路面接触部位发生了局部弹性变形,形成了受润滑表面之间的水膜形状,这个水膜形状产生的流体动压力可以视为是橡胶胎面发生弹性形变的作用力,此时的动力润滑状态即为弹性流体动力润滑(Elasto-hydrodanamic Lubrication,EHL)现象。在简单的弹性流体动力学模型中,考虑流体的黏弹性通常需作如下假定:

①在荷载作用下,橡胶单元视为处于平面应变状态的半无限固体并计算其变形。

②边界条件设置:忽略挤压过程中流体边界的流动状态及流量损失问题,将流体层视为无限大半空间弹性体,边界效应影响极其微弱。

③压力边界条件设定:流体入口一侧,与压力峰值区域相距较远的位置处其压应力为0,在出口处也存在压力为0的位置。

④忽略接触挤压过程中产生的热效应,即将接触过程中水流视为等温流体处理,且轮胎、路面的接触面均属于理想光滑表面。

在潮湿的沥青路面路表,随着车速提高与润滑作用突出,车辆行驶的牵引力受到很大抑制,轮胎在滚动与滑动过程中表现不同的弹性动力现象,具体参考表2-1。弹流润滑现象与接触物体的材料弹性、压-黏特性有关,其作用大小随温度、挤压力而变化,1986年,雷诺提出了一维流动方程[式(2-34)],为流体润滑理论的基础。

$$\frac{\mathrm{d}p}{\mathrm{d}x} = \frac{6v \cdot U(h-h_0)}{h^3} \tag{2-34}$$

式中:h——粗糙接触表面任意位置处的流体膜厚;

$\mathrm{d}p/\mathrm{d}x$——流动方向的压力梯度;

U——界面入口处流体线速度,Browne曾提出动力滑水问题的关键是确定流体入口条件;

h_0——流体压力最大处膜厚;

v——动力黏度。

弹性流体润滑过程中动力特性   表2-1

轮胎运动状态	车辆操纵行为	弹流动力现象
滑动状态	紧急制动	
滚动状态	制动	较厚水膜:动力滑水、流体动压上推、渗透。 薄层水膜:挤压水膜分离、黏性滑水、表面翘曲、边缘接触
	驱动行驶	
	自由滚动	
	转弯行驶	

根据一维雷诺方程,假设滑水时轮胎不发生横向偏移,则轮胎挤压水流即可转化为平面问题,选取胎/路间的流体微单元进行受力状态分析,如图2-5所示。在x方向受力平衡条件下,存在式(2-35)。

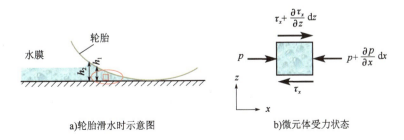

a) 轮胎滑水时示意图   b) 微元体受力状态

图2-5 轮胎与路面间润滑模型

$$p\mathrm{d}x + \left(\tau_x + \frac{\partial \tau_x}{\partial z}\mathrm{d}z\right)z = \tau_x \mathrm{d}x + \left(p + \frac{\partial p}{\partial x}\mathrm{d}x\right)x \tag{2-35}$$

单位体积内流量的质量可以表示为 $m_x = \rho q_x$,即:

$$m_x = -\rho\left[\frac{\rho h^3}{12\eta}\cdot\frac{\partial p}{\partial x} + \frac{1}{2}h(U_1 + U_2)\right] \tag{2-36}$$

路表水流在轮胎荷载作用下从 x、y、z 三个方向流进与流出,根据质量守恒,可知特定时间内流体变化的质量差与密度变化引起的质量增量相同;同时,润滑模型中 y 方向流量变化不考虑,可得:

$$\frac{\partial m_x}{\partial x} + \frac{\partial(\rho h)}{\partial t} = 0 \tag{2-37}$$

结合式(2-36)与式(2-37)可得到等温条件下的雷诺方程:

$$\frac{\partial}{\partial x}\left(\frac{\rho h^3}{\eta}\cdot\frac{\partial p}{\partial x}\right) = 6\frac{\partial}{\partial x}[\rho(U_1 + U_2)h] + 12\frac{\partial(\rho h)}{\partial t} \tag{2-38}$$

U_1、U_2 分别为轮胎、路面沿 x 方向的运动速度;考虑了水的密度、黏度及水膜厚度参数对动水压力的影响。实际上,在温度不变的润滑体系中,流体密度不变且水流挤压效应忽略不计,故式(2-38)可简化为:

$$\frac{\mathrm{d}}{\mathrm{d}x}\left(h^3 \cdot \frac{\mathrm{d}p}{\mathrm{d}x}\right) = 6V\frac{\mathrm{d}h}{\mathrm{d}x} \tag{2-39}$$

潮湿路面上,高速行驶的车辆在路面纹理特征及水膜的影响下会引起动力滑水(Dynamic hydroplaning)、黏性滑水(Viscous hydroplaning)及微弹流润滑(Micro EHL)现象。其中,动力滑水是在路面积水(一般水膜厚度大于1mm)条件下发生的,高速行驶的轮胎在积水路面上的流体动力效应。随着车速增大,轮胎逐渐完全由水膜托举力托起并与粗糙路表脱离接触,轮胎-流体接触界面发生了大部分翘曲,此时轮胎作用于地面的制动力、转向力等均可忽略不计。潮湿天气或刚开始下雨的湿润路面,路面上刚形成一层0.01~0.1mm的薄水膜,由于EHL理论,路表水膜隔离了轮胎与沥青路面的密切接触,降低了路面度胎面的摩擦作用力,黏性滑水发生的车速低于动力滑水现象。随着沥青路面的服役时间增加,路表抗滑性不断发生衰变,表面微凸体粗糙度降低变成圆滑状,此种情况下易发生微弹流润滑现象。

实际行车过程中,由于路表水膜厚度不断变化,轮胎会频繁发生不同的滑水现象,而在较低车速、较小水膜厚度下即会产生黏性滑水现象,故黏性滑水是潮湿路面上轮胎发生滑动危险的主要原因。

第四节 沥青路表水膜形成机理及预测模型

一、道路路表水膜形成机理

研究表明,路面抗滑性能同时取决于路表宏观和微观纹理形貌构造。宏观构造不但影响着轮胎的变形特性,还影响着路面摩擦体系中界面的接触形态。特别是在雨天行车,其构成直接决定了路面积水的排泄能力,从而影响着路面的抗滑性能,这种影响在车速较高时更加显著。微观纹理形貌构造能够增加轮胎与路面之间的咬合程度,是车辆在低速行驶过程中摩擦力形成的主要原因。

雨天条件下,道路表面覆盖着一层水膜,车辆在道路上高速行驶时轮胎挤压路表的水膜形成了一定的动水压力,在动水压力作用轮胎被水流托起,使得胎/路接触面积减小,胎/路之间的附着特性降低,行车的安全性的迅速降低,导致车辆发生侧滑的危险。研究表明,表面水膜厚度越大,胎/路附着系数下降越快,使得汽车的转向、制动性能越差,车辆制动距离减小且视线受阻,从而极易发生交通事故。胎/路摩擦系数与水膜厚度之间关系曲线如图2-6所示。

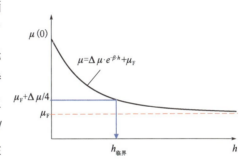

图2-6 胎/路摩擦系数与水膜厚度之间关系曲线
μ-摩擦系数;h-水膜厚度;μ_F-极限摩擦系数;$\Delta\mu$-$\mu(0)$与μ_F两者之差;β-模型参数

水膜厚度即为道路颗粒表面积水顶面高程与路表高程。雨天条件下,路表发生坡面径流并沿着路表空隙发生渗流直至路表空隙充满水,随着雨水持续降落在路表暂时呈现稳定状态,形成了一定厚度的水膜。关于路表水膜厚度的具体定义,美国威斯康星州的David A.Noyce与宾夕法尼亚大学的Anderson将其定义为路表正纹理最高点至水膜液面距离,如图2-7所示。

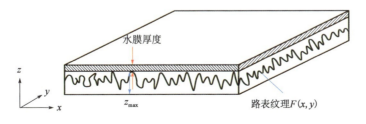

图2-7 路表水膜厚度定义

将粗糙路表视为n个离散点构成的不规则曲面$F(x,y)$,水膜液面所在平面为F_0,设粗糙路面微凸体最大高度为z_{max},D为积分区域,则根据曲面积分思想可得到水膜厚度计算公式为:

$$h_w = \frac{\iint_D [F_0 - F(x,y)] \mathrm{d}x\mathrm{d}y}{D} - z_{\max} \tag{2-40}$$

但是,由于路面表面构造深度的复杂性,正、负纹理分布的不规则性,采用式(2-40)计算的水膜厚度与实际路表水膜深度存在一定的误差。当采用水位测针测量路表水膜深度时,在微观层面上路表水膜有着不同的厚度。鉴于此,考虑路表粗糙程度(凸出与凹陷)不同,路表水膜深度为路面平均构造深度MTD与路表水膜深度之和(图2-8),即:

$$h_w = W_{FT} + \mathrm{MTD} \tag{2-41}$$

$$\mathrm{MTD} = \frac{1}{k} \cdot \sum_{i=1}^{k} \frac{\iint_0^D [F_0 - F(x,y)] \mathrm{d}x\mathrm{d}y}{D} = \frac{1}{k} \cdot \sum_{i=1}^{k} \frac{\sum_{x=1}^{x=N}\sum_{y=1}^{y=M} [F_0 - F(x,y)]}{D} \tag{2-42}$$

式中:$F(x,y)$——点(x,y)处的像素深度;

D——$M \times N$像素的网格面积;

F_0——每个区域D的最大峰值;

k——测试目标的网格数。

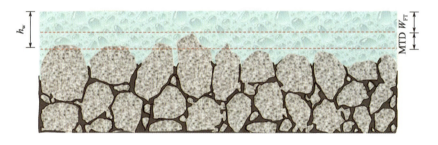

图2-8 水膜深度计算示意图

对于典型的密级配沥青混凝土路面,路表空隙率较小,对水膜厚度的形成影响较小,降雨特点及路表径流状况是水膜厚度产生的主要因素。

(一)降雨过程及特点

降雨过程是降雨开始形成到降雨结束之间的历程,具有时间性与空间性。为了充分显示降水与时间变化、空间分布之间的客观规律,常用的表示降水特性的指标包括降水过程线、降水累计曲线、降水特性曲线等。其中,降水特性曲线是反映降水特性的一些曲线,常用的指标有降雨强度、历时曲线、平均水深面积曲线等。道路上水膜厚度的形成主要依赖于所在地域的气候特点。

(二)路表径流状况

随着雨水的降落,部分通过路面颗粒空隙或路表坡度排到路面外,部分在重力作用下沿着路表合成坡度不断流动的现象即为坡面水流。坡面水流在流动过程中不断有动量源及质量源加入,这种以系统理论对坡面径流现象的研究可以描述为坡面汇流类。坡面水流主要受到降雨量及坡面粗糙度的影响,是非线性、空间分布的过程。有学者通过室内模拟的降雨汇流试验,分析了降雨强度、坡面形状、坡度及粗糙度等因素对坡面汇流的影响,进而表明了路表水膜厚度的形成机理。

其中,降雨统计参数的空间变异性随着降雨历时过程及降雨量增大而逐渐变大,降雨补给径流的空间结构因此复杂化。空间尺度一定的情况下,降雨参数(雨滴速度、强度等)的时间变化性,导致路表径流发生显著变化,并且随着坡长的增加而增大,出口处的径流及坡面流的其他水力因素(如流速、切应力等)随之增大,但是初始径流不受影响。基于运动波模型分析可知,路面坡度增加会使得路表实际承雨面积明显减小,而坡面流的流速及切应力呈现"凸"形变化趋势,即先增加后减少,具有特定的临界坡度值。

显然地,沥青路表形貌具有明显的随机性及复杂性,使得路表纹理分布的时空变异性。从路表纹理参数角度考虑,路表构造深度间接地反映坡面水流的下渗速度;从微观角度上可知,路表径流时间及径流率变化具有随机性。目前,关于路表径流的分布特征研究,常采用多维概率分布、随机模型、灰色系统及模糊识别与控制等方法来描述路表水膜的时空变异性。

二、道路路表水膜厚度预测模型

降雨过程中路表水膜厚度的预测始于20世纪50年代初期,多是基于一系列试验数据拟合回归得到预测模型。使用较多的是英国道路实验室(RRL)Ross建立的预测模型、美国交通部Gallaway模型、Wambold及欧盟车-路相互作用项目(VERT)预测模型等回归模型。此外,基于路面粗糙系数(曼宁系数)的数学物理模型,宾夕法尼亚大学为美国国家合作公路研究计划(NCHRP)开发了路表水膜厚度预测的PAVDRN系统,假定路表水膜是水流稳定的浅水波。考虑路表纹理参数的影响,有学者采用人工神经网络方法建立了描述坡面水流的模型,较为准确地预测了路面的水膜厚度。目前,国内外有代表性的路表水膜厚度经验模型见表2-2。

路表水膜厚度经验模型 表2-2

研究学者	经验模型	适用性	参数含义
Ross 和 Russam	$h = 0.017 \cdot (L \cdot I)^{0.47} \times i^{-0.2}$	未考虑纹理参数	h 为水膜厚度(mm);L 为排水长度(m);I 为降雨强度(mm/h);i 为坡度
John Anderson	$h = 0.15 \times (L \times I)^{1/2} \times N^{1/2}$		$1/N$ 为路表坡度;其余参数同上
Galloway	$h = 3.38 \times 10^{-3} (1/TD)^{-0.11} \times L^{0.43} \times I^{0.59} \times (1/i)^{0.42} - TD$	引入构造深度概念	TD 为路面构造深度(in❶);其余参数同上
Wambold	$h = j_1 \times (TD^{j_2}) \times I^{j_3} \times i^{j_4} - TD$		$j_1、j_2、j_3、j_4$ 为经验系数,当排水长度为11m时分别取值0.005979、0.11、0.59及-0.42;其余参数同上

---

❶ 1in=25.4mm。

续上表

研究学者	经验模型	适用性	参数含义
Pavdrn	$h = \left[\dfrac{nL(I-f)}{105.425 \cdot i^{0.5}}\right]^{0.6} - \text{MTD}$	数学物理模型	MTD为路表平均构造深度；n为粗糙系数；f为路面渗透率(mm/h)
Wang	$h = z\left(\dfrac{\text{TD}^{0.11} \cdot L^{0.43} \cdot I^{0.59}}{i_c^{0.42}}\right) - \text{TD}$	经验回归模型	i_c为路面横坡；z为常数，取值0.01485
季天剑	$h = f(\text{TD}, i, I, l) + e$ $= 0.1258 \cdot l^{0.6715} \cdot i^{-0.3147} \cdot q^{0.7786} \cdot \text{TD}^{0.7261}$	非线性函数	TD为路面的构造深度(mm)；i为试验段坡度；l为坡面长度(m)；e为非线性映射函数误差
张璠	$h_L = r - \left[r^2 - \left(\dfrac{G}{\rho w v^2}\right)^2\right]^{1/2}$	临界水膜厚度	G为水膜作用合力(N)；ρ为雨水密度(kg/m³)；w为车轮宽度(m)；v为流体冲击轮胎速度(m/s)
陈锋平	$(h^4 + a_1 hs^3)\dfrac{dh}{ds} + ih^4 + a_2 h^3 - a_3 sh^2 - a_4 s = 0$ $a_1 = I^2\cos^2\!\alpha/g,\ a_2 = I\cos\alpha\, u_0\sin(\alpha+\beta)/g$ $a_3 = 2I^2\cos^2\!\alpha/g,\ a_4 = 3vI\cos\alpha/g$	理论模型	h为路表水膜厚度(mm)；s为径流的排水长度(m)；α为路坡与水平面的夹角(°)；β为雨滴降落时与垂直方向夹角(°)；u_0为雨滴落地末速度(m/s)；v为动力黏度(N·s/m²)
王祎祚	$h = 0.6197 q^{0.411} L^{0.291} i^{-0.100}$	经验回归模型	q为降雨强度(mm/min)；L为排水长度(m)；i为路面坡度(°)
罗京	$h = 0.068 \times \dfrac{L^{0.32} I^{0.41} T_{\text{XD}}^{1.17}}{i^{0.31}}$	经验回归模型	T_{XD}路面平均构造深度(mm)

基于坡面径流理论及液流动量守恒，有学者推导出路表水膜厚度的基本微分方程。考虑雨滴的作用，可以得到降雨条件下路表水膜厚度理论分析模型(图2-9)，针对我国普遍采用的不透水沥青路面，故该水膜厚度预测模型未计入降雨沿路面坡面流动时雨水下渗的损失。

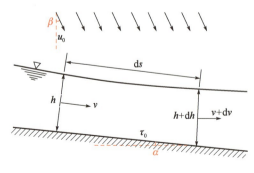

图2-9 水膜厚度理论分析模型

通过以上国内外典型的路表水膜厚度预测模型，可以发现，多是采用经验参数或者理论推导，与实验环境、测试仪器均存在一定的联系，其适用性均有待于进一步验证。如Wambold提出的经验模型中经验系数j_1、j_2、j_3及j_4取值均是在排水长度为11m时条件下获得的，无法推广使用。国内的季天剑、罗京等学者回归分析得到的预测公式仅适用于沥青路面;然而,在降雨强度相同条件下,水泥混凝土作为亲水性材料其表面形成的水膜厚度较高于沥青路面。雨天情况下,考虑水膜厚度形成的影响因素具有时间依赖性,故需要实时获取水膜厚度变化特点,建立基于时间变量的沥青路表水膜厚度预测模型。

第五节 沥青路表水膜厚度影响因素

研究表明,导致汽车在道路上打滑的水膜厚度范围较广,而降雨与水膜厚度之间有直接的关系。综合考虑,影响路表水膜厚度的主要因素有排水长度、路面坡度、降雨强度、降雨速度以及部分反映路表构造深度的水膜初始厚度等,以下分别阐述。

1.排水长度

在保持其他变量一定的情况下,随着排水长度的增长,路表水膜厚度逐渐呈非线性增长,并且在诸多因素作用下,排水长度是影响水膜厚度变化的关键因素。关于路表径流的排水长度问题,须从道路宽度及流态判别两个角度着手。

路表水膜厚度涉及沿路面横坡方向的分布情况,通常关于路表长度的计算限于单侧行车道宽度范围内。基于公路线形设计中的相关规定,单车道的最大宽度一般为3.75m,这样对于车道数较多、行车道较宽的道路,其单侧路幅上的行车道宽就较大,此时坡面的排水长度较长。然而,对于单向有四车道的高速公路,其单向行车道的总宽度可达到15m,降雨条件下单向路面径流的排水长度为15m,此时路面径流沿横坡方向出现层流与紊流之分,即为液体运动的两种流态。

雨水在路面流动的两种流态主要区别是沿程水头损失及扩散规律,从水力学角度分析,临界雷诺数作为层流与紊流的判别标准。雷诺数可以理解为水流的惯性力与黏滞力的比值。在分析路面径流中一般会涉及水力坡度的取值问题,此时需要判别坡面径流的流态属于层流还是紊流。研究坡面径流时,将路表水膜厚度视为雷诺数计算所用的特征长度,则得出降雨补给与断面径流流量的关系为:

$$q = vh = Is \cdot \cos\alpha \tag{2-43}$$

式中:q——沿径流方向上某一断面流量;

I——降雨强度;

s——该断面距离路面中线的距离,即坡面径流的排水长度;

α——坡面的坡度角。

此时,坡面径流的雷诺数可表示为:

$$Re = \frac{vR}{v} = \frac{vh}{v} = \frac{Is\cos\alpha}{v} \tag{2-44}$$

一般情况下,明渠的临界雷诺数 R_e 取值 500;v 为液流的动力黏度,15℃时取值 $1.139 \times 10^{-6} \mathrm{m^2/s}$;对于不同降雨强度 I 及坡面坡度 i 条件下,根据式(2-44)可计算出路面临界排水长度 $s_{临界}$。在 $0 < s < s_{临界}$ 范围内,坡面径流的流态均为层流;反之,则为紊流。

2. 路面坡度

路表径流中,在降雨强度、排水长度及降雨速度不变的条件下,路表水膜厚度随着坡度的增加而逐渐减小。在道路路面上,路面的坡度涵盖了道路的横、纵坡以及两者的合成坡度。降雨过程中,路表实际水膜厚度的变化是在道路各种坡度的综合影响下产生的,对于不同类型的沥青路面(如 AC 型、SMA 型及 OGFC 型等典型沥青混合料路面),由于其路表的平整度及透水性、自然条件的不同,路表横坡也不同,后续本书将定性分析路面坡度对水膜厚度的影响,其中横坡度 i_h 的取值范围为 1.0% ~ 2.0%(规范),纵坡坡度 i_l 取值范围根据后续路面模型确定。

3. 降雨强度

相关试验数据表明,降雨强度对路表水膜厚度具有一定的影响,在其他影响因素(如排水长度、路面坡度及降雨速度)保持不变的情况下,路面的水膜厚度随着降雨强度的增大而呈现增大的趋势,且影响程度为:坡面长度>坡面粗糙度>降雨强度,降雨强度的时变性对水膜形成具有重要影响。

为了研究水膜厚度与降雨强度的关系,需要确定不同降雨条件下的降雨强度值。公路排水相关设计规范中,对于降雨强度取值问题给出了明确的规定:

(1)记录相关降雨资料,则设计重现期的降雨强度为:

$$q = \frac{a}{t+b} \quad (2\text{-}45)$$

式中:t——降雨历时(min)。

(2)缺乏降雨量资料时,利用标准降雨强度等值线图和有关转换系数,得到降雨强度:

$$q = c_p c_t q_{5,10} \quad (2\text{-}46)$$

式中:$q_{5,10}$——5 年重现期和 10min 降雨历时的标准降雨强度(mm/min);

c_p——重现期转换系数,为设计重现期降雨强度 q_p 与标准重现期降雨强度的比值;

c_t——降雨历时转换系数,为降雨历时 t 的降雨强度 q_t 与 10min 降雨历时的降雨强度的比值,按公路所在地区的 60min 转换系数(c_{60}),具体参考图 2-10。

4. 降雨速度

降雨时,雨滴经历下落过程到达地表时的瞬时速度一般称为末速度,其下落过程属于变加速运动。路表径流过程中,由于路表水膜厚度不大且其质量较轻,雨滴落地时的平均末速度越大,其对地面的冲量越不容忽视。

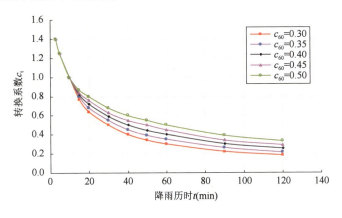

图 2-10 降雨历时转换系数 c_t-c_{50} 曲线

5. 水膜初始厚度

下雨的初始阶段,雨量较小,需要先填满路表构造深度范围内的空隙,此时路表无积水但仍存在水膜,视为初始水膜厚度。目前研究中,大多数基于试验提出的水膜厚度经验公式,一些未考虑路表构造深度参数的,如 Ross、John Anderson 经验公式,具有局限性;一些含有构造深度参数的,如 Galloway 经验公式、Wambold 经验公式,其构造深度的取值为降雨初期的填满构造深度范围内雨水的平均厚度,不能反映路表实际水膜初始厚度。为了准确体现降雨时形成稳定径流时的雨水厚度,后续的滑水模型中将引入初始水膜厚度这一概念,取值为 10~200μm。

第六节 高速公路水膜厚度测试方法

众所周知,路表水膜厚度是影响沥青路面抗滑性能的主要因素,特别是,在潮湿与积水路面之间存在某一临界水膜厚度时路面极易发生"滑水现象"。研究表明,当水膜厚度达到一定程度时,若车辆超过某一速度行驶过路表,则会产生滑水的风险。一般依据路表水流路径上的水膜深度(主要是车辆行驶轨迹上水膜厚度)是否超过安全容许值判断车辆是否偏安全。

早在 20 世纪 30 年代初期,Bird 与 Scott 提出了一种理想条件下干燥路面经历降雨过程又变干燥的整个历程中抗滑性能随时间衰减的表示方法,如图 2-11 所示。当降雨强度超过 0.1mm/h 时,水膜厚度将从微米增大到毫米级,路表即使仅有 0.025mm 厚水膜,对于抗滑性能较差的路面其胎/路摩擦力将减少 75%。

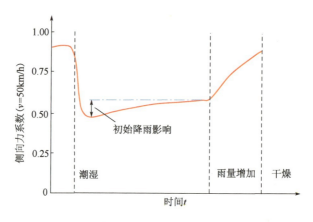

图 2-11 降雨过程中路面抗滑性能变化曲线

路表水形成的薄膜足以使车辆发生滑水现象,路表纹理粗糙度(宏观纹理)和胎面花纹提供的微排水通道有助于排出大量的水,特别是车辆行驶速度较大时效果比较显著。然而,路表剩余覆盖水膜的渗透只有在有足够的细尺度锐边(微纹理)的情况下轮胎驶过产生较高接触压力时才能实现。轮胎与水膜之间的较高接触压力需要穿破水膜形成胎/路间的干燥接触。

目前,关于水膜厚度的测试主要依赖于路表水膜厚度传感器,Srirangam 采用先进的 AQUASENS 传感器进行现场精确地测试水膜厚度,控制路表水膜一定厚度,从而研究沥青路表的湿摩擦系数变化规律。如东南大学黄庆安教授团队基于微波反射原理实现了水膜厚度测试,依据检测出的幅值比和相位差推算出水膜厚度值。当传感器表面无水膜时,检测的厚度为 D_0,则水膜厚度 d 可表达为:

$$d = D - D_0 = \left(\frac{\varphi^2 v^2 - \omega^2 S^2}{4\omega^2}\right)^{1/2} - D_0 \tag{2-47}$$

$$R = 8610 \times (h - 2 \times 10^{-3})^{1.5} \tag{2-48}$$

式中:φ——相位差;

v——微波传输速度;

ω——微波频率。

根据流体力学中伯努利方程,得到了水膜厚度 h 与液体流量 R 的关系[式(2-48)]。但是,该水膜厚度传感器只能精确地测试 0~8mm 范围内的水膜厚度且需要提前嵌入路表面,而且测试前需要数据标定,无法进行连续、实时地测试水膜厚度。

随着基于光纤传感原理的检测技术不断进步,中科院王辉教授通过两种光纤传入探测器产生的电流差计算得到水膜厚度,避免了电解质含量的间接影响,但是鉴于测试仪器研发的局限性,限制了适用范围。同时,同济大学将遥感式路面状况传感器用于路表水膜厚度测试,以光谱分析为基础进行发射光谱、吸收光谱比对,获取测试区域内高精度、大量程的水膜厚度值,但普适性较差。同样使用传感器,德国 Wolfram Ressel 采用超声波传感器实时获取降雨情况下路表水膜厚度数据,适合连续、实时对水膜厚度的动态监测。

鉴于水膜厚度形成的影响因素,Greszik基于激光检测技术对透明石英石上水膜厚度进行测试,通过试验发现含有示踪剂的激光诱导荧光(Laser-induced fluorescence,LIF)可进行水膜厚度现场定量检测,则水膜厚度可由激光强度表示为:

$$d = \frac{I_{LIF}}{\eta \phi E_0 N_{tr} \sigma_{abs} A} \tag{2-49}$$

式中:I_{LIF}——诱导荧光信号强度;
A——照明光束截面面积;
η——检测系统的整体光学效率;
ϕ——示踪剂的荧光量子效率;
N_{tr}——激发波体积内示踪分子数量。

但是,在LIF检测中,需要添加示踪物质,假定激发激光波体积 $V = Ad$。

拉曼散射原理中,当激发波长为266nm时,低分辨率条件下会在波长294nm附近产生一个特征峰值,利用这一光谱特征强度作为液态水中膜厚的无示踪剂指标。设定在样本N的某立体角$d\Omega_{det}$处光束体积$V = Ad$的拉曼散射激光强度为I_{Raman},则水膜厚度为:

$$d = \frac{I_{Raman} d\Omega}{\eta E_0 N \cdot d\sigma_{Raman} d\Omega_{det} A} \tag{2-50}$$

式中: E_0——入射激光强度;
$d\sigma_{Raman}$、$d\Omega$——液态水不同的拉曼散射截面。

对于光谱积分拉曼信号的定量评价,样本体积中的分子数n可由$n = \rho N_A/M$计算得到,其中ρ、M分别为液态水的密度与分子质量,N_A为伏伽德罗常数,是热学常量。

对比含有示踪剂的LIF技术与拉曼散射技术,可知拉曼技术不需要添加示踪剂,但激光信号强度一般较低,故Greszik考虑将这两种方法结合(图2-12),光谱积分信号作为示踪剂浓度的函数,在荧光和拉曼检测通道的最高信号强度上归一化,则在水膜深度x位置处,当示踪剂浓度为σ_{abs}时,根据比尔-郎伯吸收定律得到激发激光的强度为:

$$I(x) = I_0 \exp(-n_{tr} \sigma_{abs} x) \tag{2-51}$$

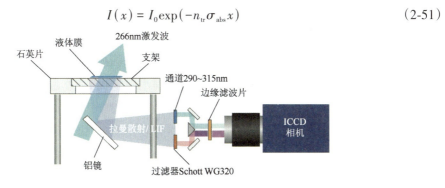

图2-12 液体水膜的二维拉曼散射与LIF成像过程

当忽略信号捕捉因素影响时,从各自体积单元发射到检测器的荧光强度 I_{LIF} 为从水膜底部 $x=0$ 到水膜表面 $x=d$ 处的积分 I_{LIF} 强度:

$$I_{LIF}(d) = \eta \phi n_{tr} \sigma_{abs} \int_0^d I(x) dx \qquad (2-52)$$

联合式(2-51)与式(2-52),可得到:

$$I_{LIF}(d) = \eta \phi I_0 [1 - \exp(-n_{tr}\sigma_{abs}d)] \qquad (2-53)$$

基于以上 Greszik 提出的含示踪剂激光诱导荧光技术与拉曼散射技术的优缺点,将其运用到实际道路表面水膜厚度的实时测试,德国 Lufft 仪器设备公司研发了首台移动式道路气象信息传感器 MARWIS,安装在距离地表 1~2m 的行驶车辆上(图2-13),借助相关开放式接口设备,实时获取红外谱图像并通过无线数据传输得到路表水膜厚度(最大厚度为6mm)、道路状况、路面或环境温度及摩擦力等参数,见表2-3。

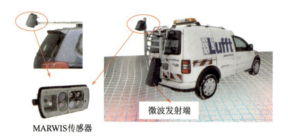

图2-13 路表信息实时采集车载系统

道路气象信息传感器 MARWIS 参数信息 表2-3

传感器指标	采集参数	备注
测试参数	道路状况(干燥、潮湿、积水、积雪或者冰层等)	含冰量
	道路表面及周围环境温度	—
	水膜厚度	最大厚度为6mm
	路表摩擦系数	根据路表信息计算得到
测试技术设备	光学LED发射器、照片接收器、温度计及红外线	开放式接口,采集频率高达100次/s
数据输出	蓝牙、RS485和CAN总线等无线传输	支持UMB二进制协议输出数据,速率达10Hz
特色功能	实时红线谱成像及信息获取	多功能、移动式

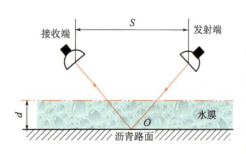

图2-14 路表水膜厚度测定原理示意图

测试路表水膜厚度时,基于微波反射原理(图2-14)将压控振荡器产生的微波信号借助微波天线发射到水膜表面,在水膜-空气分界面反射形成了反射波,通过检测出入射波、反射波之间的幅值比与相位差并利用式(2-54)可推算出某一时刻的水膜厚度值。设定从发射端到接收端时间为 Δt,相位差为 φ,微波速度为 v 且频率为 w,初始传感器检测的厚度为 D_0,则:

$$\Delta t = \left(\frac{4D^2 + S^2}{v^2}\right)^{1/2} \tag{2-54}$$

$$d = D - D_0 = \left(\frac{\varphi^2 v^2 - \omega^2 S^2}{4\omega^2}\right)^{1/2} - D_0 \tag{2-55}$$

同时,罗京以海南省降雨数据为研究数据,提出了公路几何设计中检测水膜厚度的降雨强度取值,并基于车辆行驶的安全性给出了雨天路表水膜厚度的判定标准(表2-4);针对降雨强度达50mm/h,规定路面排水路径长度不大于60m而且水膜厚度小于4.0mm。

水膜厚度判定标准(建议值)　　　　　表2-4

水膜厚度范围(mm)	判定标准	对应措施	滑水风险
<2.5	一般值	可接受	路表摩擦系数与水膜厚度成反比
2.5~3.2	不超过四车道,取值2.5mm	考虑水膜厚度影响	安全容许车速显著降低,易发生部分滑水
3.2~4.0	超过四车道,取值3.2mm		
>4.0	极限值	需改善路面线形几何设计	易发生完全滑水,引发车辆失稳

考虑到我国气候特点与降雨强度,基于配置有水膜厚度传感器的车载系统进行实时获取路表水膜厚度,并根据表2-4中滑水风险判定标准探讨厚度为0~6mm内水膜的影响,细化水膜厚度对无人驾驶在不同制动场景下安全阈值,从而进行后续水膜厚度对路面抗滑性能影响规律的分析。

第三章 沥青路面路表纹理信息参数表征

从几何角度上来看,沥青路面表面纹理主要受到集料尺寸和级配的影响,其次还受到施工工艺和工法的影响。不同的纹理水平直接影响路表的摩擦系数,进而影响干燥和潮湿路面状态下所能提供给车辆的摩擦力。已有的研究表明,路表纹理是轮胎和路面之间相互作用的基本要素,在相同的车况和轮胎的条件下,路面的抗滑性能很大一定程度上是由路面表面纹理决定的。良好的纹理水平能够在潮湿状态下帮助车辆轮胎穿透水膜,保证轮胎与路面的接触面积。因此,路面干燥状态下的胎-路相互作用、路面潮湿状态下的胎-流体-路相互作用都与路面表面纹理密切相关。

第一节 沥青路面表面纹理分类及标准

一、沥青路面路表纹理分类

表面粗糙度对接触力学、密封、黏附和摩擦等许多重要的物理现象有着重要影响,故沥青路面纹理特性是表面功能最重要的研究基础,决定了轮胎/路面之间的相互作用,包括摩擦、噪声、路面积水飞溅和雾化、滚动阻力和轮胎磨损等现象。

路面纹理可用水平方向波长和竖直方向幅度来描述(图3-1),波长为波峰至波峰的水平长度,幅度可理解为波峰与波谷的高差。世界道路协会(Pavement International Association of Road Congress,PIARC)在1983年的第17届世界道路大会上,从纹理几何特性角度首次对纹理波长尺度进行了分类,包括微观(Micro-texture)、宏观(Macro-texture)、大构造(Mega-texture)。1987年,PIARC将路面行车质量研究转化为纹理几何特性,按照波长以及幅度将纹理尺度分成了四类(表3-1)。

路面纹理组成及尺寸分类   表3-1

组成	波长 λ(mm)	幅度(mm,PIARC)	一般幅度(mm,ISO 13472-1)
微观纹理	0.001~0.5	0~0.2	0.0001~0.5

续上表

组成	波长λ(mm)	幅度(mm,PIARC)	一般幅度(mm,ISO 13472-1)
宏观纹理	0.5~50	0.2~10	0.1~20
大构造	50~500	1~50	0.1~50
不平整度	500~50000	—	—

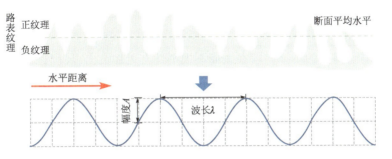

图3-1 沥青路面表面纹理断面构造解析图

不同尺度的沥青路面纹理示意图见图3-2。

a)微观纹理λ:0.001~0.5mm

b)宏观纹理λ:0.5~50mm

c)大构造λ:50~500mm

图3-2 不同尺度沥青路面纹理示意图

(1)微观纹理(Micro-texture)

微观纹理主要存在于沥青集料表面,取决于集料的粒度、沥青的用量和类型,它的存在确保了路面基本的摩擦性能,干燥路面上的微观纹理在低速行驶(40km/h或更低)的情况下起着重要作用。随着道路使用年限的增长,轮胎对集料的磨光作用使集料的棱角性降低,路面的微观纹理随之降低,这便是路面的抗滑性能降低的原因之一。

(2)宏观纹理(Macro-texture)

宏观纹理主要与混合料间的空隙、集料形状的不规则性有关,描述了集料颗粒的排列。良好沥青路面的宏观纹理能够在晴天情况下为路面提供可观的抗滑性能,同时能为路面提供了基本的排水能力。当车辆在雨天潮湿积水路面上行驶时,积水能够在轮胎花纹和宏观纹理间形成的沟槽间排出,从而减弱了水在胎-路之间的润滑作用,减少了车辆因水漂滑行而发生的事故。此外,沥青路面的宏观纹理在车辆中高速行驶(40km/h以上)的情况下表现出重要的作用。

(3) 大构造 (Mega-texture)

大构造指的是路面水平波长 λ 在 50~500mm 的表面不规则性,产生的原因主要有两种,第一种是由于道路在施工过程中施工工艺不完善造成的裂缝、坑槽;第二种是随着道路服役时间而产生的车辙、路表坑洞等路面病害。大构造的尺度与轮胎印迹的尺度相近,因此大构造的存在会对路面滚动阻力和车辆行驶过程中的路面噪声造成较大影响。

(4) 不平整度 (Roughness)

与大构造相比,路面的不平整度在表面不规则性上更加突出,尺度也比大构造大,在国际上用国际平整度指数 (international roughness index, IRI) 和路面功率谱密度 (power spectral density, PSD) 来表征,用于评价沥青路面的平整度和整体服务性能。

二、沥青路面路表纹理分类标准

综上,PIARC 纹理分类中的四种路面纹理构造直接影响车辆在行驶过程中轮胎-路面的相互作用(路面干燥情况)和轮胎-水-路面的相互作用(路面潮湿情况下),有关不同纹理分类及其对车辆行驶的影响见图 3-3,其中微观纹理和宏观纹理直接影响沥青路面的抗滑性能及行车的安全性(抗滑性能包括路面附着力和路面的排水能力),而大构造和不平整度则对车辆驾驶的舒适性、车辆油耗造成不利影响。此外,路表纹理还不同程度地影响到路面噪声排放、轮胎磨损和滚动阻力。

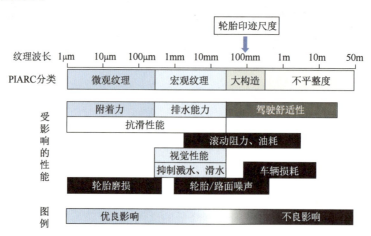

图 3-3 PIARC 纹理分类及其对车辆行驶的影响

理解沥青路面纹理的分类和各类纹理对车辆行驶的影响,是分析路面抗滑性能和研究无人驾驶车辆制动策略的基础,也为沥青路面表面纹理测量方法提供了依据。目前研究表明,影响路面抗滑性能的纹理类型主要是宏观纹理和微观纹理,对车辆安全行驶有着重要意义,并且宏观纹理在很大一定程度上直接决定了胎路间的排水能力,直接影响雨天情况下的车辆安全驾驶。

路面的宏观纹理可以通过纹理参数来表征,例如平均结构深度MTD和平均分段深度MPD。在《公路沥青路面设计规范》(JTG D50—2017)和《公路路基路面现场测试规程》(JTG 3450—2019)这两本规范中都以构造深度MTD指标对路面的抗滑性能提出了要求。

第二节 沥青路面表面纹理的测量方法

现阶段,国内外沥青路面表面纹理的获取和识别的方法主要可以分为接触式测量和非接触式测量两类,具体分类如表3-2所示。

沥青路面表面纹理获取和识别方法　　　　　　　　　　　　表3-2

分类	纹理采集测量方法	所需设备	优点	缺点	获得参数
接触式测量	铺砂法	铺砂仪等	原理简单,成本低廉	定点测量,人为因素影响大,效率较低	构造深度
	排水法	流出仪	适用于多孔路面,原理简单,结果直观	定点测量,受路面湿度和渗水的影响很大	构造深度
	摆式仪法(BPT)	摆式仪	原理简单,结果直观	定点测量,受人为因素影响很大	摆值BPN
	动态旋转摩擦系数测试仪(DFTest)	旋转式摩擦仪	操作简单,设备便携	定点测量,当路面有污染物时,测试结果会产生很大的误差	摩擦系数
	拖车式摩擦系数仪法(Grip Tester)	摩擦系数仪	设备灵活,能连续测量干燥和潮湿路面的摩擦系数	设备昂贵,载水量有限,限制了长距离连续测量	摩擦系数
非接触式测量	近景摄影测量法(CRP)	高精度单反相机	路面有浅水膜情况同样适用,精度高,设备价格适中	使用一系列后期制作软件重建3D模型	构造深度等统计参数
	数字灰度图像法	普通数码相机	对设备要求低	精度受外部环境的影响,如自然光强度和路面颜色	构造深度
	CT扫描法	CT扫描仪	精度高	只能室内测量	构造深度等
	激光测量法	手持/车载激光测试仪	精度较高,测量快速	该设备昂贵,无法对积水路面进行测量	构造深度等统计参数

一、路表纹理接触式测量方法

接触式测量是指利用传统仪器设备进行定点测量,包括铺砂法(又称"体积法")、流出仪法(又称"排水法")、摆式仪法、动态旋转式摩擦系数测试仪法、连续式拖车摩擦系数仪法,以上方法通过仪器读取相关指标或计算出构造深度、摩擦系数等参数来间接评价路面表面纹理状况。前三种测量方法简单,但只能在固定点进行测量,受人为因素的影响很大,效率较低;后两者能直观得到摩擦系数,但设备比较昂贵。接触式测量方法在测试过程中会影响测量现场的交通,如连续式拖车摩擦系数仪,由于特定的测试速度和洒水的需求,对交通流和测试距离存有一定的限制。而且,接触式测量方法均无法获得具体的沥青路面宏观纹理和微观纹理数字化信息。

二、非接触式测量方法

基于以上研究不足,国内外学者对非接触式测量进行了大量探索和研究。非接触式测量方法主要包括激光测量法、数字灰度图像法、工业CT扫描法、近景摄影测量法等,这些方法均涉及路面表面纹理三维模型的数字化重构。

(1)激光测量法

激光测量法可以直接获取干燥沥青路面表面纹理数字化高程信息,车载激光断面仪、圆形纹理测试仪(Circular texture meter,CTM)以及手持激光扫描仪均属于激光测量法的范畴。该方法的劣势是不适用于路面潮湿情况的测量,并且激光测试设备十分昂贵。

下述的其余三种方法均属于计算机数字图像逆向重构技术的范畴,需要将2D图像转换为3D模型,从而获得纹理高程信息,精确的数字化纹理信息能够为沥青路面表面纹理参数提取提供数据支持。

(2)数字灰度图像法

数字灰度图像法利用相机垂直采集沥青路面二维灰度图像,图像各像素灰度值能够反映实际路面的凹凸情况,基于该原理将灰度值转换为表面纹理高程信息,通过三维重构获得路面三维模型,但该方法的计算精度受到光照条件、路面颜色、纹理均匀性的影响。

(3)工业CT扫描法

华南理工王端宜、张肖宁使用工业CT扫描获取路面纹理,通过CT技术可以获取较高精度的沥青路面集料和纹理三维数字化信息,但该测试方式只能在室内对试件进行扫描,需要提前完成沥青路面试件制备或钻孔取芯等工作。

(4)近景摄影测量方法

近景摄影测量方法(Close range photogrammetry,CRP)作为数字图像逆向重构技术的代表,是通过多角度对路面待测点进行环绕拍照,经过各图像间数字特征匹配和点云数据生成来重建路面纹理的三维模型,进而从三维模型中提取沥青路面表面纹理信息。相比其他非接触式测量方法,该方法具有减少测试时间、提高测量效率等优点。然而,传统的近景摄影测量需要环绕待测物拍摄6张以上,使得所采集的图像之间有充足的重叠区域,为图像间特征点的匹配提供基础。图像采集的数量决定了近景摄影测量的效率,首先决定了摄影的工作量,其次决定了后期图像处理与三维建模的运算时间。由于每张图像采集时相机的物距、焦距、俯角等参数各不相同,对图像的不同相机参数进行校正的过程也降低了该方法的效率。为了进一步提高近景摄影测量获取沥青路面表面纹理的效率,有学者运用基于双相机的近景摄影测量方法采集沥青混合料试件表面纹理,该方法虽然能够提高测量效率,获取试件大部分纹理信息,但存在不可控的纹理信息损失的情况。

理论上来讲,通过结合先进的软硬件设备获取路表纹理三维数字化信息,可以进一步计算路表纹理参数;此外,它为评估路面的抗滑性能奠定了坚实的基础,同时满足了智能道路未来发展的需要。图像处理技术是近景摄影测量技术快速识别路表纹理信息的核心,这项技术的创新与高效应用等问题仍亟待解决,在保证纹理信息完整性的同时提升纹理重建的精度与效率,从而更好地应用于智慧道路的建设并确保无人车在沥青路面上的行驶稳定性。

第三节 沥青路面表面纹理特征描述方法

国内外学者选用不同的测量方法来获取沥青路面表面纹理,开展了室内、室外试验,结合研究分析的不同需求,运用不同的数据处理手段对采集得到的沥青路面表面纹理数据进一步进行预处理和分析,得到表面纹理的评价参数指标,在此基础上,根据ISO和国家相关标准和规范的要求,对沥青纹理参数描述方法的有效性进行评价。沥青路面表面纹理特征描述方法主要可以分为基于统计理论的纹理特征描述、基于分形理论的纹理特征描述。

一、基于统计理论的纹理特征描述

目前,国内外道路研究领域关于沥青路面表面纹理特征的描述主要是在规范和标准中使用对象表面形貌的统计参数。参数可以分为垂直和水平特征。

1. 沥青路面表面纹理垂直方向特征

ISO 25178-1:2016 Geometrical product specifications(GPS)-Surface texture:Areal 中定义一系列参数用于描述表面纹理特征,包括根均方高度S_q、算术平均高度S_a、峰顶点密度S_{pd}、峰点材料容积V_{mp}等(表3-3)。《公路沥青路面设计规范》(JTG D50—2017)和《公路路基路面现场测试规程》(JTG 3450—2019)中将平均构造深度MTD、平均断面深度MPD指标用于描述沥青路面表面纹理特征,对路面的抗滑性能提出了要求。

ISO 25178 Geometrical product specifications 参数说明　　　　表3-3

符号	名称	描述
S_q	根均方高度	高度的标准偏差
S_{sk}	偏斜度	判断粗糙度形状倾向
S_{ku}	陡峭度	判断粗糙度形状尖锐度
S_p	最大峰高	$S_p = \max[Z(x,y)]$
S_v	最大谷深	$S_p = |\max[Z(x,y)]|$
S_z	最大高度	$S_z = S_p + S_v$
S_a	算术平均高度	$S_a = (MN)^{-1}\sum|Z(x,y)|$
S_{pd}	峰顶点密度	每单位面积的顶点数,值越大表明与相接触的物体接触点越多
S_{pc}	峰顶点的算术平均曲率	峰顶的主曲率平均值,值越小说明与其他物体的接触点越圆润,反之则尖锐
V_{mp}	峰点材料容积	表征可能被磨损的表面材料体积和表面接触区域
V_{mc}	核心材料容积	表征在表面峰顶磨损后承受载荷的材料的体积

上述规格中的参数实际上反映了沥青路面表面纹理垂直方向上的形貌特征。

2.沥青路面表面纹理水平方向特征

用于描述沥青路面表面纹理的水平方向特性的纹理参数主要包括截面的平均波长L_a,断面均方根波长L_q,相邻峰之间的角度α和θ。

2000年,H.Zahouani和R.Vargiolu研究了邻峰夹角α对路面摩擦系数的相关性,同时用邻峰夹角α来表征沥青路面纹理磨耗的情况。2004年,M.Khoudeir和J.Brochard应用相机自动聚焦和图像处理技术开发了3D测量系统——沥青路面微观纹理激光器,系统的测量分辨率达到了0.1μm,通过计算路面剖面高程,创新地将邻峰夹角α和θ作为路面纹理参数(图3-4)。通过对比规范试验,邻峰夹角α和θ与摆值有很好的相关性,可用于评价路面抗滑。

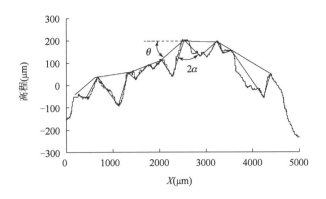

图 3-4 邻峰夹角 α 和 θ 的定义

二、基于分形理论的纹理特征描述

1982年,分形概念由法国数学家BB.Mandelbrot首次提出,通过研究形状多样的不规则物体,得出物体存在自相似性(又称为自放射性),进而提出并首创了分形理论(fractal theory, FT)。该理论可用于定量描述不规则物体的局部和整体之间的相似性。在道路领域,沥青路面表面纹理在一定的尺度范围内也表现出一定的自相似性,许多学者将分形理论运用到沥青路面表面纹理的特征描述。

20世纪90年代,分形理论开始被运用于道路领域的研究,此后,不断有新的研究成果出现。2001年,德国于利希研究中心研究者B.Persson提出了基于表面分形理论的橡胶摩擦模型,并在后续的十年里不断完善该理论。2011年,张肖宁利用激光扫描获取沥青路面表面纹理,利用MATLAB平台对三维纹理数据进行分析,实现"盒子计数法"自动化计算,并得到表面的分形维数。结合数学理论基础与沥青混合料材料特性,提出沥青路面是一种多相介质组合而成的混合材料,其分形尺度涵盖了组成集料的粒径尺寸分形、集料表面棱角及形状分形、空间分布分形等。但研究发现,运用单一的分形维数不能很好地刻画物体的细致特征,相同分形维数下,其局部特征不尽相同。为此,分形研究进一步深入到多重分形。随着三维重构技术的发展,以二维图像为基础的三维空间图像成为现实,多孔结构空间分布特性量化表征进一步完善。相对于分形表征,多重分形量化了孔隙空间大小以及分布均匀性。

三、基于谱分析法的纹理特征描述

基于信号处理理论,谱分析方法可以表征表面微凸体的分布。功率谱密度(PSD)是反映随机信号中某一频段上的功率强弱的参数,早已被用于随时间变化的信号分析中。表面轮廓的功率谱密度计算,是对所采集的表面轮廓数字信号作傅里叶变换,然后将频谱的平方与采样密度相乘所得的积,如式(3-1)所示。在数学上,功率谱密度代表了表面轮廓信号强度随频率的分布函数,它包含一系列复杂的正弦波形,这些波形是随机表面轮廓经离散傅里叶变换而来。

功率谱密度函数揭示了轮廓波形的分布,可以从中确定表面轮廓中粗糙度的主导成分。

$$Z_{PSD} = \lim_{\Delta f \to 0} \frac{1}{\Delta f} \cdot \int_{\Delta f} Z^2(f) \, \mathrm{d}f \tag{3-1}$$

式中:Z_{PSD}——信号Z的功率谱密度;

Δf——频率间隔的带宽。

当表面轮廓以频谱的方式定义后,轮廓纹理水平(L_{TX})参数可以用来评价轮廓中某一特定波长在整个轮廓波形中所占的比例。本书根据 ISO 13473-4,分别采用倍频带和 1/3 倍频带谱分析方法来表征路面纹理。纹理水平参数的计算如式(3-2)所示,该公式是轮廓纵向变化幅值的对数转换。

$$L_{TX,\lambda} = 10 \cdot \lg\left(\frac{\alpha_\lambda^2}{\alpha_{ref}^2}\right) = 20 \cdot \lg\frac{\alpha_\lambda}{\alpha_{ref}} \tag{3-2}$$

式中:λ——每个倍频带宽的中心波长长度;

α_λ——基于离散傅里叶变换的表面轮廓幅值的均方根值(m);

α_{ref}——参考均方根值(10^{-6}m)。

单个倍频带的纹理水平参数计算出以后,可以通过带宽的组合,获得任意波长区间范围内的纹理水平值,如式(3-3)所示。比如纹理水平参数$L_{TX,0.5-32}$,所覆盖的波长范围从 0.4 ~ 40.3mm,也就是涵盖了微观纹理和宏观纹理的波长范围。

$$L_{TX, i \to j} = 10 \cdot \lg\left(\sum_{\lambda=i}^{j} 10^{\frac{L_{TX,\lambda}}{10}}\right) \tag{3-3}$$

四、基于图像处理技术的纹理特征描述

随着计算机技术飞速发展,计算机视觉在道路工程检测中应用已经成为路面及材料非接触测试的研究热点,美国土木工程杂志在 2004 年曾经发专刊讨论该领域的研究进展。A.Khalid 等利用数字显微镜研究了石料表面纹理特征和形状特征。沥青路面微观形貌受沥青混合料、结构状态、石料形状等影响,因此图像处理技术同样可应用于沥青路面微观形貌特征描述方法研究中。M.Khoudeir 等在沥青路面摩擦性能图像分析研究中,提取图像灰度梯度值的统计量(均值、标准差)、自相关函数偏差、灰度图像曲率图的统计量等作为沥青路面微观形貌特征表征参数,并借助室内磨损试验,得出所提参数的变化与抗滑性能衰减相一致的结论。

代表性的系统研究是法国 LCPC(Laboratoire Central des Ponts et Chauss'ees)实验室和 SIC (Laboratoire Signal, Image et Communications)实验室为期两年的合作研究,该研究主要致力于基于图像分析的路面微观纹理的测量和表征方法研究。首先,借助高分辨率相机样机,开发了便携式静态纹理测量仪器;然后,利用光度立体视觉技术从路表面形貌信息中提取出粗糙度的信息;最后,通过对图像的几何特征和频率特征的分析,得出路表面微凸体的形状和密度表征参数。

第四节 沥青路面表面纹理特性表征参数

沥青路面表面纹理是一种复杂的空间非线性信号系统。为准确地描述沥青路表面形貌特征,众多研究将表面纹理特征参数分为幅度、间距和综合三类统计几何参数。表3-4中列举了常用的路表纹理统计几何参数。

常用的路表纹理统计几何参数　　　　　表3-4

类别	指标	计算公式
幅度	平均断面深度MPD（Mean Profile Depth）	$\mathrm{MPD} = \dfrac{\max\left(h_1, h_2, \cdots, h_{\frac{N}{2}}\right) + \max\left(h_{\frac{N}{2}+1}, h_{\frac{N}{2}+2}, \cdots, h_N\right)}{2}$
	平均构造深度MTD（Mean Texture Depth）	$\mathrm{MTD} = \dfrac{\iint_D [F_0 - F(x,y)] \, dxdy}{A}$
	算术平均值 R_a	$R_a = \dfrac{1}{N} \sum_{i=1}^{N} |h_i|$
	均方根粗糙度RMSR	$\mathrm{RMSR} = \sqrt{\dfrac{1}{N} \sum_{i=1}^{N} [z(x_i)]^2}$
	算术均方根 R_q	$R_q = \sqrt{\dfrac{1}{N} \sum_{i=1}^{N} h_i^2}$
	偏度 R_{sk}	$R_{sk} = \dfrac{1}{R_q^3} \sqrt{\dfrac{1}{N} \sum_{i=1}^{N} h_i^3}$
间距	算术平均波长 λ_a	$\lambda_a = 2\pi \dfrac{R_a}{\Delta_a}$
	均方根波长 λ_q	$\lambda_q = 2\pi \dfrac{R_q}{\Delta_q}$
综合	轮廓算术平均斜率 Δ_a	$\Delta_a = \dfrac{1}{N} \sum_{i=1}^{N} \left| \dfrac{\Delta y_i}{\Delta x_i} \right|$
	轮廓均方根斜率 Δ_q	$\Delta_q = \sqrt{\dfrac{1}{N} \sum_{i=1}^{N} \left| \dfrac{\Delta y_i}{\Delta x_i} \right|^2}$

注:h_i 为轮廓的高程数据;Δx_i、Δy_i 分别为轮廓两点间的横、纵坐标之差;N 为数据点数量;F_0 为盖在道路表面上的空间平面;$F(x,y)$ 为路面高程点所形成的区域面;D 为积分区域;V 为路表面与平面 F_0 间所围体积;A 为区域 D 的面积;$z(x_i)$ 为剖面高程点。

表3-4中纹理特征参数以获取的离散数据点为分析基础,弱化了不同属性参数的内在联系,缺乏对表面形貌特性的系统性描述。在幅度类特征参数中,一些统计参数(如偏度 R_{sk})能

够较方便地判断纹理的正负性,即纹理高程密度函数曲线尾部的相对长度。当$R_{sk}>0$时,则纹理高程分布为右偏;反之,当$R_{sk}<0$时,该纹理高程分布左偏。

不同路表纹理的偏度R_{sk}如图3-5所示,图中断面轮廓曲线分别取自某一混凝土路面和室内马歇尔试件。通过高程分布概率可知,混凝土路面$R_{sk}=0.4578>0$,为正偏态分布的正纹理(Positive texture);而马歇尔试件$R_{sk}=-0.5684<0$,为负偏态分布的负纹理(Negative texture)。由以上分析可知,偏态系数能较好地反映两种表面的分布特性。

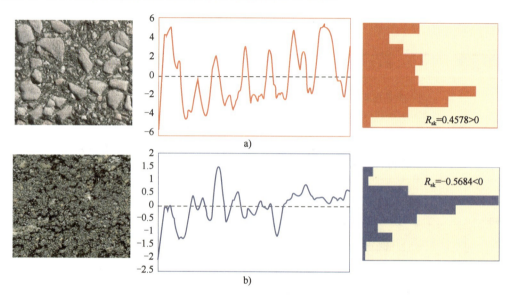

图3-5 不同路表纹理的偏度R_{sk}

然而,运用单一的评价参数(如算术均方根R_q)往往难以准确描述表面特性,R_q在路面纹理表征中使用较为广泛。相同R_q的表面正负纹理如图3-6所示,由图可知,两理想化的正、负表面纹理对称,具有相同的均方根R_q,但若要更加精确地表征,需要补充另一些统计参数,例如工程中较常采用的评价指标——平均断面深度(Mean Profile Depth,MPD)。通过MPD和R_q的综合分析,相同R_q的正纹理比负纹理路面具有更大的断面深度。

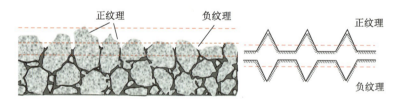

图3-6 相同R_q的表面正负纹理

针对表面轮廓数据,这些理论方法已经发展得较为成熟,在空间维度上均具有较好的继承性。但只考虑了方向上数据统计特点,并未考虑到区域数据分布等问题,而路面纹理分布特性在实际胎/路接触问题中影响显著,因此有必要进一步考虑纹理分布特征。

如本章第二节所述，沥青路面表面纹理的获取方法主要包括接触式测量和非接触式测量两类。相较于非接触式测量方法，接触式测量方法在道路交通影响、人为因素、测试距离、效率等方面均具有显著的局限性，且无法获得具体的沥青路面宏观纹理数字化信息。而在非接触式纹理测试技术中，目前广泛采用的如图3-7所示的工业CT扫描法则只能在室内对试件进行扫描，需要提前完成沥青路面试件制备或钻孔取芯等工作。而近景摄影测量方法可利用各图像点云数据进行重建路面纹理三维模型，进而获取路表面纹理三维信息数据。相比其他非接触式方法，具有减少测试时间、提高测量效率等优点。

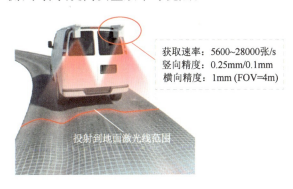

图3-7　工业CT扫描法进行道路扫描与纹理识别

考虑到近景摄影测量方法的优势，在数字图像处理技术的基础上，也有学者采用分形维数作为路面抗滑性的评价指标，基于路面构造轮廓的统计自相似特征用分形差值函数FIF进行模拟路表横断面构造曲线，借助于分形维数 N 求解式来表征路表宏观、微观构造特征，如式(3-4)所示，d_i 表示纵向压缩因子。

$$N = 1 + \frac{\lg\left(\sum_{i=1}^{n}|d_i|\right)}{\lg n} \tag{3-4}$$

理论上来讲，使用路表纹理参数进行评价路面抗滑性能符合未来智慧道路发展的需求，而图像处理是快速识别路表纹理信息的核心技术。因此，采用近景摄影测量技术以保证纹理信息完整性并提升纹理重建的精度、效率，从而有助于无人驾驶车辆的操作稳定性。

第四章　胎-路相互作用及路表抗滑特性测试

第一节　摩擦原理及界面力

摩擦是一种非常复杂的现象。从15世纪末达·芬奇（Leonardo da Vinci，1452—1519年）开始科学地对固体摩擦进行研究以来，虽然许多科学家经历了几个世纪的探索，但至今还没有一种为大家所公认的能全面阐明摩擦现象的理论，以至于对摩擦的定义还存在模糊的认识。例如，经济合作与发展组织（Organization for Economic Co-operation and Development，OECD）下属的工程材料磨损研究小组，在其编写的《摩擦学术语及定义汇编》中把摩擦定义为：在外力作用下，一个物体相对于另一个物体表面运动时或将要运动时，在两个物体的界面上作用的切向阻力。

然而，从本质上看，摩擦是在外力作用下，发生相对运动或具有相对运动趋势的物体，受到与其相接触的物质或介质（液体或气体）的阻力作用，在其界面上产生的一种能量转换的现象。在界面上作用的切向阻力是摩擦力，而不是摩擦。因为摩擦的本质不是一种力，而是一种能量转换的现象，如汽车、火车在行驶中的制动过程以及钻井作业时钻井绞车在下放钻柱的制动过程中产生的摩擦，就是一种将机械能转换成热能的现象。因此，摩擦与摩擦力是两个既有密切联系而又有本质区别的不同概念，不能加以混淆。

我国现有的抗滑性能测试指标主要是60km/h对应的横向力SFC及纹理深度。在第十一章第五节将介绍不同规范中沥青路面抗滑阈值的规定。现有的阈值规定均是60km/h对应的横向力SFC及纹理深度同步增减，但是研究表明，密级配负纹理路面的变化规律与多孔路面及正纹理路面变化规律不同。多孔路面及正纹理路面变化一般呈现纹理深度增加，但是60km/h对应的横向力SFC则减少。因此，必须研究不同路面级配类型及对应的测试方法、相应的设计与质量评定标准。

一、摩擦基本原理

(一)摩擦类型

1.按照摩擦表面的润滑状态分类

摩擦可以按不同的方法分类,按照摩擦表面的润滑状况,摩擦分为以下四种类型:

(1)干摩擦

这种摩擦也称无润滑摩擦。通常,在工程上,它是指在摩擦表面上没有任何润滑剂的一种摩擦,例如:各种干式摩擦离合器片在挂合或摘开过程中产生的摩擦;钻井绞车在制动过程中,制动块与制动鼓接触表面之间的摩擦;汽车制动过程中制动块与制动鼓接触表面之间的摩擦。但是,严格地说,只有在绝对干燥与干净的表面直接接触时,才可能出现名副其实的干摩擦,这种摩擦一般只有在真空条件下或表面膜破坏的瞬间才会出现。

(2)边界摩擦

这是指在摩擦表面存在一种具有润滑性能的边界膜的摩擦,通常也称为边界润滑。发动机中的汽缸与活塞环、凸轮与挺杆以及机床导轨和蜗杆传动中产生的摩擦都属于这一种类型。

(3)流体摩擦

这是指相对运动的固体表面完全被润滑剂隔开的一种摩擦。这种摩擦主要发生在该润滑剂所形成的流体膜内部,即它是一种发生在流体内部的内摩擦,通常将这类摩擦称为流体润滑。在合理的工况条件下,润滑充分的滑动轴承、齿轮等都可能实现流体润滑。

(4)混合摩擦

它又可分为半干摩擦和半流体摩擦两种。前者是指同时存在干摩擦和边界摩擦的一种混合状态的摩擦,而后者则是指同时存在边界摩擦和流体摩擦的一种混合状态的摩擦。

2.按照摩擦副的运动形式分类

按照摩擦副的运动形式,可以将摩擦分为以下两大类:

(1)滑动摩擦

在各种滑动轴承和机床导轨以及钻机中的刹车与气动离合器中相对滑动表面上产生的摩擦都属于滑动摩擦。

(2)滚动摩擦

各种滚动轴承中产生的摩擦称为滚动摩擦。

3.按照摩擦副的运动状态分类

按照摩擦副的运动状态,可以将摩擦分为以下两种类型:

(1)静摩擦

这是指物体在外力作用下,还不足以克服摩擦表面上产生的切向阻力,因而还没有产生相对运动的一种摩擦状态。对于外力刚好能克服摩擦表面上的切向阻力,使物体刚刚产生相对运动的那一瞬间的摩擦状态,称为极限静摩擦。

(2)动摩擦

这是指物体已经产生相对运动后的一种摩擦状态。动摩擦系数一般小于静摩擦系数。这两个数值如果相差太大,将会使离合器的挂合过程和制动过程不稳定。对于机床导轨,会产生抖动,即所谓"爬行"现象,它会严重影响工件的加工精度。

4.按照摩擦副的摩擦特性分类

按照摩擦副的摩擦特性可将摩擦分为以下两大类:

(1)减摩摩擦

这类摩擦作用是通过减小摩擦以减小摩擦损失,从而提高机器的效率和能量利用率。

(2)增摩摩擦

这类摩擦的作用是通过增加摩擦以实现特定的功能,或达到特定的工作要求,如制动副增加摩擦可以更好地吸收动能。

以上各种分类所涉及的摩擦都是发生在物体外部,也即发生在相对运动的物体之间的界面上的各种摩擦,因而可统称为外摩擦。物体(包括固体、液体和气体)内部物质中的分子运动,由于某种原因(如固体受到冲击、振动、变形,液体内部产生相对滑动,气体的体积发生变化等)会产生内能消散或能量转换,这种现象称为内摩擦。对于固体,其内摩擦一般表现为迟滞;对于流体,其内摩擦则往往以黏度的形式表现出来。本章节主要介绍滑动摩擦和滚动摩擦这两种类型的干摩擦。

(二)滑动摩擦

1.古典摩擦理论

1)机械咬合理论

早在15世纪末,达·芬奇研究摩擦现象时,通过比较具有光滑表面和粗糙表面的物体的摩擦,得出了"表面愈是光滑摩擦愈小"的结论,他把产生摩擦的原因归结为物体存在凹凸不平的表面。后来,经过阿蒙顿(G.Amontons,1663—1705年)以及欧拉(Lonhard Euler,1707—1783年)等一些科学家进一步的研究,整整历时200多年,直到18世纪才由库仑(C.A.Coulomb,1736—1800年)形成了完整的机械咬合理论。这种理论认为,摩擦主要是由表面的凹凸形状所造成的,即当两个表面接触时,其凹凸部分互相咬合而形成摩擦。若要使表面滑动,则必须顺着其凸起部分滑动或把这些凸起部分破坏掉,这就是产生摩擦力的原因。

2)分子吸引力

早在库仑建立上述机械咬合理论之前50年,英国物理学家德萨古利埃(J.T.Desaguliers,1683—1744年)在其《实验物理学教程》一书中,首次提出了产生摩擦力的真正原因在于摩擦表面上分子力交错的观点。他认为,表面越光滑,由分子吸引力产生的摩擦力越大。但这个观点一直到20世纪初才为哈迪(W.B.Hardy,1864—1934年)的试验所证实。哈迪发现分子吸引力在短距离内起作用,摩擦是由接触界面上的分子吸引力所引起的。分子吸引理论的形成,前后也经历了150年。这种理论认为摩擦的产生是由于表面滑动时,表面上的分子运动键断裂而消耗了一定的能量。

3)库仑摩擦定律

库仑摩擦定律实际上是从达·芬奇对固体摩擦的试验研究开始,中间经过阿蒙顿、欧拉等一些科学家大量的研究工作,最后才由库仑建立的。库仑在对摩擦进行系统研究的基础上,1785年发表了题为《简单的各种机械理论》的著名论文,成为18世纪在摩擦方面试验和理论研究领域的最大成就,确立了摩擦的定律和原理,形成了后来命名为**库仑摩擦定律**的基本内容。库仑摩擦定律的主要内容包括以下几个方面:

(1)摩擦力的方向与相对运动的方向相反,其大小与接触物体间的法向作用力成正比,即:

$$F = fN \tag{4-1}$$

式中:F——摩擦力;

N——法向作用力;

f——摩擦系数。

(2)摩擦力的大小与接触物体间的名义接触面积无关。

(3)摩擦系数的大小取决于材料性质,而与滑动速度和法向作用力的大小无关,对于一定的材料,其摩擦系数为一常数。

(4)静摩擦系数大于动摩擦系数。

实践证明,库仑摩擦定律可近似地应用于工程实际,但还存在以下问题:

(1)摩擦系数的大小不仅取决于该材料本身固有的特性,而且与它所在的摩擦学系统的特性密切相关,即:

$$f = \varphi(x, s) \tag{4-2}$$

式中:x——工况条件或工况参数,包括载荷、相对运动的速度与形式以及时间等;

s——摩擦学系统的结构,即:

$$s = \{A, P, R\} \tag{4-3}$$

式中:A——组成摩擦学系统的各元素(包括环境);

P——组成摩擦学系统的各元素的性质;

R——组成摩擦学系统的各元素之间的相互关系。

由式(4-2)可见,摩擦系数具有条件性和相对性,即它的数值不仅取决于摩擦学系统的工况条件,而且还取决于摩擦学系统的结构组成以及其中各元素的性质和元素之间的关系。所以,它绝不是只由其中某一个元素的性质来决定。因此,即使是同一种材料,在不同的摩擦学系统中(包括不同的对像和不同的环境),其摩擦系数具有不同的数值。

(2)对于极硬的材料(如钻石)或具有黏弹性的高分子材料,其摩擦力并不与法向作用力成正比,而是存在以下函数关系:

$$F = CN^k \tag{4-4}$$

式中:C——常数;

k——指数,约等于2/3~1。

(3)对于弹性材料或黏弹性材料和表面粗糙度很小的硬表面,其摩擦系数随着名义接触面积的增大而增加。

(4)多数材料的摩擦系数都会随滑动速度的增加而降低,而此规律还受到法向作用力变化的影响。

(5)对于黏弹性材料,在某种情况下,其动摩擦系数大于静摩擦系数。

2. 现代摩擦理论

古典摩擦理论的局限性促使人们进一步深化对摩擦机理的研究。进入20世纪以来,出现了不少新的摩擦理论,其中有代表性的是鲍登(F.P.Bowden)和他的学生泰伯(D.Tabor)的黏着理论、拉宾诺维奇(E.Rabinowicz)的表面能量理论、克拉盖尔斯基的分子-机械理论、卡斯杰茨基和弗来合尔(G.Fleischer)先后提出的能量平衡理论以及许(N.P.Suh)的变形-犁削-黏着理论。下面主要介绍后面两种摩擦理论。

1)能量平衡理论

摩擦是发生在摩擦表面上的一种十分复杂的能量转化和能量消散的现象。因此,用能量平衡的分析方法可以更好地揭示和阐明摩擦过程的本质。

能量平衡理论的要点如下:

(1)摩擦过程是一个能量分配与转化的过程(图4-1)。一个摩擦学系统在摩擦过程中,其输入能量等于输出能量与能量损失之和,能量损失即摩擦能量。对于金属摩擦,其摩擦能量主要消耗于固体表面的弹性与塑性变形。而在交替发生黏着的过程中,此变形可能积蓄在材料内部而形成位错或转化为热能。断裂能量(表面能)在磨损(磨粒形成)过程中起主要作用,它使摩擦表面形成新的表面和磨粒。一般第二次过程能量的作用较小,但在某些情况下(如合成材料的分解或剥离,摩擦化学过程大量吸热和制动器的制动过程等),这部分能量损失较大,估计可达30%。

(2)在一定条件下,摩擦过程会发生摩擦能量的转化(转化为热能、机械能、化学能、电能和电磁能等)以及摩擦副的材料和形状的变化。

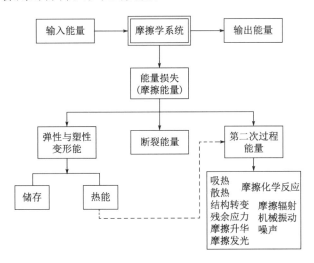

图4-1 摩擦过程中能量的分配与转化示意图

(3)可借助摩擦力所做的功(摩擦功)来表示摩擦过程的能量平衡。在一般情况下,摩擦功W_f的大部分转化为热能Q,以热的形式消散,小部分(约9%~16%)则以内能ΔE的形式储存于表面层。即:

$$W_f = Q + \Delta E \tag{4-5}$$

如果表面没有明显的塑性变形,则摩擦功全部转化为热能:

$$W_f = Q \tag{4-6}$$

试验表明,能量平衡各组成部分之间的比例关系($\Delta E/Q$)主要取决于摩擦副的材料、载荷、工作介质的物理-化学特性和摩擦路程。此外,它与摩擦副中金属的变形特性也有重要关系。在其他条件相同时,金属的塑性越好,则W_f越小,所形成的Q也越小,而消耗的ΔE越大。硬的淬火钢摩擦时,Q实际上可达到100%,则$\Delta E \approx 0$。

尽管上述能量平衡理论至今尚未建立可供定量分析的数学模型,但它可以较全面地描述摩擦学系统的摩擦过程,并且可以更合理地分析影响该摩擦过程的各种因素。

2)变形-犁削-黏着理论

许(N.P.Suh)等在20世纪70年代后期提出了阐明摩擦机理的变形-犁削-黏着综合作用理论,其要点如下:滑动表面之间的摩擦是由微凸体的变形、磨粒和微凸体对表面的犁削以及黏着三者综合作用的结果。这三者对摩擦系数影响的程度取决于滑动界面的状态,而后者又受到滑动前材料的性质表面状态以及环境等因素的影响。

(1)实验依据

以一组不同硬度的纯铁和钢在室温和净化的氩气中进行摩擦试验(N=9.8N,滑动速度

$v=0.02\text{m/s}$,总滑动距离为36m),得到以下结果。

①摩擦系数f随滑动距离d而变化。其变化规律如图4-2a)所示,但如果较软的试件在较硬的静止的物体上滑动时,则其摩擦系数f达到最大值之后会有所下降,然后才达到稳定值,见图4-2b)。

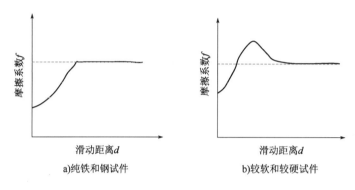

a)纯铁和钢试件　　　　b)较软和较硬试件

图4-2　摩擦系数与滑动距离的关系

②把磨粒从滑动界面上清除后,摩擦系数f会显著下降。然后,又逐渐回升到稳定值(图4-3)。

③不论何种材料组合,初始的摩擦系数f都等于$0.1\sim0.2$。

④相同金属相互滑动时,其稳定状态的摩擦系数f都大于软试件在较硬的静止物体上滑动时摩擦系数f的稳定值;反之,用硬试件在较软的静止物体上滑动时,其f的稳定值几乎和同种金属对摩时一样。由此可见,摩擦系数的大小与材料的状态(静止或运动)有关。

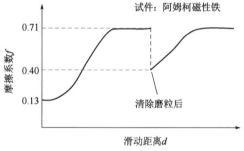

图4-3　清除磨粒后摩擦系数与滑动距离的关系

显微照片表明,软试件在较硬的静止物体上滑动时,软、硬两个接触表面均被抛光;否则,不仅不会产生上述现象,而且在摩擦表面上还会形成犁沟。

(2)摩擦机理

①摩擦系数的变化过程。

如图4-4所示,摩擦系数的变化过程一般可分为以下六个阶段:

第Ⅰ阶段:表面污染,形成污染膜,此时黏着并不严重,对摩擦系数影响不大。开始时,表面易被抛光并产生新的微凸体,在滑动开始时,微凸体并不产生变形,因而,它对摩擦系数的影响也不

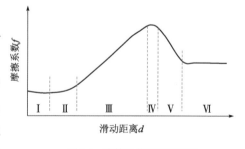

图4-4　摩擦系数的变化过程

大。因此,在此阶段,摩擦系数主要受到微凸体在其对偶面上犁沟作用的影响。

第Ⅱ阶段:表面膜破坏,此时黏着起主要作用,摩擦系数开始上升,如果在两个滑动表面之间存在磨粒,则磨粒产生的犁沟作用会使摩擦系数上升得更快。

第Ⅲ阶段:滑动表面间的磨粒数增加,犁沟作用增大,从而使清洁表面增大,黏着增加,这两者综合作用的结果,使摩擦系数急剧上升。

第Ⅳ阶段:进入摩擦表面的磨粒数和离开表面的磨粒数大致相等,摩擦系数达到稳定值。

第Ⅴ阶段:硬表面的微凸体逐渐磨平,出现镜面,磨粒较难黏附在光洁的硬表面上,使犁沟作用减弱,被磨平的微凸体的变形也较小,因而摩擦系数有所下降。

第Ⅵ阶段:当大部分的硬表面变得光滑时,软表面因此而得到同样的镜面,此时,界面的表面粗糙度达到可能的最佳值,摩擦系数 f 趋于平稳。

如果是硬表面在静止的软表面上滑动,软表面将不会发生抛光现象,其界面将始终是粗糙的,则不会出现第Ⅴ、第Ⅵ两个阶段。

②机理分析。

微凸体变形引起的摩擦:在图4-5中,A、B 为两个微凸体的接触界面,要使这两个表面发生相对滑动,微凸体必须变形,使其位移与滑动方向一致。

黏着引起的摩擦:它主要取决于接触界面处的黏着强度与较软材料的剪切强度之比。

犁沟引起的摩擦:由于硬微凸体或硬磨粒嵌入到较软材料的基体内,在相对运动时会产生犁沟作用,因此,其摩擦系数主要取决于磨粒尺寸(或硬微凸体的尺寸)及其相对硬度和嵌入软材料的深度。

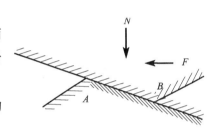

图4-5 两个微凸体相互进入接触时的物理模型

犁沟还会使沟槽两侧形成山脊,而后者又不断被压平、断裂,从而形成新的磨粒,见图4-6。

a)形成山脊　　　　b)山脊被压平　　　　c)形成磨粒

图4-6 犁沟形成磨粒的过程

由上可见,摩擦过程相当复杂,以上三种机理可能是同时发生,也可能是先后发生。总之,摩擦副的摩擦系数不仅仅是摩擦副材料的固有特性,而且与其工况条件材料组合、工作表面状态以及环境等因素密切相关,并且随其不同的发展阶段而异。肖(M.C.Shaw)与迈克斯(E.F.Macks)认为摩擦是黏着、犁削和表面粗糙度三种因素综合作用的结果,即:

$$f = \frac{\tau}{H} + \tan\theta + f_p \tag{4-7}$$

式中:τ——材料的剪切强度;

H——材料的硬度；

θ——微凸体的斜角；

f_p——考虑犁沟效应的摩擦系数的分量。

3. 影响滑动摩擦的因素

由于摩擦过程的复杂性，至今尚无十分完善的理论能解释各种摩擦现象，而且对影响摩擦的因素也还缺乏完全一致的认识。在此，仅介绍一些主要的影响因素。

(1) 材料本身的性质（包括相对摩擦的两种材料）

对于一般材料，摩擦力随硬度的增加而减小，因硬金属的塑性变形的能力较小，其黏着能力也随之减小。相同金属或互溶性大的金属组成的摩擦副易发生黏着，因而其摩擦系数较大。

(2) 荷载

古典摩擦理论认为摩擦系数与载荷无关。实际上，载荷对摩擦系数的影响与真实接触面积的大小有关。

① 金属对金属的摩擦。

摩擦系数一般随载荷的增加而减小，并逐渐趋于稳定。对于金属对金属的摩擦副，其摩擦力可以认为是由剪断摩擦界面上各黏结点的剪切力和粗糙表面相互嵌入而形成的切向阻力这两部分所组成，但后者仅占百分之几，可略去不计。即：

$$F = A_r \tau_s \tag{4-8}$$

式中：τ_s——较软金属表面层（冷硬层）的剪切强度。

由上可见，对于一定的材料，其摩擦力与真实接触面积成正比。实际上，真实接触面积的增长往往并不与载荷的增长成比例，即真实接触面积的增长率小于载荷的增长率，所以，摩擦力的增长率低于载荷的增长率。因此，随着载荷的增长，摩擦系数逐渐减小，直到载荷增大到足以使真实接触面积的增长与载荷的增长成比例时，则摩擦系数为常数，而与载荷的变化无关。

② 高分子材料对钢的摩擦。

通常，高分子材料与金属组成的摩擦副在低速(0.01cm/s)滑动的条件下，具有和金属摩擦副相类似的载荷特性。然而在高速滑动的情况下，由于摩擦热的产生，则会出现完全不同的特性，如尼龙6与钢摩擦时的载荷特性曲线，在每一种滑动速度的条件下，其载荷特性曲线上均存在摩擦系数的峰值。而且其峰值随滑动速度的增加向低载荷方向移动，这些峰值大体上都发生在$pv=0.147$MPa·cm/s处。尼龙相互对摩时，也会出现类似的规律。产生上述现象的原因尚不清楚，可能是由于高分子材料转变为橡胶态，因而表现出高的摩擦系数。

(3) 滑动速度

古典摩擦理论认为摩擦系数与滑动速度无关。事实上，摩擦系数随滑动速度变化的规律非常复杂，目前在这方面还缺乏一致的认识。波切特(B.Bochet)研究了机车车辆的制动摩擦，

得到金属摩擦副的摩擦系数随滑动速度的增加而减少的结论,即:

$$f = \frac{K}{1 + 0.23v} \tag{4-9}$$

式中:K——系数,一般为 0.25～0.45(湿轨取 0.25,干轨取 0.45);

v——滑动速度(m/s)。

佛兰克(G.Franke)修正了上述结果,得到以下经验关系式:

$$f = f_0 e^{-cv} \tag{4-10}$$

式中:f_0——静摩擦系数;

c——常数。

对于橡胶、聚四氟乙烯和硬质聚乙烯等高分子材料,其摩擦系数随滑动速度的增加而增加。克拉盖尔斯基等对各种材料在滑动速度变化范围为 0.0004～25m/s 和正压力变化范围为(0.0008～17)×10^{-2}MPa 的试验条件下,对摩擦进行了研究,得到如下结论:摩擦系数随滑动速度的增大而通过一峰值,此峰值随压力的增大向低速方向移动(图 4-7),并得到摩擦力的关系式如下:

$$F = (a + bv)e^{-cv} + d \tag{4-11}$$

式中:a、b、c、d——取决于摩擦副的材料和载荷大小的各项系数。

滑动速度对摩擦系数的影响,在很大程度上与摩擦表面的温度密切相关,因后者往往会使表面性质发生变化。

(4)温度

摩擦表面和周围介质的温度都会对摩擦系数产生十分复杂的影响,而且往往表现为综合性的影响因素。由于温度主要是通过改变材料的性质而对摩擦系数产生影响,因此,对于不同类型的材料具有不同的温度特性。

①金属及其化合物。

这类材料温度特性的主要特征是:在任何情况下,随温度而变化的摩擦系数都存在一个最小值。图 4-8 给出了碳化钛单晶体在真空中的高温摩擦特性曲线。存在这种浴盆状特性曲线的原因在于:

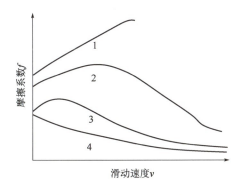

图 4-7 不同正压力作用下摩擦系数与滑动速度的关系曲线
1-载荷很小;2、3-载荷中等;4-载荷很大

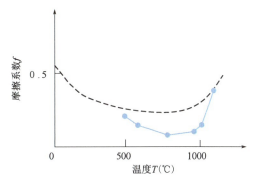

图 4-8 碳化钛单晶体在真空中的高温摩擦特性曲线

a. 黏着点的剪切强度随温度的升高而下降,所以,摩擦系数也相应减小。但是,这种减小的趋势却会因载荷、材料的硬度或弹性模量的减小而减慢。

b. 材料的硬度会随着温度的升高而减小,即:

$$HB = HB_0 e^{-\alpha T} \tag{4-12}$$

式中:HB_0——温度为0℃或20℃(即273K或293K)时材料的布氏硬度;

α——与材料有关的系数;

T——温度(K)。

但是,硬度下降会增大黏着力,因而使摩擦系数增大。

综合以上两方面的影响,随着温度的升高,摩擦系数会出现一个极小值。

②高分子材料。与上述材料正相反,对于塑料、尼龙等散热性较差的高分子材料,其温度特性的主要特征是随温度而变化的摩擦系数都存在一个最大值。图4-9给出了尼龙6与钢在$v=0.05m/s$及正压力$p=0.245MPa$的试验条件下摩擦系数的温度特性曲线。

以上只是给出了两种典型的温度特性曲线。事实上,温度还会影响摩擦表面的其他性质(如表面吸附和表面化学反应等)。因此,在实际中往往存在多种形式的温度特性曲线,这就要求针对其具体情况作具体分析。

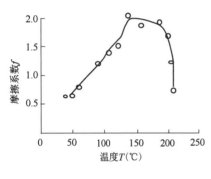

图4-9 尼龙6与钢摩擦系数-温度特性曲线

(5)表面特性

①表面几何特性。

表面粗糙度对摩擦系数的影响如图4-10所示,该图为铜-铜摩擦副的摩擦系数随表面粗糙度的增大而变化的规律。为了更好地分析表面粗糙度对摩擦系数的影响,可以将图4-10划分为三个区域。在第Ⅰ区表面粗糙度小,表面较光滑,产生摩擦的主要原因是黏着。此时,真实接触面积的大小起主要作用。因此,在这个区域内,随着表面粗糙度的逐渐增大,真实接触面积逐渐减小,摩擦系数也相应地逐渐减小。在第Ⅱ区,对应于中等粗糙度的表面,这也就是一般工程实际中的工程表面,其摩擦系数几乎不受表面粗糙度的影响。而在第Ⅲ区,表面非常粗糙。摩擦主要起因于表面微凸体的变形和犁削作用,因而摩擦系数随表面粗糙度的增大而增大。

②表面膜。

表面膜包括水蒸气、二氧化碳、氯和硫在纯净表面的吸附膜和反应膜,这类膜能使摩擦系数降低。这是因为膜本身的剪切强度低于基体材料,滑动时剪切阻力小,而且还可以避免或减轻黏着现象,从而使摩擦系数减小(表4-1)。

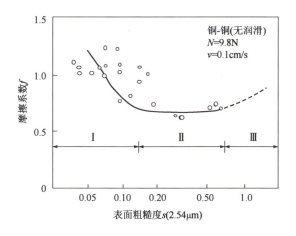

图4-10 表面粗糙度对摩擦系数的影响

表面膜对摩擦系数的影响   表4-1

摩擦副	摩擦系数 f	
	纯净表面	有膜的表面
钢-钢	0.78	0.27
铜-铜	1.21	0.76

（三）滚动摩擦

1.滚动摩擦的概念及类型

（1）滚动的概念

轮子沿平面滚动如图4-11所示。当轮子沿平面滚过一个角度 Φ 时,轮子相对于该平面移动的距离为 $R \cdot \Phi$,这种运动称滚动或纯滚动。这时通过 O_1 点垂直于纸面的轴线为其瞬时旋转轴线,其角速度 $w=v/R$,轮上其他各点好像是在绕此轴线而旋转。

（2）滚动摩擦系数

当轮子承受载荷 W 时,接触平面受压变形使轮子下沉(图4-12),此时轮子与地面的接触状态由原来的点接触转变为面接触。因此,要使轮子做等速滚动,必须施加一个驱动力矩 FR,即:

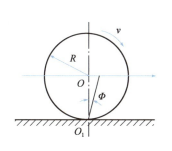

图4-11 轮子沿平面滚动

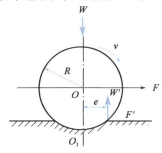

图4-12 滚动摩擦计算模型

$$FR = W'e \tag{4-13}$$

因为 $W = W'$ 和 $F = F'$，所以得到 $FR = We$，故：

$$e = \frac{FR}{W} \tag{4-14}$$

这里 e 是一个具有长度量纲的量，有人称之为滚动摩擦系数。严格地说，滚动摩擦系数是单位距离上驱动力 F（或摩擦力）所做的功与法向载荷之比。当轮子转过角度 $\Delta\Phi$ 后，轮子所走过的距离为 $\Delta L = R\Delta\Phi$，所以按上述定义，滚动摩擦系数为：

$$f_r = \frac{F\Delta L/\Delta L}{W} = \frac{F}{W} \tag{4-15}$$

虽然上式与滑动摩擦系数的方程在形式上完全相同，但两者的内涵却大不一样。由式(4-14)可得：

$$W = \frac{FR}{e} \tag{4-16}$$

结合式(4-15)和式(4-16)得到：

$$f_r = \frac{e}{R} \tag{4-17}$$

(3)滚动类型

①自由滚动：接触区只有法向力作用，轮子在平面上做无滑动的直线滚动。

②受制滚动：接触区同时有法向力和切向牵引力作用，轮子沿平面做滚动，如汽车和火车的驱动轮沿地面和铁轨的运动。

③曲线运动：轮子沿曲线滚道进行滚动。

2. 摩擦机理

(1)弹性滞后(Elastic Hysteresis)机理

一般金属刚性轮子沿弹性体平面做滚动的摩擦机理属于这类情况。这一机理首先是由泰伯(D.Tabor)、格林伍德(J.A.Greenwood)和明谢尔(N.Minsall)等人提出的，他们认为刚性滚子沿弹性基础滚动时，滚动阻力主要是由于弹性基础材料的弹性滞后损失所引起的。

实际上，没有完全弹性的工程材料，一般弹性材料往往是指具有黏弹性的材料，即材料在弹性范围内的形变包括弹性和黏性这两种形变。理想的弹性形变与时间无关，而理想的黏性形变则随时间按线性增长，因此，其形变与时间有关。所以，弹性滞后实际上是交变应力引起的一种动态黏弹性现象。

弹性滞后效应是在动态应力(交变应力)作用下，形变随时间的变化落后于应力随时间的变化的一种黏弹性行为。这时，因为大分子的链段运动往往是一个须占用一定时间的过程，所以高弹形变的发展必然落后于应力的变化。对于正弦型交变应力(图4-13，其中 σ_0 为最大应力)，这种效应表现为形变与应力的变化存在相位差，即滞后角 δ。

$$\varepsilon(t) = \varepsilon_0 \sin(\omega t - \delta) \tag{4-18}$$

式中：ω——交变应力的角频率；

ε_0——最大应变；

δ——滞后角。

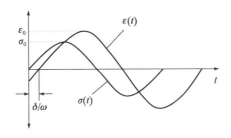

图4-13 黏弹性材料对正弦型应变和应力的响应

滞后效应将引起材料的力学损耗(内耗)，由于$\sigma(t)$与$e(t)$存在相位差，应变随时间的变化总赶不上应力随时间的变化，即当上一次形变还未完全恢复时，下一次应力又已经产生，因而总有一部分储存的弹性能不能释放出来，而消耗在体系的内摩擦上，并转化为热量排出，这种由于力学滞后而使机械功转化为热的现象，即力学损耗。通常用力学损耗的正切角$\tan\delta$作为衡量这种内部能量消耗的一个参数，即：

$$\tan\delta = \frac{G''}{G'} \tag{4-19}$$

式中：G''——损耗剪切模量，表示形变过程中以热的形式损耗掉的能量；

G'——储能剪切模量，表示形变过程中，由于弹性变形，材料储存的能量，它反映了材料形变时的回弹能力；

δ——滞后角，δ越大，高弹形变的发展落后于应力的情况越严重，材料内的黏滞阻力也越大。

这里研究一个圆柱滚动体(刚体)在黏弹性体表面上滚动的情况。当刚性滚动体滚动时，将对其表面的黏弹性平面做功，使之产生变形而消耗一定的能量。而在滚动体后面，则由于平面变形的恢复，释放弹性能，对滚动体后部做功，使之向前滚动。由于滞后效应产生的力学损失即表现为滚动的摩擦损失，其滚动摩擦系数为：

$$f = \sqrt{\frac{W}{RLE}} F \tan\delta \tag{4-20}$$

式中：R、L——圆柱滚动体的半径和长度；

E——平面试样的弹性模量；

F——摩擦力。

(2)塑性变形(Plastic Deformation)机理

金属刚性体相互滚动的摩擦机理属于这种情况。在滚动过程中，当表面最大接触应力超过一定限度时(约等于材料屈服强度σ_s的3倍),将首先在表层下的一定深度处产生塑性变形。随着载荷的增大,塑性变形逐渐扩展到表面,使材料发生塑性变形,并将消耗能量。

但当重复循环的滚动接触的载荷达到较大值($4\sigma_s$)时,将产生另一种形式的塑性变形,即在接触的表面上是弹性接触(没有塑性变形),但在摩擦表面以下的局部体积发生了塑性剪切变形的累积过程,消耗了大量能量。由上可见,滚动摩擦是一种相当复杂的综合作用过程,不可能用一种统一的理论来阐明,不同机理适用于不同情况。一般说来,当滚动接触应力不大时,弹性滞后机理起主要作用;反之,塑性变形机理起主要作用。

3.影响滚动摩擦的因素

影响滚动摩擦的因素很多,主要因素包括载荷、表面粗糙度及硬度。下面重点分析这三个因素。

(1)载荷

泰伯等将载荷对滚动摩擦的影响表示为:

$$F = KW^n D^m \tag{4-21}$$

式中:K——与材料有关的参数;

D——滚动体的直径;

n、m——取决于滚动接触状态的常数。

①对于在塑性区的第一次滚动,$m=-1$,$n=1.5$;若反复滚动,在F为一定值时,$m=-1.5\sim-1.7$,$n=1.7\sim1.85$。

②在弹性区,F为一定值时,$m=1.6$,$n=2$。

(2)表面粗糙度

随着表面粗糙度的增加,滚动摩擦力矩也随之增加,而且其增长率随着正压力的增大而增大,但在表面粗糙度较小($1\mu m$以下)时,它对滚动摩擦力矩几乎没有影响。

(3)硬度

吉田用钢球与不同硬度的平面配对进行滚动试验,得到一条典型的硬度与滚动摩擦力矩的关系曲线。由图4-14可知,当硬度HV≥600时,滚动摩擦力矩很小,并且维持一个定值。而当HV<600时。滚动摩擦力矩随硬度的减少而急剧增大。这可能是由于在HV<600时为塑性接触,而在HV≥600时为弹性接触。在硬度小的情况下,试样表面可以看到明显的滚动压痕。

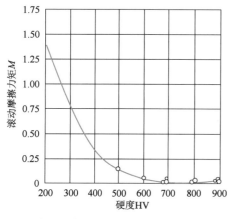

图4-14 钢球硬度与滚动摩擦力矩的关系

二、固体表面特性

摩擦学的主要研究对象是做相对运动的相互作用的表面(通常,其中至少含有一个固体表面)上发生的各种现象。因此,深入认识固体表面,特别是固-固界面、固-气界面和固-液界面上的各种现象,是了解摩擦学的基础。

从摩擦学的观点来看,在工程实际中所见到的各种固体表面(称为工程表面),一般都具有以下基本特性:①没有绝对平整和光滑的表面;②没有绝对完好的组织结构的表面;③没有绝对"干净"或完全裸露的表面(真空条件下的固体表面除外)。固体的表面特性反映了固体表面的这种"三无"特征。

(一)表面几何特征(表面形貌)

任何机械零件的表面,即使是经过精加工的表面,也会不同程度地存在几何形状误差。这种误差体现了固体表面的几何特性,它是固体表面形貌的数量特征,并直接影响摩擦表面的相互作用。机械零件的几何形状误差主要有以下三种类型。

1. 宏观几何形状误差

这主要是由于机床精度不高而引起的误差,它是不同于名义几何形状的一种连续而不重复的表面形状偏差,一般用平面度、圆度和圆柱度等误差来表示。这类误差对机械零件的使用性能影响极大,使圆柱面的间隙配合中的间隙宽度不均匀,从而造成圆柱面局部过度磨损,配合性质遭到破坏,使零件的使用寿命下降,甚至完全失效。在平面接触的情况下,这类误差使相互配合的零件的实际支承面减小,从而使其表面变形加大;在产生相对运动时,也会使磨损加剧。

2. 中等几何形状误差

这是由于机床-刀具-工件组成的加工系统在工作时产生振动而引起的误差,它是一种在固体表面周期性重复出现的几何形状误差,一般用波度来表征,其波距一般为 $1\sim10\mathrm{mm}$。固-固接触表面上存在波度会使机械零件的实际支承表面减小,从而在间隙配合中加剧磨损,对于高速旋转的零件,还会引起振动和噪声。

3. 微观几何形状误差

这主要是由于切削加工的刀痕或切削分离时工件表面发生塑性变形而引起的误差,一般用表面粗糙度表示。与波度相比,它不仅在数量上更小(其波距一般只有 $2\sim800\mu\mathrm{m}$),而且没有明显的周期性。

表面粗糙度对机械零件的使用性能影响很大,因为表面粗糙度越大,则固-固接触表面上的实际接触面积越小,从而使比压增大,磨损也随之增大。而且,如果表面粗糙度越大,在发生相对运动时,在固-固界面上,为了克服粗糙表面上凸峰的剪切变形,会产生很大的摩擦阻力,使摩擦增大。因此,降低机械零件的表面粗糙度,对于动力机,可以提高其输出功率;对于工作机,可以提高其使用寿命和能量利用率。但是,在固-固界面上没有润滑剂的条件下,过分地降低表面粗糙度,会增大实际接触面积,从而增大固-固界面的黏着,使摩擦和磨损(黏着磨损)增大。

此外,粗糙的固体表面,容易聚积腐蚀性杂质,使腐蚀加剧。因此,降低机械零件的表面粗糙度,还可以提高其抗腐蚀的能力。显然,实际固体的工程表面特征往往是以上述三种几何形状误差的组合形式出现(图4-15)。

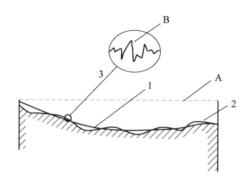

图4-15　固体的工程表面特征

1-宏观几何形状误差(平面度);2-中等几何形状误差(波度);3-微观几何形状误差(表面粗糙度);A-理想表面(物理表面);B-工程表面

(二)表面组织结构特征(表面晶体结构)

固体一般可分为结晶固体和非晶固体,理想的结晶固体都具有严格的周期性的三维有序结晶结构。根据固体物理学的观点,结晶固体表面是晶体中原子的周期性排列出现大面积突然中止的地方,因而这一表面在结构上将会出现某种程度的变化或重新调整。更何况,实际晶体的结构总是存在各种各样的缺陷,即晶格缺陷或晶体缺陷。这些缺陷会产生能量较高的热力学不平衡状态,从而影响固体表面的性质(如塑性和强度)。按缺陷的几何类型,晶格缺陷主要有以下几种:

1. 点缺陷(Point defects)

这种晶格缺陷在各个方向的延伸都很小,所以也称为零维缺陷。通常它是以空位的形式出现,即晶体点阵中,原来存在一个原子的点阵处失去了原子,而形成原子空位,这种缺陷即空位(图4-16)。杂质原子和间隙原子是点缺陷的另外两种表现形式。

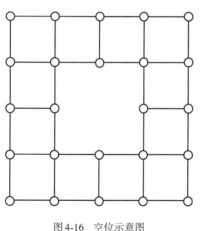

图4-16　空位示意图

2. 线缺陷（Line defects）

线缺陷只在一个方向上有明显的延伸，而在其他方向的缺陷延伸很小，故称为一维缺陷，表现为晶体中存在各种位错。晶体发生形变时，并不是整体刚性滑移，而是通过局部滑移引起局部变形，并逐步达到晶体的整体变形。因此，位错可以看作是一部分晶体相对于另一部分晶体的局部滑移而形成的交界，即图4-17中原子排列混乱的部分。

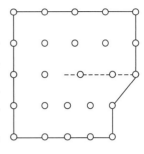

图4-17　位错示意图

由图4-17可见，位错是原子排列的缺陷。从宏观上看，它是线状的。但是严格地说，它是只有一定宽度的管道。在位错的管道内，其原子的平均能量比其他地区大得多，而且晶体中的位错，其末端往往在晶体的表面上或晶界上终止。已滑移部分滑移的方向和距离可用一个向量表示，此向量称为柏格斯（Burgers）向量或柏氏向量，也可称为滑移向量或位错向量，其数值表示原子从一个平衡位置到另一个平衡位置的距离。

3. 面缺陷（Plane defects）

在两个方向延伸的缺陷称为面缺陷，也可称为二维缺陷。金属一般是多晶体，它是由许多晶粒组成，因而存在晶粒边界面。晶界面就是一种面缺陷。至于单晶体的材料，是由亚晶粒组成。亚晶粒的边界面称为亚晶界面，这也是一种面缺陷。此外，由两个不同相之间形成的相界面也是一种面缺陷。

（三）金属表面层的结构组成

一般暴露在大气中的金属表面都不会是纯净的表面，即使在机械加工过程中刚刚加工出来的表面，也会立即被氧化或被周围的杂质所污染，而只有在真空中才有可能得到纯净的表面。因此，了解金属实际表面层的结构组成是研究金属材料发生摩擦学现象的基础。

图4-18给出了金属表面层的典型结构组成。金属表面层一般由金属表面以上的外表层和金属表面以下的内表层组成的。外表层又是由各种表面膜所组成的。在干摩擦的条件下，主要有大气中的水蒸气、油雾或油污染而附着在金属表面上所形成的污染膜（厚度约5nm）和吸附膜（厚度约0.5nm）以及与大气中的氧发生反应而形成氧化膜（厚度约0.01~1μm）；而在边界润滑的条件下，这种表面膜主要是由具有极化性能的润滑剂所形成的一种具有润滑作用的吸附膜，或润滑剂中的某些元素（如氯硫磷等）

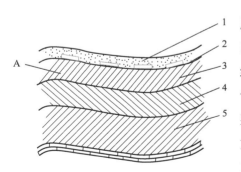

图4-18　金属表面层的典型结构组成
1-污染膜；2-吸附膜；3-氧化膜；4-冷硬层；
5-变形层；A-金属表面

与金属表面发生化学反应而生成的化学反应膜。

内表层主要是在加工过程中形成的变形层和冷硬层。变形层是由于表面加工产生的弹性变形和塑性变形,以及局部高温使晶格扭曲变形而形成的一种加工硬化层(厚度约1～50μm);而冷硬层,即毕氏(Beilby)层,则是在表面加工(如抛光)时,由于表面分子层熔化和流动而形成的一种非结晶层或具有非常细的一层结晶组织(厚度约0.1μm)。

此外,对于合金的内表层,其表面成分一般不同于基体材料整体的平均成分,而会出现所谓的表面偏聚现象,这主要是指溶质原子在表面富集,这种现象一般可扩展到表面以下一个到几百个原子层。摩擦与磨损使金属表面发生塑性变形,促使大量空位和位错等晶体缺陷的形成,而摩擦热则会使摩擦表面的原子运动加剧,从而进一步促进表面偏聚的形成。金属表面层的存在,一般可以降低摩擦,或少磨损。因此,表面层的结构组成性质及其产生、破坏和再生的规律对金属的摩擦学性能有着直接的影响。

三、固体界面力

确切地说,通常人们在自然界中所看到的各种固体或液体表面都不是某一物相的表面,而是固体或者液体与气体(大气)这两相之间的界面。只有在真空中,人们才能看到某一物相的表面。因此,深入了解界面上发生的各种力,是认识摩擦、磨损和润滑机制的基础。

(一)界面的概念

界面是固、液、气三相中的两个物相之间相接触的交界部分。它不是一个简单的几何平面,而是从某一物相过渡到另一物相的界面区或称界面相(图4-19)。它具有以下两个基本特征:

(1)有一定的厚度(约几个分子厚);
(2)有与相邻的本体相完全不同的结构组分和性质。

一般宏观界面有五种类型(图4-20),由于气体与气体可以完全混合,因而在气体之间一般不存在稳定的界面。凡有物相存在的地方,也就有界面存在。因此,界面广泛存在于自然界中,但习惯上仍将固-气、液-气界面分别称为固体表面和液体表面。

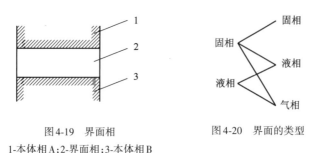

图4-19 界面相
1-本体相A;2-界面相;3-本体相B

图4-20 界面的类型

(二)界面力的类型

根据统计平均的观点,在物质的本体相中,任何一个微观粒子(分子、原子或离子)的周围都存在一个平衡的力场,因而作用在它上面的合力为零。但在界面相中的粒子,由于两侧本体相中的粒子对它的作用力不相等而处于不平衡的状态,此作用力的合力将垂直于界面并作用在界面相中的粒子上,从而使界面相的粒子具有本体相粒子所没有的附加界面能。因此,界面相的粒子具有吸附其他粒子以使其本身达到平衡状态及降低自身能量的倾向,即产生界面力(也可称为表面力),这是一种微观尺度上的力。显然,表面力对物体界面的摩擦学特性会产生很大的影响。因此,了解各种表面力是认识表面层形成的机制和各种界面效应以及摩擦、磨损与润滑本质的基础。

按照作用距离或作用势能的大小,通常可将表面力划分为三类,即短程力、分子间作用力和长程力,下面具体阐述。

1. 短程力(化学键力)

短程力的作用距离极小,一般约相当于原子尺寸。这种力主要表现为形成表面化学键,即固体表面的分子与被吸引的分子之间的相邻原子,由于产生了电子转移或共用电子而结合在一起以形成稳定结构的一种结合方式。所以,短程力也称为化学键力或化学结合力,或化学吸引力。它具有很强的相互作用的作用势能约$(4.2 \sim 8.4) \times 10^5 \text{J/mol}$,通常可用库仑势能表示:

$$\varepsilon(r) = -\frac{e_1 e_2}{r} \tag{4-22}$$

式中:r——分子间距;

e_1、e_2——分别为被吸引的气体原子和固体表面原子的电荷。

化学键力依其结合方式(化学键)的不同,可分为离子键力、共价键力和金属键力。

(1)离子键力

离子键力是在两个物体(通常是金属与非金属)相互接触的表面上,带有异性电荷的阳离子与阴离子相互吸引的一种表面力,由这种作用力使原子相互结合在一起的结合方式即为离子键,其特点是在原子之间发生了电子转移。

(2)共价键力

当两个相同或性质相近的非金属元素的原子结合成分子时,由于它们的原子核对电子的吸引力相等或相近,因而在这两类原子之间不可能产生电子转移。因此,它们只有通过共用电子对(即两个原子共用一对电子)的方式结合成分子,这种结合方式即为共价键,其相应的作用力即为共价键力。

(3)金属键力

对于同种金属原子构成的金属晶体,由于其原子间距离很近,可以认为其原子之间的结合是通过共用电子云的方式而结合在一起。这种电子云是由许多不为某个特定的原子核所束缚而具有导电行为的外层电子(自由电子)所组成的,这种自由电子也称公有电子。正是这种电子云的共有状态形成了同种原子之间的凝聚作用,同种金属原子的这种结合方式称为金属键,其结合力即为金属键力。

表4-2列出了这三种化学键力的主要特性。

化学键力的主要特性　　　　　　　　表4-2

类型	离子键力	共价键力	金属键力
作用方式	静电场	电子分布交错	界面游离的电子
作用范围	<原子尺寸	=原子尺寸	≈原子尺寸
结合能(eV)	8.5	6.0	2.5

2. 分子间作用力

这种表面力的作用距离介于短程力与长程力的作用距离之间,略大于原子尺寸,一般有几个分子直径的大小,约$0.3\sim0.5\mu m$。它是在微观粒子(分子、原子团)之间相邻原子相互作用的一种结合力。这种力的产生是由于粒子之间偶极矩的相互作用。按照相互作用的偶极矩的不同类型,这种表面力主要有三种,即静电力(取向力)、诱导力和色散力,这三种力一般通称为范德华(Van der Waal)力或范德华引力。此外,也可把氢键力看作是一种分子间引力。

任何粒子(分子原子团)都只含带正电荷的原子核和带负电荷的电子。设想其正、负电荷各集于一点,即正电荷重心与负电荷重心重合。在一般情况下,粒子外层电子对称分布,上述两重心重合,因而粒子不显电性。当两个粒子相距很近(略大于原子尺寸)时,其相邻原子上的电子运动受到干扰,互相沿对方的总电场的作用力方向移动。从而使粒子外层的电子分布成为瞬时不对称,使正、负电荷的重心不重合,此时粒子就显出正、负两极,即偶极。这种中性粒子中的异性电荷的分离过程即极化(polarization)。

出现偶极的粒子中,正、负电荷重心间的距离与电荷的乘积即偶极矩(电矩)或永久偶极矩,具有偶极矩的分子称为极性分子(polar molecular)或偶极子(dipole)。偶极矩越大,分子的极性或电性越显著,没有极化的分子称为非极性分子。永久偶极矩还能在邻近的非极性分子上诱导出偶极矩,即在极性分子的永久偶极矩的电场作用下,使非极性分子内部电荷发生变化,正、负电荷重心不再重复,使其极化而产生诱导偶极矩。粒子相距越近,这种作用越显著。

此外,在非极性分子中,由于分子中电荷分布的起伏,也会使得分子产生瞬时偶极矩。

(1)静电力(Keesom force)

这种力一般发生在极性分子之间,它是极性分子的永久偶极矩之间发生静电相互作用所产生的引力,其本质是静电引力。其大小与偶极间的距离、偶极矩的大小及其取向有关,故也称为取向力。

（2）诱导力（Debye force）

这种力发生在极性分子与非极性分子之间，即极性分子的永久偶极矩与非极性分子的诱导偶极矩之间相互作用的一种静电引力。

这是发生在两个非极性分子之间的作用力，即非极性分子的瞬时偶极矩之间相互作用的引力。由于这种力的性质与产生光色散的原因有密切联系而称为色散力，这种力普遍存在于各种分子之间，它是最主要、最普遍的一种范德华力。

由上可见，范德华力也可以看作是一种作用势能更小的化学键力，这种力是由分子或原子团之间的相邻原子的各种偶极矩之间相互作用产生的。上述三种范德华力都是负值，表明它们是吸引力。这些力永远存在于分子之间，其大小与分子间距的7次方成反比，而其相互作用的势能与分子间距的6次方成反比。即在一对同类分子之间，范德华力的相互作用势能为：

$$\varepsilon(r) = -C_A r^{-6} \tag{4-23}$$

式中：C_A——与分子的物理性质有关的常数；

r——分子间的距离。

式（4-23）实际上表明了一对原子之间的色散力为该对原子之间距离的函数。它是伦敦（London）根据量子力学的摄动理论导出的。

（3）色散力（London force）

由于电子的运动，瞬间电子的位置对原子核是不对称的，因此正电荷重心与负电荷重心会发生瞬时的不重合，从而产生瞬时偶极。色散力为这种分子的瞬时偶极之间的作用力。这种力与相互作用分子的变形性有关，通常而言，变形性越大，则色散力越大。同时色散力也与相互作用分子的电离势有关，分子的电离势越低，色散力越大。

（4）氢键力（Hydrogen bond force）

当氢原子与电负性大（即元素的原子在分子内吸引电子的能力大）的原子（如氧、硫等）以共价键的方式形成化合物时，氢便带上部分正电。由于氢原子半径小，又无内层电子，故氢核形成很强的静电场，因而可以吸引另一个分子中电负性大的原子而形成分子之间的一种键，即氢键。这种形成氢键的静电相互作用力即为氢键力。由于氢键力的作用势能比化学键力作用势能小一个数量级，故一般仍将它看作是一种分子间引力。虽然，它比范德华力大，但基本上在同一数量级（表4-3）。

分子间引力的作用势能　　　　表4-3

引力类型	静电力	诱导力	色散力	氢键力
$\varepsilon(10^{-4} J \cdot mol^{-1})$	1.2~2.1	0.6~1.2	0.08~0.84	2.1~4.2

3. 长程力

这是一种存在于宏观物体之间或分子与宏观物体之间的相互作用力，它实质上是两相之间的分子引力。由于它比范德华力的作用范围大得多，故称长程力。实际上，这种力可以被看作是分子间以某种方式加和或传播而形成的范德华力。

(1) 色散力加和

如果分子(或原子)间的相互作用力有简单的加和性,则对于一个分子与宏观固体,其相互作用的势能即为该分子与固体上的各个分子(或原子)相互作用势能的加和。伦敦曾证明,一对对之间的色散力具有加和性。今假定相互作用力的主体部分是色散力,根据式(4-24),相距为 X 的分子(或原子)间的色散作用势能为:

$$\varepsilon_L = -C_L X^{-6} \tag{4-24}$$

式中: C_L——London 常数。

对于一个面积与厚度均为无限、表面平整的平板,与其相距 X 的分子之间的相互作用势能为:

$$\varepsilon(X) = -\frac{\pi}{6} n C_L X^{-3} \tag{4-25}$$

式中: n——平板中单位体积的原子数(个/cm³)。

由式(4-25)可见,作用势能与距离的三次方成反比。对于一块面积为 A、厚度为 δ 的平板,它与面积和厚度均为无限的平板之间的相互作用势能为:

$$E(X) = -\left(\frac{1}{12\pi}\right) - HX^{-2} \tag{4-26}$$

其中, $H = \pi^2 n^2 C_L A$。

在式(4-26)中,假定两块平板中单位体积的原子数相等,即 $n_1 = n_2 = n$。H 称为 Hamaker 常数。色散力加和的实质是粒子间的电场传播。

(2) 诱导偶极矩的传播

对于极性固体与可被极化的分子之间的相互作用,其长程力可以看作是具有永久偶极矩的极性分子与具有诱导偶极矩的极性分子之间的短程相互作用的传播所产生的一种作用力。极性固体将吸附于其表面的分子诱导产生诱导偶极矩而被极化,后者又诱导靠近它的分子,使之成为极性分子,形成第二层;依此逐层传播而形成长程力。然而,随着层数的增加,诱导偶极矩的大小将按指数关系下降,即距极性固体表面 X 处的相互作用势能为:

$$\varepsilon(X) = \varepsilon_0 \exp(-aX) \tag{4-27}$$

式中: a——指数;

ε_0——常数。

在式(4-27)中,指数 a 与分子的极化率、分子直径以及距表面的有效距离有关。

(三) 界面效应

界面效应是指那些由于界面相具有不同于本体相的特殊的物理、化学性质而在界面相上产生的各种物理、化学现象,包括表面吸附、润湿、表面化学反应和黏附等。

1.表面吸附现象

(1)吸附的概念与分类

吸附这个名称是1881年凯塞尔(H.Kayser)首先提出的,他称固体表面上的气体的凝集为吸附(adsorption)。吸附是指在界面相中一种或多种组分的浓度不同于本体相中的浓度的现象。根据接触相的不同,可以把吸附分为4种:固-气、固-液、液-气、固-固,与摩擦学有关的主要是前两种。

吸附是界面力作用的结果,按吸附时作用力的不同,可将固体表面吸附分为物理吸附和化学吸附。

①物理吸附:这种吸附的产生主要是由于范德华力的作用,但含氧化合物的吸附也可能由氢键产生。

②化学吸附:由于物质本体相分子的化学键已经饱和,而界面相分子的化学键没有饱和,因此,界面上的分子可以通过电子转移或共用电子对,与被吸附的分子形成化学键(即通过离子键力或共价键力的作用),这种现象即为化学吸附。

(2)吸附膜

在固体表面,由于物理吸附而形成的薄膜称为物理吸附膜。在吸附第一层分子后,被吸附的分子还可以靠分子间引力再吸附第二层分子,依此逐层吸附而形成多层吸附膜。固体表面由于化学吸附而形成的吸附膜称为化学吸附膜,化学吸附膜只能是单分子层。

吸附膜消失的现象称为解吸或脱吸。在一般情况下,吸附都是放热过程,但物理吸附的吸附热较低,即吸附时放出的热量较低,因此温度稍一升高就会解吸。所以,对于物理吸附,其吸附和解吸是完全可逆的;而对于化学吸附,其吸附热较高。因此,物理吸附膜只能在温度或载荷与速度均较低的情况下正常工作,而化学吸附膜则可在中等的温度载荷和滑动速度下工作。

两种吸附的吸附特性的比较见表4-4,此表给出的只是一般情况,因而存在着某些例外。例如,氧和氢等气体在许多清洁金属表面上进行化学吸附的吸附速度在低温时(≤78K)就很快。又如,对于多孔性固体,由于分子要钻到孔中才能被吸附,故即使是物理吸附,其速度也很慢。若孔很小,分子很大,根本进不去,因而物理吸附也会表现出选择性。

物理吸附和化学吸附对比 表4-4

吸附特性	物理吸附	化学吸附
吸附力	范德华力、氢键力	化学键力
吸附热	小	大
吸附速度	快	慢
吸附温度	低	高
吸附层	单分子或多分子层	单分子层
选择性	无	有
可逆性	有	无

金属表面对化学吸附有一定的选择性,在选择摩擦副的配对材料和工作介质或工作环境时,必须要考虑到这一点。

(3)固-液界面的吸附特点

固-液界面和固气界面的吸附一样,可以是物理吸附,也可以是化学吸附。但与固-气界面相比,具有以下特点:

①固-液界面上的吸附大多是指固体在溶液(而不是纯液体)中的吸附,因而比固体吸附单一气体复杂得多。溶液中至少包含两种组分:溶剂和溶质。这两种组分都有可能被吸附,而且被吸附的程度也不同。

②溶质吸附量的大小和溶质与溶剂之间以及溶质与固体表面之间的相对亲和力的大小有关。如果溶质和溶剂的亲和力大于溶质和固体表面之间的亲和力,则溶质的吸附量小。所以,溶质在溶剂中的溶解度越低,就越容易吸附到固体表面。

③固体在溶液中吸附的吸附热一般相当于溶解热,它比固-气界面产生化学吸附的吸附热量要小。

2. 润湿现象

(1)润湿现象的分类

润湿是固-液界面上发生的一种吸附现象,这种现象是机械润滑得以实现的基础。根据润湿程度的不同,润湿有以下三种类型(图4-21):

①附着润湿:液体与固体接触后,液-气界面和固-气界面转变为固-液界面。

②铺展润湿:液体在固体表面上完全铺展成为覆盖固体表面的一层薄膜,即由原来的固-气界面(因液体的表面很小,其液-气界面可忽略)转变为固-液界面和液-气界面。

③浸渍润湿:整个固体浸入液体中,从而使原来的固-气界面转变为固-液界面。

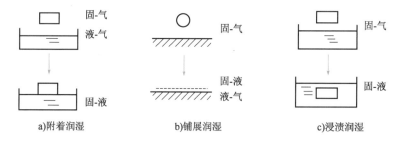

图4-21 润湿的三种类型

上述三种润湿过程的共同特点是:液体将气体从固体表面排挤开,使原来的固-气界面转变为固-液界面,而铺展润湿的前提是能实现附着润湿和浸渍润湿。

(2)润湿程度的度量

通常度量液体对固体的润湿程度或润湿能力,最直观的办法是测量其接触角。沿液气界面作切线,该切线与固-液界面形成的夹角,称为接触角 θ(图4-22)。通常认为 $\theta<90°$ 时,液体

可润湿固体;而$\theta>90°$时,则不能润湿固体。在极端情况下,$\theta=0°$时,液体可完全润湿固体,即铺展润湿;$\theta=180°$时,液体完全不能润湿固体。

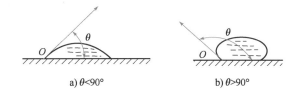

a) $\theta<90°$　　　　b) $\theta>90°$

图4-22　接触角示意图

(3)润湿现象的实质及其影响因素

润湿现象的实质表现为液体本身分子间引力(内聚力)与液体对固体表面分子间引力(黏附力)的综合作用。若黏附力小于内聚力,液体就不可能完全润湿固体,而形成一定的接触角;当黏附力等于零时,液体完全不能润湿固体,此时$\theta=180°$。黏附力的大小愈接近内聚力,液体润湿固体的能力愈强,而接触角愈小;当黏附力等于内聚力时,液体可完全润湿固体,此时接触角为零。

显然,润湿现象与液体和固体的性质密切相关,例如:水与清洁的玻璃或者金属形成的接触角$\theta=0°$,而水与石蜡则形成接触角$\theta=105°\sim111°$;又如水与炭形成接触角$\theta=41°$,而苯与炭形成的接触角$\theta=0°$。能被水等一些极性液体润湿的物质称为亲水性物质,而不能被水等极性液体润湿,但却能被苯等一些非极性液体润湿的物质称为疏水性物质。

通常,固体表面具有亲水与疏水这两部分相互交替的镶嵌结构,因而整个固体表面的亲水或疏水性质就取决于这两部分的性质及其所占面积的大小。一般说来,固体与液体的互溶性越小,所形成的接触角越大,固体就越不能被润湿。

3.表面化学反应与反应膜

表面化学反应是指吸附质与固体表面相互作用形成新的化合物的一种化学反应。它与化学吸附的区别在于:化学吸附时的吸附质虽以化学键的方式与固体表面结合,却仍保留自身的独立性质。表面化学反应主要形成两种类型的反应膜,即氧化膜与化学反应膜。

(1)氧化膜

无润滑油的纯净金属表面与大气中的氧发生化学反应就会形成氧化膜,这是一种极易在固气界面上形成的表面膜。因温度的不同,在铁的表面可形成三种稳定的氧化物。按其在铁表面形成的顺序依次为FeO、FeO_4、FeO_3。前两种氧化膜的强度较高,有助于阻止摩擦表面的黏着,可减轻磨损。而第三种氧化膜容易破裂,在相对运动的界面上,其碎片起着磨粒的作用,会使磨损加剧。

(2)化学反应膜

化学反应膜是润滑剂中的硫磷和氯等元素在高温条件下与金属表面产生不可逆化学反

应而生成的一种表面膜,它通常都是在固-液界面上成膜。这种表面膜的熔点高,剪切强度低,与基体的结合强度高,而且是完全不可逆的,因而它比吸附膜更稳定。它还具有比吸附膜更大的厚度(例如,含硫的润滑油与铁表面发生化学反应生成的硫化铁表面膜,其厚度可达100nm),故可适用于高温重载和高速的工况。

4. 罗斯可依效应与列宾捷尔效应

(1)罗斯可依效应

1934年,罗斯可依(R.Rosoe)发现在镉晶体上的氧化膜会显著增大镉的屈服强度,这种现象称为罗斯可依效应。随后,他又在其他一些固体-薄膜组合中观察到类似的效应。他还发现,这些表面膜在很多情况下可提高加工硬化率。但是,目前对这一效应的解释还没有取得一致的看法。

(2)列宾捷尔效应

1928年,苏联学者列宾捷尔(I.A.Pomep)发现某些液体存在于非金属固体表面时,会使该固体更容易产生形变或断裂,即固体产生软化,很多润滑剂(如油性酸)属于这类液体。一些表面活性介质(如长键的有机化合物,液态金属)对于金属晶体共价和离子晶体甚至分子晶体的塑性与断裂也都有显著影响,这种现象称为列宾捷尔效应。

5. 固-固界面的接触特性

(1)接触面积的概念

由固体表面的几何特性可知,一般工程中的各种固体的工程表面,无论其加工精度和表面光洁度多么高,在固-固界面上的接触都是点接触,因此,必须分清以下两种接触面积的概念。

①名义接触面积(表观接触面积)。

名义接触面积是指宏观的固-固界面上的边界(图4-23中的 a 和 b)所决定的宏观接触面积,或两个具有理想的绝对光滑的物体的接触面积,其大小由下式决定:

$$A_n = a \times b \qquad (4-28)$$

②实际接触面积(真实接触面积)。

实际接触面积是指在固-固界面上,直接传递界面力的各个局部实际接触的微观面积 ΔA_n 的总和(图4-23)。今假定在界面上有 n 个微观的实际接触面,则其总的实际接触面积为:

$$A_r = \sum_{i=1}^{n} \Delta A_{ri} \qquad (4-29)$$

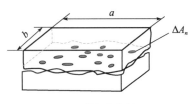

图4-23 固体间的接触面积

由于实际接触面积决定了固体接触表面上各种界面力作用的范围,因而它的大小以及各微观实际接触面的分布状况对接触表面的摩擦学状态起着决定性的作用。实践表明,由于微观的实际接触面往往具有极小的曲率半径,以至在很小的法向载荷作用下就会产生塑性流

动,因而几乎在任何接触情况下,这些微元面都会产生一定的塑性接触变形。所以,对于金属之间的实际接触面积,也可用下式决定:

$$A_r = \frac{N}{\sigma_s} \quad (4-30)$$

$$A_r = \frac{N}{HB} \quad (4-31)$$

式中:N——法向载荷;

σ_s——在一对接触的金属中,较软金属的屈服强度;

HB——在一对接触的金属中,较软金属的布氏硬度。

由上可见,金属间的实际接触面积与其承受的法向载荷成正比,而与其中较软金属的屈服强度或硬度成反比。

(2)接触状态及其影响因素

今考察两个固体表面在法向载荷作用下相互接触的过程:首先在较高的微凸体[图 4-24a)中的 A、B 点]接触,随着该微凸体的变形(峰顶被压平)而逐渐在较低的微凸体[图 4-24b)中的 C、D 点]接触,随着接触过程的进行,接触的微凸体的数量增加,实际接触面积增大,直到此接触面积增大到足以支撑外载并达到静力平衡为止。按照接触变形的不同,可将接触状态分为以下几种类型。

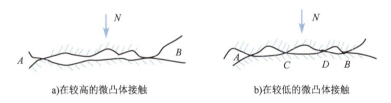

a)在较高的微凸体接触　　　　b)在较低的微凸体接触

图 4-24　固体接触过程

① 塑性接触:接触区的应力超过材料的屈服强度而产生塑性变形的一种接触状态。

② 弹性接触(赫兹接触):接触区的应力小于材料的屈服强度而产生弹性变形的一种接触状态。

③ 弹塑性接触:接触区内同时存在弹性接触和塑性接触的一种接触状态。

④ 黏弹性接触:在负荷接触下,高分子材料产生形变随时间而变化的力学行为的一种接触状态。

塑性接触多半出现在没有相对运动的固定接触中。而在其他情况下,即使初次加载时出现了塑性变形,但在重复施加大于开始产生塑性变形的载荷时,塑性变形将转变为弹性变形,因此开始已经产生塑性变形的接触区不会再继续产生塑性变形。另外,在经过磨合的摩擦副中,因其高的凸峰大都已磨平,故为弹性接触。因此,弹性接触在实际应用中具有更重要的意义。

固体间接触状态的影响因素主要有以下几种：

①接触界面的宏观尺寸与形状(平面柱面)。

②材料的类型(金属、非金属)及其机械性能(弹性模量屈服强度和硬度)。

③固体接触表面的几何特征。

④作用力的大小、方向和作用时间。

⑤相对运动的形式和速度。

由此可见,固体间的接触状态具有离散性和随机性的特征,显然这会给实际的摩擦学问题的分析带来极大的困难。也正是由于上述固体接触状态的复杂性,至今尚无十分有效的精确测量真实接触面积的方法,通常只能从接触机理进行粗略的推断。金属球体的以下三种简单接触状态可采用如下方法：

①弹性接触：$A_r \propto N^{2/3}$。

②塑性接触：$A_r \propto N$。

③黏弹性接触：A_r 随时间而变化。

对于大部分非金属,其接触状态接近于弹性,即 $A_r \propto N^n$；对于橡胶、塑料、木材、织物等, $n=2/3$；对于玻璃、金刚石和其他塑性材料, $n=1 \sim 2/3$。

（3）黏着

在法向载荷作用下,固定接触的两个固体接触表面上的微凸体将发生变形,当其变形大到足以使两个表面上的分子十分接近,以至界面力发生作用时,这些微观接触的微凸体与对应表面的接触区黏合成一体,这种界面效应即为黏着。例如一对干净的金属接触时,界面上的金属键力会使之发生黏着；两片干净的金刚石接触时,界面上的共价键力也会使两者发生黏着。黏着的强度常用黏着系数 ξ 来衡量,即：

$$\xi = \frac{F_A}{N} \tag{4-32}$$

式中：F_A——使黏着键破坏和界面分开所需的力；

N——法向载荷。

表4-5给出了钢球与几种金属在空气中发生黏着时的黏着系数。

几种金属发生黏着时的黏着系数　　　　表4-5

金属材料	钢	铅	锡
黏着系数	1.2	0.7	0.4

金属表面氧化后,其黏着系数会大大降低,一般约为清洁金属的1/40。此外,金属表面吸附的气体也会使其黏着系数下降。例如在 1.33×10^{-4} Pa 的真空条件下,金属黏着到气相沉积的铝上,其黏着系数大于11。

①金属界面黏着理论。

费尔轮特(J.Ferrante)和史密斯(J.R.Smith)提出的界面黏着理论认为,使金属黏着的主要作用力是两个清洁金属表面接触时的短程力,此力与两个表面的距离有关。当两个清洁金属表面接近到一定距离时,化学键将起作用,其吸引力随距离的减少而增加。但当距离减小到很小时,分子或原子间由于电子云的重叠而会产生排斥力,因此,在两个金属表面之间存在一个平衡距离。

②弹性体的黏着。

表面力是造成黏着的主要原因,这种表面力包括范德华力、化学键力和氢键力。例如,两块橡胶长期保持接触,则橡胶链节可从一个表面扩散到另一个表面,至于哪种力起主要作用,目前还不清楚。黏着力的大小还受到其他因素(如橡胶的黏弹性,固体的形态以及环境等)的控制。

第二节 轮胎与路面间的相互作用

一、胎路间摩擦产生机理

(一)轮胎橡胶的黏弹性

在分别研究黏附摩擦分量和迟滞摩擦分量之前,首先需要简要介绍轮胎橡胶材料的黏弹性。因为轮胎-路面间的摩擦力,包括黏附分量和迟滞分量,均可以理解为不同尺度范围内(微观或宏观)发生在轮胎内部的黏弹性现象。

黏弹性材料的应力通常与所产生的应变不相同,其复合模数 K^* 包括实部 K' 和虚部 K'',如图4-25所示。黏弹性材料的正切模数为 K^* 与 K' 之间夹角 δ 的正切值,即 $\tan\delta$。在恒温条件下,黏弹性材料的参数:复合模数实部、虚部,以及正切模数,均随频率的变化而变化,如图4-26所示,其中,$\tan\delta$ 特性曲线的最大值对于摩擦力而言,具有重要意义。

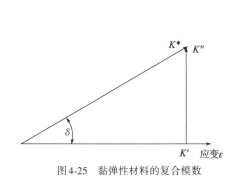

图4-25 黏弹性材料的复合模数　　图4-26 黏弹性材料参数随频率的变化情况

1.黏附摩擦理论

黏附分量是指胎面橡胶单元与路面表面微凸体接触部分微观尺度范围内的互锁。轮胎设计师们主要关心黏附力,以便设计出最佳的胎面花纹块和轮胎接地印迹,轮胎和路面的真实接触面积和界面的剪切强度是影响摩擦力中黏附分量的主要影响因素。

现代黏附理论将黏附视为热活化分子的黏-滑过程。橡胶材料由处于恒态热运动中的挠性链构成,在轮胎与路面表面相对滑动时,轮胎表面表层中分离的链企图与硬路面表面中的分子连接起来,并形成局部的连接点。而滑动作用又促使这些键在新键形成之前拉伸、破裂、松弛,这样,橡胶黏弹性分了从原来位置跳跃一个分子的距离,到达下一个平衡位置。由此,造成黏附的原因就是分子级耗能的黏-滑过程,黏附现象的机理可以认为是分子连接点的破坏-形成-破坏的过程。

有多种分子-动力和机械模式的黏附理论解释材料的摩擦性质,其中的混合理论基于消耗能量等于外摩擦功的能量守恒定律,推导出黏附摩擦系数f_A的表达式:

$$f_A = B\tau'(K'/P^r)\tan\delta \tag{4-33}$$

式中:B——比例常数;

τ'——界面有效抗剪强度;

P——正压力;

r——指数,$r<1$;

$\tan\delta$——橡胶材料的正切模数。

上述黏附理论的建立基于假设滑动表面是理想平面,在实际轮胎与路面接触面上,存在胎面花纹和路表纹理。当轮胎在荷载作用下压皱在路面表面上时,这些不同尺度下的粗糙度便共同地确定轮胎-路面间实际的接触面积。对于给定的车辆荷载,路面表面每一个微凸体所受的实际压力要远大于表观压力,而黏附摩擦与压力成反比,因此粗糙度的存在减小了黏附摩擦分量。

2.迟滞摩擦理论

轮胎与路面表面接触而引起的物理变形是迟滞分量产生的主要原因。当轮胎与路面接触时,在荷载的作用下,由于橡胶的弹性容许轮胎胎面与路面表面微凸体的形状相适应,因而接触区域内轮胎依据路面表面轮廓而发生变形,趋于包络路表断面的轮廓。

在没有相对运动的情况下,橡胶材料会对称地压皱在路表面微凸体轮廓的两侧,微凸体所受垂向压力为荷载综合,水平压力相互抵消为零;当轮胎和路面间存在相对运动时,黏弹性的橡胶材料势必会堆积在微凸体的一侧,并在另一侧斜面的一个较高点上脱离接触。由此引起不对称的压力分布,其中的水平分量不为零,形成净的迟滞力,阻止相对运动,如图4-27所示。随着轮胎的运动,胎面橡胶产生周期性变形,由于橡胶材料的黏弹性,变形并不能马上恢复,而是出现一个滞后,存储在轮胎内的能量一部分获得恢复,另一部分转化为热能耗散。

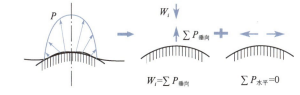

a)无相对运动(压力分布对称)

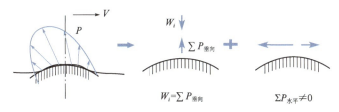

b)相对运动(压力分布不对称)

图4-27 摩擦迟滞分量的物理解释

与黏附分量相似,解释迟滞现象的理论也很多,其中的统一理论提出了从相应的黏附理论类推而得的半经验公式:

$$f_H = 4C\gamma(P/K^*)^n \tan\delta \tag{4-34}$$

式中:C、n——常数,与微凸体的形状有关,且$n \geqslant 1$;

γ——微凸体的密度因素,$\gamma \leqslant 1$;

P——正压力;

K^*——橡胶材料的复合模量。

由迟滞摩擦分量机理可知,路表面粗糙度的增加将导致轮胎橡胶形变损耗的增大,从而增大摩擦的迟滞分量。这与前小节所述黏附分量与路表面粗糙度的关系相反,所以,路表面纹理水平对摩擦总量的影响取决于轮胎的运行条件,包括滑动速度、接触面温度、接触面间的润滑状态、轮胎橡胶的硬度和模量等。如前节所述,橡胶材料的模量对于胎面和路面间的真实接触面积有十分重要的影响,低模量或者低硬度可增加接触面积。

(二)胎路间摩擦产生机理

由于在路面表面有如图4-28所示的砂石等混合料,所以存在着凹凸不平。这种凹凸分为微观和宏观两种。凸部顶端曲率半径在百分之几毫米以下的为微观凹凸,从百分之几毫米到几毫米的为宏观凹凸。当胎面橡胶与凹凸不平的路面接触时,因为橡胶非常软,在微观的凸部,引起相当大的橡胶变形,同时发生与凸部的真实接触。于是在这部分产生两种摩擦力,一是与真实接触面积成比例的黏着摩擦力μ_a;另一是橡胶滑动时由于凸起产生变形,当此变形移动时因迟滞损失引起变形损失摩擦力μ_d。

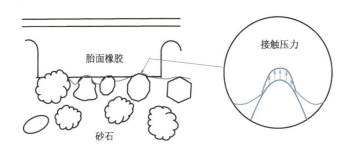

图4-28 路面的砂石等混合料与胎面橡胶的接触

不同路面状况下,路表摩擦力的产生存在一定的差异。具体分析如下:

(1)在路面潮湿的情况下,有水膜介于接触部分之间,并在接触压力高的地方,水膜破裂,这时虽保持真实接触,但面积变小,故μ_d降低。

(2)在交通量多的路面,砂石等混合料的表面被磨光,微观的凹凸不再存在。这时局部的接触面积虽变大,但因接地压力减小,水膜不易破裂,故μ_d变小。

(3)在雨量不多的情况下,对宏观的凹凸来说,由于水从凹凸底部流出,凸出部就沾水不多,这样摩擦系数不致降低太多。另外,在路面的混合料上边若有2~3mm厚的水膜,则因水受轮胎胎面橡胶的压缩,容易排出,故摩擦系数的降低较少。

(4)如果在轮胎胎面橡胶上有较多的细纹和窄槽,使橡胶块刚度降低,则当胎面滑动时,如图4-29所示,橡胶块的边缘接触路面表面,接触压力升高,同时还因与混合料的凸缘部接触,故不容易滑动。

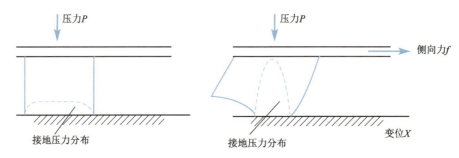

图4-29 橡胶块的接地压力分布随侧向力的变化

(5)如在胎面部有沟,那么即使水膜较厚也容易排水,故摩擦系数也不会因速度升高而降低太多。

胎面橡胶的摩擦系数随滑动速度的变化如图4-30所示。由图4-30可见,橡胶的摩擦系数在10cm/s左右的滑动速度下为最大,而在车辆实际使用的速度范围内,此值可谓相当小。因此,滑动摩擦最大时的速度与实用速度相比小得多,故在计算轮胎的摩擦力时,可近似地把固体的静止最大摩擦当作轮胎滑动最大摩擦来处理。

轮胎胎面橡胶表现出高分子特有的性质,即摩擦系数随温度而变。沥青路面的温度越高,虽然使胎面橡胶的滑动变得容易,但是摩擦系数随温度的变化总的来说还是比较小的,不过在轮胎抱死制动时,接地部的胎面橡胶由于摩擦生热使温度急剧升高,这将进一步对滑动摩擦产生很大的影响。

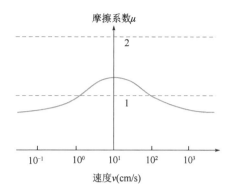

图4-30　胎面橡胶的摩擦系数随滑动速度的变化

众所周知,轮胎与路面间的摩擦力是汽车驱动、制动及转向的动力来源。因此,它对汽车的驱动性、制动性及转向操纵性有直接的影响。对轮胎与路面间的摩擦特性进行深入了解是正确预测轮胎与路面间摩擦力的基础,而这对许多安全控制系统(如防抱死制动系统、牵引力控制系统等)来说是至关重要的。轮胎与路面间摩擦产生的机理可归纳为以下几个方面。

(1)轮胎与路面间的分子引力作用

实践表明,当两个物体表面之间相距非常近时,其间的分子引力作用是相当可观的,这种分子引力就构成了轮胎与路面间摩擦力的一部分。显然,这种摩擦力除与轮胎和路面材料的性质有关外,还主要取决于轮胎和路面间实际接触面积的大小,它受路面状态,如污染、水膜、灰尘及湿度等影响较大。

(2)轮胎与路面间的黏着作用

试验表明,和金属间的黏着类似,轮胎与路面间也会发生黏着作用。对轮胎进行磨损试验后,可在轮胎表面找到黏着在其上的路面磨粒。同样地,在路面上也可发现黏着在其上的橡胶磨粒。另外,轮胎与路面间发生的静电吸引也是轮胎与路面间发生黏着的一个证明。将轮胎与路面间黏着点剪断所需的力就是摩擦力的黏着分量。由黏着作用而产生的摩擦力主要取决于轮胎与路面材料的性能、接触面之间的压力、路面状态以及轮胎与路面间的实际接触面积。

(3)胎面橡胶的弹性变形

与金属材料不同,橡胶是一种弹性非常好的材料。在路面较大微凸体及胎面花纹等的作用下,胎面橡胶会反复产生较大的弹性变形,这种弹性变形所产生的变形力与弹性变形恢复力的合力也构成了摩擦力的一部分。由于存在弹性滞后等的影响,弹性变形恢复力总是要小于弹性变形力。不同胎面花纹的轮胎在纵向(汽车运动方向)或横向(垂直于汽车运动方向)载荷作用下将产生完全不同的变形情况。因此,它们产生纵向或横向摩擦力的能力也完全不同,这充分说明了橡胶弹性变形对轮胎与路面间摩擦力产生的作用。这种摩擦力主要取决于胎面花纹和路面上较大尺寸微凸体的性能等。

(4)路面上小尺寸微凸体的微切削作用

在载荷作用下,路面上较小尺寸的微凸体会在胎面的局部产生较大的应力集中。当胎面上所产生的局部应力超过了其断裂强度时,在切向力的作用下,路面上尺寸较小的微凸体就会对胎面形成微切削作用。这种微切削作用和一般金属摩擦学中的犁沟作用非常类似,微切削过程中产生的阻力就是轮胎与路面间摩擦力的一部分。许多轮胎摩擦表面的扫描电镜照片都证明了轮胎与路面间微切削作用的存在。由微切削作用产生的摩擦力除与轮胎及路面的材料性能有关外,它主要取决于路面上较小尺寸微凸体的大小、分布情况及其锋利性等。

二、轮胎-路面间附着机理

关于弹性轮胎与硬路表面的附着问题,在物理学中有所谓"滑动摩擦力""滑动摩擦系数"的概念,而用于汽车轮胎,习惯用"附着力""附着系数"表示。根据库仑摩擦定律,滑动摩擦力是下压物体的垂直荷载与滑动摩擦系数的乘积。摩擦力的产生主要是由于一个表面的凹凸与另一表面的凹凸互相黏着的结果,部分的摩擦力是由于粗糙表面的突出部引起的,这时接触部分周期变形,产生变形损失摩擦力。当车轮抱死,沿路面拖滑以及车轮完全打滑时,轮胎上作用有摩擦力,并等于法向荷载和橡胶与路面间摩擦系数的乘积。可是对处于部分滑转或滑移情况下的轮胎,上述库仑定律就不适用,为阐明轮胎与路面之间的附着机理,下面先从轮胎的滑动率谈起。

(一)轮胎的滑动率

假定在轮胎接地部分的带束没有周向的压缩变形,这样的轮胎(图4-31)一边以角速度ω滚动,一边以速度v前进。

在20世纪20年代,加拿大学者M.G.Bekker首次发现:在给定的驱动轮角速度ω下,加大车轮上转矩M_K,引起车辆的速度v降低。这种驱动情况对图4-31来说,意味着带束的旋转速度$r_k\omega$比前进速度v快,即:

$$v < r_k\omega \quad (4-35)$$

式中:ω——角速度;

r_k——有效滚动半径。

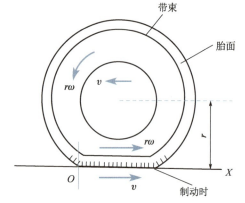

图4-31 制动和驱动时的轮胎滚动状态

而在制动的情况下,带束的旋转速度$r_k\omega$比前进速度v慢,即$v>r_k\omega$;在接地部,路面和带束的相对速度Δv为:

$$\Delta v = v - r_k\omega \quad (4-36)$$

从固定于轮胎轴的XY坐标系来看接地部时,路面以速度$r_k\omega$向后方移动。于接地面前端与路面接触的胎面橡胶,在向接地面后方移动的同时,由于带束和路面的速度差,还承受着大的剪切变形。首先,考虑制动时的最极端情况,即轮胎在抱死状态下滑移。因为在XY坐标系,带束停止不动,而路面移动,制动时,若着眼于路面上的一点,则求得路面上之点从接地面

前端至距离 x 所需的时间 t 为：

$$t = \frac{x}{v} \tag{4-37}$$

即制动时在离开接地面前端的距离 x 之点，路面和带束的相对变位 Δx 可由式（4-36）、式（4-37）得到，为：

$$\Delta x = \Delta vt = sx \tag{4-38}$$

$$s = \frac{v - r_k \omega}{v} \quad (s > 0) \tag{4-39}$$

s 称为制动时的滑动率，也可称为滑移率。其次，驱动时的最极端情况是考虑轮胎在原地空转。在 XY 坐标系，因路面不动，带束移动，带束上的一点从接地面前端移动至距离 x 所需要的时间为：

$$t = \frac{x}{r_k \omega} \tag{4-40}$$

这样，驱动时，在离开接地面前端的距离 x 之点，路面和带束相对变位 Δx 可从式（4-36）、式（4-40）求得，为：

$$\Delta r = \Delta vt - (v - r_k \omega) \frac{x}{r_k \omega} \tag{4-41}$$

而且，驱动时的滑动率以下式定义：

$$s = \frac{v - r_k \omega}{r_k \omega} \quad (s < 0) \tag{4-42}$$

由式（4-38）、式（4-41）可见，在制动时和驱动时，路面和带束的相对变位量都与离开接地面前端的距离成正比例增大。因此，若胎面橡胶与路面之间没有发生滑动，并设胎面每单位面积的切向横弹性（抗剪）常数为 C_x，则在胎面每单位长度作用的切向力 f_x 为：

$$f_x = C_x S_x \tag{4-43}$$

（二）轮胎弹性滑转现象

当驱动轮、从动轮和制动轮滚动时，在接地部能看到弹性滑转现象。这是在20世纪30年代由 R.Schuster 和 P.Welchsler 在试验中首先发现的，而后又被很多学者的试验所证实，其中也包括 B.H.Knopo 等人的试验研究。

除了试验研究外，还有人提出如图4-32所示的模型，以解释弹性滑转现象。此模型类似于上面提到过的胎面刷子模型［图4-32a)］，用一刚性基础来模拟带束，其上固定弹性薄片，薄片模拟胎面橡胶块，可以变形和在接地面滑动，假设沿接触长度的单位长度法向反作用力 P 按二次抛物线的规律分布。反作用力 P 乘以摩擦系数 μ 构成基本的切向摩擦力分配图。当在轮胎上作用转矩 M_z，弹性薄片发生变形。此切向变形沿接触长度增大。与此同时，切向力 f_x 也按式（4-43）成比例地增大［图4-32b)］。

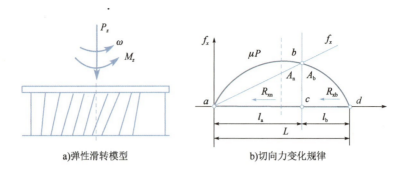

图 4-32　解释轮胎弹性滑转现象的模型

在接触区的前部,弹性薄片相对于路面表面固定不动。当 f_x 达到 μP 值[相当于在图 4-32b)中的 b 点]切向力开始超过摩擦力。结果弹性薄片相对于支撑表面滑动,这时薄片的变形和切向力都减小。所以,对应于 $f_x=\mu P$ 之点 b,把整个接触区段 L 分成静止域(黏着域)l_a 和滑动域 l_b(图 4-33)。三角形 abc 的面积 A_a 与作用在轮胎上的静止域切向反作用力 R_{xn} 成比例,而图形 cbd 的面积 A_b 与作用在轮胎上的滑动域切向反作用力 R_{xb} 成比例。考虑到滑动摩擦系数随滑动速度的增加而减小,故严格来说,滑动域的切向反作用力 R_{xb} 应与图中斜线部分的面积成比例。

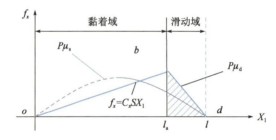

图 4-33　制动时发生的摩擦力

(三)附着力与附着系数

如果轮胎原地打滑[图 4-34a)]那么轮胎上作用的法向载荷 P_z 被反作用力 R_z 所平衡,这时分布在整个接触面积并作用在轮胎上的滑动摩擦合力等于 $R_x=\mu P_z$,这里为滑动摩擦系数。

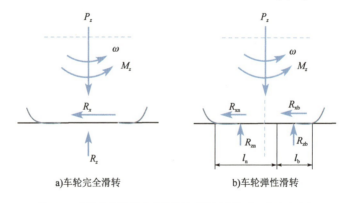

图 4-34　车轮完全滑转和弹性滑转时作用在轮胎上的力和力矩

在轮胎-路面的附着机理研究方面,橡胶与路面的摩擦力主要来源于黏附力(adhesion)和滞后力(hysteresis)。实际上,轮胎-路面接触时由于胎面花纹块和路面纹理的存在导致胎面橡胶并未与路面完全接触;同时,由于车辆荷载并不是均匀分布在接触区域内,并且车辆运动时接触面积发生变化,最大摩擦系数可能在接触区域的任何部分发生,故对于轮胎与路面的接触分析要考虑轮胎-路面附着特性,而非摩擦特性。

如果驱动轮并非完全滑转,而仅出现弹性滑转,那么此种情况的特征为:只在部分接触区域[图4-34b)中的滑动域 l_b]有滑动摩擦,可是法向荷载却由整个接触面积承担。这时作用在滑动域 l_b 的法向反作用力 R_{zb} 产生滑动摩擦力 $R_{xb}=\mu R_{zb}$。而在静止域 l_n 作用有法向反向作用力 R_{zn} 和一定的静止摩擦力 R_{xn},后者小于轮胎假若在此区域滑动时所可能产生的摩擦力。因此,从路面表面作用到轮胎上的力 R_x 是 R_{xn} 和 R_{xb} 之和,并小于整个轮胎滑动时的摩擦力,即:

$$R_x = R_{xn} + R_{xb} < \mu P_z \tag{4-44}$$

这个力就是可以用附着系数 φ_x(x 代表轮胎在水平方向移动)来确定的附着力,即为附着力 $R_x=\varphi_x P_z$。可见附着力并不遵循库仑定律,并不等于车轮上的法向荷载 P_z 乘以比例常数 μ,而附着系数是个变数,它随着轮胎上所加驱动力矩或制动力矩的增大而由零值往上升,这就是摩擦力及摩擦系数与附着力及附着系数的原则区别。

处于部分滑转或滑移情况下的轮胎出现弹性滑转现象,此时库仑定律不再适用,轮胎-路面接触区域分为黏着域和滑动域(图4-35),此时地面作用在轮胎上的力 R_x 小于整个轮胎滑动时的摩擦力,即为附着力。

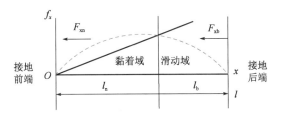

图4-35 轮胎弹性滑转示意图

实际上,在轮胎-路面相互作用过程中,附着系数(adhesion coefficient)是个变数,随着轮胎上施加的驱动力矩或制动力矩的增大而逐渐变大,不遵循库仑摩擦定律,数值上等于作用在接地面上的切向反作用力之和对整个接触面积所承担的法向载荷之比。当滑转面积或滑移面积扩大到整个接触面积时,附着力(adhesion)等于摩擦力(friction),故附着力比摩擦力概念更具有普遍性。在滑动速度接近于零时的最大滑动摩擦力可称为峰值附着力,而最大滑动摩擦系数可称为峰值附着系数。另外,在车轮拖滑及完全滑转(原地打滑)时作用在轮胎上的滑动摩擦力可称为极限附着力,而此时的滑动摩擦系数可称为极限附着系数。

(四)附着系数曲线

令地面制动力与垂直载荷之比为制动力系数(附着系数φ_b,b表示制动工况)。车辆制动时(驱动时类似)的附着系数φ_b和滑动率s的关系如图4-36所示。

由式(4-43)可知,在每单位面积的胎面橡胶所发生的切向力与接地面前端的距离成正比,并直线地增加(图4-37)。当其值达到路面的摩擦力时开始出现滑动,切向力在接地面后端恢复至零。这样,在接地面的前部出现黏着域(静止域),后半部出现滑动域。然而,在滑动率极小时滑动域可以忽略不计,因而切向力呈三角形分布(图4-37),其中接地面形状是长度为l、宽度为ω的矩形。此种情况下,制动力或驱动力可由三角形的面积求得,即:

$$R_x = \frac{C_x \omega l^2 s}{2} \tag{4-45}$$

$$\varphi_b = \frac{C_x \omega l^2 s}{2P_z} \tag{4-46}$$

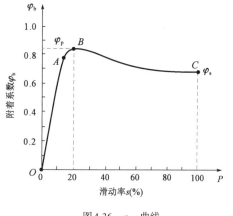

图4-36 φ_b-s曲线

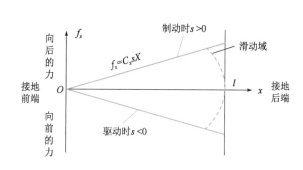

图4-37 滑动率极小时的切向力分布示意图

在滑动率很小的区域(直到s_c=0.1左右),附着系数φ_b呈直线状增加,这个增加的梯度(或曲线的斜率)称为制动刚度(或驱动刚度)$K_x=C_x\omega l^2/2$。

由图4-36可见,曲线在OA段近似于直线,这是由于式(4-45)内的C_x大致上等于常数,在φ_b-s曲线的OA段,虽有一定的滑动率,但轮胎并没有与地面发生真正的相对滑动。滑动率大于零的原因是:当出现地面制动力时,轮胎前面即将与地面接触的胎面受到拉伸而有微量的伸长,故滚动半径r_k随地面制动力而加大。根据式(4-39),由于$v=r_k\omega$,所以滚动半径加大时,$r_k\omega > r_k'\omega$,故计算出的滑动率$s>0$。

橡胶的变形与施加荷载的时间长短有很大关系,当滑动速度提高时,轮胎胎面橡胶与给定路面段的接触时间缩短,其结果是轮胎胎面来不及包盖住道路的凹凸不平,因而变形损失减小,摩擦系数显著降低。轮胎胎面与道路表面的相对滑动速度为:

$$v' = (s_b - s_0)\omega r_{k0} \tag{4-47}$$

计算时常取用的行驶速度,ωr_{k0}=18m/s。在图4-36中,C点相当于轮胎完全滑转(s_b=1)或抱死滑移(s_c=1)时的附着系数φ_s,此附着系数可称为极限附着系数。实践证明,滑动率在s_0至s_c=1这一范围内,轮胎的滚动是不稳定的,实际上轮胎只能在s_0=0至s_c=s_0这一区间以及s_c=1这一情况下工作。

由于路面侧向倾斜、侧向风或者曲线行驶离心力等因素,汽车行驶时轮胎的侧偏特性是轮胎力学特性的一个重要部分,主要指侧偏力F_Y、回正力矩M_Z与侧偏角α的关系。首先建立轮胎坐标系如图4-38所示。

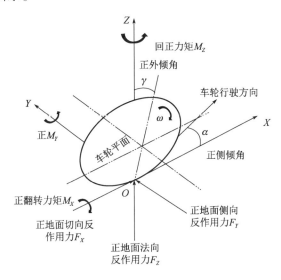

图4-38 轮胎坐标系

垂直于车轮旋转轴线的轮胎中分平面的平面为轮胎平面,坐标系原点O为车轮平面和地平面交线与车轮旋转轴线在地平面上投影线的交点。车轮平面与地平面交线为X轴,规定向前为正方向;Z轴与地平面垂直,向上方为正;Y轴在地平面上,面向车轮前进方向左方为正。地面作用于轮胎纵向力F_X,侧偏力F_Y、回正力矩M_Z。侧偏角α为接地中心位移方向与X轴夹角,图示方向为正。

轮胎以侧偏角α侧向滑动,胎面表面在接地部前端与路面接触,黏着于路面,胎面部剪切变形产生侧向力。由于轮胎印迹轴线与前进方向夹角为侧偏角,沿前进方向反方向胎面变形越大;胎面越外侧偏移,剪切变形越大。当变形力与胎面路面之间摩擦力相等时,胎面部分外滑,并且侧滑一直发生到接地部后端为止。故考虑轮胎侧向力时,也存在黏着区与滑动区,其合力即为侧偏力F_Y,与图4-38中的纵向力F_X产生机理类似。

由于沿前进方向轮胎印迹各点处变形不同,侧偏力作用点在接地印迹几何中心的后方,偏移某一距离e,故产生作用于轮胎绕OZ轴的力矩。它是使转向车轮恢复到直线行驶位置的主要恢复力矩之一,称为回正力矩M_Z,$M_Z = F_Y e$。

显然,侧偏角α的数值影响侧偏力F_Y和回正力矩M_Z的取值。在X方向,不同滑移率s对应不同的纵向力F_X。

三、轮胎磨损的产生机理

轮胎磨损是一个非常复杂的问题。轮胎磨损除了会直接只增加汽车的使用成本外,还会影响汽车的功率消耗、轮胎与路面间的附着性能等。轮胎产生磨损的机理随胎面材料、路面状况、环境温度以及运行条件等的不同是会有所变化的。轮胎产生磨损的机理主要有以下几种。

1. 以弹性体变形为主要特点的磨损

如果路面微凸体的尺寸小、光滑性好,则轮胎与路面接触时的应力集中就相对较小。轮胎在与路面的摩擦过程中主要发生弹性变形。当作用在胎面橡胶内的拉应力或剪应力超过了其抗拉或抗剪强度时,就会在橡胶的内部或表面产生裂纹。随着弹性变形次数的增加,裂纹会逐渐扩展,直至橡胶颗粒从轮胎表面上脱落下来形成磨粒。这种磨损与金属材料的疲劳磨损非常相似。当路面粗糙度较小、环境温度较高、橡胶的损耗模量(反映橡胶黏性阻力大小的一个物理量)较小或其玻璃态转变温度较低、炭黑含量较少时,轮胎较易发生这种磨损。由这种磨损而产生的橡胶磨粒一般较大。以后在本章中把这种磨损简称为弹性磨损,图4-39为胎面发生弹性磨损的模型。

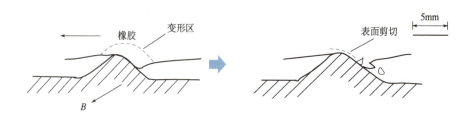

图4-39 胎面发生弹性磨损的模型

2. 以塑性变形为主要特点的磨损

如果路面微凸体的尺寸大、锋利性好,则轮胎与路面接触时的应力集中就相对较大。如轮胎与路面微凸体之间的接触应力超过了胎面橡胶的屈服应力,则轮胎在与路面的摩擦过程中将主要发生塑性变形。路面微凸体将对胎面橡胶形成微切削作用,从而使胎面橡胶磨损,这种磨损与金属的磨粒磨损非常相似。当路面粗糙度较大、环境温度较低、橡胶的损耗模量较高或其玻璃态转变温度较高、炭黑含量较大时,轮胎较易发生这种磨损,由这种磨损而产生的橡胶磨粒一般较小。以后在本章中把这种磨损简称为塑性磨损。图 4-40 为胎面发生塑性磨损的模型。

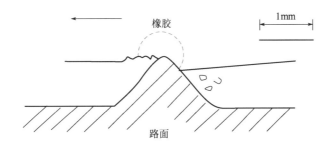

图 4-40　胎面发生塑性磨损的模型

3.橡胶表面层的机械-化学腐蚀磨损

由于橡胶是热的不良导体,在橡胶的弹性滞后作用及轮胎与路面间的高摩擦力作用下,轮胎表面层的温度会急剧升高,从而使某些由于摩擦力作用而急剧伸长的橡胶分子链断裂。当橡胶分子链断裂后,就会产生两个亚稳的自由端。对天然橡胶和丁苯橡胶来说,这种亚稳的自由端将与自由端接收体,一般是氧发生化学反应,从而使自由端回到稳定状态,同时这也使分子链彻底断裂。在这种情况下,由分子链断裂而产生的累积效果是橡胶分子量的减少,并伴随产生油一样的物质。对顺聚丁二烯之类的橡胶来说,分子链的自由端将与邻近的分子链发生反应,从而形成交错连接。与橡胶分子量减少而产生的效果相反,交错连接将使橡胶产生干的粉状磨粒。在轮胎的实际磨损过程中,上述三种磨损机理可能会同时存在,但其中的一种会占主导地位。

四、轮胎滚动阻力计算

统计表明,在发达国家汽车约消耗全国燃料的25%,而轮胎的滚动阻力约占车辆消耗的20%,故只需降低轮胎能量消耗的极小部分,对全国范围来说就是一个很大的节约。

(一)橡胶和帘线的黏弹性特性

作为轮胎主要部分的橡胶不是完全弹性体,而具有黏弹性的性质,其表现为当轮胎挠曲时橡胶对变形产生黏弹性阻力。这个阻力成为轮胎滚动阻力的主要部分。橡胶的这种黏弹性特性,如果限定在某一频率范围内,就可以用 Maxcell 的四要素模型很好地进行说明(图 4-41)。

这里的四要素模型是指具有弹性要素(弹簧)G_1、G_2 和黏性

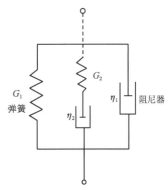

图 4-41　Maxcell 的四要素模型

要素(阻尼器)η_1、η_2等四个要素的模型。G_1、G_2、η_1、η_2是随温度变化的常数。在此模型的两端施加角速度为ω的周期外力时,动弹性系数G'、动黏性系数η'和损耗角正切$\tan\delta$计算公式分别为:

$$G' = G_1 + G_2 \frac{\omega^2 \tau_2^2}{1 + \omega^2 \tau_2^2} \tag{4-48}$$

$$\eta' = \frac{\eta_2}{1 + \omega^2 \tau_2^2} + \eta_1 \tag{4-49}$$

$$\tan\delta = \frac{G''}{G'} = \frac{\eta_2 \omega/(1 + \omega^2 \tau_2^2) + \eta_1 \omega}{G_1 + G_2 \omega^2 \tau_2^2/(1 + \omega^2 \tau_2^2)} \tag{4-50}$$

式中:G'——动损失,$G' = \eta'\omega$;

τ_2——缓和时间,$\tau_2 = \eta_2/G_2$。

另外,轮胎的帘线也具有黏弹性的性质,在其上施加周期外力时同样有能量损失。而且,不同的轮胎帘线,其黏弹性值变化很大。

(二)轮胎滚动阻力的发生机理

当轮胎在硬而平的表面上滚动时,其滚动阻力的发生主要是由于在轮胎变形时材料的内摩擦损失或迟滞损失,以及胎面在接触区域的摩擦损失。而其中迟滞损失是最主要的,约占轮胎滚动阻力的90%~95%。

1.轮胎变形

如上所述,引起滚动阻力的主要原因是轮胎变形。然而一个轮胎在滚动时所经受的周期变形有各种非常复杂的形式,并且很难加以识别和描绘。但对滚动阻力而言,起支配作用的轮胎变形形式是弯曲变形。

图4-42表示加载前后胎侧形状变化的例子。图4-42中显示,除接地部位外,胎侧也有很大程度的弯曲可见。弯曲肯定是轮胎最主要的变形形式。不过在胎肩和胎侧部是胎体复合物(橡胶和帘线)发生弯曲,而在与地面接触部分是胎体、带束和胎面的弯曲。由于带束的刚度都很大,胎面也多用硬质橡胶,一般弯曲变形不大,故主要应考虑胎体内部变形。

为了更好地理解斜交轮胎胎体内部的变形,需要了解其斜交轮胎成型的过程(庄继德著,《汽车轮胎学》第1章)。在此过程中,胎体帘线与帘线形成等边四边形(菱形),而且菱形四边形按缩放仪的原理变形。

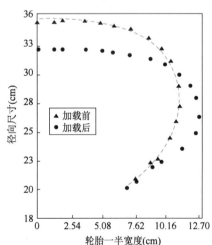

图4-42 加载前后胎侧形状的变化
(载荷4.418kN;气压210kPa)

这时充塞在帘线之间的生胶几乎不限制此种变形。若对已定型的圆环状轮胎进行硫化,那么菱形四边形就受到硫化橡胶的黏弹性约束。具体地说,当硫化轮胎由于载荷而弯曲变形时,在挠曲部由帘线与帘线形成的菱形也发生变形,不过此变形与在轮胎成型时的变形方向相反。然而,在帘线与帘线之间,由于挂有硫化橡胶,故帘线受到黏弹性的约束,这种约束对菱形的变形产生阻力。还有,介于帘线与帘线间的橡胶变形与作用在帘线上的张力成比例增大。而作用在帘线上的张力又和内压成比例,故在轮胎挠曲一定时,若提高其内压,则滚动阻力将大体上和内压成比例地增加。此外,在帘线交叉之点,并没有系成结。故轮胎挠曲时在帘布层间产生的剪切力也大致与轮胎的挠曲成比例增大。

对于子午线轮胎,胎侧的胎体帘线大体上向着半径方向。在胎冠部的带束,也具有接近于圆周方向的帘线角度,而且帘线与帘线形成的菱形四边形的对角线非常长,加之带束的弹性常数较大,故变形非常小。由上可见,斜交轮胎的胎体内部变形和子午线轮胎相比大得多,并表现为两者的滚动阻力相差很大。因为轮胎变形的能量损失大部分转化为热量,故这也可说明为什么斜交轮胎在行驶过程中发热程度较子午线轮胎的发热高得多。

除了上面所讲的弯曲变形外,在轮胎接地部还有压缩变形和剪切变形,它们对滚动阻力也有影响。当轮胎弯曲变形时,在接地面内的胎体,如图4-43所示,向着接地中心收缩。而且,在自由滚动的轮胎胎面,来自路面并作用在接地面前半部的是向前方的力;在接地面后半部的变形力所发生的力是向后方的力。这样,胎面橡胶在前后方向承受剪切变形,并由于胎面橡胶具有黏弹性性质,故对此剪切变形产生阻力。其次,在胎面收缩发生的力较路面与胎

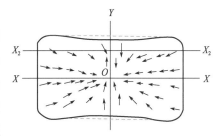

图4-43 由于接地面收缩产生的变形和所产生的力

面间摩擦力大的区域会出现胎面滑移,从而产生摩擦损失,并成为滚动阻力的一部分。

如图4-43所示,当轮胎的接地部在横方向收缩时,在弯曲变形最大的中心部收缩最大,接地面形状成腰鼓形。故当这样的轮胎滚动时,胎面在承受从路面来的、使胎面展宽的力的作用下产生侧向剪切变形,而轮胎橡胶的黏弹性性质会对此变形产生阻力。总之,压缩变形和剪切变形对轮胎的滚动阻力都起一定作用,不过这些作用与弯曲变形相比并不是很大。

2.迟滞损失

如前所述,弯曲变形是起支配作用的轮胎变形形式,故有必要分析轮胎材料在交变弯曲下的能量损失。为此,Y.D.Kwon等对胎侧部材料迟滞损失进行了研究。

图4-44a)表示对一胎侧试样,测量其在交变弯曲下迟滞损失的试验程序。图4-45表示用于弯曲试验的试样从轮胎上切割下来的大概位置。试样呈长方形,固定在弯曲装置的两支承杆与活柱之间[图4-44b)],支承杆与应力传感器相连,而后者又与示波器连接。活柱位

置的相应移动通过弹簧应变传感器转换成电子信号,并输入示波器,如图4-44c)所示。显波器显示了滞后回路(hysteresis loop)。这种滞后现象是轮胎橡胶和帘线等黏弹性性质的具体表现。根据对传感器信号的标定,滞后回路所包围的面积可转换成交变弯曲下每一周期的迟滞损失。

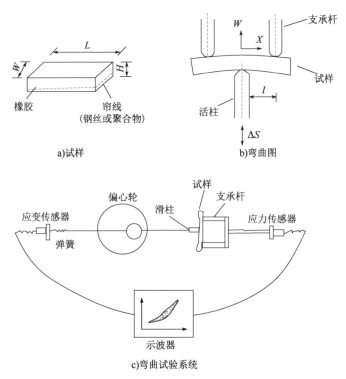

图4-44 弯曲试验程序

根据测量可得,在交变弯曲下迟滞损失的大小是试样温度T、基准面的原始曲率半径r_0、试验过程中曲率半径的最大变化Δr、帘线层厚度L_c以及橡胶层厚度L_r等的函数。于是,试样一个周期的、单位体积的迟滞损失Q可表达为:

$$Q = f(T, r_0, \Delta r, L_c, L_r) \tag{4-51}$$

3. 滚动阻力

如果设轮胎滚动时,由于滞后作用的能量损失为E_1,则:

$$E_1 = \sum_i Q_i V_i \tag{4-52}$$

式中:Q_i——轮胎微小部位i的迟滞损失量;

V_i——轮胎微小部位i的体积。

设滚动阻力为P_f,轮胎行驶速度为v,由于弯曲变形引起的滚动阻力部分以分数表示为F。这样,在交变弯曲下的能

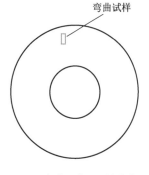

图4-45 弯曲试验用试样的位置

量损失与轮胎滚动阻力间的关系为:

$$P_f v = (1/F) \sum_i Q_i V_i \tag{4-53}$$

因此,欲求出滚动阻力 P_f,首先要建立式(4-51)的关系,并对不同形式的轮胎确定分数 F。如前所述,弯曲变形对轮胎的滚动阻力起支配作用,因此可以设想 F 接近于1。但目前由于缺少大量的试验数据,故不同轮胎的真实 F 值还难以确定。至于 Q_i 根据黏弹性理论可以表示为:

$$Q_i = \sigma_i \varepsilon_i \tan \delta_i \tag{4-54}$$

式中:σ_i——轮胎微小部位的应力;
ε_i——轮胎微小部位的应变;
$\tan\delta_i$——轮胎微小部位的损失系数(损耗角正切)。

因为在轮胎的不同部位,温度 T 和曲率半径 r_0 不同,加之帘线层厚度 L_c 和橡胶层厚度 L_r,也都可能不同。所以,根据式(4-37),$\tan\delta_i$ 不是常数,在轮胎不同的部位有不同的值。

把式(4-54)代入式(4-52)可得:

$$E_1 = \sum_i (\sigma_i \varepsilon_i \tan \delta_i) V_i = \int_V \sigma \varepsilon \tan \delta \, dV \tag{4-55}$$

式中:V——发生弯曲变形部位的体积。

于是,从式(4-53),且经过变换,可求得轮胎的滚动阻力 P_f 为:

$$P_f = \left(\frac{1}{vF}\right) \int_V \sigma \varepsilon \tan \delta \, dV \tag{4-56}$$

4. 对策措施

从式(4-55)可见,为减少轮胎的能量损失,可着重从以下几个方面采取对策:
(1)减少轮胎变形,减少内摩擦损失;
(2)改善轮胎用材料,降低 $\tan\delta$ 值;
(3)减小轮胎体积,尽量使轮胎轻量化。

欲减少轮胎的变形损失,要从设计要素、使用条件等多方面加以考虑。在结构方面,采用子午线轮胎能极大地降低轮胎内部摩擦损失,因而其滚动阻力一般较斜交轮胎低20%~25%。但是,特别是宽轮辋单斜交轮胎的滚动阻力比子午线轮胎还要低些,甚至比标准的斜交轮胎低30%。这主要是因为在宽轮辋的单轮胎材料的弯曲变形相对小得多。上面这一种轮胎的比较见图4-46。

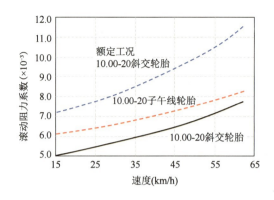

图 4-46　滚动阻力系数比较

作为使用条件来说，提高轮胎内气压、减小变形是降低滚动阻力的极有效的措施。然而，一般地提高气压会使轮胎的径向刚度增大，从而导致平顺性变坏。另外，提高气压又使轮胎的回正力矩减小，促使操纵性能降低。图4-47表示气压与径向刚度的关系，而图4-48表示气压与回正力矩的关系。可见提高气压既有利、又有弊，故必须对不同的使用条件作具体分析，然后确定最佳的轮胎内气压。

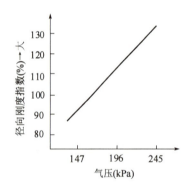

图 4-47　气压与径向刚度的关系

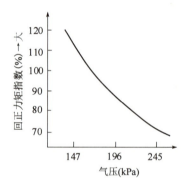

图 4-48　气压与回正力矩的关系

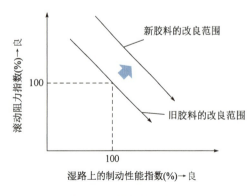

图 4-49　新胶料的开发方向

$\tan\delta$ 的降低对材料的开发影响极大。一方面，考虑到胎面部对滚动阻力占较大比例，故胎面橡胶使用 $\tan\delta$ 小的材料可取得较好的效果。然而采用这种办法也存在一些缺点，主要是 $\tan\delta$ 减小，在湿路面上的制动性能变坏。所以，应致力于开发新的性能更好的胶料以解决此问题。图4-49表示开发新胶料可以考虑的方向。减少轮胎体积指数是降低能量消耗的有效手段。另一方面，从节省资源的观点考虑，减轻轮胎重量是非常重要的，也是极为有利的。因此，为了进一步实现轮胎轻量化，有必要更进一步进行新的技术开发。

五、轮胎滚动阻力测试方法

滚动阻力系数有两种测定方法,即轮胎转鼓试验台与道路试验法。

1.轮胎转鼓试验台

由电力测功器驱动的试验轮胎放在转鼓上,转鼓轴连接着作为制动装置的测功器。试验中,测出驱动轮胎的转矩M_k和作用于转鼓的制动力矩M_B。按下式即可求出滚动阻力系数:

$$f = \frac{M_k(D/2) - M_B r_d}{W r_d [(D/2) + r_d]} \quad (4\text{-}57)$$

式中:D——转鼓的外径;

r_d——轮胎的动力半径;

W——作用于轮胎上的垂直荷载。

轮胎的转鼓试验台也有两种,一种是在转鼓的外侧测量,另一种是在转鼓的里侧测量。图4-50表示在转鼓外径为3.5m的试验台,轮胎放在转鼓里、外侧以及在转鼓外径为1.707m的试验台,轮胎放在转鼓外侧测得的滚动阻力系数值的差别。由图4-50可见,载重车、公共汽车用子午线轮胎在平坦路面上的滚动阻力系数比在1.707m外径的转鼓外侧上测得的值约小30%,比在3.5m外径的转鼓外侧上测得的值约小10%,而比在3.5m外径的转鼓里侧测得的值约大10%。这样,不难推测转鼓的曲率对滚动阻力系数测量值的影响是相当大的。

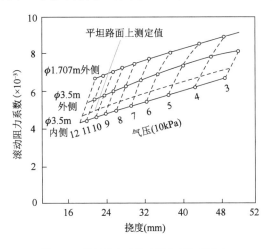

图4-50 转鼓曲率对滚动阻力系数的影响

注:轮胎为纵沟钢丝子午线轮胎10.00R20 14PR,速度60km/h,载荷20.8kN。

2.道路试验法

轮胎的滚动阻力也常用装有测力传感器的单轮或双轮试验拖车在各种路面上进行实地测量。在进行道路试验时,需要先进行一段时间的适应性试验,然后测量滚动阻力值。因为适应性行驶对滚动阻力是有影响的。例如在载重汽车、公共汽车用轮胎10.00 R 20 14PR,约经1h的适应性行驶,滚动阻力和轮胎胎面的温度才达到常数值。这时的滚动阻力约比开始行驶时降低30%~40%(轿车用轮胎约在30min后滚动阻力变为常值)。

路上的常速试验是确定滚动阻力的最简便方法。试验拖车先后以20km/h、40km/h、60km/h、80km/h的速度顺序上升。在每个速度先进行30min的适应性试验,然后进行测量。但这里需要注意的是,速度上升时的滚动阻力与速度下降时是有差别的,因为速度上升与下降之间存在着轮胎的温度差,从而导致滚动阻力也有差别。

由于低速时空气阻力甚小,故可忽略空气阻力,直接求出低速时的滚动阻力。但在高速时,滚动阻力随车速增高而加大,故很难分别确定滚动阻力与空气阻力的数值,为此可采用测量精度较好的滑行法。必须指出,用滑行法测定的滚动阻力系数相当于速度等于或近于零时之值,但实际上在滑行过程中速度是变化的,因而滚动阻力系数也是变化的。例如,在滑行试验中,以初始速度80km/h作30min适应性试验后滑行。用五轮仪记录滑行过程中的v-t曲线,进行微分便得到减速度与车速的关系曲线。

由于在滑行中作用在汽车上的行驶阻力R为:

$$R = (W + \Delta W')a'/g \tag{4-58}$$

式中:a'——减速度(m/s^2);

W——汽车的重量(N);

$\Delta W'$——相当于不包括发动机的旋转部分重量之值,对载重车可取$\Delta W'=0.07W_1$,轿车取$\Delta W'=0.05W_1$,这里的W_1为汽车自重;

g——重力加速度。

根据图4-51a)可以作出行驶阻力与速度的关系曲线[图4-51b)]。此外,在水平路面汽车不加速行驶,行驶阻力R等于滚动阻力R_t和空气阻力R_a之和,即:

$$R = R_t + R_a = f_t W + \mu_a S_w v^2 \tag{4-59}$$

式中:f_t——滚动阻力系数;

μ_a——空气阻力系数;

S_w——汽车迎风面积。

若假定:

$$R = a + bv^2 \tag{4-60}$$

其中,$a = f_t W$;$b = \mu_a S_w$。于是得到如图4-51c)所示的直线。在$v=0$时,直线与R轴交点离开原点的距离为a,从$a = f_t W$,求得滚动阻力系数$f_t = a/W$。其次,求得直线的倾角θ。从$\tan\theta = b = \mu_a S$,可得$\mu_a = b/S_w = \tan\theta/S$。由于迎风面积对某一车辆为已知,故可求得空气阻力系数μ_a。

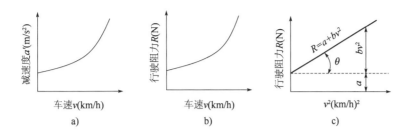

图 4-51 用滑行法测定滚动阻力系数

把上述用减速度求得的滚动阻力系数与用常速法测定的滚动阻力系数进行比较,可知,滑行时的滚动阻力较常速行驶时为小。其主要理由为:由于滑行法速度在短时间内降低,而轮胎的温度没有降低,较常速行驶时高,故滚动阻力也小。根据《汽车轮胎滚动阻力限值和等级》(GB/T 29042—2020)中轮胎滚动阻力限值要求,轿车轮胎、载重汽车轮胎的滚动阻力系数应不大于表4-6中的规定。

轮胎滚动阻力系数限值　　　　　　　　　　　　　　　　表4-6

轮胎类型			轮胎滚动阻力系数(N/kN)
轿车轮胎			11.5
微型、轻型载重汽车轮胎	单胎负荷指数≤121（负荷能力≤1450kg）	速度符号≥N	10.0
		速度符号≤M	7.5
	单胎负荷指数>121（负荷能力>1450kg）		7.5
载重汽车轮胎			7.5
雪地轮胎限值可增加1N/kN			

第三节　汽车行驶的动力性能

由于汽车行驶的稳定性不仅与道路相关,更与汽车有关,故需要考虑汽车的主要性能,分析其与道路的相关性,并得到本书所研究的汽车行驶稳定性概念。在汽车理论中,汽车的主要性能有动力性、燃油经济性、制动性、操纵稳定性、行驶平顺性以及通过性等。鉴于路表抗滑性与车辆行驶安全性的联系,本书中主要分析路表特性影响下的车辆动力性、制动性、操纵稳定性三个方面。

汽车的动力性是指汽车在良好路面上直线行驶时由汽车受到的纵向外力决定的、所能达到的平均行驶速度。它表示了汽车以最大可能的平均行驶速度从事交通运输的能力,而汽车的动力性是影响汽车平均速度的重要因素。汽车的动力性是汽车各种使用性能中最重要、最基本的性能。

一、汽车动力性评价指标

从获得尽可能高的平均行驶速度的观点出发,汽车的动力性评价指标主要包括汽车的最大速度v_{max}、加速度时间t_a及最大爬坡度i_{max}三个方面。

1.汽车的最高速度v_{max}(km/h)

最高车速是指在路况良好的水平(混凝土或沥青)路面上,汽车可达到的最高行驶速度。

2.汽车的加速度时间t_a(s)

汽车的加速时间表示汽车的加速能力,它对平均行驶车速有很大影响。加速时间是汽车一个很重要的指标。常用原地起步加速时间与超车加速时间来表明汽车的加速能力。原地起步加速时间,指汽车由Ⅰ挡或Ⅱ挡起步,并以最大的加速强度(包括选择恰当的换挡时机)逐步换至高挡后,到某一预定的距离或车速所需的时间。超车加速时间,指最高挡或次高挡由某一较低车速全力加速至某一高速所需的时间。由于超车时两车并行,容易发生安全事故,所以超车加速能力强,并行行程短,行驶就安全。一般常用0→400m(国外常用0→1/4mile)或0→100km/h(国外常用0→60miles)所需的时间来表明汽车的原地起步加速能力。对超车加速能力没有一致的规定,采用较多的是用最高挡或次高挡,由某一中等车速(30km/h或40km/h)全力加速行驶至某一高速所需的时间。

3.汽车的最大爬坡度i_{max}(%)

汽车满载时,用变速器Ⅰ挡在良好路面上的最大爬坡度,表示汽车的上坡能力。汽车最高车速大,加速时间短,经常在较好的道路上行驶,一般不强调它的爬坡能力;而且它的Ⅰ挡加速能力大,故爬坡能力也强。货车在各种地区的各种道路上行驶,所以必须具有足够的爬坡能力。一般货车i_{max}在30%即16.7°左右。越野汽车要在条件差的路或无路条件下行驶,因而爬坡能力是一个很重要的指标,它的最大爬坡度可达60%即31°左右。

需要指出的是,i_{max}代表了汽车的极限爬坡能力,它应比实际行驶中遇到的道路最大爬坡度大很多。这是因为考虑到在坡道上停车后,顺利起步加速、克服松软坡道路面的大阻力及坡道上崎岖不平路面的局部大阻力等要求。有时,也以汽车在一定坡道上必须达到的车速来表明汽车的爬坡能力。如,美国对新一代轿车的爬坡能力有如下规定:在EPA(Environmental Protection Agency,美国环保署)试验规定的质量下,应能以104km/h通过6%的坡道,而在满载时车速不能低于80km/h。应当指出的是,进行动力性评价指标试验时,各国规定的载质量是不同的,我国为满载,德国为半载。另外试验均应在无风或微风条件下进行。

二、汽车驱动力与行驶阻力

确定汽车的动力性,就是确定汽车沿行驶方向的运动状况。因此,需要分析沿汽车行驶方向作用于汽车上的各种外力,即驱动力与行驶阻力。根据这些力的平衡关系,建立汽车行驶方程式,就可以估算汽车的各项动力性指标:最高车速、加速时间和最大爬坡度。汽车的行驶方程式为:

$$F_t = \sum F_k \quad (k = f, \omega, i, j) \tag{4-61}$$

式中:F_t——汽车的驱动力(N);

$\sum F_k$——汽车各种行驶阻力之和。

下面将分别考虑汽车的驱动力和各种行驶阻力,进一步具体化上述汽车行驶方程式,以便研究汽车的动力性。

(一)汽车的驱动力

在汽车行驶中,发动机发出的有效转矩T_{tq},经变速器、传动轴、主减速器等后,由半轴传给驱动轮。传到驱动轮上的转矩T_t,即为驱动力矩,可表示为:

$$T_t = T_{tq} i_g i_0 \eta_T \tag{4-62}$$

式中:T_{tq}——发动机有效转矩(N·m);

i_g——变速器传动比;

i_0——主减速器传动比;

η_T——传动系的机械效率。

对于装有分动器、轮边减速器、液力传动等装置的汽车,式(4-62)应计入相应的传动比和机械效率。如图4-52所示,作用于驱动轮上的转矩T_t产生对地面的圆周力F_0,则地面对驱动轮的反作用力F_t即为汽车驱动力。如果驱动轮的滚动半径为r,则驱动力的数值为$F_t = T_t/r$,因而,汽车驱动力计算公式为:

$$F_t = \frac{T_{tq} i_g i_0 \eta_T}{r} \tag{4-63}$$

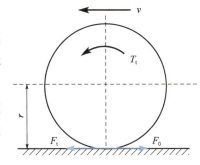

图4-52 汽车的驱动力

下面将对式(4-63)中发动机转矩T_{tq},传动系机械效率η_T及车轮半径r等作进一步讨论,并得到汽车的驱动力图。

1.发动机的外特性

加速踏板位置固定不动,发动机的功率P_e、转矩T_{tq}及燃油消耗率b与发动机曲轴转速n的变化关系,即为发动机的速度特性。当加速踏板位置最大,即发动机节气门全开(或高压油泵处于最大供油量位置)时,测得的速度特性称为发动机的外特性,对应的关系曲线称为外特性曲线;如果节气门部分开启(或高压油泵处于部分供油量位置),则称为发动机部分负荷特性曲线。

图4-53为一台汽油发动机外特性中的功率与转矩曲线。n_{min}为发动机最低稳定工作转速,随着发动机转速的提高,发动机发出的有效功率和有效转矩都在增加,最大转矩$T_{tq\,max}$时的发动机转速为n_{tq};再增大发动机转速时,T_{tq}有所下降,但功率P_e继续增加,一直到最大功率$P_{e\,max}$,此时发动机转速为n_p;继续提高发动机转速,功率下降;允许的发动机最高转速为n_{max},一般$n_{max}=(1.1\sim1.2)n_p$。

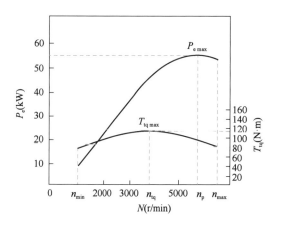

发动机功率P_e和转矩T_{tq}之间的关系:

$$P_e = \frac{1}{9549}T_{tq}n \quad (4\text{-}64)$$

式中:T_{tq}——发动机有效转矩(N·m);
P_e——发动机的有效功率(kW);
n——发动机转速(r/min)。

图4-53 汽油发动机外特性中的功率与转矩曲线

发动机制造厂提供的发动机外特性曲线,一般是在试验台架上不带空气滤清器、水泵、风扇、消声器、发电机等附件设备条件下测试得到的。带上全部附件设备时的发动机外特性曲线称为使用外特性曲线。使用外特性曲线的功率小于外特性的功率。一般汽油发动机使用外特性的最大功率比外特性的最大功率约小15%,转速为$0.5n_{max}$时,功率小2%~6%;转速再低时,两者相差更小。货车柴油机使用外特性的最大功率比外特性的最大功率约小5%;轿车与轻型货车柴油机使用外特性的最大功率比外特性的最大功率约小10%。需要指出的是,由于在试验台架上所测的发动机工况相对稳定,而在实际使用中,发动机的工况通常是不稳定的,但由于两者差别不显著,所以在进行动力估算时,仍可用稳态工况时发动机的试验数据。

为便于计算,常采用多项拟合公式来描述由台架试验测得的、接近抛物线的发动机转矩曲线。即:

$$T_{tq} = a_0 + a_1 n + a_2 n^2 + \cdots + a_k n^k \quad (4\text{-}65)$$

其中,系数$a_0,a_1,a_2,\cdots,a_k$可由最小二乘法来确定;拟合阶数随特性曲线而异,一般在2~5中选取。如果找不到外特性曲线的数据,仅知发动机的最大功率$P_{e\,max}$和最大功率时的发动机转速n_p,则发动机的外特性的功率P_e-n曲线可用下式估算:

其中,C_1、C_2为发动机类型系数;汽油机$C_1=C_2=1$;直接喷射式柴油机$C_1=0.5$,$C_2=1.5$;预燃式柴油机$C_1=0.6$,$C_2=1.4$。

2. 传动系的机械效率

发动机发出的功率P_e,经传动系传到驱动轮的过程中,要克服传动系各部件的摩擦而有一定的损失。若损失的功率为P_T,则传到驱动轮的功率为P_e-P_T,传动系的机械效η_T为:

$$\eta_\mathrm{T} = \frac{P_\mathrm{e} - P_\mathrm{T}}{P_\mathrm{e}} = 1 - \frac{P_\mathrm{T}}{P_\mathrm{e}} \tag{4-66}$$

传动系的功率损失由传动系中各部件—变速器、万向节、主减速器等的功率损失所组成。其中，变速器和主减速器的功率损失所占比重最大，其余部件功率损失较小。传动系的功率损失可分为机械损失和液力损失两部分。机械损失是指齿轮传动副、轴承、油封等处的摩擦损失，其大小与啮合齿轮的对数、传递的转矩大小等因素有关。液力损失是指消耗于润滑油的搅动、润滑油与旋转零件之间的表面摩擦等功率损失，其大小与润滑油的品质、温度、箱体内的油面高度以及齿轮等旋转零件的转速有关。液力损失随传动零件转速提高、润滑油面高度及黏度增加而增大。另外，传动系的功率损失还与变速器所处挡位、齿轮啮合情况、驱动轴轴承和油封松紧及制动器制动副之间的分离情况等因素有关。

传动系的机械效率受多种因素的影响而不断变化，但对汽车进行一般动力性分析计算时，可把它取为常数。传动系的机械效率可按传动系的结构组合由变速器、主减速器等部件传动效率数值相乘估算，也可参照同类车型的传动效率取值。传动系的机械效率是在专门的实验装置上测试得到的，详见本章第三节"汽车动力性试验"部分。

3. 车轮半径

轮胎的尺寸及结构直接影响汽车的动力性。车轮按规定气压充好气后，处于无载时的半径，称为自由半径。在汽车重力作用下，轮胎发生径向变形。汽车静止时，车轮中心至轮胎与道路接触面之间的距离称为静力半径r_s。静力半径小于其自由半径，它取决于载荷、轮胎的径向刚度以及支承面的刚度。

车轮滚动时，车轮几何中心到速度瞬心的距离称为车轮的滚动半径r_r。可以通过车轮转动圈数n_w与车轮实际滚动距离S之间关系换算得出滚动半径，即：

$$r_\mathrm{r} = \frac{S}{2\pi n_\mathrm{w}} \tag{4-67}$$

滚动半径由试验测得，也可用下式做近似的估算，滚动半径r_r为：

$$r_\mathrm{r} = \frac{Fd}{2\pi} \tag{4-68}$$

式中：F——计算常数，子午线轮胎$F=3.05$，斜交轮胎$F=2.99$；

d——轮胎的自由直径（m）。

显然，对汽车做动力学分析时，应该用静力半径r_s，而做运动学分析时应该用滚动半径r_r。但在一般的分析中常不计它们的差别，统称为车轮半径r，即认为$r \approx r_\mathrm{s} \approx r_\mathrm{r}$。

4. 汽车的驱动力图

根据发动机外特性确定的汽车驱动力 F_t 与车速 u_a 之间的函数关系曲线 F_t-u_a，称为汽车驱动力图，可直观地显示变速器处于各挡位时，驱动力随车速变化的规律。设计中的汽车如果已知发动机使用外特性曲线、传动系的传动比及机械效率、车轮半径等参数，即可作出汽车驱动力图。具体方法为：

(1) 从发动机使用外特性曲线上取若干点 (n, T_{tq})，这些点应包括最低稳定转速点和最高转速点。

(2) 根据选定的不同挡位传动比，按式(4-63)计算出驱动力值；

(3) 根据转速 n、变速器传动比 i_g 及主减速比 i_0，由下式计算与所求 F_t 对应的车速 u_a：

$$u_a = 0.377 \frac{rn}{i_g i_0} \qquad (4-69)$$

(4) 建立 F_t-u_a 坐标，对应每个挡位，将计算出相应的 (F_t, u_a) 值，描点并连成曲线，即得到汽车在该挡位的驱动力曲线。对应于每一个挡位，都有一条驱动力曲线。图4-54即为某5挡变速器货车的驱动力图。由图4-54可以看出驱动力与行驶速度的关系及不同挡位驱动力的变化，挡位低时因为变速器的传动比大，相应的车速低而驱动力大。驱动力图可以作为工具用来分析汽车的动力性。

由于驱动力图中的驱动力是根据发动机外特性求得的，因此它是使用各挡位时在一定车速下汽车能发出驱动力的极值。实际行驶中，发动机常在节气门部分开启下工作，相应的驱动力要比它小。

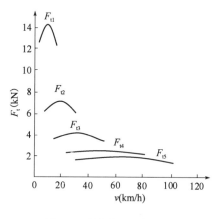

图4-54 某货车的驱动力图

（二）汽车的行驶阻力

汽车在水平道路上等速行驶时，必须克服来自地面的滚动阻力 F_f 和来自空气的空气阻力 F_w；当汽车上坡行驶时，还必须克服重力沿坡道的分力，即坡度阻力 F_i；汽车加速行驶时还需要克服汽车本身的惯性力，即加速阻力 F_j。因此，汽车行驶的总阻力为：

$$\sum_k F_k = F_f + F_w + F_i + F_j \qquad (4-70)$$

上述各种阻力中，滚动阻力和空气阻力是在任何行驶条件下均存在的。坡度阻力和加速阻力仅在一定行驶条件下存在。水平道路上等速行驶时就没有坡度阻力和加速阻力。显然，汽车下坡或减速行驶时，汽车重力沿坡道的分力或惯性力已不是汽车行驶的阻力，而变成了动力。

1. 滚动阻力

汽车行驶时,轮胎与路面在接触区域的径向、切向和侧向均产生相互作用力,轮胎与支承路面亦存在相应的变形。无论是轮胎还是路面,其变形过程必然伴随着一定的能量损失,这些能量损失是使车轮转动时产生滚动阻力的根本原因。

(1) 弹性迟滞损失与滚动阻力偶矩

轮胎和支承面的相对刚度决定了变形的特点。当弹性轮胎在硬路面(沥青路、混凝土路)滚动时,轮胎的变形是主要的。此时由于轮胎有内部摩擦产生弹性迟滞损失,使轮胎变形时对它做的功不能全部回收。

图 4-55 为轮胎在硬支承路面上滚动受径向载荷时的模型及对应的变形曲线。由图 4-55b)可见,加载变形曲线 OCA 与卸载变形曲线 ADE 并不重合,可知加载与卸载不是可逆过程,存在着能量损失。面积 OCABO 为加载过程中对轮胎所做的功;面积 ADEBA 为卸载过程中轮胎恢复变形时释放的功。两面积之差 OCADEO 即为加载与卸载过程的能量损失。这一部分能量消耗在轮胎各组成部分相互间的摩擦以及橡胶、帘线等物质分子间的摩擦,最后转化为热能而消失在大气中,这种损失称为弹性物质的迟滞损失。

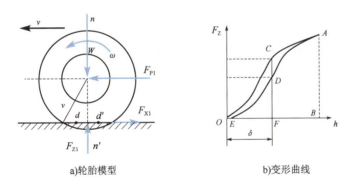

图 4-55 弹性轮胎在硬路面上的滚动

进一步分析可知这种迟滞损失表现为阻碍车轮滚动的一种阻力偶。当车轮不滚动时,地面对车轮的法向反作用力的分布是前后对称的;当车轮滚动时[图 4-55a)],在法线 n-n' 前后相对应点 d 和 d' 变形虽然相同,但由于迟滞损失现象的存在,处于压缩过程的前部 d 点的地面法向反作用力就会大于处于恢复过程的后部 d' 点的地面法向反作用力,这可从图 4-55b)中看出。在同样变形量 δ 的情况下,处于加载过程的载荷较大,即图中 FC>FD。这说明当车轮在径向载荷作用下滚动时,由于弹性迟滞现象,使地面对车轮的法向反作用力为不对称分布,其法向反力合力作用线相对于车轮垂直中心线前移了一段距离,因而形成了阻碍车轮滚动的力偶矩。

(2) 等速滚动从动轮受力分析

图 4-56a)所示为在水平路面等速直线滚动的汽车从动轮的受力分析,其法向反作用力的

合力 F_{Z1}；相对车轮垂直中心线前移了一段距离 a。a 值随弹性迟滞损失的增大而增大。法向反力 F_{Z1} 与车轮所承受的径向载荷 W_1 大小相等，方向相反。如果将法向反力 F_{Z1} 平移至与通过车轮中心的垂线重合，则从动轮在硬路面上等速直线滚动的受力情况，如图 4-56b)所示。图 4-56 中力矩 T_{f1} 为作用于车轮上阻碍车轮滚动的滚动力偶矩，且 $T_{f1}=F_{Z1}a$。

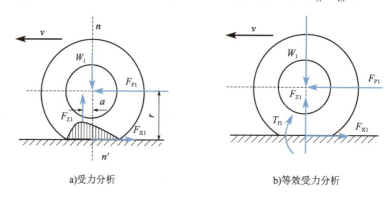

a)受力分析　　　　　　b)等效受力分析

图 4-56　从动轮在硬路面上等速滚动时受力情况

要使从动轮等速滚动，必须通过车轴在车轮中心施加一推力 F_{p1}，它与地面切向反力 F_{X1} 构成一力偶矩来克服滚动力偶矩 T_{f1}，由力矩平衡条件知 $F_{p1}r=T_{f1}$，故所施加推力应为：

若令滚动阻力系数 $f_r=a/r$，且存在 $F_{Z1}=W_1$，则 $F_{P1}=W_1f_r$。可见，滚动阻力系数是车轮在一定条件下（等速水平路上行驶）滚动时所需推力与车轮载荷之比，即单位汽车重力所需的推力。换言之，滚动阻力等于滚动阻力系数与车轮负荷的乘积。故从动轮滚动阻力为：$F_{f1}=W_1f_r$。如此，分析汽车的行驶阻力时，滚动阻力即可代替阻碍车轮滚动的力偶矩。

（3）等速滚动驱动轮受力分析

图 4-57 是驱动轮在硬路面上等速滚动时的受力图。图 4-57 中 F_{X2} 为驱动力矩 T_t 所引起的道路对驱动轮的切向反作用力，F_{p2} 为驱动轮轴作用于车轮的水平力，法向反作用力 F_{Z2} 也由于轮胎弹性迟滞现象使其作用点前移一段距离 a，即在驱动轮上同样作用有滚动力偶矩 T_{f2}。由力矩平衡条件得：

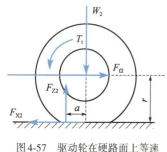

图 4-57　驱动轮在硬路面上等速滚动时的受力矩

$$F_{X2}r = T_t - T_{f2} \tag{4-71}$$

故

$$F_{X2}=F_t-F_{f2} \tag{4-72}$$

由式（4-72）可见，真正作用在驱动轮上驱动汽车行驶的力为地面对车轮的切向反作用力 F_{X2}，其数值等于驱动力 F_t 减去驱动轮滚动阻力 F_{f2}。因此，图 4-52 中的驱动力是没有考虑车轮滚动阻力而求得的。

（4）滚动阻力系数的影响因素

滚动阻力系数与路面种类及其状态、行驶车速以及轮胎的结构、材料、气压等有关，其数值通过试验确定。

①路面种类及其状态对滚动阻力系数的影响。

表4-7列出了汽车在各种路面上以中、低速行驶时的滚动阻力系数的数值。良好的沥青或混凝土路面滚动阻力系数很小,高低不平的硬路面或松软路面滚动阻力系数较大。同一种路面不同状态时滚动阻力系数也不同。

滚动阻力系数f_r的数值　　　　　　　　　　　　　　　表4-7

路面类型	滚动阻力系数	路面类型	滚动阻力系数
良好沥青或混凝土路面	0.010～0.018	压紧土路(雨后)	0.050～0.150
一般沥青或混凝土路面	0.018～0.020	泥泞土路(雨季或解冻期)	0.100～0.250
碎石路面	0.020～0.025	干砂	0.100～0.300
良好的卵石路面	0.025～0.030	湿砂	0.060～0.150
坑洼的卵石路面	0.035～0.050	结冰路面	0.015～0.030
压紧土路(干)	0.025～0.035	压紧的雪道	0.030～0.050

②汽车行驶速度对滚动阻力系数的影响。

当车速在100km/h以下时,滚动阻力系数逐渐增加,但变化不大;但在高速行驶时,由于轮胎质量的惯性影响,迟滞损失随变形速度的提高而加大,滚动阻力系数迅速增长。当车速达到某一临界车速(如200km/h)时,轮胎会发生驻波现象,轮胎来不及恢复原形,而使轮胎周缘不再是圆形而呈明显的波浪形。不但滚动阻力系数显著增加,轮胎的温度也很快增加到100℃以上,胎面与轮胎帘布层脱落,几分钟内就会出现爆胎现象,这是非常危险的。

③轮胎的结构、材料和气压对滚动阻力系数的影响。

子午线轮胎与普通斜交轮胎相比,具有较低的滚动阻力系数。在软路面上行驶的汽车,采用大直径宽轮缘的轮胎,其与路面的接触面积增加,减小路面变形,因而可得到较小的滚动阻力系数。

在保证轮胎具有足够的强度和使用寿命的条件下,采用较少的帘布层、较薄的胎体以及采用较好的轮胎材料均可减少轮胎滚动时的迟滞损失,减小滚动阻力系数。采用高强力粘胶帘布、合成纤维帘布或钢丝帘布等方法可达到减少帘布层数的目的。轮胎的充气压力对滚动阻力系数影响很大。在硬路面上行驶的现代汽车,轮胎气压降低,轮胎在滚动过程中的变形加大,迟滞损失增加,因而低压轮胎的滚动阻力系数较高。

在软路面上行驶的汽车,降低轮胎气压可增大轮胎与地面的接触面积,降低轮胎对地面的单位压力,减小土壤变形,轮辙深度变浅。因而由于土壤变形而引起的滚动阻力减小,滚动阻力系数较小。但过多地降低轮胎气压,致使轮胎变形过大,也可导致滚动阻力系数增加。故在软路面上行驶的轮胎,对于一定的使用条件有一个最佳轮胎气压值。滚动阻力系数与径向载荷有一定关系,载荷增加使轮胎变形增加,加大迟滞损失,因而滚动阻力系数也增加,但影响很小。在转弯行驶时,轮胎发生侧偏现象,滚动阻力大幅度增加。试验表明,这种由于转弯行驶增加的滚动阻力,已接近直线行驶时的50%~100%。但是,在一般的动力性分析中,常不考虑由转弯增加的滚动阻力,对于滚动阻力的计算在本章第二节第四部分。

2. 空气阻力

汽车直线行驶时受到的空气作用力在行驶方向上的分力,称为空气阻力。它分为压力阻力和摩擦阻力两部分。作用在汽车外形表面上的法向压力的合力在行驶方向上的分力称为压力阻力。摩擦阻力是由于空气的黏性在车身表面产生的切向力的合力在行驶方向上的分力。

压力阻力又分为四部分:形状阻力、干扰阻力、内循环阻力、诱导阻力。形状阻力与车身主体形状有关,流线形状越好,形状阻力越小;干扰阻力是车身表面突起物,如后视镜、门把、引水槽、悬架导向杆、驱动轴等引起的阻力;内循环阻力为发动机冷却系统以及车身通风等所需要的空气在车体内部流动时形成的阻力;诱导阻力是空气升力在水平方向上的投影。对于一般的轿车,这几部分阻力的比例大致为:形状阻力占58%,干扰阻力占14%,内循环阻力占12%,诱导阻力占7%,摩擦阻力占9%。空气阻力中,形状阻力占的比重最大,所以改善车身流线形状,是减小空气阻力的关键。

在无风条件下,汽车空气阻力F_w的计算公式为:

$$F_w = \frac{C_D A v^2}{21.15} \qquad (4-73)$$

式中:C_D——空气阻力系数;

A——迎风面积,即汽车行驶方向上的投影面积(m^2)。

由式(4-73)可知,空气阻力与汽车行驶速度的平方成正比,汽车行驶速度越高,空气阻力越大。空气阻力与C_D及A值成正比。A值受到汽车乘坐使用空间的限制不易进一步减少,所以降低空气阻力系数C_D值是降低空气阻力的主要手段。20世纪70年代初以前,轿车C_D值维持在0.4~0.6之间。自20世纪70年代以后,为了进一步降低油耗,各国都致力于设法降低C_D值,至20世纪90年代,不少轿车的C_D值已降到0.3左右甚至更低。如大众帕萨特轿车的C_D值为0.28,奔驰C级轿车的C_D值为0.26。

近年来,对货车与半挂车的空气阻力也很重视。不少半挂车的牵引车驾驶室上都安装了导流板等装置,以达到减小空气阻力、节省燃油的目的。空气阻力系数C_D值可由道路试验、风洞试验等方法求得。迎风面积A可直接在汽车行驶的投影面上测得。

3. 坡度阻力

如图4-58所示,当汽车上坡行驶时,其重力G沿坡道斜面的分力F_i表现为对汽车行驶的一种阻力,称为坡度阻力。坡度阻力$F_i = G\sin\alpha$,其中α

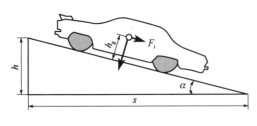

图4-58 汽车的坡度阻力示意图

为道路坡度角。坡道的表示方法是用坡度i,即用坡高h与底长s之比表示。

按照我国的公路路线设计规范,高速公路平原微丘区最大纵坡为3%,山岭重丘区为5%;一级汽车专用公路平原微丘区最大纵坡为4%,山岭重丘区为6%;一般四级公路平原微丘区最大纵坡为5%,山岭重丘区为9%。因此,一般道路的坡度均较小。当坡道角$\alpha<15°$时,$\sin\alpha\approx\tan\alpha=i$,则$F_i=G\sin\alpha\approx G\tan\alpha=Gi$。由于坡度阻力$F_i$与滚动阻力$F_f$,均属于和道路有关的汽车行驶阻力,且均与汽车重力成正比,故常把这两种阻力合在一起称为道路阻力F_Ψ(Ψ为道路阻力系数,$\Psi=f+i$),即得到

$$F_\Psi = F_f + F_i = Gf\cos\alpha + G\sin\alpha \tag{4-74}$$

当坡度角α较小时,$\cos\alpha\approx1$,$\sin\alpha\approx i$,则:

$$F_\Psi = F_f + F_i \approx G_f + G_i = G\Psi \tag{4-75}$$

4. 加速阻力

汽车加速行驶时,需克服其质量的惯性,这就是加速阻力F_j。汽车的质量分为平移质量和旋转质量(飞轮、车轮等)两部分。加速时平移质量要产生惯性力,旋转质量要产生惯性力偶矩。为了便于计算,一般把旋转质量的惯性力偶矩,转化为平移质量的惯性力,并以系数δ_0作为换算系数,则汽车加速时的加速阻力F_j为:

$$F_j = \delta_0 m \frac{\mathrm{d}v}{\mathrm{d}t} \tag{4-76}$$

式中:δ_0——汽车旋转质量换算系数,$\delta_0>1$;

m——汽车质量(kg);

$\frac{\mathrm{d}v}{\mathrm{d}t}$——汽车行驶加速度(m/s²)。

汽车上的旋转部件有发动机飞轮、各种轴、传动齿轮及车轮等。在进行一般汽车动力性计算时,只考虑转动惯量较大的发动机飞轮和车轮这两部分旋转质量的影响,其他旋转质量的影响较小,可略去不计。按照物理学中惯性力矩的计算公式,经过推导得出:

$$\delta_0 = 1 + \delta_1 + \delta_2 i_g^2 \tag{4-77}$$

其中,δ_1、δ_2主要与车型有关,轿车δ_1在0.05~0.07之间;货车δ_1在0.04~0.05之间;一般汽车δ_2的值在0.03~0.05之间。

(三)汽车的行驶方程式

根据上述分析的各项行驶阻力,可以得到汽车的行驶方程式为:

$$F_t = F_f + F_w + F_i + F_j \tag{4-78}$$

考虑实际上正常道路的坡度角不大,$\cos\alpha\approx1$,$\sin\alpha\approx i$,则式(4-78)可转化为:

$$\frac{T_{tq}i_g i_0 \eta_T}{r} = Gf + \frac{C_D A u_a^2}{21.15} + Gi + \delta_0 m \frac{\mathrm{d}v}{\mathrm{d}t} \tag{4-79}$$

式(4-79)表示了无风天气、正常道路上行驶汽车的驱动力及行驶阻力的定量关系,在进

行动力性、经济性分析时都要用到该关系式。但是,式中有些项不表示作用于汽车的外力,如 F_f 为滚动阻力,是以滚动阻力偶矩的形式作用于车轮上。此外,作用在汽车质心上的惯性力为 $m(\mathrm{d}v/\mathrm{d}t)$,而不是 $\delta m(\mathrm{d}v/\mathrm{d}t)$,$F_j=\delta m(\mathrm{d}v/\mathrm{d}t)$ 只是在进行动力性分析时代表惯性力和惯性力矩的总效应的一个数值,飞轮的惯性力矩是作用在汽车的横截面上的。在实际的动力性分析时,要将汽车各部分进行隔离单独受力分析(如从动轮、驱动轮等在加速过程中的力学特性)。

三、汽车驱动-附着条件

(一)地面的附着条件

由汽车的行驶条件可知,由发动机与传动系所确定的驱动力必须大于滚动阻力、坡度阻力和空气阻力,才能加速行驶,即:

$$F_t \geqslant F_f + F_w + F_i \tag{4-80}$$

式(4-80)称为汽车行驶的驱动条件,但它并不是汽车行驶的充分条件。可以采用增加发动机转矩、加大传动系统传动比等措施来增大汽车的驱动力。但这些措施只在驱动轮与路面不发生滑转现象时才有效。在潮湿的沥青路面上附着性能差时,大的驱动力可能引起驱动轮在路面上急剧加速滑转,真正推动汽车前进的地面切向作用力并不很大,汽车动力性也未进一步提高。因此,汽车的动力性不只受驱动力的制约,它还受到轮胎与地面附着条件的限制。

地面对轮胎切向反作用力的极限值称为附着力 F_φ,在硬路面上它与驱动轮法向反作用力 $F_{Z\varphi}$ 成正比,即:

$$F_{X\max}=F_\varphi=F_{Z\varphi}\cdot\varphi \tag{4-81}$$

其中,φ_a 为附着系数,它主要由路面与轮胎决定。表明由作用在驱动轮上的转矩 T_t 引起的地面切向反作用力不能大于附着力,否则将发生驱动轮滑转现象,即对于后轮驱动的汽车:

$$F_{X2} = \frac{T_t - T_{f2}}{r} \leqslant F_{Z2}\varphi \tag{4-82}$$

$$F_t \leqslant F_{Z2}(\varphi + f) \tag{4-83}$$

相比附着系数 φ_a 滚动阻力系数 f 的值很小,式(4-83)可近似写成:

$$F_t \leqslant F_{Z2}\varphi \tag{4-84}$$

此即为汽车行驶的附着条件。结合式(4-80)得汽车行驶的驱动-附着条件:

$$F_f + F_w + F_i \leqslant F_t \leqslant F_{Z\varphi}\varphi \tag{4-85}$$

这就是汽车行驶的必要和充分条件。

(二)汽车的附着力

汽车附着力的大小取决于地面作用于驱动轮的法向反作用力和附着系数。附着系数主要由路面与轮胎决定,与路面的种类和状况、车轮运动状况、轮胎的形式、胎压及花纹等有关,行驶车速对附着系数也有影响,这些问题将在第七章"汽车的制动性"中详细介绍。在一般动力性分析中,只取附着系数的平均值,可按表4-8选取。

轮胎与路面间的附着系数　　　　　　　　　　　　　　　　　表4-8

路面	普通轮胎	越野轮胎	高压轮胎
干燥的沥青或混凝土路面	0.70~0.80	0.70~0.80	0.50~0.70
潮湿的混凝土路面	0.50	0.50~0.70	0.40
潮湿的沥青路面	0.45~0.60	0.50~0.70	0.35
碎石路面(干)	0.60~0.70	0.60~0.70	0.50~0.60
碎石路面(潮湿)	0.40~0.50	0.60~0.70	0.30~0.40
土路(干)	0.50~0.60	0.50~0.60	0.40~0.50
土路(潮湿)	0.30~0.40	0.35~0.50	0.20~0.30
土路(泥)	0.15~0.25	0.20~0.30	0.15~0.25
雪路(松软)	0.20~0.35	0.20~0.35	0.20~0.35
雪路(压实)	0.20~0.35	0.30~0.50	0.12~0.20
冰路面	0.10~0.25	0.05~0.10	0.08~0.15

驱动轮的地面法向反作用力与汽车的总体布置、行驶状况及道路条件有关。

四、汽车动力性影响因素

从以上对汽车行驶方程式的分析可知,汽车的动力性与发动机性能参数、汽车结构参数和汽车的使用条件等密切相关。

(一)发动机性能参数

1. 发动机最大功率、最大转矩

在附着条件允许的前提下,发动机功率和转矩越大,汽车的动力性越好。这是因为发动机功率越大,其后备功率也大,加速和爬坡能力必然较好;而发动机的转矩越大,在传动系传动比一定时,动力因数较大,汽车的加速和爬坡能力也相应提高。但发动机功率过大也不合理。一方面发动机功率过大,会导致发动机尺寸、质量、制造成本增大以及在常用条件下发动机负荷率过低,燃油经济性下降;另一方面,汽车驱动力的提高受到道路附着条件的制约,不能无限制地增大,因此过分地增大发动机的功率和转矩对汽车的动力性无益。

2. 发动机外特性曲线形状

如图4-59所示,两台发动机的外特性曲线形状不同,但其最大功率和相对应的转速相同。假定汽车的总质量、空气阻力系数、传动比等均为已知,为了便于比较,同时假定阻力功率曲线与两台发动机功率曲线交于最大功率点。显然两车的最高车速相同,而后备功率较大的外特性曲线所代表的汽车(图4-59中的1)具有较大的加速能力和上坡能力,因而动力性能较好。同时从转矩曲线可看出,图4-59中的1车发动机的转矩值随车速降低而增高的幅度较大,这样不仅可以提高汽车克服道路阻力和短期超负荷的能力,而且也可以减少换挡次数,因而有利于提高汽车的平均行驶速度。

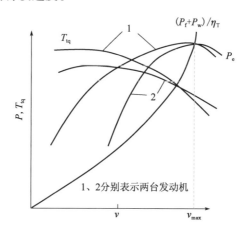

图4-59 发动机外特性曲线形状对汽车动力性的影响

(二)汽车结构参数

1. 主减速器传动比 i_0 的影响

主减速器传动比 i_0 不同,汽车功率平衡图上发动机功率曲线的位置不同,与阻力功率曲线的交点所确定的最高车速不同。当阻力功率曲线正好与发动机功率曲线交在其最大功率点上,此时所得的最高车速最大,$v_{max}=v_p$,v_p 为发动机最大功率时的车速。因此,主减速器传动比 i_0 选择到汽车的最高车速相当于发动机最大功率时的车速,此时的最高车速最大。

主减速器的传动比 i_0 不同,汽车的后备功率也不同。i_0 增大,发动机功率曲线左移,汽车的后备功率增大,动力性加强,但燃油经济性较差。i_0 减小,发动机功率曲线右移,汽车的后备功率较小,但发动机功率利用率高,燃油经济性较好。

2. 变速器挡数和传动比的影响

变速器Ⅰ挡传动比对汽车的动力性影响较大,这是因为Ⅰ挡传动比越大,该车的最大驱动力和动力因数也越大,汽车的起步加速性能和爬坡能力将增强。当然Ⅰ挡传动比的增大也受到附着条件的限制。变速器挡数增加时,发动机在接近最大功率工况下工作的机会增加,发动机的平均功率利用率高,后备功率增大,有利于汽车加速和上坡,提高了汽车中速行驶时的动力性。如挡数增至无穷多时,则称之为无级变速。采用无级变速对汽车克服行驶阻力、提高平均行驶速度极为有利。

3.汽车外形参数的影响

汽车的外形参数主要指汽车的空气阻力系数C_D和迎风面积A。降低空气阻力系数C_D和减小迎风面积A可相应减小汽车的空气阻力。根据汽车动力因数D的定义,空气阻力越小,动力因数越大,汽车克服道路阻力和加速阻力的能力增强,最高车速也增大,动力性变好。因为空气阻力和车速平方成正比,克服空气阻力所消耗的功率和车速的立方成正比,所以,空气阻力系数C_D和迎风面积A对高速行驶汽车的动力性、经济性影响十分显著。但对汽车的爬坡能力和低速时的加速性能影响不大。

4.汽车质量的影响

汽车总质量增加时,动力因数D将随之下降,而道路阻力和加速阻力随之增大。故汽车的动力性将随汽车总质量的增加而变差,汽车的最高车速和上坡能力也下降。

汽车的整车整备质量对汽车动力性影响也很大,对于具有相同额定载质量的不同汽车,整车整备质量较轻的汽车总质量也较轻,因而动力性也较好。因此,对于额定载质量一定的汽车,在保证刚度与强度足够的前提下,尽量减轻整车整备质量,可以提高汽车的动力性,同时汽车的燃油经济性也得到改善。这是现代汽车越来越广泛地采用轻金属材料和非金属材料的主要原因。

5.轮胎尺寸与结构的影响

汽车的驱动力与驱动轮的半径成反比,而汽车的行驶速度与驱动轮半径成正比。显然车轮半径的大小,对汽车的动力性的不同评价指标存在着矛盾。一般车轮半径是根据汽车类型选定的。在良好路面上行驶的汽车,车轮半径有减小的趋势。轮胎尺寸减小,可降低汽车的整车整备质量,在附着系数较大的良好路面上,可增大驱动力。同时在发动机转速及功率允许的情况下,可减小主减速器传动比来提高汽车的行驶速度。经常在软路面或条件差的路上行驶的越野汽车,由于其行驶速度不高,要求轮胎尺寸大些,这是为了增大轮胎与路面间的附着能力和离地间隙,以提高越野汽车的通过性。

(三)汽车使用因素

1.发动机技术状况的影响

发动机的技术状况是保证汽车动力性的关键。只有保持发动机应有的输出功率和转矩,才能保证汽车的动力性不下降。发动机需要正确维护和调整的主要方面有:混合气的浓度、点火提前角、润滑油的选择和更换、冷却水的温度和气门间隙等。

2.汽车底盘技术状况的影响

汽车底盘的技术状况直接影响传动系的机械效率。传动系各部轴承预紧度、离合器、制动器、前轮定位角等调整不当,润滑油品种、质量、数量和温度不当,都会增加传动系的功率损失,使传动系的机械效率下降,影响汽车动力性的正常发挥。在高原地区行驶的车辆,由于海拔较高,气压和空气密度下降,使发动机充气量与气缸内压缩终点压力降低,导致发动机功率下降。

提高驾驶技术,有利于发挥汽车的动力性。如果加速时能适时迅速地换挡,可缩短加速时间。换挡熟练,合理利用坡度,有利于提高汽车的动力性。

(四)使用先进的电控自动变速器和牵引力控制系统

1.使用先进的电控自动变速器

通过使用先进电控自动变速器对发动机的运行状态进行控制,对换挡时刻进行调节,可以提高汽车的动力性。目前,先进电控自动变速器主要包括:金属带式无级变速器(Continuously Variable Trasmission,CVT)、电控机械式自动变速器(Automated Mechanical Transmission,AMT)。近年来,出现的双离合器式自动变速器(Double Clutch Transmission,DCT或Direct-Shift Gearbox,DSG)和顺序换挡自动变速器(Sequential Manual Gearbox,SMG)等。其中双离合器式自动变速器能在换挡过程中几乎不间断地传递发动机的动力,因而进一步提高了汽车的动力性。

2.使用牵引力控制系统

使用汽车牵引力控制系统(Traction Control System,TCS),或称驱动防滑系统(Accel-eration Slip Regulation,ASR),防止车辆在起步、加速时驱动轮打滑,维持车辆行驶方向的稳定性,也可以提高汽车的动力性。

五、汽车动力性试验

汽车动力性试验包括动力性评价指标(最高车速、加速时间、最大爬坡度)、驱动力、行驶阻力及附着力的测量。动力性试验可在道路上和试验室内进行。道路试验主要是测定最高车速、加速能力、最大爬坡度等评价指标。在试验室内可测量汽车的驱动力和各种阻力。

(一)道路试验

动力性道路试验应在混凝土或沥青路面的直线路段上进行。路面要求平整、干燥、清洁、纵向坡度不大于0.1%。试验时,大气温度应在0~40℃之间,风速不大于3m/s。测量时汽车应处于良好的技术状况。我国规定在做动力性试验时汽车的载荷为满载,德国规定轿车为半载。一些权威汽车杂志的轿车试验中,轿车的载荷在100~180kg之间。客车或轿车的乘员可以用重物替代,每名乘员的质量按60kg重物计。轮胎的充气压力应符合技术条件,误差不超过10kPa。

1. 最高车速

汽车在试验道路上行驶，达到最高车速后，测定汽车通过一定距离路段[我国规定为200m，国际汽车联合会(FIA)规定在其认可的环道上行驶一周]所需的时间，计算出v_{max}值。通过的时间可用高精度测时计(光电或激光测时仪)或秒表来测量。

2. 加速时间

原地起步加速时间测定时，轿车以Ⅰ挡起步，货车常以Ⅱ挡起步，节气门处于最大开度，按最佳换挡时刻逐次换至高挡，测量全力加速至100km/h(或$0.8v_{max}$)所需的时间。当然，也有用原地起步加速行驶至某一距离(如400m)所需的时间来表征汽车的加速能力的。超车加速时间测定时，汽车在最高挡工作，节气门处于最大开度，测量由30km/h加速至$0.8v_{max}$的加速过程所需时间。

加速过程用五轮仪、非接触式汽车速度计或GPS惯性测量系统来记录。早期采用车速测量仪，并配合磁带记录仪及X-Y记录仪，直接绘制出速度-时间和速度行程曲线。非接触式汽车速度计是利用光电原理和跟踪滤波技术，将车辆的行驶速度转换为电信号频率来测量汽车车速，安装方便，测量精度高，适用于高车速测量，最高测量速度可达250km/h，但在低车速时测量误差较大。加速过程也可以采用数字式电子装置五轮仪来测定，但用五轮仪进行试验时，由于道路不平使第五轮产生跳动和侧滑，影响测量精度。

3. 最大爬坡度

测量汽车的最大爬坡度，应有一系列不同坡度的坡道，坡道长度不小于25m。坡度小于30%的坡道路面可用沥青铺装，等于或大于30%的坡道应为混凝土路面。试验时，汽车停于坡道前平地上，接上传动系的最低挡，迅速将节气门开至最大进行爬坡，直至试验终了。汽车所能通过的最陡坡道的坡度就是汽车的最大爬坡度。如果坡度不合适(过大或过小)，可以采用增、减负荷或变换挡位的方法，折算出最大爬坡度，即：

$$\alpha_0 = \arcsin\left(\frac{G_a}{G}\frac{i_{gl}}{i_{ga}}\sin\alpha_a\right) \quad (4\text{-}86)$$

式中：α_0——换算得到的最大爬坡度(°)；

α_a——试验时实际坡度(°)；

G——汽车最大总重量(N)；

G_a——试验时的汽车重量(N)；

i_{gl}——变速器Ⅰ挡传动比；

i_{ga}——试验时变速器所用挡位的传动比。

为了防止爬陡坡中出现事故，大于40%的坡道应设有安全装置。

4.汽车的滚动阻力与空气阻力

用室内转鼓试验台进行汽车排放、燃油经济性试验时,需要知道被测汽车在行驶中遇到的滚动阻力与空气阻力,可以用道路滑行试验来测定。滑行试验是汽车在水平路面无风条件下加速至某预定速度后,摘挡脱开发动机,利用汽车的动能继续减速滑行,直至停车。试验中用五轮仪等测速仪器记录滑行过程中的速度与时间的关系曲线,即 v-t 曲线,通过计算可以得到减速度与车速的关系曲线,即 (dv/dt)-v 曲线(图4-60)。

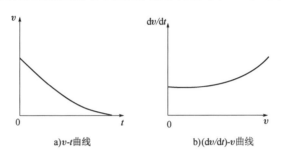

图4-60 滑行过程中的 v-t 曲线与 (dv/dt)-v 曲线

滑行时,汽车的滚动阻力与空气阻力之和为:

$$F_f + F_w = \delta_c m \frac{dv}{dt} - \frac{T_r}{r} \tag{4-87}$$

式中:δ_c——滑行时的汽车旋转质量换算系数;

T_r——滑行时传动系加于驱动轮的摩擦阻力矩与从动轮摩擦阻力矩之和(N·m),一般常忽略不计。

滑行时汽车的运动只与 F_w+F_f 及汽车的质量参数有关,因此可以根据滑行中的减速度、滑行时间、滑行距离等来求得汽车的行驶阻力。由于低速时空气阻力 F_w 小,所以可利用低速时的减速度值,不计空气阻力,直接求出低速时的滚动阻力 F_f。利用上述方法的测量精度得不到保证,目前的方法主要有时间法、行程法以及曲线拟合法等,结果较为精确。

轮胎的滚动阻力也常用装有测力传感器的单轮或双轮试验拖车来测量。地面与轮胎间的附着系数,用装有制动器或能驱动轮胎的试验拖车在各种路面上实地测量。

(二)室内试验

动力性室内试验主要是驱动力的测量以及与动力性相关的结构特性参数(传动系的机械效率、滚动阻力系数及空气阻力系数)的测定等。

1.驱动力的测量

汽车的驱动力由汽车转鼓试验台来测量。通常有单鼓式和双鼓式两种转鼓试验台。图4-61是一种单鼓式的汽车转鼓试验台。试验汽车的驱动轮放在转鼓上,驱动轮的中心应与转鼓的中心在同一垂直平面内。转鼓轴端部装有液力测功器或电力测功器。测功器能产生一定的阻力矩并能调节转鼓的转速,也就相当于调节汽车的车速。

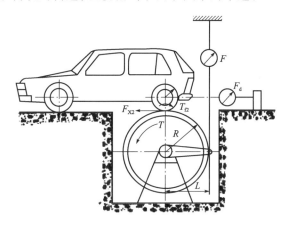

图 4-61 汽车的转鼓试验台

由测力装置可以测出施加于转鼓的转矩 T 值：

$$T = FL \tag{4-88}$$

式中：F——由拉力表测出的作用于转鼓试验台外壳长臂上的拉力(N)；

L——测功器外壳长臂上的长度(m)。

试验时,应用钢丝绳拉住试验汽车。并在钢丝绳中装上拉力表,表上可读出汽车挂钩拉力 F_d,而 $F_d=F_{X2}$；根据汽车驱动轮的驱动转矩和转鼓的力矩平衡,有：

$$F_t = F_{X2} r + T_{f2} \tag{4-89}$$

$$F = F_{X2} R - T_{f2} \tag{4-90}$$

由此可得驱动轮上的驱动转矩 T_t 为：

$$T_t = F_d(r + R) - F_L \tag{4-91}$$

故汽车的驱动力为：

$$F_t = \frac{T_t}{r} = \frac{F_d(r + R) - FL}{r} \tag{4-92}$$

在汽车各挡位、各种车速下测得节气门全开时的 F_d 和 F 值,就能得到表征汽车动力性的驱动力图。为了在实验室能直接测量汽车的加速性能,汽车转鼓试验台装有由电子调节器控制转鼓试验台负荷的装置,可以模拟加速过程中的全部阻力-滚动阻力、空气阻力和加速阻力。也有用不同转动惯量的飞轮组来代替试验汽车的质量,构成汽车在转鼓上加速所遇到的各种惯性阻力。

汽车转鼓试验台除了能做汽车的动力性试验外,还可以进行燃油经济性与排气分析等多种试验,是一种用途较广泛的汽车试验设备。

2. 动力性相关的结构特性参数

在室内还可进行一些与动力性相关的结构特性参数的测定。传动系的机械效率在专门的传动系效率试验台上测定,滚动阻力系数可以在轮胎试验台上测出;空气阻力系数可以在风洞试验中测出。

如图4-62所示,将汽车或缩小的汽车模型置于风洞中,借助于强大鼓风机使空气以所需要速度流过风洞,并测量汽车或汽车模型所承受的空气阻力及其他空气动力特性参数,即可求出空气阻力系数。

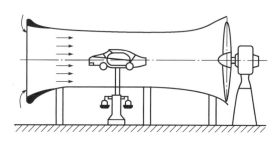

图4-62　风洞试验

根据长期实践,目前已认识到采用缩小的汽车模型测得的空气阻力系数误差较大,一般误差为10%～20%,最大时可达40%。因此,近年来为了满足节约燃油对汽车外形提出的严格要求,已建立一批大型实验室,对实际的汽车进行空气动力学的研究。

(三)汽车制动时的方向稳定性

制动过程中有时会出现制动跑偏、后轴侧滑或前轮失去转向能力而使汽车失去控制离开规定行驶方向,甚至发生撞向对向车辆、滑下山坡沟壑等危险情况。汽车在制动过程中维持直线行驶或按预定弯道行驶的能力,称为制动时汽车的方向稳定性。

汽车试验中常规定一定宽度的试验通道(如1.5倍车宽或3.7m),制动时方向稳定性合格的车辆,在试验过程中不允许产生不可控制的效应使它离开该通道。

制动跑偏、侧滑与前轮失去转向能力是造成交通事故的重要原因。例如,我国某市市郊一山区公路,根据雨季里两周内发生的7起交通事故分析,发现其中6起是由于制动时后轴发生侧滑或前轮失去转向能力造成的。西方一些国家的统计表明,发生人身伤亡的交通事故中,在潮湿路面上有30%～40%与侧滑有关;在冰雪路面上有70%～80%与侧滑有关。根据对侧滑事故的分析,发现50%是由制动引起的。

1. 制动跑偏

制动时汽车自动向左或向右偏驶称为"制动跑偏"。制动跑偏的原因主要有以下两个:

(1)汽车左、右车轮制动力不相等,特别是前轴左、右车轮(转向轮)制动器制动力不相等。这一现象主要是制造、调整误差造成的,经过维修调整是可以消除的;也有可能是左、右车轮地面附着系数差别较大造成的。汽车究竟是向左或向右跑偏,要根据具体情况而定。跑偏的另外一种情况是由设计造成的。这种情况下,制动时汽车总向左(或向右)一方跑偏。图4-63

给出了由于转向轴左、右车轮制动力不相等而引起的跑偏的受力分析。为了简化,假定车速较低,跑偏不严重,且跑偏过程中转向盘不动,在制动过程中也没有发生侧滑,并忽略汽车做圆周运动时产生的离心力及车身绕质心的惯性力偶矩。

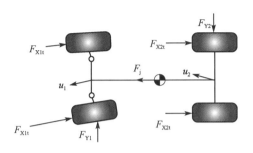

图 4-63　制动跑偏时的受力图

设前左轮的制动器制动力大于前右轮,故地面制动力 $F_{X1l}>F_{X1r}$。此时,前、后轴分别受到的地面侧向反作用力为 F_{Y1} 和 F_{Y2}。显然,F_{X1l} 绕主销的力矩大于 F_{X1r} 绕主销的力矩。虽然转向盘不动,但由于转向系各处的间隙及零部件的弹性变形,转向轮仍产生一向左转动的角度而使汽车有轻微的转弯行驶,即跑偏。同时,由于主销后倾,也使 F_{Y1} 对转向轮产生向左的偏转力矩,也增大了向左跑偏的角度。

通过在轿车上做的专门试验来观察左、右车轮制动力不相等的程度对制动跑偏的影响。试验车的前轴左、右车轮制动泵装有可以调节液压的限压阀,以产生不同的制动器制动力。后轴上也装有可改变前、后轴制动力之比的可调限压阀,使汽车在制动时产生后轴车轮抱死与不抱死两种工况。转向盘可以锁住。左、右车轮制动力之差用不相等度表示,即:

$$\Delta F_{\mu\tau} = \frac{F_{\mu b} - F_{\mu l}}{F_{\mu b}} \quad (4-93)$$

式中:$\Delta F_{\mu\tau}$——(前轴或后轴)左、右车轮制动力之差;

$F_{\mu b}$——(前轴或后轴)大的制动器制动力;

$F_{\mu l}$——(前轴或后轴)小的制动器制动力。

《机动车运行安全技术条件》(GB 7258—2004)规定,前轴的不相等度不应大于20%,后轴的不相等度不应大于24%。试验结果用车身横向位移和汽车的航向角来表示。航向角为制动时汽车纵轴线与原定行驶方向的夹角。根据余志生的制动跑偏试验研究结果,制动跑偏随着 $\Delta F_{\mu\tau}$ 的增加而增大;后轮抱死时跑偏程度加大。造成汽车左、右车轮制动力不等的原因主要有:

①同轴两侧车轮的制动摩擦片接触情况不同;

②同轴两侧车轮制动副间隙不一致;

③同轴两侧车轮的胎压不一致或胎面磨损不均;

④前轮定位参数失准;

⑤左、右轴距不等。

(2)制动时悬架导向杆系与转向系拉杆在运动学上不协调(互相干涉)。

这种原因造成的跑偏方向不变,制动时汽车总向左(或向右)一方跑偏。例如一试制中的货车,在紧急制动时总是向右跑偏,在车速为30km/h时,最严重的跑偏距离为1.7m。分析其原因主要是转向节上节臂处的球头销离前轴中心线太高,且悬架钢板弹簧的刚度又太小的缘故。图4-64是该货车的前部简图。在紧急制动时,前轴向前扭转一角度,转向节上节臂球头销本应做相应的移动,但由于球头销又连接在转向纵拉杆上,仅能克服转向拉杆的间隙,使拉杆有少许弹性变形而不允许球头销做相应的移动,致使转向节臂相对于主销做向右的偏转,于是引起转向轮右转,造成汽车跑偏。后来改进了设计,使转向节上节臂处的球头销位置下移,在钢板弹簧扭转相同角度时,球头销位移量减少,转向节偏转也减少;同时增加了前钢板弹簧的刚度,从而基本上消除了跑偏现象。

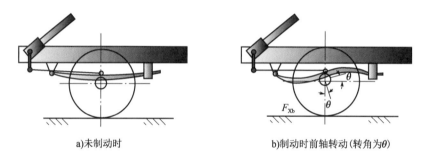

a)未制动时　　　　　b)制动时前轴转动(转角为θ)

图4-64　悬架导向杆系与转向系拉杆在运动学上不协调引起的制动跑偏

2.制动侧滑

制动侧滑是指汽车制动时汽车的某一轴或两轴发生横向移动的现象。最危险的情况是在高速制动时后轴发生侧滑,这时汽车常发生不规则的急剧回转运动,严重时可使汽车调头,从而失去控制。跑偏与侧滑是有联系的,严重的跑偏有时会引起后轴侧滑;易于发生侧滑的汽车也有加剧跑偏的趋势。

由试验与理论分析得知,制动时若后轴车轮比前轴车轮先抱死拖滑,就可能发生后轴侧滑。若前、后轴车轮同时抱死或前轴车轮先抱死,后轴车轮再抱死或不抱死,则能防止后轴侧滑。当然前轴车轮抱死后将失去转向能力。

3.前轮失去转向能力

前轮失去转向能力,是指弯道制动时汽车不再按原来的弯道行驶而是沿弯道切线方向驶出;直线行驶制动时,转动方向盘汽车仍按直线方向行驶的现象。失去转向能力和后轴侧滑也是有联系的,一般如果汽车后轴不会侧滑,前轮就可能失去转向能力;后轴侧滑,前轮常仍有转向能力。

在前面对制动侧滑的分析中,分析过直线行驶条件下前轮抱死而后轮滚动的情形,汽车将处于一种稳定状态,但前轮失去转向能力。而在弯道行驶条件下,前轮抱死或前轮先抱死时,因侧向力系数接近于零,不能产生任何地面侧向反作用力,汽车无法按原弯道方向行驶而沿与弯道相切的切线方向驶出,即失去了转向能力。

因此,从保证汽车方向稳定性的角度出发,首先不能出现只有后轴车轮抱死或后轴车轮比前轴车轮先抱死的情况,以防止危险的后轴侧滑。其次,尽量少出现只有前轴车轮抱死或前、后车轮都抱死的情况,以维持汽车的转向能力。最理想的情况就是防止任何车轮抱死,前、后车轮都处于滚动状态,这样就可以确保制动时的方向稳定性。目前汽车上普遍采用的防抱死制动系统(ABS)就基本解决了制动时车轮的抱死问题。

以上讨论了评价汽车制动性的三项指标,即制动效能、制动效能的恒定性以及制动时的方向稳定性,并分析了各种影响因素。下面讨论与制动效能和方向稳定性密切相关的制动器制动力在前、后轴间的分配和调节问题。

第四节 沥青路面路表抗滑特性测试

一、沥青路面抗滑性能影响因素

大量试验研究表明,新建沥青道路在通车一年后由于集料表层沥青薄膜的破损路面摩擦系数有所提高。当集料表面的微观纹理提供摩擦系数后,就过渡到集料的磨损和磨光阶段,表现为路面摩擦系数的衰减。换句话说,随着沥青道路的建设与投入使用,由于路面材料衰变性、运营环境变化及车辆参数变异性使得路表抗滑性能存在很大的时间依赖性,不同阶段(设计阶段、施工阶段及运营阶段)的沥青路面,其抗滑性能具有显著差异性。

(一)设计阶段影响因素

对于新建沥青路面的设计阶段,主要涉及了材料选择、矿料级配、沥青类型及品质、原材料存放及运输(环境因素:温度、湿度及通风条件)等外界因素干扰,这些因素统称为材料控制因素,最终导致了路面形貌构造的不确定性,而路表构造深度是影响其抗滑性能的最主要因素。因为路面抗滑性能同时取决于路表宏观和微观纹理形貌构造。宏观构造不但影响着轮胎的变形特性,还影响着路面摩擦体系中界面的接触形态。特别是在雨天行车,其构成直接决定了路面积水的排泄能力,从而影响着路面的抗滑性能,这种影响在车速较高时更加显著。微观纹理形貌构造能够增加轮胎和路面之间的咬合程度,是车辆在低速行驶过程中摩擦力形成的主要原因。

设计阶段材料选控是确保路面良好抗滑性能的前提条件,不同变量的时变性导致表面轮廓不一的路面形貌。设计阶段抗滑性能影响因素具体内容见表4-9。

设计阶段抗滑性能影响因素　　　　　　表4-9

变量	抗滑性能	影响要素	抗滑性能敏感条件
集料品质	棱角性好、PSV值高、矿物颗粒分布均匀性越差以及矿物颗粒与基质间硬度相差越大的集料,长期抗滑性能较好	粗集料微观纹理(种类)	低速行驶(不超过30km/h)
		路表宏观纹理(规格)	高速或者路面潮湿状况
矿料级配	保证集料颗粒间的咬合力和内摩阻力即维持孔隙率	宏观构造深度	提高车辆高速行驶或者路面潮湿时;不随车辆荷载的不断作用而下降
沥青品质	沥青种类、用量以及沥青针入度等变量,沥青用量增加、沥青针入度较大会降低抗滑性能	微观构造深度	夏季高温时产生泛油现象,路面粗集料表面微观纹理下降
表层污染物	粉尘颗粒集聚在颗粒表面形成薄膜,降低与沥青黏结力及颗粒间内摩阻力	微观构造深度	粉尘污染严重的地区或气候恶劣情况
运输及存放环境	原材料存放时温度、湿度过大及通风状况较差,材料物化品质降低	粗集料微观纹理	运输过程中磨损及存放温度、湿度过大

在施工前期,进行原材料的种类和组成的结构特征的控制与监测,对路表微观纹理和宏观纹理均有显著的影响,从而对路面的抗滑性能有显著影响。因此,保证矿料的良好微观结构,并在运输及存放过程的较长时间里保持一定的形态稳定性,是提高路面抗滑特性的一个关键要素,也是进行抗滑表层沥青混合料级配设计的合理控制。

目前,关于沥青路面抗滑表层材料的研发与设计已持续了近一个世纪,其中AC型与SMA型多应用于高速公路抗滑表层设计。而我国提出的抗滑级配沥青混凝土AK路面,由于空隙率较大易导致水损害这一缺陷使AK抗滑表层的应用受限,同时也没有抗滑级配的成文规定。

(二)施工阶段影响因素

沥青路面施工过程中的质量控制是实现较高抗滑性能的重要途径,施工阶段需要严格控制矿料投放质量、沥青用量、矿料配合比设计、沥青混合料拌和时间与温度及路表压实度等因素,这是人为因素与时间要素的共同作用过程。

路面面层施工工艺受到每一步骤的制约,拌和、摊铺、碾压及修整养护,严格按照设计要求进行逐步施工,才能保证沥青路面在全寿命周期内运营过程中具有良好的抗滑性能。施工阶段各道工序监控是确保路面良好抗滑性能的关键,具体因素见表4-10。

施工阶段抗滑性能不确定因素　　　　　　　　　　　　　　　表 4-10

变量	控制因素	影响要素	抗滑性能敏感条件
沥青混合料拌和	拌和时间、速度、坍落度及温度的控制	路表微观构造深度	拌和不均匀或拌和要素控制不当引起集料间的黏结性,降低混合料的轻度
摊铺工序	混合料摊铺速度、摊铺厚度、温度等	宏观构造深度	摊铺不均匀直接导致路表纹理构造不协调
碾压成型	初压及终压时的速度、碾压设备荷载大小、碾压温度及遍数,修整保持平整度	宏观构造深度	压实度过大会减小空隙率,降低路面构造深度,易造成水损害影响路面耐久性
施工时表层污染物	粉尘颗粒集聚在颗粒表面形成薄膜,降低与沥青的黏结力	微观构造深度及宏观纹理	粉尘污染严重的地区或气候恶劣情况
养护环境	路面养护时温度、湿度过大及通风状况	宏观构造深度	养护期内温度异常影响沥青与集料间的黏结力

(三)运营阶段影响因素

沥青道路在投入使用后,由于沥青老化、交通荷载与自然环境的综合影响,路表抗滑性能呈下降趋势,使得后期路面养护显得尤为重要。对新建沥青路面,开始投入使用后随着车辆荷载作用,原有沥青薄膜的磨损导致沥青路面的摩擦系数值明显增大,但随着运营时间推移,路面摩擦系数开始不断减小,经统计分析年降低幅度在20%左右。路面摩擦系数的测量不仅是针对新建公路的,对于已建公路也需要定期进行测量,并进行定量定性分析,保障路面的各项性能指标满足通车要求。

分别从车辆行驶速度、轮胎特性、交通荷载及气候变化阐述沥青路面在运营期间内抗滑行为。运营阶段抗滑性能不确定因素见表4-11。

运营阶段抗滑性能不确定因素　　　　　　　　　　　　　　　表 4-11

变量	控制因素	影响要素	抗滑性能敏感条件
车辆速度	对路面混合料的压实和磨光作用	路表微观构造深度	速度越高,车辆轮胎对路面的摩擦和冲击强度越大,路面抗滑能力下降越快
轮胎特性	轮胎类型、胎面花纹、充气压力和胎面磨损程度	胎/路接触面积	胎-路接触面积越大,附着力随之增大;胎面磨损降低胎面花纹的排水和储水能力,从而抗滑性能下降
交通荷载	重载车辆剧增,交通流量超额	宏观构造与微观构造	交通荷载作用下路面集料颗粒棱角性受到大量磨损,路表摩擦力急剧下降
季节性变化	季节变化导致存在温度差	路表摩擦系数	胎-路间摩擦力冬季最高、夏季最低
雨天水膜厚度	水膜降低了轮胎与路面间的附着系数	宏观构造深度	横坡或者不平衡的路段上水膜的厚度较大,水膜厚度越大,附着系数越小,抗滑性能越差

续上表

变量	控制因素	影响要素	抗滑性能敏感条件
胎-路间介质	水、冰和雪、润滑油、磨损的橡胶轮胎颗粒、外来泥沙等界面污染物，形成路表薄膜	路表粗糙度	接触区域介质的存在会削弱路面纹理形貌构造的粗糙特性，降低轮胎与路面间的摩擦力

综合以上分析，路面结构类型、原材料控制、施工技术是沥青路面初始抗滑性能的主要控制条件，道路运营阶段抗滑性能受到行车速度、轮胎特性、交通荷载及气候条件等多方面外界因素的综合作用。为了提高沥青路面的抗滑性能，需要从沥青道路设计阶段、施工阶段和后期运营阶段进行严格质量控制与养护。

二、路面抗滑性能的测量方法

根据不同的研究目的，路面抗滑性能的测量方法有多种分类。比如，根据测量对象的不同，抗滑性能的测量方法可分为：直接测量路面摩擦的直接测量方法和通过测量路面表面纹理来间接反映路面抗滑性能的间接测量方法；根据测量场地的不同，抗滑性能的测量方法可分为：现场测量和室内测量。由于测量方法的不同，各种测量仪器的测量原理和评价指标均不一致，目前还没有世界范围内的统一标准，各国和地区主要根据自己的传统和现状，制定适用于本国的测量规范和评价标准。

目前，常用的现场全尺度轮胎-路面抗滑性能测量方法主要分为四大基本类型：锁轮测试法（ASTM E274）、侧向力法（ASTM E670）、固定滑动率法（ASTM E2340）、变滑动率法（ASTM E1859）。其中，锁轮测试法主要模拟没有防抱死制动系统的紧急制动情况；侧向力法主要评价曲线处维持车辆控制的能力；固定滑动率和变滑动率法则是用于评价防抱死制动的情况。

这些测量方法都需要特殊装置的测试车，在测量时不需要实行交通控制，可以实现高速运行状态下的操作，它们的测量指标不尽相同，包括 FN（Friction Number）值，或者 SN（Skid Number）值。由于测试轮为高速行驶的足尺轮胎，因而可以较准确地代表真实车辆轮胎的摩擦性能。不足之处主要是检测费用高，需要专门的技术培训，以及检测结果易受路面病害，如坑洞、裂缝等的影响。表4-12总结了各抗滑性能测量设备的特性。

各抗滑性能测量设备特性汇总表　　表4-12

设备名称	测量模式	侧偏角(%)	速度(km/h)	制造国
ASTM E-274 Trailer	锁轮	100	30~90	美国
British Portable Tester	橡胶滑块	100	10	英国
Diagonal Braked Vehicle (DBV)	锁轮	100	65	美国
Norsemeter Oscar	可变、固定滑动率	0~90	30~90	挪威

续上表

设备名称	测量模式	侧偏角(%)	速度(km/h)	制造国
DFTester	橡胶滑块	100	0~90	日本
DWW Trailer	固定滑动率	86	30~90	荷兰
Griptester	固定滑动率	14.5	30~90	苏格兰
IMAG	可变、固定滑动率	0~100	30~90	法国
Japanese Skid Tester	锁轮	100	30~90	日本
Komatsu Skid Tester	可变、固定滑动率	10~30	30~60	日本
LCPC Adhera	锁轮	100	40~90	法国
MuMeter	侧向力	13 (7.5°)	20~80	英国
Norsemeter ROAR	可变、固定滑动率	0~90	30~90	挪威
Norsemeter SALTAR	可变滑动率	0~90	30~60	挪威
Odoliograph	侧向力	34 (20°)	30~90	比利时
Polish SRT-3	锁轮	100	30~90	日本
Runway Friction Tester	固定滑动率	15	30~90	美国
Saab Friction Tester (SFT)	固定滑动率	15	30~90	瑞典
SCRIM	侧向力	34 (20°)	30~90	英国
Skiddometer BV-8	锁轮	100	30~90	瑞典
Skiddometer BV-11	固定滑动率	20	30~90	瑞典
Stradograph	侧向力	21 (20°)	30~90	丹麦
SRM	锁轮、固定滑动率	100, 20	30~90	德国

此外,还有一些路面抗滑性能的测量方法在实施时需要对交通进行控制,如常用于交通事故率调查的制动距离测量方法(ASTM E445)、减速度测量方法(ASTM E2101),和测量某点摩擦性能的便携式测量方法等。

目前用于路面抗滑性能检测的设备主要分为两种:一种是沥青路面摩擦系数检测设备,另一种是沥青路面构造深度检测设备。摩擦系数检测设备可分为定点式摩擦系数测试仪和连续式摩擦系数测试仪两种。定点式测试仪有英国的摆式摩擦系数仪BPT(British Pendulum Tester; ASTM E-303)、日本的动态摩擦系数测定仪DFT(Dynamic Friction Tester; ASTM E-1890);连续式测试仪可分为四种基本类型:锁定轮型(Locked Wheel Tester)、侧向力型(Side Force Measurement)、固定滑移率型(Fixed Slip Device)、可变滑移率型(Variable Slip Device)。定点式和连续式摩擦系数测试仪分别如图4-65和图4-66所示。

a) 摆式摩擦系数仪BPT

b) 动态摩擦系数测定仪DFT

图4-65 定点式摩擦系数测试仪

a) SCRIM自动摩擦系数仪(侧向力型)

b) Griptester自动摩擦系数仪(固定滑移率型)

c) DBV(锁定轮型)

d) Norsemeter SALTAR(可变滑移率型)

图4-66 连续式摩擦系数测试仪

其中,摆式摩擦仪的橡胶滑块只与路表微凸体上遭受交通荷载磨光的顶面那部分相接触,且运行速度较低(约10km/h),因而其读数BPN(British Pendulum Number)值可以视为微观纹理水平的间接表征指标;同理,DFTester是通过旋转底盘上的三个橡胶滑块来测量摩擦,通常可测得80km/h至完全停止整个速度区间的摩擦系数变化值。其中,研究表明20km/h滑动速度下所测得的摩擦值与BPN值存在高度相关关系。因而,低速下的DFT值也可用于间接表征路面的微观纹理水平。

路表构造深度检测设备可分为三类：断面型（Texture Device）、体积法测试型（Volumetric）和流出型（Outflow）。断面型构造仪基本类型有三种：激光断面仪[图4-67a)]、灯光扫描仪和探针跟踪器，其中激光断面仪是最普遍的。体积法测试型是利用铺砂法测试工具，将已知体积的标准砂摊铺在路面上[图4-67b)]，用底部粘有橡胶片的推平板摊铺，其测试工具分为手工铺砂和电动铺砂法两种。流出型测试的工具（即流体仪）是一个清洁的已知体积的圆筒容器，在圆筒和路面之间有一个橡胶圆形套筒进行密封。在圆筒中注满水，然后测出水流出的时间。

a)激光断面仪　　　　　　　　　　　b)体积法

图4-67　路表构造深度检测方法

三、路面表面纹理的测试方法

测量表面纹理特征的便携式测量方法包括：铺砂法（SPM）、环道计法（CTM）和静态线性断面仪（SLP）。宏观纹理参数可以由SPM、CTM、或SLP测得，目前尚没有国际上通用的直接测量微观纹理的方法，虽然不乏各国研究者的努力，代表性研究主要是法国LCPC实验室的研究成果。

如土耳其研究人员开发了"新型图像分析系统"，用于路面微观纹理的非接触式测量。该系统由照明、图像获取、计算和控制台四部分构成，如图4-68所示。本质上两者都是基于图像处理技术，效率低，不利于快速化检测；且提取微凸体轮廓的时候，结果受光源的影响较敏感，操作时不易控制，因而并未得到推广使用。又如法国LCPC实验室联合SCI实验室研制开发了便携式的静态微观纹理测量样机，如图4-69所示，主要设备是高分辨率的照相机，并借助光度立体视觉技术，从路面形貌信息中提取出微凸体的形貌特征。

此外，LCPC还与LTDS（Laboratoire de Tribologie et Dynamique des Systèmes）实验室开展联合研究表征路表的微观纹理，试验仪器采用UBM制造的激光微聚焦传感器[如图4-70a)所示]，根据自动聚焦原理获取距离测量[如图4-70b)所示]，并将测试结果与接触式测量仪器所测结果对比，验证了测量方法的有效性。然而该测量方法所用仪器比较昂贵，且为了测量微米级的不平整，激光光斑的尺寸要求足够小，而光斑直径又约束了量程，使其并不能覆盖路表毫米级的宏观纹理尺度，并由此导致部分需要测量的面积在仪器量程之外。

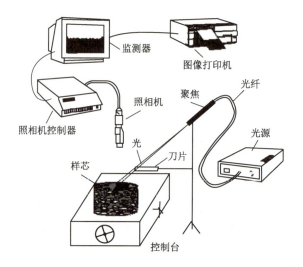

图 4-68　新型图像分析系统图示

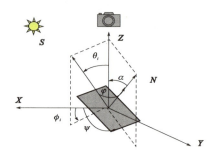

图 4-69　路表图像获取图示

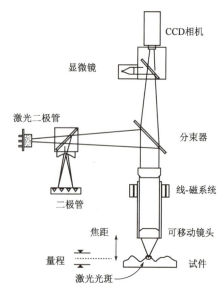

a) UBM测量仪器　　　　　　b) 自动聚焦测量原理

图 4-70　UBM 微观纹理测量系统

综上可知,目前对于微观纹理的测量,主要采用间接测量方法。由于低速时轮胎-路面间的摩擦主要是黏附分量,而黏附分量主要受微观纹理的影响,故微观纹理常用BPT或DFT(低速时)的测量值间接表征。

(一)微观纹理测量方法

1.动态旋转式摩擦系数测试仪DFTester(Dynamic Friction Tester)

DFTester的主要部件是一个与路面表面相接触的转盘,有三个橡胶滑块均匀地安装在转盘下表面上。测量时,转盘首先悬空加速至一定速度,通常是80km/h,然后下放转盘,使得橡胶滑块与路面表面相接触,在摩擦力作用下,转盘慢慢减速至停止转动。DFTester可以记录整个过程中橡胶滑块的旋转速度、转动力矩和垂向荷载,并绘制出摩擦系数随旋转速度的变化曲线。试验仪器如图4-71所示。

a)DFTester顶部

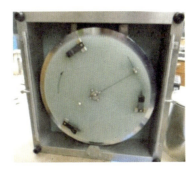
b)DFTester底部

c)DFTester控制模件

图4-71 动态旋转式摩擦系数测试仪(DFTester)

DFTester既可以用于室外现场测试(需要交通控制),也可以用于室内测试(需要车辙板试件),而且携带较为方便。相较于大型足尺测试车而言,DFTester的价格也并不是特别的昂贵。此外,DFTester的测试结果可以表明速度对路面摩擦的影响,这也是其被广泛应用的主要原因。研究表明,DFTester与锁轮测试法有较好的相关性,其中,相较于光滑轮胎,DFTester与花纹轮胎的测量结果相关性更好。

2.摆式摩擦系数测定仪BPT(British Pendulum Tester)

摆式仪是最早的测量路表抗滑性能的仪器,相关研究源于20世纪60年代。摆式仪的摆臂底端装有橡胶片,摆从固定的右侧悬臂上释放,带动指针一起摆动。橡胶片在路面上滑过一定长度后,指针停于左侧度盘某一刻度处(图4-72)。

摆式仪中橡胶片需要根据其使用期限和磨损程度定期更换,否则将影响测量结果的准确性。此外,摆式仪的摩擦机理与实际路面上行驶的轮胎并不一致,且测量结果过于依赖操作者,同一路面点的摆值常因操作者的不同而异。摆式仪可用于现场测量和室内测量,测量试件可以是旋转压实试件,也可以是现场取芯芯样。所以,尽管摆式仪自身有不可避免的不足,但由于其携带非常方便,且价格低廉,BPT至今仍被广泛地应用于路面抗滑性能的评价。

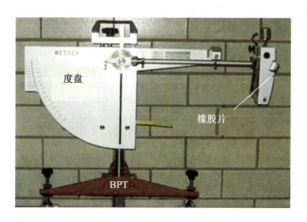

图4-72　摆式摩擦系数测定仪(BPT)

(二)宏观纹理测量方法

1. 铺砂法 SPM(Sand Patch Method)

铺砂法是常用的评价路面表面宏观构造的体积测量方法。操作者将一定体积的砂在路面表面平摊成圆形,测出所摊圆形的直径,如图4-73所示。将砂的体积与圆形面积相比,计算出路面的平均构造深度(MTD),如式(4-94)所示。

$$\mathrm{MTD} = \frac{4V}{\pi D^2} \tag{4-94}$$

图4-73　铺砂法(SPM)

式中:MTD——路面表面平均构造深度(mm);
　　　V——砂的体积(mm^3);
　　　D——摊平砂的平均直径(mm)。

铺砂法的优点是操作十分简单,所需的设备也非常有限,耗费低。不足之处是重复性较差、耗时,且需要封闭交通。此外,铺砂法的最大限制是并未覆盖全部宏观纹理尺度范围。

2. 环道计法 CTM (Circular Track Meter)

环道计法属于非接触式的激光测量方法,用于分析路面的宏观纹理,见图4-74。旋转臂上装有电荷耦合器件(CCD)激光断面仪,由直流电动马达驱动旋转臂在路表面扫描出直径为284mm的圆形。测试结束后,由随机自带的计算软件将数据均分为八段,分别计算每段的MPD值,及其均方根(RMS)值。此外,CTM还可以通过对测量数据的离散傅里叶变换,给出路面表面纹理谱分布。

CTM测量精度高,可以得到较准确的路面宏观纹理指标,包括MPD、RMS等;也可以与DFTester一起确定出IFI(International Friction Index)值。此外,CTM属于无损检测,对所测路面没有任何损害。不过CTM的价格多少限制了该测量方法的广泛推广,而且室内检测时,CTM要求试件的最小尺寸需大于600mm × 600mm。

图4-74 环道计仪(CTM)

研究表明,CTM测量结果与宏观纹理的体积测量方法有较高的一致性。

3. 激光轮廓测量仪

20世纪60年代开始,轮廓测量仪就被应用于道路和机场路面表面特征的研究中。随着路面管理对道路结构和功能性评价需求的增大,轮廓检测法(尤其是高速轮廓检测法)得到了快速发展。目前已经被广泛地用于路面的综合评价,最常见的是用于测量路面不平整,计算国际平整度指数(IRI)指数。

大部分的轮廓测量仪都是基于激光传感器技术,基于激光测试技术的路表轮廓测试方法可以更有效地量化路面的纹理特征。因而,激光轮廓测试法也被用于评价路面的抗滑性能。基于信号处理理论,二维断面轮廓可用于衡量表面的纹理谱,纹理谱分析方法所得纹理表征参数比其他微观和宏观纹理参数更为系统地量化表征了路面的表面特性。

根据国际标准化组织(ISO)的规定,激光断面仪可以分为移动断面仪和静态断面仪,如表4-13所示。其中,移动断面仪是指安装在测试车上,可以高速测量路面表面轮廓的非接触式测量仪器;而静态断面仪也是非接触式,但是测量仪器本身是静止的,是既可以用在现场、也可以在室内使用的测量仪器。

根据移动性轮廓测量仪的分类 表4-13

分类	快速测量	慢速测量
移动断面仪	运行速度≥60km/h	运行速度<60km/h
静态断面仪	每车道单次测量时间<1min	每车道单次测量时间≥1min

本书分别采用移动快速测量的车载式激光断面测试仪和静态慢速测量的静态激光轮廓测量仪(SLP)评价路面表面的宏观纹理,并与其他纹理测量仪器相比较。其中,车载式激光断

面仪如图4-75所示,最大测试行驶速度为110km/h。测试系统由激光传感器、加速度传感器,以及惯性运动传感器组成。

激光传感器分别位于左右两侧轮胎行驶轮迹处,技术参数如表4-14所示,可以测得传感器位置与其下路面表面间的垂向距离,随着车辆的运行可以得到激光传感器所测的整条轮迹带的不平整断面;其中包含了车辆行驶过程中的垂向振动而造成的影响,为消除此部分的影响,测试车左右两侧各装有加速度传感器,通过对加速度传感器所记录的数据进行两次积分,可得车辆振动的垂向位移,扣除车辆本身振动所致的垂向位移,即可得两侧轮迹处的路面纹理深度;此外,惯性运动传感器主要用于测试车辆水平纵向、水平横向和竖向的角度。

图4-75 车载式激光断面仪

车载激光断面仪中激光传感器技术参数　　　　表4-14

项目	参数	项目	参数
绝对精度	0.2%	采样频率	16kHz
分辨率	0.05mm	采样间隔	2.34mm
量程	±100mm		

车载式激光传感器的操作规程依据《公路路基路面现场测试规程》(JTG 3450—2019),所带分析软件可实时计算出所测路面的测量纹理深度SMTD(Sensor Measured Texture Depth)值。激光传感器每隔2.34mm采集一次数据,每128个数据(约0.3m)通过二次最小平方回归方法算得一个SMTD值。测试结果输出为左右两侧轮迹带上的纹理深度SMTD值。

静态激光轮廓测量仪(SLP)的操作标准遵守ISO规范中的相关要求,并根据《表面外观路面结构的特征　第四部分:表面轮廓的光谱分析》(ISO 13473-4:2008)进行数据处理,可得所测表面轮廓曲线,进而可计算得到MPD、RMS等常用纹理表征指标;此外,对表面轮廓数据进行离散傅里叶变换,可以计算得到功率谱密度(PSD)和纹理水平(TL)分布等指标,其中,PSD是信号强度随频率分布的数学表征,基于信号处理技术的谱分析方法可以量化表征路面表面微凸体的分布。SLP测试方法详见第五节。

4.基于近景摄影测量的构造深度测定法

近景摄影测量(Close-range photogrammetry system, CRP)的发展,至今已有70多年的历史。这项技术被美国摄影测量与遥感学会(American Society for Photogrammetry and Remote Sensing,ASPRS)誉为一种结合了摄影测量学和数字影像学的艺术科学,是一门应用了计算机图像处理技术、点云识别、点云特征匹配等多种技术的交叉理论。近景摄影测量可分为三个主要过程,包括近景摄影、图像处理和3D重建。图像采集完成后需要对图像进行一系列处理、运算来完成逆向三维重建工作。

与传统测量手段相比较,近景摄影测量技术具有测量无接触、测量无损性、数据结果复用性等突出优势,能够在不损坏被测物、测量人员原理险峻环境的情况下进行大面积的测量工作。近年来,随着计算机、摄影设备的不断发展,近景摄影测量技术已经广泛应用于航空摄影地形测量、建筑工程测量、古建筑保护、文物修复、考古研究、机械制造、3D打印、生物医学等领域。从近景摄影测量和图像数据的基本原理出发,只要在实际工程中可以获得待测物体的图像,近景摄影测量技术就可以满足实际工程的需要。

5. 其他测量方法

Gendy & Shalaby 基于光度立体技术获得表面纹理,并得到 MPD 值。Gransberg 使用数字图像技术来研究新西兰和美国的稀浆封层表面,研究者借助二维傅里叶变换确定图像中的纹理,并将结果与铺砂法相比较,以改进对路面抗滑性能的表征方法。Masad 借助集料成像系统(AIMS)分析不同磨光水平下的集料表面纹理。Pidwerbesky 基于快速傅立叶变换方法和信息理论,研制了一套新的纹理测量系统。Vilaça 运用基于双相机的近景摄影测量方法采集沥青混合料试件表面纹理。以上研究均是基于图像技术来表征表面纹理,并将其与抗滑性能相联系。本书重点研究SLP测试方法及近景摄影测量方法在路表纹理信息获取的具体过程。

第五节　静态激光轮廓测量仪测试系统

一、SLP测试系统组成

SLP测试系统详见图4-76,组成部件主要包括:激光传感器、牵引式位移传感器、牵引马达、电源系统、横梁、两侧固定轴等。激光传感器和位移传感器安置在横梁的一端,横梁另一端装有牵引马达。激光传感器向下投射激光束,到达其下的测试试件表面后,反射回至光学接收器,光学接收器将反射束的光强度转化成模拟电压信号;此后,模拟电压信号又被转化成一系列的振幅值输出。牵引马达带动激光传感器沿横梁慢速行进,由牵引线传感器所记录的横向位移和激光传感器所得振幅共同绘制出试件表面轮廓,并由电脑数据采集卡传至软件界面。

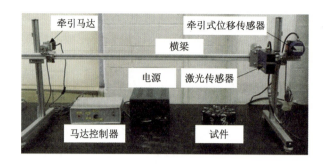

图4-76 静态激光轮廓测试仪

横梁在左右两端的固定轴上配置有夹具,可以根据测量对象,调节横梁的高度和跨度。其中,高度控制主要取决于激光传感器的测量范围,如本书所用激光传感器的量程为40mm;跨度主要取决于所需测得的波长范围。此外,可借助小型手持水准仪,确保横梁自身的水平放置。

马达控制器包括电源开关、移动速度设置盘,以及激活按钮。其中,移动速度设置盘用于设定马达牵引传感器沿着横梁移动的速度。为了减少激光传感器不必要的振动、保证数据的完整性,马达不宜设定太高的移动速度。

激光传感器所需动力由可以调节电压和电流强度的标准电源系统提供。本书所用电源设置的最高电压为24V,最大电流强度为150mA。过大的电流强度可能导致烧坏传感器。由于激光传感器直接与供电电源两极相连,因此,在连接导线时应注意正负极位置,避免仪器短路。SLP测试系统所用激光传感器和牵引式位移传感器如图4-77所示。

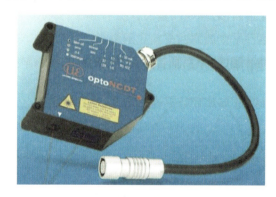
a)激光传感器

b)牵引式位移传感器

图4-77 传感器图示

二、传感器设备参数

(一)激光传感器

研究中所用激光传感器的型号为optoNCDT ILD 1700-40,激光传感器的尺寸如图4-78所示,表4-15列举了激光传感器相关的技术参数。

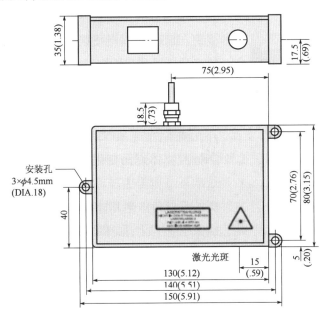

图4-78　ILD 1700-40型激光传感器图示[尺寸单位:mm(in)]

SLP激光传感器技术参数　　　　　　　　　　　　　　　　表4-15

项目		参数值
光斑直径(μm)	量程起点	230
	量程中点	210
	量程终点	230
绝对误差	μm	32
	全量程	≤±0.08%
取样频率(Hz)		1250
线性量程(mm)		40
量程起点(mm)		175
量程中点(mm)		195
量程终点(mm)		215
光源		半导体激光<1mW,670nm(红色)
测量间距(points/mm)		15
水平分辨率(μm)		4

激光传感器包含一个激光光学传感器和一个信号调节电子设备,测量原理是光学三角测量原理。激光二极管在被测物体表面上投射一个可见光斑,其反射光(漫反射)通过精密的接受光镜组后,在感光片上成像,感光片为CCD型(电荷耦合器件)数字感光片,具有实时表面补光技术(RTSC),可在持续光照下测量物体的反射率,并在同一光照周期内对其进行实时补光调整,使光照时间或光照强度得到优化调节。因此当被测物体表面变化时,仍可确保得到精确、稳定的测量结果。当传感器与被测物体间的距离发生变化时,光斑的反射角产生相应变化,此变化最终引起感光元件上成像位置变化,如图4-79所示。激光位移传感器以微小的测量光斑,可从较远距离对被测物体进行测量。由于光斑直径小,所以可实现对微小部件的测量。凭借传感器的大测量间距,可完成对特殊表面的测量。

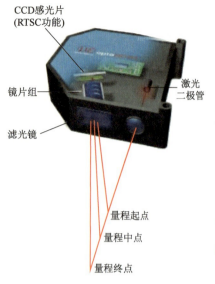

图4-79 激光传感器测量原理

非接触式的测量原理可保证无磨损、高精度的测量。因为传感器与被测物体间无实际接触,所以测量过程不会受到干扰。除此之外,激光三角反射测量原理还极为适用于高精度、高分辨率的快速测量。研究所用ILD 1700-40型激光传感器上有两个控制按钮:"选择/零值"(select/zero)键和"功能/确认键"(function/enter),如图4-80a)中的"1"和"2"所示。根据传感器不同的运行状态,每个按钮都分配有双重的设置。

a)控制按钮和LED显示灯 b)激光传感器俯视图

图4-80 激光传感器控制和显示元件
1-选择/零值键;2-功能/确认键;3-LED显示灯

当传感器处于正常运行模式下,也就是测量模式时,"zero"键可实现传感器的重置,或将模拟输出的值设置到测量范围的中值,也就是5VDC(伏,直流电压)或者12mA(毫安),减小传感器的输出量程;"function"键可将传感器切换至设置模式。

当传感器处于设置模式下,也就是"function"键被激活时,"select"键可以打开选项列表,并依次选择参数值;"enter"键则可保存所选的参数值,并返回到测量模式。激光传感器的显示元件为五组 LED 显示灯,如图 4-80a)中的"3"所示,当传感器处于不同的模式时,显示灯表达的含义也不同,如表 4-16 所示。

不同传感器模式时 LED 显示灯不同显示状态下的含义　　表 4-16

LED 显示灯	显示状态	测量模式	设置模式
状态(state)	点亮	被测目标处于量程内	—
	不亮	传感器关闭或者激光关闭	
	慢闪	—	所选参数符合已保存值
	快闪	—	所选参数不符合已保存值
输出(output) 速度(speed) 平均(avg)	点亮或者闪动	各级参数值	被选参数值
	红色闪动		关闭状态
零值(zero)	点亮	传感器设置中值	
	不亮	正常运行	
	闪动	附属传感器未同步	

(二)位移传感器

位移传感器的型号为 WDS-1000-P60,测量原理如图 4-81 所示。通过线夹与激光传感器相连,当激光传感器沿着横梁移动时,线夹牵引金属测线,自线轴内延伸出。测量时需要注意的是所选位移传感器应根据相连的激光传感器类型而定,并通过验证试验确定传感器的准确性。

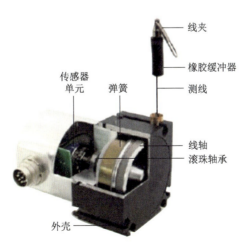

图 4-81　WDS-1000-P60 位移传感器内部设计图示

(三)数据处理软件

激光传感器和位移传感器所测得的数据同步输入至PCI(外部设备互连)接口卡,而后传至电脑内的数据采集卡,相应的软件包可以实现对该同步数据的显示和存储。设备制造商德国米铱公司研制了集成软件包,可以实现PCI卡记录激光传感器和位移传感器的数据信息。本书所用软件为ILD 1700 V6.0,操作界面截图如图4-82所示。

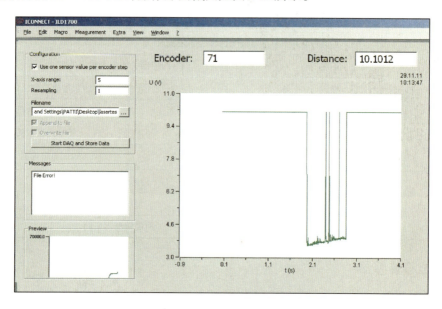

图4-82　ILD 1700 V6.0软件操作界面

触发软件上的开始按钮,紧接着启动马达的控制器开关,数据采集与马达控制器开关同步开始。测试结束时,终止数据采集并释放马达的控制器开关。这也确保了激光传感器返回初始位置的过程不再重复采集同一轮廓的信息。

SLP也可用于现场测量,与室内应用不同的是,需要携带蓄电池为各组件提供电源。研究采用12V的深循环蓄电池,因其较长的充电时间,可以满足室外长时间测试的需要。每次现场测试之前和之后,都需要用蓄电池充电器为蓄电池充电,保证测试时有足够的电量储蓄。此外,还需携带电源转换器,将12V直流电转变为110V的交流电,以保证测量仪器的正常运行。

采集到的原始数据以文本文档的格式存储,每个文档中包含两列数据信息:位移传感器记录的水平向的位移列和激光传感器记录的纵向幅值列,并可移至MATLAB或Microsoft Excel等数据处理软件中进行后续处理。以位移列为横轴、幅值列为纵轴,可在数据处理软件中绘制表面轮廓曲线,通过设定临界值剔除无效点后,经过初步处理的轮廓数据可用于后文路表纹理的表征研究。

图4-83为SLP测量所得密级配沥青路面和排水性沥青路面的典型断面轮廓曲线。由

图4-83可以明显看出,排水性沥青路面的轮廓曲线展现出更大的振幅波动;而密级配沥青路面的表面波动相对较小。此外,相较于MPD和MTD等纹理表征方法,纹理谱分析方法的确可以捕获表面轮廓起伏的分布。

(四)操作参数的确定

SLP测试试验之前,首先验证仪器的准确性,并确定激光传感器的关键操作参数。除光板尺寸、量程、分辨率等激光传感器本身固有的操作参数外,还需根据测量对象,确定传感器沿横梁的移动速度和传感器的测量频率。通过改变马达控制器变阻器的设置,可以实现对传感器移动速度的控制。

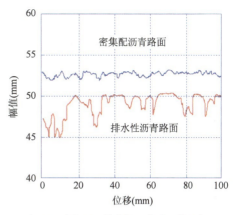

图4-83 密级配和排水性沥青路面典型断面轮廓曲线

本书首先选取了三种移动速度及三种取样频率,试验条件组合如表4-17所示。

激光传感器操作参数确定试验条件组合   表4-17

变量	移动速度(m/s)			取样频率(Hz)		
取值	0.018	0.037	0.183	625	1250	2500

首先被排除的移动速度是最高的0.183m/s,因为在此速度下,测量结果出现过多的离异数据。为了减少计算量,在确定激光传感器操作参数阶段,选择MPD为评价指标。初步试验结果如表4-18所示。

激光传感器操作参数确定初步试验结果   表4-18

编号	移动速度(m/s)	取样频率(Hz)	MPD(mm)	标准差	变异系数(%)
1	0.018	625	0.96	0.02	2.2
2	0.018	1250	0.94	0.04	4.5
3	0.018	2500	0.98	0.06	5.9
4	0.037	625	0.82	0.20	24.6
5	0.037	1250	0.99	0.02	2.1
6	0.037	2500	0.64	0.01	1.6

初步试验结果表明,低速并不能很有效地减少样本变异;高速下,中值取样频率就可以获得满意的标准差。由此,本书选定激光传感器的采样频率为1250Hz,移动速度为0.037m/s,也就是表4-18中编号5的操作条件组合。

三、系统有效性验证

根据ISO规范,本书选择了五种不同表面纹理特征的常用表面,包括:空气滤纸、金属格栅、筛网、橡胶胎面和砂纸,如图4-84所示,用于确定激光传感器的有效性。扫描五种表面也可以适当调整软件的比例因子,并确保足够的取样数据点,为后文HMA试样的纹理谱分析确定适当的系统配置。

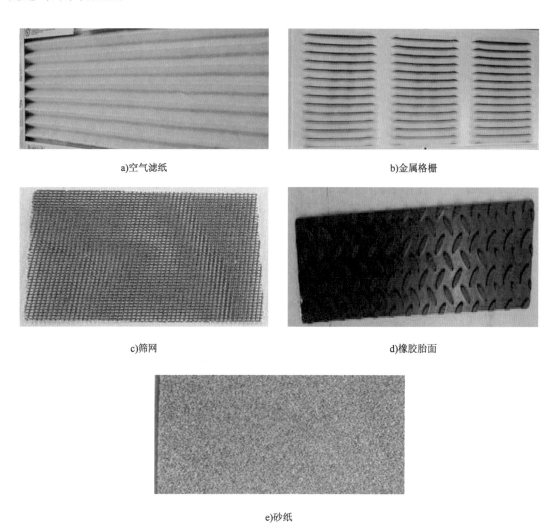

a)空气滤纸　　　　　　　　b)金属格栅

c)筛网　　　　　　　　d)橡胶胎面

e)砂纸

图4-84　五种常用表面图示

激光轮廓测量仪分别记录了五种常用表面的轮廓曲线,如图4-85所示。空气滤纸的轮廓曲线表明:激光传感器可以捕获宏观纹理尺度范围的不平整,位移偏差在20mm左右;金属格栅轮廓曲线表明:即便不剔除离异点,激光传感器也可以胜任对不平整表面的表征;筛网的轮廓曲线表明:水平分辨率和垂向分辨率均足以捕获尺度1mm左右的偏差;橡胶胎面的轮廓曲线表明:激光传感器同样适用于暗色、光滑表面;砂纸的轮廓曲线表明:激光传感器也适用于各向同性、随机表面。

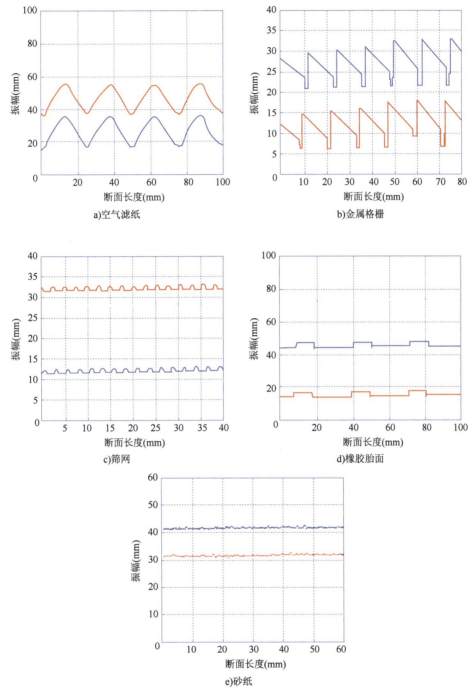

图 4-85 五种常用表面的轮廓曲线

此外,分别对五种轮廓曲线数据进行了纹理谱分析,得到五种常用表面的 MPD 值和主波长值,计算结果见表 4-19。该试验结果表明,SLP 很好地完成了对已知纹理特征的几种常用表面表征,因而可以用于评价路面表面。

五种常用表面的轮廓参数　　　　　　　　　　　　　　表4-19

表面类型	空气滤纸	金属格栅	筛网	橡胶胎面	砂纸
MPD(mm)	8.81	4.00	0.25	2.53	0.32
主波长(mm)	32	16	2	32	2

试验重复性验证结果如表4-20所示，试验数据来自25个现场测试点的9个倍频带。结果表明，该试验方法具有较高重复性，同一路表重复扫描20次的变异系数(COV)均小于5%。室内试件测试具有相似的重复性水平，证实了该测试方法具有很高的可重复性。

SLP试验方法重复性验证　　　　　　　　　　　　　　表4-20

纹理波长(mm)	0.5	1	2	4	8	16	32	64	128
COV(%)	1.7	0.8	0.5	0.5	0.6	0.7	0.6	1.1	1.3

四、SLP系统测试方法

1.室内测试方法

首先，是试件准备。SLP室内测试试验的试件可以是Superpave旋转压实试件(SGC)，也可以是车辙仪压实成型车辙板试件。其中，SGC试件在测试时，选取均分试件顶面的四个断面，并分别在每个断面两端用白色马克笔标出断面位置，以保证测试时激光沿该断面线行进，如图4-86a)所示。

为减少标记印迹对测量的影响，断面位置标记只在首尾末端标出；车辙板试件在测试时，在车辙板中央、沿碾压方向平均取四个平行断面进行扫描，同SGC试件一样，测试前分别用马克笔标出四条扫描断面的首尾两端，如图4-86b)所示。

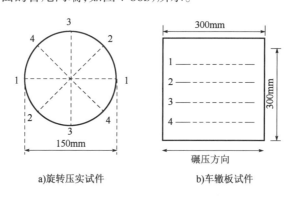

a)旋转压实试件　　b)车辙板试件

图4-86　SLP室内测试试件

需要说明的是，扫描断面的数目是根据研究的目的而定的。为了降低计算工作量，每个试件也可以扫描两个断面。研究中选择扫描四个断面，是为了获得更高的准确度。主要测试步骤为：

①将试件置于SLP下方,调整位置,使得测试试件表面位于激光传感器的测量范围之内,激光传感器通常自带有LED型指示灯用于调整测试表面在量程之内。研究中当落在测试表面上的LED指示灯为绿色时,表明试件表面在激光传感器的量程范围内;当落在测试表面上的LED指示灯为红色时,则表明需要调整试件与激光传感器间的位置,该调整既可以通过在试件下面放置垫高物来实现,也可以通过垂直调整SLP横梁的高度实现。需要注意的是,横梁位置调整后,需要进行水平调平。

②用扫帚或者钢丝刷清扫测试试件表面,以去除可能影响表面测量的任何杂物。

③右手滑动激光传感器,使其沿横梁移动,左手调整试件方向,使落在测试表面的激光光斑沿试件上标记好的断面行进。

④触发电脑软件上的开始按钮,紧接着启动马达的控制器开关,马达牵引激光传感器沿横梁行进,测试表面上的激光光斑沿标记断面行进,开始采集表面数据。

⑤完成整条标记断面的采集后,终止电脑软件上的数据采集,并释放马达的控制器开关,激光传感器归位。

⑥重复测试该断面。

⑦调整试件位置,使激光光斑行进路线沿该试件下一个标记断面,重复上述测试步骤③~⑥。

⑧重复步骤⑦,直至完成该试件表面上所有标记断面的测量。

⑨将该试件所得8组测试结果(4个断面,每个断面测试2次)的txt数据文件保存至该试件所建文件夹内,留待后续数据处理。

2.室外测试方法

确定现场测试路段后,每个路段选取两个测试点,并设置锥形筒等交通安全隔离设施,保证测试的安全。测试前应确保测试点的干净和干燥,可用扫帚或者钢丝刷清扫测试区内的路表,路表的杂质或积水都会对测试结果造成不良的影响。此外,还应注意避免极端光照条件,因为过于闪亮的路面可能影响激光束的反射,从而导致测量结果中过多的无效数据点。

具体试验步骤为:

①组装SLP测试系统,激光传感器的行进方向与车辆的行驶方向一致,用深循环蓄电池为各组件提供电源。

②调整SLP横梁的高度,使得测试表面位于激光传感器的测量范围之内,落在路表的激光传感器所带LED型指示灯为绿色。横梁高度确定后,用手持式水准仪进行横梁的水平调平。

③触发电脑软件上的开始按钮,紧接着启动马达的控制器开关,马达牵引激光传感器沿横梁行进,测试表面上的激光光斑沿标记断面行进,开始采集表面数据。

④根据研究目的确定采集长度,完成采集后,终止电脑软件上的数据采集,并释放马达的控制器开关,激光传感器归位。

⑤重复测试该断面。

⑥调整SLP测试系统的位置至另一断面。每个现场测试点选取平行的4个断面,每个断面相距100~150mm。重复上述测试步骤③~⑤。

⑦重复步骤⑥,直至完成该测试点表面上所有断面的测量。

⑧将SLP测试系统移至该测试路段的第二个测试点,重复步骤②~⑦。

⑨将该测试路段所得16组测试结果(2个测试点,每个测试点4个断面,每个断面测试2次)的txt数据文件保存至该路段所建文件夹内,留待后续数据处理。

第六节　近景摄影和激光技术自动化测量系统

一、近景摄影测量基本原理

近景摄影测量实质是基于计算机图像处理技术,让摄影机在不同时刻或不同位置,获取具有时间序列的目标图像,并分析图像序列的几何约束关系以求解目标表面的三维坐标信息,从而重建目标的三维模型,其原理如图4-87所示。

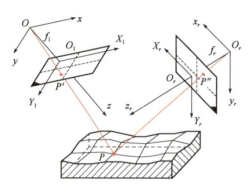

图4-87　近景摄影测量原理

如图4-87所示,初始时刻相机位于世界坐标系$O\text{-}xyz$的原点处(图4-87左侧),其所采集图像的坐标系为二维坐标系$O_1\text{-}X_1Y_1$,相机有效焦距为f_1;时刻2相机坐标系为三维坐标系$O_r\text{-}x_ry_rz_r$(图4-87右侧),图像坐标系为二维坐标系$O_r\text{-}X_rY_r$,有效焦距为f_r,由相机透视变换模型有如下矩阵关系,参见式(4-95)和式(4-96)。

$$s_1\begin{bmatrix}X_1\\Y_1\\1\end{bmatrix}=\begin{bmatrix}f_1 & 0 & 0\\0 & f_1 & 0\\0 & 0 & 1\end{bmatrix}\begin{bmatrix}x\\y\\z\end{bmatrix} \quad (4\text{-}95)$$

$$s_r\begin{bmatrix}X_r\\Y_r\\1\end{bmatrix}=\begin{bmatrix}f_r & 0 & 0\\0 & f_r & 0\\0 & 0 & 1\end{bmatrix}\begin{bmatrix}x_r\\y_r\\z_r\end{bmatrix} \quad (4\text{-}96)$$

坐标系$O\text{-}xyz$与坐标系$O_r\text{-}x_ry_rz_r$两者之间的相互位置关系,可利用空间转换矩阵M_{1r}来表示,参见公式(4-97)和式(4-98)。

$$\begin{bmatrix} x_r \\ y_r \\ z_r \end{bmatrix} = \boldsymbol{M}_{1r} \begin{bmatrix} x \\ y \\ z \\ 1 \end{bmatrix} = \begin{bmatrix} r_1 & r_2 & r_3 & t_x \\ r_4 & r_5 & r_6 & t_y \\ r_7 & r_8 & r_9 & t_z \end{bmatrix} \begin{bmatrix} x \\ y \\ z \\ 1 \end{bmatrix} \quad (4\text{-}97)$$

$$\boldsymbol{M}_{1r} = \begin{bmatrix} \boldsymbol{R} & \boldsymbol{T} \end{bmatrix} = \begin{bmatrix} r_1 & r_2 & r_3 & t_x \\ r_4 & r_5 & r_6 & t_y \\ r_7 & r_8 & r_9 & t_z \end{bmatrix} \quad (4\text{-}98)$$

式(4-98)中,$\boldsymbol{R} = \begin{bmatrix} r_1 & r_2 & r_3 \\ r_4 & r_5 & r_6 \\ r_7 & r_8 & r_9 \end{bmatrix}$ 为坐标系 $O\text{-}xyz$ 与坐标系 $O_r\text{-}x_r y_r z_r$ 之间方位的旋转矩阵;

$\boldsymbol{T} = \begin{bmatrix} t_x \\ t_y \\ t_z \end{bmatrix}$ 为坐标系 $O\text{-}xyz$ 与坐标系 $O_r\text{-}x_r y_r z_r$ 两原点之间的平移变换矢量,通过空间转换矩阵 $\boldsymbol{M}_{1r}$

的旋转和平移,可以将 $O\text{-}xyz$ 和 $O_r\text{-}x_r y_r z_r$ 两三维坐标系相重合。

由上述可知,对于三维坐标系 $O\text{-}xyz$ 中的空间点,两相机像面点之间的对应关系可用式(4-99)表示。

$$\rho_r \begin{bmatrix} X_r \\ Y_r \\ 1 \end{bmatrix} = \begin{bmatrix} f_r r_1 & f_r r_2 & f_r r_3 & f_r t_x \\ f_r r_4 & f_r r_5 & f_r r_6 & f_r t_y \\ r_7 & r_8 & r_9 & t_z \end{bmatrix} \begin{bmatrix} zX_1/f_1 \\ zY_1/f_1 \\ z \\ 1 \end{bmatrix} \quad (4\text{-}99)$$

式(4-99)中,ρ_r 为目标物上的空间点 P(图 4-87)在后续时间序列的图像上的二维坐标。最终,可以建立所测量目标物的空间点三维坐标的数学模型,如式(4-100)。

$$\begin{cases} x = zX_1/f_1 \\ y = zY_1/f_1 \\ z = \dfrac{f_1(f_r t_x - X_r t_z)}{X_r(r_7 X_1 + r_8 Y_1 + f_1 r_9) - f_r(r_1 X_1 + r_2 Y_1 + f_1 r_3)} \\ = \dfrac{f_1(f_r t_y - Y_r t_z)}{Y_r(r_7 X_1 + r_8 Y_1 + f_1 r_9) - f_r(r_4 X_1 + r_5 Y_1 + f_1 r_6)} \end{cases} \quad (4\text{-}100)$$

因此,已知焦距 f_1、f_r 等相机参数和目标物空间某点 P 在各个图像上 P' 和 P'' 坐标,只要带入相机机位变化旋转矩阵 $\boldsymbol{R}$ 和平移矢量 $\boldsymbol{T}$,就可以解算出目标物空间点 P 的三维空间坐标。

二、图像处理技术基本数学模型

近景摄影测量技术的工作大致可分为近景摄影、图像处理和三维重建。利用相机设备完成对待测物的近景图像采集工作后,需要对所采集到的图像进行预处理。处理的流程项目主要包括图像分割、图像滤波降噪、对比度增强等和锐化。

(一)图像变形校正

图像调整包括图像的变形消除和对图像的亮度、对比度的调整。图像变形主要包含径向畸变和偏心畸变两类,光学畸变是影响空间坐标点准确性的重要误差。研究表明,光学畸变中径向畸变占了主要的部分,而偏心畸变仅为径向畸变的1/7~1/8,在消除径向畸变的同时,偏心畸变的影响也能同时得到缓解,因而可以忽略偏心畸变。图像畸变消除模型为:

$$\Delta x = (x - x_0)[k_1 r^2 + k_2 r^4] + p_1[r^2 + 2(x - x_0)^2] + 2p_2(x - x_0)(y - y_0)$$

$$\Delta y = (y - y_0)[k_1 r^2 + k_2 r^4] + p_2[r^2 + 2(y - y_0)^2] + 2p_1(x - x_0)(y - y_0)$$

$$r_2 = (x - x_0)^2 + (y - y_0)^2 \tag{4-101}$$

式中:Δx、Δy——图像畸变引起的像点位移;

x_0、y_0——像主点坐标(摄影中心与像平面的垂线与像平面的交点);

k_1、k_2、p_1、p_2——径向畸变系数,为镜头的已知参数。

(二)图像分割

在近景摄影测量中进行下一步的空间坐标点运算和三维重构之前,需要将所采集到的待测物的图像进行图像分割处理,从图像的背景中提取测量的对象。在计算机视觉中,通过定位图像中的对象,边界(背景和前景,曲线等)来实现图像分割。将二维数字图像划分为多个部分(或像素组),在更精确的意义上,图像分割是将标记分配给图像中的每个像素的过程。使具有某些特征的像素共用相同的标签。图像分割是对图像进行进一步分析的重要前提步骤,对图像进行分割的目的是将需要进一步分析的目标物从图像中提取出来。

图像分割算法主要可分为五种,包括基于阈值分割、基于区域分割、基于K均值聚类分割、基于模糊C均值聚类分割、基于图切算法分割等,本文选用基于图切算法的Graph Cut交互式图像分割,其核心在于分别在前景和背景各选中一定区域作为输入,算法将分析所选中的前景像素点和背景像素点之间的相似,通过求解运算将前景从背景中分割出来。其步骤分为图像输入、前景背景像素输入、图像分割,见图4-88。

图4-88 Graph Cut交互式图像分割步骤

Graph Cut交互式图像分割算法的数学模型可表达为以下优化问题,参见公式(4-102):

$$\min: \quad E(A) = \lambda \cdot R(A) + B(A)$$

$$\text{subto}: \quad A_p = \begin{cases} \text{BKG} & (\text{if } p \in B) \\ \text{OBJ} & (\text{if } p \in O) \end{cases} \quad (4\text{-}102)$$

式(4-102)中,O、B分别是作为输入的前景像素组和背景像素组。从所输入像素组分类上讲,所输入的数据将一张图片分解为3大部分,即前景部分(OBJ)、背景部分(BKG)和未知部分(UNKNOWN)。交互式图像分割的最终目标就是根据输入实现前景和背景的分割,也即实现未知部分(UNKNOWN)划分的最小化。图像分割的属性包含两方面,分别反映图像的区域属性及边界属性,计算机图像学中称之为区域能量以及边界能量。

用P表示某张图片的像素集合,用N表示所有相邻的像素集合,p、q相邻用该定义表示可等价于如下公式:

$$\{p, q\} \in N \quad (4\text{-}103)$$

设$A = (A_1, \cdots, A_p, \cdots, A_{|p|})$是该图片中像素组的一个分割。其中,$A_p = \text{OBJ}$表示第$p$个像素属于前景部分,而$A_p = \text{BKG}$表示第$p$个像素属于背景部分。用$E(A)$表示图片分割的总能量,$R(A)$表示区域能量,$B(A)$表示边界能量,公式如下:

$$E(A) = \lambda \cdot R(A) + B(A) \quad (4\text{-}104)$$

$$R(A) = \sum_{p \in P} R_p(A_p) \quad (4\text{-}105)$$

$$B(A) = \sum_{\{p,q\} \in N} B_{\{p,q\}} \cdot \delta(A_p, A_q) \quad (4\text{-}106)$$

$$\delta(A_p, A_q) = \begin{cases} 1 & (A_p \neq A_q) \\ 0 & (A_p = A_q) \end{cases} \quad (4\text{-}107)$$

以上参数中的λ用于反映区域能量与边界能量之间的相对性。λ越大,表示区域能量所占比例越大;相反若λ越小,则边界能量在总能量中所占比例越大。区域能量$R(A)$用于表征每一个像素p分割为A_p所需要的代价。若像素p与用户所输入的背景像素越相似,则R_p("BKG")的值越小;若像素p与用户输入的前景像素越相似,则R_p("OBJ")的值越小。用$B(A)$表示边界能量,用于表征像素集P中任意两个相邻的像素p、q,当分割不连续,即$A_p \neq A_q$时所花费的代价。p、q越相似,则$B_{\{p,q\}}$越大;反之则$B_{\{p,q\}}$越小。一般地,取:

$$B_{\{p,q\}} = e^{-\beta \| c_p - c_q \|} \quad (4\text{-}108)$$

其中,c_p和c_q分别是像素p和q的颜色。将用户输入的作为统计源,即告诉程序,哪些像素点归类为前景,哪些像素点归类为背景,统计模型被用于测量图像中的像素与用户输入的背景和前景像素之间的相似性。

(三)图像阴影去除

路面图像易受道路两旁树木、栅栏和建筑物等遮挡影响而形成光线阴影,阴影的存在造成图像中阴影区域的像素灰度较暗,从而严重影响纹理信息的采集。针对图像中阴影的去除,主要有两种方式:第一种可采用人机交互的方法人工标定图像中的阴影区域,再对标定区域进行亮度的补偿;第二种基于阴影区域的光谱不变性,并结合阴影区域的几何特征来划分阴影区域并执行亮度补偿。

由于图像阴影区域的灰度深度自区域中心向周围逐步缩减,宜采用基于亮度高程模型的图像阴影去除方法,以实现路面图像中阴影的去除。基于亮度高程模型的图像阴影去除是基于地理地图中的等高线模型提出来的,由于图像中阴影的强度是由阴影中心向阴影边界逐渐递减的,因此模型将阴影强度按照强度的不同划分为不同的等级,然后再对各等级进行相应的灰度补偿,实现阴影的去除。具体的方法如下:

(1)高斯平滑。对沥青路面纹理图像进行平滑处理,以消除路面纹理对后续阴影区域划分的影响。

(2)亮度等高区域划分。首先计算图像每一像素所应含有的平均像素数 ng,并计算图像各个灰度级所含有的像素数,按照灰度级大小对各级像素数进行求和相加,当像素数之和不小于 ng 时,将当前所加像素对应的灰度级分为一个区域,依次对整幅图像的灰度级进行划分,最终图像分为 N 个区域。并根据经验阈值 $L = 7/8N$ 对图像进行区域划分,将图像分为阴影区域和非阴影区域。

(3)具有纹理平衡的亮度补偿。对于非阴影区域 B 和阴影区域 S,分别按照公式(4-109)对该区域像素进行变换,实现亮度的补偿,即:

$$I'_{i,j} = \begin{cases} \alpha \cdot I_{i,j} + \lambda & [(i,j) \in S] \\ I_{i,j} & [(i,j) \in B] \end{cases} \quad (4\text{-}109)$$

$$\alpha = \frac{D_B}{D_S}$$

$$\lambda = \hat{I}_B - \alpha \cdot \hat{I}_S$$

式中:D_B、D_S——非阴影区和阴影区的像素亮度值的标准方差;

$\hat{I}_B$、$\hat{I}_S$——非阴影区和阴影区的平均亮度。

(四)图像频域滤波降噪

图像降噪的关键是在去除噪声的同时能完整保留图像的原有细节信息,小波阈值降噪是由 Donoho 提出来的,该方法的特点是方法简单,计算量小,近来已广泛应用于图像降噪领域。

对于沥青路面表面纹理图像而言,图像中的纹理信息较多,需要保留原有的细节信息,这恰恰符合小波阈值降噪的特性,因此,本书采用小波阈值降噪的方法来消除沥青路面表面纹理图像中的噪声。

在小波阈值降噪中,对于经小波变换后的图像,包含有信号重要信息的小波系数幅值较大,但数量较少,而噪声对应的小波系数幅值小,则通过选取适当的阈值,将小于阈值的小波系数置零,对于大于阈值的小波系数需要进行保留处理,如此能够有效地减少信号中噪声的产生。对于小波阈值降噪,主要有以下步骤:

(1)对噪声图像$\{I_{ij}, i,j = 1, 2, \cdots, N\}$做小波变换,即可得到小波系数$\{W_{ij}, i,j = 1, 2, \cdots, N\}$;

(2)对上步得到的小波系数W_{ij}进行阈值处理,$\overline{W_{ij}} = \eta_T(W_{ij}), i,j = 1, 2, \cdots, N$,其中,$\eta_T$为阈值函数,$T$为选取的阈值。

(3)对小波阈值降噪处理后的小波系数$\overline{W_{ij}}$进行小波逆变换,得到降噪后的图像。

由上述步骤可知,小波阈值降噪的关键是固值函数及阈值的选择。常见的阈值函数可以分为硬阈值函数、软阈值函数和半软阈值函数。其原理在于图像中噪声信息所对应的小波系数比其他信息的小波系数小,故对较大的小波系数进行保留处理就能消除噪声。对于本书的沥青路面表面纹理图像降噪,考虑到图像尺寸、预处理耗费与耗时等因素,选择小波阈值去噪函数中的硬阈值去噪,硬阈值函数表达为:

$$\eta_T(w_{ij}) = \begin{cases} 0 & (|w_{ij}| \leq T) \\ w_{ij} & (|w_{ij}| > T) \end{cases} \quad (4\text{-}110)$$

经过小波降噪处理后的沥青路面表面纹理图像较原始图像而言,图像中的毛刺噪声得到了削弱,图像中离散的白色噪声点也得以消除;同时,较为完整地保留了图像中的纹理信息。

三、路表纹理采集平台搭建

传统近景摄影测量需要对待测目标物进行多角度拍摄,而该技术对图像的质量、角度、图像重叠范围的要求较高,人工进行拍照来采集图像则不可避免产生人为因素的影响,难以保证图像的质量、图像的角度要求,同时人工采集效率较低,不满足现代化工业的自动化需求。为了提高传统近景摄影测量的工作效率,同时保证图像质量等要求,本书基于近景摄影测量的基本需求,搭建了自动化近景摄影测量平台(Automatic Close-Range Photogrammetry system,ACRP system),下文用"ACRP系统"表示,该系统包括近景摄影平台及软件计算模块等。

(一)硬件设备组成

ACRP系统主要由照明设备、图像采集模块及主控计算机三个单元组成。

1. 照明模块

系统光源选用60W环形LED无影灯(图4-89)。添加光源的目的是消除采集沥青路面表面纹理图像的过程中可能存在的阴影,保证在下一步处理过程中获得最细致的表面纹理信息。

2. 图像采集模块

所搭建ACRP系统的相机图像采集设备选用3台Basler acA1300工业相机,镜头选用Basler Lens C125(图4-90),能够采集TIF格式的无损图像,保证了高精度图像的获取。3台相机分别通过USB3.0数据线与主控计算机连接,该型号工业相机采用全局快门,避免图像梯形失真,最大快门速度达到1/4000s,帧速率达到60FPS;同时,该工业相机搭载相机编程API,可通过编程指令触发3台相机同时拍摄完成图像采集,每时刻可采集三张图像,并自动编号储存至主控计算机。

图4-89　60W环形LED无影灯

图4-90　Basler acA1300工业相机与Basler Lens C125镜头

3. 主控计算机

主控计算机配置为,i7-8700 CPU,16.0GB RAM,GTX1050Ti 2G,通过相机API编程控制来触发3台工业相机协同工作进行图像采集;同时,所采集的图像通过USB3.0数据线传输至主控计算机存档储存,等待进行后序处理工作。所搭建的ACRP系统各设备详细参数参见表4-21。

ACRP系统各设备参数　　　　　　　　　　　　　表4-21

	参数	属性
相机参数	型号	Basler acA1300
	感光芯片	PYTHON 5000 CMOS
	分辨率	500×10^4
	水平/垂直分辨率($H \times V$)	2590px × 2048px

续上表

	参数	属性
相机参数	水平/垂直像素尺寸($H \times V$)($\mu m \times \mu m$)	4.8×4.8
	快门类型	全局快门
	快门速度(s)	1/4000(自主)
	帧速率(FPS)	60
	传输接口	USB 3.0
	曝光控制	API编程控制
	功率(W)	3.5
镜头参数	型号	Basler Lens C125
	镜头焦距(mm)	8.0
	靶面尺寸max.(in)	1/2.5
	镜头接口	C-mount
	光圈	F1.8-F22.0
照明设备参数	型号	环形60 LED无影灯
	功率(W)	60
	亮度调节范围(lx)	0~4000
主控计算机	CPU	i7-8700
	GPU	GTX1050Ti 2G
	RAM	16.0GB

注：CMOS为互补金属氧化物半导体，一种图像传感器。

(二)硬件结构

所搭建的ACRP系统平台的尺寸为$1m \times 1m \times 0.5m$(长×宽×高)，平台上的3台工业相机之间以120°的间距环形排列在半径为0.5m圆形轨迹上，相机俯角均调节固定为45°，无影灯照明模块安装在平台圆心处。ACRP系统平台详细结构和设备如图4-91所示。

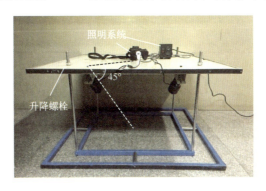

图4-91 ACRP系统平台结构和设备

所搭建的ACRP系统平台选用3台相机主要基于以下两方面原因：

（1）理论上，多台相机能同时采集多角度的图片，从而获取高精度的三维表面纹理信息，但对于较小范围、小高程的目标物，少量的图像就能满足细节重建要求，增加图像并不能有效提高精度；此外，多台相机意味着更高的设备成本和更长后处理的重建运算时间。

（2）已有研究表明，两台相机测试效率有所提高，但纹理数据不够全面。鉴于沥青路面表面纹理的复杂性，许多细微纹理、深纹理可能被凸纹理遮蔽，所以ACRP系统平台采用三台相机。

运用所搭建的ACRP系统平台对沥青路面表面纹理进行采集，通过USB3.0数据线实时将采集的表面纹理图像传输到主控计算机上存储；在主控计算机上对所采集到的图像进行图像预处理；运用逆向重建技术，对沥青路面表面纹理的各组图像进行三维重建，建立沥青路面表面纹理的三维模型。

四、基于近景摄影的路表纹理3D模型建立

（一）沥青路面表面纹理2D图像采集

主控计算机通过工业相机API编程控制无影灯光源，并触发3台工业相机工作。通过MATLAB和Python混合编程完成工业相机API的调用，设备的软件控制模块如图4-92中红色标识所示。

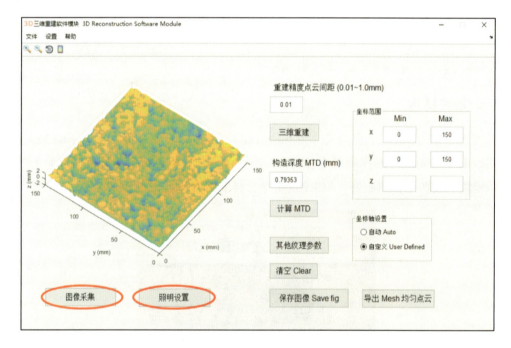

图4-92 软件控制模块

点击"图像采集"指令将同时触发3台相机的快门,在同一时刻进行沥青路面图像采集,每个路面测点的图像将会以"组"为单位,通过USB3.0数据线实时传输到主控计算机上进行储存,由软件模块自动按时间完成文件夹建立和图像文件的重命名,即每个路面点会有3张不同角度的图像。沥青路面表面纹理2D图像采集过程如图4-93所示。

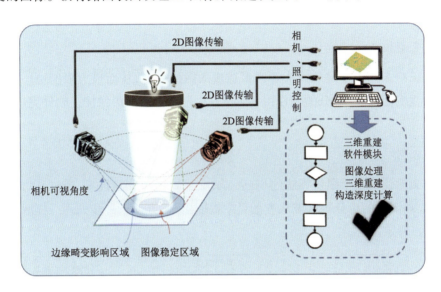

图4-93 沥青路面表面纹理2D图像采集过程

在进行图像采集前,将一个150mm×150mm的方形镂空刻度尺放在路表待测点上,方便后期对方形区域内的路面纹理进行后处理与分析。沥青路面纹理提取范围、所采集沥青路面表面图像示例及图像数据储存结构如图4-94所示。

a)沥青路面纹理提取范围

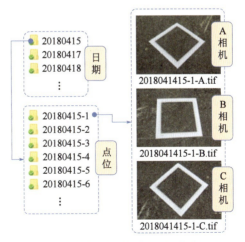

b)图像数据储存结构、沥青路面表面图像示例

图4-94 沥青路面纹理提取范围及图像数据储存结构

(二)图像预处理

在完成对沥青路面表面纹理待提取点的图像采集后,还需要对所采集到的纹理图像进行下一步的预处理,包括图像变形校正、图像分割、图像阴影除去、图像频域滤波降噪、对比度调整等。

1. 图像变形校正

经过校正的图像能够避免镜头等因素造成的图像变形,从而最大限度地还原沥青路面表面纹理的真实情况,这部分的工作由 Basler 工业相机自带的图像校正软件完成,这里不做细述。

2. 图像分割

选用前文提到的基于图切算法的 Graph Cut 交互式图像分割技术,通过 MATLAB 编程运算处理,将纹理图像的待分析区域从方形尺中提取出来,方便下一步处理。提取步骤和结果示例如图 4-95 所示。

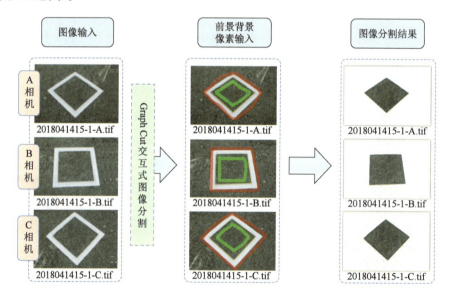

图 4-95 Graph Cut 交互式图像分割步骤和结果示例

3. 图像阴影去除

尽管 ACRP 系统平台配备了环形无影灯光源模块,但图像阴影去除的步骤仍然是必要的,这是由于沥青路面表面纹理存在细小沟壑经过阴影去除处理的沥青路面表面纹理图像,能够最大限度地恢复出沥青路面的真实纹理信息,避免因阴影的影响所造成细节纹理信息的损失,从而保证了后期逆向重建的精度。本书选用灰度分级补偿法对图像分割提取得到的路面纹理图像进行阴影去除,沥青路面表面纹理图像阴影去除示例如图 4-96 所示。

图4-96 沥青路面表面纹理图像阴影去除示例

4.图像降噪与其他调整

对阴影去除后的沥青路面表面纹理图像进行降噪,关键在于去除噪声的同时能完整保留图像的原有细节信息,从而进一步提高后续逆向重建的精度。此外,才需要进行必要的对比度增加,来优化图像各像素之间的区分度。沥青路面表面纹理图像降噪与对比度增强示例如图4-97所示。

图4-97 沥青路面表面纹理图像降噪与对比度增强示例

(三)沥青路面表面纹理3D点云逆向重建

沥青路面表面纹理逆向三维重建的关键在于从图像的二维空间中的点准确地估计相机的位置、投影矩阵,并逆向计算恢复在三维空间场景中的点。本书基于VisualSFM开源框架,通过编程实现3D点云逆向重建。沥青路面表面纹理3D点云逆向重建处理流程具体步骤如下。

1.相机校准及外部参数输入

相机校准是保证后期重建三维模型准确性的重要环节。在ACRP系统平台上,通过相机校准、固定相机角度和方位获得相机坐标系的 $\boldsymbol{R}$、$\boldsymbol{T}$ 矩阵等相机外部参数,并作为已知输入参数进行解算空间坐标点。与传统近景摄影测量技术相比,无须每次解算 $\boldsymbol{R}$、$\boldsymbol{T}$ 矩阵来估计相机的位置,极大地提高了软件模块的运行效率。

2. 图像间特征点匹配与点云重建

点云重建是近景摄影测量技术中最关键过程,通过图像间特征点的匹配,由 SFM(Structure from Motion)算法计算出空间坐标点云数据。假设空间点 G_i 在第 n 帧图像上(相机机位所在二维坐标系)的投影点 g_{in} 的坐标为 (x_{in}, y_{in}),那么所有空间点的集合 G 在各帧图像中的投影为:

$$\begin{pmatrix} x_{i1} & \cdots & x_{in} \\ y_{i1} & \cdots & y_{in} \end{pmatrix} = \boldsymbol{R} \begin{bmatrix} X_1 & \cdots & X_i \\ Y_1 & \cdots & Y_i \\ Z_1 & \cdots & Z_i \end{bmatrix} + \boldsymbol{T} \tag{4-111}$$

其中,(X_i, Y_i, Z_i) 即空间点 G_i 的三维坐标;$\boldsymbol{R}$ 和 $\boldsymbol{T}$ 分别为相机外参旋转矩阵和变换矢量,可以通过图像间特征点匹配来获取。多图像点云重建获取空间点三维坐标的示意图如图 4-98 所示。

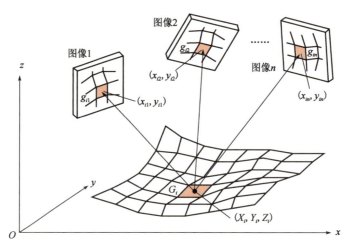

图 4-98 多图像点云重建获取空间点三维坐标

三维重建过程中可以对重建的点云的密度进行设置,点云数据间的最小间距为 0.01mm。间距越小,所生成的点云越密集,重建出的路面表面形貌更切合实际。其中,点云数据间距与测量精度无关,仅表示点云密度指标。在点云重构的同时,生成的点云需要彼此匹配,并且由不同图像生成的每组点云被转换为相同的坐标系,找到一个最优的几何变换使多个点云数据在同一坐标系下相融合以实现最大限度地对齐。

3. 生成沥青路面 3D 纹理模型

150mm × 150mm 的沥青路面表面纹理点云重建[图 4-99a)]完成后,进行三角网格划分

[图4-99b)]并生成3D纹理模型[图4-99d)],最终生成导出3D模型“*.obj”格式文件。

a)点云 b)网格

c)路面3D模型 d)表征纹理的3D模型

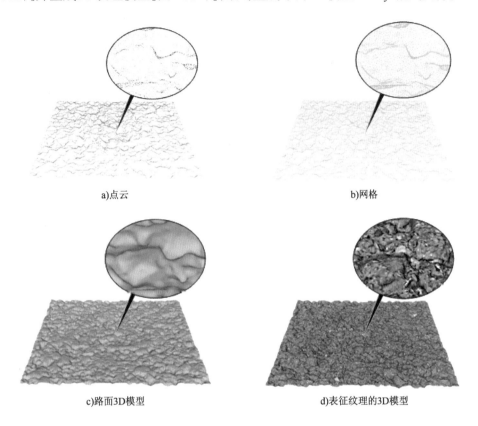

图4-99 路面3D纹理模型生成过程

至此,完成了沥青路面表面纹理3D模型的生成。对于所生成的三维纹理模型,需要进一步调整模型比例尺,填孔修正、调平、定义局部坐标轴属性,将在下一章节进行介绍。

五、基于激光技术的路面纹理数据采集

利用高效精确的手段获取完整的路面轮廓是预测路面抗滑性能的重要前提,激光扫描技术具有抗干扰能力强、分辨率高、测试速度快等优点,该技术已经颇为成熟。图4-100给出了采用单线激光扫描的基本原理及相关设备。激光发射器发射一条狭窄的光带发射到3D表面,3D表面将这条激光带反射;从激光发射器以外的角度观察3D表面反射的激光带是扭曲的,在固定位置接收反射激光带并对其扭曲的图像形状进行分析就可以实现对扫描表面形状的几何重建。

路面纹理采集于阿乌高速(新疆阿勒泰—乌鲁木齐高速,新疆高速编号S21)路面段。其原路面为SMA-13沥青路面,该路面的抗滑缺失路段分别加铺了UT-5和精表处(JBC)抗滑磨耗层试验段,两种试验段各为1km,测试温度为30℃。

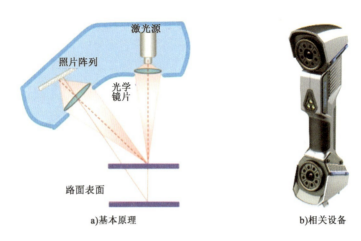

a)基本原理　　　　　　　b)相关设备

图4-100　单线激光扫描的基本原理及相关设备

(一)路面轮廓曲面重构

由FreeScan UE Pro获得的路面三维点云数据以asc格式文件储存,asc文件能够在Excel中读取,从而获得路面纹理各点的三维坐标。本研究使用逆向建模软件Geomagic Studio对路面纹理点云数据进行处理。逆向建模是针对已有的样本模型,利用三维数字化设备测量出样本表面的三维数据,然后根据测量数据通过三维几何建模方法重建样本的实体模型。逆向建模流程如图4-101所示。

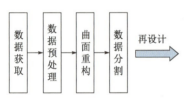

图4-101　逆向建模流程

在Geomagic Studio中进行逆向建模重构一个曲面模型需要经过三个阶段:点阶段、多边形阶段和曲面阶段。对路面点云数据的处理过程如下:

(1)点阶段。该阶段的主要任务是对点云数据进行降噪处理和整体调平。由于在实际扫描过程中会因为一起的轻微抖动而产生噪声点,同时不可避免地会扫到背景物而产生体外孤点,使用软件中的减少噪声功能能够删除模型中非均匀的外表点云和偏离主点云距离较大的点集。同时,在手持扫描的过程中无法精确保证仪器处于固定高度的水平面上,导致测得数据点局部坐标系与实际路面的全局坐标系存在一定角度的偏差。使用软件中的特征功能对点云模型定义局部坐标系下的xy平面和相应的坐标轴,利用对齐功能将自定义的xy平面与全局坐标系下的xy平面创建对齐,实现点云模型的初步调平。

(2)多边形阶段。使用Geomagic Studio中的封装工具将预处理后的点云数据根据其邻近点间的拓扑关系形成多边形网格,可以将路面纹理的形态以三角形网格的拓扑连接的性质表现。但由于点云数据的缺失、拓扑关系混乱、网格算法缺陷等原因,转变为三角形网格后会出现网格自交、重叠以及孔洞等错误,会影响后续曲面拟合以及有限元网格划分的精确性。因此,在多边形阶段使用修复边界、填充孔、修补网格错误等功能对三角形网格进行优化,为曲面处理打下基础。该阶段主要操作步骤如图4-102所示。

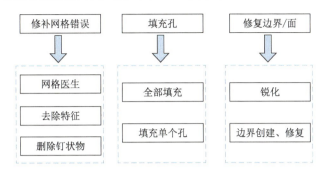

图4-102　路面点云数据处理多边形阶段主要操作步骤

(3)曲面阶段。该阶段的目标是将三角形网格拟合成精确曲面,为后续路面三维实体建模做准备。Geomagic Studio中有自动去曲面化和手动曲面化两种方式。由于路面纹理具有随机凹凸性,表面轮廓十分不规则,因此需要采用手动曲面化才能确保拟合成功。精确曲面是一组四边形曲面片的集合。进入精确曲面模块,使用构造曲面片功能将网格划分为若干个四边形曲面片,利用修理曲面片功能对形状不规则的曲面片进行调整,使整个模型被划分为形状规则、分布均匀的四边形曲面片。然后进行构造格栅,获得具有高分辨率的网格结构模型,最后进行曲面拟合,并将多个四边形曲面片合并成一个整体曲面,以"*.iges"格式输出。IGES(Initial Graphics Exchange Specification)是国际上通用的基于计算机辅助设计的标准数据交换格式,能够在各类三维建模软件中打开,便于后续对模型进行编辑和处理。该阶段主要操作步骤如图4-103所示。

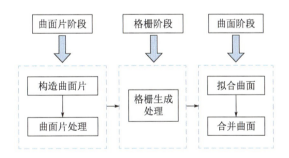

图4-103　路面点云数据处理曲面阶段主要操作步骤

(二)路面纹理实体重构

使用美国Unigraphics Solutions of EDS公司开发的CAE/CAM一体化软件Unigraphics(简称UG),版本为NX 12.0。UG具有非常强大的产品设计功能,涵盖了从产品设计到制作的整个数字化产品开发的完成操作流程,被广泛应用于航空航天、汽车、通用机械和电子等工业领域。主要应用了UG NX 12.0中模型编辑模块的功能来处理曲面实体,其操作界面如图4-104所示。

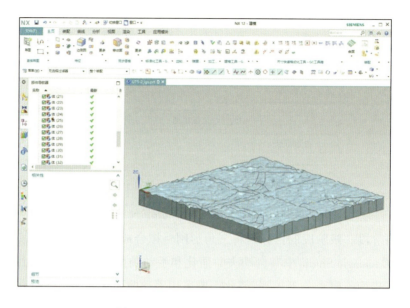

图4-104　UG NX 12.0操作界面

首先使用拉伸功能将曲面沿 Y 轴负方向延伸20mm，然后使用修剪体功能将模型剪裁成尺寸为120mm × 120mm × 10mm的标准路面计算模型。此时的模型表面上已经从曲面扩展成了三维实体，但实质上还是由多个片体组成的三维壳模型，因此需要使用UG中的缝合功能，将所有片体缝合为单个路面实体部件，最终以"*.iges"格式输出。

(三)路面有限元模型建立

对于路面纹理而言，波长在0～0.5mm之间为微观纹理、0.5～50mm之间为宏观纹理。微观纹理的外形通常极为复杂和奇异，使有限元网格离散化存在较大难度，并且，微观纹理的网格划分会进一步提高模型整体的网格密度，导致路面模型的单元数量激增，模型计算的时间成本也将随之增长，同时对计算机的运算能力提出了更高的要求。因此，在保证计算精度的前提下，在网格划分中剔除了微观纹理，保留宏观纹理对橡胶摩擦的影响。但即使保留宏观纹理，模型仍具有较大的计算量。一些研究者为了节省模型的运算时间，在误差容许范围内使用Matlab的cubic插值函数对路面轮廓尖峰进行了平滑处理，虽然大大节省了计算量，但极大程度上弱化了路面纹理特征在有限元分析中对界面接触行为的影响。

相较于传统的有限元建模，为了保留路面宏观纹理信息，采取了以下措施：

(1)由于宏观纹理波长下限为0.5mm，考虑到相较于精表处和UT-5路面，SMA-13沥青路面的尖端和奇异纹理特征较少，粗集料含量较多，因此网格尺寸定义为1mm，精表处和UT-5路面网格尺寸定义为0.5mm。在ABAQUS中使用六面体网格无法对路面纹理精细划分，因此需采用四面体单元，随三种路面均采用C3D4单元(四节点线性四面体单元)。不同路面纹理有限元网格划分效果如图4-105所示。

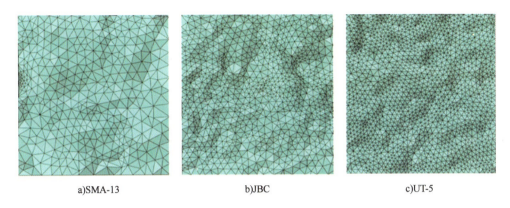

a) SMA-13　　　　　　　b) JBC　　　　　　　c) UT-5

图 4-105　不同路面纹理有限元网格划分效果

（2）为了支持模型巨大的计算量，由高性能工作站作为技术支撑。工作站计算机处理器为 Intel(R) Xeon(R) Gold 6230R CPU @ 2.10GHz，CUP 核数为 26 核，在计算有限元模型时能够调用 24 核并行运算，极大地提高了运算效率。

实现了从点云数据到二维实体的路面纹理重构，形成了点→曲面→实体→有限元模型的系统流程（总结为图 4-106），虽然使用了不同建模软件，但操作过程可视化程度高，简便易懂，可为路面纹理三维建模研究提供参考。

a) 现场激光扫描　　　　　　　b) 路面纹理三维曲面

c) 三维实体部件　　　　　　　d) 有限元计算模型

图 4-106　路面纹理三维建模流程

第五章 轮胎-沥青路面间的摩擦特性及摩擦系数计算

新建沥青道路在通车一年后,由于集料表层沥青薄膜的破损,路面摩擦系数有所提高。当集料表面的微观纹理提供摩擦系数后,路表面层内集料进入磨损和磨光阶段即表现为路面抗滑性能的衰减行为。鉴于沥青路面抗滑性能衰减的时变性,如何准确预测沥青路面抗滑性能衰减规律一直是道路领域研究的重点问题。

经大量调查研究分析,沥青路面抗滑性能的衰减主要是沥青路面集料磨损、沥青品质降低、混合料级配不合理及交通运营环境恶劣等综合因素导致的,具有时间依赖性与变异性,典型沥青路面抗滑性能衰变模型见表5-1。

典型沥青路面抗滑性能衰变模型 表5-1

模型或方法		衰变模型
摩擦系数模型		$\mu = kh\cos^2\left(\dfrac{ka}{2}\right) \cdot \sin(ke) \cdot \dfrac{\cos(ke)\sin^2(ka/2) - \overline{P}}{\overline{P}}$
Asymptotic模型		$y = A \cdot e^{B \cdot x} + C$
经验模型	对数模型	$Y = a_0 \cdot \ln(x) + b_0$ (荷载次数 $N \leq 700$ 万次)
	指数模型	$Y = a_0 \cdot e^{b_0 x}$ (荷载次数大于700万次)
基于能量法的车型磨光等效换算法		$\mathrm{SFC}(\mathrm{neq},\mathrm{BEF}) = a_1 \times \exp\left(\dfrac{-\mathrm{neq}}{a_2}\right) + a_3 \times \mathrm{BEF} + a_4$ 其中: $\mathrm{BEF} = V_{\mathrm{ag}} \times \sum\limits_{i=1}^{nf} \dfrac{Fb_i \times F_i}{\gamma_{\mathrm{ba}}} \cdot \left(\sum\limits_{i=1}^{nf} \dfrac{Fb_i \times F_i}{\gamma_{\mathrm{ba}}} + \dfrac{Fl_i \times F_i}{\gamma_{\mathrm{li}}}\right)^{-1}$ $\mathrm{neq}_i = \mathrm{AADT}_0 \times \dfrac{(1+gr)^i - 1}{gr} \times 365 \times [(1-\mathrm{FHV}) + \mathrm{FHV} \times \mathrm{DR}']$

目前,针对沥青路面抗滑性能衰减特性的研究多集中在沥青路面集料选择、抗滑表层设计及运营期间路面养护措施等,而关于抗滑性能衰变预测的研究则很少,主要是由于车辆荷载与运营环境的复杂性与时变性,使得道路抗滑性能预测具有较大的难度。在役沥青路面长期受到复杂交通荷载作用,将产生不同程度的材料退化和结构损伤,从而造成了抗滑性能不同程度地衰减。

考虑到在役沥青路面抗滑功能失效的演化历程,表5-1中建立的沥青路面抗滑性能衰减规律的预测模型尚有欠缺,这对于大量运营中沥青路面良好抗滑功能状态评估极具实际意义。

第一节 路表摩擦系数预测模型

研究表明,驾驶员对沥青路面摩擦力变化的无法实时识别以及车辆稳定性、牵引力、ABS控制器在摩擦性能较低道路表面的能力不足是影响车辆行驶发生交通事故的最重要因素。路面摩擦性能直接关系到车辆行驶稳定性,故准确地估算轮胎与沥青路面之间摩擦力是所有汽车和轮胎企业关注的重点问题,可以极大地减小与天气状况相关的事故率。

关于不同的摩擦系数估算方法,均需要引入轮胎受力、回正力矩及摩擦系数。其中,回正力矩是为了使轮胎运动中保持轮胎平面与运动方向一致,其大小由转向几何形状及轮胎侧向变形决定,单个轮胎受力示意如图5-1所示。在图5-1中,F_x、F_y和F_z分别表示轮胎在运动过程中所受的纵向力、横向力及法向力,则轮胎所受地面摩擦系数μ为正则化牵引力ρ的最大值,即:

$$\mu \to \rho_{max} = \frac{\sqrt{F_x^2 + F_y^2}}{F_z} \quad (5-1)$$

目前,关于路面摩擦学这一研究领域,许多学者采用了不同的测试仪器并提出了不同估算方法,主要包括基于试验的方法与基于模型的方法(表5-2)。

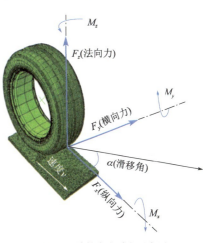

图5-1 单轮自由受力示意图

摩擦系数估算方法比较 表5-2

主要分类	具体方法	方法描述	精度	可靠性
基于试验方法	光学传感器及摄像机	利用光学传感器和摄影机检测摩擦相关的表面特性	一般	一般
	声学传感器	利用轮胎噪声对轮胎表面类型或表面状况进行分类,并将其与轮胎表面摩擦进行关联	一般	偏低
	轮胎胎面传感器	在轮胎内部使用不同的传感器监测轮胎与路面的相互作用	高	一般
基于模型方法	基于车辆动力学的方法	利用摩擦问题的动力学模型和测试数据对未知状态估计	高	高
	基于轮胎模型方法	利用轮胎模型表示滑移率与轮胎受力和运动状态间关系估算胎/路摩擦力	高	一般
	基于滑移率方法	根据μ-s曲线的线性区段斜率估算饱和部分摩擦系数	一般	偏低

关于试验方法中,光学传感器可以检测路表发射的不同波长的红外光并识别路面不同状况(干燥、潮湿及积雪等),鉴于水在红外线范围内有相对较大的吸收带,故红外线可以用于检测路表水膜的存在,具体的检测原理如图5-2所示。而声学传感器安装在车辆底盘上,主要根据轮胎噪声对道路表面类型或状态(沥青、混凝土、潮湿及干燥等)进行识别,图5-3显示了基于支持向量机(Support Vector Machine,SVM)的摩擦力估算方法。

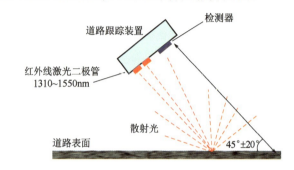

图5-2 基于光学传感器的路表检测原理

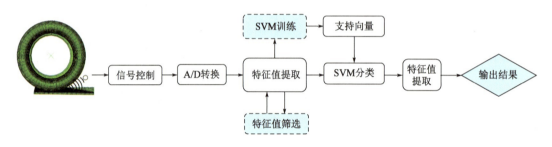

图5-3 基于支持向量机的摩擦力估算方法

有学者考虑路面状况与轮胎转向刚度之间的联系提出了一种轮胎转向刚度估算方法用以实时识别路面状况以及路表峰值附着系数限值(图5-4),而有研究者通过现场实时微观监测摩擦片在摩擦过程中变形与接触状况进行研究微观摩擦机理,认为摩擦系数随着剪切变形与表面能量损失有关。

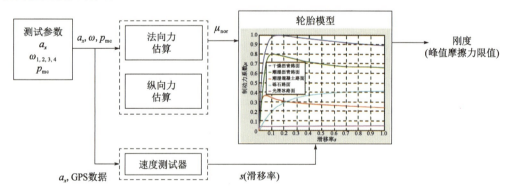

图5-4 基于轮胎刚度的轮胎-路面摩擦系数估算方法

虽然,轮胎-路面之间的摩擦系数可基于试验方法估算,但是大多数情况下,当测试状态偏离算法既定条件时计算结果准确性会降低。为了使得估算方法更符合实际且考虑汽车动力学,提出了基于模型的摩擦系数估算方法。基于轮胎模型方法中,轮胎模型一般用来表示轮胎受力、回正力矩与滑移比/滑移角之间的关系,从而进行估算轮胎-路面之间摩擦力。根据轮胎模型和捕捉轮胎稳态或瞬态行为,建立了不同轮胎数学模型,典型的有 Pacejka 轮胎模型(即魔术公式)、Dugoff 轮胎模型、Brush 模型及 LuGre 轮胎模型。

综上可知,基于试验的摩擦力估算方法可重复性差,当测试条件有偏差时估算方法准确率显著下降。基于滑移率的方法,虽然可以直接表示滑移率和最大摩擦系数之间的关系,当改变测试条件(轮胎气压、轮胎温度等)将会改变 μ-s 曲线线性区段的斜率从而影响摩擦系数估算的精确度。表5-3中列举了常用的典型路面摩擦系数预测模型,但是忽略了路表摩擦系数随时间不断衰变的特点,大多均未考虑路表纹理时空分布特征,无法真实反映路表的摩擦特性及胎-路相互作用时摩擦机理。轮胎-路面接触路径如图5-5所示。

常用的典型路面摩擦系数预测模型 表5-3

摩擦系数模型	类型	经验公式	模型描述
Brush 模型 (1987年)	基于物理学	纯侧偏:$\mu = \dfrac{2c_{py}a^2}{3F_z}\tan(\alpha_{s1})$ 纯纵滑:$F_x = -C_x s + \dfrac{C_x^2 s\|s\|}{3F_z} - \dfrac{C_x^3 s^3}{27\mu^2 F_z^2}\left(s < s^o = \dfrac{3\mu F_z}{C_x}\right)$ $\&\mu F_z \operatorname{sgn}(s)\,(s \geq s^o)$ 组合:$F = \mu F_z[3\theta\sigma - 3(\theta\sigma)^2 + (\theta\sigma)^3]\,(\sigma \leq \sigma_{s1})$ $\&\mu F_z\left(\sigma \geq \sigma_{s1} = \dfrac{2c_p a^2}{3\mu F_z}\right)$	假定摩擦系数为常量且橡胶为线弹性体,忽视胎体变形,胎/路接触分为黏附域与滑动域
Yamazaki	基于 Brush 模型	$9\mu_x^2 F_z^2(F_x - C_x s) + 3\mu_x F_z C_x^2 s^2 = C_x^3 s^3 / 3$	对部分滑动和纯滑动两种情况下的纵向摩擦系数进行估算
Dugoff 模型 (1969年)	基于物理学	$\mu = \dfrac{2\lambda\sqrt{(C_x s)^2 + (C_y \tan\alpha)^2}}{F_z(1+s)}$ $f(\lambda) = \begin{cases}(2-\lambda)\lambda, & \lambda < 1 \\ 1, & \lambda \geq 1\end{cases}$	采用轮胎纵横向刚度(C_x,C_y)描述轮胎特性,考虑轮胎纵向力与横向力的耦合关系
Villagra	基于加权 Dugoff 模型	$\mu_{x-\max} = \dfrac{\|C_x\tau\| + \sqrt{C_x\tau(C_x\tau - F_x)}}{F_z}$	采用新代数滤波技术,$\tau = s/(1+s)$
Gim 模型	基于物理学	$\mu = \mu_0[1-(1-\mu_1/\mu_0)s_{sa} \cdot s^{-1}]$ 其中,s_{sa}为滑移参数,μ_1为滑移率s时的摩擦系数	提出了轮胎的胎-路摩擦系数与滑移率之间的数学模型关系式
Pacejka 模型 (1987年)	半经验轮胎模型 (魔术公式)	$y = D\sin\{C\arctan[Bx - E(Bx - \arctan Bx)]\}$ $Y(X) = y(x) + s_v,\ x = N + S_h$ 当输出变量N为纵向滑移率时,输出变量Y为轮胎纵向力	使用特殊函数表示纵向力、横向力及回正力矩,描述轮胎稳态特性

续上表

摩擦系数模型	类型	经验公式	模型描述
LuGre 模型（1995年）	基于物理的轮胎动力学模型	$g(s) = \mu_c + (\mu_s + \mu_c)e^{-\|r\omega s/v_s\|^{\frac{1}{2}}}$, $\gamma = 1 - \sigma_1\|v_r\|/g(s)$ $F(s) = \mathrm{sgn}(v_r)F_n g(s)\left[1 + \gamma \dfrac{g(s)}{\sigma_0 L\|s\|}\left(e^{-\frac{\sigma_0 L\|s\|}{g(s)}} - 1\right)\right] + F_n\sigma_2 r\omega s$	与速度相关，用于描述滞后力环及滑动前位移
Gustafsson 模型	基于数据线性拟合	$\mu = ks - k\delta$ $\delta = s\big\|_{\mu=0}$, $k = \dfrac{\mathrm{d}u}{\mathrm{d}x}\big\|_{\mu\approx 0}$	用以 $m\text{-}\mu$ 曲线的回归模型，采用含有变化检测卡尔曼滤波器
Germann 模型	采用二阶多项式	$\mu = a_0 + a_1 s + a_2 s^2$	系数取决于 $m\text{-}\mu$ 曲线，适用于滑移率小于0.3
Müller 模型	基于 $m\text{-}\mu$ 曲线回归模型	$\mu = \mu' \dfrac{s}{c_1 s^2 + c_2 s + 1}$	考虑制动行为的数据回归分析，c_1 和 c_2 由最小二乘法得到
Persson 模型	基于路表分形理论	$\mu = \dfrac{1}{2}\displaystyle\int_{q_L}^{q_1} q^3 C(q) P(q)\mathrm{d}q \times$ $\displaystyle\int_0^{2\pi} \cos\phi\, Im\dfrac{E(q_0\zeta v\cos\phi)}{(1-\gamma^2)\sigma_0}\mathrm{d}\phi$	计入橡胶对表面粗糙度的有关尺度变形响应及滑动摩擦对温度依存性
Lorenz 模型	基于 Persson 黏滞摩擦模型	$\mu_{\mathrm{Ad}}(v_s) = \dfrac{\tau_{f_0}}{\sigma_0 P(q_1)}\exp\left\{-c\left[\lg\left(\dfrac{v_s}{v_0}\right)\right]^2\right\}$	适用于低速行驶情况下，引入了半经验附着力模型
Klüppel 模型	基于橡胶摩擦理论	$\mu_H(v_s) = \dfrac{\langle\delta\rangle}{2\sigma_0 v_s}\left\{\displaystyle\int_{\omega_{\min}}^{\omega_2}\mathrm{d}\omega\, \omega\, Im[E(\omega)]S_1(\omega) + \int_{\omega_{\min}}^{\omega_2}\mathrm{d}\omega\, Im[E(\omega)]S_2(\omega)\right\}$	考虑轮胎滑动中能量耗散问题，采用时间频域
Henry 模型	PIARC 摩擦模型	$SN_2 = SN_1 \cdot e^{\frac{-(sv)_2-(sv)_1}{S_P}}$ $S_P = 14.2 + 89.7\mathrm{MPD}$	以指数形式表示稳态条件下摩擦与滑移之间的关系
Jorge 模型	基于轮胎应变	$\mu_L = \dfrac{C_1 + (C_2 F_z)\cdot(1 - e^{C_3 \cdot \alpha})}{F_z}$	采用模糊逻辑法开发了用以实时获取智能轮胎横向摩擦系数的估算系统

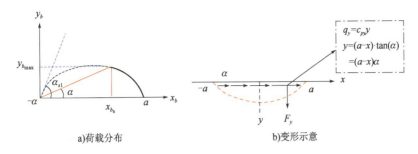

a)荷载分布　　　　　　　　　b)变形示意

图5-5　轮胎-路面接触路径

经对比分析,Persson提出的黏滞摩擦模型,同时考虑了橡胶特性、接触面纹理等因素并且摩擦理论体系与实际拟合较好。此外,采用室内达·芬奇试验表明摩擦产热使得橡胶软化,导致轮胎与路面接触面积变大,极大地降低了摩擦力中黏弹性作用。

第二节　Persson黏滞摩擦模型基本理论

早在1950年前,一些学者研究了原子沉积等表面生长演化过程,分析了粗糙表面的自仿相似特性。鉴于路表分形特征,开始引用自仿相似表征路面纹理特性,如德国橡胶技术研究所(Institute of Rubber Technology,DIK)的Persson及Klüppel等研究成果显著。为了较好地量化路表纹理特性,采用了水平及垂直方向上的两个相关长度指标($\xi_{//},\xi_{\perp}$)量化随机粗糙表面;同时引入分形维数,提出了量化路表纹理自仿相似特性的多尺度特征参数。假定路面纹理为各向同性,将空间尺度转化为频域尺度,提出了路面2D功率谱密度函数,结合橡胶轮胎的频域特性分析了胎/路多尺度接触行为问题,上述一系列研究系统地扩展了路面纹理自仿相似理论。

始于1990年,Persson始致力于基于物理学的接触力学模型研究并建立了多尺度研究机构,采用弹性理论问题(简化地假设弹性介质是各向同性的)结合表面应力分布计算表面位移场。通过计算摩擦剪应力,某一时间段t_0接触物体表面的耗散能量为:

$$\Delta E = \sigma_f A_0 v t_0 \tag{5-2}$$

式中:v——滑动速度;

　　　A_0——比表面积;

　　　σ_f——剪应力。

当橡胶块在坚硬表面滑动时,表面纹理对橡胶胎面施加振荡力,导致橡胶表面随时间发生变形并通过橡胶内摩擦产生能量耗散。同时,轮胎橡胶作为黏弹性材料在粗糙表面滑动时,可认为橡胶块在不同波长λ纹理上受到不同频率$\omega = 2\pi v/\lambda$的振荡力,由于橡胶材料产生不同相应力与应变从而产生黏滞能量耗散W。

$$W = \int \sigma d\varepsilon = \int \sigma \dot{\varepsilon} dt \tag{5-3}$$

式中:σ——应力;

　　　ε——应变。

基于橡胶的黏弹性耗能特性,Persson理论分析了橡胶在不同放大倍数下的滞回现象,该模型可用于多种不同尺度的表面粗糙度(比如分形与自仿射曲面),与忽略黏附的连续介质力学方法(如Hertz模型)不同,这种方法同时考虑了黏附和滞后效应,表面粗糙度可用相关函数方程表示(如表面粗糙度功率谱)。在Persson理论中,摩擦力是与橡胶黏弹性模量、波矢、接触压力与温度、轮胎滑移速度、纹理波长及放大系数ζ等参数有关的函数。其中,波矢即为波数矢量$q=2\pi/\lambda$,方向为波的传播方向;放大系数$\zeta=\lambda_0/\lambda$为任意选取的参考长度比例尺,其中λ_0为最大波长,λ为在某一定放大系数ζ条件下可见的最短纹理波长。

假设某表面平整的弹性固体被挤压在坚硬、随机粗糙的基体上(图5-6),在低放大系数下($\zeta=1$)似乎两个固体之间在许多粗糙接触区发生完全接触。随着放大系数增加,测量到小尺度的粗糙度并且只有部分接触发生在粗糙表面凸体处,事实上如果没有短长度波长将无法观测到实际的接触区域。然而,实际上由于最短长度是原子距离,所以总存在一个最短波长限值。对于橡胶摩擦,有效短波长限值大得多(如微米级)。

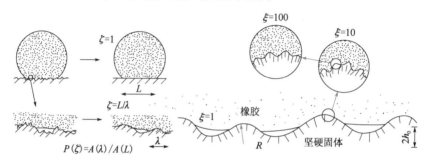

图5-6 橡胶块在粗糙表面的黏附接触

关于Persson摩擦理论,主要考虑以下路表纹理基本特征:

(1)摩擦力有两个来源,一是橡胶内部黏弹性能量耗散引起的滞后力;二是干燥橡胶表面由范德华力产生的黏附力(速度小于10^{-8}时影响显著),汽车轮胎行驶时滞后力对胎/路摩擦力起主要作用。

(2)考虑与橡胶接触的道路表面为自相似表面,即采用分形维数描述一个分形对空间填充程度统计量,路表纹理越复杂,分形维数越大。在本书中,分形维数通过计盒维数法定义。

(3)假设λ为自相似表面某一维度内的波长,纹理波长在$\lambda_1 < \lambda < \lambda_0$范围内表面为自相似的,将路表沥青集料最大粒径视为波长上限值,波长下限值一般在微米量级。不同维度下表面纹理对滞后力的贡献与h/λ有关,h为从平均平面上开始测量的表面高程。

(4)粗糙路表存在正负纹理,正纹理对路表摩擦系数的贡献大于负纹理(积水条件下负纹理影响较显著)。由于负纹理的存在,使得轮胎橡胶变形无法完全填充所有维度的纹理,需要考虑胎/路实际接触面积并引入接触面积比例系数ζ。

基于以上路表纹理特征,对于自相似表面通常的功率谱形式如图5-7所示。q_1和q_0与表面性质有关,在沥青混凝土路表中,q_0为下波矢,反映了沥青路面材料中集料最大粒径,一般为$10^3 m^{-1}$量级;q_1为上波矢,反映了表面最小波长,一般与表面的灰尘等污染有关,还与轮胎表面磨损颗粒大小有关,一般在$10^6 m^{-1}$量级。当道路表面存在积水时表面微小空隙被填充,q_1减小。q_L为图中最小波矢。轮胎胎面与道路接触沿道路方向宏观尺寸(L)一般对于摩擦系数影响很小。

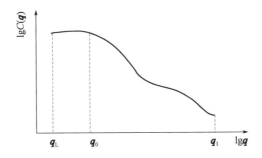

图5-7 自相似表面通常的功率谱示意图

考虑沥青路面粗糙度,根据Nayak的定义其表面功率谱表示为:

$$C(q) = \frac{1}{(2\pi)^2}\int d^2x \langle h(\boldsymbol{x})h(\boldsymbol{0})\rangle e^{-i q \cdot x} \tag{5-4}$$

式中:$\langle \cdots \rangle$——总体平均;

$h(\boldsymbol{0})$——原点的表面高程,$\langle h(\boldsymbol{0})\rangle = 0$;

$h(\boldsymbol{x})$——以平均高程截面为起始点的表面高程;

e——自然常数;

$\langle h(\boldsymbol{x})h(\boldsymbol{0})\rangle$——路表纹理高度剖面信号的自相关平均值。

假设表面统计性质是平移不变且各向同性的,$C(q)$仅取决于波矢q大小,即:

$$\langle h(\boldsymbol{x})h(\boldsymbol{0})\rangle = \int d^2q C(q) e^{iqx} \tag{5-5}$$

在双对数曲线图(图5-7)中,$q_1 > q > q_0$ 的斜率与表面的分形指数有关:

$$C(q) \sim q^{-2(H+1)} \tag{5-6}$$

其中,H为Hurst指数,当x方向和y方向上的放大系数为ζ,为了使表面具有统一统计特征,沿z方向的放大系数为ζ^H,H与分形维数D_f存在关系式$H=3-D_f$,而小于q_0的功率谱近似为常数。

针对粗糙路表自相似特性并根据函数连续性可得:

$q_0 < q < q_1$时

$$C(q) = \frac{(h_0/q_0)^2 H}{2\pi}\left(\frac{q}{q_0}\right)^{-2(H+1)} \tag{5-7}$$

$q_L < q < q_0$时

$$C(q) = \frac{(h_0/q_0)^2 H}{2\pi} \tag{5-8}$$

其中,h_0与路表纹理高度的均方根成正比,$h_0 = \langle h^2 \rangle^{\frac{1}{2}} = \left[2\pi\int_0^\infty dq \cdot qC(q)\right]^{\frac{1}{2}}$。

胎/路摩擦接触过程中,轮胎橡胶在不同时刻t下的形变可以表示为$u(x,y,z)$,而且粗糙路表高程随x、y和t的变化如信号传播,结合弹性力学理论(假定为各向同性弹性介质)使用DFT转换为频率函数,令$\boldsymbol{q}=q(x,y)$,$\boldsymbol{x}=(x,y)$,则表面$z=0$方向对应力分布响应的位移场u_i:

$$u_i(\boldsymbol{q},\omega) = \frac{1}{(2\pi)^3}\int d^2 x\, dt\, u_i(\boldsymbol{x},t)e^{-i(\boldsymbol{q}\cdot\boldsymbol{x}-\omega t)} \tag{5-9}$$

由于 $\sigma_i(\boldsymbol{q},\omega) \approx u_i(\boldsymbol{q},\omega)$，则可以建立应力-位移关系式：

$$\boldsymbol{u}(\boldsymbol{q},\omega) = \boldsymbol{M}(\boldsymbol{q},\omega)\boldsymbol{\sigma}(\boldsymbol{q},\omega) \tag{5-10}$$

其中，$\boldsymbol{M}(\boldsymbol{q},\omega)$ 为柔量矩阵，根据黏弹性力学知识，考虑橡胶材料与沥青路面接触过程中黏滞效应，材料模量 E 和泊松比 ν 与频率 ω 有关，存在 $(\boldsymbol{M})^{-1} = -Eq/2(1-\gamma)^2$。

设 $\omega = \boldsymbol{v}\cdot\boldsymbol{q}(q=2\pi/\lambda)$，$\boldsymbol{u}(\boldsymbol{x},t) = \boldsymbol{u}(\boldsymbol{x}-\boldsymbol{v}t)$，则：

$$\boldsymbol{u}(\boldsymbol{q},\omega) = \frac{1}{(2\pi)^3}\int d^2 x\, dt\, \boldsymbol{u}(\boldsymbol{x}-\boldsymbol{v}t)e^{-i(\boldsymbol{q}\cdot\boldsymbol{x}-\omega t)} = \delta(\omega-\boldsymbol{q}\cdot\boldsymbol{v})\boldsymbol{u}(\boldsymbol{q}) \tag{5-11}$$

其中，δ 为狄拉克函数，$\boldsymbol{u}(\boldsymbol{q}) = (2\pi)^{-2}\int d^2 x\, \boldsymbol{u}(\boldsymbol{x})e^{-i\boldsymbol{q}\cdot\boldsymbol{x}}$

由式(5-2)的能量耗散还可表示为：

$$\Delta E = \int d^2 x\, dt\, \dot{\boldsymbol{u}}\cdot\boldsymbol{\sigma} = (2\pi)^3\int d^2 q\, d\omega(-i\omega)\boldsymbol{u}(\boldsymbol{q},\omega)\cdot\boldsymbol{\sigma}(-\boldsymbol{q},-\omega) \tag{5-12}$$

将式(5-10)代入式(5-12)并结合式(5-11)以及 $[\delta(\omega-\boldsymbol{q}\cdot\boldsymbol{v})]^2 = (t_0/2\pi)\delta(\omega-\boldsymbol{q}\cdot\boldsymbol{v})$ 有：

$$\Delta E = (2\pi)^2 t_0\int d^2 q(-i\omega)[\boldsymbol{M}(-\boldsymbol{q},-\omega)]^{-1}\times u(\boldsymbol{q})u(-\boldsymbol{q}) \tag{5-13}$$

对比式(5-12)与式(5-13)，得到摩擦剪切应力：

$$\sigma_f = \frac{(2\pi)^2}{vA_0}\int d^2 q(-i\omega)[\boldsymbol{M}(-\boldsymbol{q},-\omega)]^{-1}\times\langle u(\boldsymbol{q})u(-\boldsymbol{q})\rangle \tag{5-14}$$

式中，$\langle\cdots\rangle$ 表示粗糙纹理高程统计平均值，若 $\langle h\rangle=0$，则 $\langle u(\boldsymbol{q})u(-\boldsymbol{q})\rangle = (2\pi)^{-2}A_0 C(\boldsymbol{q})$。

考虑橡胶块在随机粗糙表面滑动时，假设橡胶块随着路表轮廓发生挤压变形（即负纹理被完全填充），令 $z = h(\boldsymbol{x})$，则 $u_z \approx h(\boldsymbol{x})$，可知：

$$\sigma_f = -i\frac{(2\pi)^2}{A_0}\int d^2 q\, q_x\langle h(\boldsymbol{q})h(-\boldsymbol{q})\rangle\times[\boldsymbol{M}(-\boldsymbol{q},-q_x v)]^{-1} \tag{5-15}$$

图5-8a)中，当 $\phi=0$ 时橡胶块产生脉动变形，由图5-8b)可知，当 $\phi=\pi/2$ 时，橡胶块沿着 x 方向滑动时在 z 方向产生的弹性变形不变，表明橡胶泊松比变化（0.4~0.5）随频率变化（1.19~1.33）波动较小，可忽略影响。采用极坐标系进行波矢量数值转换，令 $q_x=q\cos\phi$，$E = E(\omega) = E(qv\cos\phi)$ 及 $\gamma = \gamma(\omega) = \gamma(qv\cos\phi)$，并代入式(5-15)可得：

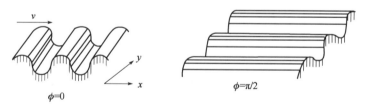

a)滑动方向(x方向)　　　　b)垂直于滑动方向(z方向)

图5-8　粗糙轮廓面变形-时间余弦曲线

$$\sigma_f = \frac{1}{2}\int d^2q q^2 \cos\phi C(q) \text{Im} \frac{E(qv\cos\phi)}{1-\gamma^2(qv\cos\phi)} \tag{5-16}$$

设波长 $\lambda=2\pi/q$ 时的胎/路实际接触面积与名义接触面积之比为 $P(q)$，由摩擦系数 μ 为剪切应力与胎面压应力 σ_0 的比，即：

$$\mu = \frac{\sigma_f}{\sigma_0} = \frac{1}{2}\int d^2q q^2 \cos\phi C(q) P(q) \text{Im} \frac{E(qv\cos\phi)}{(1-\gamma^2)\sigma_0}$$

$$= \frac{1}{2}\int dq q^3 C(q) P(q) \times \int_0^{2\pi} d\phi \cos\phi \text{Im} \frac{E(qv\cos\phi)}{(1-\gamma^2)\sigma_0} \tag{5-17}$$

由摩擦系数求解式(5-17)，进一步需要结合自相似粗糙路表的接触理论进行推导。令 $\zeta=1$ 时的名义接触面积，L 为接触面积的公称直径，$A(\zeta)$ 为粗糙路面波长 $\lambda=L/\zeta$ 的实际接触面积，即有效接触面积；$P(\zeta)=A(\zeta)/A_0$ 为有效接触面积与宏观面积比值系数。则 $q_L=2\pi/L$、$q=q_L\zeta$，在 $\lambda=L/\zeta$ 尺度范围内，假设 $<\sigma>_\zeta$ 为平均接触压力，则有：

$$\sigma_0 A_0 = \langle\sigma\rangle_\zeta P(\zeta) A_0 \Leftrightarrow P(\zeta) = \sigma_0/\langle\sigma\rangle_\zeta \tag{5-18}$$

其中，$\langle\sigma\rangle_\zeta = \int_0^\infty d\sigma\, \sigma P(\sigma,\zeta)\Big/\int_0^\infty d\sigma\, P(\sigma,\zeta)$，$P(\sigma,\zeta)$ 为 $\lambda=L/\zeta$ 接触区域内应力概率分布函数，推导出 $P(\zeta)$。

$$P(\zeta) = \frac{2}{\pi}\int_0^\infty dx \frac{\sin x}{x}\exp\left[-x^2\int_1^\zeta d\zeta' g(\zeta')\right] \tag{5-19}$$

其中，$g(\zeta) = \frac{1}{8}q_L q^3 C(q)\int d\phi \left|\frac{E(qv\cos\phi)}{(1-\gamma)\sigma_0}\right|$。

大多数情况下，胎/路接触面存在 $\sigma_0 \ll E(0)$ 且 $G(q) \gg 1$，当 $x \ll 1$ 时 $\sin x \approx x$，考虑当 $G(q) \to 0$ 时 $P(q) \to 1$，这里引入差值算法可得到：

$$P(q) = \frac{2}{\pi}\int_0^\infty dx \frac{\sin x}{x}\exp[-x^2 G(q)] \approx \left\{1+[\pi G(q)]^{\frac{2}{3}}\right\}^{-\frac{1}{3}} \tag{5-20}$$

$$G(q) = \frac{1}{8}\int_{q_L}^q dq\, q^3 C(q)\int_0^{2\pi} d\phi \left|\frac{E(qv\cos\phi)}{(1-\gamma^2)\sigma_0}\right| \tag{5-21}$$

联立式(5-7)、式(5-8)及式(5-17)得到：

$$\mu \approx \frac{1}{4\pi}(q_0 h_0)^2 H\left[\int_{\frac{q_L}{q_0}}^1 d\zeta \zeta^3 P(q_0\zeta) + \int_1^{\frac{q_1}{q_0}} d\zeta \zeta^{-2H+1} P(q_0\zeta)\right] \times$$

$$\int_0^{2\pi} d\phi \cos\phi \text{Im} \frac{E(q_0\zeta v\cos\phi)}{(1-\gamma^2)\sigma_0} \tag{5-22}$$

由式(5-22)可知，胎/路间动摩擦系数涉及橡胶复模量 $E(\omega)$ 以及功率谱 $C(q)$ 主要参数。为了验证以上摩擦系数推导过程的准确性，橡胶参数采用 Persson 研究中简化的三元件流变模型。鉴于橡胶为黏弹性材料，在受到变化的外荷载时会产生具有一定相位差 $\delta(0<\delta<\pi/2)$ 的应力与应变，滞后时间 $\Delta t=\delta/\omega$，橡胶材料的应力-应变关系为：

$$\frac{\sigma(t)}{\varepsilon(t)} = E(i\omega) = E_1 + E_2 \tag{5-23}$$

式中：$E(i\omega)$——关于频率的复模量函数；

E_1——存储能量部分；

E_2——耗散能量部分。

图5-9所示橡胶复模量$E(\omega)$由式(5-24)表达。其中，三元件流变模型中$\eta=10^{-3}$s、$E_1=10^3$MPa且$E_1/E_2=a=10^3$，E_1和E_2表示具有完全弹性的两个不同弹簧，应变-应力关系服从胡克定律。η为表征理想黏性液体的黏壶，服从牛顿液体定律。

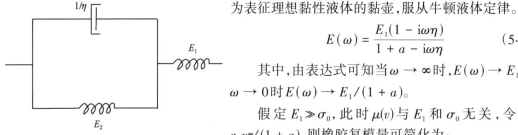

图5-9 三元件流变学模型

$$E(\omega) = \frac{E_1(1 - i\omega\eta)}{1 + a - i\omega\eta} \tag{5-24}$$

其中，由表达式可知当$\omega \to \infty$时，$E(\omega) \to E_1$；当$\omega \to 0$时$E(\omega) \to E_1/(1+a)$。

假定$E_1 \gg \sigma_0$，此时$\mu(v)$与E_1和σ_0无关，令$V = q_0 v\tau/(1+a)$，则橡胶复模量可简化为：

$$E(\zeta q_0 v \cos\phi) = \frac{E_1}{1+a} \cdot \frac{(1+a)^{-1} - i\zeta V}{1 - i\zeta V} \tag{5-25}$$

基于以上路表PSD特性，采用单因素法依次定性分析纹理信息相关参数（如Hurst指数、波矢q等）对动态摩擦系数的影响规律，各因素分别取$q_L=250\text{m}^{-1}$、$q_0=400\text{m}^{-1}$、$q_1=10^6\text{m}^{-1}$、$\sigma_0=0.137\text{MPa}$、$\gamma=0.5$及$\zeta=10$。由式(5-22)知$\mu \sim q_0 h_0$则在$q_0 h_0$其他取值时可以直接借助于纹理尺度大小求解摩擦系数。

当轮胎滑动速度$v\in(10^{-4}\text{m/s}, 10^4\text{m/s})$时，研究滞后力起主要作用下的动摩擦系数变化规律，如图5-10和图5-11所示，由μ-lg$v$曲线可知：

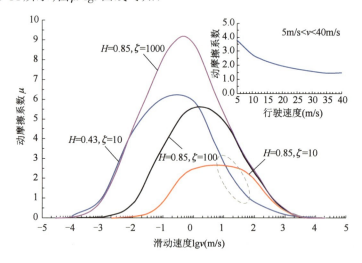

图5-10 μ-lg$v$关系曲线（10^{-5}m/s<v<10^5m/s）

(1) 当$H=0.43$且$\zeta=10$时，摩擦系数曲线整体呈"凸形"变化，摩擦系数最大（$\mu=6.25$）时对应速度约为$v=0.50$m/s，针对行驶车辆的一般速度，胎/路间的黏附作用此时不予考虑，与

Michele 基于能量耗散简化 Persson 理论的计算结果相一致。

(2) 当放大系数保持不变($\zeta=10$),$H=0.85$,轮胎滑动速度为 18.60m/s 时摩擦系数达到最大值 2.68;当 H 由 0.43 增大到 0.85 时,最大摩擦系数 μ_{max} 降低了 57.1%,说明了橡胶接触表面的分形维数 D_f 直接影响最大摩擦系数 μ_{max}。随着 Hurst 指数逐渐降低,表面摩擦系数不断减小(图 5-11)。Persson 理论表明,当分形维数 $D_f=3-H$ 逐渐趋近于 2.9 时 μ_{max} 出现增加趋势,与计算结果相符合;当分形维数 D_f 大于 2.9(即 $0<H<0.1$)时却开始减小,表明此时表面微观纹理对摩擦系数产生了贡献。

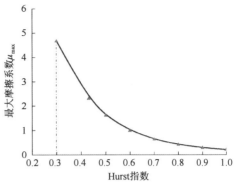

图 5-11 μ_{max} 随 Hurst 指数的变化曲线

(3) 保持分形维数 D_f 不变,粗糙表面纹理放大系数 ζ 由 10 增大至 1000 时,最大摩擦系数增大了 6.50,表明随着放大倍数的增大,接触面积明显下降,大大减小了微观纹理粗糙度对摩擦力的贡献。

(4) 分析汽车行驶速度的常见范围(5~40m/s)内,发现摩擦系数由 3.80 减小至 1.40,说明随着行驶速度的不断增加,橡胶与粗糙表面的实际接触面积不断减小,从而导致摩擦系数不断下降。

由以上分析可以发现,Persson 滞后摩擦理论适用于车辆行驶中胎/路摩擦系数的求解。橡胶复模量将采用动态剪切流变试验获得,后续在第五节具体描述,然后基于 PSD 计算结果采用 Matlab 中的 NSum 函数求解式(5-22)的解析解从而得到相应的动摩擦系数值。

第三节 橡胶轮胎与正纹理路面的接触摩擦机理

橡胶与沥青路面间的摩擦力是制动时车辆制动力的主要来源,第四章已经介绍现代摩擦理论认为胎/路之间的摩擦力主要由黏附力和迟滞力构成,而在车辆湿滑问题经常发生的高速和积水状态下,迟滞力更是摩擦力的主要来源。目前对正纹理对摩擦迟滞分量的贡献缺少充分理论分析。本节将基于橡胶摩擦学和黏弹性力学构建橡胶在正纹理路面上滑移的摩擦模型,并推导橡胶在正纹理路面滑移的摩擦系数理论计算公式。

一、橡胶在正纹理路面上滑移的迟滞摩擦机理

现代橡胶摩擦理论普遍认为,橡胶-粗糙表面间滑移摩擦力主要包括两个主要部分,即黏附分量和迟滞分量。其中,黏附分量产生的原因是橡胶与路面间紧密接触时形成的分子键被剪断,属于弱范德华力。黏附分量由橡胶与路面的"贴合"程度决定,二者接触界面越干净,橡胶质地越柔软,都可以增加二者间的接触面积从而提升黏附分量。但 Moore 证明,黏附分量仅在表面干燥整洁且车辆行驶速度较低的时候对摩擦力有明显贡献。而迟滞分量产生的原因是路表纹理迫使橡胶发生反复的压缩-恢复运动,受橡胶黏弹特性的影响,该运动中应力-应变的迟滞性导致了能量的损耗,这些能量最终由橡胶接受,并消耗于分子链的内摩擦上转化为热能。如果凸出峰的几何特征和排布方式设置得当,就可以激发橡胶发挥出极高的能

量耗散。Kummar和Meyer的研究则表明,迟滞分量是高滑移速度和潮湿接触界面下橡胶与路面摩擦力的主要来源。

正纹理路面正是依靠其表面尖锐密集的凸出体强化了迟滞能量耗散,从而提升了摩擦力总量。接下来将结合图5-12所示的正纹理凸出体模型推导正纹理对迟滞力的贡献。

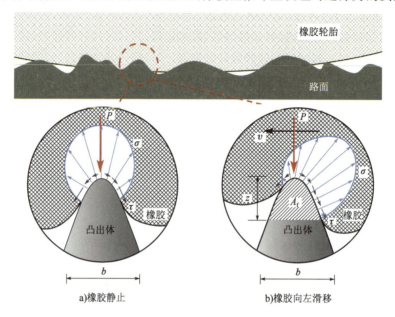

图5-12 滑移橡胶越过凸出体时迟滞摩擦力的产生原理

如图5-12a)所示,当橡胶在竖向荷载P的作用静压在正纹理凸出体上时,此时路面与橡胶间没有发生相对运动的趋势。那么凸出体周围的橡胶将产生对称的压应力分布,这一压力可以分解为垂直于接触面的法向应力σ和平行于接触面的切向应力τ。显然,静止状态下切向应力τ的合力为0。若此时橡胶向左滑动[图5-12b)],由于橡胶的黏弹性将导致已经从凸出体顶部滑移至凸出体左侧面的橡胶区域变形恢复产生延迟,但这一区域的法向应力已经卸载,这将导致压应力分布发生扭曲,切向应力τ的对称性也被破坏,从而产生与橡胶运动方向相反的阻滞力,这一由橡胶应力-应变的迟滞性引起的阻滞力即为迟滞摩擦力。Greenwood和Tabor将这个迟滞性归结于橡胶内部聚合物分子链相对于之前建立的位置移位时所产生的能量损失。通过对凸出体被橡胶包络区域的压力积分,并将所产生的力向分解为垂直分量和水平分量,就可得到凸出体产生的垂直载荷和摩擦力的迟滞分量。

但是直接测量橡胶在正纹理凸出体上的压力分布规律十分困难。因此,这里尝试从能量耗散的角度推导迟滞摩擦分量。

设单个凸出体的长度为b,从橡胶接触它直至完成最大压缩变形吸收的能量为E_1,而橡胶离开凸出体完成变形恢复所释放的能量为E_2。那么这个过程中产生的能量差$E_1 - E_2$则将由外力F_{hi}推动橡胶越过凸出体所做的功来平衡:

$$F_{hi} = \left(\frac{1}{b}\right) \cdot (E_1 - E_2) \tag{5-26}$$

此时F_{hi}即为迟滞摩擦力在凸出体i上的分量。如果在橡胶与正纹理路面的接触范围内

存在 N 个凸出体,那么总的迟滞摩擦力可由下式计算:

$$F_h = N \cdot F_{hi} \tag{5-27}$$

式中:N——橡胶接触区域内凸出体的总数。

设橡胶在垂直荷载 P 下与路面形成名义接触面积为 A_n,所谓名义接触面积即橡胶受荷载作用变形后与路面接触范围的投影面积,如图 5-13b)所示;与名义接触面积相对的是实际接触面积 A[图 5-13c)],为接触区域内所有被变形橡胶所包络的凸出体尖端面积之和。将式(5-27)的左右两侧除以垂直荷载 P 可以推导出橡胶在路表滑移的总迟滞摩擦系数 f_h:

$$f_h = \frac{F_h}{P} = \frac{N \cdot F_{hi}}{A_n \cdot p_n} \tag{5-28}$$

式中:A_n——名义接触面积;

p_n——接触区域内名义接触压力,$p_n = P/A_n$。

为了分析正纹理凸出体几何形状和尺寸对于迟滞摩擦力的贡献,就需要将式(5-28)中与凸出体几何相关的参数 N 和 F_{hi} 进一步代换。为了方便计算与讨论,这里假设路面凸出体轮廓高度为 a,凸出体在路表的投影面积为 $b \times c$,其中沿橡胶滑动方向的长度为 b,垂直于轮胎滑动方向的长度为 c,如图 5-13a)所示。那么此时,橡胶与路面间的名义接触面积 A_n 内存在的名义凸出体数量为 N_n 为:

$$N_n = \frac{A_n}{bc} \tag{5-29}$$

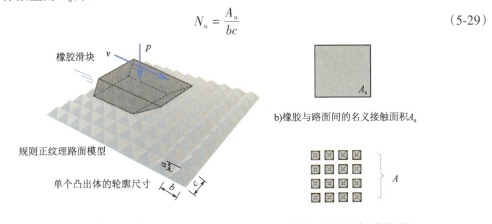

图 5-13 橡胶在规则正纹理路面上滑移的理论模型示意图

但是在实际接触区域内,橡胶很难刚好以整数倍包络凸出体。因此,实际与橡胶接触的凸出体数量 N 将小于等于 N_n:

$$N = \varepsilon N_n = \frac{\varepsilon A_n}{bc} \tag{5-30}$$

其中,$\varepsilon \leq 1$,为实际与胎面接触的凸出体密度常数。

回顾之前的式(5-26),根据迟滞耗能的定义,单个凸出体产生的迟滞摩擦分量 F_{hi} 等于橡胶越过一个凸出体所消耗的能量与凸出体长度 b 的比值,即:

$$F_{hi} = \frac{E}{b} \tag{5-31}$$

式中:E——橡胶在每一个凸出体上的消耗的迟滞能量;

b——凸出体的平均长度。

而根据黏弹性材料迟滞耗能的定义,迟滞能等于发生变形的材料体积 Q 与其损耗模量 G'' 的乘积,即:

$$E = Q \cdot G'' \tag{5-32}$$

式中:Q——受单个凸出体造成橡胶发生形变的体积。

根据圣维南原理,单个凸出体在局部位置压入橡胶后对引发的体积变化 Q 是有限的。因此,利用黏弹性力学方法计算出 Q 正比于凸出体压入部分的截面面积 A_f(后简称"包络面积",如图5-12b)中的蓝色阴影部分)以及凸出体自身的高度 a:

$$Q = C_1 \cdot a \cdot A_f \tag{5-33}$$

式中:C_1——变形影响常数;

A_f——凸出体被橡胶悬垂体包络的截面面积。

可以理解为正是由于这块阴影面积 A_f 的存在,阻碍了橡胶的向前滑动从而产生了迟滞摩擦力,因此将其命名为"阻滞橡胶滑动截面"。

由橡胶黏弹性力学推断阻滞橡胶滑动截面 A_f 主要受3个因素的影响:

(1)凸出体的几何形状;

(2)迫使橡胶发生悬垂变的名义接触压力 p_n;

(3)描述橡胶软硬的复数模量 G^*。对于后两个因素,若接触压力 p 越大,且橡胶越软(G^* 越小),那么相同凸出体上橡胶的变形就会更剧烈,因此 A_f 应当正相关于 p_n 且负相关于 G^*。

式(5-27)可以用式(5-29)~式(5-33)表出,即得到橡胶在连续规则正纹理路面上滑移的迟滞摩擦力的表达式:

$$F_h = C \cdot G'' \cdot A_n \cdot \frac{aA_f}{b^2 c} \tag{5-34}$$

式中:C——迟滞摩擦总常数;

a——凸出体的高度;

b——凸出体平行于橡胶滑移方向的长度,即波长;

c——凸出体垂直于橡胶滑移方向的长度,即宽度;

A_f——阻滞橡胶流动截面的面积;

A_n——橡胶与路面的名义接触面积;

G''——橡胶的损耗模量。

将式(5-30)和式(5-34)代入式(5-28),可以推导出橡胶在单个正纹理凸出体上滑移的迟滞摩擦系数 f_h 的表达式:

$$f_h = C \cdot \frac{G''}{p_n} \cdot \frac{aA_f}{b^2 c} \tag{5-35}$$

式中主要参数意义同式(5-34)。

在式(5-34)和式(5-35)中,G'' 代表了橡胶黏弹性特性,可以通过对橡胶的流变学试验获得;a,b 和 c 分别为正纹理凸出体轮廓的高度、长度和宽度。而求取 F_h 和 f_h 关键在于求解名义接触压力 p_n 下阻滞橡胶流动截面的面积 A_f,但 A_f 与凸出体的形状密切相关,需要针对具体的凸出体形状进行计算,这一工作将在下节中推导。

二、正纹理路面迟滞摩擦力的理论推导

如果要根据式(5-34)和式(5-35)求解具体的橡胶在正纹理路面上滑移的迟滞摩擦力或迟滞摩擦系数表达式,就需要建立携带具体形状信息的正纹理路面模型。将正纹理路面简化为两种形状规则的路面摩擦力计算模型——由连续圆锥形和连续半球形凸出体组成的表面,如图5-14所示。

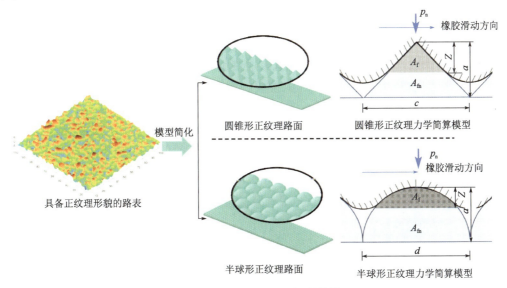

图5-14 两种正纹理路面摩擦力简算模型

(一)圆锥形正纹理路面的理论迟滞摩擦系数推导

对于第一种简算模型——连续圆锥形正纹理路面模型,其分析详图如图5-15所示。设p_n为橡胶作用在单个圆锥体凸出峰上的名义接触压力,而这个圆锥体的底部直径为d(这意味着在该模型中,式(5-35)中凸出体的长度b和凸出体的长度c均等于直径d),高度为a。橡胶在圆锥形正纹理路面模型的表面朝着单一方向以速度v滑动。

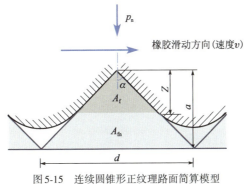

图5-15 连续圆锥形正纹理路面简算模型

p_n-凸出体上名义接触压力;A_f-阻滞橡胶滑动截面的面积;Z-阻滞橡胶滑动截面的高度(包络高度);A_{fn}-凸出体的截面面积;a-凸出体的截面高度;d-凸出体的直径;$α$-凸出体的顶角半角角度;v-橡胶的滑动速度

从图5-15中可以发现,此时阻滞橡胶流动截面A_f与整个凸出体截面A_{fn}均为三角形且具有相似关系。如果设在该图中阻滞橡胶流动截面A_f的高度为Z,那么A_f与Z之间应满足以下关系:

$$A_f = \frac{Z^2 d}{2a} \tag{5-36}$$

将式(5-36)代入式(5-35),且将b和c替换为d,那么式(5-35)可化简为:

$$f_{hc} = C \cdot \frac{G''}{p_n} \cdot \left(\frac{Z}{d}\right)^2 \tag{5-37}$$

其中,f_{hc}为橡胶在连续圆锥形正纹理路面模型上滑移的迟滞摩擦系数,为了有别于式(5-35)中的迟滞摩擦系数,在其下标中增加了字母c。

式(5-37)将求取迟滞摩擦系数的关键从求取三角形的阻滞橡胶流动截面的面积A_f变成了求解圆锥形凸出体在压力p_n的作用下压入橡胶的深度,或者说是求解橡胶对圆锥形凸出体的包络深度Z。1958年,Sabey依据Love方程给出的圆锥体压入半无限橡胶平面空间后的黏弹性力学解答,为求解包括深度Z提供了参考。根据Sabey的结论,当直径为d、高度为a的刚性圆锥体在压力p_n的作用下压入半无限橡胶平面后,橡胶对其尖端的包络高度Z可由下式求解:

$$Z = \left\{ d^2 \cdot (1 - \mu^2) \cdot \left[\frac{\pi}{2\tan(\alpha)}\right] \cdot \frac{p_n}{G^*} \right\}^{\frac{1}{2}} \tag{5-38}$$

式中:μ——橡胶的泊松比;

G^*——橡胶的复数模量;

α——圆锥体截面的顶角半角角度;

d——圆锥体的直径;

p_n——圆锥体作用在橡胶上的竖向名义接触压力。

注意,式(5-38)中对于橡胶的模量描述采用的是复数模量G^*,而不同于式(5-37)中使用损耗模量G''。这是因为Sabey给出关于Z的解答是静止状态下基于橡胶黏弹性力学建立的变形平衡方程,而式(5-37)中推导迟滞摩擦系数公式是运动状态下基于橡胶能量损耗建立的平衡方程。

将式(5-29)、式(5-36)和式(5-38)代入式(5-34)并化简,即可推导出得到橡胶在连续圆锥形正纹理路面模型上滑移的迟滞摩擦力的表达式:

$$F_{hc} = C_{hc} \cdot \frac{G''(1 - \mu^2)}{G^*} \cdot \frac{P}{\tan\alpha} \tag{5-39}$$

式中:F_{hc}——橡胶在连续圆锥形正纹理路面模型上滑移的总迟滞摩擦力;

C_{hc}——迟滞力总常数;

α——圆锥体截面的顶角半角角度;

μ——橡胶的泊松比;

G''、G^*——橡胶的损耗模量和复数模量;

P——橡胶承受的总垂直荷载。

在式(5-39)两侧同时除以P,即可求得橡胶在规则圆锥形凸出体正纹理路面上滑移的迟滞摩擦系数f_{hc}的表达式:

$$f_{hc} = C_{hc} \cdot \left(\frac{1 - \mu^2}{\tan\alpha}\right) \cdot \frac{G''}{G^*} \tag{5-40}$$

从式(5-40)中可以看出,将路面凸出体近似处理为圆锥体后,唯一影响迟滞摩擦系数f_h的纹理形态参数仅有顶角半角α。而同时,在公式迭代过程中代表荷载压力的p_n与代表圆锥体本身的高度a被消除了,以上理论推导可以引出如下重要推论:

(1)圆锥形正纹理路面的摩擦系数仅与凸出体尖峰的尖锐程度有关。正纹理凸出体压入胎面橡胶的部分越锐利,迟滞耗能越作用越强,摩擦系数也越大;

(2)对于正纹理路表,迟滞摩擦力的大小与路表纹理的构造深度不存在关联性;

(3)迟滞摩擦系数f_{hc}与其承担荷载无关。

(二)半球形正纹理路面的理论迟滞摩擦系数推导

对于第二种简算模型——连续半球形正纹理路面模型,其分析如图5-16所示。设p_n为橡胶作用在单个半球体凸出峰上的名义接触压力。设半球的直径为d,这意味着对于该模型,式(5-35)中凸出体的长度b等于直径d,凸出体的高度a等于$d/2$。橡胶在半球形正纹理路面模型的表面朝着单一方向以速度v滑动。

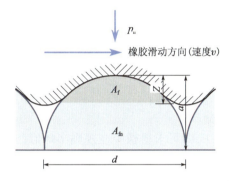

图5-16 连续半球形正纹理路表的简算模型

p_n-凸出体上名义接触压力;A_f-阻滞橡胶滑动截面的面积;Z-阻滞橡胶滑动截面的高度(包络高度);A_{fn}-凸出体的截面面积;a-凸出体的截面高度;d-凸出体的直径;v-橡胶的滑动速度

如图5-16所示,在半球形凸出体模型中,阻滞橡胶流动截面A_f为一个劣弧弓,设其高度为Z,那么A_f与Z之间应满足以下关系:

$$A_f = \frac{\pi \cdot d^2 \cdot \cos^{-1}\left(\frac{d}{4} - \frac{Z}{2}\right)}{720} - \left(\frac{d}{2} - Z\right) \cdot (dZ - Z^2)^{\frac{1}{2}} \tag{5-41}$$

将式(5-41)代入式(5-35),并将b和c替换为d,将a替换为$d/2$,那么式(5-35)可化简为:

$$f_{hs} = C_{hs} \cdot \frac{G''}{p_n} \cdot \left[\cos^{-1}\left(\frac{d}{4} - \frac{Z}{2}\right) - \frac{\left(\frac{d}{2} - Z\right) \cdot (dZ - Z^2)^{\frac{1}{2}}}{d^2} \right] \tag{5-42}$$

其中,f_{hs}为橡胶在连续半球形正纹理路面模型上滑移的迟滞摩擦系数,为了有别于其他形状在其下标中增加了字母s。

式(5-42)将求取迟滞摩擦系数的关键从求取弓形的阻滞橡胶流动截面的面积A_f变成了求解半球形凸出体在压力p_n的作用下压入橡胶的深度,或者说是求解橡胶对半球形凸出体的

包络深度 Z。而 Sabey 依据 Timoshenko 方程给出的半球体压入半无限橡胶平面空间后的黏弹性力学解答,为求解包括深度 Z 提供了参考。根据 Sabey 的结论,当直径为 d,刚性半球体在压力 p_n 的作用下压入半无限橡胶平面后,橡胶对其顶端弓形区域的包络高度 Z 可由下式求解:

$$Z = \left[\frac{3\pi}{4} \cdot (1-\mu^2) \cdot d^2 \cdot \frac{p_n}{G^*}\right]^{\frac{2}{3}} \tag{5-43}$$

式中:μ——橡胶的泊松比;
G^*——橡胶的复数模量;
d——半球体的直径;
p_n——半球体作用在橡胶上的竖向名义接触压力。

将式(5-29)、式(5-41)和式(5-43)代入式(5-34)并化简,即可推导出得到橡胶在连续半球形正纹理路面模型上滑移的迟滞摩擦力的表达式:

$$F_{hs} = C_{hs} \cdot \frac{G''(1-\mu^2)}{G^*} \cdot \frac{P}{d} \tag{5-44}$$

式中:F_{hs}——橡胶在连续半球正纹理路面模型上滑移的总迟滞摩擦力;
C_{hs}——迟滞力总常数;
d——半球的直径;
μ——橡胶的泊松比;
G''、G^*——橡胶的损耗模量、复数模量;
P——橡胶承受的垂直荷载。

在式(5-44)两侧同时除以 P,即可求得橡胶在规则半球形凸出体正纹理路面上滑移的迟滞摩擦系数 f_{hs} 的表达式:

$$f_{hs} = C_{hs} \cdot \left(\frac{1-\mu^2}{d}\right) \cdot \frac{G''}{G^*} \tag{5-45}$$

从式(5-45)中可以看出,将路面凸出体近似处理为半球形凸出体后,迟滞摩擦系数 f_{hs} 直接受直接半球体直径 d 的影响。即半球形正纹理凸出体的直径越小,其压入橡胶的部分越少,迟滞耗能越作用越强烈。同样,代表荷载压力的 p_n 被消除了与半球形凸出体高度的 a 被消除了。以上理论推导可以引出如下重要推论:

(1)迟滞摩擦力的大小与路表纹理的构造深度不存在关联性。
(2)迟滞摩擦系数 f_{hs} 与其承担荷载无关。

三、纹理特征对正纹理路面的理论迟滞摩擦系数的影响

式(5-40)和式(5-42)分别给出了橡胶在规则圆锥形和半球形正纹理路面模型上滑移的迟滞模型系数理论计算公式。除了路面的几何特征外,对于迟滞摩擦具有影响的还有橡胶的材料特性,包括橡胶的泊松比 μ 和橡胶的损耗模量 G'' 与复数模量 G^*。在不考虑温度影响的情况下,μ 可以视为常数,而 G^* 和 G'' 则是橡胶受荷频率 ω 的函数。当橡胶在连续规则凸出体构成的路表滑移时,受荷频率 ω 可以写作:

$$\omega = \frac{2\pi \cdot v}{b} \tag{5-46}$$

式中:ω——橡胶的受荷频率(Hz);
v——橡胶滑动的速度(m/s);
b——凸出体在橡胶滑动方向的长度(m)。

由式(5-46)和图5-17可以看出,当橡胶滑移速度v越快,凸出体波长b越小(凸出体越密集),那么橡胶的受荷频率ω越高。

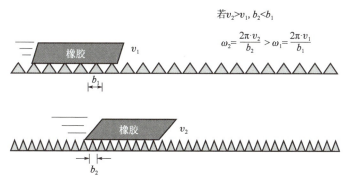

图5-17 凸出体波长b和橡胶滑动速度v与橡胶受荷频率ω之间的关系

因此,在不可考虑温度对橡胶模量影响的情况下,式(5-40)和式(5-42)可以写作:

$$f_{hc} = C_{hc} \cdot \left(\frac{1-\mu^2}{\tan\alpha}\right) \cdot \frac{G''(v,d)}{G^*(v,d)} \tag{5-47}$$

$$f_{hs} = C_{hs} \cdot \left(\frac{1-\mu^2}{d}\right) \cdot \frac{G''(v,d)}{G^*(v,d)} \tag{5-48}$$

受荷频率ω对橡胶G^*和G''的影响可以通过对橡胶的动态力学分析(Dynamic Machinal Analysis,DMA)测得。本研究采用了振荡扭转的正弦频率扫描加载模式,测试对象为裁剪自旋转动态摩擦试验所使用的橡胶滑块,如图5-18a)所示。测试中使用频扫范围为0.10~10Hz,最大应变水平控制为0.8%,扫描温度范为-20~180℃,以20℃梯度递增。最后,根据时温等效原理,对各测试温度下的曲线进行平移拼接,得到参考温度20℃下橡胶的弹性模量$G'(\omega)$和损耗模量$G''(\omega)$主曲线,如图5-18b)所示。

a)橡胶的扭转振荡动态力学分析

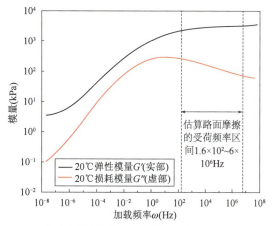
b)橡胶的弹性模量G'和损耗模量G''的20℃主曲线

图5-18 对橡胶的动态力学分析以及20℃弹性模量G'和损耗模量G''主曲线测试结果

图 5-18 得到的是广频域范围内的橡胶模量曲线,但计算路面的摩擦时,实际上仅用得到其中很窄的一段区域。一般而言,估算路面摩擦时采用的速度范围可取 5~180km/h(相当于 1.3~50m/s),而路表正纹理凸出体的波长可取 0.05~50mm(相当于 $5\times10^{-5}\sim0.05$m),根据式(5-46)计算,在上述橡胶滑动速度 v 和纹理波长 b 取值范围内,橡胶的受荷频率应该在 $1.6\times10^2\sim6\times10^6$Hz 的范围内,即图 5-18b)中的虚线内的区域。

分别对图 5-18b)中虚线区域内的损耗模量 $G''(\omega)$ 和弹性模量 $G'(\omega)$ 主曲线进行非线性拟合,结果见表 5-4。

损耗模量 $G''(\omega)$ 和弹性模量 $G'(\omega)$ 主曲线的拟合结果　　表 5-4

拟合变量	拟合方程	R^2	Adj. R^2
弹性模量 $G'(\omega)$	$G' = \dfrac{285.70 + 1.22\omega}{1 + 4.02\times10^{-4}\omega - 3.77\times10^{-4}\omega^2}$	0.9921	0.9909
损耗模量 $G''(\omega)$	$G'' = 522.11\omega^{-0.125}$	0.9899	0.9892

利用式(5-49)可以进一步计算出橡胶在 20℃下的复数模量 G^*:

$$G^*(\omega) = \sqrt{[G'(\omega)]^2 + [G''(\omega)]^2} \tag{5-49}$$

在不考虑温度影响的情况下,利用式(5-40)、式(5-45)及式(5-46)及表 5-4 的结果分别估算了橡胶块以 60km/h(约 16.67m/s)的速度在规则圆锥形和半球形正纹理路面上滑移的理论迟滞摩擦系数以评估正纹理形状因素对摩擦的影响,如图 5-19 所示。在计算中,橡胶的泊松比 μ 取值为 0.45。

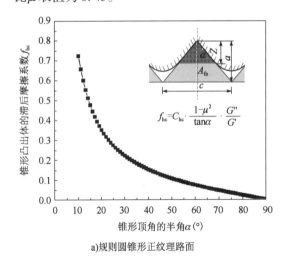

a)规则圆锥形正纹理路面

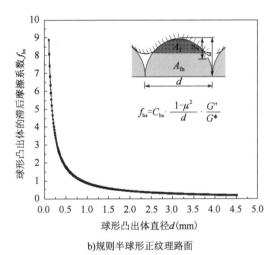

b)规则半球形正纹理路面

图 5-19　60km/h 速度下橡胶在两种正纹理路面上滑移的理论迟滞摩擦系数计算结果

对于圆锥形正纹理路面模型,当顶角半角角度 α 趋近于 0°时,迟滞摩擦系数将趋近于无穷大。这是因为当顶角趋向于 0°时,理论上单个凸出体迫使橡胶发生的变形将是无穷的;而当 α 趋近于 90°时,此时接触面变为平面,迟滞摩擦力也将消失,因此 $f_{hc}=0$。

对于半球形正纹理凸出体,当半径 d 趋近于 0 时,迟滞摩擦系数将趋近于无穷大,因为这意味着在接触区域内将有无穷多个凸出体迫使橡胶发生的变形。而当 d 趋近于无穷大时,此时接触面可视为一个平面,迟滞摩擦力也将消失,因此 $f_{hs}=0$。

第四节　基于路表纹理分形特性的摩擦理论

美籍数学家Mandelbrot提出了分形几何的概念,较为真实地描述了物体的真实属性与系统的状态。从数学角度出发,描述分形几何明显的特征,包括:①任意小比例下结构非常细致;②不规则的,能够描述整体与局部之间的联系;③具有自相似性,例如近似或统计自相似;④分形维数一般大于其拓扑维数;⑤特定条件下,分形可通过简明的方式(如递归方式)表述。

一、路表纹理分形维数计算方法

基于系统局部与整体的相似特性,分形研究了系统或结构的不规则程度,量化了局部与整体的相似程度。为研究分形特性,引入分形维数作为一个重要参量,该参量不依赖于对象的尺度大小。较为常见的分形维数计算方法有计盒维数法、功率谱法、方差法及结构函数法等。

(一)计盒维数法

计盒维数法是现在最为广泛应用的分形维数估计法。计算研究对象的盒维数,通常以相同尺寸 ε 的盒子(这里"盒子"是一个抽象的概念,可以为线段、方格或小立方体)覆盖物理量,改变盒子尺寸来评价盒子数量 $N(\varepsilon)$ 与尺度 ε 之间的关系,此关系即以分形维数 D 表示:

$$N(\varepsilon) \propto \varepsilon^{-D} \tag{5-50}$$

对于给定的尺度 ε,分形对象的空间属性可以由式(5-51)计算得到:

$$A(\varepsilon) = N(\varepsilon) \cdot \varepsilon^{E} \tag{5-51}$$

其中,$A(\varepsilon)$ 针对不同的分形对象,可以理解为一维线、二维面、三维体的体积,统称为盒子"质量"。E 对应为欧式几何空间的维数,可取1、2、3。联立式(5-50)和式(5-51)可以得到:

$$A(\varepsilon) = C \cdot \varepsilon^{E-D} \tag{5-52}$$

等式两边取对数,即可得到:

$$\ln A(\varepsilon) = (E - D)\ln \varepsilon + \ln C \tag{5-53}$$

即分形维数 D 与 $A(\varepsilon) \sim \varepsilon$ 双对数坐标系下的斜率 k 有关,这里 k 也可以理解为Hurst指数,两者满足关系:$D=E-H$,E 为欧式空间维数,通过计算机编制程序能比较容易地求出给定 ε 下的 $A(\varepsilon)$。所以,通过计盒数法得到的分形维数 D 可由式(5-54)计算:

$$D=E-k \tag{5-54}$$

按照上述原理,许多研究者都实现了沥青表面纹理的一维至三维分形维数的计算,故适用于粗糙沥青路面分形维数的计算。

(二)功率谱法

在生成表面纹理轮廓线数据后,经过快速傅里叶变换后即可计算功率谱,将功率谱从高频开始积分,曲线斜率由线性回归获得,如果在积分功率谱中存在线性区,则表面具有分形特

性,以功率谱 $S(\omega)$ 为测度,以频率 ω 为尺度,则有:

$$S(\omega) \propto \omega^{-(5-2D)} \tag{5-55}$$

那么,所拟合的 $\lg S(\omega)$-$\lg(\omega)$ 的直线斜率 a 与分形维数 D 的关系为:

$$D = \frac{5+a}{2} \tag{5-56}$$

结合文献及通过对各种计算方法结果的比较分析可见,利用功率谱方法测得的分维幂律关系不明显,误差较大。在分维较低时,利用功率谱方法测得的分维变化不大,而在分维较大时测得的维数又明显低于其他方法计算值。因此,功率谱方法不适合用于路面表面纹理的分形维数计算。

(三)方差法

方差法以宽为 r 的矩形框首尾相接将表面轮廓曲线覆盖起来,令第 i 个框内轮廓最大值与最小值之差为 H_i,因此等价的测度数 $V(r)$ 的表达式为:

$$V(r) = \frac{\sum rH_i}{r^2} = \frac{\sum H_i}{r} \tag{5-57}$$

将 $V(r)$ 与 r 在双对数坐标中作直线回归分析,由直线斜率 α 可以得到轮廓曲线的分形维数 D:

$$D = 2 - \alpha \tag{5-58}$$

(四)结构函数法

将表面轮廓曲线视为时间序列 $Z(x)$,变量 $Z(x)$ 是表面轮廓粗糙点的高度,随断面上位置 x 不同呈随机变化。随机函数增变量 $V(r)$ 表示两点间增量平方均值,即:

$$V(r) = \frac{1}{N-j} \sum_{i=1}^{N-j} [Z(x_i + r) - Z(x_i)]^2 \tag{5-59}$$

式中:V——增变量(mm^2);

　　　r——两样本点间距(mm);

　　　N——样本点总数;

　　　j——在间距 r 内的子样本数;

　　　$Z(x_i)$——在 x_i 点处断面粗糙点的高度(mm)。

上述公式是平稳和同性的,即增变量 $V(r)$ 仅随样本点间距 r 变化,增变量反映分形特征:

$$V(x) = \langle |Z(x_2) - Z(x_1)|^2 \rangle \propto |x_2 - x_1|^{2H} \tag{5-60}$$

这里,$\langle \cdots \rangle$ 代表大样本 $Z(x)$ 的平均值。经过理论证明,分形维数 $D=2-H$,将上式用显性函数方式写成:

$$V(r) = Kr^\beta \tag{5-61}$$

式中:K——系数,在 $V(r)$ 与 r 的对数关系图中表示曲线在纵轴 $V(r)$ 轴上的截距,与表面波形形状和坡度密切相关;

　　　β——该对数曲线的斜率,$\beta=2H$。

分形维数 D 是对表面波形上粗糙点相似程度和不规则程度的描述,计算公式为:

$$D = 2 - \frac{\beta}{2} \tag{5-62}$$

二、路表纹理功率谱特性及方法

路面纹理的几种表征方法有统计几何参数、分形参数和谱参数,在胎/路摩擦模型中,采用谱参数(即功率谱法)表征路面表面纹理。由于路表纹理断面高程数据可看作二维信号,考虑到功率谱能反映信号在频域的能量分布情况,可通过纹理功率谱表征表面高程值统计分布情况。

在信息处理领域,功率谱能够描述信号的能量在频域内的特征。为了研究路面纹理特征,需要对一维信号进行分析。信号分析通常在时域内进行,功率谱和其自相关函数构成傅里叶变换:

$$p_{xx}(e^{j\omega}) = \sum_{m=-\infty}^{\infty} r_{xx}(m) e^{-j\omega m} \tag{5-63}$$

$$r_{xx}(m) = \frac{1}{2\pi} \int_{-\infty}^{\infty} p_{xx}(e^{j\omega}) e^{j\omega m} d\omega \tag{5-64}$$

$$r_{xx}(m) = E[x^*(n)x(n+m)] \tag{5-65}$$

式(5-63)为功率谱的定义,$r_{xx}(m)$即为自相关函数。

$$r_{xx}(m) = \lim_{N \to \infty} \frac{1}{2N+1} \sum_{n=-N}^{N} x^*(n)x(n+m) \tag{5-66}$$

得到:

$$p_{xx}(e^{j\omega}) = \sum_{m=-\infty}^{\infty} \lim_{N \to \infty} \frac{1}{2N+1} \sum_{n=-N}^{N} x^*(n)x(n+m) e^{-j\omega m}$$

$$= \lim_{N \to \infty} \frac{1}{2N+1} \left[\sum_{n=-N}^{N} x^*(n) e^{-j\omega n} \right] \left[\sum_{m=-\infty}^{\infty} x(n+m) e^{-j\omega(n+m)} \right] \tag{5-67}$$

令 $l=m+n$,则:

$$p_{xx}(e^{j\omega}) = \lim_{N \to \infty} \frac{1}{2N+1} \left[\sum_{n=-N}^{N} x(n) e^{-j\omega n} \right] \left[\sum_{m=-\infty}^{\infty} x(l) e^{-j\omega l} \right]$$

$$= \lim_{N \to \infty} \frac{1}{2N+1} \left| \sum_{n=-N}^{N} x(n) e^{-j\omega n} \right|^2 \tag{5-68}$$

其中,$x(n)$是样本数据,而$p_{xx}(e^{j\omega})$是随机变量,采用统计平均值,即:

$$p_{xx}(e^{j\omega}) = \lim_{N \to \infty} E\left[\frac{1}{2N+1} \left| \sum_{n=-N}^{N} x(n) e^{-j\omega n} \right|^2 \right] \tag{5-69}$$

式(5-69)给出了功率谱的另一种表示。式(5-67)说明功率谱是无限多个自相关函数的线性组合,但实际观测样本$x(n)$有限;而式(5-69)求功率谱时需要无穷多个观测值,故有限样本空间上功率谱估计为实际功率谱计算的关键。

沥青路面表面粗糙度功率谱,是路表高程点之间相关函数的傅里叶变换,能解释包含不同波长、幅值的复杂信号特征,因而可用功率谱分析路面纹理特征,并运用到胎/路摩擦模型中。为表征路面纹理,需要对路面轮廓信号进行光谱分析,一维或二维路面轮廓描述了路面粗糙度幅值作为沿面轨迹的距离函数。频率分析的结果是一个空间频率(或纹理波长)频谱,下文中阐述了获得橡胶-路面摩擦接触处功率谱密度具体过程(计算流程见图5-20),涉及接触点缺失处理、斜率与偏差控制以及窗算法。

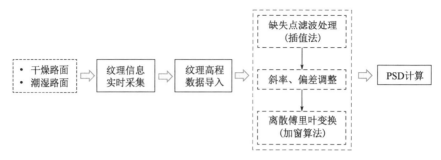

图 5-20　路面功率谱计算流程

(一) 滤波处理

待测试路面要求测试长度内缺失率低于 10%，通常采用线性插值法进行填补橡胶块与粗糙表面接触的缺失点，在特定尺度范围内一般存在几个缺失点，每个缺失点需要借助插值弥补，如图 5-21 所示。具体的插值计算式：

$$z_i = \frac{z_n - z_m}{n - m}(i - m) + z_m \tag{5-70}$$

式中：i——接触面无效接触点样本数；

m——无效点之前距离最近的实际测试样本；

n——无效点之后距离最近的实际测试样本；

z_i——样本 i 的纹理高度插值；

z_m、z_n——测试样本 m 和 n 的纹理高度。

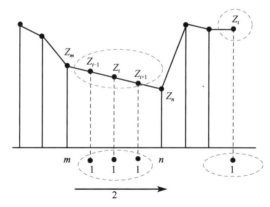

图 5-21　插值法的具体描述

处理数据点过程中，需要剔除掉缺失率超过允许值 10% 的样本。

(二) 斜率及偏差修正

设 z_i 为测试样本 i 在 x_i 的信号值，N 为测试信号范围内的样本数，则被测路表轮廓的斜率 b_1 为：

$$b_1 = \frac{12\sum_{i=0}^{N-1} i z_i - 6(N-1)\sum_{i=0}^{N-1} z_i}{N(N+1)(N-1)} \tag{5-71}$$

则路表轮廓偏移量 b_0 为：

$$b_0 = \frac{1}{N}\sum_{i=0}^{N-1} z_i - \frac{1}{2} \cdot b_1(N-1) \tag{5-72}$$

$$Z_i = z_i - b_1 i - b_0 \quad (i = 0,\cdots,N-1) \tag{5-73}$$

然后,利用求出的轮廓斜率、偏差进行修正所测试的信号值,见式(5-73),Z_i 为修正后的样本信号值。在偏差校正的斜率计算中,路表轮廓视为测试样本 i 函数而非测试距离 x($x=i\Delta x$),如图5-22所示。

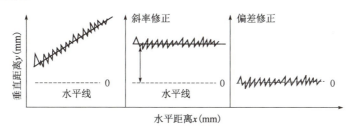

图5-22 斜率与偏差修正示意图

(三)窗算法

由于一般获取的纹理信号为离散且有限的信号,需要采用离散傅里叶变换,即将信号的时域采样变换为其频域采样,对信号取样并周期性延拓使之为周期离散分布。延拓过程中,非整数个波长在延拓后会出现跳跃点,这些时域中突变点在傅里叶变换下会发生频谱缺失现象,故需要引入窗算法将这种不连续最小化。在表面轮廓光谱分析中常采用的窗函数是汉宁窗(即升余弦窗,适用于非周期的连续信号)函数,具体定义为:

$$W_{i,H} = \frac{1-\cos(2\pi i/N)}{2} = 1 - \cos^2\left(\frac{\pi i}{N}\right) \quad (i=0,\cdots,N-1) \tag{5-74}$$

但是,采用汉宁窗函数补偿运算时降低了信号的有效长度,影响了低频率信号的获取。实际上,实际道路纹理光谱中往往不存在具有特定波长峰值的规律性变形,光谱分辨率在这里不是一个重要的问题,故可以采用分割余弦钟形窗(Split Cosine Bell Window,SCBW)作为短波长信号的频谱采集(图5-23)。在SCBW窗函数中,波长 $N/10 \sim 9N/10$ 范围内窗函数值等于1,如下:

$$W_{i,C} = \begin{cases} \cos^2\left(\dfrac{5\pi i}{N} - \dfrac{\pi}{2}\right) & (0 \leqslant i \leqslant N/10) \\ 1 & (N/10 \leqslant i \leqslant 9N/10) \\ \cos^2\left(\dfrac{5\pi i}{N} - \dfrac{9\pi}{2}\right) & (9N/10 \leqslant i \leqslant 1) \end{cases} \tag{5-75}$$

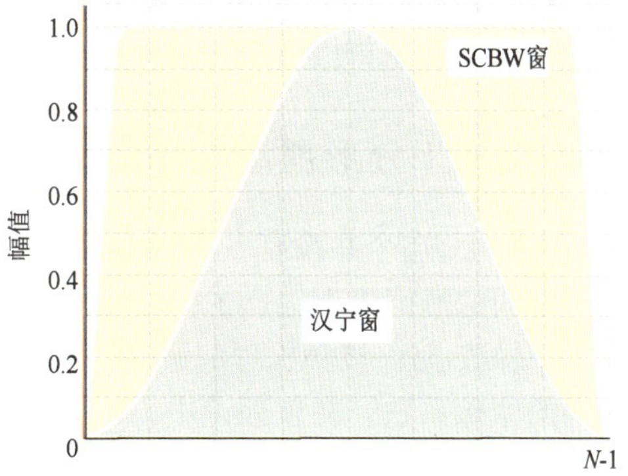

图5-23 汉宁窗函数与SCBW窗函数的叠合形式

基于以上窗补偿算法对路表纹理信号进行离散傅里叶(Discrete Fourier Transform,DFT)变化[式(5-9)],并借助于 Matlab 编程计算 DFT。其中,因子 $1/N \approx 0$ 或 $1/\sqrt{N}$,可通过帕萨瓦尔(Parseval)定理(能量守恒定理)确定[式(5-76)]。

$$Z_k = \frac{1}{N} \sum_{i=0}^{N-1} Z_{i,\text{win}} e^{-j\left(\frac{2\pi k}{N}\right)i} \quad (k = 0,\cdots,N-1) \tag{5-76}$$

$$\sum_{i=0}^{N-1} |Z_{i,\text{win}}|^2 = N \sum_{k=0}^{N-1} |Z_k|^2 \tag{5-77}$$

式(5-77)表明信号的总功率在空间频率和空间域上相等,DFT计算数值是复杂的等幅值的窄频谱,频谱宽度取决于测试波长 l,等于 $\Delta f_{\text{sp}} = 1/l$,在 $(0 \sim \Delta f_{\text{sp}})$ 范围内变化直至增加至 $(N/2-1)\Delta f_{\text{sp}}$ 才可进行下一步分析。通过求出信号的自相关函数,并进行傅里叶变换得到其功率谱密度(Power Spectral Density,PSD),频谱幅值为:

$$Z_{\text{PSD},k} = \frac{2|Z_k|^2}{\Delta f_{\text{sp}}} \tag{5-78}$$

根据Parseval定理,信号在傅里叶变换后的模取平方被定义为能量谱,能量谱密度的时间均值即为功率谱。假设在 x-y 坐标系中含有 N 个数据点,原点处纹理高程为 $h(0,0)$,面积 $A=L^2$ 内任意位置处纹理高程坐标为 $h(x,y)$,在 n 测点处坐标可表示为 $(n_x a, n_y a)$(其中,$n_x=1,2,\cdots,N$;$n_y=1,2,\cdots,N$),采用傅里叶变换为:

$$h_A(q) = \frac{1}{(2\pi)^2} \int h(x,y) e^{-iq_x x - iq_y y} \mathrm{d}x\mathrm{d}y \tag{5-79}$$

对于粗糙路表的纹理信息,离散高程可以近似表示为:

$$h_A(q) \approx \frac{a^2}{(2\pi)^2} \sum_n h_n e^{\hat{\ }} [-\mathrm{i} \cdot 2\pi N(m_x n_x + m_y n_y)] \tag{5-80}$$

然后,对 $h_A(q_x, q_y)$ 取模平方再求平均得到2D的PSD解析式:

$$C(q) \approx \frac{(2\pi)^2}{A} \langle |h_A(q)|^2 \rangle \tag{5-81}$$

其中,2D的功率谱密度函数 $C(q)$ 与波矢传播方向无关,可以转换成一维功率谱密度 $C(|q|)$,而且仍然可以表示方形区域内高度剖面上的功。

三、基于分形理论的摩擦接触机理

实际上,迄今并没有专门针对轮胎与路面间的接触摩擦模型,但不少学者针对橡胶和硬垫层之间的摩擦机理进行了研究建模,这些模型可以应用在轮胎-路面之间计算其摩擦性能。在关于橡胶-路面接触机理的研究中,Persson提出了表面分形摩擦理论,以求解橡胶与分形表面间的摩擦系数。在该理论中,具有分形特征的粗糙表面可认为是离散的随机变量,粗糙表面的空间坐标通过傅里叶变换为不同维度的波的叠加。橡胶滑过分形表面时,在不同维度上产生能量耗散(图5-24)。

由于Persson摩擦理论与轮胎-路面接触模型有相似性且有相关研究表明路面纹理的分形特征,一般认为分形维数越大,表面纹理越复杂。所以,采用Persson摩擦理论分析橡胶-沥青路面接触特性更能体现胎/路相互作用机理。

图 5-24 基于路表分形理论的能量耗散示意图

(一)干燥沥青路面

Persson 等在总结分析赫兹接触模型、G-W 模型和布什模型的基础上,提出了橡胶与粗糙表面的接触模型。当橡胶轮胎在粗糙路表上滑动时,橡胶块通过内摩擦消散变形能,进而转化为阻碍相对运动的摩擦力。基于此作用机理,提出了 Persson 接触摩擦模型如下:

$$\mu = \frac{1}{2}\int_{q_L}^{q_1} q^3 C(q) P(q) dq \times \int_0^{2\pi} \cos\phi \mathrm{Im} \frac{E(q_0 \zeta v \cos\phi)}{(1-\gamma^2)\sigma_0} d\phi \tag{5-82}$$

$$P(q) \approx \frac{2}{\pi}\int_0^\infty \exp[-x^2 G(q)] dx = [\pi G(q)]^{-\frac{1}{2}} \tag{5-83}$$

$$G(q) = \frac{1}{8}\int_{q_L}^{q} q^3 C(q) dq \int_0^{2\pi} d\phi \left|\frac{E(qv\cos\phi)}{(1-\gamma^2)\sigma_0}\right| \tag{5-84}$$

$$\lambda = \frac{2\pi}{q} \tag{5-85}$$

其中,$C(q)$ 可用前几章节公式中的豪斯指数近似表示,接触面积比例系数为:

$$P(q) = \frac{2}{\pi}\int_0^\infty dx \cdot \frac{\sin x}{x} e^{-x^2 G(q)} \tag{5-86}$$

式中: λ——路面纹理波长;
$\quad q$——波矢,可通过波长转化求得;
$\quad q_L$——积分上限,$q_L=2\pi/L$;
$\quad L$——理论计算中采用的橡胶块线形尺度;
$\quad q_1$——积分上限,$q_1=2\pi/\lambda_1$;
$\quad \lambda_1$——路表最短波长;
$\quad q_0$——有效积分下限,$q_0=2\pi/\lambda_0$;
$\quad \lambda_0$——最大波长;
$E(q_0\zeta v\cos\phi)$——橡胶的复模量。

(二)潮湿沥青路面

当橡胶轮胎以较低速度行驶时,相比干燥路面潮湿路面上产生的摩擦系数通常低 20%~

30%，这主要是由于路表积水对纹理的"密封"效应，水膜的存在有效地减小了胎面橡胶与路面之间的接触作用，以及由于表面摩擦引起的橡胶黏弹性变形（路面摩擦力主要来源），干燥与潮湿的粗糙路面上橡胶块滑动状态如图5-25所示。

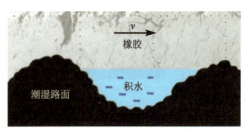

a)干燥路面　　　　　　　　　　　　　　b)潮湿路面

图5-25　干燥与潮湿的粗糙路面上橡胶块滑动示意图

在干燥路面上，橡胶挤压入路面负纹理凹槽处，此时短波长粗糙度引起的橡胶变形是路表摩擦力的主要来源；然而，潮湿路面上，积水在凹槽处形成密封"水池"，阻止了橡胶被挤压入坑槽中所产生的振动变形，从而降低了路表滑动摩擦力，如图5-25所示。

在潮湿路面上低速行驶状态下，轮胎-流体-路面之间的动水压力作用通常可以忽略不计，但是动水压力作用是形成"密封"效应的决定性因素。当水流从轮胎与粗糙路面接触区域内被挤压出时，直至路表纹理均方根（root-mean-square，rms）粗糙度幅值降低为 h_c，其中 $h_c = h_{rms}(\lambda_c) \geqslant \lambda_c$，$\lambda_c$ 是路表粗糙度波长分量，属于路表最短的粗糙度分量，可以有效地提高轮胎橡胶在干燥路面的摩擦力。一般地，$h_c \approx 2\mu m$ 且 $\lambda_c \approx 5\mu m$。针对潮湿路面上摩擦机理，首先考虑比均方根粗糙度值（$h_c \leqslant 1mm$）较大的尺度上的流体挤压问题，忽略路表粗糙度并假定道路表面完全光滑，这里探讨影响路表摩擦力的两种极限状态，即流体黏度影响（不存在惯性作用）以及流体惯性作用（忽略流体黏度影响）。

1.流体黏度影响

当胎面橡胶挤压路表时，假设路面与轮胎接触面近似为平面（即路表为光滑平面），接触应力为 σ，路表水膜初始厚度为 $h_0 | t = 0$，当仅考虑流体黏度作用时，t 时刻水膜厚度为 $h(t)$ 可由式(5-87)表达：

$$\frac{1}{h^2(t)} - \frac{1}{h_0^2} = \frac{16t\sigma}{3\nu D^2} \tag{5-87}$$

式中：ν——流体黏度；

D——轮胎胎面花纹直径。

在轮胎纯滚动或者滑移率很小时，轮胎行驶过自身印迹的时间为 $t = W/v$（其中，W 为轮胎与路面接触印迹长度；v 为轮胎速度）。由于考虑 $h(t) \ll h_0$ 的情况，故经过 $t = W/v$ 时间后水膜厚度 h_1 满足以下条件：

$$\frac{1}{h_1^2} = \frac{16W\sigma}{3v\nu D^2} \tag{5-88}$$

进一步推导出速度-水膜厚度关系式：

$$v = \frac{16Wh_1^2\sigma}{3\nu D^2} \tag{5-89}$$

此时,选取水膜厚度 $h_1=1$mm,轮胎与路面接触印迹长度 $W=160$mm,胎面花纹直径 $D=130$mm,流体黏度为 $\nu=10^{-3}$N·s/m², 胎/路平均接触应力 σ 为 1.0MPa,此时计算出的轮胎速度 $v \approx 10^4$m/s。表明水膜厚度为 0.5mm 条件下,胎速在达到此数值时才考虑轮胎-路面间接触过程中流体黏度的影响,也可以看出流体黏度与轮胎初始挤压至纹理均方根粗糙度幅值 h_c 的大小无关。考虑轮胎在路表纯滑动情况下,滑动速率与胎/路间最小水膜厚度之间可表示为:

$$v \approx \frac{h_1^2\sigma}{\alpha\nu D} \tag{5-90}$$

其中,α 取决于水流分别经过胎面沟槽入口处及出口处时水膜厚度比,一般 $\alpha \approx 0.1$。考虑单位的统一,式(5-90)可由式(5-89)简化得到,当取 $W=D$ 时即可得到轮胎滑动速度公式。

实际上,沥青路面存在纹理且表面粗糙度均方根幅值通常约为 $h_c \approx 1$mm,故以上分析仅适用于 $h(t) \approx 1$mm 时路表流体黏度作用。道路表面宏观纹理对流体挤压过程存在一定影响,考虑最大宏观纹理(即波长 $\lambda_0 = 2\pi/q_0$ 时),轮胎与路表纹理接触在随机分布的凸体处且峰值点处曲率半径为 $R \approx (h_{rms}q_0^2)^{-1}$。考虑轮胎行驶时轮胎胎面橡胶块会挤压积水的路表纹理并产生一定的压力(图5-26),故假设轮胎对纹理挤压力为 F,橡胶轮胎在纹理路面上相对滑动速度为 v,则轮胎橡胶与纹理之间的水膜厚度可以利用弹性流体动力学理论简化表示为:

$$v \approx \frac{0.16}{\mu}\left[\frac{(E^*)^9 F^4 h_1^{20}}{R^{15}}\right]^{1/13} \tag{5-91}$$

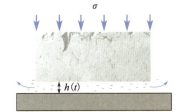

图 5-26 轮胎胎面与路表纹理对水膜的挤压现象

假设路面纹理横向分辨率为 λ_0,胎/路接触区域约为公称接触面积的 10%,作用于宏观纹理的应力一般取 100N。以上分析忽略了短波长(粗糙度)的影响,然而在不考虑"密封"效应条件下很容易发现 $\lambda_c < \lambda < \lambda_0$ 范围内的短波长有助于水流挤出直至水膜厚度减小到微观纹理最小尺度 h_c,此时波长为 λ_c,这与路表宏观纹理之间平均高度远大于 h_c 的实际情况相符合。若取值为 $R=2$mm,$E^*=1$MPa,$h_1=h_c=1$μm,则此时速度为 $v \approx 200$m/s,可知考虑路表纹理情况下如果流水黏度能够阻止胎/路之间的相互接触,要求轮胎在路面上行驶速度大于 200m/s,显然路表流水的黏度作用并不能完全阻止胎/路之间接触。

2. 流体惯性作用

不考虑流体黏度作用,分析流体惯性作用对轮胎橡胶块挤压水流的影响,取轮胎橡胶块花纹处水膜进行分析,一般水的密度为 $\rho=10^3$kg/m³,设路表初始水膜厚度值为 h_0,水平均流速 $\bar{v} \approx D\dot{h}/h$,则单位时间内流水动能变化 $K \approx \rho D^2 h \bar{v}^2$。根据伯努利定律可知每单位小时内被挤压水总动能守恒,即单位小时内压力所做的功($-\sigma D^2 \dot{h}$)等于单位时间内水流动能变化($\dot{K}$),则:

$$-\sigma D^2[h(t)-h(0)|_{t=0}] \approx \rho D^2 h(t)\bar{v}^2 \approx \rho D^2 h(t)\cdot[D\dot{h}/h(t)]^2 \quad (5\text{-}92)$$

由于 $h(t) \ll h_0$ 且 $h(0)|_{t=0} = h_0$,则式(5-92)简化为:

$$\sigma h_0 \approx \rho D^2 \dot{h}^2 / h(t) \quad (5\text{-}93)$$

根据一阶微分方程求解析解,由于随着时间水膜厚度逐渐降低,则推导出水膜厚度表达式:

$$h(t) \approx \frac{h_0 \sigma}{4D^2 \rho}\left(t - 2D\sqrt{\frac{\rho}{\sigma}}\right)^2 \quad (5\text{-}94)$$

假设一定轮胎压力及水流流速下,在某时刻某接触位置处水被完全挤出,即 $h(t)=0$,则得到 $t \approx 2D(\rho/\sigma)^{1/2}$。已知轮胎橡胶块滑过接触区域的时间 $t=W/v$,则得到:

$$v \approx \frac{W}{D}\sqrt{\frac{\sigma}{\rho}} \quad (5\text{-}95)$$

同样地,取 $W=160$mm,$D=130$mm 及 $\sigma=1$MPa,计算出此时轮胎速度 $v \approx 100$m/s,所以当 $v \ll 100$m/s 时水的惯性作用对接触面之间水流排出没有影响,此时不予考虑。当忽略黏度效应时水挤出时间是有限的,但完全被挤出(遵循 N-S 方程,即纳维-斯托克斯方程)需无限长时间[式(5-87)]。因此,对于厚度很小的液体薄膜,流体黏度效应总大于惯性效应,惯性可忽略不计。然而,当水膜厚度 $h > 1\mu$m 时水的黏度作用不予考虑。

3.轮胎滑水现象

特别地,当轮胎与路面完全被水膜隔离开时即发生滑水现象,对于不含杂质的水主要是惯性作用导致滑水发生,而水的黏度影响不显著(忽视轮胎花纹因素)。此时,轮胎胎面花纹直径近似于接触区域长度 $D=W \approx 10$cm,$h_1 \approx 1$mm 等于路面宏观纹理幅值,其他参数保持不变,由式(5-89)计算出 $v \approx 10^5$m/s,比试验测试的数值 10^4 大一个数量级,表明在相对较低速度下水的惯性作用仍占有重要比例。假定 $D=W$,由式(5-95)可知:

$$v \approx \sqrt{\frac{\sigma}{\rho}} \quad (5\text{-}96)$$

此时 $v \approx 20$m/s,实际上,有些轮胎在接触区域前端以较低的滑移速度运动时出现了接触点缺失情况,这是由轮胎挤压路面与水膜时发生的变形导致的,后续需要采用有限元仿真计算。

第五节 基于ACRP系统的沥青路面表面纹理信息获取

在第四章中介绍了ACRP系统平台的搭建、对沥青路面表面纹理图像的采集、图像文件预处理、沥青路面表面纹理形貌的3D重建工作。本节的目标即在上一章的基础上,选取沥青路表纹理参数指标,运用编程的方法,计算出沥青路表纹理参数指标;同时,将所计算得到的沥青路表纹理参数指标与传统试验结果相对比,来验证ACRP系统的有效性,为下一步干湿状态下路面纹理形貌重构作基础。

一、沥青路表纹理三维高程数据获取

(一)纹理模型平面调平

经过第二章的工作步骤后,获得了沥青路面表面纹理形貌的"*.obj"3D 模型文件,将其导入 3D 模型编辑软件 Geomagic Design X 中,其显示效果如图 5-27 所示。该纹理形貌模型四周外围平整部分为 150mm×150mm 的方形尺,内部矩形部分为沥青路面表面纹理形貌,此处暂时不对外围平整部分的方形尺进行处理,这是由于方形尺将在后续模型比例尺调整时,作为比例尺依据。

图 5-27 3D 沥青路面表面纹理形貌模型源文件效果

在 Geomagic Design X 中分别点击"模型"—"设置"—"显示设置",勾选"坐标轴显示",当前模型的坐标系可以显示在模型窗口界面上,该界面实际上是模型文件的局部坐标系,红色坐标轴为 X 轴、绿色坐标轴为 Y 轴、蓝色坐标轴为 Z 轴,而模型本身的大地坐标系在软件中不显示,如图 5-27 所示。在模型显示面板中,对模型显示视图视角面板中,依次分别点选"XOY 面视角"(图 5-28)、"XOZ 面视角"(图 5-29)、"YOZ 面视角"(图 5-30)。通过观察能够明显发现沥青路表纹理模型的所在平面的大地坐标系与模型本身的局部坐标系存在一定的偏转,如果沥青路表纹理模型的大地坐标系与 Geomagic Design X 中显示的局部坐标系一致,则从"XOZ 面视角"(图 5-29)、"YOZ 面视角"(图 5-30)两个视角观察,模型平面应该与 XOY 平面相平行,并且几乎呈一条直线,从"XOY 面视角"观察,模型平面应该呈一个正方形。

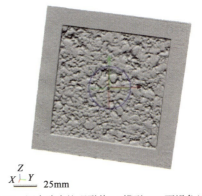

图 5-28 沥青路表纹理形貌 3D 模型 XOY 面视角(俯视图)

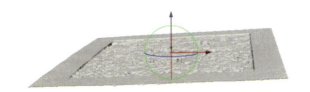

图 5-29 沥青路表纹理形貌 3D 模型 XOZ 面视角(主视图)

图 5-30　沥青路表纹理形貌 3D 模型 YOZ 面视角(左视图)

沥青路表纹理模型所在平面的大地坐标系与模型本身的局部坐标系存在一定的偏转的原因在于初始的模型局部坐标系在搭建 ACRP 系统平台时就已经确定,并与相机数量、相机采集图像的角度、图像的质量相关;此外,从路表宏观角度讲,沥青路面表面纹理不是一个完全规则的平面,也使局部坐标系产生不确定性。直接对坐标系存在偏转的模型进行分析显然是没有意义的,需要对模型的局部坐标系进行调整和修正。

现选取一个测点为例,对模型局部坐标系对准修正大地坐标系进行说明。在 Geomagic Design X 中依次点击菜单栏的"对齐"模块,在"扫描到整体"子选块中找到"变换扫描数据",

模型就进入了坐标系修正模式,在视窗界面上可以看到 3 个分别以 X 轴、Y 轴和 Z 轴为法向量的圆环,用鼠标左键单击拖动圆环就能实现模型的旋转,红色圆环的功能为绕 X 轴旋转,绿色圆环表示绕 Y 轴旋转、蓝色圆环表示绕 Z 轴旋转。依次调整 3 个圆环,来实现模型局部坐标系与大地坐标系的对准修正。

1. 俯视图旋转调整

在模型显示视图视角面板中,点选"XOY 面视角"(图 5-28),将模型调整到主视图,通过观察发现,沥青路表纹理模型平面与蓝色圆环所在平面(XOY 面)存在一定偏转,需要先调整这一偏转。用鼠标缓慢拖动蓝色圆环,使模型绕 Z 轴旋转,修正效果如图 5-31 所示。

图 5-31　俯视视图旋转调整效果

2. 左视图偏角调整

在模型显示视图视角面板中,点选"YOZ 面视角"(图 5-29),将模型调整到左视图,通过观察发现,沥青路表纹理模型平面与蓝色圆环所在平面(XOY 面)存在一定偏角,需要调整消除这一偏角。用鼠标缓慢拖动绿色圆环,使模型绕 Y 轴旋转,修正效果如图 5-32 所示。

图 5-32　左视图偏角调整效果

3. 主视图偏角调整

在模型显示视图视角面板中,点选"YOZ面视角"(图5-30),将模型调整到主视图(图5-33),通过观察发现,沥青路表纹理模型平面与蓝色圆环所在平面(XOY面)存在一定偏角,需要调整消除这一偏角。用鼠标缓慢拖动红色圆环,使模型绕X轴旋转,修正效果如图5-34所示。此时,纹理平面与蓝色圆环所在平面完全重合,Z轴即为纹理平面的法向量。

图5-33 左视图偏角调整完成后的主视图

图5-34 主视图偏角调整效果

通过重复主视图、左视图和俯视图之间的调整校正,可以防止单角度调整导致另一视角偏离。完成沥青路表纹理模型局部坐标系到大地坐标系的调整修正后,点击辅助命令栏的"转换当前扫描数据"按钮,软件将保存所执行的坐标系调整,此时查看模型各个视角,俯视图为正方形,主视图和左视图为与坐标轴相重合的直线,如图5-35~图5-37所示。

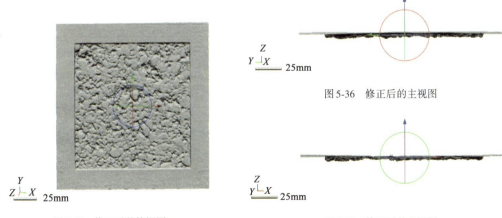

图5-35 修正后的俯视图

图5-36 修正后的主视图

图5-37 修正后的左视图

至此,完成了沥青路表纹理模型的平面调平。

(二)沥青路表纹理模型比例尺调整

由于三维重建是将2D图像上的点映射到3D空间中,未定义比例尺寸,因此初始生成的沥青路面表面纹理模型与实际路面的尺寸存在一定的差异,需要进一步对纹理模型的尺寸比例尺进行调整。在Geomagic Design X中依次点击菜单栏的"草图"模块,在"绘制"子选块中点击"智能尺寸"和"方形测量"(图5-38);同时,需要打开模型的图像显示功能,让模型表面显示合成的表面图像,如图5-39所示。

图5-38 模型尺寸测量工具

图5-39 模型合成表面图像显示与模型实际尺寸测量

用"智能尺寸"工具对模型合成表面图像上的方形尺进行测量,此处合成表面图像上的方形尺作为模型比例尺依据,即纹理模型真实边长尺寸为15cm,测量得到的模型当前边长尺寸为9.60887cm,则根据模型比例尺缩放因子公式(5-97)可以计算得到该模型的比例尺缩放因子α为0.6406。

$$\alpha = \frac{l'}{l} \tag{5-97}$$

式中:α——模型的比例尺缩放因子;
l'——模型当前边长尺寸;

l——模型真实边长尺寸。

最后在 Geomagic Design X 中点击“对齐”模块，在“变换扫描数据”子选块中输入比例尺缩放因子完成纹理模型比例尺调整。

(三)沥青路表纹理模型细节修正与坐标点数据导出

由于沥青路面表面纹理凹凸不平，存在相机无法采集到的细小沟壑纹理，因此在重建得到的模型会存在毛刺、孔洞等缺陷，需要对这些细节进一步修正。如图 5-40 所示，图中左侧存在不规则毛刺，这将在后续沥青路表纹理参数运算过程中对运算分析结果产生影响，造成结果不准确；而右侧纹理沟壑处的孔洞存在，则意味着纹理信息的细微缺失，同样给纹理参数的运算造成误差。

图 5-40 沥青路表纹理模型毛刺和孔洞示意图

沥青路表纹理模型细节修正需要将沥青路面表面纹理模型文件导入开源软件 Meshlab 中，在菜单栏中依次点击“Tools”—“Mesh filters”—“Laplacian Smoother”，使用拉普拉斯平滑器对毛刺进行消除，使用“Mesh filters”—“Fill Holes / Selective”对孔洞进行处理。完成沥青路表纹理模型细节修正后，最终可以导出纹理 3D 坐标点高程数据，为方便后续通过编程运算纹理参数，将导出“*. asc”格式的数据文件，该格式可以在 MATLAB 中进行读取和进一步处理。所保存的数据如图 5-41 所示。

	x	*y*	*z*	不同角度的光强度值			法向量		
1	146.305725	147.874313	1.856078	82	81	107	-0.389304	-0.293289	0.873169
2	146.085175	148.035431	1.858922	49	48	60	-0.308872	-0.437700	0.844403
3	146.060944	147.901169	1.779530	65	64	93	-0.228419	-0.311340	0.922438
4	146.315781	147.929871	1.888173	82	81	107	-0.432671	-0.403235	0.806348
5	146.386688	147.873703	1.905254	72	68	97	-0.446499	-0.250802	0.858916
6	146.363388	148.196365	2.058041	82	83	78	-0.386907	-0.417316	0.822284
7	146.596527	148.102386	2.083272	91	91	85	-0.299723	-0.290368	0.908765
8	146.552231	147.867432	1.991244	70	69	76	-0.385428	-0.249935	0.888244
9	146.796982	147.840393	2.067266	89	87	85	-0.251176	-0.158047	0.954951
10	146.831848	148.018478	2.104998	131	125	111	-0.132944	-0.148731	0.979901
11	147.040497	147.798920	2.100979	80	76	97	-0.119362	-0.084111	0.989282
12	147.072128	147.957184	2.118861	81	79	81	-0.077795	-0.096568	0.992281
13	147.313324	147.900192	2.131235	126	128	106	-0.062813	-0.029304	0.997595
14	147.283707	147.753937	2.124428	93	89	91	-0.102842	-0.024148	0.994405

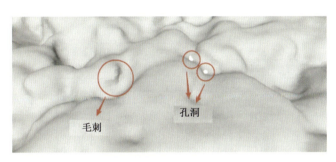

图 5-41 ASC 码 3D 坐标点高程数据范例

二、抗滑评价指标计算模块搭建

沥青路面抗滑评价指标计算模块是 ACRP 系统的组成部分之一，该软件模块负责控制硬件平台工作，并处理硬件平台所采集的图像数据。本书通过 MATLAB 和 Python 混合编程完成三维重建软件模块的编写,该软件模块的功能包括对CRP平台的照明和图像采集进行控制,同时完成后续图像预处理。其中,Python作为一种胶水语言,负责调用开源框架完成纹理三维重建工作,MATLAB主要负责纹理参数的运算,来获得沥青路面表面纹理数字化信息及相关纹理参数的运算。

(一)软件模块需求

本书所开发的沥青路面表面纹理参数计算软件模块是ACRP系统的组成部分之一,根据所搭建ACRP系统平台的硬件设备情况和对沥青路面纹理参数的实际需求,本软件模块主要实现以下功能,软件总体结构设计如图5-42所示。

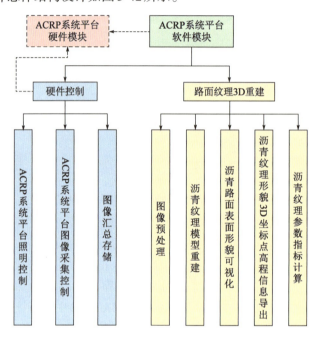

图5-42　沥青路面表面纹理参数计算软件总体结构设计

1.硬件控制

(1)ACRP系统平台照明控制——控制LED无影灯照明开关。

(2)ACRP系统平台图像采集控制——通过USB 3.0数据线,调用相机API,控制3台相机同时对沥青路面表面纹理图像进行采集。

(3)图像汇总存储——自动化创建并重命名文件夹,将所采集到的图像按测点、测量时间、相机来源来整理并存储。

2.路面纹理3D重建

(1)图像预处理——自动化完成图像变形校正、图像分割、阴影去除、图像降噪等图像预处理工作(详见第四章第六节)。

(2)沥青路表纹理模型重建——完成沥青路面表面纹理形貌重建工作,并完成模型调平、模型比例尺调整、纹理模型细节修正。

（3）沥青路面表面形貌可视化——建立可视化窗口，渲染形貌翔实的沥青路面表面纹理信息。

（4）沥青路表纹理形貌3D坐标点高程信息导出——从模型导出可供继续分析计算的3D坐标点高程数据。

（5）沥青路表纹理参数指标计算——完成沥青路面平均构造深度MTD等纹理参数的运算。

(二)沥青路面平均构造深度MTD计算

选取沥青路面平均构造深度MTD作为后续所搭建的ACRP系统有效性评价的纹理参数指标。沥青路面平均构造深度MTD一般用铺砂法进行测试，是当前规范中使用较为广泛的沥青路面抗滑评价指标，定义为已知试验砂体积与摊铺所覆盖的面积的比值。沥青路面平均构造深度值MTD值的计算公式为：

$$V = \iint_D [F_0 \quad F(x,y)] \mathrm{d}x\mathrm{d}y \tag{5-98}$$

$$\mathrm{MTD} = \frac{V}{A} \tag{5-99}$$

式中：F_0——盖在道路表面上的空间平面；
$F(x,y)$——路面高程点所形成的区域面；
V——路表面与平面F_0间所围体积（mm^2）；
A——区域D的面积（mm^2）。

在MATLAB中编写代码实现沥青路面表面纹理形貌3D坐标点数据导入、纹理形貌可视化，最后计算出平均构造深度，计算工作流程如图5-43所示。实现构造深度MTD的部分代码见表5-5。

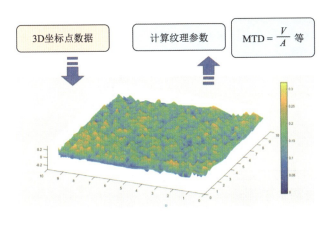

图5-43 沥青路表纹理参数计算工作流程

MATLAB编程实现沥青路表纹理形貌可视化及构造深度MTD计算　　　　表5-5

代码节选

1	%% mesh
2	Up_x = ceil(max(x));
3	Down_x = floor(min(x));
4	Up_y = ceil(max(y));
5	Down_y = floor(min(y));
6	
7	MeshGA = 1;
8	[X,Y]=meshgrid(Down_x:MeshGA:Up_x, Down_y:MeshGA:Up_y);
9	Z = griddata(x,y,z,X,Y);
10	mesh(X,Y,Z)
11	
12	%% MTD
13	Z2 = Z;
14	Z2(isnan(Z2)) = 0;　% 将矩阵中 NAN 全部变为 0
15	[m,n] = size(Z);
16	V = zeros(m,n);
17	for i=1:m　% Z矩阵外面一圈为nan　所以从2行2列开始
18	for j=1:n
19	V(i,j)=Z2(i,j)*MeshGA*MeshGA;
20	%对于每个面积为MeshGA*MeshGA的小方格以上的曲顶柱体求体积
21	end
22	end
23	
24	VS = sum(sum(V));　% 对矩阵所有数之和——体积
25	
26	D=((max(x)−min(x))+(max(y)−min(y)))/2;
27	% D=150*150;
28	MTD_circular=4*VS/((D*D)*pi);　% MTD circular
29	S = (max(x)−min(x))*(max(y)−min(y));
30	MTD_rectangle=VS/S;　% MTD rectangle　单位:mm

(三)软件模块基本工作流程

ACRP系统的沥青路表纹理指标计算软件模块界面如图5-44所示,基本工作流程为:

(1)"*.asc"数据文件导入(软件模块菜单栏层级参见图5-45)。

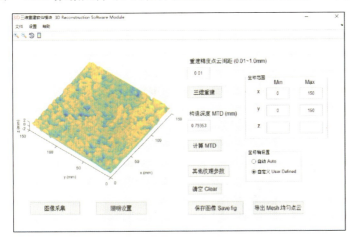

图5-44　沥青路表纹理指标计算软件模块界面　　　　图5-45　菜单栏层级图

(2)重建精度点云间距设置。

在软件模块主界面中部输入重建精度,点云间距越小,重建精度越高,所恢复得到的沥青路面表面纹理形貌就越详细;同时,软件模块所需要的运算时间也会相应增长。重建完成后,软件主界面左侧会显示纹理形貌的可视化模型,可用鼠标左键拖动,对视角进行调整;软件模块右侧的坐标范围里可以对模型可视化的范围进行设置。

(3)计算平均构造深度MTD。

单击"计算MTD"按钮,软件模块将根据指令自动运行,基于前一步导入的"*.asc"数据文件,计算当前沥青纹理形貌模型的平均构造深度MTD,并返回在按钮上方的小窗口中;同时,它根据测量的点顺序自动存储在预设的Excel表中。此外,还有许多其他纹理参数可供选择,如路表功率谱等。

(4)结果存储。

"保存图像"和"导出Mesh均匀点云"可分别保存当前纹理可视化结果,并导出自定义点云密度的点云数据文件。

(5)清除内存。

点"清空Clear"按钮,软件模块将清空当前内存,可重新设置当前数据的点云重建精度,或导入新的"*.asc"数据文件进行处理。

三、沥青路表纹理水平指标有效性验证

选取南京市江宁区两江东路进行现场试验。现场试验包括铺砂法试验、激光扫描仪试验,将两种试验结果与ACRP系统的计算结果进行对比,以验证所搭建的整套ACRP系统计算出的路表纹理水平指标的有效性。

(一)铺砂法与激光扫描仪试验数据获取

试验道路为双向两车道(南—北方向/北—南方向),修建于2006年,全长400m

（图 5-46），路面沥青混合料级配为 AC-13。对所选取的路面分别运用近景摄影测量技术、激光测量技术［图 5-47b)］、铺砂法［图 5-47c)］采集路面纹理信息，对应方法的纹理参数见表 5-6。

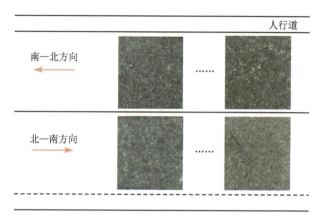

图 5-46　道路测试路段示意图

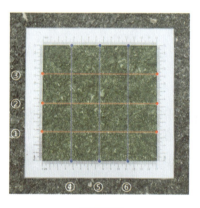
a)测量范围

b)激光测量

c)铺沙法测量

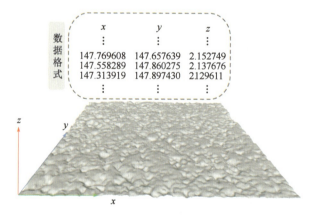

d)数据格式

图 5-47　现场试验与重建数据格式

不同测量方法数据格式及纹理参数　　　　　　表5-6

测量方法	初始数据	纹理参数
近景摄影测量法	*.tif-3D路面模型	MTD、RMSR
激光测量法	3D路面模型	MTD、RMSR
铺砂法	—	MTD
动态摩擦测试仪	—	摩擦系数

对于近景摄影测量法,运用所搭建的ACPR系统来完成路面图像采集和三维重建工作。激光测量法选取武汉中观ZGScan 717 PLUS工业级手持激光扫描仪[图5-47b)]直接获取路面三维模型,该激光扫描精度为0.02mm。

对通过近景摄影测量法重建得到的路面三维模型进行后处理与分析,包括填孔修正、调平、定义局部坐标轴属性,然后从路表纹理三维模型导出包含x、y、z三维坐标点的纹理三维高程数据[图5-47d)]。激光测量法通过采用与近景摄影测量法相近的后处理步骤能够得到与相同格式的纹理高程数据。

通过对沥青路面表面纹理三维坐标高程点数据的统计分析,可以得到路表纹理形态的评价参数,评价沥青路面的抗滑性能。

(二)抗滑评价指标选取

前文中已经完成了软件模块的编写,实现沥青路面平均构造深度MTD的自动化运算。并且,MTD值只与路面表面构造相关,因此参数的唯一性佳,故本书在本节中选取平均构造深度MTD值,同时添加均方根粗糙度RMSR,用这两个纹理参数来评价沥青路面表面抗滑性能,同时验证ACRP系统的可靠性。MTD的计算范围如图5-47a)中150mm×150mm方形中刻度尺包围区域,RMSR的计算剖面如图5-47a)中虚线所示,每个测量点选取相互垂直边长的25%、50%和75%所在剖面,共计6个剖面。

均方根粗糙度RMSR的定义为:

$$\text{RMSR} = \sqrt{\frac{1}{N}\sum_{i=1}^{N}[z(x_i)]^2} \qquad (5\text{-}100)$$

其中,$z(x_i)$为图5-47a)中虚线所示剖面的高程点,剖面轮廓高程点数据如图5-48所示。考虑路面纹理测量结果的准确性,先运用近景摄影测量法和激光法分别测试路表纹理,然后采用铺砂法进行测量路表MTD值。

四、ACRP系统有效性及高效性验证

(一)系统有效性验证

将激光测量法(ZGScan)和铺砂法所获取的路表纹理参数作为基准与ACRP系统采集结果一同进行统计分析,结果见表5-7和表5-8。由表5-7可知,以ZGScan手持工业激光扫描仪的测量结果为基准,ACRP系统获得的RMSR指标基本达到ZGScan精度。ACRP系统测量结

果ZGScan偏大,平均相对误差(Mean Relative Error,MRE)分别为-0.29%、-0.31%和-0.14%。

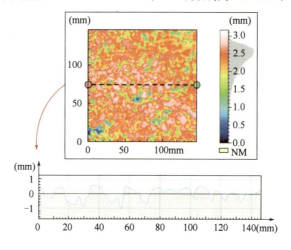

图5-48 剖面轮廓高程点数据示例

沥青路面纹理参数统计指标RMSR计算结果　　　　　　　　　　　　　表5-7

测点	三维纹理	剖面	RMSR(mm)		统计参数			
			基准	验证				
			ZGScan	CRP系统	AE(mm)	MAE(mm)	RE(%)	MRE(%)
1		①	0.0982	0.0986	-4.0×10^{-4}	-2.83×10^{-4}	-0.41	-0.29
		②	0.1107	0.1100	7.0×10^{-4}		0.63	
		③	0.1030	0.1050	-2.0×10^{-3}		-1.94	
		④	0.0868	0.0871	-3.0×10^{-4}		-0.35	
		⑤	0.1106	0.1110	-4.0×10^{-4}		-0.36	
		⑥	0.1057	0.1050	7.0×10^{-4}		0.66	
2		①	0.1175	0.1180	-5.0×10^{-4}	-3.67×10^{-4}	-0.43	-0.31
		②	0.1046	0.1050	-4.0×10^{-4}		-0.38	
		③	0.0893	0.0889	4.0×10^{-4}		0.45	
		④	0.1193	0.1190	3.0×10^{-4}		0.25	
		⑤	0.1020	0.1030	-1.0×10^{-3}		-0.98	
		⑥	0.1300	0.1310	-1.0×10^{-3}		-0.77	

续上表

测点	三维纹理	剖面	RMSR(mm) 基准 ZGScan	RMSR(mm) 验证 CRP系统	统计参数 AE(mm)	MAE(mm)	RE(%)	MRE(%)
3		①	0.0895	0.0898	-3.0×10^{-4}	-1.17×10^{-4}	-0.34	-0.14
		②	0.0742	0.0743	-1.0×10^{-4}		-0.13	
		③	0.0925	0.0929	-4.0×10^{-4}		-0.43	
		④	0.0816	0.0813	3.0×10^{-4}		0.37	
		⑤	0.0703	0.0706	-3.0×10^{-4}		-0.43	
		⑥	0.0853	0.0852	1.0×10^{-4}		0.12	

注：RMSR 为均方根粗糙度，AE 为绝对误差；MAE 表示平均绝对误差；RE 表示相对误差；MRE 为平均相对误差。

沥青路面纹理参数统计指标 MTD 计算结果　　　　　　　　　　　表 5-8

路段	MTD 基准Ⅰ 铺砂法	MTD 基准Ⅱ ZGScan	MTD 验证 CRP系统	统计参数 AE(Ⅰ)(mm)	RE(Ⅰ)(%)	AE(Ⅱ)(mm)	RE(Ⅱ)(%)
1	0.94	0.9310	0.9265	1.6×10^{-2}	1.72	4.5×10^{-3}	0.48
2	0.75	0.7675	0.7691	-1.7×10^{-2}	-2.29	-1.6×10^{-3}	-0.21
3	0.88	0.8611	0.8670	1.5×10^{-2}	1.67	-5.9×10^{-3}	-0.69
4	0.55	0.5350	0.5420	4.9×10^{-3}	0.90	-7.0×10^{-3}	-1.31
5	0.67	0.6710	0.6648	9.6×10^{-3}	1.42	6.2×10^{-3}	0.92
6	0.64	0.6129	0.6051	3.1×10^{-2}	4.83	7.8×10^{-3}	1.27
7	0.49	0.4790	0.4811	8.4×10^{-3}	1.72	-2.1×10^{-3}	-0.44
8	0.45	0.4403	0.4446	8.7×10^{-3}	1.91	-4.3×10^{-3}	-0.98

表 5-8 测试结果表明，分别以铺砂法和 ZGScan 所获取的 MTD 值为基准，ACPR 系统具有较高的测量精度，相对误差（Relative Error, RE）均在±5%以内。此外，ZGScan 和 ACRP 系统所获取的 MTD 值均较铺砂法偏小，主要是由于基于光传播原理的激光法与近景摄影测量方法在数据采集过程中无法捕捉到沥青混合料局部隐藏的弯曲孔道和细缝，计算出来的 3D 模型的

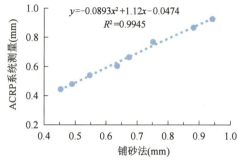

图 5-49　ACRP 系统与铺砂法相关性对比

凹纹理的填充体积比实际情况偏小;而铺砂法是采用固定体积的试验砂对路面纹理进行填充,可以较好填充细小的空隙,从而测出密级配路面 MTD 值。

对铺砂法和 ACRP 系统测量结果进行相关性分析,结果如图 5-49 所示。剔除异常数据后,R^2 达到 0.9945,表明本书所搭建的 ACRP 系统硬件平台和软件模块相配合,能够采集到高精度的沥青路表纹理,并且可以代替铺砂法和激光扫描测量来采集路面表面纹理,并计算平均构造深度 MTD 等纹理参数。

(二)系统高效性验证

对 ACRP 系统、ZGScan 和传统铺砂法采集纹理信息所消耗时间进行统计分析。ACRP 系统点云重建间距设置为 0.01mm,铺砂法记录单点测试时间,统计数据如图 5-50 所示。其中 ACRP 系统采用的主控计算机配置为 i7-8700CPU,16.0GB RAM,GTX1050Ti 2G。图 5-50 中数据表明,ACRP 系统获取沥青路面表面纹理形貌并计算出纹理参数消耗的时间远小于 ZGScan 和传统铺砂法,能够高效完成沥青路面表面纹理参数测量工作。

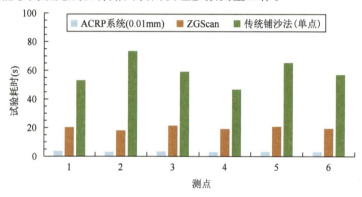

图 5-50　各测量方法试验耗时

第六节　干湿状态下沥青路面摩擦系数求解

在低速条件下路面潮湿情况下,轮胎-路面间动摩擦系数系数减小,主要是由于水膜通过"密封作用"阻碍了轮胎橡胶与路面的接触,继而导致摩擦系数下降 20%~30%。这种减小作用与路表多重维度下的纹理有关,故难以通过有限元进行模拟。需要通过实验测得同一块沥青混合料试件在干燥及潮湿条件下的表面纹理功率谱。

这里采用了三种沥青混合料试件车辙板:普通沥青混凝土路面 AC、沥青玛琋脂碎石路面 SMA 和开级配抗磨耗表层路面 OGFC 进行阐述摩擦系数结算过程。在实验室中制备沥青混合料车辙板试件,试件尺寸为 300mm×300mm×50mm,各沥青混合料级配见表 5-9。

沥青混合料级配组成 表5-9

混合料类型	不同筛孔孔径下的通过率(%)									
	0.075mm	0.15mm	0.3mm	0.6mm	1.18mm	2.36mm	4.75mm	9.5mm	13.2mm	16mm
AC	6	10	13.5	19	26.5	37	53	76.5	95	100
SMA	10	13.2	16.3	19.5	22.7	25.8	29	63.5	97.9	100

采用以上搭建的ACRP系统对干燥及潮湿条件下沥青混凝土试件表面三维形貌信息进行采集,采集区域大小均为150mm×150mm,并实时导出路表纹理的三维点坐标数据。将扫描得到的三维高程点信息在MATLAB中重构路表形貌,如图5-51所示。在模拟潮湿路表时,在路表均匀喷洒纯净水,直至完全覆盖路表负纹理且未发生流动。

a)AC-13路面　　b)AC-13路面干燥状态　　c)AC-13路面潮湿状态

d)SMA-13路面　　e)SMA-13路面干燥状态　　f)SMA-13路面潮湿状态

g)OGFC-13路面　　h)OGFC-13路面干燥状态　　i)OGFC-13路面潮湿状态

图5-51 三种沥青路面的三维重构

一、干湿路表功率谱密度计算

基于本章第六节功率谱密度(Spectral Power Distribution,PSD)计算模型,利用ACRP平台实时获取的沥青路面纹理高程点(x,y,z)数据,采用 MATLAB 编写 PSD 求解程序。由于分形路表的随机变量是离散点,在求解功率谱的过程中需要对坐标信息的滤波、加窗以及采样窗补偿。

在 Persson 黏滞摩擦理论中,根据该思路编写 PSD 的算法如下:

```
for i=1 : LengthFiles;
ex{i,1} = importdata ( \测试路表高程三维数据坐标\ Files(i). name,即为图 2-26 数据);
 ans = ex{i,1};
 [a,b] = size (ans);
 D = b / 3;
 X = ans ( : , 1 : d ) * 10 ^ ( −3);
 Y = ans ( : , d + 1 : 2 * d ) * 10 ^ (−3);
 Z = ans ( : , 2 * d + 1 : 3 * d ) * 10 ^ (−3);
 [x1, x2] = size(X);
 for i12 = 1 : 1 : x2
  for i13 = 1 : 1 : x1
     titlename = Files(i). name;
     titlename = titlename(1 : end −4);
     dx_grid = X( 1 , : )';
     dy_grid = Y( : , 1 )';
     dz_grid = Z(i13 , : )';
     hmax = max(dz_grid); %in [m]
     z = dz_grid; % Einheit [m]
     dx = dx_grid(2, 1) − dx_grid(1, 1); % Einheit [m]
     N = length(z);
     h = spectrum. periodogram ('Hamming'); % Create periodogram spectral estimator ( \创建频谱周期图\ );
   PSD = (psd(h,z,'Fs',1/dx,'NFFT',N))';
     %计算出一维功率谱%
     q = (2 * pi * PSD. Frequencies( 2 : N / 2+1))'; % [1/m]
     q1=log10(q');
     dq = q(1); % [1/m]
     qo = q(1);
     PSD_1D( : , i13) = 1/( 2 * pi)*(PSD. Data( 2 : N / 2+1))'; % [m^3]
     PSD_2D( : , i13) = 1/( 2 * pi)*PSD_1D( : , i13). /q'; % 1D−PSD --> 2D−PSD
     Amplitude( : , i13) = ( 4 * pi * PSD_1D( : , i13)/(N * dx)). ^0. 5;
% 不同波长下的振幅%
     %一维功率谱转换成二维功率谱%
```

导入前文中所获取的沥青路面某测点的三维坐标点数据,运行程序,计算得到正常干燥条件下的路面的功率谱密度PSD,将结果绘制成功率谱密度图,如图5-52所示。

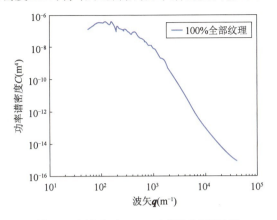

图5-52　沥青路面2D-PSD功率谱密度图示例

在雨天情况下,由于雨量大小、路面排水性能、路面坡度等因素的影响,沥青路面表面存在一定厚度的水膜。在以往的研究中,均未探讨沥青路面存在一定厚度的表面水膜时的功率谱的计算方法。实际上,当路面存在水膜时,传统计算PSD的方法已经不适用,计算得到的路面PSD已经不准确,这是由于轮胎-路面间存在水膜的阻隔,并且车辆高速行驶时水膜对轮胎的托举作用,车辆轮胎橡胶与沥青路面的分形表面之间将会存在更大的未接触区域,这是阴雨天气中车辆抗滑性能显著下降的原因之一。

计算沥青路面潮湿情况下的路面PSD,需要进一步将水膜的影响考虑其中。本书将由于水膜的阻隔、车辆高速行驶时水膜对轮胎的托举作用,车辆轮胎橡胶与沥青路面的分形表面所产生未接触区域定义为"抗滑无贡献区域"。运用前文第三章中所完成的纹理软件模块,分别对干燥情况、潮湿情况沥青路面表面纹理、"抗滑无贡献区域"进行可视化,结果如图5-53所示。由图5-53可知,潮湿情况下的行车过程中,胎/路之间由于积水阻隔和水膜托举作用,存在未接触区域,这些区域即为"抗滑无贡献区域"。

在"抗滑无贡献区域"定义的基础上,细化对潮湿路面的表面纹理PSD的行计算。首先,利用第二章中所介绍的德国Lufft公司研发的道路气象信息传感器MARWIS对雨天沥青路面表面水膜厚度进行实时测量,在得到水膜厚度参数后,通过编程扣除"抗滑无贡献区域"对车辆抗滑的作用,计算出不同纹理高程百分比情况下的纹理功率谱。例如,图5-54是对存在水膜情况下的沥青路面表面纹理功率谱的结果。

运行PSD计算程序,计算得到干燥与潮湿条件下AC-13沥青路面的功率谱密度曲线,如图5-55所示。由图5-55可知,潮湿路表的功率谱密度低于干燥路况,这是由于水膜存在情况下,使得车辆轮胎橡胶面与沥青路面的分形表面之间存在一定的未接触区域,即所谓的"抗滑无贡献区"。在图5-55中,蓝色实线是同一测量点的干燥表面的功率谱密度,用于比较;红色实线为潮湿路面(扣除"抗滑无贡献区域",只考虑从顶部起算20%高程的纹理的功率谱);绿色虚线为"抗滑无贡献区域"的功率谱。

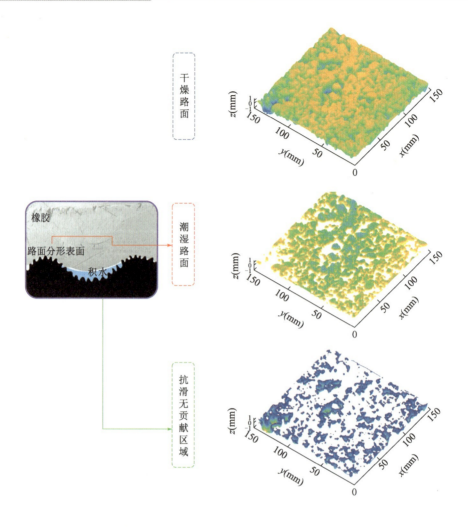

图 5-53 不同情况下沥青路面表面纹理可视化

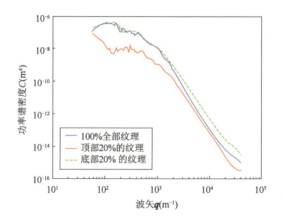

图 5-54 存在水膜情况下沥青路面表面纹理功率谱 PSD 结果

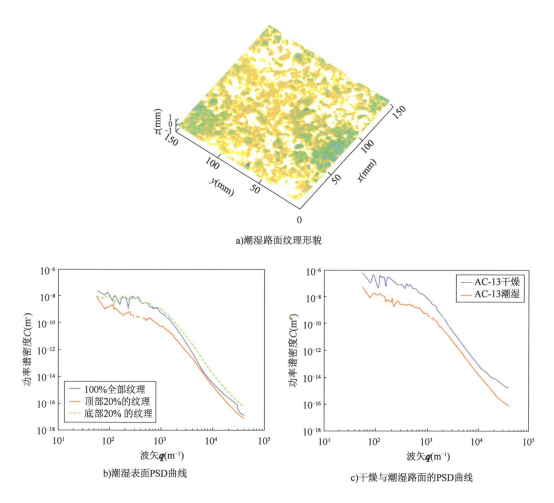

a) 潮湿路面纹理形貌

b) 潮湿表面PSD曲线

c) 干燥与潮湿路面的PSD曲线

图5-55 AC-13沥青路面PSD曲线

结果表明,潮湿路面的功率谱密度(红色实线)要比干燥路面(蓝色实线)整体小,这与也与前面描述的实际情况相印证——由于水膜存在阻隔,并且对高速形式车辆的轮胎产生托举作用,实际上存在部分的分形纹理表面没有接触到轮胎,因而对抗滑没有贡献,在雨天潮湿路面的情况下由于水膜的阻隔,使路表功率谱密度发生变化,进而会影响到路面的摩擦系数。图5-55b)中红色实线即为正纹理高程的20%范围内的功率谱,除去了被水膜覆盖的纹理部分,此时的PSD曲线即可认为是潮湿路面上实际提供摩擦力的部分纹理。

同样地,运行程序计算出SMA-13型及OGFC-13型典型沥青路面在干燥、潮湿状态下功率谱密度PSD,并绘制这三种类型沥青路面在不同路面条件下的2D-PSD曲线,如图5-56所示。根据PSD随波矢变化的双对数曲线可知,q_0与q_1之间近似为斜线,斜率为$-2(4-D_f)$,其中,D_f反映了路表粗糙程度。潮湿路表功率谱值略小于干燥条件,但是三种沥青路面的最大粒径均为13mm,故所获取的2D-PSD变化曲线趋势大致相同,曲线斜率即路表分形维数大致相同,即无论干燥或潮湿粗糙路表的自相似特性保持不变。

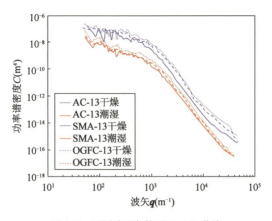

图5-56　不同路面条件下2D-PSD曲线

二、干湿路表动摩擦系数计算

由Persson黏滞摩擦系数公式(5-78)可知,若要求解摩擦系数还需获取橡胶的复模量$E(q_0\zeta v\cos(\phi))$曲线,前期课题组相关成员已通过室内动态剪切流变仪测试获得。采用典型小汽车的复合胎面橡胶材料进行测试,其玻璃化转变温度$T_g=-32℃$,扫描频率变化范围为1~35Hz,温度以5℃为间隔从-50℃逐渐增大至120℃,考虑水平位移因子a_T使模量实部E_1主曲线尽可能光滑,采用同样的位移因子方法调整虚部E_2主曲线(图5-57)。控制温度60℃条件下,试验获取橡胶复模量曲线如图5-58所示。

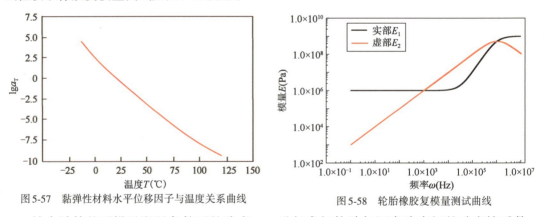

图5-57　黏弹性材料水平位移因子与温度关系曲线　　　图5-58　轮胎橡胶复模量测试曲线

结合计算的干燥及潮湿条件下的路表PSD进行求解轮胎与沥青路表间的动摩擦系数μ,由图5-59可知:

(1)由摩擦系数变化曲线可知,不同路面条件下(干燥和潮湿)三种沥青路面的摩擦系数曲线变化趋势基本一致,均随着行驶速度的增大轮胎与路面之间的摩擦系数逐渐降低;在0~10km/h内,摩擦系数值呈线性显著降低;当速度超过40km/h时,摩擦系数曲线趋于平缓,表明在较大速度下,主要由滞后力提供摩擦力,胎/路间实际接触面积达到充分状态。

(2)与干燥状态相比,潮湿状态下AC-13沥青路面动摩擦系数下降最为显著,降低幅度$\Delta\mu$随接触面的相对滑移速度的逐渐提高而不断增大,三种沥青路面动摩擦系数降低幅度的最大值分别为$\Delta\mu_{AC}>\Delta\mu_{SMA}>\Delta\mu_{OGFC}$。

(3)无论干燥或潮湿路面条件下,不同类型路面的摩擦系数大小排序均为:OGFC>SMA>AC,表明即使潮湿路表部分纹理无法为提供抗滑力,但是表面粗糙度并没有改变。

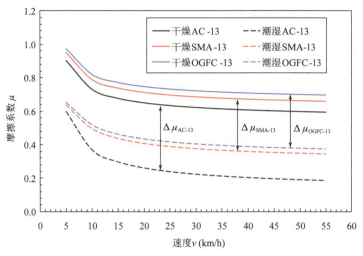

图5-59 干燥及潮湿路面动摩擦系数变化曲线

三、基于DFT试验的摩擦系数验证

为了验证基于Persson黏滞摩擦理论的计算准确性,采用动态摩擦系数测试仪(Dynamic Friction Tester,DFT)进行现场定点测试对应路表摩擦系数。DFT试验在ASTM E1911(ASTM,2009b)规范中有具体的操作步骤(图5-60)。其中,DFTestr摩擦系数测试仪转盘下方安设有通过弹簧连接的三个橡胶块,测试仪中的圆盘平行悬空于测试路表旋转并由电动机驱动,滑块切向速度达到20~80km/h范围。测试时,先在测试沥青路面表面洒水,然后转盘加速到80km/h时降落至沥青路面测试点,使橡胶滑块与测试表面接触,直至圆盘在路表摩擦力作用下减速直至停止,此时由传感器测试橡胶块与路面之间的摩擦力,测试现场如图5-61所示。计算某一速度对应的摩擦力除以橡胶块竖直方向正压力,即得到动态摩擦系数μ。

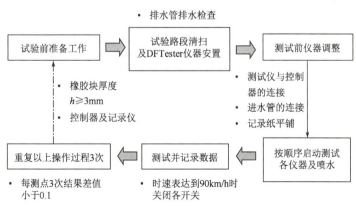

图5-60 DFTester测试摩擦系数流程

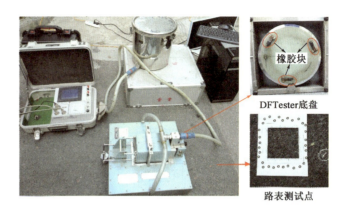

图 5-61　DFTester 测试现场

(一)定义接触属性函数关键参数的 DFT 试验结果

阿乌高速公路原路面(SMA-13)和加铺抗滑磨耗层试验段(UT-5 和 JBC)的三种典型的沥青路面使用 DFT 进行现场附着系数测量,每种类型的路面各取 6 个采样点,每个采样点进行 3 次平行测试,以减小数据的变异性。

SMA-13 级配粗集料采用玄武岩,UT-5 是公称最大粒径为 4.75mm 的开级配超薄磨耗层混合料,两者的级配情况分别列于表 5-10 和表 5-11。

研究采用的 SMA-13 矿料级配　　　　　　　　　　　　表 5-10

级配	不同筛孔尺寸的通过率(%)									
	16mm	13.2mm	9.5mm	4.75mm	2.36mm	1.18mm	0.6mm	0.3mm	0.15mm	0.075mm
SMA-13	100	95	62.5	27	20.5	19	16	13	12	10

研究采用的 UT-5 矿料级配　　　　　　　　　　　　表 5-11

级配	不同筛孔尺寸的通过率(%)							
	9.5mm	4.75mm	2.36mm	1.18mm	0.6mm	0.3mm	0.15mm	0.075mm
UT-5	100	95	16	11.5	10	9.5	7	5

精表处采用当量直径为 0.25~0.7mm 的金刚砂,施工时在原路面均匀地喷洒底层黏结料与集料并压实,待底层黏结料完全凝结后,均匀喷洒表层黏结料。精表处路面结构示意图如图 5-62 所示。

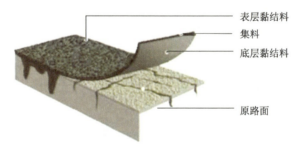

图 5-62　精表处路面结构示意图

三种路面的现场DFT试验结果如图5-63所示。从图5-63可知,不同类型路面的附着系数随速度变化的曲线大致遵循Oden提出的指数衰减曲线,这从另一方面证明了在有限元模型中定义"静摩擦系数-动摩擦系数衰减模型"接触属性合理。

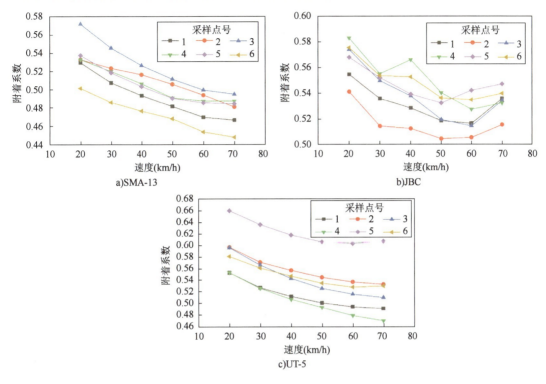

图5-63 不同路面现场DFT试验结果

(二)三种路面的附着系数预测

根据表5-12的二分查找法计算结果,对每种路面的6个采样点的静摩擦系数、动摩擦系数和衰减系数分别计算均值,得到三种路面的普遍接触属性函数参数,表5-13给出了相应的值。结果表明:表5-13给出的参数值代表了每种特定路面类型所对应的橡胶-路面接触特性,因此可以用表中的值代入有限元模型中,预测SMA-13、JBC和UT-5其他采样点的路面附着系数。

二分查找法计算结果　　表5-12

序号	SMA-13			JBC			UT-5		
	μ_s	μ_k	α	μ_s	μ_k	α	μ_s	μ_k	α
1	0.47	0.38	0.08	0.63	0.51	0.18	0.66	0.48	0.17
2	0.47	0.38	0.13	0.65	0.50	0.28	0.69	0.52	0.15
3	0.61	0.48	0.10	0.65	0.49	0.11	0.71	0.49	0.13
4	0.60	0.45	0.11	0.62	0.50	0.08	0.63	0.44	0.09
5	0.59	0.47	0.10	0.76	0.60	0.23	0.81	0.60	0.22
6	0.66	0.47	0.12	0.69	0.45	0.11	0.67	0.52	0.16

接触属性函数关键参数　　　　　　　　　　表5-13

路面类型	静摩擦系数	动摩擦系数	衰减系数
SMA-13	0.57	0.44	0.11
JBC	0.66	0.51	0.17
UT-5	0.69	0.51	0.15

对每种类型的沥青路面,同样取6个采样点的路面点云数据建立路面三维有限元模型,作为路面附着系数预测点。将上述参数代入有限元模型,计算不同速度时预测点处的附着系数并绘制曲线,如图5-64所示。

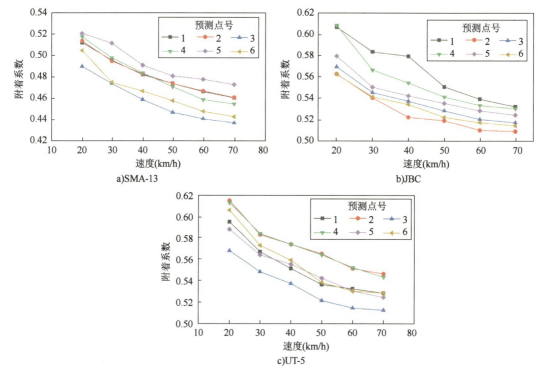

图5-64　不同路面附着系数预测结果

(三)DFTestr试验值与Persson理论值对比

将采用DFTestr测试仪得到的试验值与Persson理论计算结果进行对比,计算结果如图5-65所示。理论值偏大于测试结果,主要是因为测试过程中橡胶产热影响了水平位移因子的大小,但两者相对误差允许范围内且随速度增大的变化趋势一致,验证了理论推导过程的准确性。

图5-66和图5-67分别给出了正纹理和负纹理路表DFT动摩擦系数与旋转速度之间的关系。对比图5-66和图5-67可以看出,正纹理动摩擦系数绝对值大于负纹理动摩擦系数,而且均在测试速度为80km/h出现明显下降,因此摩擦系数测试速度的临界值以大于80km/h比较合理。目前规范采用60km/h的测试速度测定的摩擦系数相对会偏大。

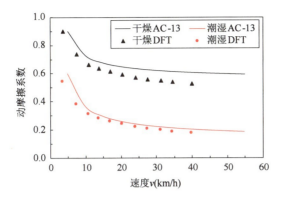

图 5-65　摩擦系数理论值与试验值对比

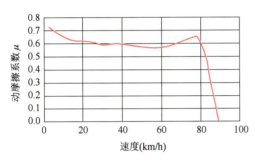 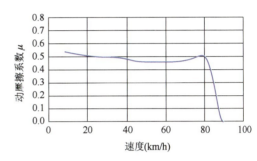

图 5-66　正纹理路表 DFT 动摩擦系数与测试速度的关系曲线　　图 5-67　负纹理路表 DFT 动摩擦系数与测试速度的关系曲线

第六章 多工况下车辆轮胎与路面间附着特性研究

由于胎面花纹块和路面纹理的存在,轮胎-路面接触时接触面积发生变化,接触区域的任何部分产生的最大摩擦力不同,随着行驶速度提高,轮胎与路面之间附着力急剧下降,导致制动过程中轮胎常发生滑移现象。而且,雨天的沥青路面潮湿或积水,车辆轮胎高速驶过路面时,路面黏附的薄层水膜影响了胎/路的有效接触面,在路表流体润滑作用下轮胎相对于粗糙路面发生了一定程度滑移,严重情况下会影响轮胎的湿牵引力下降甚至是失效,威胁到车辆行驶的安全性及操纵稳定性。

轮胎-路面的接触行为主要是由不同路面状况下(干燥或潮湿)附着力引起的,附着力主要来源于黏附力(Adhesion)和滞后力(Hysteresis),如图6-1所示。实际上,胎/路接触时,由于胎面花纹和路表纹理的存在,使得胎面橡胶与路面未完全接触;同时,车辆荷载在接触区域内非均匀分布,汽车在干燥路面上转弯或变道过程中经常发生打滑现象时,由于轮胎与路面接触面积减少、附着力下降,容易存在较大的交通事故风险。

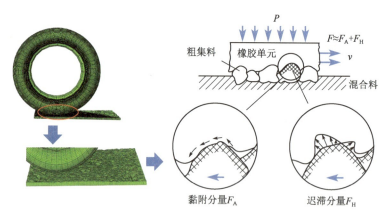

图6-1 橡胶轮胎与路面之间的迟滞与黏附原理图

第一节 橡胶轮胎与沥青路面接触特性

一、橡胶轮胎与沥青路面的接触机理

目前,对轮胎-路面接触作用的研究主要聚焦在轮胎-路面附着模型,为求解不同条件下胎/路附着系数并定量分析多种因素对轮胎附着系数的影响,国内外学者进行了大量试验研究与理论解析,推导出很多简化理论模型、经验模型或者半经验模型来描述纵向附着力与滑移率的关系。

近几年,为了更加真实地揭示轮胎与沥青路面的接触状态,张肖宁课题组采用压力胶片测量系统分析并发现胎/路界面的接触应力分布符合Wellbull模型,而且还表明在超载作用时接触应力呈凹形分布。Jafari对直剪试验DST修正并提出了干湿条件下确定胎/路间滑动摩擦系数的方法,考虑了轮胎类型、花纹深度及轮胎特性。

由于车辆打滑引发的交通事故日益突出,轮胎-路面接触特性已逐渐引起人们足够的重视,亟须探究车辆轮胎发生打滑的胎/路之间的接触机理。在工程技术领域中,滚动接触问题是普遍存在的现象,如轮胎与地面的接触、运输机械等。其中,Reynolds最早开始了滚动接触力学的研究,且他提出在接触面上同时存在着滑动区域与黏着区域。根据实验研究及仿真分析,轮胎与路面滚动接触中产生的力学响应如图6-2所示。在图6-2中,a为总接触面半宽,c是前缘黏附区的宽度一半,且$c=a-d$;p_0为接触区域中心的压强。

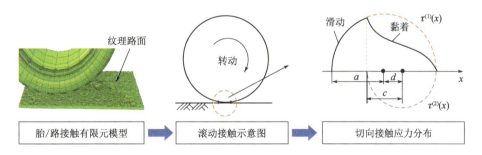

图6-2 轮胎-路面接触行为的力学分析

理论上,在发生接触前轮胎前缘已经发生了变形,一旦轮胎与粗糙路面开始接触,轮胎单元或者轮胎与路面之间不存在相对位移,直至轮胎离开附着区域。因此,稳态滚动接触需满足以下假定条件:

(1)在黏附区,变形是恒定的;
(2)在完全滑动区,假设库伦摩擦定律是有效的,条件必须满足:

$$\tau(x) = \mu \cdot p(x) \tag{6-1}$$

则总接触面的压力分布由 Hertz 表达式可以得到：

$$p(x) = p_0 \left(1 - \frac{x^2}{a^2}\right)^{1/2} \tag{6-2}$$

轮胎上的切向反作用力等于附着区纵向力与滑动区滑动摩擦力之和,因此,附着系数可用式(6-3)表示：

$$\mu = \frac{F_{xn} + F_{xb}}{F_h} < \mu_f \tag{6-3}$$

式中：μ——干燥路面上的附着系数；

μ_f——滑动摩擦系数；

F_{xn}——黏附区的滑动摩擦力；

F_{xb}——滑动区的滑动摩擦力。

当增大汽车传动力矩或者制动力矩时,滑动区会扩大直至整个接触面均滑动,此时轮胎的运动速度与圆周速度的差值即为车辆发生打滑的速度。此种情况下,胎/路间附着力是影响路面抗滑性能的主要因素,物理意义上附着系数可以理解为作用在接触面上切向反作用力之和与整个接触上的法向荷载之比。

移动车辆荷载作用下,关于沥青路面的黏弹性动力学问题,一些研究人员根据简化的力学模型,分析了弹性和黏弹性多层体系的解析解。基于弹性-黏弹性相关理论,沥青混合料黏弹性材料的应力-应变关系与弹性材料相似,而黏弹性材料的弹性模量(如沥青混合料)是与时间和温度相关的变量。针对沥青混合料,根据拉梅方程中的应变-位移及应力-应变关系得到,可推导出其位移函数：

$$G \cdot \nabla^2 U + (\lambda + G) \cdot \nabla \theta_t = \rho \frac{\partial^2 U}{\partial t^2} \tag{6-4}$$

$$\lambda = \frac{\mu E}{(1+\mu)(1-2\mu)}, \quad G = \frac{E}{2(1+\mu)} \tag{6-5}$$

其中：

$$U = u\boldsymbol{i} + v\boldsymbol{j} + w\boldsymbol{k}$$

$$\theta_t = \frac{\partial u}{\partial x} + \frac{\partial u}{\partial y} + \frac{\partial u}{\partial z}$$

$$\nabla \theta_t = \text{grad}\, \theta_t = \frac{\partial \theta_t}{\partial x}\boldsymbol{i} + \frac{\partial \theta_t}{\partial y}\boldsymbol{j} + \frac{\partial \theta_t}{\partial z}\boldsymbol{k}$$

式中：u、v、w——x、y、z 方向的位移；

ρ——密度；

t——时间；

E——弹性模量；

G——剪切模量；

u——泊松比；

λ——拉梅方程常数。

此外，∇^2 为拉普拉斯算子，可以表示为：

$$\nabla^2 = \frac{\partial^2}{\partial x^2} + \frac{\partial^2}{\partial y^2} + \frac{\partial^2}{\partial z^2} \tag{6-6}$$

分析实际车辆荷载作用下轮胎-路面的接触行为，对于解释实际车辆行驶荷载下轮胎接触压力不均匀和轮胎印迹不规则的影响至关重要。对于应用于材料参数的黏弹性模型，利用叠加原理可以分析车辆荷载作用下的接触行为。实际上，轮胎与路面接触面上的接触印迹及荷载分布是由一系列不同几何尺寸和大小的矩形荷载构成，如图6-3所示。实际上，弹性橡胶材料与坚硬路表之间的摩擦接触存在一定接触振荡，在时域内振动系统的控制方程为：

$$m\ddot{q}(t) + c\dot{q}(t) + kq(t) = f(t) + f_c(q, \dot{q}, t) \tag{6-7}$$

式中：m、c、k——质量、线性黏滞阻力及刚度矩阵；

q——系统自由度向量；

$f(t)$——未外力矢量；

f_c——接触面处产生的接触力矢量。

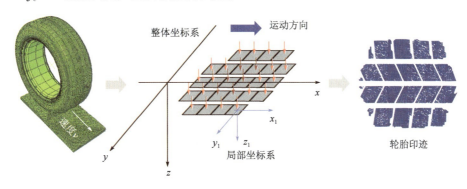

图6-3 沥青路面上轮胎印迹的荷载分布

在周期性激振力作用下，对式（6-7）进行时间积分或采用多谐波平衡法可求出稳态解。

为了模拟接触力采用最新的点-点接触单元法，局部接触刚度采用两个线性弹簧 k_t 和 k_n 分别表示为切向刚度和法向刚度，如图6-4所示。为了考虑在切向方向上产生的摩擦现象，采用一个滑块进行连接在切向相互接触的物体。根据库伦摩擦定律，当切向力 $T(t)$ 超过极限值 $\mu N(t)$ 时，滑块相对于接触面是移动的且接触节点之间的相对滑移量为 $w(t)$。对于每个接触单元，切向力与法向力 $N(t)$ 取决于接触物体之间接触点的相对切向位移 $\mu(t)$ 与法向位移 $v(t)$。如果对微分平衡方程式（6-7）进行时间积分，则在任意时刻 t，法向接触力可以表达为：

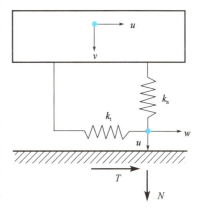

图6-4 点-点之间的接触单元示意图

$$N(t) = \max[k_n v(t), 0] \tag{6-8}$$

其中,k_n 为接触面的局部法向刚度;若 $v(t)$ 为负值,则产生拖举力而不存在牵引力。由于切向接触力 $T(t)$ 的大小取决于轮胎与路面之间的接触状态(一般分为黏附状态、滑移状态及托起状态),故切向力需采用不同的表达式,如下:

$$T(t) = \begin{cases} k_t[u(t) - w(t)] & \text{黏附状态} \\ uN(t)\text{sign}(\dot{w}) & \text{滑移状态} \\ 0 & \text{托起状态} \end{cases} \tag{6-9}$$

令 k_t 为局部切向接触刚度,μ 为摩擦系数,每一时刻 t 进行预测一次且时间步为 Δt,在黏附状态则存在式(6-10)。然后,执行校正步骤并将 $T^p(t)$ 转换为实际值 $T(t)$,见式(6-11)。

$$T^p(t) = k_t[u(t) - w(t)] = k_t[u(t) - w(t - \Delta t)] \tag{6-10}$$

$$T(t) = \begin{cases} T^p(t) & \text{黏附状态} \\ uN(t)\text{sign}(T^p(t)) & \text{滑移状态} \\ 0 & \text{托起状态} \end{cases} \tag{6-11}$$

相应地,计算出滑块位移 $w(t)$:

$$w(t) = \begin{cases} w(t - \Delta t) & \text{黏附状态} \\ u(t) - \mu N(t)\text{sign}(T(t))/k_t & \text{滑移状态} \\ u(t) & \text{托起状态} \end{cases} \tag{6-12}$$

事实上,当切向力大小超过库伦极限值 $\mu N(t)$ 时将发生轮胎滑移状态;当法向力 $N(t)=0$ 时产生拖举力,轮胎与地面接触面积逐渐减小。鉴于采用了预测-校正策略,而且每个接触状态之间的转换及接触持续时间无法精确计算,故在计算切向力时引入了近似法(每周期内有 100 个时间步 Δt)。然而,在工程上这种近似算法可以忽略不计。

二、橡胶轮胎与沥青路面的接触模型

根据汽车轮胎学及胎/路接触机理,轮胎接地应力的非均匀性直接关系着路面抗滑性能的外在体现,一定程度上影响车辆行驶安全性。当轮胎与粗糙路面相互接触时,橡胶轮胎与沥青路面刚度的较大差异性使得轮胎面在集料凸起部位接触位置处产生了较大变形,实际接触变化情况如图 6-5 所示。实际上,轮胎接触应力的不均匀性主要取决于沥青混合料的集料级配、施工工序及路面养护质量等因素。

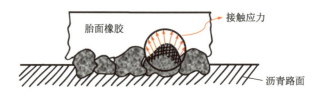

图 6-5 轮胎与路面的接触示意图

著名研究者Kummar、Grosh、Kluppel及Persson等关于胎/路间摩擦理论进行了大量试验探究及理论分析,研究认为胎/路间摩擦力是黏附力和滞后变形共同作用的结果。其中,黏附力是由于轮胎与路面接触面上的剪切力作用,滞后力与橡胶阻尼消散能量衰减有关。橡胶滑过粗糙表面时会产生能量耗散,且橡胶与分形表面之间的黏附力进一步导致了滞后力的产生。

目前,接触力学成为轮胎与粗糙路面相互作用机理研究的切入点,随着多尺度概念在工程领域的提出,采用多尺度方法进行研究胎/路之间接触力学已是学术界一大焦点。微观上,主要采用分子动力学(Molecular Dynamics,MD)模拟轮胎橡胶颗粒与沥青路面(集料)的界面接触模型,从纳米级尺度上分析两者的微观构造及接触特性(体现为摩擦学)。宏观上,主要从轮胎力学特点出发采用路面抗滑性能评价指标建立接触模型,如Hertz接触理论模型、Archard模型、G-W随机表面模型及Persson黏滞摩擦接触模型等典型接触模型(表6-1)。

典型接触力学模型原理 表6-1

作者	典型模型	适用范围	不足之处	特征
Hertz	Hertz接触理论模型	用于单个接触点的研究	将表面接触考虑为弹性接触	均忽略了不同接触区之间相互作用
Johnson Kendall Roberts	JKR黏着接触模型	用于大柔性物体的黏着特性	虽然考虑了黏附力及能量变化,但忽略了能量损耗现象	
Bowden/Tabor	弹塑性变形模型	用于表面接触的弹塑性变形	将粗糙峰设想为球面	
Archard	Archard模型	基于多重接触假设,真实接触面积与荷载近似呈线性	解释Amonton摩擦定律,不依赖塑性变形假设	
Greenwood/Williamson	G-W随机表面模型	考虑了接触表面纹理特性	将微凸体假设为半圆形	
Sayles/Thomas	S-T接触模型	考虑表面纹理非稳定的随机特性,否定G-W接触假定	假定微凸体高度分布不均匀	
Persson	Persson黏滞摩擦接触模型	基于分形特性及PSD建立接触模型	基于轮胎耗损能量与摩擦做功守恒的假设,忽略了能量传递与散失	计入橡胶对表面粗糙度尺度变形响应及滑动摩擦对温度依存性

(一)Hertz接触理论模型

Hertz接触理论模型,即两个弹性曲面的非黏着接触(无摩擦)问题,接触应力的大小受作用荷载、接触面曲率半径及弹性模量这三个主要指标的影响,如图6-6所示。对于双圆球体接触模型,有:

$$p(r) = \frac{3P}{2\pi a^2}\sqrt{1-\left(\frac{r}{a}\right)^2}, \quad a = \left(\frac{3PR}{4E^*}\right)^{1/3} \qquad (6\text{-}13)$$

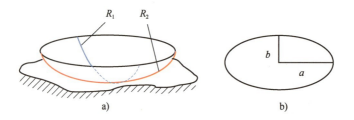

图6-6 曲面弹性体的相互接触示意图

关于双圆柱体接触应力模型,有:

$$p(x) = \frac{2P}{\pi bL}\sqrt{1-\left(\frac{x}{b}\right)^2}, \quad b = \left(\frac{2PR}{\pi LE^*}\right)^{1/2} \quad (6\text{-}14)$$

式中:R——接触曲面的相对半径,存在关系式 $R^{-1}=R_1^{-1}+R_2^{-1}$;

E^*——接触曲面的相对半径,且 $(E^*)^{-1}=(1-\nu_1^2)E_1^{-1}+(1-\nu_2^2)E_2^{-1}$;

ν_1、ν_2——两个接触物体的泊松比;

P——施加荷载大小;

a——两个球体接触半径;

b——两个圆柱体接触宽度;

$p(r)$——半径r处应力值;

$p(x)$——距中心位置x处的应力。

当刚性凸起挤压弹性半空间体时,接触面处发生较大变形,其接触半径与变形最大点之间存在关系式:$d=\pi a\times\tan\theta/2$;则压力分布形式可表示为式(6-15)。其中,应力分布区域中心位置存在对数奇点[图6-7b)],得到对应的总应力大小为式(6-16)。

$$p(r) = \frac{Ed}{\pi a(1-\nu^2)}\ln\left(\frac{a}{r}+\sqrt{\left(\frac{a}{r}\right)^2-1}\right) \quad (6\text{-}15)$$

$$F_N = \frac{2}{\pi}E^*\frac{d^2}{\tan\theta} \quad (6\text{-}16)$$

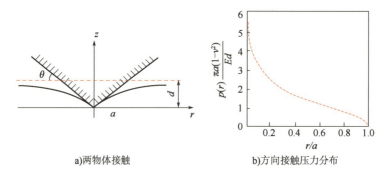

a)两物体接触 b)方向接触压力分布

图6-7 刚性凸起与弹性半空间体接触情况

此时,最大接触压力可以表达为:

$$p_0 = \frac{E^*}{2}\frac{d}{a} = \left(\frac{E^*F}{\pi LR}\right)^{1/2} \quad (6-17)$$

不考虑摩擦的接触,在任意法向压力分布作用下,通过叠加原理可以计算得到Hertz接触区域的内部应沿z轴的法向应力σ_{zz}为:

$$\sigma_{zz}(x,\ y,\ z) = -\frac{3z^3}{2\pi}\iint_{(A)}\frac{p(x',y')}{[(x-x')^2+(y-y')^2+z^2]^{5/2}}\mathrm{d}x'\mathrm{d}y' \quad (6-18)$$

式中:$\iint_{(A)}$——沿压力所作用区域的积分。

然而,Hertz接触理论模型与实际胎路接触情况存在显著差异,具体体现在:

(1)实际轮胎内部是充气压力,在与刚性物体挤压接触过程中轮胎结构存在较大的接触非均匀变形。

(2)由于胎面不同深度与宽度花纹的存在,在接触面橡胶硬度不一致,实际中与粗糙沥青路表接触时存在一定的损伤与接触盲区。

(3)实际中,胎/路接触由于摩擦现象而在接触表面发生剪切变形与能量耗散,这是针对粗糙沥青路面分形特性的原因。而Hertz接触理论中直接忽视了黏附力的作用,简化了轮胎与路面接触的受力过程。

(4)接触面总作用力等同于接触点力之和,即每个微观接触面积为$\Delta A \sim F^{2/3}$,与Amontons摩擦定理中"摩擦力与法向力近似成正比关系"相矛盾。

(二)JKR黏着接触模型

在Hertz无黏着接触理论推出之后,基于弹性半空间体与刚性表面的接触压力非均匀分布,Johnson、Kendall和Roberts推测接触面之间存在黏附力,其大小为$F_A=3\pi\gamma R$(其中,γ为表面能),适用于描述大柔性物体的黏着特性,即JKR黏着接触理论。众所周知,两个物体之间一直存在范德华力使得弹性物体与刚性体平面接触时形成"瓶颈"形变状态,如图6-8所示。

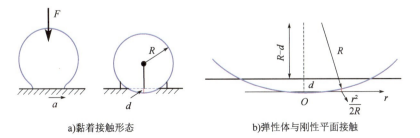

a)黏着接触形态   b)弹性体与刚性平面接触

图6-8 弹性体与刚性平面接触变形示意图

关于JKR接触理论,存在以下假定条件:

(1)弹性球体与刚性平面接触时发生位移的点,在变性后均处于刚性水平面上[图6-8b)];令挤压深度为d,接触半径为a($a<R$),则对应的位移方程为:$u_z=d-r^2/2R$。

(2)弹性体能量取决于弹性变形与黏着力两者,球体发生弹性变形时发生的势能公式(适用于任意线弹性系统)为:

$$U_{el} = \frac{1}{2}\int_A p(x) \cdot u_z(x)\,\mathrm{d}x\mathrm{d}y = E^*\left(d^2 a - \frac{2}{3}\frac{da^3}{R} + \frac{a^5}{5R^2}\right) \quad (6\text{-}19)$$

接触变形过程中总能量:

$$U_{tot} = E^*\left(d^2 a - \frac{2}{3}\frac{da^3}{R} + \frac{a^5}{5R^2}\right) - \gamma_{12}\cdot \pi a^2 \quad (6\text{-}20)$$

系统总能量最小($\partial U_{tot}/\partial a=0$)时可得到平衡状态下接触半径,对球心位移$d$一阶求导即可推导出作用在弹性体接触面的总作用力$F_{tot}$,作用力达到负值最大时为黏着力$F_A$。

$$\frac{\partial U_{tot}}{\partial a}=0,\quad d=\frac{a^2}{R}\pm\sqrt{\frac{2\gamma_{12}\pi a}{E^*}} \quad (6\text{-}21)$$

$$F_{tot} = E^*\left[\frac{4a^3}{3R} - \left(\frac{8\gamma_{12}\pi a^3}{E^*}\right)^{1/2}\right] \quad (6\text{-}22)$$

(3)黏着接触区域的压力分布为位移的二次分布形式,接触边界($x=a$)的应力为无穷大,而Hertz模型中接触边界($x=a_H$)应力为0;相对Hertz模型,JKR接触理论考虑了弹性体接触变形过程中的黏附力及能量变化,却忽视了能量损耗现象。

(三)G-W随机表面模型

基于JKR黏着接触模型中黏着力在接触形变中的贡献,Greenwood与Williamson考虑了接触表面纹理特性,将微凸体假设为具有随机粗糙度的不规则半圆形模型(即G-W随机表面模型)。假设微凸体有相同的曲率半径,峰值高度在均值附近随机分布且相互独立,如图6-9所示。

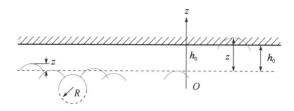

图6-9 G-W随机表面模型

用峰值高度z函数$\Phi(z)$描述微凸体的概率密度,其中l是高度分布均方根($l=\sqrt{\langle z^2\rangle}$,也为粗糙度),则有:

$$\Phi(z) = \left(\frac{1}{2\pi l^2}\right)^{1/2} e^{-\frac{z^2}{2l^2}} \tag{6-23}$$

假设忽略微凸体之间的弹性相互作用,高度$z>h_0$的微凸体与刚性平面相互接触,则变形量为$d=z-h_0$。根据Hertz理论的单个微凸体的接触作用力可用式(6-24)表达,对全部接触微凸体积分得到总接触法向力,有:

$$\Delta F = \frac{4}{3}ER^{1/2}(z-h_0)^{3/2} \tag{6-24}$$

$$F_N = \int_{h_0}^{\infty} N_0 \Phi(z) \frac{4}{3}ER^{1/2}(z-h_0)^{3/2}\mathrm{d}z \tag{6-25}$$

实际上,接触面积正比于法向力,微凸体的曲率半径$1/R=-z''$,则平均压力为:

$$\langle\sigma\rangle = \frac{F_N}{A} \approx \frac{4E^*}{3\pi}\sqrt{\langle z'^2\rangle} \approx \frac{1}{2}E^*\nabla z \tag{6-26}$$

其中,$\nabla z=\sqrt{\langle z'^2\rangle}$为表面轮廓梯度的平方根,式(6-26)适用于任意粗糙表面,特别是具有分形特征的表面(如沥青路面等)。

(四)Persson黏滞摩擦接触模型

基于路表分形理论及PSD特性,代尔夫特理工大学的Persson教授提出了不同放大系数ζ下描述橡胶与沥青路面的接触行为,分析橡胶轮胎在与粗糙路表相互接触时的有效接触面积$A(\zeta)$,同时建立了$A(\zeta)$与ζ之间的联系(图6-10)。基于此,Persson推导出了接触理论公式[式(5-22)]。Persson黏滞摩擦接触模型认为,当$\zeta=1$时轮胎与沥青路面的有效接触区域为充分接触状态,即不存在接触盲区;当$\zeta>1$时,粗糙路面的不均匀凹凸构造使得接触面形成一定的空隙,此时胎/路接触的有效面积小于名义接触面积,随着放大系数的逐渐变大,发现有效接触面积降低加快。

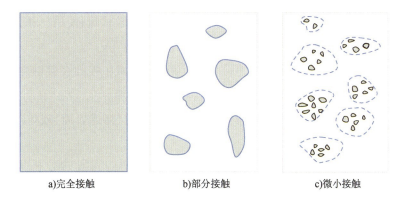

图6-10 不同放大系数ζ下轮胎与路面接触情况

相对于以上三种接触理论,Persson考虑了路表粗糙度的分布随机性及能量耗散过程,反映了橡胶与粗糙路面接触过程的多尺度效应及黏附摩擦的材料温度变化特点,比较贴切地揭示了橡胶轮胎与粗糙路面的实际接触状态,但是在接触应力分布的分析时仍然采用平均接触压力表征,而且忽视了能量在传递过程中损失量。基于此,建议采用Persson摩擦接触理论进行轮胎与沥青路面的相互作用机理研究。

三、橡胶轮胎与沥青路面的接触算法

在轮胎-路面相互作用有限元分析模型中,通常分为稳态与瞬态两种分析方式。前者又称混合拉格朗日/欧拉法,适用于静止状态下的接触面形变耦合分析,对动态(例如轮胎滚动)问题则往往面临计算不收敛以及程序计算时长过长等问题;后者称为拉格朗日法,适用于动态的接触问题分析计算,但是在此类问题计算中往往需要设置很小的时间增量步以增加模型分析的精度。综合考虑,在轮胎-路面接触模型建立过程中,胎/路间的接触变形问题采用拉格朗日算法进行解释;基于ABAQUS中的稳态滚动理论分析方法,采用欧拉耦合算法描述轮胎的滚动问题。基于接触模型的对比分析,可知橡胶轮胎与粗糙路面的接触变形属于不连续的非线性问题,主要体现在几何非线性与边界条件非线性两个方面。其中,几何非线性为接触形变量使得模型力学响应的变化。考虑到胎/路接触过程中材料应力-应变曲线表现为非线性,因此,在接触模拟中轮胎与沥青路面的接触设置要尽量使接触面之间的内力传递为有效的。由于ABAQUS/Standard隐式模块中使用严格主-从接触算法,即从属面节点不可穿入主控面,反之则允许,符合橡胶轮胎与粗糙路面接触的基本特性,故本书采用ABAQUS/Standard隐式模块进行接触设置。在ABAQUS/Standard隐式模块中,接触一般包含接触表面、接触对及接触属性的定义,其中接触面选择面-面接触,需要注意:

(1)主控面的刚度要远大于从属面,涵盖材料刚度及结构刚度;模型中沥青路面作为主控面,橡胶轮胎作为从属面;沥青路面作为刚体考虑,采用ABAQUS/Standard模块中的子程序"RSURFU"进行定义。

(2)主控面(即沥青路表)的接触部分划分网格时要相对较稀疏;使用"*SURFACE,TYPE=ELEMENT"定义接触表面,并自动标识连续体单元"自由表面"。

(3)考虑到轮胎与路面的接触属于有限滑移问题,故设置主控面在接触部位为平滑的解析刚体,故在后续建模过程中对纹理路面模型作局部光滑处理。

(4)对于ABAQUS/Standard、Explicit模块中,在接触表面、穿透表面(或单点穿透表面)条件下必须同时涵盖表面上的任意两点。

ABAQUS软件中提供了多种接触约束,鉴于路面刚度远大于子午线轮胎,故轮胎-路面的接触约束视为弹性体与刚性体表面之间的有限滑动接触,而且变形物体间属于有限应变。一般地,在ABAQUS/Standard接触建模时需要考虑主控面(沥青路面)的法向与切向接触相互作用。其中,ABAQUS中接触属性设定沿着主控面法方向是传递接触力,需要判定该方向的接触条件;切方向传递摩擦力,主要承受剪切应力。

(一)法向接触模型

法向接触中要求施加一个强迫约束和位置误差限度,分别用于实现主控面对从属面的穿透及判断该方向的接触行为。法向接触中,包含了硬接触与软接触两种形式,硬接触是一种默认的局部行为,通常采用拉格朗日乘子方法或增广拉格朗日方法实施,基于胎/路接触模型的收敛性采用硬接触模型作为法向接触属性;软接触中包含指数、线性、表格及通用4种模型。

不同法向接触模型压应力与容差关系曲线如图6-11所示。使用关键字*SURFACE BEHAVIOR进行定义,具体设定方法为:

*CONTACT PAIR,INTERACTION=<tire-deck>,ADJUST=<0.005>
<tire-out>,<deck-up>

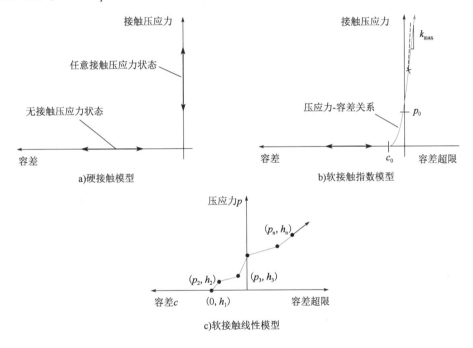

图6-11 接触压应力-容差关系示意图

(二)切向接触模型

基于物体间的切向接触与摩擦特性密切联系,会形成一定的摩擦剪切应力,故ABAQUS/Standard模块中切向接触主要分为库仑摩擦模型(考虑各向同性与各向异性模型)、指数模型(以指数形式衰减)和用户自定义模型(采用子程序FRIC或者UINTER定义)三种模型及罚函数法和拉格朗日乘子法两种算法。其中,各向同性库仑摩擦模型与罚函数算法的联合使用是接触模型中的典型方法。

对比分析ABAQUS中提供的摩擦模型及接触算法的适用范围，为了对后续轮胎与沥青路面的接触模拟提供基础。由表6-2可知，ABAQUS软件提供的摩擦接触模型较多，但是均是简化的、理想的接触行为过程，无法真切体现轮胎与路面接触过程中摩擦系数的影响因素（如橡胶轮胎材料参数、车辆操纵性能及路面纹理参数等），并不能直接应用于本书关于沥青路面抗滑性能的模拟研究。一般地，关于路表摩擦特性方面需涉及轮胎滑移率、胎压、温度及路表环境状况等，所以为了更准确地模拟胎/路之间的接触行为，后续第四节采用用户子程序进行定义符合实际的摩擦模型。

ABAQUS中切向接触模型适用性分析 表6-2

模型类型	模型示意图	适用范围
各向同性库仑摩擦模型	τ_2, τ_1 对滑移	摩擦系数保持固定不变，适合于分析轮胎与路面的动力响应等问题，但不涉及摩擦系数影响因素
各向异性库仑摩擦模型	滑移	摩擦系数随着滑移方向的变化而改变，适用于分析侧向力等轮胎问题，未考虑摩擦特性的影响参数。其中，τ_1与τ_2分别为横向和纵向的切向摩擦力
指数模型	μ, μ_s, $\mu = \mu_k + (\mu_s - \mu_k)e^{-d_c\gamma_{eq}}$, μ_k, γ_{eq}	①多用于研究轮胎从静止状态到运动状态的过渡；②而模拟中要设定为具有运动状态的一个瞬间，无法考虑路面宏观纹理参数。其中，μ_s为静摩擦系数；μ_k为滑动摩擦系数；γ_{eq}为滑移率
罚函数法	a) 理想行为：τ, $\tau_{cr}=\mu p$, 理想行为, 假定：$\mu=\mu_k=\mu_s$, $\gamma_{crit}=0$, γ b) 允许小滑移：τ_{crit}, 理想行为, 罚区域, 罚刚度G, γ_{crit}	①用硬弹性行为近似模拟结；②采用罚刚度与法向压力和摩擦系数相关的连续修正；③罚函数刚度到达无穷大时，符合理想状态，通过对罚函数刚度的不同取值来模拟不同的接触情况；④针对允许的滑移距离，越小的滑移距离有着越高的精度，但是计算收敛性较慢。其中，τ为切向摩擦力；p为接触压力

续上表

模型类型	模型示意图	适用范围
拉格朗日乘子法	假定：$\mu=\mu_k=\mu_s$；黏结（无相对滑动）；$\Delta\gamma(SLIP)$	适用于黏结/滑移行为的精确求解，但刚体约束的存在使收敛性较差
用户自定义	Edit Contact Property 界面	①FRIC子程序中可以设置热-耦合接触函数，即摩擦力中考虑温度效应。②支持与求解相关的状态变量，可以精确求解摩擦特性

ABAQUS 软件中针对摩擦行为的子程序为 FRIC 子程序，模型调用子程序计算胎/路接触面摩擦力的流程如图 6-12 所示。通过 FRIC 子程序输入接触状态变量参数，如接触方向、界面剪切应力及滑移率等，可以获取为计算接触面摩擦力所需的中间变量（如切向剪应力对滑移变形的偏微分求解等）。考虑路表粗糙度的随机分布特性，橡胶轮胎驶过沥青路面时各接触点处速度方向与切应力夹角均不一样，所以需要对每一个接触节点进行接触状态判断并迭代计算每一节点处剪切应力值，借助 FRIC 程序获取接触面的综合摩擦力值。

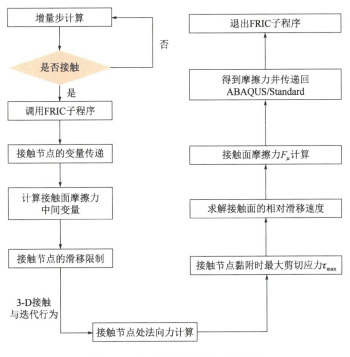

图 6-12 FRIC 子程序摩擦力计算流程

由于接触物体间摩擦属于高度不连续的非线性行为,故针对理想条件下两物体接触状态应是滑移之前不存在相对位移。ABAQUS中提供了两种接触算法,即罚函数法、拉格朗日算法。其中,罚函数接触约束是通用接触算法采用的,不完全等同于运动学接触算法,更适用于刚体之间的接触约束。模拟时需要添加附加刚度G,通过赋予罚函数刚度不同数值以模拟不同的接触状态,在一定范围内调整滑移率可以获得较为精确的摩擦力值;但是这一附加刚度会影响分析步骤中计算收敛速度。

相比较于罚函数法,拉格朗日算法适用范围较狭窄,设定接触的两个物体不允许产生相对滑移,虽然该方法计算摩擦力时更精确,但是计算复杂、达到收敛状态时间较长。针对轮胎与路面接触模拟中为达到精确的摩擦力值,后续选用拉格朗日算法进行接触行为模拟与计算,基本算法思路如图6-13所示。其中,p表示法方向接触压力,δ为两个相接触物体之间的穿透量大小。

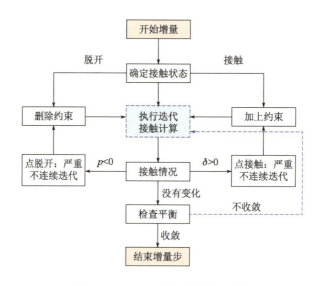

图6-13 ABAQUS接触算法逻辑示意图

第二节 轮胎材料力学特性及有限元建模

轮胎作为车辆与路面接触的部件承担荷载,并为车辆提供驱动力和制动力,因此对轮胎的力学特性做出精确描述是进一步进行轮胎滑水分析的基础。ABAQUS软件在轮胎建模工作中相对于其他有限元软件具有较大的优越性,主要表现在ABAQUS软件可以利用对称性来方便迅速地完成轮胎建模,并且它提供了强大的橡胶材料库,几乎能够覆盖所有的橡胶的本构关系。本节在ABAQUS软件中建立子午线轮胎有限元模型,根据橡胶材料单轴试验数据赋予轮胎橡胶材料不同的本构模型。为后续车辆轮胎滑水研究提供轮胎模型。

一、子午线轮胎的基本结构

在胎/路接触有限元模型建立过程中,轮胎子模块是较为复杂与核心的部分。子午线轮胎具有较好的平顺性和操纵性,采用硬质橡胶作为胎面的材料,使其具有较好的耐磨耗和防穿刺性能,成为汽车轮胎使用的主流趋势。同时,子午线轮胎刚度较大,使得滚动过程中与路面接触产生的弹性变形很小,且与地面接触发生的有效摩擦力通常优于其他轮胎类型(如斜交线轮胎、带束斜交轮胎等),因此以175-70-R15型子午线轮胎构造作为研究对象,阐述具体建模过程。

子午线轮胎由不同部位的橡胶、帘线和钢丝组成,其结构组成复杂,在保证相应精度的前提下,将子午线轮胎的结构进行简化,可分为胎面、胎侧、帘布层、带束层、胎圈几个部分。帘布层又被称为胎体,由钢丝圈固定在轮辋上,受到充气内压的作用,是支撑轮胎荷载的主要部件。帘布层是轮胎的骨架,决定了子午线轮胎的强度(图6-14)。胎面是轮胎与路面直接接触的部件,在胎面的表面一般会刻有胎面花纹。该部件决定了轮胎滚动时轮胎与路面间的附着力和轮胎的耐磨性能。

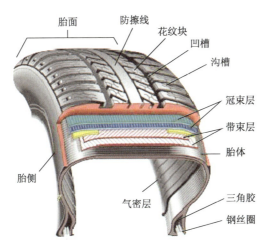

图6-14 子午线轮胎结构示意图

胎侧的主要作用是保护帘布层,而且不与地面接触,没有耐磨性能的要求。但轮胎滚动过程中,该部件承受重复的伸缩作用,要求该部件的橡胶材料具有良好的耐疲劳性能。

带束层在子午线轮胎中承受沿半径方向的压缩变形,同时需要保持圆周方向的刚性,同样是子午线轮胎的主要受力部件。因此带束层材料应具有较高的韧性和强度。

胎圈的主要作用是固定胎体帘布层以保持充气内压,并抵御车辆转弯时的侧向力,因此应当具有较大的刚度和强度。后续选取子午线轮胎175-70-R15作为研究对象,该规格名称表示胎面宽度为175mm,胎高与胎面宽度的比值为0.70,R表示该轮胎为子午线轮胎,轮辋的名义直径为15in。

二、橡胶材料与骨架材料力学特性研究

子午线轮胎材料主要分为橡胶、帘线以及钢丝圈。从轮胎材料的力学特征方面分析,其力学特征可归纳为非线性、不可压缩性、各向异性和黏弹性等。轮胎材料模型的准确性对整个轮胎模型的精确影响较大。

(一)子午线轮胎橡胶材料本构模型

轮胎橡胶材料是由天然橡胶进行一系列处理得来,分子组成较为复杂,在具有超弹特性的同时具有黏弹特性,受力变形具有高度非线性。为了更好地建立有限元模型,同时减少模型计算时间,在建模过程中针对轮胎橡胶材料做出了以下假定:超弹性、黏弹性、非线性、均质、各向同性和不可压缩性。子午线轮胎的橡胶材料按不同部件将其分为胎体胶、带束胶、三角胶、冠带胶、胎侧胶、胎面胶和内衬胶7个部分。

1.超弹性模型

考虑到子午线轮胎材料组成大部分为橡胶弹性体,在ABAQUS中赋予材料属性时,将橡胶视为具有各向同性、不可压缩性。通常地,使用线弹性模型模拟小变形接触行为,而对于较大变形行为需要考虑超弹性模型。无论是干燥或雨天条件下,车辆以一定速度行驶在沥青路面时,由于路面刚度远大于橡胶轮胎且车辆本身自重较大,使得轮胎与路面接触时产生较大变形,故在模拟中选择超弹性模型更能体现实际行驶过程中轮胎的变形特性。在描述轮胎橡胶的弹性力学特征中,可以使用线弹性和超弹性两种模型。由于轮胎在滑水过程中产生了大变形,所以应该使用超弹性模型来描述轮胎橡胶的力学特征。超弹性模型通过应变能来描述其特学特征,由虚功原理进行推导,有:

$$\delta W_1 = \int_{V^0} \delta U \, dV^0 = \int_{V^0} J\sigma : \delta D \, dV^0 \tag{6-27}$$

$$\delta D = \left[\partial \delta u/\partial x + (\partial \delta u/\partial x)^{\mathrm{T}}\right]/2 \tag{6-28}$$

式中:δW_1——内力虚功变量;

δU——单位体积应变能;

V^0——参考体积;

δD——虚变形率;

δu——位移变量;

x——实时坐标;

σ——柯西应力。

橡胶材料的体积应变能可以由柯西-格林变形张量和体积变化量来表达,其函数表达式为:

$$\delta U = \delta J \partial U/\partial J + \delta I_1 \partial U/\partial I_1 + \delta I_2 \partial U/\partial I_2 \tag{6-29}$$

式中:J——体积变化量;

I_1、I_2——柯西-格林变形张量的第一、第二不变量。

由式(6-27)~式(6-29)可知,通过体积应变能函数可以推导橡胶材料的本构模型。在 ABAQUS 软件材料库中有多种超弹性材料模型,经研究发现,Mooney-Rivlin 模型和 YEOH 模型对轮胎橡胶材料的力学特性描述最为准确。其多项式拟合的标准形式为:

$$U = \sum_{i+j=1}^{N} C_{ij}(I_1-3)^i(I_2-3)^j + \sum_{i=1}^{N}(J-1)^{2i}/D_i \tag{6-30}$$

式中:C_{ij}、D_i——材料固有属性常数;

U——体应变能;

J——做功前后弹性体体积增量;

I_1、I_2——Cauchy-Green 变形张量的第一、第二不变量。

关于橡胶材料的超弹性本构模型,经过学者们的理论推导与试验分析,发现 Mooney-Rivlin(N=1)和 YEOH(N=3)这两种模型应用较多,两者更能描述橡胶轮胎变形中的力学特性,具体表达式:

Mooney-Rivlin 模型

$$U = C_{10}(I_1-3) + C_{01}(I_2-3) + (J-1)^2/D_1 \tag{6-31}$$

YEOH 模型

$$U = \sum_{i=1}^{3} C_{i0}(I_1-3)^i + \sum_{i=1}^{3}(J-1)^{2i}/D_i \tag{6-32}$$

橡胶材料超弹性基础试验有单轴拉伸试验、双轴拉伸试验、平面剪切试验和体积压缩试验。通过上述拉伸或压缩试验的数据可以推导出体积应变能,从而推导相应的本构关系。为了选择更适宜橡胶变形的本构模型,课题组进行了橡胶试件(试件尺寸50mm)单轴拉伸测试(拉伸长与宽:4mm×2mm),采用 SANS 万能试验机进行室内操作(图6-15),SANS 万能试验机每秒采集8个数据,将试件拉伸至100%应变,试验2min。试验所得结果为试件轴向力-位移的关系曲线,按照式(6-31)和式(6-32)要求需要利用式(6-33)分别转化成名义应力和名义应变。借助 ABAQUS 对 Mooney-Rivlin 模型、YEOH 模型及试验数据进行拟合对比,如图6-16所示。得到轮胎橡胶的 YEOH 模型参数见表6-3。

$$\sigma_n = \partial U/\partial \lambda_u, \quad \varepsilon_n = \lambda_u - 1 \tag{6-33}$$

式中:σ_n、ε_n——名义应力;

λ_u——试件的拉伸量。

a)SANS万能试验机　　　　　　　　　b)橡胶材料试件

图 6-15　橡胶单轴拉伸试验

YEOH模型具体参数设置　　　　　　　　表6-3

含橡胶结构名称	YEOH模型			
	C_{10}	C_{20}	C_{30}	$D_i(i=1,2,3)$
胎体	0.445972	−0.1556	0.079331	0
带束	0.443658	−0.15478	0.07891	0
三角胶	0.446494	−0.15746	0.081133	0
冠带胶	0.451268	−0.15744	0.080273	0
胎侧	0.470942	−0.16431	0.083773	0
胎面	1.200201	−1.20439	0.945575	0
内衬层	0.486342	−0.16968	0.086513	0

由图6-16曲线变化趋势可知，相比于M-R模型，YEOH模型计算结果与试验测试数据曲线几乎一致，YEOH模型在模拟橡胶材料的超弹特性上优于Mooney-Rivlin模型，表明YEOH模型在体现材料力学特性上更符合实际情况，故本书采用YEOH模型阐释轮胎橡胶材料的本构关系。

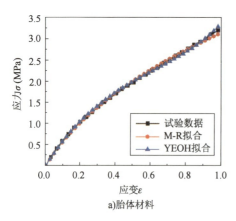
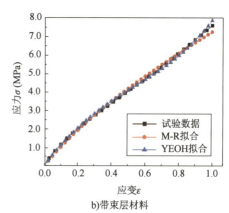

a)胎体材料　　　　　　　　　　　b)带束层材料

图 6-16　橡胶材料的应力-应变拟合曲线

2. 黏弹性模型

当轮胎在粗糙路面上滚动时，橡胶材料发生滞后变形由此产生能量耗散，能量耗散主要是由于轮胎橡胶材料的黏弹性质和温度依赖性，在荷载作用下的橡胶材料耗散能如图 6-17 所示。

黏弹性材料荷载作用下，应变响应与荷载之间存在相位差，如图 6-17 所示，施加正弦应变 $\gamma = \gamma_0 \sin \omega t$ 在黏弹性材料上，应力响应与应变之间有损耗角 δ。

ABAQUS 软件中包含丰富的黏弹性本构模型，本文采用遗传基因模型形式来描述轮胎橡胶材料的黏弹特性，其本构方程表达式为：

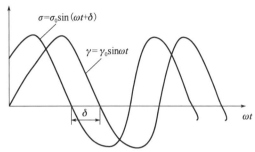

图 6-17　荷载作用下的黏弹性材料

$$\sigma = \int_0^t 2G(t-\tau)\frac{de}{d\tau}d\tau + I\int_0^t K(t-\tau)\frac{d\Delta}{d\tau}d\tau \tag{6-34}$$

式中：σ——柯西应力；

　　$G(t)$——剪切松弛核函数；

　　$K(t)$——体积松弛核函数；

　　e——剪切应变；

　　Δ——体积变形应变；

　　t——当前时间；

　　τ——过去时间。

采用 Prony 级数的形式对 $G(t)$ 与 $K(t)$ 进行定义，有：

$$G(t) = G_\infty + \sum_{i=1}^{n_G} G_i \exp\left(-\frac{t}{\tau_i^G}\right) \tag{6-35}$$

$$K(t) = K_\infty + \sum_{i=1}^{n_K} K_i \exp\left(-\frac{t}{\tau_i^K}\right) \tag{6-36}$$

式中：G_∞、G_i——剪切模量；

　　K_∞、K_i——体积模量；

　　τ_i^G、τ_i^K——各分量的松弛时间。

通过动态剪切流变试验对橡胶材料进行测试，在 ABAQUS 软件中使用关键词 *VISCOELASTIC, TIME=FREQUENCY TEST DATA 进行材料模型参数非线性拟合来确定 Prony 系列参数，见表 6-4。

Prony 系列参数　　　　　　　表 6-4

胶料名称	Prony 系列参数		
	$\bar{g}_1^p$	k_1^p	T_1
胎体胶	0.0934	0	20.8027
带束胶	0.16832	0	5.9642
三角胶	0.3	0	0.1
冠带胶	0.16832	0	5.9642
胎侧胶	0.1597	0	5.9707
胎面胶	0.1254	0	6.5122
内衬胶	0.0934	0	20.8027

(二) 橡胶-帘线复合材料本构模型

为了降低模型计算工作量,上一小节中对橡胶材料做出了均质且各向同性的假定,但是轮胎的胎体、带束层等承力结构在力学试验中表现为各向异性,且属于一种复合材料,如图6-18所示。

由图6-18可见,帘线等材料以一定的间距和角度镶嵌在橡胶材料内部,形成了一种加强层,因此建立橡胶-帘线复合材料模型的关键在于准确描述加强层的力学特征。ABAQUS软件中针对这种加强层的建模有两种方法,分别是各向异性的膜单元和加强筋单元(rebar)。这两种方法在材料方向上有所区别,各向异性的膜单元的材料方向随整体的旋转轴旋转,这种旋转导致使用该方法建立的模型在受到较大应变作用时出现计算错误,加强筋单元方法中材料的方向随模型的变形方向旋转,使材料之间更易于发生剪切作用,这与轮胎带束的实际工作状态是相符合的,如图6-19所示。

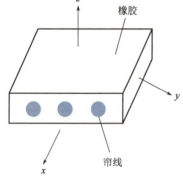

图6-18　橡胶-帘线组合示意图

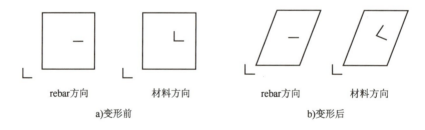

图6-19　加强筋单元材料变形旋转示意图

rebar单元可以被内埋在实体单元中，即使它们具有不匹配的网格。ABAQUS软件首先会检查内埋单元与主单元的节点之间的几何关系。如果内埋单元的节点位于主单元中，那么该节点的自由度会被消除，节点成为内埋节点，内埋节点的自由度被约束为主单元自由度的插值。通过使用*EMBEDDED ELEMENT关键词来定义，在设置中必须指定rebar单元的横截面面积、间距和插入角度，如图6-20所示。rebar单元的参数见表6-5。

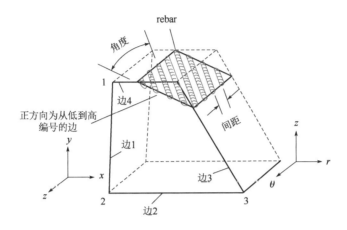

图6-20　ABAQUS中rebar单元设置

rebar与骨架材料参数表　　　　　　　　　　　　　　　　　表6-5

材料	拉伸模量（10^4MPa）	泊松比	截面积（mm^2）	间距（mm）	角度（°）
第一带束层	2.0	0.33	0.3318	0.7	61
第二带束层	2.0	0.33	0.3318	0.7	-61
第一带束钢丝	0.2	0.45	0.2376	1.0	90
第二带束钢丝	0.2	0.45	0.2376	1.0	-90
胎体帘线	0.5	0.45	0.6361	1.0	0
钢丝圈	8.0	0.33	—	—	—

通过对钢丝帘线等材料的拉伸试验用来消除试件拉伸试验中的端部效应，即用两个由同一材料制成的同样截面、不同长度的试件，设定其长度分别为L_1、$L_2(L_1 > L_2)$，施加固定的荷载，试验机夹具的位移分别为u_1和u_2，两个试件的实际伸长量分别为Δl_1与Δl_2，同样的试验条件和材料属性，其端部效应产生的伸长量相同，则试件的真实应变为$\varepsilon = \dfrac{u_1 - u_2}{L_1 - L_2}$，材料拉伸模量和泊松比见表6-5。

三、子午线轮胎主体结构建模技术

子午线轮胎花纹复杂且结构众多,导致主体结构的建模工作极其复杂,若不针对轮胎结构进行相应的优化,计算工作量过于庞大,所以在进行建模前对轮胎各个部件的几何结构进行优化,相同材料部位进行合并。子午线轮胎属于轴对称结构,因此可以借助ABAQUS软件的旋转和传递功能对建模工作进行优化。

模拟建立3D花纹轮胎及其充气、加载、滚动行为时需要考虑沥青路面、轮辋及胎体等主要受力构件。如,轮胎滚动中会在与路面接触区域内发生局部小变形,此时需要将路面与轮辋视为刚体,充气胎体此时视为有弹性变形的由橡胶与帘线构成的复合材料。通常地,首先利用AutoCAD进行构建轮胎2D几何尺寸模型;其次,应用Hypermesh对二维轮胎几何模型进行网格划分;然后导入ABAQUS中对不同构造进行材料属性参数设置,得到如图6-21所示轮胎FE模型。

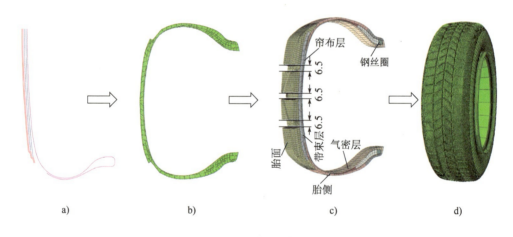

图6-21 3D花纹轮胎的建模

详细过程描述如下:

(1)利用AutoCAD绘制轮胎几何截面的1/2轮廓曲线,然后镜像得到整个轮廓曲线;并利用样条曲线绘制轮胎几何尺寸截面。

(2)为避免后续网格划分产生变形,对轮胎外轮廓线分割并保持网格相对平顺。

(3)在外轮廓线划分网格的基础上,进行绘制2D轮胎的骨架结构特征线,如帘线层、气密层、钢丝圈及带束层等,如图6-21a)所示。

(4)采用Hypermesh软件对上述步骤中绘制完成的2D几何模型进一步处理,锐化尖锐、重叠区域的结构,以确保后续网格划分精细化并加快模型收敛速度,最后得到轮胎二维网格模型,如图6-21b)所示。

(5)导入ABAQUS中对二维轮胎模型进行旋转,并与CATIA中所建花纹贴片相结合得到如图6-21c)所示的部分3D花纹轮胎模型。

（6）在截面与材料属性中进行轮胎结构材料属性参数输入,其中,用YEOH模型描述材料超弹性材料特性,针对含rebar的复合材料采用嵌入加筋材料单元的面单元进行模拟并设置相关参数(如钢筋间距、埋入夹角等,见图6-20);然后对其作旋转阵列操作得到带有花纹的3D轮胎有限元模型[图6-21d)]。

主要工作分为:几何模型处理、轮胎二维有限元模型建立、胎面花纹建模和轮胎三维有限元模型建立方法,下面具体阐述。

（一）子午线轮胎二维几何模型建立

子午线轮胎截面结构的几何构成如图6-22所示,轮胎截面的几何形状存在尖锐角,这对于下一步划分网格的工作极其不利,所以应对整个截面进行划分,保证轮胎外轮廓曲线的平滑过渡,尽量避免出现两相邻曲线出现交叉的情况,同时,尽量将长度过小的线段删除,使各个区域的几何形状较为周整。

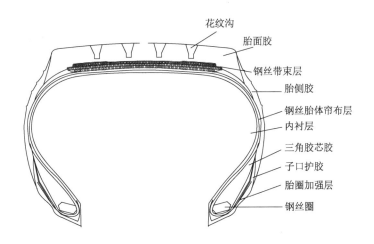

图6-22 子午线轮胎截面结构几何构成示意图

在AutoCAD软件中绘制轮胎二维截面,为了减轻建模工作量,可以选取一半的几何截面进行建模,删除合并细小部件,将帘线等骨架材料的分界线删除,只保留轮胎的外轮廓线,如图6-23a)所示;从得到的轮廓线可以看出,尖锐角等细小部件已经被删除,但是各个轮胎部件的几何尺寸区别较大,为了方便后续的网格划分工作,并减少网格的畸变,需要将整个轮胎区域划分成多个理想区域,在AutoCAD软件中绘制出分割线,如图6-23b)所示;上一小节中本文讨论了使用rebar单元来表征轮胎中的帘线等骨架材料,子午线轮胎中的骨架结构主要有带束层、胎体层和钢丝圈。主要的设计参数包括帘布层的层数、每层帘布的位置、宽度、厚度、铺设角度、间距和排列方式。为了确保骨架材料位置的精确性,在AutoCAD中首先确定骨架材料的中心线,然后使用偏移命令生成轮胎骨架材料特征线,如图6-23c)所示;将得到的三个图形文件导入有限元前处理软件Hypermesh中进行编辑和修复,消除断点和细小部件,使整个轮胎区域形成一个封闭的整体,确保网格划分的质量,如图6-23d)所示。

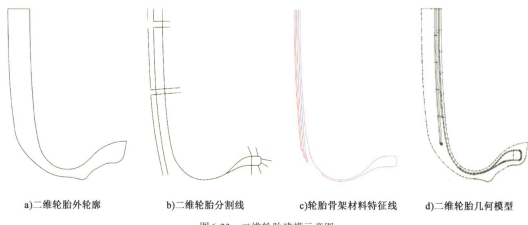

a)二维轮胎外轮廓　　b)二维轮胎分割线　　c)轮胎骨架材料特征线　　d)二维轮胎几何模型

图6-23　二维轮胎建模示意图

(二)有限元模型网格优化研究与单元类型选择

对于非线性的有限元分析,计算结果的精度和工作时间一直是重点关注的难点,而所使用的单元类型和网格划分的好坏决定了整个模拟的成败。理想状况中。所有的网格都应该属于正多边形或者正多面体,且大小相等、密度均匀。由图6-23可知,轮胎二维截面形状极其复杂,用完全理想形状的单元离散整个轮胎模型是不可能的,所以在重点研究的结构关键部位,应保证划分高质量的网格,即使是个别质量很差的网格也会引起很大的局部误差。而在结构次要部位,网格质量可以适度地降低,通过在各个位置选择合适的网格类型和大小,确保模型计算的精度。网格划分首先应该注意整体网格密度的均匀,共享同一边的两个区域疏密度应控制在一定范围内,采用细长比、锥度比和翘曲角这三个指标对网格划分的质量进行控制。

1.细长比(Aspect Ratio,AR)

单元的最大边长与最小边长的比值,如图6-24所示。理论上AR值为1,即单元为正多边形或者正多面体时能够得到最精确的计算结果。但由于部件的几何形状所限,在进行网格划分时并不可能达到最理想的状态,在非线性计算中当单元的细长比介于1~5之间就可以得到比较满意的计算精度。

图6-24　细长比示意图

2.锥度比(Skew Ratio,SR)

单元对应边中点连线的夹角中最小角的余角,如图6-25所示。锥度比很大程度上决定了模型收敛的难易程度。其值为0时,单元为正多边形,网格的质量最好。计算中锥度比的值介于0~60时,模型的计算精度较高。

3. 翘曲角(Warp Angle)

该项标准只针对四边形单元,所建的轮胎二维有限元模型中存在大量的四边形单元,所以该项标准是必要的。依次沿四边形单元的对角线将四边形分为两个三角形,寻找这两个三角形所在面构成夹角的最大夹角,该角即为翘曲角,如图6-26所示,将四边形沿着对角线划分有两种方法,一般的选取原则是取最大值。翘曲角在5°以下,单元质量较高。

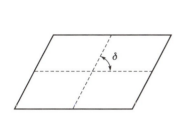 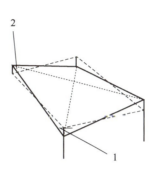

图6-25 锥度比示意图　　图6-26 翘曲角示意图

Hypermesh软件中可以使用*quality index功能对整个网格划分的质量进行检查,按照上述三个标准,所划分的网格质量检查如图6-27所示。

图6-27 网格划分质量检查示意图

由图6-27可见,网格划分的质量较高,只有在帘线的夹角处存在一定的细小单元,导致细长比大于5,占整个单元总数的1.6%,由于轮胎的构成复杂,这是无法避免的,因此网格划分的质量可以满足模型计算精度的要求。

针对子午线轮胎的建模将轮胎视为轴对称结构,所以在单元类型的选择上必须使用轴对称单元,在ABAQUS软件的单元库中,有CAX类单元和CGAX类两种单元类型属于轴对称,由于需要轮胎与路面、轮胎与流体的接触问题进行计算分析,所以单元必须可以发生扭转,CGAX类单元允许该类型单元绕对称轴发生扭曲,可用于有限转动的非线性分析中。该类型单元有三个自由度:径向位移、轴向位移、绕对称轴的扭转,其中扭转以弧度单位给出,整个模型中任意一点在周向上的扭转必须为常数,以便使几何变形保持为轴对称。CGAX类单元具有完全的三维应力状态,默认时,其应力应变在柱坐标系下输出,且该类型单元支持rebar单元。根据网格划分的结果可知,橡胶材料的单元形状大多数为四边形单元,仅仅在胎侧部位存在三角形单元,同时考虑到橡胶材料可能产生的"沙漏现象",使用完全积分。

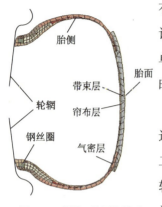

因此,橡胶材料的四边形单元选择CGAX4R单元,三角形单元选择CGAX3单元。帘线等骨架材料与子午线方向具有夹角,因此二维轴对称模型中的rebar单元采用SFMGAX1单元。在Hypermesh软件中对轮胎截面的几何模型进行网格划分,并选择相应的单元类型,结果如图6-28所示。

图6-28 轮胎二维网格模型

(三)子午线轮胎三维有限元模型建立

首先,将Hypermesh软件中生成的网格文件与材料模型结合,导入ABAQUS软件中,生成二维有限元模型,如图6-29所示。

其次,通过ABAQUS软件的关键词*symmetric model generation,Revolve将二维模型沿对称轴旋转5.806451°的角度,旋转角度是由厂家提供的单个花纹尺寸所决定,同样在Hypermesh软件中绘制花纹的网格文件,花纹的材料模型与胎面橡胶的材料模型相同,通过关键词*Tie将两个部件进行绑定,如图6-30所示。在此步骤中,将所生成的模型内表面设定为充气加载面,对其施加0.25MPa的均布压强,用于模拟轮胎使用时的充气压强,如图6-31所示。

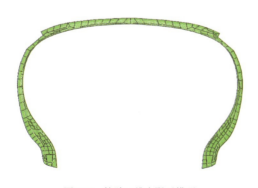

图6-29 轮胎二维有限元模型

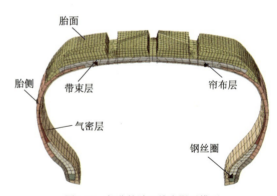

图6-30 部分轮胎三维有限元模型

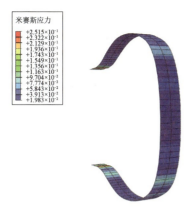
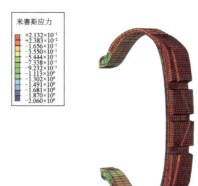

a)充气加载受力面   b)部分模型充气加载云图

图6-31 部分轮胎模型充气加载

最后,使用*symmetric model generation,periodic=constant,将生成的部分轮胎模型旋转62份来生成最终的模型。这里必须说明的是,实际旋转生成的角度并未达到360°,通过设置模型检查的最小误差值,软件自动使两个未能完全吻合的面进行捆绑处理并消除重复点,轮胎的三维有限元模型节点总数为307400,单元总数为223452,如图6-32所示。采用解析刚体来形成轮辋,确保轮辋与轮胎的中心保持一致,轮辋与轮胎之间的接触行为使用增加拉格朗日算法,通过关键词*symmetric results transfer将充气荷载的应力应变传递到新的三维轮胎模型,如图6-33所示。

图6-32 花纹轮胎三维有限元模型

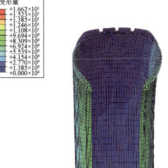

a)充气加载前截面图   b)充气加载后截面图

图6-33 三维轮胎模型充气加载

四、轮胎模型有效性验证

为了检验所建轮胎模型的精度,需要对充气工况下轮胎所包含的各个部件的应力分布情况进行分析。当轮胎受外部荷载发生变形,其变形后的轮廓形状、半径等因素直接影响轮胎滑水性能,因此还需要对轮胎进行刚度分析。根据子午线轮胎刚度试验要求,需要分析轮胎的径向刚度、扭转刚度、侧向刚度、纵向刚度等,由于本书使用的轮胎滑水模型在滚动仿真中不设置转向、侧偏等工况,且路面模型没有路拱和坡度,所以刚度分析中只需要针对轮胎的径向刚度进行仿真计算,将仿真计算的结果与试验结果进行对比来验证本书所建轮胎模型在单元类型、橡胶和帘线等材料的材料本构模型、轮胎结构简化等设定中的准确性。

(一)轮胎模型充气荷载试验

对轮胎模型进行充气受力分析的步骤如下:首先,使用上一小节所建立的轮胎二维模型和轮辋结构,对两者之间的接触采用增加拉格朗日算法,将切向的摩擦系数定义为0,以提高计算的效率;其次,对轮辋试件集中荷载,使轮辋结构与二维模型进行接触和约束,对设定的充气内表面试件0.24MPa的充气压强,约束轮辋中心参考点在两个方向的位移和转角;最后,通过旋转生成完整三维轮胎模型,并将应力应变传递到新的轮胎模型上。本文通过变形、应力和应变三个方面对轮胎模型充气工况仿真进行分析。

1.变形分析

二维轮胎模型施加充气荷载后变形如图6-34所示,可以看出对轮胎施加0.24MPa均布荷载后,轮胎的整体形状向外膨胀较大,最上部的胎面和胎肩两个部位基本不存在变形,而胎侧部存在较大的变形,整体向两边的膨胀比较明显。这是由于胎侧部的橡胶材料最为柔软,没有骨架材料约束变形,也与实际轮胎的充气变形符合。

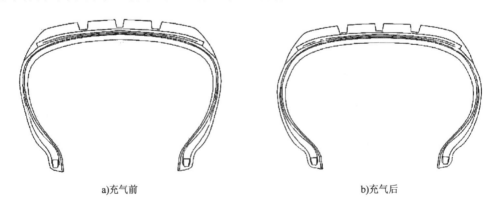

a)充气前　　　　　　　　b)充气后

图6-34　二维轮胎模型充气加载变形对比示意图

三维轮胎模型施加充气荷载后的总变形位移云图如图6-35所示,云图显示轮胎模型与轮辋接触的区域位移最大,这是由于在施加充气荷载之前,对轮辋施加了集中荷载,而在施加充气荷载的过程中,三维轮胎变形与二维轮胎变形的趋势是一致的,都与实际轮胎充气变形相符合。

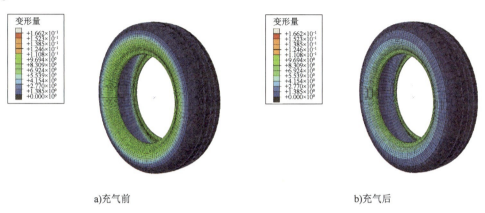

a)充气前　　　　　　　　　　　　b)充气后

图6-35　三维轮胎模型充气加载总变形位移云图

2.应力分析

轮胎模型施加充气荷载后,轮胎各个部件应力分布如图6-36所示。由应力分布云图可知,轮胎充气荷载下,受力分布是对称的,符合前文建模时对轮胎属于轴对称模型的设定。由图6-36a)可知,橡胶基体的应力较小,但钢丝圈承受了较大的拉应力,对整个轮胎结构起到约束作用。由图6-36b)、c)可知,带束层与帘线层等骨架材料的应力较大,所以充气荷载基本由骨架材料承担。其中图6-36b)显示带束层承受拉应力,从中心部位向两边逐渐减小,而图6-36c)显示帘线层的应力在中心部位最小,向胎肩部位逐渐增大。轮胎在充气过程中,整个轮胎受力状态一致,处于受拉状态。

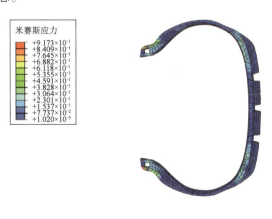

a)橡胶基体应力分布云图

图　6-36

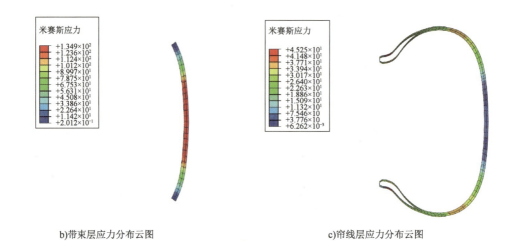

b) 带束层应力分布云图　　　　c) 帘线层应力分布云图

图 6-36　二维轮胎模型充气加载应力云图

由图 6-37 可知，图 6-37a) 显示橡胶基体 Y 方向应力较高，胎侧部较其他部位应力更大，与轮胎实际工作中胎侧部易受磨损这一情况相符合。如图 6-37b)，显示骨架材料的应力分布与二维模型一致，且整个轮胎的应力分布沿周向均匀分布。通过对所建轮胎模型充气加载下变形和应力结果的分析，可知本书所建模型与实际轮胎工作状态相符合，满足使用要求。

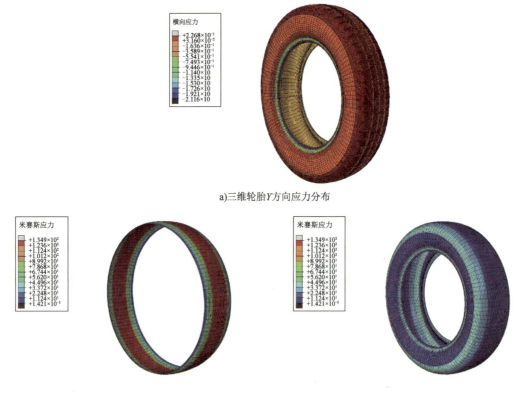

a) 三维轮胎 Y 方向应力分布

b) 完整带束层主应力分布　　　　c) 完整帘线层主应力分布

图 6-37　三维轮胎充气加载下应力分布云图

3. 应变分析

由图6-38可知,轮胎内部结构的应变分布与应力分布一样存在分布不均匀现象。通过与上文中应力云图对比分析可以看出,橡胶材料的应变分布与应力分布并不相似,这是由于橡胶材料的非线性所决定,而骨架材料是线弹性的,所以两者分布趋势较为一致。由图6-38b)、c)可以看出,充气荷载下,X方向和Y方向应变在胎肩部位较大,由图6-38d)可知,Z方向的应变在轮胎的胎冠部位及胎侧部靠近胎圈的部位最大,而胎侧部的Z方向应变最小,所以在轮胎滚动中反包点容易脱落,Z方向应变整体小于X方向和Y方向应变。通过应变云图与应力云图的对比分析可知,选取的轮胎材料本构模型可以模拟橡胶材料、骨架材料的力学特性。综上所述,轮胎模型充气荷载下的计算结果与文献中轮胎试验的结果相一致,证实了本文所建轮胎模型的准确性。

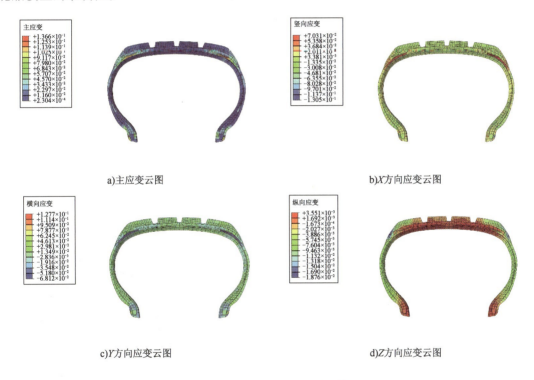

图6-38 充气工况下轮胎应变云图

(二)轮胎模型径向刚度验证

考虑到轮胎材料变形非线性及接触区域应变的不均匀性,而且轮胎模型是接触有限元模型的核心部分,为了使后续关于胎/路附着特性的分析更切合实际受力状态,故需要对复杂充气花纹轮胎建模的准确性进行验证,以检验轮胎模型构建的精度。

基于轮胎在沥青路面滚动接触时受到接触力发生一定形变,会直接影响胎/路接触面积,进一步降低路面所提供的摩擦力,故需要对轮胎进行刚度测试分析。通常情况下,需要采用五刚试验机对轮胎进行室内五刚性试验,即横向刚度、扭转刚度、切向刚度、径向刚度及包覆刚度测试。其中,考虑轮胎主要承受刚性路面对其法方向的接触力作用(径向刚度影响占主要比例),为了节省篇幅,本书仅进行径向刚度试验的数据分析。

车辆在道路上行驶时,轮胎径向刚度对行驶舒适性和稳定性具有重要影响。理论上,径向刚性试验主要测试轮胎径向刚度大小,即轮胎在标准充气内压下所受外部荷载与其径向变形的比值。参考庄吉德的《汽车轮胎学》,假设路面作用于轮胎接触面的垂直力为 F_z,P 点处径向挠度为 $\Delta h \cdot \cos\theta$,轮胎圆周方向为 $\Delta h \cdot \sin\theta$[图 6-39a)],那么在 P 点产生的垂直方向应力 f_z 为:

$$f_z = k_z \Delta h \cdot \cos^2\theta + k_x \Delta h \cdot \sin^2\theta \tag{6-37}$$

垂直力 F_z 为:

$$F_z = 2\int_0^\pi (k_z\Delta h \cos^2\theta + k_x\Delta h \sin^2\theta)rd\theta = \pi r(k_z + k_x)\Delta h \tag{6-38}$$

则推导出轮胎主体(即轮胎结构中不含带束层以上的部分)的径向刚度 B_z 为:

$$B_z = \frac{F_z}{\Delta h} = \pi r(k_z + k_x) \tag{6-39}$$

关于 ABAUQS 中虚拟实验,首先对建立的 3D 轮胎模型充气加载 0.24MPa,为提高计算收敛速度,对路面设置一个向上的位移,使得路面与轮胎产生一定接触;然后,对轮辋参考点施加 0 ~ 4000N 的外荷载,模拟运行并计算出此时状态下轮胎的径向变形值,如图 6-39b)所示。

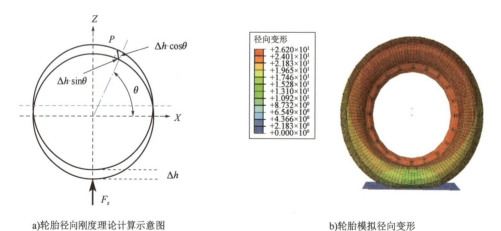

a)轮胎径向刚度理论计算示意图　　　　b)轮胎模拟径向变形

图 6-39　轮胎径向刚度计算与模拟分析

在实验室内,利用 PL-2003 轮胎综合实验机对轮胎进行静载实验。轮胎底面与一钢板面接触,通过观察钢板的位移即得到轮胎变形值。分别记录不同荷载下的径向变形量,将测试得到的径向位移-荷载曲线与模拟结果进行对比,如图 6-40 所示。

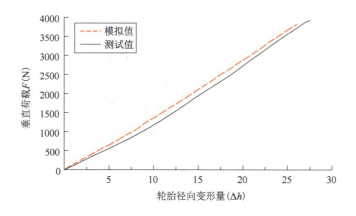

图6-40 轮胎刚度试验与模拟结果对比

观察图6-40中轮胎径向位移随外荷载的变化曲线,发现ABAQUS模拟结果与室内轮胎刚度试验曲线大概相一致,例如当模型荷载为3922N,充气内压为0.24MPa时,模型的计算结果为26.1mm,利用轮胎五刚试验机测得的试验结果为26.4mm,误差为1.14%,表明所建立的充气轮胎化纹有限元模型能够体现轮胎的实际受力特征,具有一定的准确性与有效性,可用于后续胎/路接触行为数值模拟分析。

第三节 表征纹理的沥青路面有限元建模

沥青路面纹理的几何形态极其复杂,所以三维建模工作的难点在于准确描绘其几何构成,且路面模型作为整个滑水模型中的道路子模型必须考虑后续计算中必须易于收敛、计算简便。目前,常用的方法有CT扫描法、三维光学扫描仪及图像处理技术等进行建立具有表面纹理的三维沥青路面模型。

一、基于CT扫描的纹理路面模型建立

(一)CT扫描技术原理

沥青混合料是由沥青胶浆、集料和空隙组成,具有非连续性这一特征。研究学者多采用切割试件的方法对试件内部的组成进行分析,该方法易于实施,但切割的过程会对试件造成一定的损伤,依据切割试件截面进行的三维试件重构存在严重失真。CT扫描技术是结合了计算机图像处理技术和射线技术的综合产品。CT扫描技术不会损伤所扫描的试件,射线穿透被测量物体,单独得到每一层的高精度图像,并通过对每一层的图像进行分析可以得到该层面的物质组成,沿厚度方向将其叠加可以进行整个试件的三维重构。CT扫描系统如图6-41所示。

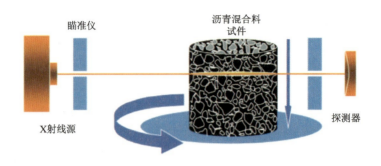

图 6-41　CT 扫描系统示意图

射线穿过试件,由于试件内部物质组成不同导致射线强度的衰减也会有不同的变化,整体上呈现指数关系,可以通过这种射线强度衰减的不同来描述不同物质的组成,其原理用式(6-40)表达为:

$$I = I_0 e^{-\mu_m \rho x} \tag{6-40}$$

式中:I——接收射线光强;

I_0——发射射线光强;

μ_m——单位质量物质射线吸收系数;

ρ——物质密度;

x——发射射线的穿透长度。

式中 μ_m 与射线的波长相关,为更方便地进行物质密度的分析,用 μ 来代表某物质的射线吸收系数,有:

$$\mu = \mu_m \cdot \rho^{-1}$$

在 CT 扫描分析中,研究者关注的焦点是内部物质的不同,因此引入 CT 数的概念,通过与水的射线吸收系数进行对比,CT 数越高,密度越大,有:

$$\text{CT} = 1000 \times \frac{\mu_a - \mu_\text{水}}{\mu_\text{水}} \tag{6-41}$$

式中:μ_a——测试物质的射线吸收系数;

$\mu_\text{水}$——水的射线吸收系数。

CT 扫描的成像原理正是基于 CT 数的概念,射线穿透一定厚度的层面,由探测器将衰减后射线光强进行转化,将每一层面划分为若干个等大小的矩形,每个矩形分别得到其射线吸收系数,得到矩阵 $\mu(x,y)$,输入计算机可以得到像素,既可以形成 CT 扫描图像,如图 6-42 所示。采用德国 YXLON 公司开发的 X 射线断层扫描仪,该设备技术指标为,高压范围为 10～225kV;操作模式为锥束扫描;像素数量为 1024×1024;放大倍率为

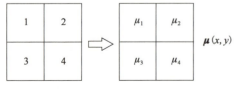

图 6-42　CT 扫描成像原理示意图

1.6～200倍，如图6-43所示。扫描间距为0.1mm，小于宏观纹理的波幅，符合要求，每一个试件可以得到635张图像，如图6-44所示。

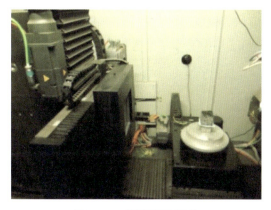

图6-43 X射线断层扫描仪

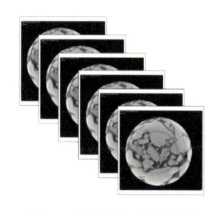

图6-44 马歇尔试件CT扫描灰度图

(二)灰度图像处理技术

常见的数字图像多为彩色图像，可以用RGB和YIQ等多种颜色系统来描述。其中使用最为广泛的是RGB系统，该系统对应人眼视觉系统最敏感的红色、绿色和蓝色三种有色光的亮度值，大小范围是0～255，而CT扫描仪得到的灰度图像其实就是彩色图像的一种特殊表现形式，即R=G=B，因此灰度图像的灰度值同样可以分为0～255级，对应黑色、深灰色、浅灰色到白色，如图6-45所示。

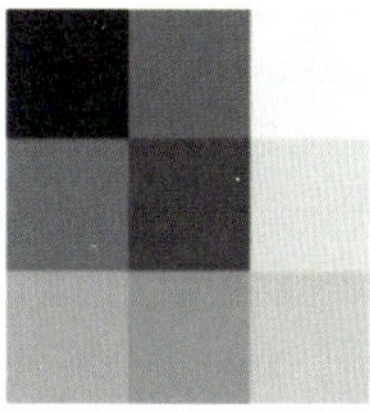

$$\begin{pmatrix} 0 & 80 & 230 \\ 90 & 50 & 200 \\ 150 & 130 & 180 \end{pmatrix}$$

图6-45 灰度图像

结合上一节所述CT数的概念可以得知，CT扫描得到的灰度图像上不同的灰度值可以描述不同物质的射线吸收情况(吸收系数)，通过射线吸收系数的差异区分不同组分。为了更好地分析扫描试件各个组分的空间位置与外轮廓形状，需要对灰度图像进行增加对比度、去噪、锐化和分割。

1.图像增加对比度

为了增加多种灰度值相近的不同组分之间的区分度，可以对这一段范围内的灰度值进行拉伸，扩大范围。假设需要将X_1到X_2这一段灰度值拉伸为Y_1到Y_2，其变化的函数表达式为：

$$f(x)=\begin{cases} \dfrac{y_1}{x_1}x & (x<x_1) \\ \dfrac{y_2-y_1}{x_2-x_1}(x-x_1)+y_1 & (x_1\leqslant x\leqslant x_2) \\ \dfrac{255-y_2}{255-x_2}(x-x_2)+y_2 & (x>x_2) \end{cases} \tag{6-42}$$

2. 图像去噪

在扫描过程中不可避免地会产生相应的噪声污染，尤其是在试件的边缘部分，为了增强图像边缘轮廓的识别度，可以采用中值滤波方法，其核心理念是将某一像素点领域的所有像素点采用该像素点集合的中值来代替，假设有 $x_1, \cdots, x_n$ 共 n 个数据，按数值大小进行排序，则灰度值的中值定义为：

$$y = \mathrm{Med}\{x_1, \cdots, x_n\} = \begin{cases} x_{i\left(\frac{n+1}{2}\right)} & （n\text{为奇数}）\\ \dfrac{1}{2}\left[x_{i\left(\frac{n}{2}\right)} + x_{i\left(\frac{n}{2}+1\right)}\right] & （n\text{为偶数}）\end{cases} \tag{6-43}$$

3. 图像锐化

为进一步突出图像中的细节和边缘，更容易地区分空隙和沥青混凝土集料，采用高通滤波将所要突显区域中的像素和周围像素之间的灰度差异放大，得沥青混凝土集料更为准确的边缘轮廓信息，其函数表达式为：

$$H(\mu, v) = \begin{cases} 0 & [D(\mu, v) \leqslant D_0] \\ 1 & [D(\mu, v) > D_0] \end{cases} \tag{6-44}$$

式中：D_0——截止频率。

可以得出高于 D_0 的频率可以通过，而低于 D_0 的频率则被消除。

4. 图像分割

图像分割是指将所要研究的物体从背景中分离出来，只有将物体分离出来才可以对其进行分析和研究。由于各个组分之间边缘灰度值存在一定的跃迁，据此对灰度值进行分割，一共有4种方法，分别是阈值法、区域法、边界法和边缘法。本书采用阈值法，该方法的核心是确定一个阈值，令低于阈值的像素值变为 A，高于阈值的像素值变为 B，其数学表达式为：

$$g(n) = \begin{cases} A & (f > T) \\ B & (f \leqslant T) \end{cases} \tag{6-45}$$

式中：$g(n)$——新的像素值；

f——灰度图中原始像素值；

T——阈值。

本文确定阈值的方法是基于最小误差理论的双峰法，这是一种统计方法，确定一个阈值，使得像素属于目标物体或是背景的出错概率降到最低。设定在一幅灰度图像中，属于背景的灰度值分布的概率密度为正态函数 $p(x)$，标准差为 σ_1，平均值为 μ_1，背景面积占总面积的比值为 s，同理，目标物体的灰度值的概率密度分布函数为 $q(x)$，标准差为 σ_2，平均值为 μ_2，则整幅灰度图的灰度值分布函数为：

$$W = sp(x) + (1-s)q(x) \tag{6-46}$$

阈值为 T，若 $x > T$，则为目标物体；若 $x \leq T$，则为背景。可以得到把像素错误归入背景的概率为：

$$Q(T) = \int_{-\infty}^{T} q(x)\mathrm{d}x \tag{6-47}$$

同理，把像素错误归入目标物体的概率如式（6-49）所示。

$$1 - P(T) = \int_{T}^{\infty} p(x)\mathrm{d}x \tag{6-48}$$

使式（6-47）与式（6-48）之和为最小值，代入 $q(x)$ 和 $p(x)$ 的表达式，求解使其微分为零，得到：

$$\ln\sigma_1 + \ln(1-s) - \frac{(T-\mu_2)^2}{2\sigma_2^2} = \ln\sigma_2 + \ln T - \frac{T-\mu_1}{2\sigma_1^2} \tag{6-49}$$

求解方程，可以得到阈值 T，通过使用 MATLAB 软件进行计算，得出区分试件中空隙和集料的阈值为 90。

（三）基于体素的三维重构技术

三维重构技术在机械制造行业中应用广泛，属于逆向工程。其本质是通过 CT 扫描技术获取物体几何信息，确定不同材料的分布情况，采用仿真手段在计算机中实现物体的还原。拟采用的方法是从一系列的二维 CT 扫描灰度图像中分别提取物体的三维结构信息。物体三维重构的几何模型可以分为线框模型、曲面壳模型和实体模型。

线框模型的内涵是二维图像在深度方向进行延伸，建模简便，多用于机械设计中表征特定部件的造型，如图 6-46 所示。采用线框模型建立的沥青混凝土道路模型可以准确显示路面内部空隙的分布，但是无法存储模型应有的体积、质量和重心等信息，无法用于有限元的分析计算，故不适用于分析计算。

曲面壳模型采用三角形和四边形刚片构成整个模型，可以准确地描述物体表面的起伏状态，如图 6-47 所示。采用曲面壳模型建立的沥青道路模型可以准确地描述路面宏观纹理，但是模型表面存在的大量尖锐角导致橡胶材料产生应力集中现象，导致路面模型对轮胎模型的穿透量超出容差范围，模型终止计算；且该模型不能显示路面内部空隙的分布，同样不适用于模拟计算。

图 6-46　线框模型

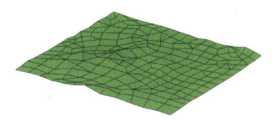

图 6-47　曲面壳模型

实体模型建模复杂，由多种实体单元构成，存储物体的所有几何信息，在几何描述中存在唯一性，可以准确地区分物体中所包含的多种材料，在指定相应的材料特性后可以自行计算物体的重心和转动惯量，支持有限元仿真计算，所以本书采用实体模型来建立沥青混凝土路面子模型。其中，建模工作的重心在于对路面纹理的描述，选取马歇尔试件CT扫描系列图像的1~60张图像进行三维重构，按照图像之间的间隔可以得出，三维重构的试件高6mm，并选取图像中心处60mm×60mm大小区域，以确保建模的精确性。对60张灰度图像统一进行阈值分割，如图6-48所示，沥青混凝土材料与空隙被完全分离。

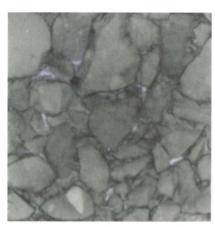 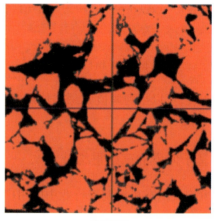

a)分割前　　　　　　　　　　　　　　b)分割后

图6-48　阈值分割灰度图像

对应于二维图片的像素，三维建模需要建立在体素数据上，其概念与像素的概念基本相似，体素可视为一个立方体，其数据储存在立方体8个顶点上，可以将像素视为体素在平面上的成像。因此，建模的重点在于确定每一个体素的8个节点的位置信息和对应关系。可以对每一幅灰度图像的像素进行编号，假设每一幅的像素点可以形成$m×n$的矩阵，共有k幅图像，其编号规则如图6-49所示。

$m(n+1)+1$	⋯	⋯	$(m+1)(n+1)$	$(k-1)(m+1)(n+1)+n(m+1)+1$	⋯	⋯	$k(m+1)(n+1)$
⋮	⋮	⋮	⋮	⋮	⋮	⋮	⋮
⋮	⋮	⋮	⋮	⋮	⋮	⋮	⋮
1	⋯	⋯	$n+1$	$(k-1)(m+1)(n+1)+1$	⋯	⋯	$(k-1)(m+1)+n+1$

a)第一幅节点编号　　　　　　　　　　　　b)第k幅节点编号

图6-49　二维灰度图像素矩阵节点编号

相邻图片的8个节点可以构成一个单元,这样可以得到所有的单元、节点和坐标的对应关系。通过阈值的识别提取沥青混凝土单元进行网格划分,由于表面纹理的几何形貌复杂,所以选取六面体单元和四面体单元杂交的方式进行划分,做到尽可能减少计算复杂程度的同时保证路面纹理不失真。生成的沥青混凝土试件三维有限元模型如图6-50所示,模型节点数27969、单元数122463。通过对试件模型进行扩展,可以得到具有表面纹理信息的沥青混凝土路面有限元模型,如图6-51所示。

a)沥青混凝土试件模型剖面

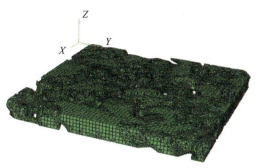

b)完整沥青混凝土试件模型

图6-50　沥青混凝土试件三维有限元模型

图6-51　沥青混凝土路面有限元模型

二、基于ACRP系统的纹理路面模型建立

采用与第二章中相同的沥青材料AC、SMA以及OGFC的车辙板,利用ACRP系统获取沥青混合料三维空间分布形态。在构筑具有表面纹理特征的沥青混凝土路面模型的过程中,本书主要应用了数字点云三维重构方法,进行路面模型的建立。

(一)3D纹理模型的数据提取

通过第五章第五节中介绍的近景摄影测量技术得出的路面纹理3D文件,本质上仍为路面三维坐标点集合;并且,由于近景摄影后处理过程中的算法中并未对网络坐标点进行标准化处理。因此,在最终形成的3D文件中,表征路面纹理的网络坐标点是以随机散乱的方式进行排布的。将随机分布的3D文件网络坐标点进行提取,以供进一步处理,提取出的随机三维坐标点如图5-32所示。

（二）坐标点数据钝化处理

从图5-32中可以看出,原始3D文件的坐标点网格非常致密,该密度远超出ABAQUS能够处理的网格密度能力。因此,需要针对该问题将路面坐标点进行钝化处理。钝化处理虽然在一定程度上会降低路面纹理最终建模的精度,但是却能很好地保证模型的收敛性以及运算效率,节省时间成本。因此,选用合适的钝化精度,对于模型最终运行的效果以及运行过程中的时间成本至关重要。针对不同的路面纹理,通常需要选择不同的钝化精度,以保证模型的收敛性。具体的钝化精度需要通过针对具体的路面纹理3D模型进行试算,验证其收敛性。以课题组研究的AC路面车辙板为例,最终选取x-y网格的钝化精度为5mm,相关的定义语句为："grid_xmin=-150; grid_xmax=150; grid_ymin=-150; grid_ymax=150; uij=grid_xmin:5:grid_xmax; vij=grid_ymin:5:grid_ymax;"。

考虑到路面刚度与轮胎刚度之间的相差较大,在ABAQUS有限元模型中可以将路面视为刚体。通过上述过程获得的路面车辙板的模型为刚体壳体(shell)单元,将该坐标点网格放入ABAQUS的前处理.inp文件中,进行可视化处理后如图6-52所示。

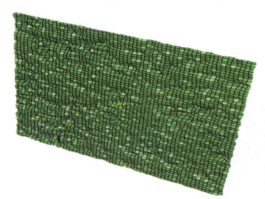

图6-52　刚性壳单元路面纹理模型

可以看出相比于第五章第五节中的原路面纹理3D模型,其x-y方向的精度降低较多,总体上是由5mm×5mm的方格构成的路面纹理,但是在y坐标上的高程坐标并未失真。其具体仿真结果将在本章第五节中进行进一步验证。

（三）坐标点数据的扩展处理

如第五章第五节中所述,原始3D路面纹理坐标点的采集对象为15cm×15cm的路表面积。该试样尺寸横向上能够满足车辆轮胎的滚动仿真,但是在行车方向尺寸远远不足。因此,需要针对路面纹理分布特点进行适当的扩展,为模型中的车轮提供足够的仿真运行滚动空间。针对路面几何尺寸的扩展,最直接的方式即为镜像。本书采用镜像的处理方式,对坐标点进行两次镜像处理,以将实际仿真用沥青路面的行车方向尺寸扩展至原来的4倍,即120cm,该过程可以通过MATLAB中定义mirror_matrix矩阵并编写简单的镜像语句方便地实现。

(四)纹理路面实体化处理

在ABAQUS的Explicit求解器中,图6-52中定义的刚性壳单元(shell)并不能在后续滑水模型中起到阻隔水流的效果。实际上,模拟分析时一般将与轮胎接触的路面视为解析刚体,具有阻挡流体渗透的作用,这里将采用soild实体单元实现。

通过单元标准化及网格钝化处理的沥青路面纹理数字化模型,沿着Z轴方向延伸需要的路面厚度,得到如图6-53所示的3D实体FE模型。最后,采用软件中面部标识符S3进行定义并选择路面模型的接触面,如图6-54所示。

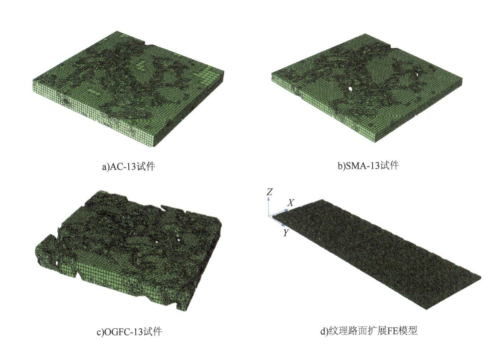

a)AC-13试件　　　　　　　　　　b)SMA-13试件

c)OGFC-13试件　　　　　　　　d)纹理路面扩展FE模型

图6-53　不同沥青混合料路面三维模型

以上两种方法,分别得到具有表面宏观纹理特征的路面模型,第一种模型为三维实体有限元路面模型,具有一定厚度,可以区分集料、沥青砂浆和空隙;第二种模型为三维刚体有限元路面模型,仅反映路面的表面特征。与第一种三维实体有限元路面模型相比,第二种三维刚体有限元路面模型具有单元节点数少、计算处理速度快、表面纹理表征精度高等特点;此外,本书不考虑多孔路面的渗水效应,因此在建立的三维充气花纹轮胎沥青路面滑水有限元模型中选用第二种路面模型。

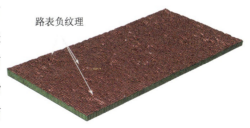

图6-54　3D纹理路面模型接触面定义

第四节 轮胎-沥青路面接触有限元模型建立

基于本章第二节进行接触模型与算法的设置,采用通用有限元软件ABAQUS建立轮胎与沥青路面的接触有限元模型,主要建模框架如图6-55所示。本节仅考虑干燥路面状况下胎/路接触行为,故流体子模块这里不予考虑。下面分别介绍花纹轮胎子模块与沥青路面子模块的具体操作过程及建模细节处理方法。

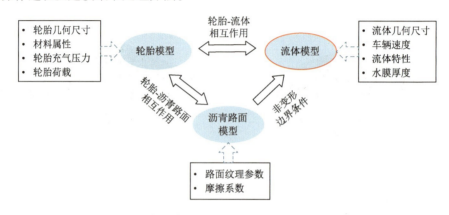

图6-55 轮胎-沥青路面接触有限元模型框架

一、轮胎与沥青路面接触模型

通过本章第二节以及第三节中的程序,分别建立轮胎与沥青路面的.inp子模型。根据第二节在ABAQUS中采用接触函数算法,将该两者进行接触耦合,从而获得干燥路面状态下的轮胎滚动仿真分析。

采用罚函数的方式在ABAQUS中进行轮胎与沥青路面的相互耦合接触。罚函数法的计算过程中,每一个时间步中检查接触面之间是否出现穿透现象,若出现穿透现象,则通过罚函数的预定义,在接触主面与从面之间定义罚刚度,引入一个较大的界面接触力。该界面接触力的确定与穿透深度以及罚刚度成正比。此算法决定了在接触过程中,一定会存在着一部分尖锐点互相穿透的问题。但是通过第三节中的沥青路面纹理钝化处理,这种穿透现象并不会真正影响模型最终的收敛性,穿透现象均能够被限制在允许范围内。

通过"*CONTACT PAIR, INTERACTION=SRIGID, type=SURFACE TO SURFACE STREAD, SROAD"语句,定义刚性接触对,其中"STREAD"代表轮胎的胎面,"SROAD"代表路面上表面。通过此接触对的定义,可以接触其余不必要的接触面之间的接触约束,极大地降低了运算量。在其余的边界条件界定中,均采用与实际情况相符合的边界条件以及荷载界定,以保证模型运行的准确性。轮胎-沥青路面接触FEM模型如图6-56所示。

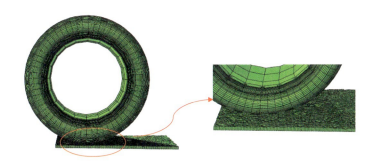

图6-56 轮胎-沥青路面接触FEM模型

二、轮胎-沥青路面接触模型有效性验证

基于建立的子午线充气花纹轮胎与沥青路面的接触FEM模型,赋予轮胎一定内压为240kPa并保持其他参数不变,调节轮胎荷载大小进行分析轮胎印迹形态与接触应力分布情况,不同荷载作用下轮胎接触压力模拟结果如图6-57所示。

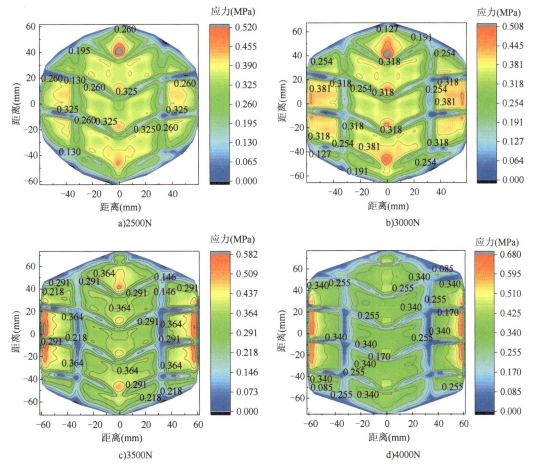

图6-57 不同荷载作用下轮胎接触压力分布

观察图6-57中的应力云图变化,进行分析荷载大小对轮胎接触压力分布特点的影响。可知:当施加的荷载为2500N时,胎面中心处最大应力值为0.27MPa;荷载增大至4000N时,在胎肩处产生了应力峰值为0.65MPa,增加了0.38MPa。外荷载作用下,胎/路接触压力不均匀分布,当较小荷载作用下接触压力最大值分布在胎面中心线附近,沿着行驶方向在两侧对称分布并在接触面上呈"凸"形分布;随着荷载逐渐增加,轮胎与粗糙路面接触区域不断变大,轮胎变形量不断增大,接触压应力峰值由胎面中心向两侧胎肩集中,此时应力呈"凹"形分布,胎面中心的应力大小基本没有变化,这与Wang研究结果表述一致,表明本书建立的轮胎-沥青路面接触模型能够准确地反映轮胎在粗糙路面上行驶时的力学特点。

同时,特定荷载(取值2500N)作用下模拟得到的轮胎不规则压痕,其压应力分布沿车辆行驶方向上以胎面中心线为对称分布(图6-58),与Wang计算结果较一致,验证了所建立的轮胎-沥青路面接触三维FEM模型的有效性,可以用于后续干燥路面上胎/路附着特性研究。

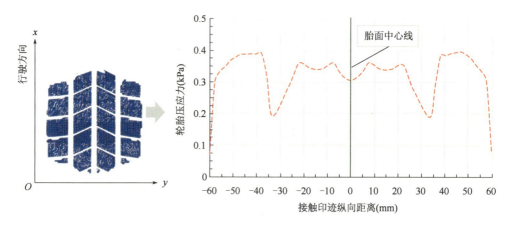

图6-58 沿纵向轮胎接触压力变化曲线($y=0$剖面)

第五节 轮胎-流体-沥青路面接触模型有效性验证

一、轮胎-流体-沥青路面相互接触机理

降雨条件下,汽车行驶在积水路表上,轮胎与路面被水膜隔开,Daughday将部分滑水产生时的轮胎-沥青路面之间接触区域分为3个区域,如图6-59所示。水膜区内轮胎会由于水产生的动水压力而脱离路面;过渡区内,轮胎由于水的黏结润滑而部分浮起;而在直接接触区轮胎与路面接触,这部分提供主要的摩擦力,由此可见,潮湿路面的摩擦特性远比干燥状态下复杂。

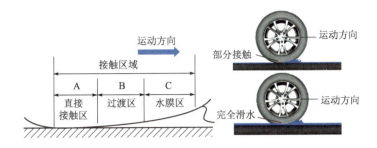

图6-59 滑水产生时轮胎与沥青路面的接触区域

滑水现象产生的本质是由于道路积水导致路表水膜的产生,沥青路面表面的附着系数因为水膜的润滑作用而降低。当车在具有水膜的道路上行驶时,不论是滚动还是滑动,轮胎都需要克服水膜的存在向前,从而使得水膜产生了动水压力。动水压力对轮胎具有抬升的作用,导致轮胎与路面的有效接触面积变小,使得汽车从完全接触路面(图6-59中A区域)不完全接触(图6-59中B区域),甚至完全上浮在路面之上(图6-59中C区域),产生滑水现象,严重影响了汽车的驾驶安全性和稳定性。

有学者基于弹性流体润滑理论并考虑轮胎与水流之间动水压力作用,分析了车辆的湿牵引性能的影响因素并建立了如图6-60所示的摩擦模型。考虑到路表宏观纹理特征,橡胶与路表的接触区域分为实体接触(橡胶块与粗糙微凸体的相互接触)与橡胶-水流-路表之间的复合接触。Robert的研究表明,路面水的存在会导致有效接触面积减小,所以摩擦力也相应地减小了。水膜在承载了一部分法向荷载的同时,橡胶也因此产生了切向和法向的形变,并在干燥区域内形成了黏附和阻滞摩擦。因此,相比于干燥路面的摩擦特性,潮湿路面摩擦力较低。

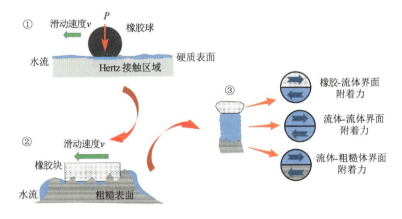

图6-60 湿滑状态下橡胶与沥青路面摩擦模型

滑移润滑原理表明,当一个矩形硬板以速度v滑动在硬而光滑的潮湿表面上时,如果它可以绕着垂直于滑动且平行于其表面的方向自由转动,那么这两个硬表面之间呈现一个楔形水膜,如图6-61a)所示,并且两个表面会因为硬板前后端的速度梯度引发的法向压力而分离,则滑块末端最小水膜厚度 $h_{\min}$ 为：

$$h_{\min} = C\left(a^2 b \eta \frac{v}{L}\right)^{1/2} \quad (6\text{-}50)$$

式中：C——常数；

a、b——平板运动方向和垂直于运动方向的尺寸；

η——水的黏度；

v——物体滑动速度；

L——作用于滑体的负载。

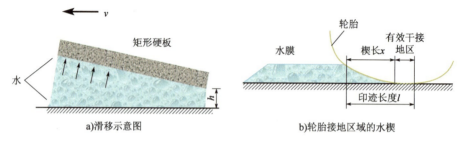

图 6-61 水膜路面上轮胎滑移接触情况

橡胶圆柱体在平硬表面上滑移时的平均膜厚 ($\bar{h}$) 为：

$$\bar{h} = 0.9\left(\frac{\eta v R}{E}\right)^{1/2} \quad (6\text{-}51)$$

式中：R——橡胶柱面半径；

E——橡胶模量。

假设摩擦力 F 与有效干接地面积 A_d 成正比，即 $F=CA_d$，其中 C 为比例系数，并假设微观或其他形式的硬表面粗糙度可用半径为 r 的球体表示，并且滑动速度为 v 时，润滑薄膜的平均厚度小于 r，则穿透该膜的真实接地面积为：

$$A_d = n\pi r^2 \left(1 - \frac{\bar{h}}{r}\right) \quad (6\text{-}52)$$

其中，n 为接地区域内的球体质量。可以推导出摩擦系数为：

$$\mu = \frac{F}{L} = \frac{C}{L} n\pi r^2 \left[1 - 0.9\left(\frac{R\eta v}{Er^2}\right)^{1/2}\right] \quad (6\text{-}53)$$

由此，推导出相应的摩擦系数计算公式为：

$$\mu = \mu_d\left[1 - \left(\frac{v}{v_{\text{crit}}}\right)^{1/2}\right] \quad (6\text{-}54)$$

式中：μ_d——跑道上的摩擦系数；

v_{crit}——完全润滑时（摩擦系数为 $\mu_d=0$）的临界速度。

阿克隆大学的 Gent 和 Walter 早在 2005 年表明，式（6-54）可以十分有效地表示橡胶和路面之间的润滑关系,并且对湿滑状态下轮胎的牵引性能评价有很好的效果。

事实上,轮胎移动时,胎前的过量水波阻力会产生残留的小摩擦力;同时,实际的路面具有非常复杂的宏观构造和丰富的微观纹理,水膜并不能在路面上均匀地分布;再者,轮胎和路面接触产生的应力集中也会穿破水膜。综合以上三点,路面摩擦力并不会变成0;如果水膜的厚度比路面构造的厚度大,则水膜会在发生滑水的时候被挤出接触区域。当橡胶表面上有点位与水膜接触并穿过接触区域时,接地处和与水膜构造接触的顶点之间的楔长 x 和下沉时间、车辆速度有关,分别用 t_a 和 v_f 表示,如图6-61b)所示。同时,下沉时间和水膜厚度本身具有函数关系,即 $x=v_f t_a$;所形成的干燥接触点会随着速度的增加而继续沿接地面积移动。因此,干燥的接地范围会相应地减小,从而导致摩擦力相应下降。但楔形水膜末端的水会因为轮胎过长的下沉时间(由于积水太深所导致)以及行驶速度太快而不能被及时排除,这就会使得摩擦接触不复存在,并导致车辆的制动、加速以及转向能力下降甚至消失。这个现象的首次理论及试验尝试是由Saal在1936年完成的,并且在1973年,H.Barthelt提出了Barthelt滑水理论,对该问题进行了简要的解释。

当一组模型的条件由路面结构、路面水位以及轮胎状态和结构(特别是胎面花纹)三者确定的情况下,干燥接触区长度为 $(l-x)$,x 区域内的轮胎荷载由水膜承担;此时车辆轮胎的操纵性能所需摩擦力无法由路面提供,在一定行驶速度下发生滑移趋势。因此,摩擦力 F_w 可以表示为:

$$F_w = \mu_{dry} \cdot \left(1 - \frac{x}{l}\right) F_N \tag{6-55}$$

式中:l——接地长度;

F_N——轮胎法向荷载;

μ_{dry}——干燥状态下的摩擦系数。

其中,当水膜长度等于 l 时轮胎发生滑水情况。令 v_{oq} 为完全脱离地面的临界速度,与轮胎和负纹理构成的有效容积有关,本质上是路面构造、水位高度、轮胎条件(花纹、结构、性能以及状态)等共同决定的。因此,有:

$$\mu = \mu_0 \cdot \left(1 - \frac{v_f}{v_{oq}}\right) \tag{6-56}$$

式中:μ_0——速度接近于0时的最大滑动摩擦系数。

基于Barthelt模型忽略路面上与轮胎无接触的水流,滑水速度 v_{oq} 可以表示为 $v_{oq}=f(\text{tire}) \cdot g(\text{road})$;其中,$f(\text{tire})$反映了光面轮胎特征速度的状态函数,$g(\text{road})$是纹理高度差 h_r 及水膜厚度 h_0 的特征函数,理想情况下 v_{oq} 可以表示为:

$$v_{oq} = \underbrace{\sqrt{\frac{12 p_m}{\rho_w}} \frac{l_m}{b_m}}_{f(\text{tire})} \cdot \underbrace{\left\{\ln\left[\frac{h_0}{h_r} + \sqrt{\left(\frac{h_0}{h_r}\right)^2 - 1}\right]\right\}^{-1}}_{g(\text{road})} \tag{6-57}$$

式中：p_m——轮胎平均接地压应力；

ρ_w——路表积水的密度；

l_m、b_m——轮胎的接触面积的长度、宽度。

轮胎表面的花纹块会使得轮胎的接地宽度在水不能填满花纹间隙的时候减小到条纹宽度，因此道路上附有水膜的时候，滑移速度有明显的上升。此外，实际路面构造的不均匀分布以及构造间隙提供了较为有效的排水通道，这两个特点导致了 $f(\text{tire})$ 以及 $g(\text{road})$ 两函数的复杂性，如果将其简化会存在一定的误差。

二、轮胎-流体-沥青路面滑水理论模型

对于雨天潮湿路面上，车辆轮胎-流体-沥青路面之间的相互接触可以认为是橡胶块在粗糙硬质路表以一定速度挤压水膜向前滑动的现象，如图6-62所示。一般地，轮胎与路表之间的水流的关系遵循伯努利定理，在轮胎挤压水流过程中要考虑橡胶轮胎的黏弹性变形与流体动水压力作用。

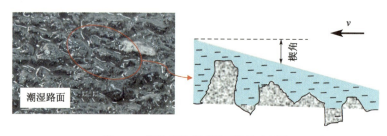

图6-62　轮胎-流体-沥青路面接触示意图

（一）橡胶轮胎的黏弹性模型

胎面橡胶属于黏弹性材料，其应力-应变特性曲线与时间相关，在外荷载作用下发生蠕变和应力松弛现象。材料应变响应滞后于应力，迟滞回线的面积域体现了一个荷载作用循环过程中的耗散能，并且在加载过程中其物理量指标（如模量、泊松比等）随时间不断变化。理论上，在集中力 P 作用下弹性半空间体发生变形，接触表面应力 σ_z 与位移 u_z 可以表示为：

$$\sigma_z = -\frac{3}{2\pi} \cdot \frac{Pz^3}{\rho^5}$$

$$u_z = \frac{P}{4\pi G}\left[\frac{z^3}{\rho^3} + \frac{2(1-\nu)}{\rho}\right] \tag{6-58}$$

式中：z——计算点的 z 方向坐标；

ρ——计算点至集中力作用点的距离；

ν——材料泊松比；

G——材料剪切模量。

关于橡胶材料,其黏弹性力学模型属于标准的线性固体模型,其本构模型是由弹性元件与Kelvin元件互相串联而成,并通过LaPlace变换、反变换后得到,即:

$$\sigma + p_1 \cdot \sigma = q_0 \cdot \varepsilon + q_1 \cdot \varepsilon \tag{6-59}$$

其中:
$$p_1 = F_2/(E_1 + E_2)$$
$$q_0 = E_1 E_2/(E_1 + E_2)$$
$$q_1 = E_1 F_2/(E_1 + E_2)$$

式中:E_1、E_2——弹性元件模量、阻尼元件的模量。

实际上,在外荷载作用下橡胶面发生了非线性变形,且随时间变化应变量逐渐增加。在P作用点附近的表面变形较大,偏离作用点的位置变形很小(图6-63)。结合式(6-58)与式(6-59),根据黏弹性材料的力学基本方程并经过LaPlace变换得到集中荷载P作用下轮胎形变为:

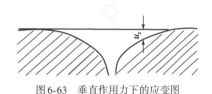

图6-63 垂直作用力下的应变图

$$u_z = \iint_{dA} \frac{p}{\pi \rho} \left[\frac{1}{2q_0} - \frac{q_1 - q_0 p_1}{2q_0 q_1} \exp\left(\frac{-q_0 t}{q_1}\right) \right] dxdy \tag{6-60}$$

式中:dA——胎面橡胶单元的某一网格区域;

p——水膜表面压力;

ρ——轮胎表面各点至网格区域中心距离。

其中,柔性胎面各点的变形使用变形矩阵计算,本书利用有限元法研究潮湿路表上轮胎的接触力学特性。

（二）流体的Reynolds方程

考虑轮胎荷载与硬质路表两者的挤压效应,水流产生了动水压力,其流动特征遵循Reynolds方程,具体表达形式为:

$$\frac{\partial}{\partial x}\left(h^3 \frac{\partial p}{\partial x}\right) + \frac{\partial}{\partial y}\left(h^3 \frac{\partial p}{\partial y}\right) = 12v_0\left(\frac{v'}{2}\frac{\partial h}{\partial x} + \frac{\partial h}{\partial t}\right) \tag{6-61}$$

边界条件为:
$$p(x, y, t) = 0 ; \partial p(x, y, t)/\partial n = 0 ; h(x, y, 0) = h_0|_{t=0}$$

式中:v'——橡胶单元对路表的相对滑移速度;

p——挤压过程中水膜产生的动水压力,且$p=p(x,y,t)$;

v_0——液体运动黏度;

$h_0|_{t=0}$——初始橡胶单元的位置;

n——对称边界的外法线;

t——作用时间。

令h_0为胎面初始高度(未变形的),h_1为橡胶单元的垂直变形,则水膜厚度h表达式为:

$$h = h_0(t) + h_1(x,y,t) \tag{6-62}$$

目前,关于粗糙路表水膜厚度模型的研究大多是简化动水压力的影响基于试验获取的经验模型,最为经典的是NASA Langley试验中心的临界滑水速度模型。Dunlap在NASA基础上借助试验数据,引入轮胎花纹参数、水膜厚度影响因素,提出了更符合实际的临界滑水速度修正公式,即:

$$v_p = v_p^* + 12\frac{t}{h} + 60\exp\left\{-3\left[h - \left(3 + \frac{t}{b}\right)\right]\right\} \tag{6-63}$$

其中:

$$v_p^* = 6.35\sqrt{p}$$

式中:p——轮胎充气压力(kPa);

t——轮胎花纹深度(mm);

h——路表水膜厚度(mm);

b——轮胎胎面宽度(mm)。

后续可采用此公式进行预测随水膜变化的轮胎临界滑水速度。

通过人工降雨试验,得到不同级配类型的路表水膜厚度实测值,考虑了降雨强度、坡度、斜坡长度、路面粗糙程度的影响因素,建立了道路表面水膜厚度预估公式(6-64),后续将采用式(6-64)进行验证路表水膜测试的精确度。

$$h = 0.1258 L^{0.6715} S^{0.3147} i^{0.7786} \mathrm{MTD}^{0.7261} \tag{6-64}$$

式中:L——排水路径长度(ft[1]);

i——降雨强度(in/h);

S——路面坡度(mm/mm);

MTD——路表平均纹理深度(in)。

三、欧拉流体有限元模型建立

通过ABAQUS/CAE建立水膜模型,为了模拟实际轮胎驶过路表带水路面时由于压力作用造成的流体飞溅现象,确保水流在轮胎荷载作用下飞溅有足够空间,故定义计算区域时在水膜层上方定义厚度为50mm的空气层。本书根据Mie-GRUNEISEN状态方程描述轮胎荷载作用下水膜的力学响应和流动特性,水流状态模型反映了流体密度、压力以及单位质量内能E_m之间的关系,即:

$$p = p_H(1 - \Gamma_0\eta/2) + \Gamma_0\rho_0 E_m \tag{6-65}$$

其中:

$$\eta = 1 - \rho_0/\rho$$

式中:p——水流受到的压力;

---

[1] 1ft=0.3048m。

p_H——Hugoniot 冲击压力;

Γ_0——材料常数;

ρ_0——水体初始密度;

ρ——受冲击作用后的密度。

由质量守恒定律和动量守恒定律,得到水体 Hugoniot 冲击曲线拟合形式:

$$p_H = \frac{\rho_0 c_0^2 \eta}{(1 - s\eta)^2} \tag{6-66}$$

利用以上推导得到 Mie-GRUNEISEN 状态方程一般形式,结合水体受冲击作用的 Hugoniot 试验数据,得到拟合材料参数 $s=1.92$ 与 $\Gamma_0=1.2$。选用的 Mie-GRUNEISEN 状态方程材料参数为:$\rho_0=998.203\text{kg/m}^3$;$c_0=1480\text{m/s}$。此外,建模时设水膜为牛顿流体,结合动量守恒方程和斯托克斯方程,并将水流柯西应力分解为剪切应力和流体微单元的表面压力,得到水流模型的本构方程:

$$\rho_w \left(\frac{\partial \boldsymbol{u}_i}{\partial t} + \boldsymbol{u}_i \cdot \nabla \boldsymbol{u}_i \right) = -\nabla p + \eta \nabla^2 \boldsymbol{u}_i + \rho_w b_w \tag{6-67}$$

式中:ρ_w——流体密度;

t——时间;

$\boldsymbol{u}_i$——流体的速度向量;

p——水流微单元的表面压力;

η——水流动态黏性系数;

b_w——水流所受到的体重力。

为了较好地模拟轮胎滑水,应使流体面积大于轮胎与路面接触面积,故根据轮胎宽度以及考虑流体飞溅特征,流体模型尺寸分别为厚度 80mm、长度 390mm 和宽度 320mm。对水流与轮胎可能接触区域的网格进行加密,最小精度为 1mm,流体模型采用 EC3D8R 类型欧拉单元,如图 6-64a)所示。轮胎滑水过程分析主要反映在轮胎与路面竖向接触力变化,为了提高模拟精度与深入揭示"滑水"时轮胎的动力学特征,采用轮胎滑水模型来进行讨论轮胎滑水过程中受力特征,如图 6-64b)所示。

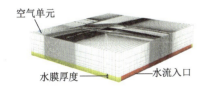

a)水膜模型网格示意图　　b)轮胎作用下水流飞溅

图 6-64　水膜有限元模型的建立

四、轮胎-流体-沥青路面耦合作用模型建立

由于轮胎受到流动水压力作用会产生较大应变,且轮胎与水流呈现复杂的耦合动力变

形,为了分析轮胎在一定厚度水膜上滑水问题,本书采用耦合欧拉朗格朗日(Coupled Eulerian Lagrangian,CEL)技术进行网格划分,从而避免了拉格朗日方法中由于快速流场引起的网格畸变缺点。在此过程中,轮胎模型和流体模型分别使用拉格朗日单元和欧拉单元表示,该方法利用欧拉单元中的空网格与轮胎拉格朗日网格重叠。为使得两种模型单元之间有效接触,使用广义接触进行定义。约束流体模型底部在 X 方向上的自由度,两侧在 Y 方向的自由度,参考路面平移速度,对水流区域施加负 Z 方向的速度,使路面与水流速度一致,对整体模型施加 X 方向的重力场,得到轮胎在沥青路面上的滑水模型如图6-65所示。由于轮胎的网格与流体网格形式和数量上差异较大,可以采用加权余量法对轮胎和流体之间物理量进行传递和计算,具体的流固耦合接触算法逻辑如图6-66所示。

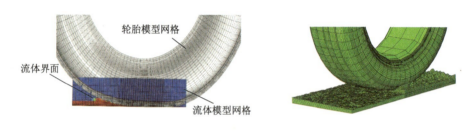

a)CEL网格模型　　　　　　　　b)轮胎-流体-沥青路面耦合模型

图6-65　基于CEL法轮胎在沥青路面上的滑水模型

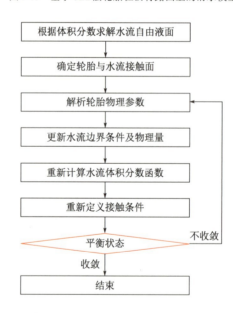

图6-66　流固耦合接触算法逻辑示意图

ABAQUS中可以输出欧拉单元场变量体积分数(Element Volume Fraction,EVF),可用以进行液体-固体界面之间的跟踪及可视化。车辆制动过程中,路表水界面是变化的,每个水膜欧拉网格的体积分数值也是动态的,故轮胎滑水模拟时,使用VOF(Volume of Fluid)液面追踪技术模拟流体的运动界面。

VOF方法即在流体经过的欧拉单元定义一个函数f,该函数为空间与时间的函数,表示欧拉单元内流体体积与整个欧拉单元体积的比值,表达式为:

$$\frac{\partial f}{\partial t} + U \cdot \nabla f = 0 \tag{6-68}$$

式中:f——体积分数函数;

t——时间;

U——流体速度。

f=1表示欧拉单元中充满流体;f=0表示该欧拉单元中没有流体;0<f<1表示该欧拉单元存在自由液面。该方法可以较为精确地描述出流体的自由液面,如图6-67a)所示。模拟中,水膜模型温度取值为20℃,密度为998.2kg/m^3,动力黏度为1.002×10^{-3}N·s/m^2,运动黏度为1.004×10^{-6}m^2/s。

为了精确构建液体自由表面界线,本书的CEL法采用分段线性插值法进行流体欧拉单元的体积分数计算,分段线性插值的近似值使得构建液面与逻辑坐标网格相匹配,而且自由流体液面会与界面自然对齐,如图6-67b)所示。

a)体积分数示意图　　b)分段线性插值方法

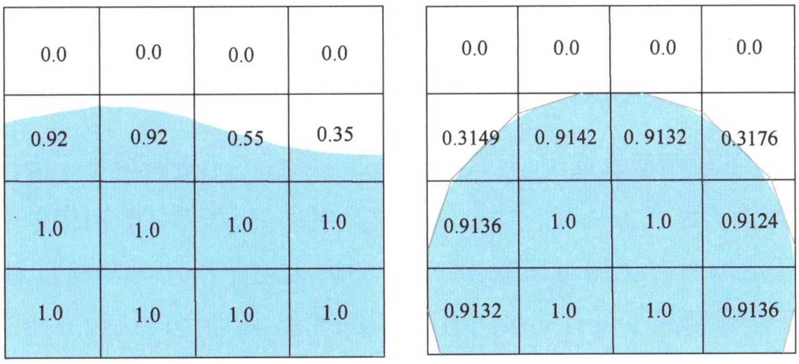

图6-67 流体欧拉单元重构界面示意图

轮胎在滑水过程中,垂直方向受到轮胎荷载、地面反力和水流托举力共同作用,而水平方向受到路面与橡胶之间的摩擦阻力、水流冲击反力、水流黏滞力等共同作用。假设滑水模型中轮胎沿直线滚动,不考虑侧向力矩的影响,将水平方向阻力统称为滚动阻力,如图6-68所示。因此,部分滑水情况下车辆轮胎动力学数学方程为:

$$J\dot{\omega} + T_{\mathrm{b}} - \varphi_{\mathrm{s}} N \cdot r - F_{\mathrm{d}} \cdot r = 0 \tag{6-69}$$

图6-68 轮胎滑水过程受力示意图

式中:J——轮胎转动惯量;

r——轮胎半径;

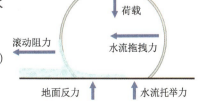

$\dot{\omega}$ —— 轮胎运动角速度；

T_b —— 制动器制动力矩；

φ_s —— 潮湿状态下轮胎附着系数；

N —— 地面反力；

F_d —— 水流拖拽力，即动水压力的水平分量。

路面潮湿状态下，由于水膜动水压力作用，此时的轮胎荷载由地面反力与动水压力的竖向分力共同承担，轮胎与粗糙路表之间的附着系数理论计算模型通常采用如下公式：

$$\varphi_s = \frac{\varphi(F_h + F_t) + F_d}{F_h} = \frac{F_z}{F_h} \tag{6-70}$$

式中：φ —— 干燥路面附着系数；

F_d —— 水流拖拽力；

F_h —— 轮胎荷载；

F_z —— 轮胎滚动阻力；

F_t —— 水流托举力。

模型中轮胎沿 Z 方向滚动，故通过读取轮辋参考点所受到的 Z 方向合力计算轮胎滚动阻力。

五、欧拉流体有限元模型建立

基于以上建立的轮胎滑水模型，将水膜模型厚度设置为0进行模拟干燥路面上轮胎的滚动情形，使轮胎在沥青路面上从静止状态匀加速至90km/h，获得其竖向接触力与潮湿路面对比如图6-69a)所示。由对比图可以看出，干燥路面上轮胎滚动时竖向接触力始终维持在3922N，这是由于干燥情况下没有动水压力的作用，轮胎-路面竖向接触力始终维持在轮胎荷载数值，出现小幅振动是因为模型未考虑轮胎运动中阻尼作用。

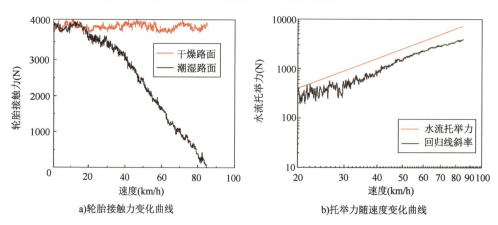

a) 轮胎接触力变化曲线　　　　b) 托举力随速度变化曲线

图6-69　干湿路面下轮胎-路面竖向接触力对比

将干燥和潮湿条件下轮胎竖向接触力相减得到水流对轮胎的托举力,并拟合水流托举力与速度的关系如图6-69b)所示。拟合回归水流托举力和速度的关系曲线斜率近似为2.0,这表明水流托举力近似正比于速度的平方,与文献中结论相同,从而验证了本书所建模型的可靠性。

通常认为,轮胎开始处于完全滑水状态时(即轮胎与路面的竖向接触力为零时),对应的行驶速度为轮胎滑水临界速度,轮胎滑水临界状态如图6-70a)所示。将NASA经验公式计算得到的滑水临界速度作为初始速度,不断地调整轮胎滚动速度模拟得到不同充气压力下轮胎发生滑水时的临界速度,并与NASA经验公式计算得到的滑水速度作对比,如图6-70b)所示。

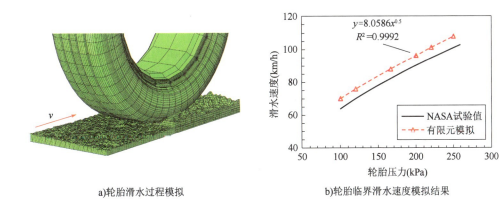

a)轮胎滑水过程模拟　　　　　　b)轮胎临界滑水速度模拟结果

图6-70　轮胎滑水有限元模型验证

由轮胎滑水速度变化曲线可知,随着轮胎充气压力不断增大,轮胎发生临界滑水的速度逐渐增大,且与轮胎压力的平方根值呈线性变化,回归分析得到轮胎滑水速度数学表达式为$v_{crit}\approx 8.06P^{0.5}$($P$为轮胎压力),与NASA经验公式描述的曲线变化相一致,但是系数略高于NASA经验公式,这是由于轮胎花纹参数、路面纹理特性的差异性导致的,但模拟的临界滑水速度均在误差允许范围内。鉴于此,基于ABAQUS建立的轮胎滑水有限元模型具有一定的准确性,可用于后续轮胎滑水影响因素的分析。

第六节　轮胎-路面附着特性影响因素分析

汽车轮胎与粗糙路表之间相互作用力(主要是摩擦力)对车辆操作性能起着决定性的作用,体现在车辆的加速行驶、紧急制动、转弯及上下坡等行驶工况。参考《汽车操纵动力学》及《汽车理论》可知,轮胎与路面之间相对作用情况主要取决于轮胎垂直力与胎/路附着系数。根据经验与理论,车辆制动阻力主要包括空气阻力与路面附着力,而路面附着力大小直接体现了胎/路间相互作用,决定了汽车制动、转向及加速行驶所需驱动力,对车辆制动安全性具有关键性作用。

一、干燥路面轮胎-路面附着特性

(一)路面纹理特性的影响

胎/路附着系数反映了轮胎与路面接触过程中的摩擦属性。车辆通过轮胎与路表接触，路面状态直接影响车辆运动行为，故胎/路附着系数作为表征路面环境信息的变量决定了车辆操纵控制系统的决策，可将胎/路附着系数视为车辆的重要环境参数。研究表明，胎/路间附着性能主要受道路材料、路面干湿条件、行车速度、车辆自身参数及道路环境等因素的影响，采用本章第五节中所建立的子午线轮胎与沥青路面接触FEM模型在ABAQUS中进行稳态分析，路面摩擦特性以自定义形式输入第五章获取的路表摩擦系数，控制轮胎运动的侧偏角与滑移率，得到车辆速度、轮胎充气内压、路面宏观纹理及水膜厚度等不同影响因素下轮胎与路面的附着特性曲线。

结合轮胎-路面附着原理可知，滑移率与纵向力关系、轮胎侧偏角及回正力矩是表征轮胎-路面之间接触作用的重要附着特性参数。基于ABAQUS中建立的有限元轮胎-路面稳态分析模型，在自定义子程序中定义轮胎-路面摩擦系数模型。由于篇幅有限，仅针对不同类型沥青路面下轮胎纵向力随滑移率变化规律进行分析，行车速度取值60km/h，在稳态分析模块中控制轮胎滑移率得到轮胎纵向力随滑移率变化曲线，模拟结果如图6-71所示。

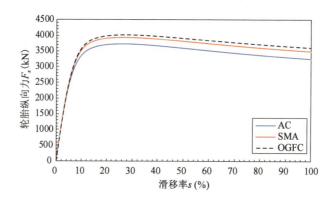

图6-71 轮胎纵向力-滑移率变化曲线

根据图6-71模拟结果可知：

(1)对于任意沥青路面，滑移率在0~20%范围内轮胎纵向力随着滑移率增大而不断变大；当滑移率达到20%时，轮胎纵向力达到最大值，此时的轮胎受到制动力最大；当滑移率大于20%后，纵向力随着滑移率的增大而减小，这是因为轮胎接地面积中出现局部的相对滑动，根据第二章获取的动摩擦系数曲线可知，当滑移速度越大摩擦系数越小，故轮胎的纵向力逐渐减小。

(2)滑移率0~5%范围内，三种沥青路面上轮胎纵向力大致相等，表明沥青路面宏观纹理特性对轮胎纵向力影响不显著,进一步揭示了较低滑移率下轮胎与路面间的附着力主要取决于路表微观纹理及胎/路间接触面积。

(3)当滑移率大于5%时,随着滑移率逐渐增大,三种沥青路面上轮胎纵向力大小均为OGFC>SMA>AC,表明较高速度下沥青路面宏观纹理在胎/路接触力占主导地位,宏观纹理越好,路表提供的附着力越大,轮胎产生的纵向力越大。

基于此,分析路面宏观纹理特性对沥青路面附着特性的影响。通过ACRP系统获得三种沥青路面纹理信息并采用MATLAB编写代码实现沥青路面表面纹理形貌3D坐标点数据导入、纹理形貌可视化,最后计算出平均构造深度MTD值(可视化界面如图6-72所示),并与铺砂法相比较可知误差均在5%以内(表6-6),也进一步验证了近景摄影测量系统得到的MTD值的准确性。

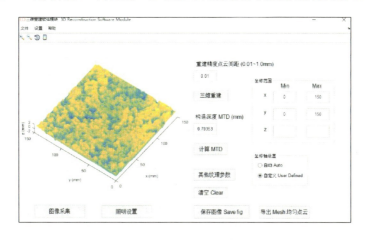

图6-72 纹理指标计算可视化界面

三种典型沥青路面MTD值　　　　　　　　　表6-6

沥青路面类型	试件编号	MTD值(mm)		
		铺砂法	ACRP系统	相对误差(%)
AC-13	1	0.4453	0.4446	0.16
	2	0.4829	0.4811	0.37
	3	0.4905	0.4882	0.47
SMA-13	1	0.6113	0.6051	1.01
	2	0.7501	0.7448	0.71
	3	0.8426	0.8325	1.20
OGFC-13	1	0.8611	0.8541	0.81
	2	0.9207	0.9133	0.80
	3	0.9310	0.9265	0.48

在已建立的轮胎-路面接触模型基础上，保持轮胎内压 240kPa、荷载 3.922kN 不变，根据表 6-6 测试数据选取路面宏观纹理 MPD 值为 0.32mm、0.47mm、0.63mm、0.83mm、1.01mm 和 1.21mm 这 6 种 MPD 值，分析不同行驶速度下路面附着系数随路面纹理参数 MPD 值的变化规律，模拟结果如图 6-73 所示。

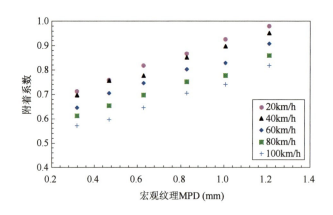

图 6-73　路面宏观纹理对附着系数的影响

附着系数-宏观纹理变化曲线表明，随着沥青路面纹理参数 MPD 值逐渐增加，胎/路间附着系数随之增加，在较高行车速度下表现更加显著。如，当行车速度为 40km/h 时附着系数增加 33.7%；而行车速度为 100km/h 时附着系数提高了 47.1%。显然地，路面宏观纹理有助于提高路面附着力，行车速度越高越有利于行车安全性。

（二）轮胎充气内压的影响

汽车在干燥路面高速行驶的状态下，遇到突发情况时车辆会自动进入 ABS 状态。轮胎处于 ABS 状态下，胎面橡胶材料与路面的接触状态极其复杂，因此传统摩擦学理论定义的摩擦系数并不适用于评价轮胎抗滑性能。轮胎学中提出了附着系数之一指标，由轮胎滚动时受到的切向力除以法向荷载得到。

采用已建立的轮胎-路面接触模型，ABS 状态下使用自定义的摩擦模型。保持轮胎轴载不变为 3922N，调整轮胎充气内压、轮胎速度，分别模拟 ABS 条件下轮胎附着系数随充气内压的变化规律，仿真结果如图 6-74 所示。由图 6-74a）可知，轮胎与路面之间附着系数随充气内压增加而增加，整体呈现抛物线分布，增加幅度随着充气内压的提高而减小。对比图 6-74a）~c）中是三种典型沥青路面上附着系数的变化趋势，可以发现相同轮胎内压条件下 OGFC 沥青路面的附着系数最大，其次为 SMA 和 AC 沥青路面，且轮胎充气内压越大，OGFC 沥青路面的附着系数变化速率越大。

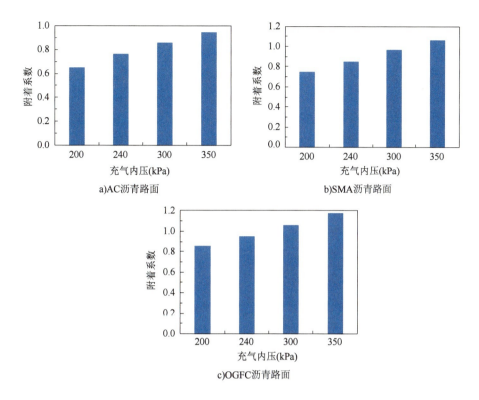

图6-74 不同轮胎压力下胎/路间附着系数仿真结果

(三)附着系数影响因素显著性分析

基于各因素对路面附着特性影响规律,采用正交试验设计理论进行路面附着系数影响因素敏感性分析,即选择出对沥青路面附着影响较为显著的因素,为后续基于峰值附着系数制动算法提供数据支持。

1. 附着系数显著性分析

根据上文模拟结果,利用正交试验设计直观地比较分析了路表纹理MPD值、行车速度和轮胎充气内压3个因素对轮胎与路面间附着系数的影响,每个因素取4个水平,采用L16(4~5)正交表,目标考核指标为车辆制动距离ΔS。结合正交试验设计分析,各影响因素采用的水平取值见表6-7。

正交试验设计方案及结果　　　　　表6-7

试验编号	MPD值(mm) 因子A	行车速度(km/h) 因子B	充气内压(kPa) 因子C	附着系数
N1	0.47	40	200	0.7274
N2	0.47	60	240	0.7048
N3	0.47	80	300	0.6534

续上表

试验编号	MPD值(mm) 因子A	行车速度(km/h) 因子B	充气内压(kPa) 因子C	附着系数
N4	0.47	100	350	0.5960
N5	0.63	40	240	0.7778
N6	0.63	60	200	0.7456
N7	0.63	80	350	0.6978
N8	0.63	100	300	0.6443
N9	0.83	40	300	0.8508
N10	0.83	60	350	0.8336
N11	0.83	80	200	0.7503
N12	0.83	100	240	0.7057
N13	1.01	40	350	0.8977
N14	1.01	60	300	0.8273
N15	1.01	80	240	0.7764
N16	1.01	100	200	0.7400

为了直观地衡量不同因素对路面附着系数的影响程度，根据表6-7的正交试验结果进行极差分析，极差分析的计算因素有平均偏差K、极差R，极差见表6-8。

路面附着系数极差分析（一） 表6-8

指标		因子A	因子B	因子C	空列	空列
平均偏差 K	K_1	0.670	0.813	0.741	0.740	0.745
	K_2	0.716	0.778	0.741	0.749	0.748
	K_3	0.785	0.719	0.744	0.751	0.751
	K_4	0.810	0.671	0.756	0.742	0.738
极差R		0.140	0.142	0.015	0.011	0.013
自由度df		3	3	3	3	3
偏差平方和SS		0.049	0.047	0.001	0.0014	0.0016
F		2.526	2.423	0.052	1	1
$F_{crit\ 0.05}$		3.290	3.290	3.290	$F(A)>F_{0.90}(3,3)$ A显著，因子A>因子B>因子C	
$F_{crit\ 0.10}$		2.490	2.490	2.490		

可知，各因子影响程度为因子A>因子B>因子C，路表纹理MPD值（因子A）影响最显著。实际道路工程中，根据道路等级、地理位置与行车舒适性需求，常见的沥青路面为AC-13、SMA-13和OGFC-13三种类型，三种路面在宏观纹理参数上存在显著差异，可以很好地用以表征路表附着特性对路面抗滑性能的影响程度。

2. 干燥沥青路面峰值附着系数曲线

基于路面附着系数影响因素分析可知,路面附着特性的变化与轮胎法向荷载、轮胎刚度、路面类型及行车速度均会不同程度地影响路面峰值附着系数,基于附着系数计算模型及显著影响因素,在此仅考虑不同沥青路面类型的路面附着系数随滑移率变化曲线,测试速度定义为60km/h,模拟计算结果如图6-75所示。

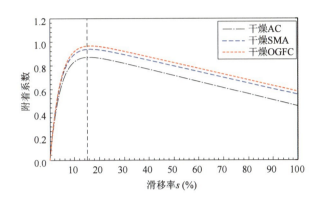

图6-75 干燥路面上峰值附着系数-滑移率曲线

根据图6-75变化曲线可知,当滑移率在15%左右时附着系数到最大值,即峰值附着系数。即采用同样的方法,控制轮胎滑移率在15%左右,调整行车荷载,其他参数不变,针对相同的轮胎模型,得到不同行车速度下的峰值附着系数曲线(图6-76)。由不同沥青路面的峰值附着系数曲线可知,相同行车速度下三种沥青路面峰值附着系数大小为:干燥AC>干燥SMA>干燥OGFC;不同行车速度下路面峰值附着系数呈"凸"形抛物线分布,随行车速度提高峰值附着系数逐渐减小,这是因为较高行车速度下轮胎滚动半径变大,胎/路接触面积减小,路面提供的附着力减小,故峰值附着系数变小。

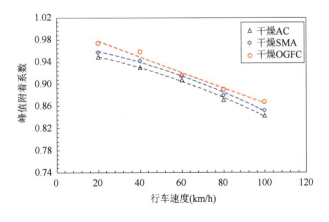

图6-76 不同行车速度时路面峰值附着系数曲线

二、水膜厚度对附着特性的影响

大量实践经验表明,刚下雨时潮湿路面抗滑性能最差,此时车辆在路面行驶或制动时轮胎极易产生打滑现象,轮胎与路面间经历了由干燥到潮湿的过渡阶段,实际生活中雨天条件下车辆常出现轮胎滑移情况就是此缘故。

下雨天,当降雨强度较低时且在降雨初期,干燥路面被雨水润湿但还未形成宏观表面的水膜或积水,此时路面状态被领域内学者称为潮湿路面。随着降雨时间的不断持续及降雨强度的不断变大,路面排水系统、路表负纹理及连通孔隙内逐渐处于水流饱和状态,雨水积聚在路表面形成一定厚度的水膜,此时称为积水路面。不考虑路面污染物情况下,路面的干燥、潮湿及积水状态是路面状况的主要状态,对车辆行驶的制动稳定性、舒适性具有关键性的影响。

(一)基于润滑理论的沥青路面状态界定

已有研究中,对于干燥、潮湿与积水路面的具体概念与界限一直是模糊的,大多是主观分辨积水或潮湿状态,通常将刚开始下雨或者降雨量很小时的路面视为潮湿或湿润路面;当降雨量较大时(降雨强度 $I ⩾ 0.1$mm/h 时)路表形成一定的宏观水流,即为积水路面。气象部门对降雨强度的标准为:0.1mm/h$⩽I<10$mm/h 为小雨;10mm/h$⩽I<25$mm/h 为中雨;25mm/h$⩽I<50$mm/h 为大雨;当降雨强度 $I>50$mm/h 时,随着降雨时间延长,道路排水系统超限,雨水大量积聚在路面无法及时排除而形成积水路面,此时道路被雨水"淹没"无法通车或车辆易发生水漂而发生交通事故。因此,路面状态(干燥、潮湿及积水)对车辆操纵性具有重要影响,需要确定路面状态为车辆制动时抗滑行为提供更为精确的需求参数。

根据轮胎滑水模型的研究探讨,可知车辆发生滑水时存在临界速度,在其他参数不变条件下,行驶速度小于临界速度时不发生"水漂"。基于以上建立的轮胎滑水有限元模型,保持轮胎荷载 3.922kN 与充气内压 250kPa 不变,分析不同沥青路面上水膜厚度对滑水临界速度的影响。考虑到实际滑水风险及水膜厚度大于 6mm 时车辆在速度限值内已经完全处于滑水状态,故调整水膜厚度在 0~6mm 范围内变化,根据轮胎"水漂"定义即认为轮胎与地面的接触力为 0 时的最小行驶速度为临界滑水速度。为了更直接体现路表水膜厚度对临界滑水速度的影响规律,绘制曲线如图 6-77 所示。

由图 6-77 可知,在一定水膜厚度范围内,三种典型沥青路面的临界滑水速度变化趋势总体一致。当水膜厚度在 0~2mm 范围时,行车临界滑水速度变化速率较大;当水膜厚度大于 2mm 时曲线趋于稳定;在国内规定的安全行驶速度限值 120km/h 行驶时,不同沥青混合料类型的路面不发生滑水的临界水膜厚度 h_{crit} 分别为 AC 0.56mm、SMA 0.76mm、OGFC 1.5mm,这主要是因为高速行驶条件下路表的宏观纹理主要提供抗滑力,此种情况下路表微观纹理所提供的摩擦力微乎其微。

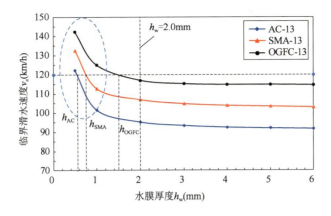

图 6-77　不同水膜厚度时轮胎临界滑水速度

显然地，当路表水膜厚度小于临界值 h_{crit} 时（即 $0<h_w<h_{crit}$），车辆在沥青道路上行驶必然不会发生滑水现象，故有学者将水膜厚度满足 $0<h_w<h_{crit}$ 条件的路面状态定义为潮湿路面。根据东南大学张海泉的研究可知，考虑小汽车轮胎极限花纹深度 1.6mm，同时国内高速公路车速限值为 120km/h，则通过式(6-64)中计算得到 $h_{crit}=1.021$mm，故可初步将路面潮湿状态定义为水膜厚度 $0<h_w\leqslant 1$mm 的情况。

但是，依据胎/路接触机理及路表流体润滑理论可以发现，在出现临界水膜厚度之前路表抗滑性存在极限最小值，此种情况下路表微凸体被水膜完全包裹，轮胎所受摩擦阻力几乎全部来自润滑介质（水）的黏滞力，即为行车中潮湿路面抗滑性能最差的极限状态，将此临界状态称为潮湿与积水路面状态的分界线。鉴于此，需要从微观接触理论出发对水膜厚度小于 1mm 的轮胎-流体-路面之间附着特性进行细化。

结合流体润滑理论中 Stribeck 曲线与式(6-70)，给予轮胎初速速为 60km/h，其他参数不变，调整滑水模型中的水膜厚度参数，对 0～1mm 范围内水膜厚度对路面附着系数的影响进行离散化分析，得到路面附着系数随水膜厚度的变化曲线(图 6-78)。根据附着系数变化曲线可以分为三阶段：

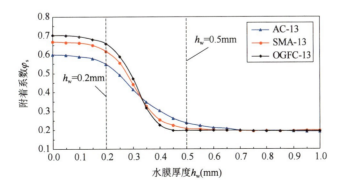

图 6-78　水膜厚度-附着系数变化曲线

(1)水膜厚度在 0~0.2mm 区间变化时处于边界润滑阶段,流体润滑作用很小,路表微凸体均处于贡献率很大,路表摩擦力取决于路表微凸体与轮胎之间的摩擦;

(2)水膜厚度在 0.2~0.5mm 区间变化时处于混合润滑阶段,路表微凸体部分被水膜阻隔成为摩擦"无贡献区",此时的路表摩擦特性由流体黏性及粗糙表面介质共同决定;

(3)水膜厚度处于 0.5~1.0mm 范围时属于弹性流体润滑阶段,此时路表微凸体被水膜完全淹没,但是路表水膜厚度较小,未产生动水压力。

综上分析,结合弹性流体动力润滑理论并按照水膜厚度大小可将路面状态分为4个部分及相应附着系数取值情况如下:

(1)干燥状态,h_w=0mm,附着系数取决于路表接触面纹理特性;

(2)潮湿状态,$0<h_w≤0.5$mm,附着系数由路表粗糙度与流体黏滞力共同决定;

(3)润滑状态,0.5mm$<h_w≤1$mm,路面附着系数忽略不计,附着力取决于流体黏滞阻力,轮胎滑移率迅速增加;

(4)积水状态,$h_w>1$mm,轮胎所受附着力完全取决于流体黏滞阻力,此时轮胎存在滑水的可能性。

基于以上分析,路面状态不同车辆制动时胎/路间附着系数来源不同,相应取值需根据具体路面类型、水膜厚度、行驶速度及轮胎充气内压来决定。当路面处于干燥状态时,附着系数主要由路表粗糙程度决定;当路面属于潮湿状况时,考虑路面"抗滑无贡献区"。然后,基于 ACRP 系统及 Persson 摩擦理论即可计算得到路面任意位置不同测试时间下附着系数。当路面属于润滑、积水状况时,通过水膜厚度传感器车载系统测试路表水膜厚度。最后针对4种状态均采用轮胎滑水模型进行分析轮胎接触力变化规律进而计算相应的附着系数。

(二)水膜厚度对路面附着系数的影响规律

水膜厚度是影响沥青路面抗滑性能的主要因素,特别地,在潮湿与积水路面之间存在某一临界水膜厚度时路面极易发生"滑水现象"。当水膜厚度较大时,路表微凸体被水膜完全覆盖,使得粗糙路面几乎全部被"浸润"进而很大程度地减小了轮胎黏弹性变形,使得路面滞后摩擦力作用很小。在路面潮湿状态下,此时水膜厚度很小(属于微观尺度),路面刚好被润湿形成薄层水膜,此时流体产生的黏滞摩擦系数 μ 在轮胎滚动阻力中具有重要作用,故需要分析水膜厚度对路表附着力的影响。

根据潮湿路面附着力来源,需要先分析潮湿状态下轮胎动力学特征。基于已建立的轮胎-水流-路面三相耦合模型,在 ABAQUS 自定义程序中输入潮湿状态路面摩擦系数函数,然后在稳态分析模块中调整轮胎滑移率得到潮湿条件下纵向力变化曲线(图6-79)。

根据模拟结果图6-79可知,类似于干燥路面,轮胎滑移率 0~5% 范围内三种沥青路面上轮胎纵向力几乎相等;当滑移率大于5%时,随着滑移率逐渐增大,潮湿沥青路面上轮胎纵向力大小仍为 OGFC>SMA>AC,但是均相应地低于干燥路面,表明较高行驶速度下水流润滑作用在胎/路接触力占主导地位,同时水膜覆盖在粗糙路表上阻碍了轮胎与路面的接触,使得粗糙路面的宏观纹理提供的附着力被削弱,路表受到流体润滑作用使得相同行驶速度下的路面间附着力显著减小,轮胎产生的纵向力减小。

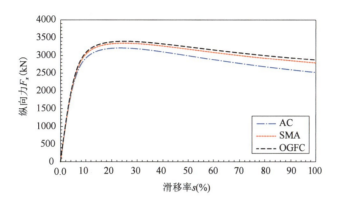

图6-79 潮湿状态轮胎纵向力-滑移率曲线

由干燥路面上附着系数影响因素敏感性分析结果可知,路表宏观纹理参数是显著因素,故结合式(6-70)模拟计算不同水膜厚度下路面附着系数,分析行驶速度、路表宏观纹理对轮胎-路面之间附着力的影响程度,得到各水膜厚度下附着系数曲线如图6-80所示。由图6-80可知,一定宏观纹理参数、行车速度条件下,随着水膜厚度增大路面附着系数逐渐减小。当水膜厚度 $h_w \leq 1.0\text{mm}$ 时,路面附着系数较大且随着宏观纹理增加附着系数变化率较高;当水膜厚度 $h_w > 1.0\text{mm}$ 时,路面附着系数逐渐减小且路表宏观纹理影响程度迅速降低,表明水膜厚度大于1mm时(积水状态下),此时路表附着特性主要取决于水流的黏滞力。

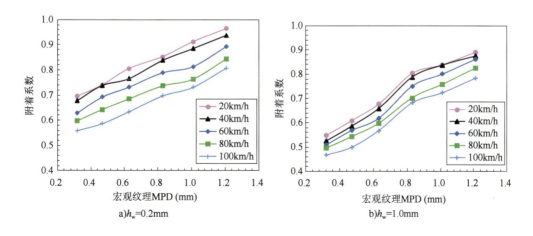

图 6-80

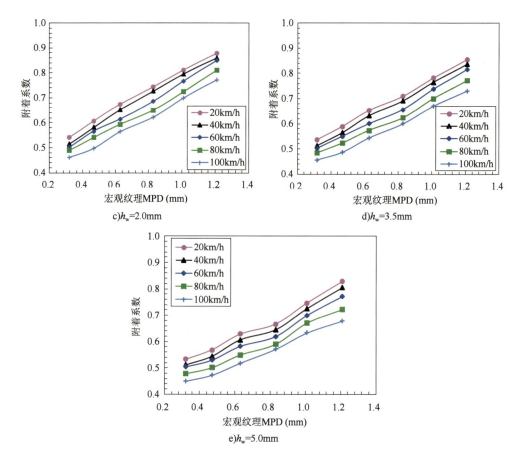

图 6-80　不同水膜厚度下路面附着系数曲线

(三) 潮湿路面附着系数影响因素显著性分析

基于图 6-80 各因素对路面附着特性的影响规律，采用正交试验设计进行多因素下参数显著性分析。以水膜厚度、路表宏观纹理 MPD 值和行车速度三种因素为主要研究对象，各因素分别选取 5 因子水平，具体试验方案列于表 6-9 中，极差计算结果见表 6-10。

正交试验设计方案及结果　　　　　表 6-9

试验编号	水膜厚度(mm) 因子 A	MPD 值(mm) 因子 B	行车速度(km/h) 因子 C	附着系数
N1	0	0.32	20	0.7128
N2	0	0.47	40	0.7574
N3	0	0.63	60	0.7456
N4	0	0.83	80	0.7502
N5	0	1.01	100	0.7400

续上表

试验编号	水膜厚度(mm) 因子A	MPD值(mm) 因子B	行车速度(km/h) 因子C	附着系数
N6	0.2	0.32	20	0.6792
N7	0.2	0.47	40	0.6925
N8	0.2	0.63	60	0.6856
N9	0.2	0.83	80	0.6979
N10	0.2	1.01	100	0.9119
N11	1.0	0.32	20	0.5020
N12	1.0	0.47	40	0.5411
N13	1.0	0.63	60	0.5650
N14	1.0	0.83	80	0.7445
N15	1.0	1.01	100	0.7977
N16	2.0	0.32	20	0.4887
N17	2.0	0.47	40	0.4970
N18	2.0	0.63	60	0.6736
N19	2.0	0.83	80	0.7282
N20	2.0	1.01	100	0.7673
N21	5.0	0.32	20	0.4494
N22	5.0	0.47	40	0.5669
N23	5.0	0.63	60	0.6054
N24	5.0	0.83	80	0.6185
N25	5.0	1.01	100	0.6690

路面附着系数极差分析(二) 表6-10

指标		因子A	因子B	因子C	空列	空列	空列
平均偏差K	K_1	0.741	0.566	0.722	0.665	0.662	0.673
	K_2	0.733	0.611	0.714	0.668	0.660	0.659
	K_3	0.630	0.655	0.665	0.667	0.675	0.677
	K_4	0.631	0.708	0.627	0.673	0.666	0.653
	K_5	0.582	0.777	0.590	0.645	0.654	0.650
极差R		0.159	0.211	0.132	0.028	0.021	0.027

续上表

指标	因子A	因子B	因子C	空列	空列	空列
自由度 df	4	4	4	4	4	4
偏差平方和SS	0.099	0.136	0.063	0.00074	0.00055	0.00071
F	1.954	2.684	1.243	1	1	1
$F_{\text{crit }0.05}$	2.780	2.780	2.780	$F(A)>F_{0.90}(4,4)$ 因B显著,因子B>因子A>因子C		
$F_{\text{crit }0.10}$	2.190	2.190	2.190			

根据表6-10可知,各因子影响程度为因子B>因子A>因子C,路表纹理MPD值影响最显著,其次为路表水膜厚度,表明水膜厚度在较小时路表附着力主要由路面宏观纹理提高,水膜厚度较高时($h_w \geq 1mm$)路表附着力大小主要由流体黏滞力提供,轮胎与路面之间受到流体润滑作用存在滑水的风险。

(四)潮湿沥青路面峰值附着系数曲线

基于以上潮湿路面附着特性的影响因素分析,可知潮湿状态时($0<h_w \leq 0.5mm$)路面附着系数最大,随着降雨量及降雨时间的逐渐积累,路表水膜厚度逐渐增大,在水流润滑作用下路表纹理被"密封"而无法提供摩阻力,轮胎与路面之间的附着力主要源于流体黏滞力。因此,取代表性的潮湿状态下($h_w=0.2mm$)路面附着特性为研究对象,分析宏观纹理参数对路面峰值附着系数的影响,以三种典型沥青路面表征不同宏观纹理区间进行研究,模拟得到不同沥青路面下附着系数随滑移率变化曲线,如图6-81所示。

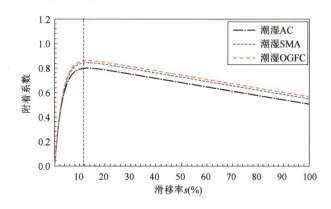

图6-81 潮湿路面附着系数-滑移率曲线

结果表明,滑移率在11.5%左右时附着系数曲线出现峰值点。采用同样的方法,分析不同荷载下路面峰值附着系数,拟合得到不同行驶速度下峰值附着系数变化曲线(图6-82)。根据图6-82变化曲线可知,随着行驶速度的逐渐提高,路面峰值附着系数呈下降趋势;相同行驶速度下三种沥青路面峰值附着系数大小为:潮湿AC>潮湿SMA>潮湿OGFC。显然地,潮湿路面峰值附着系数略低于干燥路面,主要是路面纹理的贡献率决定的,获取的峰值附着系数曲线可为后续仿真分析提供数据支持。

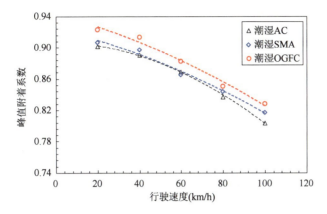

图6-82　不同行驶速度下路面峰值附着系数曲线

第七章　沥青路面抗滑参数对车辆稳定性的影响分析

第一节　汽车制动影响因素及车轮受力分析与试验

一、汽车制动时车轮受力分析

汽车的制动性指汽车在行驶过程中能够在短距离内停车并且维持行驶方向的稳定性,并且在下长坡时能够维持一定车速的能力。包括制动效能,即制动距离或者制动减速度;制动效能的恒定性,即抗热衰退能力,意思是汽车高速行驶或下长坡连续制动时制动效能保持的程度;以及制动时汽车的方向稳定性,即制动时汽车不跑偏、侧滑或者失去转向能力的性能。制动效能不仅与制动器制动力有关,也与路面的附着系数有关。制动时的汽车方向稳定性不仅与汽车前后轴制动器以及悬架结构有关也与地面的附着系数有关。

（一）制动器制动力

在轮胎周缘克服制动器摩擦力矩 T_μ(N·m)所需的力,称为制动器制动力,用 F_μ 表示,显然 $F_\mu = T_\mu/r$。其中,r 为车轮半径(m)。可知,制动器制动力仅由制动系的设计参数所决定,即取决于制动器形式、结构尺寸、制动器摩擦副的摩擦因数以及车轮半径等。它与制动系的液压或气压成正比。

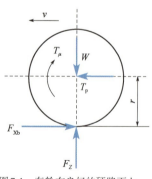

图7-1　车轮在良好的硬路面上制动时的受力情况

（二）地面制动力

图7-1所示为在良好的硬路面上制动时,车轮的受力情况。图中滚动阻力偶矩和减速时的惯性力、惯性力偶矩均忽略不计。F_{Xb} 为地面制动力,W 为车轮垂直载荷,T_p 为车轴对车轮的推力,F_Z 为地面对车轮的法向反作用力。从力矩平衡得:$F_{Xb} = T_\mu/r = T_p$。地面制动力是使汽车制动而减速行驶的外力,但是,地面制动力取决于两个摩擦副的摩擦力;一个是制动器摩擦副间的摩擦力;另一个是轮胎与地面间的摩擦力——附着力。

(三)制动力与附着力之间的关系

制动时,只考虑车轮的运动为滚动与抱死拖滑两种状况。当制动踏板力较小时,制动器制动力随制动系液压力的增大而增大,此时车轮仍滚动,地面制动力等于制动器制动力;而当地面制动力 F_{Xb} 达到附着力 F_φ 时(图7-2中 p_a 为制动系液压力),车轮即抱死不转而出现拖滑现象。

此后制动器制动力仍按直线关系继续上升,而若作用在车轮上的法向载荷为常数,地面制动力就不再增加了。此时,若想提高地面制动力,以使汽车具有更好的制动效能,只有提高附着系数。制动器制动力、地面制动力及附着力三者的关系如图7-2所示。由此可见,汽车的地面制动力首先取决于制动器制动力,但同时又受到地面附着条件的限制。所以,只有汽车具有足够的制动器制动力,同时地面又能提供高的附着力时,才能获得足够的地面制动力。

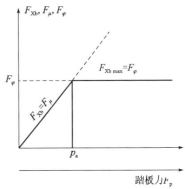

图7-2 制动过程中制动力-附着力关系

(四)附着系数 φ 与滑移率 s 之间的关系

前面假设车轮的运动只有滚动与抱死拖滑两种状况,附着系数在此过程中是常数。但实际上,汽车在制动过程中,从车轮滚动到抱死拖滑是一个渐变的过程。这个渐变过程可通过轮胎胎面留在地面上的印痕反映出来。汽车制动过程中逐渐增大踏板力时轮胎留在地面上的印痕基本可分三段:

第一段,印痕的形状与轮胎胎面花纹基本一致,车轮接近纯滚动,即

$$u_w \approx r_{r0} \omega_w \tag{7-1}$$

式中: u_w ——车轮中心的速度(m/s);

r_{r0} ——没有地面制动力时的车轮滚动半径(m);

ω_w ——车轮的角速度(rad/s)。

第二段,轮胎花纹的印痕可以辨别出来,但花纹逐渐模糊,轮胎不只是单纯的滚动,胎面与地面间发生了一定程度的相对滑动,即车轮处于边滚边滑的状态,此时: $u_w > r_{r0}\omega_w$,且随着制动强度的增大,滑动成分的比例越来越大。

第三段,形成一条粗黑的印痕,辨别不出花纹,车轮被制动器抱死,在路面上完全拖滑,此时 $u_w = 0$ 。可以看出,随着制动强度的增加,车轮滚动成分越来越少,而滑动成分越来越多。可用滑移率来说明这个过程中滑动成分所占的比例。滑移率的表达式是:

$$s = \frac{u_w - r_{r0}\omega_w}{u_w} \times 100\%$$

纯滚动时，$u_w=r_{r0}\omega_w$，滑移率 $s=0$；在纯拖滑时，$u_w=0$，$s=100\%$；边滚边滑时，$0<s<100\%$。因此，滑移率的数值说明了车轮运动中滑动成分所占的比例。滑移率越大，滑动成分越多。

(五)制动力系数影响因素

制动力系数的影响因素主要为路面状况、行车速度、轮胎类型、路面结构等，下面分别详细阐述。

1. 路面状况

各种路面上的附着系数见表7-1。

各种路面上的附着系数 表7-1

路面	峰值附着系数φ_b	滑动附着系数φ_s	路面	峰值附着系数φ_b	滑动附着系数φ_s
沥青或混凝土	0.80~0.90	0.75	土路(干)	0.68	0.65
沥青(潮湿)	0.50~0.70	0.45~0.60	土路(湿)	0.55	0.40~0.50
混凝土(潮湿)	0.70	0.70	雪(压紧)	0.20	0.15
砾石	0.60	0.55	冰	0.10	0.07

2. 行车速度

基于车速对货车轮胎 φ_b-s 曲线可以看出，车速越高，制动力系数通常越小。

3. 轮胎结构

增大轮胎与地面的接触面能提高附着能力。子午线轮胎接地面积大、单位压力小、滑移小、胎面不易损耗，制动力系数较高。轿车普遍采用宽断面、低气压、子午线轮胎。

4. 胎面花纹

在良好、平整的沥青路面上，对于有胎面花纹的轮胎，其附着性能比无胎面花纹光整的轮胎要好很多。轮胎的磨损会影响其附着能力。随着胎面花纹深度的减小，其附着系数将显著下降。

5. 路面结构

为了增加潮湿路面的附着能力，路面的宏观结构应具有一定的不平整度且有自动排水的能力；路面的微观结构应是粗糙且有一定的尖锐棱角，以穿透水膜，让路面与胎面直接接触。汽车行驶时可能遇到两种附着能力很小的危险情况：一种情况是刚下雨不久，路面上只有少量雨水时，雨水与路面上的尘土、油污相混合，形成黏度高的水液，滚动的轮胎无法排挤出胎面与路面间的水液膜；由于水液膜的润滑作用，附着性能大大降低，平滑的路面有时会同冰雪路面一样滑溜。另一种情况是高速行驶的汽车经过有积水层的路面，出现了滑水现象。

降雨条件下,汽车行驶在积水路面,轮胎与路面被水膜隔开,Daughday将部分滑水时轮胎-路面之间的接触区域分为三个区域(图7-3)。水膜区内轮胎由于动水压力而脱离路面;过渡区内,轮胎由于水的黏结润滑而部分浮起;而在直接接触区轮胎与路面接触,这部分提供主要摩擦力。由此可见,潮湿路面的摩擦特性远比干燥状态下复杂。

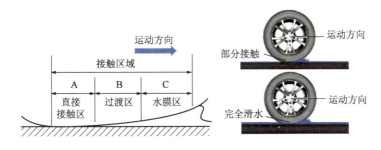

图7-3 滑水时胎-路接触区域

滑水现象产生的本质是由于道路积水导致路表水膜的产生,路面表面的附着系数因为水膜的润滑作用而降低。当车在具有水膜的道路上行驶时,不论是滚动还是滑动,轮胎都需要克服水膜的存在向前,从而使得水膜产生了动水压力。动水压力对轮胎具有抬升的作用,导致胎/路有效接触面积变小,使得汽车从完全接触路面(图7-3中A区域)不完全接触(图7-3中B区域),甚至完全上浮在路面之上(图7-3中C区域),产生滑水现象,严重影响了汽车的驾驶安全性和稳定性。

对于光滑胎面、细花纹胎面等胎面无排水沟槽的轮胎以及一般花纹轮胎,当路面水层深度超过胎面沟槽深度时,可根据流体力学的原理确定发生滑水现象的车速。通常按经验公式估算滑水车速:

$$v_h = 6.34\sqrt{p_i} \tag{7-2}$$

式中:v_h——滑水车速(km/h);

p_i——轮胎充气气压(kPa)。

对于一般花纹胎面,当路面水层深度小于胎面沟槽深度时,滑水车速的估算更为复杂。滑水现象减小了胎面与地面的附着力,影响汽车的制动、转向等性能。

(六)汽车的制动效能

汽车的制动效能是指汽车迅速降低车速直至停车的能力,评定制动效能的指标是制动减速度a_b和制动距离s。

1.制动减速度

制动减速度是制动时车速对时间的导数,即$a_b=du/dt$。它反映了地面制动力的大小,因此与制动器制动力(车轮滚动时)及附着力(车轮抱死拖滑时)有关。假设空气阻力$F_w=0$,滚

动阻力 $F_f=0$，即不计空气阻力和滚动阻力对汽车制动减速的作用，则制动时总的地面制动力为：

$$F_{Xb} = \frac{G}{g}\frac{du}{dt} = \varphi_b G \tag{7-3}$$

式中：G——车辆总重力；

g——重力加速度；

φ_b——加（减）速度为 a_b 时的附着系数，$\varphi_b = \frac{du}{dt}$。

因此，汽车制动时减速度 a_b(m/s²)为：

$$a_b = \frac{du}{dt} = \varphi_b g \tag{7-4}$$

若允许汽车的前、后轮同时抱死，则：

$$a_{b\max} = \varphi_s g \tag{7-5}$$

若汽车装有 ABS，则：

$$a_{b\max} = \varphi_p g \tag{7-6}$$

由于瞬时制动减速度曲线的形状复杂，不好用某一点的值来代表，因此我国行业标准采用平均减速度（$\bar{a}$）的概念，即：

$$\bar{a} = \frac{1}{t_2 - t_1}\int_{t_1}^{t_2} a(t)\,dt \tag{7-7}$$

式中：t_1——制动压力达到 $0.75p_{\max}$ 的时刻；

t_2——到停车时总时间的 2/3 的时刻。

ECE R13 和 GB 7258 采用的是充分发出的平均减速度 MFDD(m/s²)，有：

$$\text{MFDD} = \frac{u_b^2 - u_e^2}{25.92(s_e - s_b)} \tag{7-8}$$

式中：u_b——$0.8u_0$ 的车速(km/h)，其中 u_0 为起始制动车速；

u_e——$0.1u_0$ 的车速(km/h)；

s_b——u_0 到 u_b 车辆经过的距离(m)；

s_e——u_0 到 u_e 车辆经过的距离(m)。

2.制动过程分析

图 7-4 是驾驶员在接受了紧急制动信号后，制动踏板力、汽车制动减速度与制动时间的关系曲线。其中图 7-4a)是实际测得的，图 7-4b)是经过简化的。

可将一次制动过程分成如下 4 个阶段：

(1)驾驶员反应时间 t_1[图 7-4a)中 $\overline{ab}$ 段]：指从驾驶员识别障碍，到把踏板力 F_p 加到制动踏板上所经历的时间。其中包括驾驶员发现、识别障碍并作出决定的时间 t_1' 和把右脚从加速踏板换到制动踏板上的时间 t_1''。这段时间一般为 0.3~1.0s。

(2) 制动器作用时间 t_2[图 7-4a)中 $\overline{be}$ 段]：指从施加制动踏板力到产生制动力,从而产生最大制动减速度的时间。其中包括消除间隙时间 t_2' 和制动器制动力增长时间 t_2''。制动器作用时间一方面取决于驾驶员踩踏板的速度,另一方面更重要的是受制动系结构形式的影响。t_2 一般在 0.2~0.9s 之间。

(3) 持续制动时间 t_3[图 7-4a)中 $\overline{ef}$ 段]：该时间段内制动减速度基本不变。

(4) 放松制动器时间 t_4[图 7-4a)中 $\overline{fg}$ 段]：驾驶员松开制动踏板后,制动力的消除还需要一段时间,t_4 一般在 0.2~1.0s 之间。t_4 过长会延缓随后起步行驶的时间。另外,如果因车轮抱死而使汽车失去控制,驾驶员采取措施放松制动踏板时,又会使制动力不能立即释放。

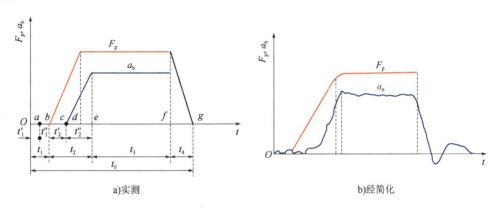

图 7-4 车辆制动过程曲线

3. 制动距离

制动距离与汽车的行驶安全有直接的关系,它指的是汽车速度为 u_{a0} 时,从驾驶员开始操纵制动控制装置(制动踏板)到汽车完全停住为止所驶过的距离。在测试制动距离时,应对踏板力或制动系压力、路面附着系数以及车辆的状态做统一规定。制动距离与制动器的热状况也有密切关系,一般制动距离是在冷试验的条件下测得的。此时,起始制动制动器温度应在 100℃以下。

由于各种汽车的动力性不同,对制动效能也提出了不同要求。一般轿车、轻型货车行驶车速高,所以要求制动效能也高;重型货车行驶车速低,要求稍低一些。

根据对制动过程的分析,一般所指制动距离包括制动器作用和持续制动两个阶段中汽车驶过的距离 $s_2 + s_3$。

在制动器作用阶段,分别估算消除间隙阶段 t_2' 和制动器制动力增长阶段 t_2'' 汽车驶过的距离 s_2' 和 s_2''。

在 t_2' 时间内,有：

$$s_2' = u_0 t_2' \tag{7-9}$$

式中：u_0——起始制动车速(m/s)。

在 t_2'' 时间内，制动减速度线性增长，在图4-8a)中 c 点 ($t=0$) 后的任意时刻的减速度为：

$$a_b = -\frac{a_{b\max}}{t_2''} t = kt \tag{7-10}$$

其中：

$$k = -\frac{a_{b\max}}{t_2''}$$

式中：$a_{b\max}$——最大制动减速度。

任意时刻的速度为：

$$u = u_0 + \int kt\mathrm{d}t = u_0 + \frac{1}{2}kt^2 \tag{7-11}$$

任意时刻的行驶距离(以 c 点作为起点计)为：

$$s = u_0 t + \frac{1}{6}kt^3 \tag{7-12}$$

故 $t = t_2''$ 时的距离为：

$$s_2'' = u_0 t_2'' - \frac{1}{6} a_{b\max} t_2''^2 \tag{7-13}$$

因此，在 t_2 时间内的制动距离为：

$$s_2 = s_2' + s_2'' = u_0 t_2' + u_0 t_2'' - \frac{1}{6} a_{b\max} t_2''^2 \tag{7-14}$$

在持续制动阶段，汽车以 $a_{b\max}$ 做匀减速运动，其初速为 $u_e = u_0 + \frac{1}{2}kt_2''^2$，末速度为零，故：

$$s_3 = \frac{u_e^2}{2a_{b\max}} = \frac{\left(u_0 + \frac{1}{2}kt_2''^2\right)^2}{2a_{b\max}} = \frac{u_0^2}{2a_{b\max}} - \frac{u_0 t_2''^2}{2} + \frac{a_{b\max} t_2''^2}{8} \tag{7-15}$$

因为 t_2'' 很小，略去 $t_2''^2$ 项，且车速单位以 km/h 计，则制动距离 $s = s_2 + s_3$，可由式(7-16)计算得到：

$$s = \frac{1}{3.6}\left(t_2' + \frac{t_2''}{2}\right)u_{a0} + \frac{u_{a0}^2}{25.92 a_{b\max}} \tag{7-16}$$

式中：s——制动距离(m)；

u_{a0}——起始制动车速(km/h)。

从式(7-16)可以看出，决定制动距离的主要因素包括：制动器作用时间、最大制动减速度即附着力以及起始制动车速。特别是起始制动车速与制动距离是平方关系，影响尤甚。显然，制动器作用时间越短、最大制动减速度即附着力越大，起始制动车速越低，制动距离越短。

二、汽车制动性影响因素

汽车的制动性与汽车的结构及其使用条件有关，如汽车轴间载荷的分配、载质量、制动系的结构、利用发动机制动、行驶速度、道路情况、驾驶方法等,均对制动过程有很大影响。

(一)轴间载荷分配

汽车制动时,前轴载荷增加,后轴载荷减小。如果根据轴间载荷的变化分配前后轮制动器制动力,符合理想分配的条件,则前后轮同时抱死。如果前后轮制动器制动力的比例为定值,则只有在具有同步附着系数 φ 的路面上,前后轮才能同时抱死。当 $\varphi<\varphi_0$ 时,即前轮附着系数 φ_0 大时,后轮先抱死;反之前轮先抱死;空载时总是后轮先抱死。

(二)制动力的调节和车轮防抱死

1.制动力的调节

为了防止制动时后轮抱死而发生危险的侧滑,汽车制动系的前后轮制动器制动力的实际分配线(β线)应当总在理想的前后轮制动器制动力分配曲线(Ⅰ曲线)下方。同时,为了减少前轮失去转向能力的倾向和提高制动效率,β线越接近Ⅰ曲线越好。如果能按需要改变β线使之达到上述目的,将比前后轮制动器制动力具有固定比值的汽车具有更大的优越性。为此,在现代汽车制动系中装有各种压力调节装置。常见的压力调节装置有限压阀、比例阀、感载限压阀、感载比例阀等。

2.车轮的防抱死

采用按理想制动器制动力分配曲线来改变β线的制动系能提高汽车制动时的方向稳定性,且制动效率也较高。但各种调节装置的β线常在Ⅰ曲线的下方,因此不管在什么附着系数的路面上制动时,前轮仍将抱死而可能使汽车失去转向能力。另外,从附着系数-滑移率(φ-s)曲线可知,汽车的附着能力和车轮的运动状况有关。当滑移率 $s=15\% \sim 20\%$ 时,制动力系数最大;而车轮完全抱死,$s=100\%$ 时,制动力系数反而下降。一般汽车的制动系,包括装有调节阀能改变β线的制动系都无法利用峰值附着系数,在紧急制动时,常常是利用较小的滑动附着系数使车轮抱死。

为了充分发挥轮胎与地面间的潜在附着能力,全面满足对汽车制动性的要求,已采用了多种形式的制动防抱死装置。采用防抱死装置,在紧急制动时,能防止车轮完全抱死,而使车轮处于滑移率为 $15\% \sim 20\%$ 的状态。此时,制动力系数最大,侧向力系数也很大,从而使汽车在制动时不仅有较强的抗后轴侧滑能力,保证汽车的行驶方向稳定性,而且有良好的转向操纵性。由于利用了峰值附着系数,也能充分发挥制动效能,提高制动减速度和缩短制动距离。

(三)汽车载质量

对于载质量较大的汽车,前后轮的制动器设计一般不能保证在任何道路条件下都使其制动力同时达到附着极限,所以汽车的制动距离就会由于载质量的不同而发生差异。实践证明,对于载质量为3t以上的汽车,大约载质量每增加1t,其制动距离平均要增加1.0m,即使是同一辆汽车,在装载质量和装载方式不同时,由于质心位置变动,也会影响汽车的制动距离。

(四)车轮制动器

车轮制动器的摩擦副、制动鼓的构造和材料,对于制动器的摩擦力矩和制动效能的恒定性有很大影响。在设计制造中应选用优良的结构形式及材料,在使用维修中也应注意摩擦片的选用。

双向自动增力式制动器具有较大的制动效能因数,但稳定性差。双从蹄式制动器制动效能因数低,但稳定性较好。领从蹄式制动器介于两者之间。盘式制动器的制动效能没有鼓式的大,但其稳定性最好。

制动器的技术状况不仅和设计制造有关,而且和使用维修情况有密切关系。制动摩擦片和制动鼓的接触面积不足或接触不均匀,将降低制动摩擦力矩。而且局部接触的面积和部位不同,也将引起制动性能的差异。

制动摩擦片的表面不清洁,如沾有油污、水或污泥,则摩擦系数将减小,制动力矩随之降低。如汽车涉水之后水渗入制动器,其摩擦系数将急剧下降20%~30%。

(五)制动初速度

制动初速度高时,需要通过制动消耗的运动能量也大,故制动距离会延长。制动初速度越高,通过制动器转化产生的热量也越多,制动器的温度也越高。制动蹄片的摩擦性能会随温度的升高而降低,导致制动力衰减,制动距离增长。

(六)利用发动机制动

发动机的内摩擦力矩和泵气损耗可用来作为制动时的阻力矩,而且发动机的散热能力要比制动器强很多。一台发动机,在单位时间内大约有相当于其功率1/3的热量必须散发到冷却介质中去。因此,可把发动机当作辅助制动器。

发动机常用做减速制动和下坡时保持车速不变的惯性制动,一般用上坡的挡位来下坡。必须注意的是,在紧急制动时,发动机不仅无助于制动,反而需要消耗一部分制动力去克服发动机旋转质量的惯性力。因此,这时应脱开发动机与传动系的连接。

发动机的制动效果对汽车制动性的影响很大。它不仅能在较长的时间内发挥制动作用,减轻车轮制动器的负担,而且由于传动系中差速器的作用,可将制动力矩平均地分配在左、右车轮上,以减少侧滑甩尾的可能性。在光滑的路面上,这种作用就显得更为重要。此外由于发动机的制动作用,在行车中可显著地减少车轮制动器的使用次数,对改善驾驶条件十分有利。同时,又能经常保持车轮制动器处于低温而能发挥最大制动效果的状态,以备紧急制动时使用。

有些适合山区使用的柴油车,为了加强发动机的制动效果,在排气歧管的末端安装有排气制动器。排气制动器中设有阀门,制动时将阀门关闭,以增大排气歧管中的反压力,从而产生制动作用。这种方法称为排气制动。这时发动机作为"耗功机"(压缩机)。特别是在下长坡时,用发动机进行辅助制动,更能发挥其特殊的优越性。应用这种方法,一般可使发动机制动时所吸收的功率达到发动机有效功率的50%以上。

(七)驾驶技术

驾驶技术对汽车制动性有很大影响。制动时,如能保持车轮接近抱死而未抱死的状态,便可获得最佳的制动效果。经验证明,在制动时,如迅速交替地踩下和放松制动踏板(非紧急情况),即可提高其制动效果。因为,此时车轮边滚边滑,轮胎着地部分不断变换,故可避免由于轮胎局部剧烈发热胎面温度上升而降低制动效果。在紧急制动时,驾驶员如能急速踩下制动踏板,则制动系的作用时间将缩短,从而缩短制动距离。在光滑路面上不可猛烈踩制动踏板,以免因制动力过大而超过附着极限,导致汽车侧滑。当然装备有ABS系统的汽车在紧急制动时应将制动踏板快速踩到底直至汽车减速或停车。

(八)道路条件

道路的附着系数限制了最大制动力,故它对汽车的制动性有很大的影响。当制动的初速度相同时,随着φ值的减小,制动距离随之增加。由于冰雪路面上的附着系数特别小,所以制动距离增大。特别要注意冰雪坡道上的制动距离,并应利用发动机制动。有计算表明,在冰雪路面上,利用发动机制动的辅助作用可使制动距离缩短20%~30%。在冰雪路面上制动时方向稳定性变差,当车轮被制动到抱死时侧滑的危险程度将更大。汽车在冰雪路面上行驶时,应加装防滑链。

三、汽车制动性试验方法

汽车的制动性主要通过道路试验来评定。一般要测定冷制动及高温下汽车的制动距离、制动减速度、制动时间等参数。另外,还要测定在转弯与变更车道时汽车制动的方向稳定性。

(一)高附着系数路面的制动试验

1.试验基本条件

试验路段应为干净、平整、坡度不大于1%的硬路面。路面附着系数不宜小于0.75。试验时,风速应小于5 m/s,气温在0~35℃。试验前,汽车应充分预热。以$(0.8~0.9)u_{a\max}$行驶1h以上。

2. 试验仪器

道路试验的主要仪器是五轮仪、惯性式减速度计和压力传感器。近代的五轮仪采用电磁感应传感器、光电传感器与数字显示装置,能精确测出起始车速、制动距离和时间以及横向偏移,明显提高了试验的准确性。

3. 冷制动试验

冷制动试验时,制动器温度不能超过100℃。令汽车加速超过起始制动车速3~5km/h,摘挡滑行,待车速降至起始制动车速时,紧急制动直至停车。用仪器记录各项评定指标。为保证试验结果的可靠性,一般都应该进行200次的制动器的磨合制动试验,制动减速度为3.5m/s²。试验中,若汽车航向角大于8°或超越试验路段宽度3.5m界线时,应重新调整被测试汽车的制动系,再进行试验。

4. 高温工况试验

高温工况试验包含两个阶段:加热制动器与测定制动性指标。连续制动是一种常用的加热方法,即令汽车加速到$0.8u_{a\max}$时,以3m/s²的减速度制动减速到$0.4u_{a\max}$;再加速,再制动减速。每次制动的时间间隔为45~60s。根据不同车型共制动15~20次。最后轿车制动器温度可升至250~270℃,中型货车达140~150℃,重型货车达170~200℃。也可令汽车维持40km/h车速,驶下1.7km、7%的坡道来加热制动器。加热前后及中间应进行数次制动性指标测定,以评定制动系的热衰退性能。

另一种高温工况是下长坡连续制动。如令汽车由坡度为6%~10%、长7~10 km的坡道上以车速30km/h制动下坡,最后检查制动性指标。

5. 汽车制动方向稳定性试验

汽车转弯试验在平坦的干地面上进行(ABS系统的转弯制动在冰雪路面上进行)。试验时汽车沿一定半径作圆周行驶,达到下述开始制动前的稳定状态:转弯半径为40m或50m,侧向加速度为(5±0.5)m/s,相应车速为51km/h或57km/h,或者转弯半径为100m,侧向加速度为(4±0.4)m/s²,相应车速为72km/h;保持方向盘转角不变动,放松加速踏板,迅速踩下制动踏板,离合器可以脱开也可以不脱开,使汽车以不同的等制动减速度制动。记录制动减速度、汽车横摆角速度、汽车航向角、制动时侧向路径偏离量等参数。根据试验结果绘制最大横摆角速度、汽车航向角、制动时侧向路径偏离量等参数与制动减速度的关系曲线。利用这些曲线来评价汽车的转弯制动方向稳定性。

因为湿路面附着系数降低很多,转弯制动试验也常在湿路面上进行。

评定制动时方向稳定性的试验,也在汽车的左、右两侧车轮行经不同附着系数的路面上进行,如左轮行经$\varphi=0.7$的路面,右轮行经$\varphi=0.3$的路面。

6.汽车防抱死制动系统(ABS)制动性能试验

对于采用防抱死制动装置的轿车,试验时测量附着系数利用率(ε)。附着系数利用率是防抱死制动装置工作时的最大制动强度(z)与附着系数(φ)的比值,即$\varepsilon=z/\varphi$。附着系数利用率应在$\varphi\leq0.3$和$\varphi\approx0.8$的两种路面上测量,且应满足$\varepsilon\geq0.75$的条件。同时,还应保证在对接路面(从高附着系数φ_H到低附着系数φ_L或者反过来。$\varphi_H\geq0.5$,$\varphi_H/\varphi_L>2$)和左右车轮分别位于两种不同附着系数(φ_H和φ_L)的对开路面上($\varphi_H\geq0.5$,$\varphi_H/\varphi_L>2$),以50km/h起始制动车速制动,车轮不能抱死;并且还要求在对开路面上,用转向盘来修正方向时,在最初2s,转向盘转角不得超过120°,总转角不得超过240°。

7.制动距离、制动减速度和车辆的侧向路径偏移量

在汽车道路制动试验中,关键是要测准制动距离、制动减速度和车辆的侧向路径偏离量。测量制动距离时,首先要测准制动的起始时刻。一般采用制动踏板开关和制动灯开关来进行测量。制动初速度在极限偏差为3%的范围内,制动距离按下式修正:

$$L = L'(v/v')^2 \tag{7-17}$$

式中:L——校正后的制动距离(m);

L'——测定的制动距离(m);

v——初速度的规定值(km/h);

v'——初速度的测定值(km/h)。

制动减速度的测量有两种方法:一种是采用减速度计;另一种是采用五轮仪的速度信号微分。减速度计的选择要注意频率响应特性、灵敏度和噪声。侧向路径偏移量的测量有两种方法:一种是采用皮尺测量汽车相对行驶航道的偏离,最大测量误差为0.05m;另一种是采用航向陀螺仪测量航向角,这种方法一般用于研究。

(二)制动性能的室内试验

道路试验虽能全面地反映汽车的制动性,但试验需要有特定的场地,且颇费时间。因此,在汽车使用企业及一般车辆检测单位,常用室内试验装置测试汽车制动器的摩擦力矩,来检查汽车的制动性。

室内实验装置主要有平板式及滚筒式两种。图7-5所示为平板式制动试验台简图。试验台由4块可活动的平板组成,左右平板中心的间隔距离等于轮距的宽度,前、后平板中心的间距等于轴距,每一块平板的长度都大于一个车轮的直径,大约为1m。试验时,车辆用低速驶上平板并踩制动踏板。由于4个平板的纵向运动受到测力传感器的约束,于是每一块平板所

图7-5 平板式制动试验台

测出的力等于轮胎和平板之间的制动力。平板式试验台的好处是可以反映制动时载荷的转移,测试方便、时间短。平板式试验台容易模拟道路的附着情况,而滚筒式制动试验台为了增加筒面与轮胎胎面的附着力,筒面应有横向槽形花纹,以保持附着系数在0.65以上。有时还应使用一定加载装置,以增加附着重量。

轿车制动力大部分是由前轮制动器提供的,在滚筒式试验台上测量轿车前轮制动力常常会不准确。这是因为试验中作用于滚筒的垂直力仅是处于静止状态汽车的前轴轴荷(远小于真实制动时前轴对地面的动态作用力),轮胎与筒面间的附着系数又较低,造成轮胎与筒面间的附着力明显不足所致。采用平板式试验台进行测试时,注意要有一定的引车距离和稳定的车速,以提高其测试的重复性。平板式试验台不容易测量制动鼓的失圆度,测量制动力随踏板力的变化不如滚筒式试验台方便。在测量左、右侧制动力的偏差时,目前常用检测线上的滚筒式试验台,通过计算机采集踏板力增大过程中的左、右侧制动力,然后计算出不相等度。

第二节 汽车制动性评价指标

汽车的主要运动形式可用图7-6所示的车辆坐标系来描述。图中oxyz坐标系固定在车身上,原点o为汽车的质心,xoz处于汽车左右对称平面内,x轴为车身纵向水平轴,方向向前。z轴通过质心指向上方,y轴水平向左。在车辆坐标系中描述的汽车运动包括汽车质心速度在x轴、y轴和z轴上的分量(分别称为前进速度u、侧向速度v和垂直速度w),以及车身角速度在x轴、y轴和z轴上的分量(分别称为侧倾角速度ω_p、俯仰角速度ω_q。和横摆角速度ω_r)。其中,沿x轴方向的平动、沿z轴方向的平动以及绕y轴的转动与操纵稳定性没有直接的关系,而与操纵稳定性有关的主要运动参量包括横摆角速度ω_r、侧向速度v以及汽车质心加速度在y轴上的分量(侧向加速度a_y)等。

图7-6 车辆坐标系与汽车的主要运动形式

一、制动系统的工作原理

汽车制动过程是指汽车从行驶状态转为停止状态的过程,根据汽车类型和道路条件的不同可分为很多种制动情况。汽车制动系统是使汽车安全地完成制动动作的一系列装置,包括各种电子、机械以及控制模块。

(一)制动系统工作原理

一直以来,汽车制动系统作为汽车最重要的装置之一,在结构和原理上并没有本质的变化。制动系统基本工作原理与简单的液压制动系统工作原理相似。在汽车准备制动时,驾驶员向下踩动制动踏板,踏板随之产生一定的行程,与之联动的连杆机构开始工作,推动制动缸主缸活塞,制动主缸内部的制动液在活塞的压力作用下流入制动轮缸。同样,制动轮缸受到液压的作用,迫使制动器的摩擦衬片向制动盘挤压,衬片与制动盘产生的摩擦力矩阻止了车轮的转动。与此同时,汽车轮胎与地面间的接触面也产生了与运动方向相反的阻碍车轮运动的力。汽车车轮在这两个外力的双重作用下减速,最终使汽车停止,完成制动。

(二)制动系统的分类与基本组成

汽车制动系统是阻止汽车运动的装置,它可以使汽车迅速减速直至停止,使汽车在下坡时不超过某一速度维持稳定,并且能保证汽车可靠地停在斜坡上。制动系统十分复杂,通常按照不同的标准可以划分成不同的种类,总结在表7-2中。

制动系统分类 表7-2

划分标准	类型	特点
使用目的	行车制动系统	车辆在正常行驶中作用
	应急制动系统	制动系失灵时保证车辆实现减速或停车
	辅助制动系统	用以辅助车辆制动系统完成部分任务
	驻车制动系统	车辆驻车时使用
制动力输入方式	人力制动系统	以人力作为动力源
	伺服制动系统	通过外力强化人力作为动力源
	动力制动系统	人力只起控制作用,外力作为动力源
制动装置布设方式	单回路制动系统	一个地方出现故障,整个系统失灵
	双回路制动系统	某一回路发生问题,另一回路仍可正常工作

制动系统基本组成主要包括四部分,即供能装置、控制装置、传动装置以及制动器。

(1)供能装置是指接收制动能量的装置,其作用也包括及时调整制动源的大小。

(2)控制装置是指所有将制动源转换成制动动作,并且控制制动效果的部件总称。目前电子集成技术在车辆上的应用使得制动系统在控制装置方面的发展最为突出,例如 ABS 和 ARS 等装置。控制装置能够通过一系列调整将制动源转化为最佳的制动力,从而使汽车适应各种各样的路况和情况。

(3)传动装置是指把制动源的能量传递到制动单元的装置,主要包括制动主缸、前制动管路、后制动管路、驻车制动操纵杆等部件。

(4)制动器是整个制动系统最直接的执行装置,主要有盘式和鼓式两种结构。

汽车的制动系统除了上述的四大主要组成部分外,较为完善的制动系统还应包括制动力调节装置、报警装置以及压力保护装置等附加装置。

二、制动系统的设计要求

汽车制动系统的结构与性能直接关系着车辆和人员的安全,因而成为汽车的重要安全条件,受到高度重视。我国的强制性标准《汽车制动系统结构、性能和试验方法》(GB 12676—1999)和《机动车运行安全技术条件》(GB 7258—2017)中,对于制动系统的结构与性能都作出了严格的规定。

制动系统的设计要求主要包括:具有足够的制动力且作用滞后性短;具有良好的制动稳定性、制动热稳定性和操纵轻便性;要有两套相互独立的制动器管路;要能防止水和污泥进入制动器工作表面等。

三、制动系统的评价指标

汽车的制动性主要由以下三方面来评价:制动效能、制动效能的恒定性及制动时的方向稳定性。

(1)制动效能,是指在良好路面上,汽车以一定初速制动到停车的制动距离或制动时汽车的减速度,它是制动性能最基本的评价指标。通常包括行车制动效能和驻坡制动效能。其中行车制动效能是利用各种机械或电气元件、液压或气压装置来使车速迅速降低,直至停车的能力。评价行车制动效能的两个指标是在一定的初速度和最大踏板力的前提下,车辆的制动减速度和制动距离。汽车以一定的初速度行驶时,制动减速度越大,意味着汽车减速越快;而制动距离越短,汽车的安全性就越高。驻坡制动效能一般用汽车在良好路面上能可靠且无时间限制地平稳停驻的最大坡度来衡量,通常要求大于25%。

根据汽车的车型、载重量、使用目的不同,对不同类型的汽车会有不同的制动效能方面的要求。乘用车或者行驶速度较高的汽车对制动效能的要求较高;而重荷载、低速度的重型货车等对制动效能的要求相对比较宽松。

(2)制动效能的恒定性,包括抗热衰退和水衰退的能力。

制动效能的恒定性是指遇到极端路况时,长时间频繁使用制动功能,还能够保证制动系统制动性能的能力。主要包含制动器抗热的恒定性和制动器抗水的恒定性两个方面。

汽车经常会在高速行驶情况下紧急制动,或者短时间内频繁重复制动,特别是在下坡时连续制动。这些繁重的制动条件势必会引起制动器摩擦副的温度过高,这将导致制动摩擦副的摩擦系数急剧减小,从而使制动效能迅速下降,也就是发生所谓的热衰退。但是制动是基于摩擦阻力的原理,而摩擦必然生热,因此,热衰退是目前制动器不可避免的问题。提高制动器摩擦材料的高温摩擦稳定性,增加制动盘、制动鼓的热容量,改善制动器的散热性或者采用强制冷却装置等,都是提高抗热衰退性能的有效措施。

当汽车涉水时,水会进入制动器,制动器摩擦表面浸水后会在制动盘表面形成一层薄膜,使制动盘和制动摩擦副中间有了润滑作用,短时间内造成摩擦系数下降,制动性能降低。这种现象称为水衰退现象。我国的相关标准规定,在汽车出水后反复制动5~15次,即应恢复制动器的制动效能。高级轿车的制动控制系统能够有效解决水衰退的问题,它通过传感器判断是否出现水衰退,并利用电子控制系统进行几次干式制动,使得水膜被破坏,短时间内可恢复正常的制动功能。

因为制动过程实际上是把汽车行驶的动能通过制动器吸收转换为热能,所以制动器温度升高后,能否保持在冷状态时的制动效能已成为设计制动器时要考虑的一个重要问题。

(3)制动时的方向稳定性,是指制动时汽车按照驾驶员给定方向行驶的能力,即是否会发生制动跑偏、侧滑和失去转向能力等。

制动时汽车的方向稳定性,常用制动时汽车按给定路径行驶的能力来评价。汽车制动时的方向稳定性是指汽车能够根据驾驶员的意图保持沿直线行驶或者按照预定弯道转弯的能力,即制动时汽车保持行驶状态而不发生制动跑偏、制动侧滑或者失去转向能力的性能。制动跑偏是指汽车在直线行驶制动时,方向盘固定不动但汽车却出现向左或向右的偏驶现象。制动跑偏可能的原因有两个:第一个原因是汽车左、右车轮制动器的制动力不等(尤其是转向轮);第二个原因是汽车悬架系统的导向杆和转向系拉杆在运动学上的不协调,这种情况通过正确的设计基本可以避免。

侧滑是指汽车在制动时某一轴或两轴发生了横向移动。失去转向能力是指汽车在弯道上进行制动时,转动方向盘时汽车仍沿着弯道的切线方向按直线行驶的现象。汽车的制动侧滑与方向盘失去转向能力都是因为制动过程中车轮发生抱死造成的。

若制动器发生跑偏、侧滑或失去转向能力,则汽车将偏离原来的路径。表7-3中列出了一些国家乘用车制动标准对行车制动器制动性的部分要求。

表 7-3 乘用车制动标准对行车制动器制动性的部分要求

项目	欧洲经济共同体标准 EEC 71/320	中国标准 GB 7258—2004	美国联邦标准 135
试验路面	附着良好	$\varphi \geq 0.7$	SN=81
载重	一个驾驶员或满载	任何载荷	轻、满载
制动初速度(km/h)	80	50	96.5
制动稳定性	不抱死跑偏	不许偏出2.5m通道	不抱死偏出3.66m
制动距离(m)	≤50.7	≤20	≤65.8
制动减速度(m/s²)	≥5.8	≥5.9	—
踏板力(N)	<490	≤500	66.7~667

第三节 车辆动力学仿真模型建立

一、车辆动力学分析软件

在车辆工程中,基于虚拟样机技术的软件在车辆研发、性能测试中的作用不可忽视,其中主要为车辆动力学分析软件。使用该类型的软件可以建立多种汽车模型,并将汽车模型置于虚拟的路面上进行驾驶模拟并读取一系列车辆本身的力学参数进行分析。同时,这类软件还需要能有对三维路面进行新建、修改、路面设计参数赋值的功能,以满足分析车辆在不同沥青路面上行驶抗滑表现的模拟要求。下面对市面主流的车辆工程动力学分析软件做简单介绍。

(一) MSC ADAMS

多体动力学仿真软件ADAMS(Automatic Dynamic Analysis of Mechanical Systems)是专门用于机械系统运动学和动力学仿真计算的商用软件,由美国的MSC(Mechanical Simulation Corporation)公司开发。作为动力学分析领域中的成名之作,已经在该领域取得了支配性的地位。该软件的市场份额常年在50%以上。ADAMS软件既可以作为虚拟样机的分析软件进行虚拟样机的静力学、动力学和运动学分析,也可以作为虚拟样机的开发程序。ADAMS软件集建模、计算和后处理于一体,常用模块为View模块和Post Process模块,常用的机械系统均可以在这两个模块中进行分析计算。与此同时,该软件还为特殊专业领域提供了专业性更强的专用模块和嵌入模板,专业模块如汽车模块ADAMS/Car、发动机模块ADAMS/Engine、火车模块ADAMS/Rail和飞机模块ADAMS/Aircraft,嵌入模块如振动模块ADAMS/Vibration、耐久性模块ADAMS/Durability、控制模块ADAMS/Controls和柔性体模块ADAMS/Autoflex等。

(二)CarSim

CarSim多体动力学软件是由美国机械仿真公司(Mechanical Simulation Coporation,MSC)研制开发。1996年,美国密西根大学运输研究中心(The University of Miehigan Transportation Researeh Institute,UMTRID)发布了其初始版本的动态仿真基础源,积累了多年理论和实践经验,是专门针对车辆动力学的仿真软件,车辆对驾驶员输入、路面输入及空气动力学输入产生响应。

CarSim是车辆工程领域应用最广的软件之一,已得到诸如梅赛德斯奔驰、宝马、大众、丰田、通用汽车等世界汽车巨头的研发团队的青睐,成为众多公司进行产品研发、产品性能评估的利器,逐渐树立起汽车行业标准软件的地位,享有很高的声誉。该软件由MSC公司于1996年开发,研发人员均为车辆动力学专家。MSC主要针对车辆工程的商业产品繁多,有CarSim、TruchSim、BikeSim和SuspensionSim等。待分析物体为多体系统,即若干个柔性和刚性体相互连接而成的复杂体。CarSim中建立的车辆模型包括32个物体,有16个多体自由度,41个多体坐标,49个辅助坐标。总共联立113个常微分方程分析车辆的运动及受力状态,其中用户可以输出或者改变的值包括127个力以及93个力矩。CarSim作为MSC开发的使用最广的软件,较之同行软件的优点有:①使用方便。所有的操作均可以在一个图形界面中完成,用户对模拟需要的参数进行定义后均可以回到主页面进行编辑,可视化、可读性高。②计算速度快。CarSim可以模拟车辆的各种工况,同时计算速度、模拟速度可以提高到实际工况速度的3~6倍,这无疑会大大降低开发者的操作时间,提高研发效率。③数据导入、导出接口多。进行车辆的虚拟样机测试时需要进行大量的数据处理,CarSim软件可以和Microsoft Excel、MATLAB等众多数据处理分析软件建立无缝对接的数据接口,进行数据共享。④模型可靠度高。MSC公司建立的软件模型大多基于真实车辆长达几十年的研究数据之上,在车辆工程方面的经验丰富,所有的车辆模型、操作模块和环境变量均通过密歇根车辆研究所的真实现场测试,模型的可靠性得到保证。

鉴于重点探讨沥青路面上行驶车辆的抗滑性能,对车辆模型的精度要求不需要太高,同时需要能快速地输出抗滑性能测试过程中的各项参数。因此,选择CarSim作为抗滑性能测试的软件平台和路面摩擦系数的输入接口软件。

二、基于CarSim的车辆动力学模型建立

作为一款专门针对各种不同车辆的多体动力学仿真软件,CarSim能够以数百倍于真实实验的速度在计算机上完成仿真模拟,并得到分析结果。针对不同的车辆和路面条件,可以输入不同的参数完成真实情况的模拟,例如对操纵稳定性、动力性、经济性、制动性和平顺性等

方面进行模拟,并通过软件内的VehicleSim产品Visualizer工具便于查看带有数据图形和逼真动画的模拟,直观地展示车辆的各项运行情况(图7-7),其强大的功能已被主要汽车广泛用于现代汽车的开发和测试。目前,国内外已有许多道路工程和车辆工程从业者和科研人员使用该软件进行预测和安全性评价。

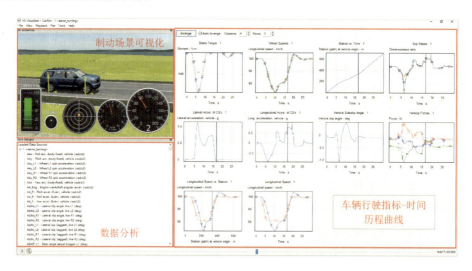

图7-7　CarSim中Visualizer工具生成数据图形和逼真动画

CarSim软件主界面由三大部分构成:参数设置和仿真工况(Vehicle & Procedure)、数学模型求解器(Run Control Built-In Solvers)、仿真分析结果输出(后处理,Post Processing),如图7-8所示。其中,参数设置和图形数据库包括预先存储的车辆模型数据、车辆转向数据、车辆行驶数据、道路数据和外部环境数据。

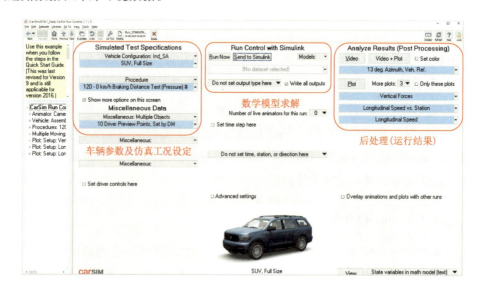

图7-8　CarSim软件主界面示意图

整车模型主要包括车体、轮胎、转向系统、悬架、传动系统、制动系统以及车辆空气动力学参数,其中轮胎模块中包括轮胎-路面摩擦特性曲线的设置。方向及速度控制数据库主要是对车辆行驶转向方式选择以及速度和行驶时间设定。转向选择包括闭环仿真和开环仿真,其中闭环仿真是由CarSim自带的驾驶员模型进行控制,开环控制是输入方向盘转角度数和时间历程进行方向控制。由于在弯道行驶时,需要模拟实际行驶中驾驶员需要跟踪特定的道路轨迹行驶,故采用闭环试验仿真,即引入驾驶员模型,在方向控制界面选取Control: Steer by Driver Model。驾驶员模型采用内置的最优预瞄准控制模型,同时考虑到驾驶员的预瞄准时间以及汽车轨道遵守道路轨迹。行车路径是通过使实时车辆行驶路径与规划轨道路径之间的误差平方和最小而推导得出的。

外部环境数据库包括对道路路线、道路摩擦系数比例、风速方向、风速大小的设置。其中外部环境数据库中的道路摩擦系数比例相当于比例因子,在计算过程中,实际的轮胎-路面之间的摩擦力是由轮胎模块中的轮胎-路面摩擦特性曲线与道路摩擦系数比例相乘求出。

在CarSim中,数学模型求解器计算是将整个车辆模型视为车体、轮胎及悬架等部件,借助不同部件之间的联系求解不同运动行为,如通过转向系统、传动系统可确定轮胎转向运动量,从而获取车辆转向制动过程中运动特征变量。关于车辆各部件运动物理量计算可利用X、Y、Z三个方向受力的微分方程进行联合求解,X、Y、Z三个方向每一方向上的受力微分方程表达式为:

$$\begin{cases} \sum f_i = m \cdot \dfrac{dv}{dt} \\ \sum r_i \cdot f_i = I \cdot \dfrac{d\omega}{dt} \end{cases} \quad (7\text{-}18)$$

式中:f_i——车辆部件所受各力在该方向分量;

r_i——各力到部件的垂直距离;

m——部件质量;

I——惯性矩;

v——车辆部件运动时速度分量;

ω——部件角速度;

t——模型仿真时长。

在CarSim中,由于建立的方程均为微分方程,为了满足运算速度的要求,采用二阶的Rungkutta方法进行数值求解。CarSim数学求解工作过程如图7-9所示。

三、车辆动力学模型建立

CarSim软件中车辆模型大致包含7个子模块,即车体参数设置模块、轮胎模块、空气动力学模块、传动系统模块、转向系统、制动系统和车身悬架模块。特别地,在轮胎模块中包括轮胎-路面摩擦特性曲线的设置。

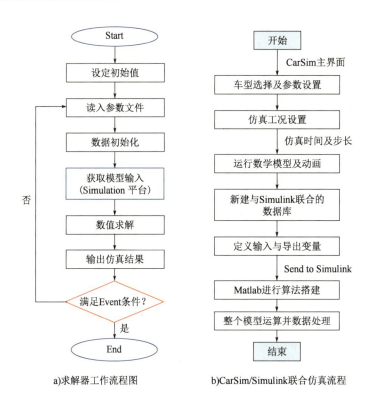

图 7-9 CarSim 软件求解工作流程图

（一）整体模型参数

设置 CarSim 中车辆模型参数见表 7-4，本书中选取了 C-Class 车辆进行模拟。坐标系为悬架坐标系。

CarSim 车辆模型参数　　　　　　　　　　　　　表 7-4

参数	取值	参数	取值
整车质量(kg)	1422	X 轴回转半径(m)	0.650
簧上质量(kg)	1270	Y 轴回转半径(m)	1.100
车辆侧倾惯量($kg \cdot m^2$)	536.6	Z 轴回转半径(m)	1.100
车辆俯仰惯性矩($kg \cdot m^2$)	1536.7	前后轮距(mm)	2580
车辆偏航惯性矩($kg \cdot m^2$)	1536.7	左右轮距(mm)	1540
车辆质心至前轴距离(mm)	1016	质心到前轮距离(mm)	1016
车辆质心至后轴距离(mm)	1564	车轮转动惯量($kg \cdot m^2$)	0.9

仿真轮胎选取 CarSim 中内置的轮胎模型，在轮胎模块建模单元中可以对轮胎的详细参数进行设置（图 7-10），包括轮胎空载半径（Unloaded Radius）、滚动承受荷载时的有效半径（Effective Rolling Radius)、等效弹簧竖向刚度(Spring Rate),即轮胎所受到的竖向荷载与轮胎竖向变形的比值。车辆轮胎作为车-路两者间的唯一接触部件,轮胎与路面的相互作用所产生的力保证了车辆的行驶和制动,为了使整车仿真分析更加符合接近真实情况,需要进一步细化轮胎模型的特性,在CarSim中导入课题组的研究成果——轮胎-路面附着特性曲线(图7-11)。

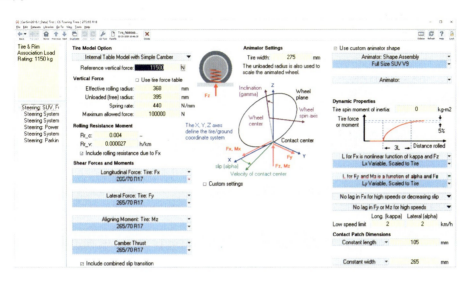

图7-10　CarSim轮胎模块参数设置界面

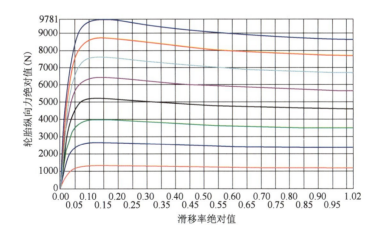

图7-11　轮胎纵向力与滑移率关系曲线

为探究车辆的制动特性,制动时车辆所受到的空气阻力对车辆的制动性能产生一定影响,需要考虑空气动力学。CarSim的数据库内预置有通过大量风洞试验所得到的空气动力学参数,因此本书采用CarSim预置空气动力学参数,包括车辆迎风面面积(2.2m^2)、空气密度(1206kg/m^3)等,空气动力学模块参数设置单元如图7-12所示。

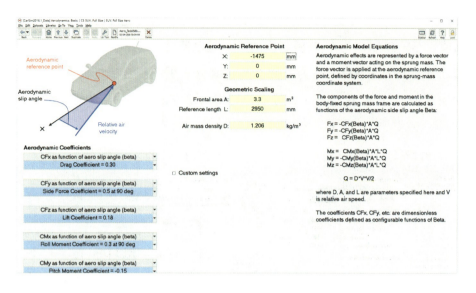

图 7-12　空气动力学模块参数设置单元

(二)制动系统与传动系统

制动系统是车辆所搭载的能够主动强制降低车辆行驶速度的一系列设备，它能够保证在行驶过程中减速、停车、保持车辆下坡行驶过程中车速稳定、坡道停车保持不动。CarSim中制动系统模块的界面如图 7-13 所示。

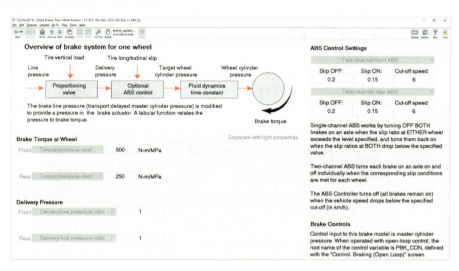

图 7-13　CarSim制动系统模块界面

其中，可以对制动力矩(Brake Troque)、流体动力学时间常数(Fluid Dynamics)、信号延时等进行调整，界面右侧能够对车辆 ABS 设备进行设置，包括是否启动 ABS、最佳滑移率上线、最佳滑移率下限、ABS 允许关闭的最低车速。

车辆的传动系统是连接发动机与车辆驱动轮，传递动力的设备和装置，其结构及动力传输示意图如图7-14所示。车辆的传动系统由离合器、变速器、传动轴、差速器、半轴等组成，在CarSim可单独对各个零部件进行参数调整，本书主要研究无人驾驶车辆的制动，因此采用CarSim默认的参数设置。

其余模块包括转向系统模块、车体悬架模块等，由于主要研究制动工况，故直接采用CarSim系统中的默认设置参数。

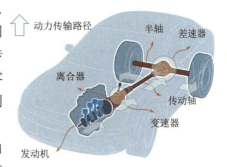

图7-14 传动系统结构和动力传输路径示意图

四、轮胎-路面附着特性参数建模

不同路面的抗滑特性只与整车中轮胎部件与路面摩擦受力有关，并且直接体现在轮胎-路面附着特性曲线上。采用CarSim中内置的轮胎模型。

其中，内置轮胎模型包括轮胎特性有轮胎半径，即空载时轮胎半径；轮胎有效半径，即承受荷载时轮胎半径；轮胎竖向刚度，即轮胎荷载除以此时的轮胎竖向变形。这些值可以从有限元模型中求出。

与路表纹理特性相关的参数有：不同载荷下纵向力与滑移率之间的关系，不同载荷下侧向力和侧偏角之间的关系，以及不同载荷下回正力矩和侧偏角之间的关系。即为之前提到的轮胎-路面附着特性曲线。需要考虑不同载荷下的关系曲线是为了应对不同的车辆荷载，对于某一特定车辆荷载进行插值得到该载荷下的轮胎-路面附着特性曲线。

为了保持一致性，即考虑整车行驶在前文研究的路面上，需要将轮胎模型中的附着特性参数修正为第六章中通过充气花纹轮胎有限元模型求得的轮胎-路面附着特性曲线，如图7-15所示为不同载荷下驱动力与滑移率之间的关系。

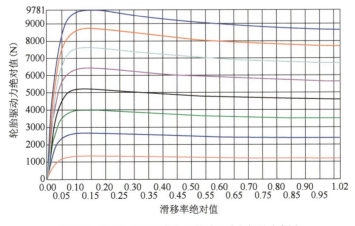

图7-15 CarSim中不同载荷下轮胎驱动力与滑移率图

五、车辆行驶控制建模

车辆行驶控制建模包括驾驶员控制和路线定义。

驾驶员控制中包括速度控制、制动控制、换挡控制、转向控制。速度控制中可以选择的控制方法有初始速度、恒速控制、速度与时间关系曲线、路程与时间关系曲线,速度低于某值时停止仿真,或者不指定速度控制,而是通过外部控制;制动控制可以通过控制主缸压力或者踏板力以及持续时间,也可以自定义随时间的制动力的变化。换挡控制可以采用开环控制及闭环控制、开环控制挡位与时间关系、离合器控制。闭环控制中选择挡位以及换挡过程离合器、节气门的时间控制。转向控制中可以选择驾驶员模型,即采用路径跟随模式,开环转角控制或者开环力矩控制转向。

路面定义中包括线形定义、摩擦系数定义、不平整度定义以及动画显示定义。线形定义中可以设置路面中心线的 X-Y 坐标,路面中心线 Z 坐标与路程的关系曲线,路面横断面高度定义。摩擦系数定义可以指定路面线形及横向分布的摩擦系数,在软件中的作用为比例系数,即在运算过程中,轮胎受到的摩擦力是轮胎的纵向力与侧向力的合力乘以该比例系数。但由于本书已经基于不同路面的抗滑特性对轮胎的抗滑特性曲线进行了修正,故该比例系数可以设置为1。不平整度定义可用于车辆行驶的平顺性仿真,路面的不平整度对应的路面波长量级一般为0.5~50m,故不在本书考虑范围内。动画显示定义包括设置路面动画,车辆影子高度以及周围环境场景。

六、Simulink/CarSim 耦合计算

Simulink 是 MATLAB 系列工具软件包中的重要部分,可以进行动态系统建模、仿真和综合分析。在 Simulink 的图形用户界面中,可以直接通过鼠标拖拽 Simulink 的模块来构建复杂的仿真模型。

在 Simulink 建模时,需要选择合适的模块并按照预定模型连接即可,Simulink 提供了一套高效、稳定、精确的微分方程数值求解方法可直接进行运算。除了预定的标准模块,Simulink 允许用户自定义模块,称为 S-函数,自定义模块与标准模块可以联合使用。

CarSim 中已经提供了 Simulink 中的 S-函数,即在 Simulink 环境下可以通过 S-函数与其他标准函数的联合使用进行仿真。反过来,Simulink 提供了自定义的模型,可以在 CarSim 中开放使用。CarSim 与 Simulink 耦合平台已经预先建立,接下来需要设置 CarSim 与 Simulink 的变量传导。

在 CarSim 中定义接口通道,包括输出变量 Export Channels 和输入变量 Import Channels,CarSim 中提供了 560 多个输出变量可以选择,包括与运动状态有关的路径、速度、加速度等以及与受力有关的对汽车各部件的力与力矩,空气动力学参数等。输出变量可以应用于 Simulink 的 S-函数中。输入变量有 160 多个,包括控制输入、力和力矩、角度等,从 Simulink 导入到 CarSim 中,可以选择替代,叠加或者乘以 CarSim 中的原变量。在计算中,每一个运算步中,在 CarSim 运算后并将需要的输出变量传递到 Simulink 的 S-函数中后,经过 Simulink 运算,再作为输入变量返回到 Simulink 的 S-函数中,即返回到 CarSim 中,进行下一个运算步。

在 Simulink 中建立水膜对轮胎的动水压力模块。模块中,水对轮胎的上浮力与水膜厚度、轮胎前进速度有关,需要 CarSim 输出每个运算步时轮胎的前进速度到 Simulink 的 S-函数中,之后通过连接 Simulink 的数学运算模块搭建方程求出对应于某一水膜厚度时的动水压力,导入 S-函数中。CarSim 的输入变量为对轮胎的 Z 方向受力,将输入变量与原竖向受力相减,即得到考虑了水膜托举力的轮胎运动。CarSim/Simulink 耦合运算示意图如图 7-16 所示。

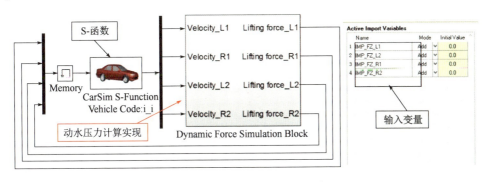

图 7-16　CarSim/Simulink 耦合运算示意图

第四节　基于动力学模型的车辆制动性虚拟试验

在 CarSim/Simulink 中模拟车辆在干燥及潮湿路面上,以及在直线及曲线线形上的行驶情况,分析车辆制动时 ABS 的控制机理。并根据本章第二节中确定的汽车稳定性评价指标分析不同路面以及水膜厚度对车辆稳定的影响。

一、干燥路面上车辆行驶仿真

通过车辆建模,轮胎-路面附着特性建模,已经确定了本书中研究整车行驶稳定性的基本模型。由于道路线形的基本组成线形为直线与曲线,本书进行建模时选择直线以及圆弧路线模型。车辆行驶过程设置以某一速度为初始速度,制动控制为 0.3s 之后以 15MPa 的主缸制动压力进行制动。驾驶员控制采用闭环控制,行驶路线为道路中线,行驶过程中采用 0.5s 的预瞄后跟随预定路径的模式。路表摩擦系数调节为 1.0,轮胎-路面附着特性曲线采用前文得到的干燥条件下的 AC 路面上轮胎-路面附着特性。

当车辆以匀速行驶时,若在直线路段上汽车未受到横向力或力矩的干扰,在不同路面上汽车行驶状态差异较小,并且模拟得到此时车辆的侧向加速度、横摆角速度以及车身侧倾角的量级均在10^{-15}以下,故不作考虑;当车辆以80km/h速度在400m半径的圆曲线上匀速行驶时,CarSim得到的车辆在AC、SMA以及OGFC路面上的行驶情况如图7-17~图7-21所示。

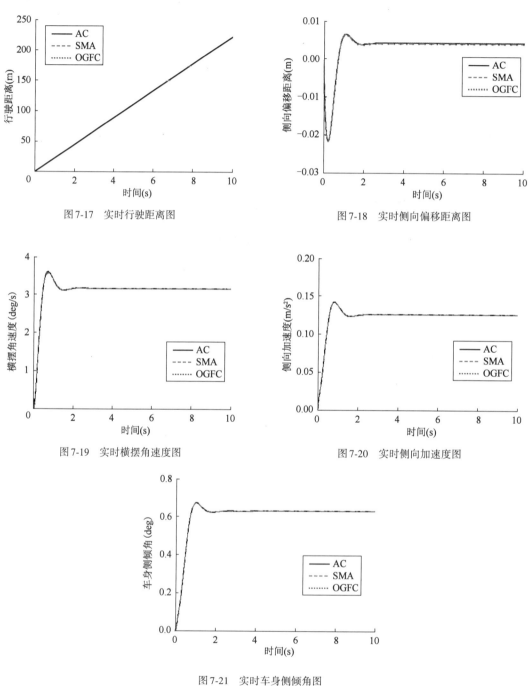

图7-17 实时行驶距离图

图7-18 实时侧向偏移距离图

图7-19 实时横摆角速度图

图7-20 实时侧向加速度图

图7-21 实时车身侧倾角图

可以发现,当车辆在干燥路面上匀速圆周运动时,不同道路表面对车辆行驶稳定性的影响较少。车辆侧向偏移距离、横摆角速度、侧向加速度以及车身侧倾角均先在短时间内波动然后达到平衡。由于车辆速度保持一致,故车辆的实时行驶距离一致。路表抗滑能力对车辆的侧向偏移距离略有影响,但考虑到侧向偏移距离的量级,此影响可以忽略。车辆在不同路面上的实时横摆角速度、侧向加速度以及车身侧倾角均差异较小。在图中各条线接近重合。这是由于不同路面均能提供足够的轮胎抓地力,从而车辆的运动状态相似。为了只考虑不同路面对车辆行驶的影响,图7-17~图7-21中未考虑超高的影响。模拟考虑超高情况,模拟车辆在不同路面上行驶时,车辆行驶稳定性能也均相同。

考虑车辆制动情况,汽车从0.3s开始制动。在CarSim中采用防抱死制动装置(Antilock Braking System,ABS)控制汽车制动时的制动压力。

图7-22为典型的ABS系统压力调节管路,轮速传感器先将车轮旋转的型号传给计算机控制单元,计算机通过对轮速信号的处理判断,发出指令送到制动压力调节器,使之调节制动管路的压力,保证车轮的滑移率在20%左右。根据纵向力曲线形态可见,轮胎在滑移率为20%左右时纵向力最大,超过20%后纵向力逐渐减小,对应制动性能减弱。ABS装置能够提高轮胎-路面之间的附着力,提高汽车的方向稳定性和转向操纵能力,缩短车辆的制动距离。

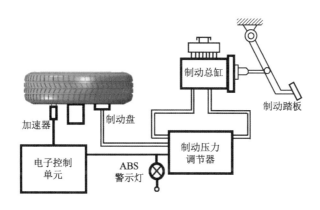

图7-22 ABS系统压力调节管路

首先考虑直线路段,路面中心线X-Y坐标函数为平行于X轴的直线,路线长度为200m。改变初始速度,分别在ABS控制下以及无ABS控制下,模拟了直线路段的滑移率、制动距离,结果如图7-23和图7-24所示,并且与干燥沥青混凝土路面制动距离试验数据进行了对比。

图7-23中为CarSim中车辆分别在有ABS控制及无ABS控制下的车辆前轮滑移率随时间变化图。当车辆在有ABS控制时,车轮的滑移率控制在15%左右;而当车辆在无ABS控制时,车辆的滑移率为100%,即车辆制动时车轮完全抱死。

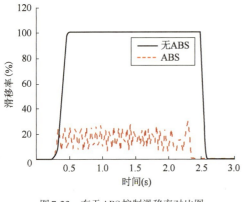
图7-23 有无ABS控制滑移率对比图

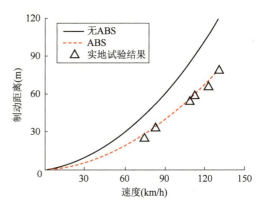
图7-24 有无ABS控制制动距离对比图

设置车辆在路面线形半径为400m的路线上制动。得到车辆在不同初始速度下经过0.3s时15MPa制动压强制动后的制动距离及最大侧向偏移距离,如图7-25和图7-26所示。随着速度增加,车辆在三种不同路面上行驶的制动距离和侧向偏移距离均增大,并且AC路面上的制动距离及侧向偏移距离大于在SMA路面和OGFC路面。车辆在曲线上行驶时,由于离心力或者有水膜路面提供的附着力不足,车辆会向外偏移预定行驶路线。实际车辆宽度一般为2m,三级以上多车道公路宽度为3.50~3.75m,假设车辆均在道路中间行驶,车辆距离临近车道距离为0.75~0.85m,横向相邻车辆之间的距离为1.50~1.75m。故一旦车辆偏移目标路线超过此限值,在实际行驶中,车辆即可能与旁边车辆发生碰撞。在干燥路面行驶时,车辆侧向偏移距离均未超过0.75m,均在安全情况内。

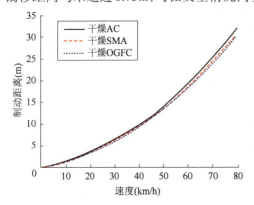
图7-25 干燥沥青路面上曲线制动距离与速度关系图

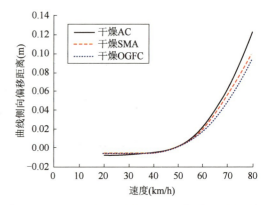
图7-26 干燥沥青路面上曲线侧向偏移距离与速度关系图

车辆的最大侧向偏移距离出现负值,即向内偏移。其原因是车辆在制动刚开始时车身向内外侧均有偏移,当速度较小时,车身向内偏移的距离比之后向外偏移的距离更大。但考虑到在低速情况下车辆侧向偏移距离接近于0,故不考虑此时的侧向偏移距离。当车辆的初始制动速度为80km/h时,经过大约3s后车辆停止。在此过程中,车辆的侧向加速度、横摆角速度以及车身侧倾角如图7-27~图7-29所示。可以发现,相比于车辆匀速运动,车辆在不同路面上制动时车辆侧向加速度、横摆角速度以及车身侧倾角有较明显差异。AC路面上这三项运动及力学指标的平均值相对较大,故车辆行驶稳定性较差。三种路面上车辆的行驶稳定性从优到差为 OGFC、SMA、AC。

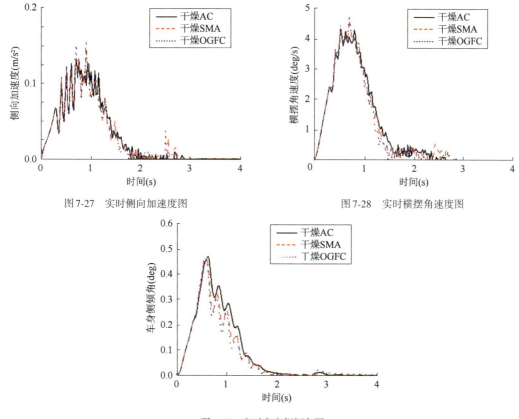

图 7-27　实时侧向加速度图　　　　　图 7-28　实时横摆角速度图

图 7-29　实时车身侧倾角图

通过以上模拟试验可以发现,对于不同路面,车辆匀速运动时的力学及运动学指标均差异较小,当模拟车辆制动时,其力学及运动学指标有较明显的差异。故以下均采用车辆制动时的运动状态进行模拟。另外,对于不同评价指标,车辆制动距离以及车辆侧向偏移距离能够明显反映出不同制动初速度以及不同路面上车辆行驶时的差异。而车辆侧向加速度、横摆角速度以及车身侧倾角随时间变化较大并且难以确定评价方法,故以下均采用车辆制动距离以及车辆侧向偏移距离作为车辆行驶稳定性的评价指标。

二、潮湿路面上车辆行驶仿真

相对于以上模拟干燥路面的车辆行驶过程,在 CarSim 中模拟潮湿路面的车辆行驶过程,需要采用在潮湿状态下轮胎-路面附着特性曲线,以及在 CarSim 和 Simulink 的耦合平台上联合仿真。以下在不同水膜厚度的 AC 路面上分别模拟,得到汽车直线行驶制动距离、曲线行驶制动距离和曲线行驶侧向偏移距离(图 7-30 ~ 图 7-32)。直线与曲线的路线设置与之前干燥路面车辆行驶虚拟试验保持一致,制动方式相同。考虑车速 60 ~ 80km/h 的情况,即有限元模拟得到此时的车速不足以使轮胎发生完全水漂。

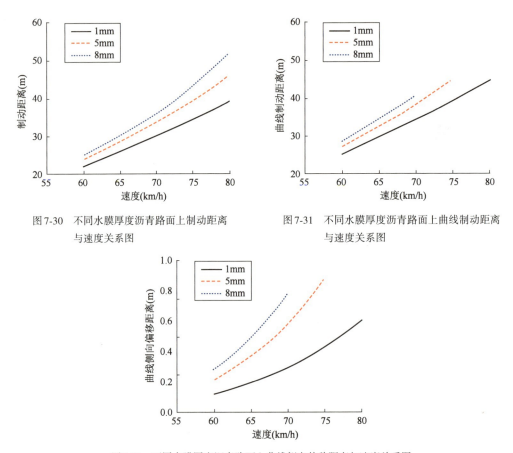

图7-30　不同水膜厚度沥青路面上制动距离与速度关系图

图7-31　不同水膜厚度沥青路面上曲线制动距离与速度关系图

图7-32　不同水膜厚度沥青路面上曲线侧向偏移距离与速度关系图

随着水膜厚度增加,车辆的直线制动距离、曲线制动距离以及曲线侧向偏移距离均增加,并且随着制动初速度的提高而增速增大。车辆在曲线上行驶时,由于有水膜路面提供的附着力不足,车辆会向外偏移预定行驶路线。当下一个计算步内,车辆行驶偏离预定行驶路线距离超过2m时,运算停止。水膜厚度对侧向偏移距离的影响较大,当水膜厚度为5mm时,汽车行驶速度为73km/h时侧向偏移距离达到临界值,水膜厚度为8mm时,汽车行驶速度为67km/h时汽车侧向偏移距离即达到临界值。由于此时车辆轮胎虽然没有发生水漂,但由于车辆侧向偏移距离已超过临界值,在实际行驶中,车辆可能驶入相邻车道与其他车辆发生碰撞。此时车辆行驶已经不稳定,故整车虚拟试验比单个轮胎试验更偏安全。

第五节　路面抗滑参数对车辆制动性稳定性影响

前文通过在CarSim与MATLAB/Simulink的联合仿真,实现了干燥路面与潮湿路面的汽车行驶虚拟试验,并且与实地试验进行了验证,证明了模拟的有效性。根据第四节中对汽车行驶稳定性评价指标的分析,最终选取了制动距离与侧向偏移距离作为行驶稳定性的评价指标。对于不同路面的整车行驶稳定性,首先要考虑在同一降雨量下路表水膜厚度的不同。之后通过对直线与曲线路段整车行驶稳定性的分析,进行不同路面上的车辆行驶稳定性分析,从而完成考虑降雨量情况的不同路面上整车行驶稳定性的对比与评价。

一、水膜厚度预估模型

雨天道路积聚水膜随着降雨时间分为三个阶段:第一阶段,降雨初始阶段,路表处于干燥状态,随着降雨时间的增加,路表被浸润;第二阶段,为路表空隙填充阶段,随着降雨时间的增加,对于开级配路面,雨水向下填充路面空隙,直至饱和;第三阶段,为路表横向径流阶段,雨水向路面面层纵向及横向渗透,随着排水表层横向渗流排出路外,若降雨强度大于此时路面的渗透系数,雨水不能完全从路面下排出,故雨水在路表形成径流,路表积聚水膜。

路表水膜厚度的预估模型主要分为理论模型与回归模型。水膜厚度以路面纹理最高点为基准点。美国国家合作公路研究计划中采用了PAVDRN模型来预测路表水膜厚度,该模型为基于质量与动量守恒分析,求解路表水膜为稳态条件下的厚度值。并且引入了曼宁系数n反映路表纹理对水膜厚度(WFT)的水力学影响。

$$\text{WFT} = \left(\frac{nLi}{36.1S^{0.5}}\right)^{0.6} - \text{MTD} \tag{7-19}$$

式中:WFT——水膜厚度(mm);

n——曼宁系数;

L——排水路径长度(m);

i——降雨强度(in/h);

S——路面坡度(mm/mm);

MTD——路表平均纹理深度(in)。

并且测试得到了路表曼宁系数与路表水流雷诺数的关系,对于密级配沥青路面:

$$n = 0.0823 N_R^{-0.174}$$

其中,N_R为水流雷诺数,密级配沥青路面的曼宁系数常用值为0.0327。

张理认为,水流在路面的排水长度远大于水力半径,即水膜厚度,故此时路面上的坡面流可以简化为层面流,他通过谢才公式和曼宁公式得到路表水膜厚度与粗糙度,纵坡,横坡的关系为:

$$h = 1.3589 \left[\frac{qnl_x(i_x^2 + i_y^2)^{\frac{1}{4}}}{i_x}\right]^{\frac{3}{5}} \tag{7-20}$$

式中:h——坡面上的水膜厚度(mm);

q——降雨强度(mm/min);

l_x——横坡长度(m);

n——曼宁系数;

i_x——横坡坡度(%);

i_y——纵坡坡度(%)。

回归模型包括英国道路研究实验室(RRL)建立的模型,Gallaway提出的经验模型,以及美国联邦公路局FHWA中提出的水膜预估模型。RRL在1968年回归得到的水膜厚度预估模型没有考虑到不同路面类型的影响,其表达式为:

$$d = 0.015(L+i)^{\frac{1}{2}}N^{\frac{1}{5}} \tag{7-21}$$

式中:d——水膜厚度(cm);

L——排水路径长度(m);

i——降雨强度(cm/h);

N——路面坡度的倒数。

Gallaway在1998年提出的水膜厚度预估模型为:

$$\text{WFT} = \frac{0.003726L^{0.519}i^{0.562}\text{MTD}^{0.125}}{S^{0.364}} - \text{MTD} \tag{7-22}$$

式中:MTD——路表平均纹理深度(in);

L——排水路径长度(ft);

i——降雨强度(in/h);

S——路面坡度(mm/mm)。

美国联邦公路局回归的路表水膜厚度(WD)预估模型表达式为:

$$\text{WD} = 0.00338\text{MTD}^{0.11}L^{0.43}i^{0.59}S^{-0.42} - \text{MTD} \tag{7-23}$$

公式中符号与Gallaway模型中符号的意义及单位相同。

通过人工降雨试验,得到不同混合料级配表面的水膜厚度实测值,建立了人工神经网络道路表面水膜厚度预测模型,输入值包括降雨强度、坡度、坡长、坡面粗糙程度。得到路表水膜厚度预估公式为:

$$h = 0.1258L^{0.6715}S^{0.3147}i^{0.7786}\text{MTD}^{0.7261} \tag{7-24}$$

公式中符号与Gallaway模型中符号的意义及单位相同。

大量试验发现,平均构造深度MTD与平均断面深度MPD的关系为:MTD = 0.2 + 0.8MPD。采用铺砂法试验测得三组AC-13、SMA-13和OGFC-13的MPD值见表7-5。

沥青混合料MPD试验值　　　　　　表7-5

路面材料	AC-13-1	AC-13-2	AC-13-3	SMA-13-1	SMA-13-2	SMA-13-3	OGFC-13-1	OGFC-13-2	OGFC-13-3
MPD(mm)	0.33	0.45	0.49	0.65	0.74	0.85	0.99	1.08	1.17

故在模拟中取平均值：AC-13的MPD值为0.42mm，SMA-13的MPD值为0.75mm，OGFC-13的MPD值为1.08mm。相应的MTD值为0.536mm，0.8mm，1.064mm。

气象部门对降雨强度(I)的标准为小雨I<10mm/h；中雨10mm/h≤I<24.9mm/h；大雨25mm/h≤I<49.9mm/h；I≥50mm/h为暴雨。故以下选取小雨、中雨、大雨、暴雨的临界降雨强度对比不同路面上的汽车行驶稳定性。合成坡度考虑横坡坡度为2%，排水长度考虑两车道为3.75×2=7.5m。本书中采用本课题组的水膜厚度预估模型。对于OGFC路面，研究中假设积水能够完全从空隙中排出，路面处于潮湿状态。

二、直线路段行驶稳定性

选择直线路线模型。车辆行驶过程设置以某一速度为初始速度，制动控制为0.3s之后以15MPa的主缸制动压力进行制动。驾驶员控制采用闭环控制，行驶路线为道路中线，行驶过程中进行0.5s的预瞄后跟随预定路径模式。路表摩擦系数调节为1.0，轮胎-路面附着特性曲线采用前文得到的干燥条件下的AC、SMA和OGFC路面上轮胎-路面附着特性。求出在干燥、10mm/h降雨强度，25mm/h降雨强度以及50mm/h降雨强度下，AC、SMA和OGFC路面上的车辆直线制动距离与初速度关系，如图7-33所示。

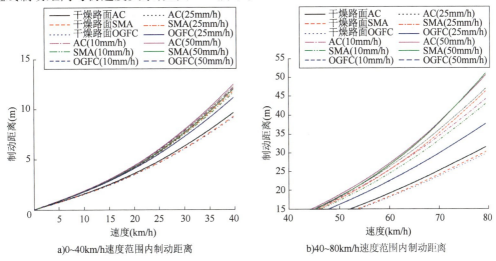

a) 0~40km/h速度范围内制动距离　　　　b) 40~80km/h速度范围内制动距离

图7-33　直线制动距离与制动初速度关系图

为了清楚显示直线上车辆制动距离与制动初速度的关系，以40km/h为界将制动距离与制动初速度关系分为两张图。从图7-33中可以看出，制动距离随制动初速度增加而非线性增加，并且增长速度逐渐加快。干燥时的抗滑能力为AC>SMA>OGFC路面。一旦路面积聚水膜，路面抗滑能力立即下降，制动距离显著增加。由于OGFC路面能够排出积水，路面没有积聚水膜，而是仅仅处于潮湿状态，在三种降雨强度下的制动距离曲线重合。

对于密级配沥青路面，即AC与SMA，在40km/h以下，车辆行驶稳定性与路表摩擦系数相关性更强，50mm/h降雨强度下的SMA路面上的制动距离仍小于10mm/h降雨强度下的AC路面。当速度增加到75km/h左右,降雨强度为50mm/h时,车辆在SMA路面上的制动距离超过了在AC路面上的制动距离,即此时SMA路面的抗滑性能不如AC路面。这是由于SMA的平均纹理深度较深,在相同降雨条件下积聚水膜更厚,由于动水压力的作用车辆的行驶稳定性更低。相同原理的曲线交叉还发生在降雨强度为10mm/h,速度为63km/h时的AC路面与SMA路面;以及速度为55km/h时,降雨强度为25mm/h的AC路面与降雨强度为50mm/h的SMA路面。

三、曲线路段整车行驶稳定性

模拟汽车以不同的初速度在半径为400m的圆曲线上制动,记录模拟得到的制动距离以及制动过程中最大侧向偏移距离(图7-34)。曲线上的制动距离规律与直线制动距离相似,随着制动初速度的增大,制动距离以及制动距离增加速率增大。随着降雨强度的增加,SMA路面由于有较大的平均纹理深度,抗滑能力逐渐降低。

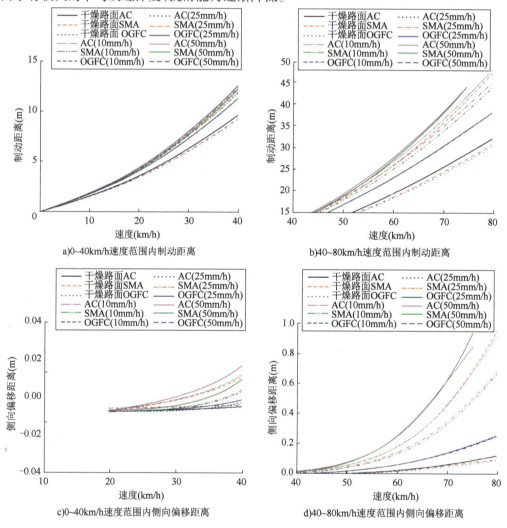

图7-34 曲线制动距离与侧向偏移距离图

汽车在曲线上行驶的最大侧向偏移距离受降雨量影响较大。在40km/h以下时,车辆在制动初期往道路内外侧均有偏移,故最大侧向偏移距离为负值,但考虑到此时偏移距离的量级,车辆在低速条件下行驶均认为是稳定的。

40～80km/h阶段,汽车最大侧向偏移距离随着制动初速度增大而显著增加。25mm/h以及50mm/h降雨强度下,车辆在SMA路面上的侧向偏移距离分别于车速达到69km/h以及72km/h时超过车辆在AC路面上的侧向偏移距离。考虑最大侧向偏移安全距离为0.75m,汽车偏移距离低于此数值时认为是行驶稳定的,则车辆在50mm/h降雨强度下,在AC路面上行驶的最高速度为70km/h,在SMA路面上行驶的最高速度为72km/h;车辆在25mm/h降雨强度下,在AC及SMA路面上行驶的最高速度为75km/h。车辆在OGFC路面上行驶的最大侧向偏移距离仅为0.26m,始终处于安全稳定状态。

第八章　车辆操纵稳定性分析及路表抗滑性预测

汽车在行驶过程中,会碰到各种复杂的情况,有时沿直线行驶,有时沿曲线行驶。在出现意外情况时,驾驶员还要做出紧急的转向操作,以求避免事故。此外,汽车还要经受来自地面不平、坡道、大风等各种外部因素的干扰。一辆操纵性能良好的汽车必须具备以下的能力。

(1)汽车的操纵性:根据道路、地形和交通情况,汽车能够正确地遵循驾驶员通过操纵机构所给定的方向行驶的能力。

(2)汽车的稳定性:汽车在行驶过程中具有抵抗力图改变其行驶方向的各种干扰,并保持稳定行驶的能力。

汽车的操纵稳定性是汽车的主要使用性能之一,随着汽车平均速度的提高,操纵稳定性显得越来越重要。汽车的操纵稳定性也是汽车主动安全性的重要评价指标,它不仅影响汽车的行驶安全,而且与汽车运输生产率以及驾驶员的疲劳强度有关。汽车的操纵稳定性指驾驶员在不感到过分紧张、疲劳的条件下,汽车遵循驾驶员通过转向系及转向车轮给定的方向行驶,在遭受外界干扰时,汽车能抵抗干扰并保持稳定行驶的能力。

在操纵稳定性的探究中,车辆受到驾驶员或者外界的侧向干扰。驾驶员对汽车作用表现为转向盘输入,分为角位移输入以及力矩输入;外界侧向干扰指侧向风与路面不平的侧向力。除了悬架、转向系统以及电子控制系统,汽车的操纵稳定性与轮胎的侧偏特性有关,即侧偏力-侧偏角曲线以及回正力矩-侧偏角曲线。

第一节　车辆动力学中的轮胎模型

汽车轮胎动力学的研究源于对飞机轮胎的研究,可以追溯到20世纪30年代初。从研究稳态特性开始到分析非稳态特性,直到近几年讨论自适应轮胎模型,可以说轮胎模型已经相当丰富了。它主要分为理论模型、经验/半经验模型、自适应模型和计算机轮胎模型四大类。

一、轮胎理论模型

轮胎理论模型(有的学者称之为分析轮胎模型)是在简化的轮胎物理模型的基础上,建立的对轮胎力学特性的一种数学描述的轮胎模型。它虽然精度较高,但是求解速度一般较低,用数学表示的公式常常很复杂,同时需要更多对轮胎结构力学的理解,难以满足研究运动在线实时控制的要求,因此理论轮胎模型在描述轮胎特性的实际应用中有很大的局限性。典型的如 Gim 模型。

Gim 轮胎模型是一个纯理论模型,是以 Bergman 的三维弹簧模型为基础推导出来的,通过对轮胎与地面相互作用的微元求解动力学方程,推导出纯工况和联合工况下的轮胎各种力学特性。其简化模型如图8-1所示。

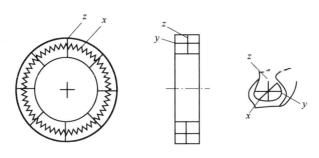

图8-1 Gim轮胎模型示意

二、轮胎经验/半经验模型

轮胎经验模型是基于大量试验数据的递归分析来表现出轮胎和路面间的力学特性的轮胎模型。它是通过测试一个已有的轮胎,来使从分析曲线拟合中得到的参数与实际测试中的得到的参数相吻合,从而达到建立轮胎模型的目的。与经验模型不同的是,半经验模型必须满足一定的边界条件。

由 Pacejka 提出的 Magic formula 轮胎经验模型时下非常流行,在车辆动力学研究领域被广泛采用。这个模型之所以被称为 Magic Formula 轮胎模型,是因为几乎任何测得的轮胎参数曲线都可以通过它调整系数设置来与之匹配,很多学者甚至把它作为一个范式来和其他轮胎模型进行比较分析。它用一个通过拟合试验数据而得到的三角函数公式来与轮胎试验数据相吻合,完全能够表达不同驱动情况时的轮胎特性。普遍使用的 Magic Formula 轮胎模型具有下面的形式:

$$\begin{cases} y = D\sin\{C\arctan[Bx - E(Bx - \arctan Bs)]\} \\ Y(X) = y(x) + S_v \\ x = X + S_h \end{cases} \quad (8-1)$$

其中,Y 表示侧向力、纵向力或回正力矩;X 表示侧偏角(α)或滑移率(s)。以侧向力为例说明公式中各系数的意义:B 为刚度因子;C 为形状因子;D 为峰值因子;E 为曲率因子。S_v 为垂直漂移,S_h 为水平漂移。除 C 外,该公式中的参数都是垂直载荷 F_z 和侧偏角的函数。

郭孔辉在 Fiala 简化的轮胎理论模型的基础上,建立了幂指数轮胎半经验模型。该模型从一般原理上研究胎体形变特征对轮胎侧偏力学特性的影响,然后通过试验来识别胎体变形特征参数,表达式比较简单,又是直接从试验数据中拟合而出,与试验数据符合得较好。郭孔辉提出的纯工况下轮胎力学特性半经验幂指数公式为:

侧向力

$$\frac{F_y}{\mu F_z} = 1 - \exp(-\phi_y - E_y \phi_y^3) \tag{8-2}$$

回正力矩

$$M_z = F_y D_x \tag{8-3}$$

轮胎纵向拖距

$$D_x = DM\exp(-D_1 \phi_y - D_2 \phi_y^2) + (D_{e0} + D_{e1} \phi_y) \tag{8-4}$$

三、轮胎自适应模型

轮胎自适应模型现阶段发展比较成熟的是神经网络轮胎模型,它是指在理论分析和试验数据的基础上,利用人工神经网络原理,建立允许多输入和多输出并有一定自适应能力的轮胎模型。神经网络模型的主要优点是在轮胎非线性受力作用下,可精确地预测其行为,而且能够稳定处理不规则输入和随机输入,同时允许多输入和多输出,这对传统的理论模型和经验模型而言是不易实现的(图8-2)。它的主要缺点是建立模型需要物理测量数据,一旦模型建立后,不容易进行设计优化调整。常见的是 L.Palkovics 的神经网络轮胎模型。

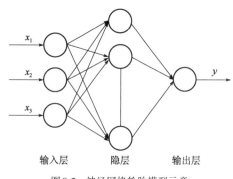

图8-2 神经网络轮胎模型示意

四、计算机轮胎模型

计算机轮胎模型(又称"虚拟原型软件")是指在理论分析和试验的基础之上以计算机编写出来的应用程序为载体,通过人机交互界面(GUI)输入参数即可得出分析结果的计算机软件轮胎模型。计算机模型的速度和可塑性与传统的物理模型相比有很多优点,但是基于计算机的模型仍然面对很多挑战:它不能提供足够的精度,不是太简单(有效但不精确)就是太复杂(精确但对计算机仿真而言不是很有效)。常见的例如 VTL(虚拟轮胎实验室)、Adams-2D 和 3D 轮胎模型、SWIFT 轮胎模型。

第二节　汽车操纵稳定性分析模型

汽车操控稳定性是一种汽车运动性能,指在一定的路面环境下,汽车受到扰动后恢复到原来运动状态的能力。汽车操控稳定性与车辆自身的性能和驾驶员操作水平息息相关,也与路面状况关系密切。

研究汽车操控稳定性的方法通常是将汽车作为一个控制系统,然后求出汽车曲线行驶时的时域响应或频域响应特性,并以这些特性来反映汽车操控稳定性的性能。汽车曲线行驶的时域响应指汽车在方向盘输入下的侧向运行性能响应。方向盘的输入可采用角输入和力输入两种形式。目前应用广泛的就是采用角输入的角跃阶输入实验。该方法是当汽车以恒定车速直线行驶时,突然将方向转过一定的角度,使车辆进入转弯状态,同时记录车辆的运动状态,如横摆角速度、重心侧偏角、车身侧偏角、侧向加速度等参数的变化过程,最常用的参数为横摆角速度。

目前,常用的车辆操控稳定性计算方法有现场试验法和计算机仿真法。现场试验法结果准确,可信度高,但耗费时间较多、费用大,结果的局限性也较大。计算机仿真研究适用面广,结果能满足要求。因此,将采用计算机仿真来研究路面对车辆操控稳定性的影响。

一、轮胎模型

轮胎的侧偏特性主要指侧向力和回正力矩与侧偏角的关系,是研究车辆操纵稳定性的基础。影响轮胎侧偏特性的因素很多,如侧偏角、侧倾角、垂直荷载及其分布、轮胎的印迹长度、路面摩擦系数等。通常获得轮胎侧偏特性值可以依赖试验和理论计算两种方法。但是试验只能在有限的试验条件下进行,试验结果的应用局限性很大。因此,大多数研究轮胎侧偏特性都是采用理论计算,即轮胎模型计算的方式进行。

最早广泛采用的轮胎模型为德国Fiala模型,后来有日本的Bridgestone(桥石)模型和中国郭孔辉院士提出的统一轮胎模型。后期的大部分轮胎模型都是在Fiala模型的基础上进行改进,以适应轮胎的各种工况。由于本书只是研究路面摩擦对车辆操纵的影响,Fiala模型便能满足要求,因此,本书采用Fiala模型来路面摩擦对轮胎侧偏特性的影响。

Fiala模型如下:

$$\begin{cases} \dfrac{F_Y}{F_Z\mu} = \phi - \dfrac{1}{3}\phi^2 + \dfrac{1}{27}\phi^3 \\ \dfrac{M_Z}{F_Z\mu L_r} = \dfrac{1}{6}\phi - \dfrac{1}{6}\phi^2 + \dfrac{1}{18}\phi^3 - \dfrac{1}{162}\phi^4 \end{cases} \quad (8-5)$$

式中:F_Y——轮胎侧向力;

M_z——回正力矩;

μ——附着系数;

F_z——垂直荷载;

L_r——轮胎印迹长度;

ϕ——无量纲侧偏角,由式(8-6)确定。

$$\phi = \frac{k\tan\beta}{F_z\mu} \tag{8-6}$$

式中:β——轮胎侧偏角;

k——当$\beta=0$时的轮胎侧偏刚度。

此外,本书还假定:

(1)给定速度下路面附着系数为常数,值为路面摩擦系数;

(2)车轮垂直荷载分布函数$\eta(u)$为均布函数,表达式如式(8-7):

$$\eta(u) = \begin{cases} 1 & 0 < u < 2 \\ 0 & u \leq 0 \text{ 或 } u \geq 2 \end{cases} \tag{8-7}$$

二、二自由度模型

车辆二自由度模型是比较常见的车辆操控模型(图8-3)。该模型忽略了转向系统的影响,直接以前轮转角δ作为输入;忽略悬架的影响,假定车辆仅作与地面平行的平面运动,即车辆沿z轴的位移,绕y轴的俯仰角和绕x轴的侧倾角均为0;车辆沿x轴的速度u为不变;车辆的侧向加速度限定在0.4g以下,轮胎的侧偏处于线性范围,不考虑轮胎回正力矩的作用。因此,车辆只有绕z轴的横摆运动ω_r和沿y轴的侧向运动β两个自由度,所建立的微分方程如式(8-8):

$$\begin{cases} F_{Y2} + F_{Y1}\cos\delta = m(v' + u\omega_r) \\ aF_{Y1}\cos\delta - bF_{Y2} = I_z\omega_r' \end{cases} \tag{8-8}$$

式中:m——汽车质量;

F_{Y1}、F_{Y2}——前后轮的侧偏力,与路面状况和侧偏角有关;

δ——前轮转角,为输入值;

I_z——汽车绕z轴的转动惯量。

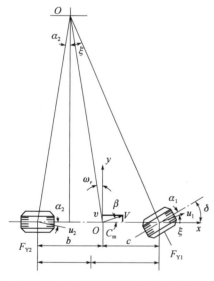

图8-3 二自由度车辆操纵稳定性分析模型

由于δ的角度不大,式(8-8)可以简化为:

$$\begin{cases} F_{Y2} + F_{Y1} = m(v' + u\omega_r) \\ aF_{Y1} - bF_{Y2} = I_z\omega_r' \end{cases} \tag{8-9}$$

侧偏力与侧偏角的关系可以假设符合线性关系,见式(8-10):

$$\begin{cases} F_{Y1} = D_1\alpha_1 \\ F_{Y2} = D_2\alpha_2 \end{cases} \tag{8-10}$$

式中:D_1、D_2——考虑路面状况的侧偏力和侧偏角的轮胎刚度系数。

由于质心侧偏角$\beta=v/u$,ζ定义为u_i与x轴的夹角,其值为:

$$\zeta = \frac{v + a\omega_r}{u} = \beta + \frac{a\omega_r}{u} \tag{8-11}$$

则,侧偏角可以表达为:

$$\begin{cases} \alpha_1 = \beta + \dfrac{a\omega_r}{u} - \delta \\ \alpha_2 = \beta - \dfrac{b\omega_r}{u} \end{cases} \tag{8-12}$$

整理上式后得:

$$\begin{cases} (D_1 + D_2)\beta + \dfrac{1}{u}(aD_1 - bD_2)\omega_r - D_1\delta = m(v' + u\omega_r) \\ (aD_1 - bD_2)\beta + \dfrac{1}{u}(a^2D_1 + b^2D_2)\omega_r - bD_1\delta = I_Z\omega_r' \end{cases} \tag{8-13}$$

三、横摆角速度瞬时响应

当给车辆前轮一个角跃阶输入后[式(8-14)],在达到稳定状态前,横摆角速度的变化就是横摆角速度的瞬态响应。

$$\begin{cases} \delta = 0, & t > 0 \\ \delta = \delta_0, & t \geq 0 \\ \delta' = 0, & t > 0 \end{cases} \tag{8-14}$$

对式(8-13)联立求解可得:

$$m'\omega_r'' + h\omega_r' + c\omega_r = b_1\delta' + b_0\delta \tag{8-15}$$

其中:

$$m' = muI_Z \tag{8-16}$$

$$h = -[m(a^2D_1 + b^2D_2) + I_Z(D_1 + D_2)] \tag{8-17}$$

$$c = mu(aD_1 - bD_2) - \frac{L^2D_1D_2}{u} \tag{8-18}$$

$$b_1 = -muaD_1 \tag{8-19}$$

$$b_0 = LD_1D_2 \tag{8-20}$$

可进一步将式(8-15)简写为:

$$\omega_r'' + 2\omega_0\xi\omega_r' + \omega_0^2\omega_r = B_1\delta' + B_0\delta \tag{8-21}$$

其中,$\omega_0^2 = c/m'$,ω_0为固有频率;$\xi = h/(2m'\omega_0)$,ξ为阻尼比,正常汽车的$\xi < 1$;$B_1 = b_1/m'$,$B_0 =$

b_0/m'。

联合式(8-14)和式(8-21)可得：

$$\omega_r'' + 2\omega_0 \xi \omega_r' + \omega_0^2 \omega_r = B_0 \delta \tag{8-22}$$

式(8-22)是常系数的二阶非齐次微分方程，其通解为一个特解和对应的齐次微分方程的通解之和。显然，稳态横摆角速度为一特解，另外，根据运动的起始条件，即当$t=0$时，$\omega_r=0$，$v=0$，$\delta=\delta_0$，且在$\xi<1$的情况下，式(8-22)的通解为：

$$\omega_r(t) = \left.\frac{\omega_r}{\delta}\right)_s \delta_0 \left[1 + \sqrt{\left[\left(1 - \frac{mua}{LD_2}\right)^2 \omega_0^2 + \frac{2mua\xi\omega_0}{LD_2} + 1\right]\frac{1}{1-\xi^2}} e^{-\xi\omega_0 t} \sin(\omega t + \phi)\right] \tag{8-23}$$

其中，$\left.\frac{\omega_r}{\delta}\right)_s \delta_0 = \omega_{r0}$为稳态角速度。

四、横摆角速度评价指标

本书选取常用的横摆角速度指标来进行评价车辆操纵稳定性，分别是稳态角速度ω_{r0}、反应时间τ和达到第一峰值时的时间ε。

(1)稳态角速度

$$\omega_{r0} = \frac{\frac{u}{L}}{1 + \frac{m}{L^2}\left(\frac{a}{D_2} - \frac{b}{D_1}\right)u^2} \cdot \delta_0 \tag{8-24}$$

(2)反应时间

反应时间是指系统输入角跃阶以后，横摆角速度第一次达到稳态值ω_{r0}所需的时间。即：

$$\omega_r(\tau) = \omega_{r0} \tag{8-25}$$

代入式(8-21)可得：

$$\tau = \arctan\left[\frac{\sqrt{1-\xi^2}}{\left(-\frac{mua}{LD_2}\omega_0 - \xi\right)}\right]\left(\omega_0\sqrt{1-\xi^2}\right)^{-1} \tag{8-26}$$

式中：τ——反应时间。

反应时间τ是评价车辆瞬态响应的重要参数，值越小越好。

(3)达到第一峰值时的时间

到达第一峰值的时间，即式(8-21)第一个导数为0的点，对式(8-21)求导，得到0值点：

$$\varepsilon = \frac{\arctan\left(\frac{\sqrt{1-\xi^2}}{\xi}\right)}{\omega_0\sqrt{1-\xi^2}} + \tau \tag{8-27}$$

通常，ε 是评价瞬态横摆角反应快慢的参数。

$$\phi = \arctan\left(\dfrac{-\sqrt{1-\xi^2}}{-\dfrac{mua\omega_0}{LD_2}-\xi}\right) \tag{8-28}$$

第三节　汽车行驶操纵稳定性试验

操纵稳定性试验方法较多，目前没有统一的标准。主要有以下几种试验类型，并结合驾驶员的主观体验评分得到综合分数，从而对车辆的操纵稳定性进行评价。典型的几种客观试验包括以下几种：

(1)转向轻便性试验，用来测试车辆转向是否轻便。试验车以9km/h速度绕"8字形双扭线"轨迹行驶，主要测量方向盘力矩和转角。

(2)稳态回转试验，判断车辆稳态回转特性，属于不足转向、中性转向还是过度转向：固定方向盘转角，试验车分别左转、右转绕半径为15m的圆从0km/h加速至40km/h，记录该过程车速、侧向加速度、横摆角速度和车身侧倾角。

(3)低速回正试验，判断车辆转向系统低速回转性的好坏：固定方向盘转角，试验车以30km/h的速度绕半径为15m的圆行驶，突然撒手，测量撒手后几秒内车速、侧向加速度和横摆角速度等。

(4)高速回正试验，该试验的目的是考察试验车高速回正性的好坏：试验方法是车速100km/h，左打或右打方向盘度左右，然后突然撒手，记录撒手后几秒内的车速、侧向加速度和横摆角速度等。

(5)转向角脉冲试验，该试验的目的是考察试验车的瞬态响应：试验方法是车速为100km/h，左打或右打方向盘度角脉冲，记录车速、侧向加速度和横摆角速度等。

(6)转向角阶跃试验，考察试验车的瞬态响应。试验方法是车速为100km/h，左打或右打方向盘10°、15°、20°、25°、30°的角阶跃，记录车速、侧向加速度和横摆角速度等。

(7)蛇形试验，该试验是考查汽车操纵能力很重要的试验，试验方法是摆设10个桩，出口入口各摆2个，桩之间的间隔为30m，试验车依次以30、35、40、45、50、55、60、65、70、75km/h的车速蛇形穿桩，记录该过程的车速、横摆角速度、侧向加速度和车身侧倾角。

(8)方向盘正弦输入试验，考查车辆对方向盘输入的敏感性。试验时，车速为100km/h，方向盘作正弦输入，周期为5s，方向盘转角幅值为30°，打多个周期，记录该过程的方向盘转角、方向盘力矩、侧向加速度和横摆角速度等信息。

燃油经济性指在保证动力性的条件下,汽车以尽量少的燃油消耗量经济行驶的能力,与发动机的燃油消耗率、使用方法以及汽车结构等有关。汽车的平顺性指在保持汽车行驶过程中产生的振动和冲击环境对驾驶员及乘客舒适性的影响在一定界限内。故平顺性由驾驶员或者乘客的主观感觉的舒适性来评价,主要与路面不平整度与车速有关,这两个因素通过由轮胎、悬架、坐垫等弹性、阻尼元件和悬挂、非悬挂质量构成的振动系统的传递,传导至人体的加速度。此加速度通过人体对振动的反应来评价汽车的平顺性。汽车的通过性指汽车能够在足够高的平均车速通过各种坏路以及无路地带(如松软地面、凹凸不平地面)及各种障碍(如陡坡、侧坡、壕沟、台阶、灌木丛、水障等)的能力。主要取决于地面的物理性质及汽车的结构参数和几何参数。同时,还与汽车的其他性能,如动力性、平顺性、机动性、稳定性、视野性等密切相关。

在汽车理论中,主要是基于汽车性能进行评价,与汽车结构和内部元件有关。当考虑道路表面特性时,可以借鉴汽车制动性与操纵稳定性的评价方法,提出受道路表面特性影响下的汽车行驶稳定性评价指标。

第四节　基于操纵稳定性的沥青路面抗滑性预测

路面的抗滑性能是路面设计中重要的衡量指标之一,因为抗滑性能的好坏直接影响到道路使用者的行驶安全。通常,施工建成后的路面均能确保足够的抗滑能力,但是随着车辆荷载的不断磨损,路面的抗滑水平逐渐降低,因而路面表面的摩擦特性需要持续监控。现场足尺摩擦测量设备费用昂贵,且操作不便,与之相比,以路表纹理特征为参数的摩擦性能预测模型更适合有效的路网日常监测。

为了研究路面设计和材料特性对抗滑性能的影响,在路面设计阶段为设计者提供预测建成路面抗滑性能的工具,需要分析混合料设计参数对表面纹理特征的影响,以表面纹理特征为桥梁,建立混合料设计参数和路面抗滑性能的关系。

一、基于路表形貌的抗滑性评价模型

随着车速的增加,轮胎接触面积逐渐减小,因而轮胎与路面间的摩擦力也逐渐减小。沥青路面的抗滑性能是多种影响因素共同作用的结果,其内部机理非常复杂,很难一一对其影响抗滑性能的范围和方向进行评估。目前常用的办法是在考虑行车速度的前提下,以路面粗、细构造或以之为基础的统计量为变量,根据大量实测数据建立路面抗滑性能的预估模型,常用模型有Penn State模型、修正Penn State模型、PIARC模型及国际摩阻指数IFI。

(1) Penn State 模型

Penn State 模型建立了摩擦系数(F)与测试车轮滑移速度(S)的关系：

$$F(S) = F_0 \cdot e^{1-(S/S_0)} \tag{8-29}$$

式中：$F(S)$——车轮在滑移速度 S 时的摩擦系数；F_0 和 S_0 是针对不同测试设备的路面特征参数，与路面的表面构造有关；

F_0——路面细构造的函数；

S_0——速度数(km/h)。

速度数。依赖于路面粗构造，S_0 值低，表明路面粗构造差；S_0 值高，表明路面粗构造良好。同时，S_0 值低也表明在滑移速度较高时摩擦系数低，而 S_0 值高则意味着摩擦系数受速度影响较小。

(2) 修正的 Penn State 模型

由于许多侧向力型及固定滑移率型摩擦系数仪都是在低速状态下进行测试的，并不是在零速度状态下进行测试，所以 F_0（即滑移速度为零时对应的摩擦系数）只能由外推法得到。考虑到这一点，对 Penn State 模型进行了修正，采用 F_{10}（即滑移速度为 10km/h 时的摩擦系数值）取代 F_0，于是得到：

$$F(S) = F_{10} \cdot e^{(10-S)/S_0} \tag{8-30}$$

(3) PIARC 模型

目前公认最好的是世界道路协会(PIARC)于 1992 年对摆式仪、Mu Meter、SCRIM、动态摩擦测试仪、Grip Tester、铺砂法、VTI Mobile Profilometer(S)等 16 个国家的 47 种设备，在不同国家 54 个路段上进行路面抗滑性能检测设备对比与协调试验，并根据试验结果提出的 PIARC 模型及国际摩阻指数 IFI(International Friction Index)。PIARC 模型的典型之处在于采用了速度数 S_p 将实测摩擦系数调整为滑移速度为 60km/h 时对应的摩擦系数 FR_{60}。

$$F(S) = F_{60} \cdot e^{(S-60)/S_p} \tag{8-31}$$

$$F_{60} = A + B \cdot FRS \cdot e^{\frac{S-60}{a+bT_x}} + C \cdot T_x \tag{8-32}$$

$$S_p = a + bT_x \tag{8-33}$$

滑移速度取值方法与 Penn State 模型相同，采用了速度数 S_p 将实测摩擦系数调整为滑移速度为 60km/h 时对应的摩擦系数 FR_{60}，T_x 为路表面构造参数，当采用铺砂法测定时为平均构造深度 MTD；当采用激光法测定时，为平均断面深度 MPD，a、b 是仪器标定参数；基于以上评价模型建立统一的沥青路面抗滑评价指标即国际摩阻指数 IFI。

PIARC 模型的典型之处在于采用了速度数将实测摩擦系数调整为滑移速度为 60km/h 时对应的摩擦系数 FR_{60}。而国际摩阻指数 IFI 由速度数 S_p 和标准速度的摩阻数 F_{60} 两个参数组成，其表达式为：IFI(F_{60}, S_p)，任意一个行驶速度下的摩擦系数值都可以通过这两个参数进行确定。国际道路协会同时给出了用于评价路面抗滑性能是否满足要求的曲线，如图 8-4 所示，

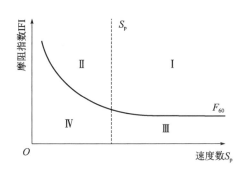

图 8-4　不同路面摩擦状况分布区域

共分为四个区域：

Ⅰ区：抗滑性能良好；

Ⅱ区：S_p偏小，路表宏观构造需要改进；

Ⅲ区：F_{60}偏小，路表微观构造需要改进；

Ⅳ区：S_p和F_{60}均偏小，路表宏观构造与微观构造都需要改进。

PIARC模型相对于其他摩擦系数测试仪器，在不同滑移速度下测得的摩擦系数都能转换为滑移速度为60的摩擦系数F_{60}，可以换算确定标准摩阻数值，通过测试滑移速度并换算成标准摩阻数来表征路面摩擦状况，从而避免受到道路交通等因素影响。目前，大多数国家均采用国际摩阻指数IFI作为路面抗滑性能的评价指标，而且我国抗滑设计规范中的设备也参加了标定。

二、基于BP神经网络的抗滑性能预测

1.人工神经网络

人工神经网络（Artificial Neural Networks，ANN）发展于20世纪40年代，经过70多年的发展，ANN理论和方法都取得了很大的进展。目前，ANN广泛应用于人工智能、数据分析、信息处理、模式识别等领域。ANN中使用最多的是反向传播神经网络（Back-Propagation Artificial Neural Networks，简称BP神经网络）。BP神经网络由美国学者Rumelhart与McCelland在1985年提出，其基本原理是利用输出后的误差来估计前导层的误差，再用此误差来估计前一层的误差；如此一层层反向估计，便可获得系统所有误差。BP神经网络可实现多层网络设想，还能逼近任意函数，具有很强的非线性映射能力，其系统结构主要包括输入层、输出层和若干隐藏层（图8-5）。

这种结构的主要特点有：

（1）多层网络结构

BP神经网络由多层构成，且层与层之间完全连接，但同层神经元之间无连接。

（2）传递函数必须可微

BP神经网络的传递函数一般用Sigmoid函数或线性函数，这保证了传递函数的可微性。Sigmoid函数又可分为Log-Sigmoid函数和Tan-Sigmoid函数，两者的区别在于输出值是否有负值。一个简单的Sigmoid函数可由式(8-34)表示：

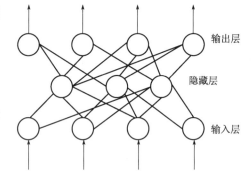

图 8-5　BP神经网络结构示意图

$$f(x) = \frac{1}{1+e^{-x}} \quad (8-34)$$

(3)采用误差反向传播算法进行学习

在BP神经网络中,数据从出入层经隐藏层逐步向后传播到输出层;而误差则从输出层经隐藏层逐步向前修改各层的权值。这样进行不断学习,最终误差越来越小。误差可由式(8-35)表示:

$$E = \frac{1}{2} \sum_j (d_j - Y_j)^2 \tag{8-35}$$

其中,d_j、Y_j分别为输出层第j个神经元的期望输出和实际输出。

2.灰色关联分析

灰色关联分析是一种多因素的统计方法,它以各因素的样本数据为基础,用灰色关联度来描述因素间关系的强弱。在实践中,具体分析步骤为:

①确定分析序列。分析序列包括一个因变量和多个自变量,形成由$n+1$个数据构成的矩阵:

$$Z = (X_0, X_1, \cdots, X_n) \tag{8-36}$$

式中:X_0——因变量;

X_i——自变量。

②对分析序列标准化。可采用式(8-37)进行标准化:

$$p = \frac{p - p_{\min}}{p_{\max} - p_{\min}} \tag{8-37}$$

③计算关联系数。即经过标准化后的因变量数列为$\{X_0(t)\}$,自变量数列为$\{X_i(t)\}$。则在时刻$t=K$时,因变量与自变量i的关系系数为:

$$L_{0i}(k) = \frac{\Delta[\min] + \rho\Delta[\max]}{\Delta[0i](k) + \rho\Delta[\max]} \tag{8-38}$$

式中:$\Delta[0i](k)$——k时刻两个比较序列的绝对差。

$$\Delta[0i](k) = |X_0(k) - X_i(k)| \tag{8-39}$$

式中:$\Delta[\min]$、$\Delta[\max]$——所有比较序列各个时刻绝对差中的最大值和最小值;

ρ——分辨系数,可以取0.45。

④计算关联度,公式如下:

$$R_{0i} = \frac{1}{N} \sum_{k=1}^{N} L_{0i}(k) \tag{8-40}$$

3.BP神经网络

BP神经网络模型包括输入层、隐藏层层数和输出层。本书以最常见的三层神经网络为例,介绍它的学习算法。

(1)定义变量

在三层BP网络中,设输入层神经元个数为M,隐藏层神经元个数为I,输出层神经元个数为J。各层的神经元分别记为x_m、k_i和y_j。从输入层到隐藏层的连接权值为ω_{mi}(隐藏层的阈值为θ_{mi}),从隐藏层到输出层的连接权值为ω_{ij}(输出层的阈值为θ_{ij})。设隐藏层的传递函数为$f(\cdot)$,输出层的传递函数为ω_{ij}。

上述网络结构中输入一个长为M的向量:$X=[x_1\ x_2\cdots x_m]$;输出一个长为J的向量:$Y=[y_1\ y_2\cdots y_j]$;用u和v分别表示每一层的输入与输出,如u_I^1表示第I层(隐藏层)第一个神经元的输入;v_J^1表示第J层(输出层)第一个神经元的输出。最后,经过n次迭代后,网络的实际输出为:

$$Y(n)=[v_J^1\ v_J^2\ \cdots\ v_J^J] \tag{8-41}$$

网络的期望输出为:

$$d(n)=[d_1\ d_2\ \cdots\ d_J] \tag{8-42}$$

误差信号为:

$$e_j(n)=d_j(n)-Y_j(n) \tag{8-43}$$

并将误差能量定义为:

$$e(n)=\frac{1}{2}\sum_{j=1}^{J}e_j^2(n) \tag{8-44}$$

(2)工作信号向前传播

整个网络的输入信号等于输出层的输出:

$$v_M^m(n)=x(n) \tag{8-45}$$

隐藏层第i个神经元的输入等于输入层各神经元输出值的加权和:

$$u_I^i(n)=\sum_{m=1}^{M}\omega_{mi}(n)v_M^m(n) \tag{8-46}$$

则隐藏层第i个神经元的输出为:

$$v_I^i(n)=f[u_I^i(n)-\theta_I^i]=f(net_i) \tag{8-47}$$

其中,$net_i=u_I^i(n)-\theta_I^i$。

输出层第j个神经元的输入等于隐藏层各神经元输出值的加权和:

$$u_J^j(n)=\sum_{i=1}^{I}\omega_{ij}(n)v_I^i(n) \tag{8-48}$$

则输出层第j个神经元的输出为:

$$v_J^j(n)=g[u_J^j(n)-\theta_J^j]=g(net_j) \tag{8-49}$$

其中,$net_j=u_J^j(n)-\theta_J^j$。

输出层第j个神经元的误差为:

$$e_j(n)=d_j(n)-v_J^j(n) \tag{8-50}$$

则总误差为输出层各神经元误差平方和的一半:

$$e(n) = \frac{1}{2}\sum_{j=1}^{J} e_j^2(n) \tag{8-51}$$

(3)误差信号向后传播

误差信号向后传播,以调整各层的权值和阈值。

①输出层与隐藏层之间的权值以及输出层的阈值。

根据最速下降法,应计算误差对权值的梯度 $\partial e(n)/\partial \omega_{ij}(n)$,再沿该方向的反向进行调整,调整量为:

$$\Delta \omega_{ij}(n) = -\eta \frac{\partial e(n)}{\partial \omega_{ij}(n)} \tag{8-52}$$

其中,$\partial e(n)/\partial \omega_{ij}(n)$ 为学习速率。

调整后的权值为:

$$\omega_{ij}(n+1) = \Delta \omega_{ij}(n) + \omega_{ij}(n) \tag{8-53}$$

对于梯度值,根据链式法则,有:

$$\frac{\partial e(n)}{\partial \omega_{ij}(n)} = \frac{\partial e(n)}{\partial e_j(n)} \cdot \frac{\partial e_j(n)}{\partial v_J^j(n)} \cdot \frac{\partial v_J^j(n)}{\partial net_j} \cdot \frac{\partial net_j}{\partial \omega_{ij}(n)} \tag{8-54}$$

由式(8-48)~式(8-51)可得:

$$\frac{\partial e(n)}{\partial e_j(n)} = e_j(n) \tag{8-55}$$

$$\frac{\partial e_j(n)}{\partial v_J^j(n)} = -1 \tag{8-56}$$

$$\frac{\partial v_J^j(n)}{\partial net_j} = g'(net_j) \tag{8-57}$$

$$\frac{\partial net_j}{\partial \omega_{ij}(n)} = v_I^i(n) \tag{8-58}$$

因此,梯度值为:

$$\frac{\partial e(n)}{\partial \omega_{ij}(n)} = -e_j(n) g'(net_j) v_I^i(n) \tag{8-59}$$

代入式(8-50),得权值调整量为:

$$\Delta \omega_{ij}(n) = \eta e_j(n) g'(net_j) v_I^i(n) \tag{8-60}$$

这里引入局部梯度的定义:

$$\delta_J^j = -\frac{\partial e(n)}{\partial net_j} = -\frac{\partial e(n)}{\partial e_j(n)} \cdot \frac{\partial e_j(n)}{\partial v_J^j(n)} \cdot \frac{\partial v_J^j(n)}{\partial net_j} = e_j(n) g'(net_j) \tag{8-61}$$

代入式(8-48)、式(8-51)可得:

$$\omega_{ij}(n+1) = \eta \delta_J^j v_I^i(n) + \omega_{ij}(n) \tag{8-62}$$

类似地,输出层的阈值调整量为:

$$\Delta \theta_J^j(n) = -\eta \frac{\partial e(n)}{\partial \theta_J^j(n)} \tag{8-63}$$

同样,根据链式法则,有:

$$\frac{\partial e(n)}{\partial \theta_J^j(n)} = \frac{\partial e(n)}{\partial e_j(n)} \cdot \frac{\partial e_j(n)}{\partial v_J^j(n)} \cdot \frac{\partial v_J^j(n)}{\partial net_j} \cdot \frac{\partial net_j}{\partial \theta_J^j(n)} = e_j g'(net_j) \tag{8-64}$$

将式(8-61)代入式(8-64),得:

$$\frac{\partial e(n)}{\partial \theta_J^j(n)} = \delta_J^j \tag{8-65}$$

则:

$$\theta_J^j(n+1) = \theta_J^j(n) + \eta \delta_J^j \tag{8-66}$$

②隐藏层与输入层之间的权值以及隐藏层的阈值。

与上一层类似,隐藏层与输入层之间的权值调整值为:

$$\Delta \omega_{mi}(n) = \eta \delta_I^i v_M^m(n) \tag{8-67}$$

其中,$v_M^m(n)$为输入层神经元的输出,$v_M^m(n) = x^m(n)$;δ_I^i为局部梯度,定义为:

$$\delta_I^i = -\frac{\partial e(n)}{\partial net_i} = -\frac{\partial e(n)}{\partial v_I^i(n)} \cdot \frac{\partial v_I^i(n)}{\partial net_i} = -\frac{\partial e(n)}{\partial v_I^i(n)} f'(net_i) \tag{8-68}$$

由于隐藏层不可见,总误差对该层输出值的偏导数无法直接求出,需借助上一层计算的局部梯度,即:

$$\frac{\partial e(n)}{\partial v_I^i(n)} = \sum_{j=1}^{J} \delta_J^j \omega_{ij} \tag{8-69}$$

代入式(8-63),得到:

$$\delta_I^i = f'(net_i) \sum_{j=1}^{J} \delta_J^j \omega_{ij} \tag{8-70}$$

最终,隐藏层与输入层的权重值为:

$$\omega_{mi}(n+1) = \eta f'(net_i) \sum_{j=1}^{J} \delta_J^j \omega_{ij} + \omega_{mi}(n) \tag{8-71}$$

类似地,隐藏层各神经元的阈值调整量为:

$$\Delta \theta_I^i(n) = -\eta \frac{\partial e(n)}{\partial \theta_I^i(n)} \tag{8-72}$$

同样,根据链式法则,有:

$$\frac{\partial e(n)}{\partial \theta_I^i(n)} = \frac{\partial e(n)}{\partial v_I^i(n)} \cdot \frac{\partial v_I^i(n)}{\partial net_i} \cdot \frac{\partial net_i}{\partial \theta_I^i(n)} = -\frac{\partial e(n)}{\partial v_I^i(n)} f'(net_i) = \delta_I^i \tag{8-73}$$

则:

$$\theta_I^i(n+1) = \theta_I^i(n) + \eta \delta_I^i \tag{8-74}$$

按以上学习算法,对 BP 网络进行反复地学习与训练,不断地修正各层之间的权值以及各层的阈值。如果网络最终收敛,即输出值与期望值无限接近,权值与阈值不再发生变化,则学习完毕;如果网络不能收敛,则说明神经网络设计不合理或训练参数不妥,应重新进行网络设计或调整参数。

在进行 BP 神经网络建模时,比较重要的是确定隐藏层的层数、每层神经元的个数,以及学习率等。而这些参数的设置,大多数情况下需要建模者凭借自身经验以及在建模过程中进行不断的尝试。除此之外,提高网络的泛化能力也可达到同样的效果。目前,提高泛化能力的主要方法有规则化调整(Regularization)和初期终止(Early Stop),这两种方法都不需要准确确定模型的规模,适合于没有经验的建模者。

(1)BP 网络训练的规则化调整

BP 网络训练中,一般采用贝叶斯(Bayesian)自动归一化算法进行规则化调整,其基本方法是通过修正网络误差性能函数来达到规则化调整的目的。一般的误差性能函数为误差的均方差,即:

$$F = \mathrm{mse} = \frac{1}{N} \sum_{i}^{N} (e_i)^2 \qquad (8\text{-}75)$$

而修正的误差性能函数包括了网络权值和阈值的均方值,即:

$$\mathrm{msereg} = \gamma \times \mathrm{mse} + (1 - \gamma) \times \mathrm{msw} \qquad (8\text{-}76)$$

$$\mathrm{msw} = \frac{1}{n} \sum_{j=1}^{n} x_j^2 \qquad (8\text{-}77)$$

其中,γ 为误差调整率,其选择比较重要。如果太小,网络的训练精度不高;如果太大,网络的泛化能力又提高不大。这样,通过使用修正后的性能函数减少了网络有效的权值和阈值,使网络的输出更加平滑,从而提高了网络的泛化能力。

(2)BP 网络训练的初期终止

BP 网络训练的初期终止,即将训练样本分成了 3 组:训练样本组、确定样本组和测试样本组,分别占了总样本的 1/2、1/4 和 1/4。首先通过训练样本组进行网络学习和训练,使性能函数不断减少;然后通过确定样本组的训练来确定权值和阈值;最后使用测试样本组来测试训练的结果,验证泛化能力的优劣。

通常综合使用以上两种方法来提高网络训练的泛化能力。

4. 示例分析

(1)现场试验和试验结果

分别选取了十段密级配沥青混合料路段,尽可能多地包含了不同的沥青混合料设计类型,以便展现更具代表性的路面表面纹理谱特征。每一个现场路段分别进行 SLP 和 DFTester 测试路面的纹理特征和抗滑性能,测试方法和试验数据处理方法分别见第四章第五节以及第五章第六节。

每个现场测试点选择10个扫描断面,每个断面扫描两次,故每个测试点一共有20组原始轮廓数据,并确保扫描长度以提供足够的数据计算纹理谱参数。经处理后的数据,采用几何平均的算法计算该测试点的纹理水平,以保证试验结果的统计显著性。例如,中心波长为λ的平均纹理水平计算如式(8-78)所示:

$$L_{\text{TX},\lambda}^{\text{mean}} = 10 \cdot \lg\left(\frac{\sum_{i=1}^{n} 10 \cdot 10^{\frac{L_{\text{TX},\lambda}^{i}}{10}}}{n}\right) \qquad (8\text{-}78)$$

图8-6为某一路面表面的纹理水平分布计算结果,表8-1列举了现场路段的SLP试验结果,表8-2为现场DFTester测试结果汇总。本书分别选取了五个测试速度下摩擦系数值,用于下文的相关性分析中。

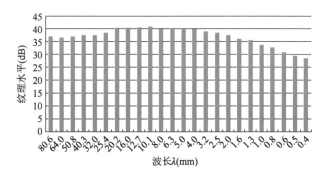

图8-6 纹理水平分布

SLP现场路段表面纹理水平计算结果汇总表 表8-1

编号	$L_{\text{TX},64}$ (dB)	$L_{\text{TX},32}$ (dB)	$L_{\text{TX},16}$ (dB)	$L_{\text{TX},8}$ (dB)	$L_{\text{TX},4}$ (dB)	$L_{\text{TX},2}$ (dB)	$L_{\text{TX},1}$ (dB)	$L_{\text{TX},0.5}$ (dB)
1	42.03	42.98	45.36	45.37	44.29	42.25	38.87	34.43
2	42.19	43.48	44.74	43.43	41.31	38.65	34.74	28.22
3	42.41	45.59	46.94	47.12	44.26	39.97	34.53	29.40
4	41.87	42.13	43.41	42.89	41.51	37.90	33.56	27.26
5	33.36	35.08	36.86	37.43	38.06	37.68	36.63	32.90
6	40.64	41.30	42.51	42.60	40.30	36.43	31.00	24.12
7	43.95	43.88	44.37	45.21	44.10	42.27	39.56	35.82
8	36.31	37.52	39.83	41.13	42.07	40.33	36.85	31.44
9	42.78	45.40	45.17	43.54	40.82	37.39	32.45	26.15
10	42.48	42.56	43.14	43.16	42.32	39.68	35.52	31.01

DFTester测试结果汇总表 表8-2

编号	DFT摩擦系数				
	v=10km/h	v=20km/h	v=40km/h	v=60km/h	v=80km/h
1	0.803	0.763	0.723	0.690	0.179
2	0.832	0.764	0.729	0.724	0.228
3	0.891	0.886	0.849	0.776	0.183
4	0.756	0.728	0.686	0.647	0.229
5	0.473	0.421	0.412	0.404	0.175
6	0.772	0.719	0.678	0.636	0.225
7	0.732	0.631	0.561	0.536	0.162
8	0.744	0.746	0.707	0.674	0.214
9	0.809	0.778	0.753	0.708	0.207
10	0.757	0.768	0.762	0.739	0.220

(2)关联度分析

利用式(8-40)计算在不同的速度下,DFTester测试值与各纹理水平参数之间的关联度,结果如表8-3所示。

不同速度下DFTester测试值与纹理水平的关联度 表8-3

速度 (km/h)	纹理水平(dB)							
	$L_{TX,64}$	$L_{TX,32}$	$L_{TX,16}$	$L_{TX,8}$	$L_{TX,4}$	$L_{TX,2}$	$L_{TX,1}$	$L_{TX,0.5}$
10	0.73	0.81	0.83	0.73	0.70	0.47	0.44	0.46
20	0.72	0.88	0.85	0.76	0.71	0.49	0.47	0.46
40	0.75	0.86	0.85	0.78	0.73	0.51	0.49	0.48
60	0.78	0.83	0.83	0.73	0.66	0.48	0.46	0.45
80	0.79	0.70	0.70	0.70	0.65	0.48	0.63	0.60

从表8-3中可以看出,DFTester测试值与$L_{TX,4}$纹理水平以上关联度较大,但随着车速的增长,$L_{TX,4}$以下纹理水平与DFT值的关联度也有所增长。因此,本书选择$L_{TX,64}$、$L_{TX,32}$、$L_{TX,16}$、$L_{TX,8}$、$L_{TX,4}$等相关性较强的纹理水平以及代表微观纹理水平的$L_{TX,0.5}$作为神经网络预测的主要参数。

(3)神经网络预测

将以上挑选出来的变量值代入MATLAB BP神经网络模型中,建立神经网络模型(中间层取10层),如图8-7所示,按前述的训练方法进行训练。其中,学习组选择每种速度下的1~9组实验数据,测试组为每种速度下第10组数据。经过学习后,结果最终收敛如图8-8所示。测试组的实际值和预测值如图8-9所示。

从测试结果可以看出,神经网络模型能较好地预测出不同速度下的DFT摩擦系数。运用此训练好的模型,可提高路面DFT摩擦系数预测的精度和准确性。

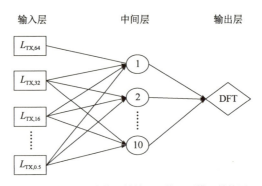

图8-7 DFTester摩擦系数神经网络预测模型结构图

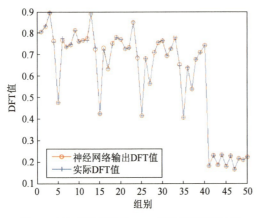

图8-8 神经网络预测DFTester测试值的训练结果

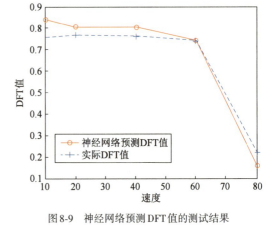

图8-9 神经网络预测DFT值的测试结果

三、基于最优子集回归分析方法的抗滑性能预测模型

1. 预测模型参数

为了确定对路面抗滑性能有显著影响的表面纹理波长范围,本节选用线性回归方法,分别计算了两种速度下,各1/3倍频带宽范围的纹理水平与摩擦系数间的相关系数r,试验数据来源同第八章第二节的示例分析,计算结果如图8-10所示。

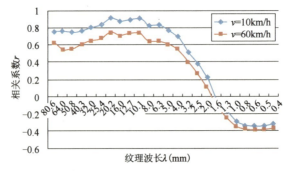

图8-10 不同波长范围内纹理水平与摩擦系数间的相关系数分布图

由图8-10可知,在微观纹理和宏观纹理波长范围内,纹理水平与摩擦系数间的相关系数有两个比较显著的峰值,分别是在20mm左右较长的纹理波长范围内,两者呈现正相关关系;在0.5mm左右较短的纹理波长范围内,两者则呈现负相关的关系。需要注意的是,这里后者较短的纹理波长范围并不完全等价于微观纹理,因为参数$L_{tx,0.4}$是表示以0.4mm为中心波长长度的1/3倍频带宽范围内的纹理水平值。而微观纹理的波长范围是$1\mu m \sim 0.5mm$,故大部分的微观纹理波长并没有包含在本书的研究中,这主要是由于测量设备SLP分辨率的限制。如果日后可以实现对路面表面微观纹理的简便室外测量,则可更有效地改进本书所提摩擦预测模型。

此外,基于相关系数曲线(图8-10),还需要注意的是速度对相关系数的影响。由图8-10可知,正相关系数随着速度的增加而减小;负相关系数随着速度的增加而增大,但是变化的绝对值小于正相关的部分;正负相关的转折点位于波长1.6mm左右。以上结论也为沥青混合料设计提供了优化表面纹理谱分布的依据,以设计出抗滑性能更佳的路面。

在摩擦预测模型中,分别选择$L_{tx,i-j}$和$L_{tx,k-h}$两个纹理表征参数作为独立变量。其中,$L_{tx,i-j}$是指从中心波长为i到中心波长为j的1/3倍频带宽范围内的纹理水平,与摩擦系数呈正相关的关系;同样,$L_{tx,k-h}$是指从中心波长为k到中心波长为h的1/3倍频带宽范围内的纹理水平,与摩擦系数呈负相关的关系。

为了确定上述两个参数的带宽范围,分别选择不同的带宽束,分析其与摩擦系数间的相关性。所选变量及其相关性分析结果如表8-4所示。其中,$L_{tx,5.0-20.2}$和$L_{tx,0.4-0.8}$组合具有最大的确定系数(R^2)和标准估计误差(SEE),因而确定二者为摩擦预测模型中所用的纹理表征参数。

预测模型所用参数的确定 表8-4

纹理波长范围$i-j$和$k-h$	确定系数(R^2)	标准差(stdev)	标准估计误差(SEE)
5.0-20.2和0.4-0.8	0.870	0.1031	0.034
5.0-20.2和0.5-0.8	0.869	0.1032	0.034
6.3-20.2和0.4-0.8	0.861	0.1027	0.034

2. 抗滑性能预测模型建立

DFTester试验所测得摩擦系数随速度的变化曲线可以用二次多项式拟合,以速度v为变量,拟合曲线的确定系数大于90%,如图8-11所示。

因而,可以建立如下形式的抗滑性能预测模型:

$$\mathrm{DFT}(v) = Av^2 + Bv + C \quad (8-79)$$

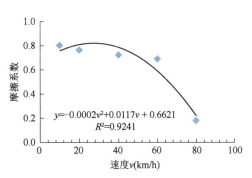

图8-11 DFT测试结果曲线的二次多项式拟合

式中：A、B、C——模型系数，是上文所选路面表面纹理表征参数 $L_{\text{tx},5.0-20.2}$ 和 $L_{\text{tx},0.4-0.8}$ 的函数。

首先，采用最优子集回归方法，确定对摩擦值影响最显著的因素。最优子集的选取基于以下三个判定标准：

（1）具有较高的调整后确定系数，R_{ADJ}^2 值；

（2）Mallow Cp 值要接近所选子集变量数+1；

（3）所选子集的 Mallow Cp 值应显著低于前一个子集的 Mallow Cp 值。

然后，对所选子集进行线性回归分析，结果如表8-5所示，回归方程的调整后确定系数为 87.1%。

回归分析结果　　　　表8-5

预测模型各项	各项系数	标准差系数	T 值	P 值
Constant	−0.797	0.2534	−3.15	0.003
$L_{\text{tx},5.0-20.2} \cdot v^2$	−0.000004	0.0000	−8.61	0.000
v	0.0107	0.0020	5.17	0.000
$L_{\text{tx},5.0-20.2}$	0.0361	0.0047	7.69	0.000
$L_{\text{tx},0.4-0.8}$	−0.0093	0.0035	−2.63	0.012

基于上述回归分析，抗滑性能预测模型建立如式（8-80）：

$$\text{DFV}(v) = -4 \times 10^{-6} L_{\text{tx},5.0-20.2} \cdot v^2 + 1.07 \times 10^{-2} \cdot v + 3.61 \times 10^{-2} L_{\text{tx},5.0-20.2} - 9.3 \times 10^{-3} L_{\text{tx},0.4-0.8} - 0.797 \tag{8-80}$$

3. 模型验证

为了验证上文所建抗滑性能预测模型，将现场DFTester试验测试值与模型预测值相对比，结果如图8-12所示。DFT测量值与预测值之间的线性回归具有较高的 R^2 值，由此证实了摩擦预测模型的可靠性。

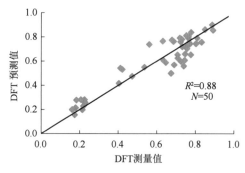

图8-12　DFT测量值与预测值对比图

四、混合料设计参数对抗滑性能的影响

路面所具备的抗滑性能主要取决于表面的纹理特征，而路面表面的纹理特征归根结底是受混合料各组分以及施工条件的影响，因而分析抗滑性能的影响因素包括混合料设计参数和

施工条件参数两大部分,其中,混合料设计参数主要包括:黏结料含量(AC)、最大公称粒径(NMAS)和级配(威布尔分布 R 度和分布形状系数 λ 和 κ);施工条件参数主要包括:压实温度和压实功。

累积威布尔分布用于描述不同混合料的集料级配曲线,威布尔分布公式如式(8-81)所示,系数 λ 用于确定级配曲线的尺度(级配粗细),也叫尺度系数,如图8-13a)所示;系数 κ 用于确定级配曲线的形状(密级配、间断级配或开级配),也叫形状系数,如图8-13b)所示。

$$F(x;\kappa,\lambda) = 1 - e^{-\left(\frac{x}{\lambda}\right)^{\kappa}} \tag{8-81}$$

式中:F——各筛孔通过率;

x——筛孔尺寸(mm)的0.45次幂;

λ——威布尔分布尺度系数;

κ——威布尔分布形状系数。

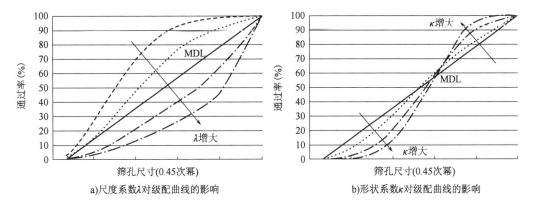

a)尺度系数 λ 对级配曲线的影响　　b)形状系数 κ 对级配曲线的影响

图8-13　威布尔分布系数对集料级配曲线的影响(MDL:最大密实度线)

混合料级配曲线的威布尔分布系数 λ 和 κ 在 Microsoft Excel 中的规划求解(Solver)模块中,采用最小二乘法最小化算法求得。通过选定不同的形状参数和尺度参数,调整威布尔分布曲线的形状,使之拟合所给混合料级配曲线,使两曲线之间的平方差总和(SSE)最小。计算过程如表8-6所示。

威布尔分布系数确定表格　　　　　　　表8-6

筛孔尺寸 (mm)	筛孔尺寸的0.45次幂	通过率 (%)	威布尔分布通过率 (%)	平方差
25	4.26	100	98.4	0.000
19	3.76	100	96.6	0.001
12.5	3.12	97	91.9	0.003
9.5	2.75	86.8	87.4	0.000
4.75	2.02	66.1	71.8	0.003

续上表

筛孔尺寸（mm）	筛孔尺寸的0.45次幂	通过率（%）	威布尔分布通过率（%）	平方差
2.36	1.47	52.9	53.8	0.000
1.18	1.08	37.9	37.6	0.000
0.6	0.79	29.3	25.3	0.002
0.3	0.58	18	16.3	0.000
0.15	0.43	9.1	10.3	0.000
0.075	0.31	5	6.5	0.000
平方差总和(SSE)				0.010

1. 试验数据采集

为研究混合料设计参数对抗滑性能的影响，收集整理了12条现场路段信息，结合SLP试验所测纹理水平，并根据上面所建抗滑性能预测模型计算出的DFT值。现将第一组试验数据，混合料设计参数影响分析数据汇总于表8-7。

混合料设计参数影响分析数据汇总　　　　　表8-7

编号	AC（%）	NMAS（mm）	威布尔分布尺度系数λ	威布尔分布形状系数κ	$L_{tx,5.0-20.2}$（dB）	$L_{tx,0.4-0.8}$（dB）	DFT(60)
1	5.3	9.5	1.70	1.83	47.1	45.2	0.724
2	5.4	12.5	1.87	2.01	49.2	44.1	0.636
3	6.0	9.5	1.61	1.84	41.7	43.1	0.739
4	5.1	12.5	1.73	1.58	46.2	41.5	0.661
5	5.1	12.5	1.77	1.53	46.6	43.1	0.674
6	5.1	12.5	1.73	1.58	45.2	39.8	0.654
7	5.1	12.5	1.73	1.58	48.5	40.8	0.536
8	5.1	12.5	1.77	1.53	47.2	41.8	0.647
9	5.1	12.5	1.73	1.58	44.6	41.4	0.708
10	5.4	12.5	1.69	1.55	39.2	40.3	0.776
11	4.6	19.0	1.96	1.45	48.0	45.4	0.690
12	5.5	12.5	1.81	1.57	37.6	40.4	0.404

为研究施工条件参数对抗滑性能的影响，在不同压实温度（T）和压实功条件下，室内成型22组旋转压实试件，压实功主要通过空隙率（AV）和毛体积密度（G_{mb}）来量化描述。第二组试验数据，施工条件参数影响分析数据汇总于表8-8。

施工条件参数影响分析数据汇总　　　　　　　　　　　　表8-8

编号	$T(℃)$	AV(%)	$G_{mb}(g/mm^3)$	$L_{tx,5.0-20.2}$(dB)	$L_{tx,0.4-0.8}$(dB)	DFT(60)
1	114	3.8	2.397	52.54	50.08	0.458
2	114	4.2	2.401	52.02	48.83	0.758
3	114	4.3	2.401	54.83	50.40	0.432
4	114	6.0	2.352	49.77	48.53	0.643
5	114	6.3	2.344	52.95	49.48	0.558
6	115	4.1	2.404	56.93	49.34	0.748
7	144	4.4	2.391	51.74	48.69	0.641
8	144	4.7	2.379	53.79	49.32	0.559
9	144	5.2	2.372	52.10	48.94	0.616
10	144	5.4	2.386	51.11	48.66	0.758
11	144	6.1	2.343	57.51	50.99	0.748
12	144	6.3	2.326	52.52	52.13	0.845
13	144	6.4	2.333	52.27	50.57	0.833
14	144	7.8	2.290	54.95	51.08	0.755
15	144	8.8	2.275	59.52	51.54	0.718
16	144	11.5	2.197	60.30	52.68	0.731
17	144	12.0	2.193	63.88	54.97	0.718
18	145	1.5	2.395	43.36	44.00	0.675
19	145	1.7	2.413	48.06	45.48	0.67
20	145	2.1	2.433	43.70	43.84	0.675
21	145	3.6	2.355	37.65	40.44	0.699
22	145	4.7	2.414	42.54	41.67	0.699

2.试验结果分析

(1)混合料设计参数对抗滑性能的影响

首先对四个影响参数(AC、NMAS、λ 和 κ)和响应DFT(60)之间作显著性分析,结果如表8-9所示。由表8-9可知,四个影响参数的 P 值都在0.05的显著性水平以内,说明对DFT(60)的影响均较显著。其中,黏结料含量(AC)和集料级配(威布尔分布尺度和分布形状系数 λ 和 κ)参数均十分显著。

混合料设计参数的显著性分析结果　　　　　　　　　　　表8-9

混合料设计参数	F 值	P 值
κ	172.187	0.000
AC	72.279	0.000
λ	31.162	0.000
NMAS	5.707	0.038

然后，分别对两个纹理水平参数 $L_{tx,5.0-20.2}$ 和 $L_{tx,0.4-0.8}$ 进行最优子集回归分析，确定对纹理水平有显著影响的混合料设计参数。对于纹理参数 $L_{tx,5.0-20.2}$，最优子集为 NMAS 和 κ，其线性回归分析列于表8-10，调整后确定系数 R_{ADJ}^2 值为65.0%。

$L_{tx,5.0-20.2}$ 回归分析结果　　　　　　　　　　　　　　　　表8-10

预测参数	系数	SE系数	T值	P值
常数项	22.370	4.558	4.91	0.000
NMAS	0.7459	0.2427	3.07	0.006
κ	7.927	3.243	2.44	0.024

对于纹理参数 $L_{tx,0.4-0.8}$，最优子集为 AC 和 λ，其线性回归分析列于表8-11，调整后确定系数 R_{ADJ}^2 值为86.8%。

$L_{tx,0.4-0.8}$ 回归分析结果　　　　　　　　　　　　　　　　表8-11

预测参数	系数	SE系数	T值	P值
常数项	16.207	4.162	3.89	0.001
AC	1.5774	0.6591	2.39	0.027
λ	10.0688	0.8331	12.09	0.000

由表8-10最优子集分析可知，NMAS 和 κ 子集与纹理参数 $L_{tx,5.0-20.2}$ 之间存在强正相关性，而根据前文抗滑性能预测模型，$L_{tx,5.0-20.2}$ 与抗滑性能间也存在正相关性。因而，增大 NMAS 值可提高路面的抗滑性能；减小 κ 值（级配曲线更靠近最大密实度线），路面的抗滑性能将降低。

进而，根据该回归模型和上面所建抗滑性能预测模型，可以进行混合料设计参数对抗滑值影响的敏感性分析，计算在其他参数保持不变的情况下，单独改变混合料的最大公称粒径（NMAS值）或级配曲线（κ值）时抗滑值的变动大小。如此处理，NMAS 和 κ 对 DFT(60) 的影响分别是0.022和0.017。

由表8-11最优子集分析可知，AC 和 λ 子集与纹理参数 $L_{tx,0.4-0.8}$ 之间存在非常显著的相关性，在抗滑性能预测模型中 $L_{tx,0.4-0.8}$ 与抗滑性能间为负相关，因而，增大 AC 和 λ 值将降低路面的抗滑性能。AC 和 λ 对 DFT(60) 影响的敏感性分析结果分别是0.007和0.021。

（2）施工条件参数对抗滑性能的影响

首先对三个施工条件影响参数（压实温度、空隙率和毛体积密度）和响应 DFT(60) 之间做方差分析（ANOVA），结果如表8-12所示。由表8-12的 P 值可知，三个影响参数中只有空隙率（AV）的影响比较显著。

施工条件参数的显著性分析结果　　　　　　　　　　　　　　　表8-12

施工条件参数	离差平方和(SS)	均方(MS)	F值	P值
AV	178.80	178.80	6.981	0.019
T	36.09	36.09	1.409	0.255
G_{mb}	2.74	2.74	0.171	0.748

因为显著影响参数只有空隙率一个,因而直接进行空隙率和抗滑性能的回归分析,不过回归分析的结果并不理想,调整后确定系数 R^2_{ADJ} 值低于30%。这个结果也是意料之中,因为由前文混合料设计参数影响的分析可知,影响抗滑性能的参数很多,单独用某个参数预估并不能得到理想的结果。

第五节 路表形貌对汽车操纵稳定性的影响分析

车辆在路面上能够安全高速行驶的前提条件是轮胎在与路面接触界面处获得足够的摩擦力;反之,如果路面表面不能够为轮胎运动、加速、转向、制动等,提供需要的摩擦力,就将导致车辆不按照或不完全按照驾驶员的操纵指令运动。车辆的操纵稳定性是车辆安全技术研究的核心问题,除去轮胎、转向系、传动系、制动系等与车辆设计相关的因素外,路面的抗滑性能是保障车辆操纵稳定性的必要条件。因此,主要从车辆操纵稳定性的角度研究路面表面纹理存在的必要性,以及路面养护维修时表面纹理临界值的选择。

一、沥青路面路表纹理的选择

由上述摩擦机理分析可知,路面的抗滑性能与其表面的形貌特性密切相关。在道路研究领域,将路面形貌一般表述为路面表面的纹理。如何选择最佳的表面纹理,以使路面具备足够的抗滑能力,从而确保车辆在不同行驶条件下的操纵安全,是道路工作者主要关心的问题。

在轮胎和路面接触界面保持干燥的情况下,由摩擦机理可知,光滑的胎面单元和路表可以确保最大的接触面积,因而提供最大的黏附摩擦分量;然而,在接触界面存在流体的情况下,需要路表有一定波长的凸体存在,以使界面间的流体可以充分地排出。并且,凸体顶端需要有一定的粗糙度,以确保胎面和路面间具有足够大的局部压力,能够穿透表面水膜,与胎面相接触。此外,从迟滞摩擦分量的角度,路面表面需要有一定的频率的凸体分布,以引起胎面单元足够的压凹频率。由此,路面设计中,纹理的选择是一项折中的考虑,既要有适当的宏观纹理,又要保证足够的微观纹理;既要有一定的波长以满足流体排泄的要求,又要有一定的频率以保证迟滞的要求。

故最佳表面纹理的选择主要由两方面确定,即宏观纹理的特性取决于迟滞和排泄要求,微观纹理的特性取决于顶端黏附性的要求。在车辆的设计行驶速度条件下,由轮胎橡胶材料的黏弹性特性可得轮胎和路面接触时的迟滞分量;加上接触面间的潮湿情况,结合轮胎胎面花纹设计,确定接触层积水的排泄要求;由穿透表面上压挤膜厚度所需的最小液体动压力确定凸体顶端微观粗糙度。综上所述,选择最佳表面纹理的过程如图8-14所示。

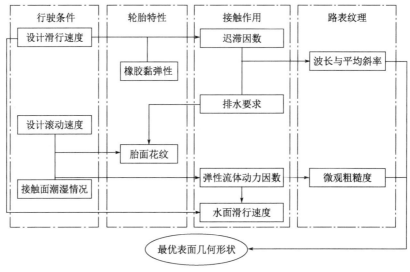

图 8-14 路面表面纹理的选择

二、路表纹理特性对路表摩擦的影响

考虑到路面纹理与摩擦的关系,影响轮胎-路面间摩擦力的因素可以分为路面表面特性、行驶条件、轮胎特性和环境因素四大类。其中,路面表面特性包括:与摩擦相关的表面纹理尺度范围(即微观纹理和宏观纹理)、集料和沥青黏结料的材料特性、道路线形和几何尺寸、路面的施工工艺等。车辆特征是指驾驶员的操纵行为、滑动速度(即车辆的行驶速度和制动状态)。轮胎特性包括胎面花纹样式、接触面积或轮胎的接地印迹、轮胎的充气压力、橡胶组分和模量、车辆荷载、轮胎温度等。环境因素主要有气候条件和路表沉积物,气候条件包括气温、风力等;路表沉积物是指有可能嵌入路面表面凹陷部分的物质,既包括尘土、橡胶颗粒等非人为污染物,也包括冬季铺洒的融雪剂和防冻剂等人为污染物。各影响因素汇总如图8-15所示。

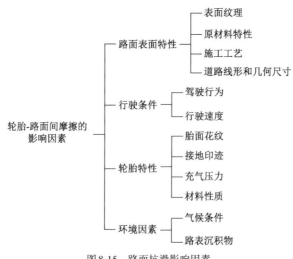

图 8-15 路面抗滑影响因素

为了设计出更耐久的轮胎,轮胎制造业已在胎面花纹的样式和设计中展开了大量的研究;而汽车制造业则主要致力于完善车辆的操控和转向性能,以改善车辆运行过程中的动态响应。本书主要研究的是路面表面形貌特性如何影响轮胎-路面间的摩擦,研究目的是在混合料设计阶段,就可以实现对路表纹理特征的控制。

已有文献中不乏研究混合料设计各个参数对路面抗滑性能影响的重要性。如集料的抗压碎性能对稀浆封层路面抗滑性能的影响。稀浆封层常用于路面表面功能层的修复,文献分析了微观纹理和集料尺寸、形状参数对抗滑性能的贡献。研究结果表明,微观纹理水平随压碎面百分比和棱角性的增大而增加。有研究表明,集料磨光是指在周期交通荷载作用下集料形状和表面微观纹理的衰减。关于集料的磨光敏感性对再生沥青路面(RAP)抗滑性能的影响,结果表明,在其他因素保持不变的情况下,为了确保路面具有适当的抗滑性能,混合料中RAP的最大含量为30%。季节变化对路面短期和长期抗滑性能的也存在一定影响。研究表明,路面抗滑性能随外界和路面的温度变化而变化;长期的抗滑性能主要取决于累积交通量、车速、路龄、测量期间温度等。

路面原材料的特性主要影响路表的微观纹理和宏观纹理,而路面的施工工艺及路面病害主要影响路表的巨观纹理和路面不平整。如果能够证明某个混合料设计参数对微观纹理或宏观纹理有显著的影响,那么在混合料设计中,就可以通过控制该设计参数,使得路表的微观纹理或宏观纹理在适当的尺度范围内,从而得到理想的抗滑性能。

表8-13中列举了影响沥青路面表面纹理特征的一些因素,这些因素对纹理的影响程度并不相同,因而有必要弄清各因素影响的显著性,以便在混合料设计中明确主要控制因素。

影响沥青路面表面纹理的混合料设计参数 表8-13

混合料参数	描述	纹理范围
集料的最大粒径	宏观纹理主要受混合料中集料的最大尺寸影响	宏观纹理
粗集料类型	粗集料的选择影响耐久性、形状和棱角性	宏观纹理
		微观纹理
细集料类型	细集料的选择影响棱角性和耐久性	宏观纹理
		微观纹理
黏结料含量	气候稳定性和泛油可能性	宏观纹理
混合料级配	级配影响空隙含量、排水性和力学稳定性	宏观纹理
混合料空隙率	影响排水性能	宏观纹理

三、基于分形插值函数路表模拟

由于车载激光断面仪的测量精度不能满足DFT求纹理水平的要求,因此需要借助插值函数找出中间点的值。由于路面形貌特征比较符合分形特征,因此,本书借助分形插值函数来模拟出中间点的值。分形插值函数(Fractal Interpolation Function, FIF)是美国数学家M.F. Barnsley在20世纪60年代提出的一种数学方法,它能对自然界一些具有分形特征的不规则曲线进行很好的拟合，同时对不规则的实验数据也能较好地拟合。IFS(Interated Function System)是依据分形插值函数理论，并根据一定的规则构造出的双曲迭代函数系统。

1.FIF 及其构造

若存在平面上一组点集 $\{(x_i, y_i) \in R^2 : i = 0, 1, \cdots, n \quad x_0 < x_1 < \cdots < x_n\}$，如果分形函数是满足 $f(x):[x_0, x_n] \to R$ 的连续函数，且 $f(x_i) = y_i, (i = 0, 1, \cdots, n)$，则 $f(x)$ 为在数据点 (x_i, y_i) 的分形插值函数。分形插值的实质是构造出一个 IFS，使其吸引子是插值函数的图形。IFS 可记为 $\{R^2 : \omega_i, i = 0, 1, \cdots, n\}$，通常由一组仿射变换 $\{\omega_i\}$ $(i = 0, 1, \cdots, n)$ 组成。平面到平面的仿射变换 ω 可由公式(8-82)的形式给出：

$$\omega \begin{bmatrix} x \\ y \end{bmatrix} = \begin{bmatrix} a_{11} & a_{12} \\ a_{21} & a_{22} \end{bmatrix} \begin{bmatrix} x \\ y \end{bmatrix} + \begin{bmatrix} b_1 \\ b_2 \end{bmatrix} \tag{8-82}$$

其中，a_{11}、a_{12}、a_{21}、a_{22}、b_1、b_2 为实常数。仿射变换本质上就是通过实施旋转、压缩、扭转、平移等线性变换使一个图形产出它的复制品。

2.构造 IFS

设 IFS$\{R^2 : \omega_i, i = 0, 1, \cdots, n\}$ 中每个仿射变换 $\omega_i : R^2 \to R^2$ 的构造为：

$$\begin{pmatrix} x \\ y \end{pmatrix} \to \omega_i \begin{pmatrix} x \\ y \end{pmatrix} = \begin{pmatrix} a_i & 0 \\ c_i & d_i \end{pmatrix} \begin{pmatrix} x \\ y \end{pmatrix} + \begin{pmatrix} e_i \\ f_i \end{pmatrix} \tag{8-83}$$

其中，$i = 0, 1, \cdots, n$。
且满足：

$$\omega_i \begin{pmatrix} x_0 \\ y_0 \end{pmatrix} = \begin{pmatrix} x_{i-1} \\ y_{i-1} \end{pmatrix} \quad \omega_i \begin{pmatrix} x_n \\ y_n \end{pmatrix} = \begin{pmatrix} x_i \\ y_i \end{pmatrix} \tag{8-84}$$

由式(8-83)、式(8-84)可知，对每个仿射变换 ω_i，存在 5 个常数 a_i, c_i, d_i, e_i, f_i，并满足方程式(8-85)：

$$\begin{cases} a_i x_0 + e_i = x_{i-1} \\ a_i x_n + e_i = x_i \\ c_i x_0 + d_i y_0 + f_i = y_{i-1} \\ c_i x_n + d_i y_n + f_i = y_i \end{cases} \tag{8-85}$$

其中，d_i 为满 $0 \leq |d_i| \leq 1$ 的常数，可以通过其他方法先行确定。则其余常数可表达为：

$$\begin{cases} a_i = \dfrac{x_i - x_{i-1}}{x_n - x_0} \\ c_i = \dfrac{y_i - y_{i-1}}{x_n - x_0} - d_i \dfrac{y_n - y_0}{x_n - x_0} \\ e_i = \dfrac{x_n x_{i-1} - x_0 x_i}{x_n - x_i} \\ f_i = \dfrac{x_n y_{i-1} - x_0 y_i}{x_n - x_0} - d_i \dfrac{x_n y_0 - x_0 y_n}{x_n - x_0} \end{cases} \tag{8-86}$$

3. d_i 的确定

目前,关于压缩比列因子 d_i 的取值无成熟的算法。本书充分利用已知点的信息,按其几何意义估计 d_i 的大小。

首先,过起点 (x_0,y_0) 与终点 (x_n,y_n) 作一条直线 H,找到其他点在平行于 y 轴方向与 H 距离最大的点,记为 (x_k,y_k) $(0<k<n)$,最大距离的值记为 u。当 (x_k,y_k) 在 H 上时,u 为正值;反之为负。当在子区间 $[x_{i-1},x_i]$ 插值时,令 $x_s=a_ix_k+e_i$,然后采用样条曲线插值的方法得到此点的 y_s。在两点 (x_{i-1},y_{i-1}) 和 (x_i,y_i) 之间作一条直线 L,求出点 (x_s,y_s) 在平行于 y 方向与直线 L 的距离 v。当点 (x_s,y_s) 在 L 上方时,v 为正值;反之为负值。

4. 路表模拟计算示例

选取两条公路实测的路面纹理数据进行插值计算。一个断面一共选取了两条测量数据,每条数据分别间隔10m取5组数据,每组数据长度27.3cm,数据间隔0.5mm取一个样本。选取A、B两条公路实测的路面纹理数据进行插值计算。一共选取两条测量数据,每条数据分别间隔10m取5组数据,每组数据长度27.3cm,数据间隔0.5mm取一个样本。将原始数据带入matlab编制的分形插值程序中计算,得到插值后的结果如图8-16和图8-17所示。

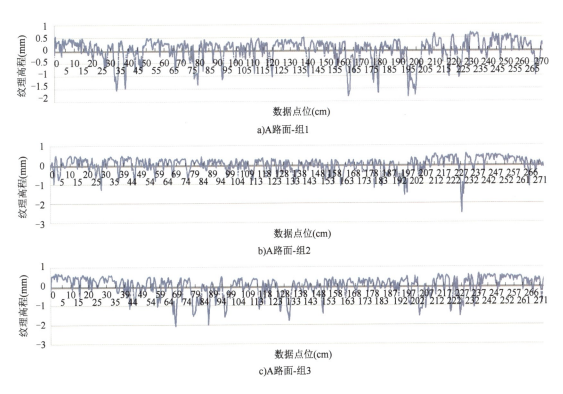

图 8-16

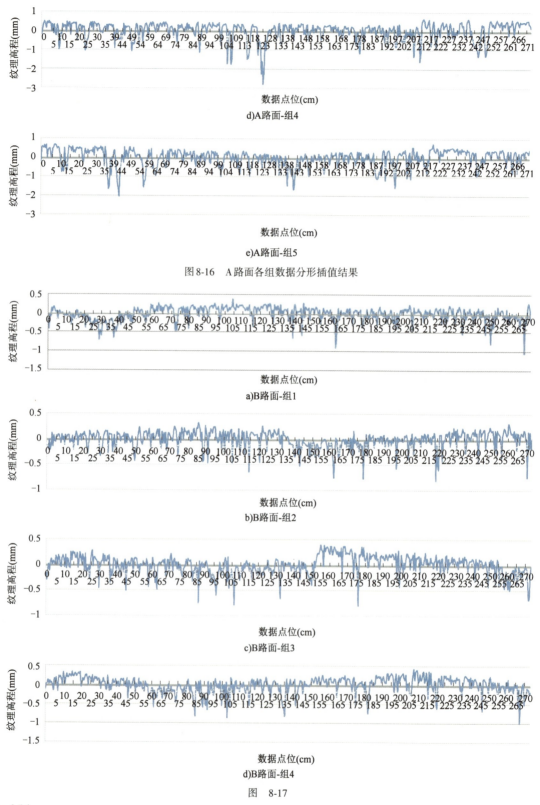

d) A路面-组4

e) A路面-组5

图 8-16 A路面各组数据分形插值结果

a) B路面-组1

b) B路面-组2

c) B路面-组3

d) B路面-组4

图 8-17

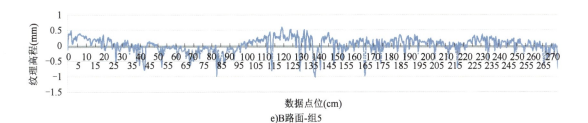

图8-17 B路面各组数据分形插值结果

将插值后得到的结果按每毫米15个点进行取样,采用第四章所述的方法,利用纹理谱分析方法计算各纹理水平参数,结果如表8-14所示。

插值表面纹理水平参数计算值　　　　表8-14

线路	组数	纹理水平								
		$L_{TX,0.5}$	$L_{TX,1}$	$L_{TX,2}$	$L_{TX,4}$	$L_{TX,8}$	$L_{TX,16}$	$L_{TX,32}$	$L_{TX,64}$	$L_{TX,128}$
A线路	组1	21.08	23.20	38.80	43.27	46.18	45.91	46.54	44.21	39.58
	组2	19.38	22.97	37.47	43.07	44.05	45.98	40.89	42.77	35.74
	组3	21.89	22.95	38.88	43.81	47.61	47.51	45.25	42.60	41.71
	组4	20.02	25.47	38.14	44.42	46.51	47.06	43.53	43.63	41.64
	组5	20.10	24.10	38.25	43.57	45.05	46.41	43.29	43.67	42.36
B线路	组1	13.13	17.70	32.25	37.28	36.76	35.74	34.26	31.86	34.64
	组2	14.52	17.34	34.07	37.02	37.15	34.81	32.96	28.33	30.17
	组3	16.99	18.09	33.33	35.93	36.18	35.41	33.00	33.20	31.72
	组4	15.05	18.16	34.15	37.79	37.04	37.61	35.20	34.65	33.58
	组5	16.27	19.00	36.04	40.59	39.60	37.71	38.25	35.54	38.60

对表8-14中的纹理水平取平均值,然后代入神经网络模型,预测此路段不同速度下的DFT摩擦系数,结果如图8-18所示。

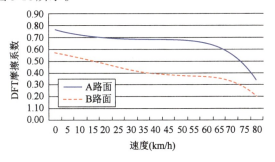

图8-18 路面DFT摩擦系数预测结果

四、车辆操纵稳定性计算分析

1.轮胎模型计算结果

取轮胎的垂直载荷5kN,轮胎印迹长度0.2m,零度转角时的侧偏刚度30kN/rad,并选择速度 50km/h 的摩擦系数作为正常速度的摩擦系数以及 80km 的摩擦系数作为高速的摩擦系数，则正常速度下 A、B 两种路面的摩擦系数分别为 0.8 和 0.6；高速下两种路面的摩擦系数分别为 0.3 和 0.2。代入轮胎模型，得到轮胎的侧偏力和回正力矩结果分别如图 8-19 和图 8-20 所示。

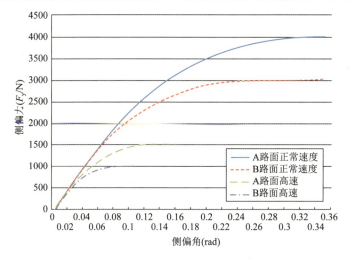

图 8-19 侧向力计算结果

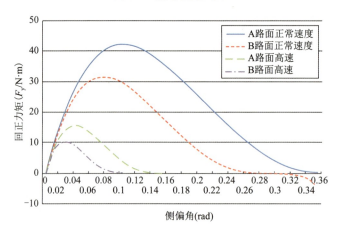

图 8-20 回正力矩计算结果

从图 8-19 可以看出，侧偏力随着侧偏角的增大而逐渐增大到一固定值。但随着路表摩擦系数的降低，侧偏力的最大值越来越小，其中最小摩擦系数情况下的最大侧偏力只有 1kN，对应的侧偏角约为 0.1rad(5.7°)，当车辆侧偏角超过这个角度后，侧偏力将大于轮胎荷载与摩擦力的乘积，即车辆将失控。从图 8-19 中还可以看出，高速行车下侧偏角不能太大，否则车辆将失去控制，这与实际也是相符合的。

从图 8-20 中可以看出，轮胎的回正力矩相当小，在后续的车辆操控稳定性分析中，可将其忽略。

2. 车辆操纵稳定性计算结果

二自由度整车操纵稳定性模型中，车辆参数如表 8-15 所示。

整车模型参数 表8-15

参数类型	总质量 m	绕 OZ 轴的转动惯量 I	轴距 L	质心到前轴距离 a	质心到前轴距离 b
取值	1800kg	2500kg·m²	2.7m	1.2m	1.5m

代入前文所建车辆模型中,对整车模型的操纵稳定性进行仿真。计算得到结果如图8-21所示。

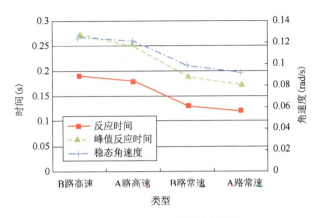

图8-21　车辆操纵稳定性计算结果

从图8-21中可以看出,路面抗滑性能对车辆的横向摆动影响显著。随着摩擦系数的降低,各指标反应越来越慢,说明车辆越来越难以控制。

第九章　多孔排水抗滑型沥青路面表层特性及实践

第一节　概　　述

一、多孔排水沥青路面发展概况

多孔沥青路面(Porous Asphalt Pavement)在欧洲最早被称为磨耗层(Friction Course),是用在军用机场表面的一种防滑结构,后来被使用在公路上,作为功能性路面,英国称其为透水性马克当路(Macadam),法国称其为排水沥青路面(Drain Asphalt),德国称其为静音沥青路面(Whispering Asphalt)。1992年,欧洲统一使用多孔隙沥青路面(Porous Asphalt Pavement)作为此种材料的名称,是指空隙率大于20%,铺设在道路表面用于改善雨天行车安全性能的一种功能性沥青路面。日本将多孔沥青路面称作"超级路面",1999年开始日本道路公团要求所有高速公路都要使用多孔沥青路面,其重要的原因是这种路面可以使雨天发生的交通事故显著降低。

20世纪80年代开始,我国开始引进多孔沥青路面技术,主要采用美国的OGFC(Open-Graded Friction Course)技术,目的是提高高速公路的抗滑性能,同时兼顾排水功能。国内部分高校和科研机构先后在吸取国外成功经验的基础上做了一些尝试性工作,在我国北京、上海、河北、广东等地修筑了一些小规模的试验路,但由于所使用的普通沥青的性能达不到这种路面所需的技术要求,均未获得成功。早期的研究工作主要是对多孔沥青路面的配合比设计、路用性能以及排水功能等方面进行了初步研究,取得了一些研究成果,但总体上还是对国外技术的借鉴和学习。1988年,OGFC路面首次在北京—石家庄高速公路正定段铺筑了试验段;随后,在江浙沪、江西、陕西等地区纷纷开始试验路段的铺筑,并推广OGFC路面的应用。

二、多孔排水沥青路面的应用优势

因为多孔排水沥青路面(以下简称PAC路面)的开级配、空隙率大,集料能吸收的沥青用量有限,且需具有良好的排水性能,所以,水稳定性好、动力黏度大、韧性高是其沥青黏结料需要重点控制的指标，日本TPS高黏改性沥青是目前最常用的，SBS改性沥青和橡胶改性沥青也能满足黏度要求，基质沥青可以选用70号和90号重交沥青等。PAC路面的最佳沥青用量为4%~6%，一般在5%左右，和一般沥青混合料一样，可用沥青流淌试验和马歇尔试件飞散试验确定最佳沥青用量。

PAC路面以粗集料为主，所以对粗集料的质量要求较高，压碎值、磨光值、坚固性和耐磨性是关注的重点指标。由于PAC路面属于骨架空隙结构，粗集料几乎承担所有的荷载作用，所以PAC路面是所有沥青混合料中对粗集料颗粒形状要求最高的，扁平细长颗粒不得超过10%。黏附性好的石料具有较高的抗水侵蚀能力，对于PAC路面，粗集料也是要重点考虑的因素，综合各方面考虑，玄武岩、辉绿岩和花岗岩是最常用的选择。细集料和填料的用量很小，因此限制因素也少，细集料满足强度即可，填料的水稳定性十分重要，当前很多实践应用中使用消石灰或水泥代替石粉。

为保证足够的空隙率，级配是设计PAC路面的重点所在，也是体现其良好抗滑性能的关键所在，开级配是最大的特点，人们在试验和实践中不断优化，目前的排水沥青路面以PAC-13为主，也可根据厚度和强度不同要求采用PAC-16、PAC-10、PAC-5等结构。贝雷法和CAVF法是PAC级配设计过程中的常用方法，根据现行《公路沥青路面施工技术规范》和各地方施工规范，查阅不同工程实际，整合得到PAC常用级配范围，如表9-1所示。

不同PAC混合料典型级配　　　　表9-1

混合料类型	不同尺寸筛孔										
	26.5	19	13.2	9.5	4.75	2.36	1.18	0.6	0.3	0.15	0.075
PAC-5	100	100	100	100	70~90	43~57	25~40	4~15	3~12	3~8	2~4
PAC-10	100	100	100	80~100	20~40	9~15	6~18	4~15	3~12	3~8	2~4
PAC-13	100	100	90~100	60~80	12~30	10~22	6~18	4~17	3~12	3~8	2~6
PAC-16	100	90~100	62~82	45~70	12~30	10~22	6~18	4~15	3~12	3~8	2~6

沥青混合料采用间歇式拌和，由于黏结料为高黏沥青且混合料中粗集料占比大，需要适当提高拌和温度到170~190℃之间，保证沥青与集料的充分胶结，拌和时间控制在60s左右，须严格控制混合料出厂温度在160℃以上。运输过程中应采用大吨位自卸式汽车，做好隔热保温措施和遮挡措施，采用三盘或五盘装料法进行放料。为避免混合料出现离析现象影响路面质量，运输距离不宜太长，尽量保证随拌随用。

开级配导致沥青路面层间的接触面积不如传统密级配沥青路面，因此常常先在层间喷洒两层乳化沥青作为黏层，提高层间黏结力。PAC路面在摊铺前需要对摊铺机进行预热，在熨平板达到100℃以上时方可进行摊铺作业，采用前后间隔10m左右的两台摊铺机进行全宽度摊铺，尽量保证摊铺速度与供料速度相匹配，一般控制在2~3m/min，避免停车、后溜和掉头现象，实现不间断连续摊铺。

碾压分为初压、复压和终压三个过程,具体参数见表9-2。整个过程应遵循"高频、低幅、紧跟、慢压"的原则,碾压过程应避免压实过度,导致空隙率尤其是连通孔隙减少,降低排水效率。为防止混合料黏附在压路机轮上,可在终压时适当洒水保持湿润。

PAC碾压工序　　　　　　　　　　　　　　　　表9-2

碾压过程	碾压设备	控制温度(℃)	碾压速度(km/h)	碾压遍数
初压	双钢轮压路机	150～160	1.5～2.5	2
复压	双钢轮压路机	130～140	2.5～3.5	3
终压	双钢轮压路机	55～60	2～3	1

PAC-13路面的厚度一般在4cm左右,由于厚度较厚且需使用高黏改性沥青,故造价比多数沥青路面要高。其有着很好的抗滑性能和排水性能,渗水系数平均值高达1200mL/s,远高于其他沥青路面,可将降水迅速排出,最大程度降低水膜对抗滑的影响。同时,PAC路面具有良好的降噪性能,研究表明相比于沥青混凝土路面,不同速度下的降噪值在20%～50%之间,但耐疲劳性差,抗剪性能差,大孔隙易被粉尘等颗粒填充堵塞,耐久性较差,清洗养护比较困难。多孔沥青路面相对于传统沥青路面具有的优点主要有以下两个方面:

(1)显著提升雨天驾驶的安全性

多孔沥青路面可以通过路面结构内的连通空隙有效排除路面积水,缓解城市道路排水系统的压力,既能提高道路使用寿命,又增大雨天路面与汽车轮胎的附着力。同时,路面结构的大空隙增加了路表面的构造深度,丰富的表面纹理有利于提高轮胎与路面的摩擦力,改善了路面抗滑性能。由于雨水可以及时排出路面,多孔沥青路面表面不会形成连续水膜,既可以防止水漂的发生,也改善了路面标志的可见度,减少照在路面上的灯光产生的眩光,提升了雨天环境下的驾驶安全。

(2)良好的环境保护效应

多孔沥青路面中的空隙结构和粗糙的表面纹理共同作用,可以使车辆行驶过程中轮胎和路面接触时产生的空气压缩噪声多次反射,消散噪声能量从而达到降低交通噪声的作用,这可以有效改善高道路沿线居民的生活质量。另外,多孔沥青路面中的大空隙结构可以使路面内热量和大气热量更好地交换,及时传递路面内部的热量,加上排水过程也可以带走路面内部的热量,降低了城市的热岛效应,被称为"会呼吸的"地面铺装。同时,由于路面本身具有良好的排水性能,从而降低对排水系统的建设要求,减少建材消耗,节约建设成本。

三、多孔沥青混合料级配设计方法

多孔沥青路面较早出现在欧洲,通常称为PFC(Porous Friction Course),也称为PEM(Porous European Mixes)。其传到美国、日本后才被称为OGFC(Open-Graded Friction Course)。各国对矿料级配进行了大量的研究,混合料多为骨架空隙结构,粗集料占到了80%左右,细集料很少,通常为间断级配,各国对OGFC的建议级配范围也不尽相同,日本沥青路面铺装纲要及美国联邦公路管理局(FHWA)推荐的OGFC排水式沥青混合料的级配如表9-3所示,日本的设计空隙率为15%~25%,沥青用量4%~6%,美国的设计空隙率约12%~15%,铺筑厚度约为20~25mm。美国佐治亚州是美国排水性路面应用较普遍的一个州,它的级配范围如下表,沥青用量对9.5mm及12.5mm的OGFC要求分别为6.0%~7.25%以及5.75%~7.25%。

日本及美国推荐的OGFC排水式沥青混合料的级配 表9-3

筛孔(mm)	26.5	19	13.2(12.5)	9.5	4.75	2.36	1.18	0.6	0.3	0.15	0.075
日本沥青路面铺装纲要	—	100	90~100	—	11~35	8~25	—	5~17	4~14	3~10	2~7
日本排水性路面设计指针	100	90~100	64~84		10~31	10~20					3~7
	—	100	90~100		11~35	10~20					3~7
FHWA开级配磨耗层混合料设计方法	—	—	100	95~100	30~50	5~15					2~5
	—	100	90~100	60~80	12~30	10~22				—	2~6
佐治亚州9.5mmOGFC		—	100	85~100	20~40	5~10					2~4
佐治亚州12.5mmOGFC		100	85~100	55~70	15~25	5~10					2~4
佐治亚州12.5mmPEM		100	80~100	35~60	10~25	5~10					1~4

沥青用量的确定主要可以分为三类方法:①调整沥青用量,成型试件并测试其渗透系数、结构性能及长期性能,确定最佳沥青用量;②通过析漏试验确定沥青混合料不致产生流淌的沥青用量作为上限,通过肯特堡试验检验沥青混合料在通车后粒料不致松散、脱落、飞散时的沥青用量为下限,选取最佳沥青用量;③根据集料对沥青的吸收能力试算确定,测定集料的毛体积密度和表观密度,计算混合料所需的有效沥青用量及总沥青用量。排水混合料属于开级配骨架型混合料,针对排水骨架型级配的常见设计方法大致有以下几种:

(1)贝雷法

"贝雷法"是由美国交通部Robert Bailey发明的确定沥青混合料级配的方法,该方法的核心思想在于混合料矿料由粗集料形成骨架,细集料对其进行填充。"贝雷法"根据最大公称粒径(NMPS)的0.22倍所对应的相近尺寸的筛孔粒径作为粗细集料的分界点:①采用CA比指标约束粗集料级配比例(CA比>1,不能形成良好骨架结构,CA比<0.4,混合料容易离析,难以压实);②采用FA_c比反映细集料中粗料与细料的嵌挤情况(FA_c比>0.5,表示天然砂过量,FA_c比<0.35,表明级配不均匀);③采用FA_f比反映最细一级嵌挤情况。

(2)主集料空隙填充法(CAVF法)

主集料空隙填充法(Coarse Aggregate Void Filling Method)是由张肖宁教授提出,该方法基于两点假设:

①细集料颗粒对粗集料主骨架嵌挤没有干涉作用;

②由细集料与沥青组成的胶浆液对混合料骨架也没有干涉作用。

细集料、矿粉、沥青的体积以及最终设计空隙率之和为主骨架空隙率。该方法的主要计算公式见式(9-1)及式(9-2)。

$$100 = q_c + q_f + q_p \tag{9-1}$$

$$\frac{q_c}{100\rho_{sc}}(V_{VC} - V_{VS}) = \frac{q_f}{\rho_{tf}} + \frac{q_p}{\rho_{tp}} + \frac{q_a}{\rho_a} \tag{9-2}$$

式中：q_c、q_f、q_p、q_a——粗集料、细集料、矿粉以及沥青含量(%)；

V_{VC}——粗集料装填空隙率(%)；

V_{VS}——沥青混合料设计空隙率(%)；

ρ_{sc}——粗集料紧装密度(g/cm³)；

ρ_{tf}、ρ_{tp}——细集料、矿粉表观密度(g/cm³)；

ρ_a——沥青密度(g/cm³)。

(3)多级嵌挤法

多级嵌挤法是在"贝雷法"的基础上进行改进，基于逐级填充理论和粒子干涉理论：①相同粒径颗粒排列，仅由颗粒排列填充方式决定空隙率，与粒径大小无关；②间断填充比逐级填充得到的空隙率更小，具有更密实的骨架结构；③填充方式与集料填充比例决定骨架间隙率；④次一级粒径尺寸的颗粒填充前一级的颗粒空隙，以此类推，直至达到最大密实，但填充颗粒粒径不得大于间隙距离，否则会发生干涉。

设计过程中，首先确定粗细集料的划分，接着将低一级粒径尺寸的集料填充到上一级中，进行干捣实验，选取最小间隙率为最佳组成比例，重复以上过程得到粗集料比例，最后通过预期空隙率求解细集料、矿粉、沥青用量。

(4)基于多点支撑骨架状态的混合料体积设计法(V-S法)

基于多点支撑骨架状态的混合料体积设计法是由赵永利教授提出的沥青混合料设计方法及理论，该理论表明，在骨架结构中，颗粒间接触点才是真正的受力主体，可通过在粗一级颗粒周围弥补细一级颗粒的方式，提供更多的骨架支撑点，从而获得最大承载能力，其理论公式见式(9-3)~式(9-5)。

$$G + g = 100\% \tag{9-3}$$

$$\frac{g}{\rho_g} = \frac{G}{\rho_s}\left(\frac{VCA - VMA}{100}\right) \tag{9-4}$$

$$\frac{p_a}{\rho_a} = \frac{G}{\rho_s}\left(\frac{VMA - VV}{100}\right) \tag{9-5}$$

式中：G、g——矿质混合料中粗集料(粒径≥4.75mm)以及细集料的比例(%)；

ρ_g——细集料与填料混合后的密度(g/cm³)；

ρ_s——粗集料紧密堆积密度(g/cm³)；

VCA——粗集料紧密堆积状态下的密度(%);

VMA——矿料间隙率(%);

ρ_a——沥青密度(g/cm³);

p_a——油石比(%);

VV——沥青混合料空隙率(%)。

对于排水混合料级配的设计,主流方法还是从结构强度出发,通过试验或者模拟的方法,使粗集料能够形成稳定的骨架结构,细集料进行填充且不能造成骨架干涉,从这两个角度对不同尺寸筛孔的通过率进行限制。现阶段,并没有绝对最优的骨架设计理论,而是在一定的范围内寻求较优的解。国内外对骨架结构的研究主要集中在最大粒径为13mm、16mm的混合料,对10mm及以下小粒径的骨架结构研究较少。

(5)我国规范

我国《公路沥青路面施工技术规范》(JTG F40—2004)中关于OGFC混合料配合比设计方法的规定为:OGFC混合料的配合比设计采用马歇尔试件的体积设计方法进行,并以空隙率作为配合比设计主要指标。OGFC混合料配合比设计后必须对设计沥青用量进行析漏试验及肯特堡试验,并对混合料进行高温稳定性、水稳定性等进行检验。

OGFC宜采用高黏度改性沥青,其质量宜符合表9-4的技术要求。当实践证明采用普通改性沥青或纤维稳定剂后能符合当地条件时也允许使用。

高黏度改性沥青的技术要求 表9-4

试验项目	单位	技术要求
针入度(25℃,100g,5s)	0.1mm	不小于40
软化点(TR&B)	℃	不小于80
延度(15℃)	cm	不小于50
闪点	℃	不小于260
薄膜加热试验(TFOT)后的质量变化	%	不小于0.6
黏韧性(25℃)	N·m	不小于20
韧性(25℃)	N·m	不小于15
60℃黏度	Pa·s	不小于20000

具体方法为:按试验规程规定的方法精确测定各种原材料的相对密度,其中4.75mm以上的粗集料为毛体积相对密度,4.75mm以下的细集料及矿粉为表观相对密度。以规范级配范围作为工程设计级配范围,在充分参考同类工程的成功经验的基础上,在级配范围内适配3组不同2.36mm通过率的矿料级配作为初选级配。对每一组初选的矿料级配,按式(9-6)计算集料的表面积。根据希望的沥青膜厚度,按式(9-7)计算每一组混合料的初试沥青用量P_b。通常情况下,OGFC的沥青膜厚度h宜为14μm。

$$A = (2 + 0.02a + 0.04b + 0.08c + 0.14d + 0.3e + 0.6f + 1.6g) /48.74 \qquad (9\text{-}6)$$

式中：A——集料总的表面积(m^2)；

a、b、c、d、e、f、g——代表4.75mm、2.36mm、1.18mm、0.6mm、0.3mm、0.15mm、0.075mm筛孔的通过百分率(%)。

$$P_b = h \times A \tag{9-7}$$

制作马歇尔试件，马歇尔试件的击实次数为双面50次。用体积法测定试件的空隙率，绘制2.36mm通过率与空隙率的关系曲线。根据期望的空隙率确定混合料的矿料级配，并再次按上述的方法计算初始沥青用量。

为确定的矿料级配和初始沥青用量拌和沥青混合料，分别进行马歇尔试验、析漏试验、肯特堡飞散试验、车辙试验，各项指标应符合相关规范的技术要求，其空隙率与期望空隙率的差值不宜超过±1%。如不符合要求，应重新调整沥青用量拌和沥青混合料进行试验，直至符合要求为止。

第二节　多孔沥青混合料空隙特征分析

空隙率较大是多孔沥青路面的固有特征，其空隙在空间和数量，尤其是结构上均表现出与普通沥青混凝土路面不同的特点，这也是多孔沥青路面与普通沥青混凝土路面相比具有排水等性能优势的根本机理。因此，必须对多孔沥青路面的空隙结构进行深入研究，进而深入分析其结构性能评价指标，才能够为后续的空隙结构与排水性能衰变模型提供坚实基础。空隙结构是对混合料内空隙组成结构的综合反映，是一个非常复杂的空间网状结构体系，包括了空隙率、有效空隙率、空隙分布曲线和空隙形貌等。然而，目前关于空隙结构的研究多停留在宏观尺度上，仅通过空隙率一个笼统的参数来反映混合料内部的复杂空隙结构，这对于分析多孔沥青路面的性能评价是有局限性的。因此，需要根据试验数据，建立新的多孔沥青混合料空隙结构体系。

一、多孔沥青混合料空隙率与有效空隙率

1. 理论最大相对密度

沥青混合料的理论最大密度ρ_t是指假设压实沥青混合料试件全部为矿料(包括矿料自身内部的空隙)及沥青所占有、空隙率为零的理想状态下的最大理论密度，以g/cm^3计。沥青混合料的理论最大相对密度γ_t是指同一温度条件下沥青混合料理论最大密度与水密度的比值，无量纲。

沥青混合料的理论最大相对密度表征沥青混合料的最密实状态，是计算沥青混合料空隙率等体积参数的必备参数。获取沥青混合料最大相对密度的常用方法有真空法、溶剂法与计

算法。

(1) 真空法

真空法是目前最常使用的一种方法,试验规范包括美国 AASHTO T209 以及我国《公路工程沥青及沥青混合料试验规程》(JTG E20—2011),真空法由于考虑了集料对沥青的吸收效果,和实际情况比较一致。测量时,需通过振动充分分散混合料,避免沥青混合料颗粒之间存在空气。试验后通过式(9-8)计算沥青混合料的理论最大相对密度γ_t,同一试样至少平行试验两次。

$$\gamma_t = \frac{m_a}{m_a + m_b - m_c} \tag{9-8}$$

式中:m_a——干燥沥青混合料试样的空中质量(g);

m_b——装满25℃水的负压容易质量(g);

m_c——25℃时试样、水与负压容器的总质量(g)。

(2) 溶剂法

溶剂法是利用三氯乙烯将混合料中的沥青全部被溶解以获得沥青混合料的理论最大相对密度,由于三氯乙烯可以渗入到集料的开口空隙内,所得该方法获得的理论最大相对密度γ_t偏大;与此同时,此方法消耗的三氯乙烯较多,成本过高,并且对环境以及人体有害,所以在我国实际工程中并不常用。

(3) 计算法

计算法也是我国常用的方法,其通过各种矿料的密度以及沥青的密度计算沥青混合料的理论最大相对密度γ_t;计算公式见式(9-9)。

$$\gamma_t = \frac{100 + p_a}{\frac{100}{\gamma_{se}} + \frac{p_a}{\gamma_b}} \tag{9-9}$$

式中:γ_t——理论最大相对密度,无量纲;

p_a——油石比(%);

γ_{se}——矿料的有效相对密度,无量纲;

γ_b——25℃沥青的相对密度,无量纲。

求解的关键是关于矿料的有效相对密度γ_{se}的取值。按照《公路沥青路面施工技术规范》(JTG F40—2004),γ_{se}可以根据矿料的合成毛体积相对密度γ_{sb}和合成表观相对密度γ_{sa}计算获得,见式(9-10)。

$$\gamma_{se} = C \times \gamma_{sa} + (1 - C) \times \gamma_{sb} \tag{9-10}$$

式中:C——沥青吸收系数,无量纲。可以根据合成矿料吸水率计算获取。

但在实际计算中,人们经常省略对有效相对密度γ_{se}的计算,直接采用已得到的矿料密度来进行替换,常用的替换方法有:矿料合成毛体积相对密度γ_{sb};矿料合成表观相对密度γ_{sa};γ_{sb}

与γ_{sa}的平均值等。选用不同的矿料密度计算得到的理论最大相对密度γ_t的结果必然不同。

对于多孔沥青混合料,由于采用高黏改性沥青,按照《公路沥青路面施工技术规范》(JTG F40—2004)要求需要通过计算法获取混合料的理论最大相对密度γ_t。然而,计算法较为繁琐,因此,本书希望通过比较计算法与室内试验方法获取的理论最大相对密度γ_t,寻找比较适合多孔沥青混合料最大理论相对密度γ_t的试验方法。

2.空隙率与有效空隙率

多孔沥青混合料的空隙类型有三种,分别是封闭空隙、半连通空隙和连通空隙,如图9-1所示。其中,封闭空隙不与外界接触,所以不能起到排水作用。同时,由于多孔沥青路面降噪的机理是轮胎与路面摩擦产生的声波进入空隙结构中发生震动,产生热能而消散声波具有的能量,实现降噪的效果,所以封闭空隙也不具有降噪功能,因此,其属于无效空隙。而连通空隙可以及时排出进入路面结构的雨水,半连通空隙可以吸收储存部分进入路面的雨水,减少路面积水,提高轮胎与路面的接触增加雨天行车的安全,减少行车水雾和水漂现象,且两种空隙均可以吸收声波而降低路面噪声,从这个角度上来说,有效空隙应该是指连通空隙和半连通空隙,是多孔沥青路面优良特性的关键所在。

图9-1 多孔沥青混合料的空隙结构

沥青混合料是多相分散系材料,主要是由集料、沥青以及空隙三部分组成。空隙率VV是指压实沥青混合料内矿料及沥青以外的空隙,不包括矿料自身内部的空隙的体积占试件总体积的百分率。空隙率是评价沥青混合料密实程度的指标,也是用来评价多孔沥青混合料空隙结构与排水性能的重要指标。根据空隙率的定义,沥青混合料的空隙率由毛体积相对密度与理论最大相对密度计算获得,具体公式见式(9-11)。

$$VV = \left(1 - \frac{\gamma_f}{\gamma_t}\right) \times 100\% \tag{9-11}$$

式中:VV——试件的空隙率(%);

γ_t——沥青混合料理论最大相对密度,无量纲;

γ_f——沥青混合料试件毛体积相对密度,无量纲。

沥青混合料的毛体积密度ρ_f是指假设压实沥青混合料试件单位体积(含混合料的实体矿物成分及不吸收水分的闭口空隙、能吸收水分的开口空隙等颗粒表面轮廓所包围的全部毛体积)的干质量,以g/cm³计。沥青混合料的毛体积相对密度γ_f是压实沥青混合料毛体积密度与同温度水密度的比值,无量纲。

(1)毛体积相对密度

目前,常用的沥青混合料试件毛体积相对密度的试验方法主要有表干法(T 0705)、水中重法(T 0706)、蜡封法(T 0707)、体积法(T 0708)、封口膜密封法(ASTM D1188)以及真空密封法(ASTM D6752)等。沥青混合料试件的吸水率是指达到饱和面干状态时所吸收水的体积与试件毛体积之比,表干法与水中重法要求测试的沥青混合料的吸水率分别小于2%与0.5%,由于多孔沥青混合料试件具有较多的开口以及连通空隙,其吸水率无法满足表干法与水中重法的要求,因此,不适用于多孔沥青混合料空隙率的测量。蜡封法是用石蜡将试件表面开口空隙封住,但又不能让蜡吸入空隙中,试验过程较为复杂,同时容易受到人为因素的影响,试验结果误差较大,同时试验后试件表面的石蜡比较难以清除,不利于后续试验的进行,因此,在实际工程中运用较少,并且在最新的ASTM规范中,已经取消了蜡封法,改为封口膜密封法。封口膜密封法(Coated)的原理与蜡封法相似,用弹性良好的封口薄膜将沥青混合料试件密封好,但在试验过程中,封口过程较为复杂,同时需要手工排除封口膜与试件之间的气泡,对试验结果有一定影响,该方法在国内尚没有得到推广。

目前,国内规范推荐采用体积法(T 0708)来测量多孔沥青混合料的毛体积相对密度,体积法通过卡尺测量混合料试件的截面直径以及高度,计算混合料的体积,用于测算沥青混合料的毛体积相对密度,是目前国内测定多孔沥青混合料最常用的方法,但该方法只能测定较为规则的试件,同时由于测定位置选取的不同对测量结果有一定影响。

真空密封法(CoreLok)是AASHTO蜡封法的替代试验方法,测定过程中首先称量干燥试件的初始质量;然后试件沥青混合料试件放入聚合物密封袋中,通过真空密度试验仪抽取密封袋中的空气,使试件处于完全密封状态,分别称量密封试件的空气中质量以及水中质量;最后将试件从密封袋中取出,并称量试件的空气中质量。试件的毛体积相对密度通过式(9-12)计算。

$$\gamma_f = \frac{A}{(B-C)-\left(\dfrac{B-D}{E}\right)} \tag{9-12}$$

式中:γ_f——试件毛体积相对密度,无量纲;

A——干燥试件的质量(g);

B——密封试件的质量(g);

C——密封试件的水中质量(g);

D——取走密封袋后,试件的空气中质量(g);

E——密封袋相对密度,无量纲。

(2)理论最大相对密度

混合料的理论最大相对密度常用的获取方法有计算法、真空法和溶剂法。三种方法得出的理论最大密度基本上一致。其中,按照矿料有效相对密度的计算法求最大理论相对密度是目前规范推荐的方法。多孔沥青混合料的有效空隙率通常采用水中重法测定,水中重法根据试件的空中质量和水中质量来确定试件有效空隙率,公式见式(9-13)。

$$VE = \left(1 - \frac{m_a - m_w}{\rho_w VV}\right) \times 100\% \tag{9-13}$$

式中:VE——有效空隙率(%);

m_a——试件空气中质量(g);

m_w——试件水中质量(g);

ρ_w——水的密度,取0.9971g/cm³;

VV——试件的空隙率(%)。

二、多孔沥青混合料孔径分布特征

沥青混合料由集料以及沥青胶浆混合后碾压成型,集料之间的嵌挤作用形成了多孔沥青混合料的空隙结构,因此,多孔沥青混合料内部空隙结构是极其复杂的,空隙率以及有效空隙率只是表征多孔沥青混合料空隙结构的宏观参数,其形状与分布对沥青混合料的结构性能以及特殊性能具有重要的影响。

由于混合料中的空隙是不规则的,为了便于定量研究,引入等效孔径的概念,剖面等效孔径是指与剖面空隙面积相等的圆形的直径。获得所有剖面空隙等效孔径后,可以通过剖面平均孔径以及剖面孔径分布表征剖面空隙的分布规律。

目前常用的多孔材料孔径分布研究方法有气泡法、压汞法、气体吸附法和小角度X射线散射法,这些方法主要是针对具有较多纳米或微米级微观空隙结构材料的研究,包括土壤、过滤材料等。多孔沥青混合料内部存在较多的宏观空隙结构,研究表明:这些宏观空隙结构在多孔沥青路面排水降噪性能方面发挥了重要作用。对于宏观空隙的研究可以通过剖面CT成像或扫描成像结合图像处理技术的方法进行研究,CT技术的优势是可以进行无损检测,但设备昂贵,试验费用较高;而剖面扫描成像法简单易行,费用较低,并且图像处理的结果可以与实际剖面情况进行比对,改善图像处理技术,提高空隙提取的精度。因此,本书通过剖面扫描成像的方法研究分析多孔沥青混合料内部孔径情况,具体方法为:

(1)对多孔沥青混合料试件进行剖分,通过分辨率为300ppi的扫描仪对剖面进行扫描,获得的图像如图9-2所示。与实际剖面对比后发现,混合料剖面扫描图像中空隙结构对应的位置颜色最深,沥青砂浆次之,集料颜色最浅。

图9-2　剖面扫描图像

(2)通过绘图软件对扫描图像进行处理,通过提高图像黑色对比度,增加空隙、集料以及沥青砂浆之间的图像差异,处理后的图像如图9-3所示。

图9-3　绘图软件处理后图像

(3)利用Maltlab软件进行编程将空隙结构提取出来,并计算空隙结构参数,具体方法为:

①将绘图软件处理后的图像导入Maltlab软件并转化为灰度图像,在灰度图像中,用黑色作为基准色,每个像素具有不同的饱和度,从0%(白色)到100%(黑色),在Maltlab软件中,灰度值被量化为0～255共256个灰度级,数值越小表示颜色越深。生成的剖面灰度图中存在较多的噪点,噪点主要来自扫描剖面图像时,集料或沥青砂浆中存在的颜色较深的点,因此需要对图像进行降噪处理。采用中值法(midfilet2函数)消除噪点,中值法首先选取一个$N×N$像素的区域,计算区域中所有像素灰度的中值,并用灰度中值代替区域中心像素的灰度值,当选取的区域较大时,会使图像边缘圆滑,损害图像的边界信息,这不利于空隙细观形态的研究。研究表明,选取5×5像素区域时,具有较好的噪点去除效果,并且对边缘信息的损害较小。

②对图像进行分割,并将剖面空隙图像从原始图像中提取出来。采用阈值法对图像进行分割提取。由于空隙在剖面扫面图像中颜色最深,通过与实际剖面进行比对,研究表明灰度阈值设置为35时可以取得较好的分割提取效果,将灰度值小于或等于35的像素赋值为0,大于35的像素赋值为1,从而将图像转化为二值化图,其中数值为0的区域为剖面空隙。提取后的剖面空隙图像如图9-4所示。

图9-4　Maltab提取的剖面空隙

③通过程序将图像中连通的区域标记出来,每一个连通区域就是一个独立的剖面空隙,之后在二值化图中对图像边界位置进行搜寻运算,获得每一个剖面空隙轮廓,如图9-5所示。

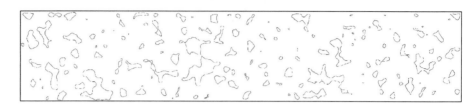

图9-5 Maltab提取的剖面空隙轮廓

④通过程序对一个独立的剖面空隙进行运算,获取其所包含的像素个数。在图像处理过程中,分辨率没有发生变化,分辨率的单位为ppi(像素/英寸),其表示长度为1英寸的线上所包含的像素数,则单个像素的面积见式(9-14)。

$$A_p = \left(\frac{25.4}{r}\right)^2 \tag{9-14}$$

式中:A_p——单个像素面积(mm²);
r——分辨率(ppi)。

单个剖面空隙的面积见式(9-15)。

$$A = nA_p = n\left(\frac{25.4}{r}\right)^2 \tag{9-15}$$

式中:A——单个剖面空隙面积(mm²);
n——单个剖面空隙像素数。

则单个剖面空隙的等效孔径可由式(9-16)计算:

$$D = \frac{50.8}{r}\sqrt{\frac{n}{\pi}} \tag{9-16}$$

式中:D——单个剖面空隙的等效孔径(mm)。

⑤通过程序统计剖面的空隙个数,根据式(9-14)与式(9-15)计算每个剖面空隙的面积以及等效孔径,空隙分布由不同等效孔径空隙数量级配或面积级配表示。

⑥通过式(9-16)以及式(9-17)分别计算不同剖面的剖面空隙率与剖面平均等效孔径。

$$n = \frac{\sum A}{A_S} \times 100\% \tag{9-17}$$

式中:n——剖面空隙率(%);
A_S——剖面面积(mm²),通过剖面总像素计算获得。

$$D_{avg} = 2\sqrt{\frac{\sum A}{N\pi}} \tag{9-18}$$

式中：D_{avg}——剖面平均等效孔径(mm)；

N——剖面空隙数量。

三、多孔沥青混合料空隙分形理论

分形(Fractal)最早由Benoit B.Mandelbrot于1975年提出，用以表征一类体形复杂，组成部分以某种方式与整体相似的图形。分形主要具有以下特征：

(1)结构的精细性，在任意尺度之下，具有复杂的细节；

(2)形态的不规则性，分形的整体与局部不能用传统的几何语言予以描述；

(3)维数的非整数性，分形维数通常大于其拓扑维数；

(4)生成的迭代性，经常以简单的方法来形成，如迭代的方法产生；

(5)局部与整体的自相似性，这种自相似性可以是完全相同，也可以是统计意义上的相似，分别称为有规分形与无规分形，有规分形是指具有严格的自相似性，通过迭代生成无限精细的结构，可以通过简单的数学模型来描述其相似性的分形，比如Koch雪花、Sierpinski三角形等，如图9-6所示。这类有规分形只是少数，绝大部分分形是统计意义上的无规分形，比如曲折的海岸线等。

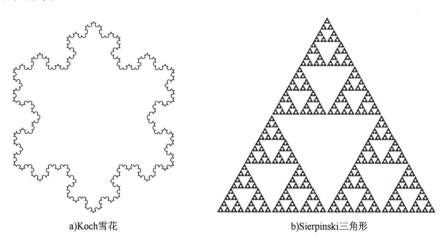

a)Koch雪花　　　　　　　b)Sierpinski三角形

图9-6　有规分形图形

维数又称分形维数或分维数，通常用分数或小数表示，作为分形的定量表征和基本参数，是分形理论的重要组成部分。在欧式空间内的几何对象被连续地拉伸、压缩、扭曲中，维数是不变的，称为拓扑维数，通常将点定义为零维，线定义为一维，面定义为二维，空间定义为三维。根据相似关系可以定义一个几何对象的维数，如果一个几何体由N个局部组成，每个局部以相似比β与整体相似，则该几何体的维数D_s可以由式(9-19)表示。

$$D_s = \frac{\lg N}{\lg(1/\beta)} \qquad (9\text{-}19)$$

式中：N——局部组成数量；

β——相似比。

对于有规分形图形，可以通过以上定义直接计算图形的维数，比如Koch雪花，它的构造方法为：取边长为L_0的等边三角形，先将它每一条边三等分，保留两侧的两段，将中间的一段改成夹角为60°的两个等长的直线，每段长度均为$L_0/3$，这是$n=1$的第一次操作。类似地，第二次操作是将上次所得的边长为$L_0/3$的线段都进行三等分，现在每段长度为$L_0/9$，并将它们中间的一段改成夹角为60°的两个长度为$L_0/9$的直线。如果将上述操作一直进行下去，最终得到一条具有自相似结构的图形，称为Koch雪花。Koch雪花由4个与整体相似的局部组成，因此$N=4$，相似比$\beta=1/3$，因此分形维数D_s见式(9-20)。

$$D_s = \frac{\lg 4}{\lg 3} = 1.2618 \tag{9-20}$$

Sierpinski三角形的构造方法为：取一个实心的等边三角形，沿三条边的中点连线，将其分割为四个等面积的小三角形，去掉中间的那个小三角形，对剩余的三个小三角形重复以上操作。Sierpinski三角形由3个与整体相似的局部组成，因此$N=3$，相似比$\beta=1/2$，因此分形维数D_s见式(9-21)。

$$D_s = \frac{\lg 3}{\lg 2} = 1.5849 \tag{9-21}$$

因此，对于有规分形图形，由于具有严格的自相似性，可以获知其自相似比，从而通过式(9-20)计算其分形维数。但自然界中存在的大部分图形，包括多孔沥青混合料剖面空隙只是在统计意义下自相似的无规分形，无法直接获取自相似比，需要通过其他近似方法获得图形的分形维数。通常采用容量维数D_c近似计算无规分形图形的分行维数，常用的方法为盒子计数法(box counting)以及变标尺法。

盒子计数法是采用边长为r的方格去覆盖整个被测图形，记录覆盖到被测图形的方格个数N，其与方格边长以及维数的关系为：

$$N(r) \propto (1/r)^{D_c} \tag{9-22}$$

当所用格子的边长r趋于0时：

$$D_c = \lim_{r \to 0} \left[\frac{\lg N(r)}{\lg(1/r)} \right] \tag{9-23}$$

但在实际的计算中，无法实现r趋于0的条件，常用的方法为不断缩小方格的边长，记录对应的覆盖被测图形的方格个数$N(r)$，如果测量图形为分形体，则$\lg[N(r)]$与$\lg(r)$线性相关，对$\lg[N(r)]$与$\lg(r)$作线性拟合，获得的直线斜率的绝对值即为图形的分形维数。

变标尺法与盒子计数法原理类似，只是不再采用方格去覆盖被测图形，而采用标尺去测量图形，通过改变标尺的长度r，得到不同标尺测量整个图形所需的次数$N(r)$，采用与盒子法相同的数据处理方法计算图形的分形维数。

四、多孔沥青混合料堵塞机理

研究表明,多孔材料空隙的堵塞过程可以分为:孔喉被颗粒堵塞;空隙结构表面的颗粒吸附与沉降;空隙结构中颗粒的大量堆积。最终在多孔材料内部形成滤饼,从而导致空隙结构彻底被堵塞。研究粉尘颗粒在多孔沥青路面内部的堵塞机理可以更好地了解确定粉尘颗粒在多孔沥青路面内部的堵塞形态与堵塞位置,为路面养护时机的选择提供依据。

1.Wojtanowicz 堵塞机理模型

Wojtanowicz 等在1987年提出了单相含颗粒流体流动与堵塞机理模型,用于研究颗粒堵塞造成的地层渗透性损害。Wojtanowicz 模型基于以下几点假定:①含颗粒流体的流速是恒定的;②渗透性的衰减发生在孔喉处而不是在空隙结构表面;③单相流体;④较低的颗粒浓度;⑤忽略颗粒俘获造成的空隙率下降;⑥忽略重力的影响;⑦多孔材料各项同性;⑧产生的滤饼不可压缩。最终,获得的渗透性衰减机理方程如式(9-24)~式(9-26)。

空隙表面沉积:

$$(K/K_0)^{1/2} = 1 - C_1 t \tag{9-24}$$

孔喉堵塞:

$$K/K_0 = 1 - C_2 t \tag{9-25}$$

空隙结构内堆积:

$$K_0/K = 1 + C_3 t \tag{9-26}$$

式中:K_0——初始渗透率(D);

K——t 时刻的渗透率(D);

t——含颗粒流体流入多孔材料的时间(s);

C_1、C_2、C_3——不同堵塞机理系数。

从以上各式可以看出,不同的渗透系数衰变规律,可以表征不同的堵塞机理。需要注意的是,渗透率 K 的单位为达西(D),是表征土或岩石本身传导液体能力的参数。其大小与空隙率、液体渗透方向上空隙的几何形状、颗粒大小以及排列方向等因素有关,而与在介质中运动的流体性质无关。通常采用的渗透系数 k 的单位为 m/s,是通过达西定律计算出来的流体通过材料的能力,渗透率与渗透系数之间的关系见式(9-27)。

$$k = K\rho g/\mu \tag{9-27}$$

式中:k——渗透系数(m/s);

K——渗透率(D);

ρ——流体密度(kg/m³);

g——重力加速度(m/s²);

μ——流体动力黏度系数(Pa·s)。

对于固定的流体,流体密度以及流动黏度系数是相同的,见式(9-28)。

$$\frac{k}{k_0} = \frac{K}{K_0} \tag{9-28}$$

式中:k_0——初始渗透系数(cm/s);

k——t时刻的渗透系数(cm/s)。

根据式(9-28),可以将Wojtanowicz模型的渗透性衰减机理方程转变为式(9-29)~式(9-31)。

空隙表面沉积:

$$(k/k_0)^{1/2} = 1 - C_1 t \tag{9-29}$$

孔喉堵塞:

$$k/k_0 = 1 - C_2 t \tag{9-30}$$

空隙结构内堆积:

$$k_0/k = 1 + C_3 t \tag{9-31}$$

因此,根据试验即可获得的渗透系数衰变规律,基于式(9-29)~式(9-31)确定多孔沥青路面的堵塞机理。

2.渗透性能衰变试验

(1)设计不同空隙率的多孔沥青混合料,设计的级配如表9-5所示,级配曲线如图9-7所示。每个设计空隙率采用击实法成型4块标准马歇尔试件,成型后通过体积法实测试件的空隙率。

不同空隙率多孔沥青混合料设计级配　　　　表9-5

通过百分率(%)										沥青用量(%)	设计空隙率(%)
0.075	0.15	0.3	0.6	1.18	2.36	4.75	9.5	13.2	16		
4.3	5.7	7.3	8.4	10.2	12.7	15.3	63.3	97.8	100	4.8	24
4.3	5.9	8.2	9.9	12.2	14.9	17.3	63.3	97.8	100	4.8	22
4.5	6.2	8.9	11.3	14.2	17.1	19.3	63.3	97.8	100	4.9	20
4.8	6.6	9.6	12.7	16.2	19.3	21.3	63.3	97.8	100	4.9	18

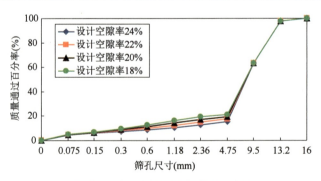

图9-7　不同空隙率马歇尔试件级配曲线

(2)自制渗透系数测量装置,如图9-8所示。将马歇尔试件用直径为101mm橡胶模套住,放入内径102mm的塑料管底部,橡胶模长度大于塑料管高度,长出的橡胶模翻出套住塑料管,保证马歇尔试件的侧向防漏性。水箱中装满水,将封装好的试件放在水箱中支架上。

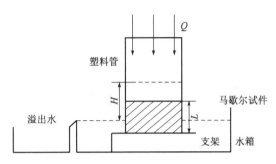

图9-8 自制渗透系数测试仪

(3)制备含颗粒流体,颗粒含量为500mg/L,颗粒粒径分别0.3mm以下、0.3~0.6mm、0.6~1.18mm、1.18~2.36mm;其中,0.3mm以下粉尘颗粒的组成见表9-6。

0.3mm以下颗粒粒径级配 表9-6

粒径(mm)	<0.075	0.075~0.15	0.15~0.3
质量百分比(%)	50	25	25

(4)将水注入塑料管内,保证恒定流速Q,等到塑料管内液面稳定时,测量水箱水面到塑料管内水面的高度,记为H_0;多孔沥青混合料马歇尔试件的高度与截面积,分别记为L与A,试件的初始渗透系数k_0见式(9-32)。

$$k_0 = \frac{QL}{H_0 A} \tag{9-32}$$

式中:k_0——试件初始渗透系数(cm/s);

Q——注入流速(mL/s);

L——试件高度(cm);

H_0——水箱水面到塑料管内水面的高度(cm);

A——试件横截面积(cm²)。

(5)将粒径为0.3mm以下的含颗粒流体注入塑料管内,同样保证恒定流速Q,注入时间t后,测量水箱水面到塑料管内水面的高度,记为$H(t)$,此时试件的渗透系数k见式(9-33)。

$$k = \frac{QL}{H(t)A} \tag{9-33}$$

式中:k——试件的渗透系数(cm/s);

$H(t)$——注入时间t后水箱水面到塑料管内水面的高度(cm)。

结合式(9-32)与式(9-33)，可以得到式(9-34)：

$$\frac{k}{k_0} = \frac{H_0}{H(t)} \tag{9-34}$$

(6)每20min记录一次水箱水面到塑料管内水面的高度$H(t)$，绘制k/k_0与时间t的关系曲线。

(7)重复以上步骤，完成不同空隙率试件以及不同堵塞颗粒粒径的试验，并绘制k/k_0与时间t的关系曲线。

3. 渗透性能衰变试验数据分析

根据设计级配成型的标准马歇尔试件的实测空隙率数据见表9-7。渗透性能衰变试验获得的不同空隙率试件渗透性能随时间的衰变规律如图9-9所示，当渗透系数过小时，塑料管内水溢出，因此部分试验时间较短。

标准马歇尔试件的实测空隙率　　　　表9-7

编号	高度（cm）				平均高度（cm）	体积（cm³）	干质量（g）	毛体积密度（g/cm³）	空隙率（%）
24-1	51.74	53.02	52.18	51.58	52.13	945.94	1860.22	1.97	24.04
24-2	48.56	48.86	48.64	49.62	48.92	887.69	1748.91	1.97	23.90
24-3	49.84	50.06	50.48	50.62	50.25	911.83	1798.31	1.97	23.82
24-4	51.72	51.66	52.16	52.86	52.10	945.40	1857.45	1.96	24.11
22-1	50.72	49.68	49.22	51.36	50.25	911.74	1838.32	2.02	22.06
22-2	52.10	52.84	51.42	52.76	52.28	948.66	1912.24	2.02	22.08
22-3	51.75	51.82	51.02	51.92	51.63	936.82	1893.71	2.02	21.86
22-4	52.34	52.26	52.56	51.18	52.09	945.13	1907.31	2.02	21.99
20-1	51.74	50.82	51.32	50.92	51.20	929.07	1921.36	2.07	20.09
20-2	51.08	51.08	51.52	51.10	51.20	928.98	1926.75	2.07	19.86
20-3	50.04	49.26	50.68	49.76	49.94	906.11	1875.26	2.07	20.03
20-4	52.10	51.84	51.42	51.76	51.78	939.59	1942.57	2.07	20.11
18-1	52.10	51.68	51.80	51.70	51.82	940.32	1991.61	2.12	18.19
18-2	51.68	52.32	51.20	51.06	51.57	935.69	1989.75	2.13	17.86
18-3	53.22	52.22	52.78	52.92	52.79	957.83	2035.44	2.13	17.92
18-4	51.48	51.36	52.31	52.12	51.82	940.27	1994.09	2.12	18.09

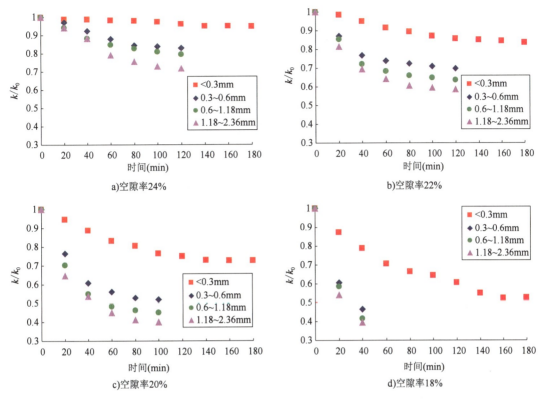

图 9-9 渗透系数随时间衰变规律

根据图 9-9 可以看出，含颗粒流体对于多孔沥青混合料的堵塞规律按时间基本分为三个阶段：初期较快，中期逐渐放缓，后期稳定。不同空隙率的试件在不同粒径的颗粒堵塞条件下的阶段划分见表 9-8。

堵塞阶段划分 表9-8

颗粒粒径(mm)	<0.3			0.3~0.6		
空隙率(%)	一阶段	二阶段	三阶段	一阶段	二阶段	三阶段
24	<100	100~140	>140	<60	60~80	>80
22	<80	80~140	>140	<40	40~80	>80
20	<80	80~140	>140	<20	20~60	>60
18	<60	60~140	>140	<20	—	—
颗粒粒径(mm)	0.6~1.18			0.18~2.36		
空隙率(%)	一阶段	二阶段	三阶段	一阶段	二阶段	三阶段
24	<40	40~80	>80	<40	40~80	>80
22	<40	40~80	>80	<40	40~80	>80
20	<20	20~60	>60	<20	20~60	>60
18	<20	—	—	<20	—	—

从表9-8数据中可以看出，空隙率越小，颗粒粒径越大，第一阶段的时间越短，第二阶段与第三阶段时长相差不大。其中第一阶段渗透系数残留率k/k_0与注入时间t满足式(9-29)，表明颗粒堵塞初期，颗粒在混合料内部孔喉处的堵塞占主导地位。并且第一阶段渗透系数的衰变量占总衰变量的比例明显高于其他两个阶段。但对于不同空隙率的试件以及不同粒径的颗粒，第一阶段由式(9-30)拟合获得的反应渗透系数衰变速率的渗透系数衰变斜率C_2是不同的，C_2越大表明颗粒堵塞效果越明显。拟合获得的第一阶段衰变斜率如图9-10所示。

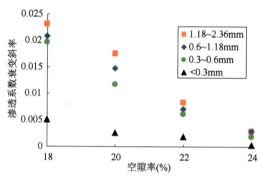

图9-10 渗透系数衰变

从图9-10中可以看出，对于相同空隙率的多孔沥青混合料，不同粒径颗粒的堵塞效果是不同的，粒径越大的颗粒对于混合料的堵塞效果越明显，其中小于0.3mm粒径的颗粒对于空隙的堵塞效果明显低于粒径0.3mm以上的颗粒，而其他粒径的颗粒的堵塞效果差距相对较小；对于相同粒径的颗粒，对于不同空隙率的多孔沥青混合料的堵塞效果也是不同的，空隙率越小堵塞效果越明显。

对于三种堵塞机理，空隙结构表面的颗粒吸附与沉降会导致空隙通道变窄，影响连通路径的流体通行能力；孔喉被颗粒堵塞导致原本连通的路径的流体通行能力瞬间降低，孔喉发生堵塞后，孔喉处的孔径更小，更多的颗粒流经此路段时堵塞在空隙通道内，造成空隙结构中颗粒的大量堆积，流体通行能力进一步降低直至彻底堵塞，失去流通能力，此时含颗粒流体不会继续流经该通道，而是通过其他畅通的路径流出多孔沥青混合料。从以上分析可知，同样的堵塞颗粒量，孔喉堵塞对渗透系数的影响最大，空隙结构表面的颗粒吸附与沉降以及空隙结构中颗粒的大量堆积对渗透系数的影响相对较低。

第二阶段的多孔沥青混合料渗透系数衰变规律并不符合Wojtanowicz模型的渗透性衰减机理方程，表明此时没有占主导地位的堵塞机理起作用，应该是三种堵塞情况共同作用的结果。由于此时衰变速率逐渐放缓，表明此时空隙结构表面颗粒吸附与沉降以及颗粒的大量堆积所占的比例逐渐提高。其中，对于粒径较小的颗粒，颗粒容易被流体带动，比较难以在空隙结构表面颗粒吸附与沉降，空隙结构中颗粒大量堆积效果更明显；对于粒径较大的颗粒，空隙结构表面颗粒吸附与沉降以及颗粒大量堆积都对空隙结构有影响。

第三阶段的多孔沥青混合料渗透系数逐渐稳定，表明多孔沥青混合料内部存在孔径较大的连通路径,在较多空隙结构堵塞后,含颗粒流体从这些路径流出混合料,此时颗粒基本不再堵塞在多孔沥青混合料空隙内部。

第三节　多孔型沥青路面排水性能变化规律

对于多孔沥青路面,大空隙既是此种路面的特征,也是多孔沥青路面具有良好的排水、抗滑、降噪、降温性能的关键。这种大空隙的沥青混合料属于骨架型结构,结构由集料间的嵌挤力和沥青黏结料的黏结力提供支撑。在使用过程中,由于受到车轮荷载、动水冲刷、温度变化等的影响,骨架会发生变形而导致空隙的衰变。空隙的衰变进而会带来多孔沥青路面使用品质的下降,当空隙衰变积累到一定程度时,路面结构会出现集料的松散剥落,产生坑槽等病害,影响多孔沥青路面的使用。因此,选择空隙率作为研究多孔沥青路面材料功能性能衰变的特征值。

一、多孔沥青路面排水性能试验

1.渗透系数计算

多孔沥青路面的出发点,就是其排水功能。密实型路面是从路面排水,雨水稍大就会在路面形成水膜,对行车的舒适和安全造成极大的阻碍。多孔沥青路面可以让雨水渗入混合料内部,从混合料内部沿坡度排出,减少水膜以及水雾的形成,提高路面行车安全。Brown等在美国佐治亚州对多孔沥青混合料的研究表明,沥青混凝土的空隙率小于8%时,混合料的渗透性很小,但当空隙率大于8%时,混合料的渗透性迅速增加,并且混合料空隙率越大,渗透系数也越大。水平方向的渗透系数是垂直方向的2~3倍,为了保证路面内部的雨水可沿水平方向迅速排出,单位时间内可以排出的最大降雨量 R 可由式(9-35)计算。

$$R = D \times k \times i \times 3600 \times 10/L \tag{9-35}$$

式中:k——渗透系数(cm/s);

　　i——路面横坡(%);

　　D——多孔隙路面厚度(cm);

　　L——排水距离即路面宽度(m)。

研究指出由于多孔沥青路面排水表层与大气连通,在混合料中的渗流属于潜水运动,但由于大气降水入渗补给或浅层水蒸发等因素的影响,多孔沥青路面中的渗流运动是非稳定流。但当降雨量足够大时,为了简化计算,可以把渗流运动当作稳定运动来研究。而在实际行车条件下,要保证车辆在一定的速度下不发生滑水,轮胎与路面之间的界面上的水必须在这个很短的时间内排出,当路面具有多孔沥青面层时,水不仅可以通过轮胎两侧将水排出,还可以通过面层的连通空隙将水排出,轮胎不发生滑水的临界速度值与多孔沥青面层的渗透系数成正比,因此,当多孔沥青路面渗透系数较大时,能够大大地提高路面在雨天的排水抗滑能力。

由此分析,多孔路面的渗透系数对于路面的排水抗滑性能有着至关重要的作用。多孔沥青路面的渗透系数可以用渗水仪直接测定,所采用的渗水仪主要有常水位渗水仪(图9-11)、变水位渗水仪(图9-12)。

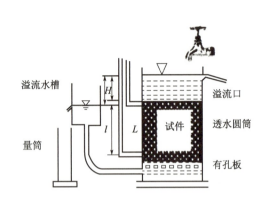

图9-11 常水位渗水仪　　　　　图9-12 变水位渗水仪

使用常水位渗水仪测量渗透系数时,将成型的试件周向密封处理后放入渗水仪的套筒内,调节出口处软管的高度,通过测压管读出进水口和出水口的水位差Δh,待出水口的出水稳定后,记录3min内透过试件的水量Q,便可求出透水性沥青混合料的饱和渗透系数k,渗透系数计算公式见式(9-36),水力梯度见式(9-37)。

$$k = \frac{Q}{tAi} \tag{9-36}$$

$$i = h/L \tag{9-37}$$

式中:Q——t时间内透过横断面为A的时间流量(cm^3);

　　A——试件的横断面面积(cm^2);

　　i——水力梯度;

　　h——水头损失(cm);

　　L——试件的有效长度(cm)。

此渗透试验依据的是达西(Darcy)定律,对不同水头作用下渗透系数的测定结果表明,当测试的水力坡降低于0.1时,测试结果的离散性很大;而水力坡降大于0.1之后的结果相差很小。故用常水位垂直渗透仪测试时应将水力坡降控制在0.1以上。

在使用变水位渗水仪测量渗透系数时,首先做好试件或路面的密封处理,记录水面从100mL刻度到500mL刻度时所需的时间,利用式(9-38)计算多孔沥青混合料的渗透系数。

$$C_w = \frac{V_2 - V_1}{t_2 - t_1} \tag{9-38}$$

式中:C_w——沥青混合料的渗透系数(mL/min);

V_1、V_2——第一次、第二次读数时的水量(mL);

t_1、t_2——第一次、第二次读数时的时间(s)。

此外,测量计算路面渗透系数的方法还有很多,如美国弗吉尼亚运输部门采用的恒水头试验方法;新加坡国立大学采用修正的达西定律,通过流速与空隙率的回归关系,计算渗透系数的方法等。

2.渗水性能试验

为了研究多孔沥青路面渗水系数与空隙率的关系,成型不同空隙率的车辙板,分别进行渗水系数的测试,具体的试验步骤为:

(1)设计不同空隙率的多孔沥青混合料,设计的级配如表9-9所示,每个设计空隙率采用碾压法成型两块车辙板。

不同空隙率多孔沥青混合料设计级配 表9-9

通过百分率(%)										沥青用量(%)	设计空隙率(%)
0.075	0.15	0.3	0.6	1.18	2.36	4.75	9.5	13.2	16		
4.3	5.7	7.3	8.4	10.2	12.7	15.3	63.3	97.8	100	4.8	24
4.3	5.9	8.2	9.9	12.2	14.9	17.3	63.3	97.8	100	4.8	22
4.5	6.2	8.9	11.3	14.2	17.1	19.3	63.3	97.8	100	4.9	20
4.8	6.6	9.6	12.7	16.2	19.3	21.3	63.3	97.8	100	4.9	18
4.8	6.9	10.2	14	18.2	21.5	23.3	63.3	97.8	100	4.9	16

(2)将车辙板放在平板上,尽量保证底面与平板有良好的接触,按照《公路工程沥青及沥青混合料试验规程》(JTG E20—2011)中"沥青混合料渗水试验T 0730—2011"要求进行试验,通过式(9-39)计算多孔沥青车辙板的渗水系数,见表9-10。

不同空隙率车辙板渗水系数测试结果 表9-10

空隙率(%)	试件编号	渗水系数(mL/min)	平均渗水系数(mL/min)
24	试件1	4307	4235
	试件2	4163	
22	试件1	3417	3401
	试件2	3384	
20	试件1	2918	2972
	试件2	3026	
18	试件1	2705	2714
	试件2	2723	
16	试件1	1828	1819
	试件2	1810	

拟合公式为式(9-39)。

$$C_w = 275.9VV - 2490.8, R^2 = 0.9641 \tag{9-39}$$

式中：C_w——渗水系数(mL/min)；

VV——空隙率(%)。

从试验结果可以看出，多孔沥青混合料的渗水系数与空隙率具有很好的线性相关性，通过空隙率的变化可以预测多孔沥青路面的渗水系数的变化情况。

二、多孔沥青路面堵塞颗粒分析

1. 颗粒分类

根据粉尘颗粒在多孔沥青混合料内堵塞机理，多孔沥青混合料空隙的堵塞与粉尘颗粒的粒径分布以及体积分数有着密切的关系。多孔沥青路面铺设在路面表层，直接受到自然环境以及车辆的影响。造成多孔沥青路面空隙结构堵塞的粉尘颗粒的主要来自自然界以及人类活动，自然因素主要是风以及水流等自然力作用下粉尘颗粒的漂浮-移动-沉积等；人为因素主要是车辆或人对粉尘颗粒的携带-散落等。按照颗粒粒径，土粒可以分为巨粒土、粗粒土、细粒土，具体的划分规则与性质见表9-11。

土粒的划分与性质 表9-11

粒组统称	粒组名称		粒径范围(mm)	一般性质
巨粒土	漂石或块石颗粒		>200	透水性很强，无黏性，无毛细水
	卵石或碎石颗粒		200~20	
粗粒土	砾粒	粗	20~10	透水性大，无黏性，毛细水上升高度不超过粒径大小
		中	10~5	
		细	5~2	
	砂粒	粗	2~0.5	易透水，有一定压缩性，无黏性，遇水不膨胀，干燥时松散。毛细水上升高度不大，随粒径变小而增大
		中	0.5~0.25	
		细	0.25~0.075	
细粒土	粉粒		0.075~0.005	透水性小；湿润时稍有黏性，遇水膨胀小，干燥时稍有收缩；毛细水上升高度较大较快，极易出现冻胀现象
	黏粒		<0.005	透水性很小；湿润时有黏性、可塑性，遇水膨胀大，干燥时收缩显著；毛细水上升高度大，但速度较慢

由表9-11可以看出，不同粒径的粉尘颗粒表现出不同的物理化学性质，因此研究多孔沥青路面积累的粉尘颗粒的粒径情况对于研究其堵塞规律有重要意义。

2.颗粒起动流速

雨水径流中携带的粉尘颗粒是多孔沥青路面中颗粒的重要来源,因此首先研究降雨条件下,路面径流中颗粒的粒径分布,这可以归结为粉尘颗粒能否被水流冲刷并携带。有许多方法可以预测雨水径流中颗粒的最大粒径,其中比较常用的为Shields法。需要注意的是,Shields法最初是用来研究光滑管道中球形颗粒随水流的迁移规律。这与多孔沥青路面中颗粒随流体的运动规律有所不同,但是可以用来预测可以被水流带动的最大颗粒粒径。

Shield法是一种常用的最大粒径预测方法,它是通过观测河床沉积物颗粒的粒径与临界起动剪切应力之间的关系而建立的经验公式,并建立θ_{cr}与Re_p的关系曲线见式(9-40)和式(9-41)。

$$\theta_{cr} = \frac{\tau_c}{(\rho_p - \rho_w)gD_p} \tag{9-40}$$

$$Re_p = \frac{uD_p}{v} \tag{9-41}$$

式中:θ_{cr}——临界Shields数,无量纲;

τ_c——临界起动剪切应力[kg/(m·s²)];

ρ_p——颗粒密度(kg/m³);

ρ_w——水的密度(kg/m³);

g——重力加速度(m/s²);

Re_p——颗粒雷诺数,无量纲;

u——切向流速(m/s);

D_p——颗粒直径(m);

v——流体的动力黏度(m²/s)。

但Shields法存在一定的问题,由于其两个决定判定因素(临界起动剪切应力与粒径)同时出现在横坐标以及纵坐标中,不利于实际应用。但根据Cao推导的Shield法显示方程,可以直接使用临界Shield参数预测流体中的颗粒参数而不需要试算以及修正。具体方法为:

首先将颗粒雷诺数表示为式(9-42):

$$Re_p = \frac{D_p\sqrt{sgD_p}}{v} \tag{9-42}$$

式中:s——颗粒比重,无量纲。

而改进的临界Shields数可以表示为式(9-43)、式(9-44):

①当$6.61 < Re_p < 282.84$时,

$$\theta_{cr} = \frac{[1 + (0.0223Re_p)^{2.8358}]^{0.3542}}{3.0946Re_p^{0.6769}} \tag{9-43}$$

② 当 $Re_p < 6.61$ 时，

$$\theta_{cr} = 0.1414 Re_p^{-0.2306} \tag{9-44}$$

③ 当 $Re_p > 282.84$ 时，$\theta_{cr} = 0.045$，根据式(9-45)，临界起动剪切应力 τ_c 可以表示为：

$$\tau_c = \theta_{cr}(\rho_p - \rho_w)gD_p \tag{9-45}$$

而临界起动剪切流速为式(9-46)：

$$u_c = \sqrt{\frac{\tau_c}{\rho_w}} \tag{9-46}$$

根据式(9-42)~式(9-46)，可以建立不同粒径颗粒的临界起动剪切流速表，如表9-12所示。从表中可以看出，颗粒粒径越大，需要的临界起动剪切流速越大。

不同粒径颗粒临界起动剪切流速表　　　　表9-12

颗粒直径(m)	颗粒雷诺数	临界Shields数	临界起动剪切应力(Pa)	临界起动剪切流速(m/s)
0.0001	4.9523	0.0978	0.1439	0.0120
0.00025	19.5756	0.0446	0.1640	0.0128
0.0005	55.3681	0.0308	0.2267	0.0151
0.00075	101.7177	0.0333	0.3673	0.0192
0.001	156.6046	0.0375	0.5513	0.0235
0.0025	619.0340	0.0450	1.6554	0.0407
0.005	1750.8926	0.0450	3.3109	0.0575
0.0075	3216.5952	0.0450	4.9663	0.0705
0.01	4952.2722	0.0450	6.6218	0.0814

3. 雨水径流流速

获得了不同粒径的颗粒的临界起动流速后，通过研究由降雨引起的坡面径流的流速可以确定雨水径流中的最大颗粒粒径。坡面流量与降雨强度的关系可由式(9-47)表示。

$$Q = \frac{CiS}{3600} \tag{9-47}$$

式中：Q——流量(L/s)；

S——汇流面积(m^2)；

i——降雨强度(mm/hr)；

C——流失量系数，无量纲。

降雨汇流是指降雨形成的水流向流出口断面的汇集过程，汇流面积 S 是指汇流区域的面积，表示这些区域内的雨水会发生汇流。流失量系数 C 表示汇流区域内去除入渗等原因流至流出口的雨量占汇流区总雨量的比值，研究表明对于有植被土坡坡面，C 取值为0.9。如果坡面是一个矩形，坡面宽度为 a，坡长为 b，坡度为 α，则流出口的流量表示为式(9-48)：

$$Q = \frac{Ciab}{3600} \tag{9-48}$$

流量确定后,可以通过曼宁公式估算流出口的流速。曼宁公式是1889年提出,用于反映流量与河床内部诸因素间的相互关系。其表达形式为式(9-49):

$$Q = A\frac{1}{n}R^{\frac{2}{3}}\alpha^{\frac{1}{2}} \tag{9-49}$$

式中:Q——流量(m^3/s);

　　　A——断面过水面积(m^2);

　　　n——粗糙系数,其表示水流流动过程中水流与河床之间的阻力系数,一般通过试验方法获取;

　　　R——水力半径,是水流截面积与湿周长的比值,湿周长指水流与河床断面接触的周长,不包括与空气接触的周长部分。当宽深比大于100时,可以用平均水深代替水力半径(m);

　　　α——河床坡度。

将曼宁公式运用于坡面径流估算,将式(9-49)改写式(9-50)。

$$Q = ah\frac{1}{n}h^{\frac{2}{3}}\alpha^{\frac{1}{2}} = \frac{ah^{\frac{5}{3}}\alpha^{\frac{1}{2}}}{n} \tag{9-50}$$

式中:h——流出口水深(m);

　　　n——粗糙系数,对于一般土坡取0.015。

降雨坡面径流达到恒定时,降雨流量与流出流量相等。可以获得流出口水深h见式(9-51)。

$$h = \left(\frac{Cinb}{3600\alpha^{\frac{1}{2}}}\right)^{\frac{3}{5}} \tag{9-51}$$

流出口流速u可以表示为式(9-52)。

$$u = \frac{Q}{A} = \frac{Q}{ah} = \frac{(Cinb)^{0.4}\alpha^{3.33}}{26.4558} = \frac{(ib)^{0.4}\alpha^{3.33}}{148.0428} \tag{9-52}$$

由式(9-52)可以看出,流出口流速与降雨量,坡长与坡度有关,降雨量越大、坡长越长、坡度越大,出口流速越大。假设百年一遇的强降雨(100mm/hr),坡度为0.5,坡长为3m时,计算获得的流出口流速为0.0121m/s;如果为两年一遇的降雨(15mm/hr),则流速为0.0057m/s。

根据表9-12中数据,通常条件下可以带动的最大粒径在250μm左右。综上分析,对于一般无防护的土质边坡,降雨径流通常只能带动较小粒径的颗粒。只有在比较极端的条件下,降雨才可以产生更高的坡面径流流速,从而带动更大粒径的颗粒。相对于流体,风力的搬运能力更小,因此,通过风力携带沉降在道路表面的颗粒粒径更小,人类活动与车辆携带-散落是较大粒径颗粒的主要来源。

三、多孔沥青路面排水性能衰变规律研究

1.渗水衰变试验

多孔沥青路面粉尘颗粒的主要来源是风力、水流等自然力作用下的漂浮-移动-沉积,车辆或人的携带-散落。由于降雨的天数有限,在多孔沥青路面实际使用过程中,粉尘颗粒的积累过程为:

(1)自然界中的粉尘颗粒在风力的带动下,最终飘落沉降在多孔沥青路面表面,车辆和人类活动将一些较大粒径的颗粒带入多孔沥青路面表面,这些粉尘颗粒在风力以及重力的作用下进入多孔沥青路面表层的空隙中,在这一过程中,多孔沥青路面中颗粒的含量逐渐增加。

(2)降雨发生时,雨水中会携带一些空气中的细小的粉尘颗粒落入多孔沥青路面,当有外界的雨水径流流入多孔沥青路面时,会携带一定浓度粉尘颗粒进入多孔沥青路面。

(3)在雨水的作用下,部分多孔沥青路面内原本存在的粉尘颗粒被带动,沿着道路坡度在多孔沥青路面内部空隙中运动,沉积堵塞在多孔沥青路面内,或者随水流流出多孔沥青路面。以上可以看作多孔沥青路面粉尘颗粒累积循环,在经历一定次数的循环后,颗粒堵塞储存在多孔沥青路面内部,造成多孔沥青路面排水性能的衰减。

根据多孔沥青路面实际堵塞过程,设计试验研究多孔沥青路面渗透性能衰变规律。规范中采用的降水头渗水仪需要采用车辙板作为试件,在测试时需要用胶泥将仪器密封在车辙板上,不利于模拟颗粒在多孔沥青路面表面的散布情况以及降雨的情况,同时测试过程中的水流对多孔沥青车辙板内沉积的粉尘颗粒有一定的影响,为了尽可能准确地模拟多孔沥青路面渗水性能的衰变规律,设计开发了多孔沥青路面渗水性能测试仪,如图9-13所示,仪器由储水箱、水泵、喷头、流速表、流速控制阀门、试件密封夹具、支架等组成。流速表可以读取瞬时流速与累积流速,所用的试件为大马歇尔试件,为了模拟多孔沥青路面实际的厚度,制作的马歇尔试件的高度为5cm左右。

图9-13 多孔沥青路面渗水性能测试仪

试验时将大马歇尔试件放入密封夹具中加紧,夹具内壁为密封橡胶材料,可以保证试件侧向密封,在试件上表面夹具内侧做标记,打开水阀并逐渐调整流速,使水位稳定在标记处,模拟降雨在路面产生水膜时的情况,通过流速表读取瞬时流速作为多孔沥青混合料的渗水系数C,单位为mL/min。具体的试验步骤为:

(1)根据表9-9中级配,成型空隙率分别为18%、20%、22%与24%,高度为5cm的大马歇尔试件,每个空隙率制作4块,成型后通过体积法实测试件的空隙率。

(2)准备堵塞颗粒材料。根据上一节的分析,散布在多孔沥青路面表面的颗粒主要为粒径0.25mm以下的粉尘,同时研究表明路面粉尘颗粒中,小于0.075mm的比例在50%左右,因此,选取0.3mm以下的细集料作为堵塞颗粒,设计的堵塞颗粒组成见表9-13。

堵塞颗粒粒径组成 表9-13

粒径(mm)	<0.075	0.075~0.15	0.15~0.3
质量百分比(%)	50	25	25

(3)将成型的试件固定在仪器上,在不播撒任何颗粒情况下测量试件的渗水系数。

(4)称取堵塞颗粒2.5g,均匀播撒在试件表面,开启仪器模拟降雨条件,调节流速控制阀门使水位始终稳定在标记处,当累积流量达到5L或流速稳定时停止洒水,等到试件不再滴水时再次播撒堵塞颗粒2.5g,累积颗粒质量达到10g或10g的倍数时,测量渗水系数C。

(5)每个空隙率进行4组平行试验。

2.渗水试验结果分析

根据设计级配成型的大马歇尔试件的实测空隙率数据见表9-14。无颗粒堵塞条件时,试验测得的渗水系数与空隙率的关系如图9-14所示。

大马歇尔试件的实测空隙率 表9-14

编号	高度(cm)				平均高度(cm)	体积(cm^3)	干质量(g)	毛体积密度(g/cm^3)	空隙率(%)
24-1	51.74	53.02	52.18	51.58	52.13	945.94	1860.22	1.97	24.04
24-2	48.56	48.86	48.64	49.62	48.92	887.69	1748.91	1.97	23.90
24-3	49.84	50.06	50.48	50.62	50.25	911.83	1798.31	1.97	23.82
24-4	51.72	51.66	52.16	52.86	52.10	945.40	1857.45	1.96	24.11
22-1	50.72	49.68	49.22	51.36	50.25	911.74	1838.32	2.02	22.06
22-2	52.10	52.84	51.42	52.76	52.28	948.66	1912.24	2.02	22.08
22-3	51.75	51.82	51.02	51.92	51.63	936.82	1893.71	2.02	21.86
22-4	52.34	52.26	52.56	51.18	52.09	945.13	1907.31	2.02	21.99
20-1	51.74	50.82	51.32	50.92	51.20	929.07	1921.36	2.07	20.09

续上表

编号	高度（cm）				平均高度（cm）	体积（cm³）	干质量（g）	毛体积密度（g/cm³）	空隙率（%）
20-2	51.08	51.08	51.52	51.10	51.20	928.98	1926.75	2.07	19.86
20-3	50.04	49.26	50.68	49.76	49.94	906.11	1875.26	2.07	20.03
20-4	52.10	51.84	51.42	51.76	51.78	939.59	1942.57	2.07	20.11
18-1	52.10	51.68	51.80	51.70	51.82	940.32	1991.61	2.12	18.19
18-2	51.68	52.32	51.20	51.06	51.57	935.69	1989.75	2.13	17.86
18-3	53.22	52.22	52.78	52.92	52.79	957.83	2035.44	2.13	17.92
18-4	51.48	51.36	52.31	52.12	51.82	940.27	1994.09	2.12	18.09

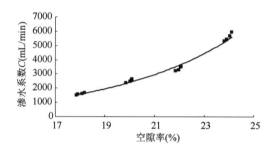

图 9-14 渗水系数 C 与空隙率关系曲线

从图 9-14 中可以看出，使用多孔沥青路面渗水性能测试仪测得的渗水系数 C 与试件的空隙率具有较好的相关性，拟合公式见式（9-53）。

$$C = 39.131 e^{0.2058 VV}, R^2 = 0.9784 \tag{9-53}$$

式中：C——通过多孔沥青路面渗水性能测试仪测得的渗水系数（mL/min）；

VV——试件的空隙率（%）。

联合通过变水头渗水仪测试的不同空隙率车辙板的渗水系数 C_w 与通过多孔沥青路面渗水性能测试仪测得的渗水系数 C，可以发现不同的测试方法获得的渗透性能参数之间具有较好的相关性，如图 9-15 所示。

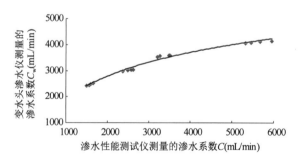

图 9-15 不同测试方法测得的渗水系数关系曲线

拟合公式见式(9-54)：

$$C_w = 13257\ln(C) - 72871, R_2 = 0.9888 \tag{9-54}$$

式中：C_w——变水头渗水仪测量的渗水系数(mL/min)。

由于《公路工程沥青及沥青混合料试验规程》(JTG E20—2011)以及《公路路基路面现场测试规程》(JTG 3450—2019)中规定的沥青路面渗水系数测试采用的仪器为变水头渗水仪，为了便于实际工程中的引用，将通过多孔沥青路面渗水性能测试仪测得的渗水系数C通过式(9-54)转化为变水头渗水仪测量的渗水系数C_w，渗水系数残留率通过式(9-55)计算。

$$\alpha = \frac{C_w}{C_{w0}} \times 100\% \tag{9-55}$$

式中：α——变水头渗水仪渗水系数残留率(%)；

C_w——堵塞后的渗水系数(mL/min)；

C_{w0}——初始渗水系数(mL/min)。

试验获得的不同空隙率的多孔沥青混合料渗水系数残留率与堵塞颗粒质量之间的关系如图9-16所示。

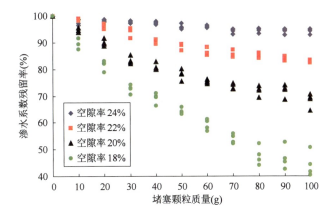

图9-16 多孔沥青路面渗水系数残留率与堵塞颗粒质量

可以看出不同空隙率条件下，渗水系数残留率与堵塞颗粒的质量基本呈线性关系，拟合公式见式(9-56)~式(9-59)。

$$\alpha_{24} = -0.0592m + 100, R_2 = 0.9386 \tag{9-56}$$

$$\alpha_{22} = -0.2019m + 100, R^2 = 0.8931 \tag{9-57}$$

$$\alpha_{20} = -0.4421m + 100, R^2 = 0.9328 \tag{9-58}$$

$$\alpha_{18} = -0.6797m + 100, R^2 = 0.9052 \tag{9-59}$$

式中：α_t——空隙率为$t\%$(t=24、22、20、18)的试件的渗水系数残留率，下标t表示不同的空隙率(%)；

m——堵塞颗粒的质量(g)。

从式(9-56)~式(9-59)可以看出,初始空隙率主要影响的是渗水系数残留率衰变的斜率,渗水系数残留率衰变斜率与初始空隙率的关系如图9-17所示。

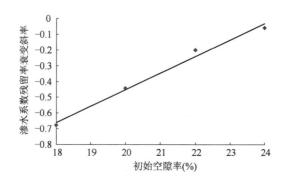

图9-17 渗水系数残留率衰变斜率与初始空隙率关系曲线

拟合公式为:

$$k' = 0.1051VV - 2.5525, R^2 = 0.9877 \tag{9-60}$$

式中:VV——空隙率(%);

k'——渗水系数残留率衰变斜率。

将式(9-60)带入式(9-56)至式(9-59),渗水系数残留率衰变规律可以统一为:

$$\alpha = (0.1051VV - 2.5525)m + 100 \tag{9-61}$$

将式(9-61)与式(9-60)带入式(9-55),可以得到:

$$C_w = 0.29(VV)^2 m - 9.66VVm + 275.9VV + 63.57m - 2490.8 \tag{9-62}$$

式中:C_w——堵塞后的渗水系数(mL/min);

m——流经的堵塞颗粒的质量(g)。

四、多孔沥青路面排水性能衰变模型

因为多孔沥青路面设有横坡,当颗粒均匀分布的路面时,落入多孔沥青路面的颗粒会随水流沿坡度流向路侧,因此沿路面坡度路面不同位置所流经的颗粒质量是不同的,如图9-18所示。

设单侧路面宽度为L,取路面长度为l,定义多孔沥青路面的过滤率λ,表示含颗粒流体通过单位长度的多孔沥青路面时颗粒的去除量与原颗粒质量的比值,见式(9-63)。

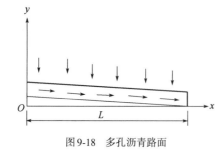

图9-18 多孔沥青路面

$$\lambda = \frac{\Delta m}{ml} \tag{9-63}$$

式中:Δm——残留在多孔沥青路面内的颗粒质量(g);

m——进入多孔沥青路面的颗粒总质量(g);

l——颗粒经过的多孔沥青路面的长度(m)。

设路面距离中线的距离为x,将路面宽度分为n等份,每段宽度为Δx,路面散布的颗粒浓度为$a(\text{g/m}^2)$,则每段宽度为Δx路面的散布颗粒质量为$a\Delta x$。路中线向路侧方向第一个Δx宽度内,流经的颗粒质量m_1,见式(9-64):

$$m_1 = a\Delta x \tag{9-64}$$

第二个Δx宽度内,流经的颗粒质量m_2,见式(9-65):

$$m_2 = a\Delta x + (1-\Delta x\lambda)a\Delta x \tag{9-65}$$

第三个Δx宽度内,流经的颗粒质量m_3,见式(9-66):

$$m_3 = a\Delta x + [a\Delta x + (1-\Delta x\lambda)a\Delta x](1-\Delta x\lambda) = a\Delta x + (1-\Delta x\lambda)a\Delta x + (1-\Delta x\lambda)^2 a\Delta x \tag{9-66}$$

以此类推,第n个Δx宽度内,流经的颗粒质量m_n,见式(9-67):

$$\begin{aligned} m(n) &= a\Delta x + (1-\Delta x\lambda)a\Delta x + (1-\Delta x\lambda)^2 a\Delta x + \cdots + (1-\Delta x\lambda)^{n-1} a\Delta x \\ &= a\frac{1-(1-\Delta x\lambda)^n}{\lambda} \end{aligned} \tag{9-67}$$

由于$\Delta x = x/n$,则如式(9-68)所示:

$$m(n) = a\frac{1-\left(1-\frac{x}{n}\lambda\right)^n}{\lambda} \tag{9-68}$$

当n无穷大时,见式(9-69):

$$\lim_{n\to\infty} m(n) = \frac{a(1-e^{-\lambda n})}{\lambda} \tag{9-69}$$

因此,圆心距离路中线x处,半径为r的圆形区域,流经的颗粒质量$m(x)$见式(9-70):

$$m(x) = \pi r^2 a + \frac{2ra(1-e^{-\lambda x})}{\lambda} \tag{9-70}$$

通过变水头渗水试验仪测试渗水系数时,与渗水试验仪接触的圆形区域的半径为0.075m,见式(9-71)。

$$m(x) = 1.77\times 10^{-2} a + \frac{0.15a(1-e^{-\lambda x})}{\lambda} \tag{9-71}$$

路面的颗粒浓度是随时间变化的,设散播在路面的颗粒浓度累积系数为$c(\text{g/d/m}^2)$,由于多孔沥青路面表面具有较多开口空隙,落入多孔沥青路面的粉尘颗粒一般很难再被风等作用带走,因此可以将路面颗粒浓度是线性增加的。

$$a = ct \tag{9-72}$$

将式(9-72)带入式(9-71),可以得到t时间内,流经多孔沥青路面与渗水试验仪接触的圆形区域的颗粒质量见式(9-73):

$$m(x) = 1.77\times 10^{-2} ct + \frac{0.15ct(1-e^{-\lambda x})}{\lambda} \tag{9-73}$$

第四节　多孔型沥青路面结构与材料设计

一、多孔沥青路面结构设计

1. 典型的结构设计

目前,国内在透水性路面的设计和铺筑上经验较少,相对而言,对排水性路面的研究则较多,在借鉴排水性路面的经验和相关研究成果的基础上,提出下面几种透水性路面的形式,并根据透水能力的大小和适用的交通量分为全透式路面和半透式路面两大类四种类型。由于透水性路面的适用范围主要在城市道路中,一般不推荐使用在大交通量的道路中,对于给出的路面结构类型没有进行路面厚度和应力分析。

(1)全透式路面

适用于土壤渗透系数较大的土质,如砂性土等。

①交通量相对较大的城市道路

对交通量相对较大的城市道路,采用的典型路面结构层从上向下依次为透水上面层、透水下面层、沥青稳定碎石排水基层ATPB、级配碎石,路面整体材料均具有较大的空隙率,其中级配碎石的空隙率最大,可以达到40%,级配碎石层的厚度主要和该地区的降雨强度和降雨量有关,降雨强度和降雨量越大,则要求该层的厚度相应也越大。这样的路面结构能够保证降雨时雨水能够快速下渗。

②交通量相对较小的道路

透水性路面结构采用一层大空隙透水沥青混合料,典型的路面结构层从上向下依次为:透水上面层、级配碎石(细)、级配碎石(粗),其中下面层主要采用级配碎石,根据采用的碎石的粒径大小,分为两层,粒径较小的级配碎石层厚度一般在1英寸(2.54cm)左右,其主要作用是稳固道路铺装面层,使透水性沥青混合料的铺筑更平整。粒径较大的级配碎石的空隙率较大,其厚度亦根据降雨量和降雨强度确定。为了防止土基中土壤颗粒堵塞了碎石层,导致碎石层排水渗水不畅,一般在级配碎石层与土层间加铺土工织物、土工布等过滤材料。这种路面结构的承载有限,适用于在交通量不大的城市道路,小区道路,公园道路,停车场及广场上铺筑。

(2)半透式路面

路面结构主要考虑用于铺筑在渗透性相对较小的土基上,典型的路面结构层从上向下依次为:透水上面层、透水下面层、沥青稳定碎石排水基层、水泥+二灰稳定底基层。由于在半刚性基层与沥青稳定碎石排水基层间设置了改性乳化沥青封层,降雨在到达半刚性基层上后不能继续向下渗透,而是向流动至两侧的级配碎石层后,向下渗透,因而成为半透式路面。在实际应用过程中,主要考虑当地的降雨量、降雨强度、道路交通量和土壤的渗透系数来确定适合的透水性沥青路面结构类型,值得注意的是,透水性路面并不是在所用的地区和路面都可以适用,对于交通量大、土壤渗透系数过小的道路,不推荐使用。

2.排水功能层类型选择

排水性沥青路面面层类型可根据降雨量按表9-15选择,其中PAC10表示最大公称粒径为10mm的排水性沥青混合料,实际工程中针对交通量大、载重车较多路面其设计空隙率考虑下限值;当车道宽度较大(如六车道)可考虑上限值,降雨强度按时平时值考虑。目前,我国典型的排水沥青路面结构如图9-19所示。

排水沥青路面面层类型选择　　　　　　　　　表9-15

降雨量	800~1200mm	1200~1600mm	1600mm
设计空隙率	18%~20%	20%~22%	21%~23%
类型	PAC10或PAC13	PAC13	PAC13
厚度	3~5cm	4~5cm	5~6cm
适应的降雨强度	6.3~11.5mm/h	9.2~12.8mm/h	12.2~16.3mm/h

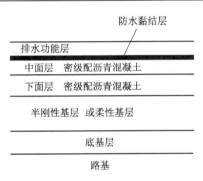

图9-19 我国典型的排水沥青路面结构

中面层采用密实型沥青混凝土,具体类型选择时要先考虑密实防水,其次是高温地区、载重车辆较多条件下要兼顾抗车辙性,具体如表9-16所示。

排水性沥青路面中面层类型选择　　　　　　　　　表9-16

考虑因素	密实防水	密实、抗车辙
类型与厚度	≥4cm以上 AC13F	≥5cm AC13C
	≥5cm以上 AC16F	≥5cm Superpave13
	≥6cm以上 AC20F	≥6cm AC16C

采用半刚性基层时,宜采取抑制反射裂缝的结构性措施,如增加下面层厚度,设置土工网格或沥青碎石层等。

3. 防水黏结层

防水黏结层在排水性沥青路面结构中起两个方面的主要作用：

(1)与普通密级配沥青混凝土相比,排水沥青面层与中面层之间的接触面积减少了约15%~25%,因此设置防水黏结层可以增加界面结合强度,确保层间的完全连续条件。

(2)防止雨水下渗到中面层出现水损坏,提高路面结构耐久性。

此外,我国目前路面结构多为半刚性基层沥青路面,裂缝难以避免。使用延伸性较好的防水黏层材料,可以作为裂缝的应力吸收层,阻止裂缝的向上反射,确保防水效果。结构设计中,对排水功能层与中面层层间结合进行抗剪强度验算：

$$T_{层间} \leq T_R \tag{9-74}$$

式中：$T_{层间}$——排水功能层与中面层层间计算剪切应力；

T_R——高温T温度时实际测定的层间剪切强度。

4. 设计方法

多孔性沥青路面与其他沥青路面最主要的区别是表面层功能的不同,因此在路面结构设计上差别不大,可依据现行《公路沥青路面设计规范》(JTG D50)的方法设计排水性沥青结构。根据不同沥青、不同设计空隙率的排水沥青混合料试验结果,推荐排水功能层结构设计参数见表9-17,其中沥青采用高黏度改性沥青。

排水沥青混合料的设计参数　　　　　　表9-17

混合料类型	15℃抗压模量(MPa)	20℃抗压模量(MPa)	15℃劈裂强度(MPa)
PAC13	300~500	250~400	0.7~1.0
PAC16	400~600	300~500	0.6~0.9

二、多孔沥青路面原材料要求

多孔沥青路面使用的大空隙结构使得其相对于传统的密级配混合料有特殊的要求。一方面,多孔沥青混合料由于空隙大,易受到水、温度、阳光、空气等环境因素影响,因而其沥青更易发生老化变脆,黏结力下降,导致结构硬化,出现松散和剥落,使路面开裂形成坑槽；另一方面,多孔沥青混合料表面构造深度大,使用于路面表层,直接承受车轮荷载和雨水冲刷,对路面结构的耐磨和抗冲刷能力要求高。因此,为保证多孔沥青路面的使用性能和使用寿命,必须选用质量优良的材料。

多孔沥青路面通过结构中的有效空隙排出路面积水和提高抗滑能力,因此该路面结构要经受水损害的考验。尤其是多孔沥青路面使用于多雨地区,长期与雨水接触。当雨水进入空隙中后,由于水是极性分子,可以置换沥青和集料的黏结力,极易破坏集料与沥青的黏结表面,使混合料中的集料与沥青发生剥离。另外,交通荷载的反复作用产生的剪切破坏加速水浸入集料与沥青表面,加上沥青老化降低沥青的黏附性,沥青膜逐渐从集料表面剥离,路面混合料松散而出现水损害。由于多孔沥青路面的结构特点使得水极易进入路面材料内部,提高沥青与集料的黏附性是解决此类路面水损害的关键。本书从这一角度出发分析多孔沥青路面的材料选择。

1. 粗集料

粗集料一般指粒径在2.36mm以上的集料,是形成沥青混合料骨架结构的关键。多孔沥青路面使用的粗集料量相对于传统沥青路面更多,一般占到集料总质量的80%以上,且由粗集料嵌挤形成的骨架结构是多孔沥青混合料空隙大的基础。因此,粗集料的选择对多孔沥青路面至关重要。

粗集料要具有良好的颗粒形状,扁平颗粒应较少,尤其应控制针片含量。因为针片状的粗集料在施工过程中容易被压碎,既减少了多孔沥青混合料的空隙率,影响路面的排水效果,又成为结构受力的薄弱点,在受到荷载作用时产生微裂缝会导致部分区域应力集中而使结构开裂。

粗集料应具有足够的强度、耐磨性、抗冲击性、耐腐蚀性、耐磨光性、抗破碎性,表面粗糙、洁净、均匀、干燥、无风化。良好的表面粗糙度可以提高集料对沥青的吸附,表面越粗糙,微空隙数量和孔径越大,吸附沥青的表面越大,吸附能力也越强。同时集料成分上应为碱性,以提高与沥青黏结料的黏附性。

粗集料还应具有较小的吸水率。因为吸水率越大,集料和沥青的黏附性越低,需要使用更大的油石比来弥补黏附力的损失,这既不经济也不利于混合料的稳定性和强度。我国现行《公路沥青路面施工技术规范》规定了对粗集料的质量技术要求,如表9-18所示。

规范对沥青混合料表面层质量技术要求 表9-18

指标	单位	高速公路及一级公路要求	试验方法
石料压碎值	%	≤26	T 0316
洛杉矶磨耗损失	%	≤28	T 0317
表观密度	—	≥2.60	T 0304
吸水率	%	≤2.0	T 0304
坚固性	%	≤12	T 0314
针片状颗粒含量(混合料)	%	≤15	T 0312
粒径大于9.5mm	%	≤12	T 0312
粒径小于9.5mm	%	≤18	T 0312
水洗法≤0.075mm颗粒含量	%	≤1	T 0310
软石含量	%	≤3	T 0320

根据相关规定,对于最大粒径为13.2mm的多孔沥青路面材料,常用的粗集料分别是花岗岩(39.4%)、玄武岩(36.4%)、辉绿岩(24.2%),其中,又以玄武岩的路用性能最优。尤其是玄

武岩的磨光值是三种材料中最大的,高的磨光值表征材料表面粗糙度高,对沥青的吸附力强,其破坏时的抗剪切阻力大,有利于混合料的结构稳定。玄武岩粗集料如图9-20所示。

图9-20 玄武岩粗集料

2.细集料

细集料指粒径在0.075～2.36mm之间的集料。虽然多孔沥青混合料中的细集料含量不高,但细集料对混合料的性能,尤其对高温性能影响较大。所以,多孔沥青路面的细集料一般使用机制砂,而非石屑、天然砂。因为机制砂洁净、无杂质、棱角性好、粗糙度高,对沥青的黏附力较强。而石屑中粉尘含量高,强度偏低,扁平的颗粒含量较大,施工不易压实,天然砂则是表面过于光滑,与沥青的黏附性差。我国现行《公路沥青路面施工技术规范》规定了对细集料的质量技术要求,见表9-19。

规范对细集料质量技术要求　　　　表9-19

指标	单位	要求	试验方法
视密度	t/m^3	≥2.5	T 0328—2000
坚固性(>0.3mm)	%	≥12	T 0340—94
砂当量	%	≥60	T 0334—94
棱角性(流动时间)	s	≥30	T 0345—95

在机制砂中,花岗岩、石英岩为酸性,玄武岩石料为碱性。为了提高对沥青的吸附力,一般使用玄武岩细集料,玄武岩细集料如图9-21所示。

图9-21 玄武岩细集料

3. 矿粉

矿粉在多孔沥青混合料中的含量一般不超过5%,作为粗细集料和沥青黏结的填料,用以提高多孔沥青混合料的强度,同时增加沥青膜厚度,提高混合料的抗老化能力。虽然矿粉的含量不多但其作用极其重要,沥青吸附在矿粉表面形成油膜进而对其他集料产生吸附作用,这些填料的品质影响沥青混合料的强度。在多孔沥青混合料中填料的数量不多但质量必须要高。因而一般使用强基性的憎水亲油性石料研磨得到的矿粉,提高矿粉与沥青的黏结性。同时,矿粉应洁净、干燥、无杂质。我国的《公路沥青路面施工技术规范》规定了对矿粉的质量技术要求,如表9-20所示。

规范对矿粉质量技术要求   表9-20

指标	单位	技术要求	试验方法
表观密度	g/cm³	≥2.6	T 0352—2000
含水率	%	≤1	T 0354—2000
亲水系数	%	≤1	T 0354—2000
粒径范围<0.6mm	%	100	T 0351—2000
粒径范围<0.15mm		90~100	
粒径范围<0.075mm		75~100	
外观	—	无团粒结块	—

玄武岩矿粉具有耐磨、吸水率低、抗压性能强、压碎值低、抗腐蚀性强的特点,而且玄武岩矿粉对沥青的黏附力高,可以作为多孔沥青混合料的填料。

4. 沥青与改性剂

对于多孔沥青路面,由于采用大空隙而更易受到水、阳光、空气等环境因素的侵蚀而产生老化,加之经常承受雨水的冲刷,行车荷载与雨水共同作用对混合料有很强的剥离效果。若使用普通的基质沥青,由于黏度不足,很容易出现老化剥落,路面结构强度下降,产生压密变形,路面出现坑槽及车辙等病害。为保证路面的使用性能和耐久性能,必须选用黏附性强的沥青黏结料,避免出现混合料的松散、剥落。一般来说,宜选用高黏度改性沥青或者在沥青中使用添加剂(聚合物、树脂、橡胶、纤维等材料)来实现增黏的目的,这些沥青黏结料在60℃时的绝对黏度可以达到20000Pa·s以上,有时为了改善抗剥落性,也会添加抗剥落剂,如消石灰、水泥等。现行《公路沥青路面设计规范》规定了对高黏度改性沥青的质量技术要求,见表9-21。

高黏度沥青性能指标技术要求   表9-21

试验项目	技术指标	试验项目	技术指标
针入度(25℃,50g,5s)(0.1mm)	≥40	薄膜加热针入度比(%)	≥65
软化点TRAB(℃)	≥80.0	韧性[N·m(kgf·cm)]	≥20(200)

续上表

试验项目	技术指标	试验项目	技术指标
延度(5cm/min, 15℃)	≥50	黏附性[N·m(kgf·cm)]	≥15(150)
闪点(℃)	≥260	60℃黏度[Pa·s(Poise)]	≥20000(20000)
薄膜加热质量变化率(%)	≤0.6	—	—

国内外的研究表明，一般通过测试沥青黏结料的软化点来表征使用的沥青结合料应具有的黏度，软化点高的沥青黏度也大。而高黏度的沥青黏结料提高沥青和集料的黏附性的机理可以通过以下三个方面解释：①黏度大的沥青其分子团较大，沥青胶质含量高，可以与集料产生更强的化学吸附；②黏度大的沥青形成的沥青膜厚度较大，因而抗剪切抗剥落性能更好；③黏性大的沥青中含有较多的极性物质，从而使沥青具有较大的表面张力，抗水损害能力强。

高黏度的沥青一般有两种，一种是成品高黏度沥青，例如广州生产的高黏度A型和E型沥青，西安的PG70改性沥青，韩国的SK型高黏度沥青；另一种是在拌和混合料时使用添加剂制备高黏度改性沥青。其中，后一种方法在目前的多孔沥青路面中使用较为普遍，常用聚合物改性剂主要为橡胶类、热塑树脂类、热塑弹性体类改性剂，见表9-22。

常用聚合物改性剂　　　　表9-22

类型	改性剂	特点
橡胶类	丁苯橡胶SBR	具有橡胶的弹性，其中SBR使用较多
	氯丁橡胶CR	
	丁二烯橡胶BR	
	天然橡胶NR	
	异戊二烯IR	
	乙丙橡胶EPDM	
热塑树脂类	聚乙烯PE	常温下黏度大，常用PE、EVA
	乙烯—醋酸乙烯共聚物EVA	
	聚丙烯APP	
热塑性弹性体	苯乙烯—丁二烯—苯乙烯SBS	兼具橡胶的弹性及树脂的热塑性，常用SBS、TPS
	苯乙烯—异戊二烯—苯乙烯SIS	
	苯乙烯—聚乙烯/丁基—聚乙烯SE/SB	
	TAFPACK-Super TPS	

以上三类改性剂各有特点，其中热塑树脂类改性剂虽然常温下可以大幅提高沥青的黏度，但是高温时容易离析，再次冷却产生弥散体，因而主要用于寒冷地区，如欧洲的英国。而橡胶类改性剂如SBR对沥青黏度的改善和基质沥青性能相关，基质沥青软化点越高，加入SBR后软化点提升越大。热塑性弹性体改性剂如SBS和TPS可以改善沥青的黏度，并提高沥

青结合料的高温和低温性能,被认为是最适合多孔沥青混合料的改性剂。

多年来,不少研究者对SBS和TPS两种改性剂进行了对比分析,结果表明,在有效形成骨架结构,保证空隙率和有效空隙,在提供多孔沥青路面排水抗滑性能方面,TPS和SBS相差无几。在力学性能方面,就低温稳定性能和水稳定性上,两者相差不大,而在高温稳定性上,TPS要明显优于SBS改进剂。此外,在耐久性方面,TPS的抗疲劳性能要优于SBS改性剂。因此,在不考虑价格因素的情况下,众多的多孔沥青路面的沥青改性剂品种中,使用TPS是最佳选择。

TPS(TAFPACK-Super)是日本大有株式会社专门为多孔沥青路面开发的一种沥青改良添加剂。TPS的主要成分是热塑橡胶,其他成分包括黏结性树脂和增塑剂。此改性剂外观上为2~3mm的黄色颗粒状弹性体,可以采用机械拌合的方式把基质沥青改性成高黏度沥青,操作简单方便,TPS改性剂外观如图9-22所示。

图9-22 TPS改性剂

5.防水黏结层

防水黏结层在排水沥青路面结构中起着至关重要的作用,可采用两种材料,一种是改性乳化沥青,其技术要求可参考现行技术规范;另一种是喷涂型防水黏结层材料,其技术要求可见表9-23。

喷涂型防水黏层材料技术要求 表9-23

试验项目	单位	技术标准	备注
外观	—	搅拌棒上无黏附颗粒,色泽均匀	
固体含量	%	≥8	
低温柔性	—	$-20℃$,2h后绕ϕ5mm棒一周无裂缝	
耐热性	—	160℃,30min,涂膜无流淌不起泡	
黏结强度	MPa	≥0.5(25±1℃,"∞"字形)	
延伸率	%	≥800	
不透水性	—	0.3MPa,30min不透水	
耐酸性	—	2%H_2SO_4溶液,浸泡15天无变化	

续上表

试验项目	单位	技术标准	备注
耐碱性	—	2%NaOH溶液,浸泡15天无变化	
抗剪强度 （剪切角α=40°）	MPa	>1.2	25℃
		>0.4	50℃
拉拔强度	MPa	>0.5	25℃
		>0.2	50℃
抗低温冻融柔性	—	0～-20℃各2h,20次循环涂膜无裂纹	
涂膜干燥时间	—	表干2h,不黏手	
	—	实干12h,无黏着	

6. 材料性能检测

依托上海五洲大道多孔沥青路面路段为研究对象,如图9-23所示。该路段位于浦东新区,横穿浦东新区北部,与长江隧道相连,是上海"三环十射"城市快速道路交通骨架网络系统的重要组成部分,其全长7.09km,设双向八车道,设计车速80km/h,在桩号K2+900～K3+300的路段南侧使用多孔沥青混合料铺筑。根据五洲大道路面的设计,其多孔沥青混合料级配见表9-24。沥青为TPS高黏度改性沥青,油石比为4.9%,设计空隙率为22%。

a)

b)

图9-23 五洲大道多孔沥青路面

五洲大道路面多孔沥青混合料级配 表9-24

筛孔尺寸(mm)	16	13.2	9.5	4.75	2.36	1.18	0.6	0.3	0.15	0.075
通过率(%)	100	97.8	63.3	17.3	14.9	12.2	9.9	8.2	5.9	4.3

根据上述分析结果,多孔沥青混合料的材料如下:粗集料和细集料均为机制玄武岩集料,矿粉使用优质玄武岩矿粉,沥青黏结料使用TPS改性剂添加70号基质沥青制成的高黏度改性沥青。分别对粗集料、细集料、矿粉以及沥青的性能进行检测,结果见表9-25～表9-28。

粗集料检测结果 表9-25

检测项目	技术要求	检测结果
表观密度(g/cm³)	≥2.60	2.77
洛杉矶磨耗损失(%)	≤28	12.1
压碎值(%)	≤26	17.8
吸水率(%)	≤2.0	0.4
针片状颗粒含量(混合料)(%)	≤15	11.0
石料磨光值(BPN)	≥42	50

细集料检测结果 表9-26

检测项目	技术要求	检测结果
视密度(g/cm³)	≥2.50	2.72
砂当量	≥60	70

矿粉检测结果 表9-27

检测项目	技术要求	检测结果
视密度(g/cm³)	≥2.60	2.67
亲水系数	≤1.0	0.7
含水率(%)	≤1.0	0.3
外观	无团粒结块	—

TPS改性沥青性能检测结果 表9-28

检测项目	技术要求	检测结果
针入度(25℃,50g,5s)(0.1mm)	≥40	46
软化点 T_{RAB}(℃)	≥80.0	91.2
延度(5cm/min,15℃)	≥50	90
闪点(℃)	≥260	312
薄膜加热质量变化率(%)	≤0.6	0.50
薄膜加热针入度比(%)	≥65	81.8
韧性[N·m(kgf·cm)]	≥20(200)	23.0
黏附性[N·m(kgf·cm)]	≥15(150)	16.1
60℃黏度[Pa·s(Poise)]	≥20000(20000)	24600

通过对上述数据的对照,可以得出所使用的材料,无论是粗集料、细集料、矿粉,或是改性沥青的指标都满足国内规范的要求。尤其是使用TPS改性沥青的性能指标明显高于规范技术指标,这在材料上为多孔沥青混合料的优良性能提供了保证。

三、多孔沥青混合料配合比设计

1.多孔沥青混合料设计基本要求

多孔沥青路面的级配设计依据的是由C.AGweymouth提出的开级配粒子干涉理论(The

Theory of Interference),该理论认为对于骨架型结构的混合料,其集料颗粒间的空隙应该由次一级的集料颗粒填充,用于填充的颗粒粒径不可以超过空隙的间距,以免发生粒子干涉。多孔沥青混合料粗集料形成空间结构,然后由细集料和沥青胶浆对骨架的空隙进行填充,形成具有一定空隙的骨架结构。多孔沥青混合料的配合比设计是为了使集料和沥青结合料达到最佳的配比,从而形成稳定的骨架结构,给路面结构提供长期稳定的使用性能,良好的配合比设计可以提高路面在交通荷载及环境因素共同作用下的使用寿命。虽然各国由于使用路况的不同而采用不同的配合比设计方法,但设计的基本要求都必须满足以下三个方面:

①多孔沥青混合料的排水性能。

多孔沥青路面的关键特点是大空隙结构。一般来说,空隙率越大,路面的排水抗滑性能,以及降噪降温性能越好。根据各国多年的使用经验和研究,要保证较高的路面渗水系数,对于多孔沥青路面要求空隙率在18%以上。

②多孔沥青混合料的抗松散剥落性能。

多孔沥青路面的空隙率比较大,这就容易加剧阳光、空气和水对沥青的老化作用,尤其是雨水长期通过或者残留在路面结构内部,对多孔沥青路面造成水损害。因此,多孔沥青混合料的设计必须重视水损害,确保路面不易产生松散剥落的病害。

③多孔沥青混合料的力学强度。

多孔沥青路面结构是骨架嵌挤型结构,粗集料含量很高,空隙率较大。一般来说,空隙率越大,材料的强度越低,在荷载、温度、水等因素的作用下,越易产生变形,耐久性越差。因此,多孔沥青路面也应该控制空隙率的上限,目前比较普遍的空隙率上限是24%。为满足以上要求,需要在多孔沥青混合料的配合比设计中采用适当的方法。

2.混合料配合比设计要求

级配对排水性沥青混合料性能有重要影响,要求既保证沥青混合料具备较大的空隙率满足排水功能,粗集料颗粒也要形成充分的嵌挤结构,使得排水沥青混合料各种性能稳定而耐久。工程常用最大公称粒径13.2mm和16mm的排水沥青混合料级配范围见表9-29。

排水沥青混合料集料级配范围 表9-29

筛孔尺寸(mm)	通过率(%)	
	最大公称粒径13.2mm	最大公称粒径16mm
16.0	100	90~100
13.2	90~100	—
9.5	—	40~60
4.75	10~30	10~2
2.36	9~20	8~20

续上表

筛孔尺寸(mm)	通过率(%)	
	最大公称粒径13.2mm	最大公称粒径16mm
1.18	7~17	7~17
0.6	6~14	6~14
0.3	5~12	5~12
0.15	4~9	4~9
0.075	3~7	3~7

配合比设计过程如下：

①检验原材料的技术指标。

②根据空隙率预估公式确定初步配比方案。

③根据沥青膜厚度和集料表面积预估沥青用量，不同沥青按不同膜厚进行计算。

④击实成型马歇尔试件与车辙试件，检验体积指标，主要是空隙率能否达到目标空隙率的要求。

⑤如果达到要求后再按±0.5%、±1%变化沥青用量，分别进行析漏试验、飞散试验确定最佳沥青用量。通常以沥青析漏试验的反弯点作为最佳沥青用量，而且析漏量一般不超过0.8%（烧杯法）。参照马歇尔试验结果，选择合适的沥青用量作为最佳沥青用量。

⑥最后，对混合料性能试验进行验证，包括排水性能、抗水损坏性能、飞散试验及车辙试验等。

试配排水性沥青混合料集料级配时，目标空隙率可根据式(9-75)、式(9-76)估算：

NMAS=13.2mm时，

$$y=0.3755-0.0083P_{2.36}-0.0083P_{0.075}-0.0083P_{\delta} \tag{9-75}$$

NMAS=16mm时，

$$y=0.2611+0.0008P_{13.2}-0.0075P_{2.36}-0.0022P_{\delta} \tag{9-76}$$

式中：y——空隙率；

$P_{2.36}$——2.36mm孔径筛孔通过率；

$P_{0.075}$——0.075mm孔径筛孔通过率；

$P_{13.2}$——13.2mm孔径筛孔通过率；

P_{δ}——4.75mm孔径筛孔通过率和2.36mm孔径筛孔通过率之差。

3.排水沥青混合料设计技术要求

排水沥青混合料应具有优良的抗滑和排水功能；同时，又要有其他良好的路用性能，如强度特性、抗车辙、抗水损坏、抗飞散等，无论是服务功能特性还是材料强度性能，都要有很好的耐久性。排水性混合料设计技术指标应满足表9-30的要求。

排水性混合料设计技术要求　　　　　　　　表9-30

试验项目	单位	技术要求	备注
马歇尔试件击实次数	次	双面50	
空隙率	%	17~23	依工程需要确定
稳定度	kN	≥3.5	
析漏损失	%	≤0.8	
飞散损失	%	≤20	
车辙试验	次/mm	≥3000	
浸水车辙	次/mm	≥1500	
残留马歇尔稳定度	%	≥80	
冻融劈裂试验TSR	%	≥70	
浸水飞散损失	%	≤0	浸水2天
渗透系数	cm/s	>0.15	
渗水量	mL/15s	>900	

四、多孔沥青混合料级配设计示例

五洲大道路面级配设计参数见表9-24，其沥青为TPS高黏度改性沥青，油石比为4.9%，设计空隙率为22%。为了研究其路用性能的变化，选择了22%、20%、18%三个空隙率为特征值进行研究。为了确定20%和18%两个空隙率的级配设计，本书根据现行《公路沥青路面施工技术规范》推荐的设计方法，在2.36mm通过率上变化3%左右来初选级配，随后使用经验公式初试沥青用量，再用马歇尔试件验证空隙率并进行马歇尔试验、肯特堡飞散试验、谢伦堡析漏试验等验证各项指标符合规范要求。同时，保证空隙率与期望值的差值不超过±1%，完成配合比设计。配合比设计流程如图9-24所示。

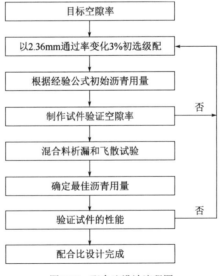

图9-24　配合比设计流程图

根据上海五洲大道的空隙率22%级配作为级配1,在2.36mm通过率上依次增加3%左右初选空隙率分别为20%和18%的级配2和级配3,保证每个级配不超过现行《公路沥青路面施工技术规范》规定的级配范围,多孔沥青混合料级配如表9-31所示。

多孔沥青混合料级配　　　　表9-31

级配	各筛孔的通过率(%)									
	16	13.2	9.5	4.75	2.36	1.18	0.6	0.3	0.15	0.075
上限	100	100	80	30	22	18	15	12	8	6
1(22%)	100	97.8	63.3	16.2	12.5	9.7	7.7	5.8	5.3	4.5
2(20%)	100	97.8	63.3	18.8	15.0	11.5	8.7	6.1	5.4	4.6
3(18%)	100	97.8	63.3	21.8	17.3	13.3	9.7	6.5	5.6	4.7
下限	100	90	60	12	10	6	4	3	3	2

从中可以看出,三种级配都在规范要求范围内,并且4.75mm和9.5mm通过率相对更接近级配下限,说明此级配中粗集料含量较多,空隙率较大。

(1)初试沥青用量

根据理论计算法估算沥青用量见式(9-77):

$$P_b = h \times (2+0.02a+0.04b+0.08c+0.14d+0.3e+0.6f+1.6g)/48.74 \tag{9-77}$$

式中：　　h——沥青膜厚度(μm);

　　　　　P_b——初试沥青用量(%);

a、b、c、d、e、f、g——代表4.75mm、2.36mm、1.18mm、0.6mm、0.3mm、0.15mm、0.075mm筛孔的通过率(%)。

根据日本的研究结论,多孔沥青混合料的沥青膜厚度宜为14μm,将数据代入上式计算的结果为:级配1,油石比4.9%,级配2油石比5.0%,级配3油石比5.2%。对上述级配使用马歇尔击实仪双面击实50次,成型后的试件采用体积法测定的空隙率分别为21.9%、20.2%、17.8%,基本符合既定的空隙率指标。

对上述3个级配的初始油石比,以0.5%为梯度变换油石比,以4.0%~6.0%这五组不同的油石比成型试件,分别进行谢伦堡析漏和肯特堡飞散试验,以此确定最佳沥青用量。

(2)析漏试验

谢伦堡析漏试验是用来检测沥青混合料在高温状态下析出的多余沥青量,防止混合料在运输过程中出现沥青胶浆的离析而影响混合料的质量,确定多孔沥青混合料的最大沥青用量。

我国的《公路工程沥青及沥青混合料试验规程》(JTG E20—2011)在德国的烧杯析漏试验基础上,制定了析漏试验规范T 0732—2011。具体步骤是在800mL的烧杯中加入1kg混合料,在170℃的烘箱中保温一个小时后取出,将混合料倒出后称取残留在烧杯内壁上的沥青结合料、细集料等的总质量。析漏损失的公式如式(9-78)所示。

$$\Delta m = \frac{m_2 - m_0}{m_1 - m_0} \times 100\% \tag{9-78}$$

式中:m_0——烧杯质量(g);

m_1——烧杯及试验用沥青混合料总质量(g);

m_2——烧杯及黏附在烧杯上的沥青结合料、细集料等的总质量(g);

Δm——沥青析漏损失(%);

对上述三种级配的析漏试验结果见表9-32。

析漏试验结果　　　　　表9-32

级配	析漏损失百分比(%)				
	4.0	4.5	5.0	5.5	6.0
1(22%)	0.18	0.25	0.29	0.53	0.76
2(20%)	0.20	0.22	0.27	0.49	0.75
3(18%)	0.17	0.21	0.26	0.47	0.70

(3)飞散试验

肯特堡飞散试验是用以评价沥青用量不足或沥青黏性不足而在交通荷载作用下,路面材料的脱落散失的情况。对于多孔沥青混合料,由于空隙率大,在荷载和雨水冲刷下,容易产生掉粒、脱落、坑槽等病害。因此,必须使用飞散试验确定多孔沥青混合料的最少沥青用量。

我国的《公路工程沥青及沥青混合料试验规程》(JTG E20—2011)参考国外的试验方法,以马歇尔试件在洛杉矶试验机中旋转碰撞300转后的试件散落损失的质量评定飞散损失。具体步骤是让马歇尔试件在20℃的恒温水槽中养生20h后,放入洛杉矶试验机中以30～33r/min的速度旋转300转,称取试件残留的质量。飞散损失的计算公式如式(9-79)所示:

$$\Delta S = \frac{m_0 - m_1}{m_0} \times 100\% \tag{9-79}$$

式中:ΔS——沥青混合料的飞散损失(%);

m_0——试验前试件的质量(g);

m_1——试验后试件的质量(g)。

对表9-30所示的三种级配采用双面击实50次成型马歇尔试件,飞散损失试验结果如表9-33所示。

飞散损失试验结果 表9-33

级配	飞散损失百分比(%)				
	4.0	4.5	5.0	5.5	6.0
1(22%)	22.1	16.3	13.0	12.0	10.7
2(20%)	20.3	15.7	12.1	10.9	9.1
3(18%)	19.8	15.0	9.2	7.9	6.8

根据飞散试验和析漏试验的结果，一般以曲线上的"拐点"确定最大沥青用量的限制和最小沥青用量的限制，随后在上下限之间选择适合的沥青用量，由上述结果可以确定三种级配的最佳油石比在5.0%左右。为了进一步确定不同级配下的油石比，参考蒋玮的研究，可按式(9-80)计算最佳沥青用量：

$$OAC=OAC_{min}+0.75(OAC_{max}-OAC_{min}) \qquad (9-80)$$

式中：OAC——最佳沥青用量；

OAC_{min}——根据飞散试验确定的最小沥青用量；

OAC_{max}——根据析漏试验确定的最大沥青用量。

其中，OAC_{min}以飞散损失达到15%为标准线，OAC_{max}以析漏损失达到0.3%为标准线，在表9-31和表9-32中取点得到三种级配的OAC_{max}和OAC_{min}，然后根据上述式(9-80)计算得到最佳沥青用量，并确定最佳油石比，见表9-34。

最佳油石比确定 表9-34

级配	0.3%析漏OAC_{max}	15%飞散OAC_{min}	最佳OAC
1(22%)	5.0	4.7	4.9
2(20%)	5.1	4.6	5.0
3(18%)	5.3	4.5	5.1

根据上述油石比制成马歇尔试件，用体积法测得三种级配的空隙率分别是21.9%、20.2%、18.4%，所以级配1为22%空隙率，级配2为20%空隙率，级配3为18%空隙率。其中，级配1的油石比和空隙率同五洲大道的设计一致。

（4）配合比性能验证

根据表9-31制成三种多孔沥青混合料，分别对其进行析漏试验、飞散试验以及马歇尔稳定度试验。我国《公路沥青路面施工技术规范》（JTG F40—2004）中要求对于多孔沥青混合料的析漏损失不超过0.3%，飞散损失不大于20%，马歇尔稳定度不小于3.5kN，按照《公路工程沥青及沥青混合料试验规程》（JTG F20—2011）的相关试验规程试验，配合比性能检测结果见表9-35。

配合比性能检测　　　　　　　　　　　　表9-35

级配	析漏损失(%)	飞散损失(%)	马歇尔稳定度(kN)
1(22%)	0.28	13.1	7.56
2(20%)	0.27	12.1	8.15
3(18%)	0.27	9.0	8.60

根据表9-35的测试结果,可以得出三种级配在析漏损失、飞散损失和马歇尔稳定度三个方面均满足规范要求,配合比设计合理。

第五节　OGFC沥青路面抗滑表层设计示例

开级配抗滑磨耗层(OGFC)路面是一种嵌挤型热拌沥青混合料,最典型的特征是其主要由粗集料嵌挤组成,细集料和填料较少,具有较大的设计空隙率,一般在18%～25%,具有较强的结构排水能力。

开级配抗滑磨耗层(OGFC)从1950年开始为了提高沥青路面面层的摩擦性能已经在美国的不同的地区得到应用。OGFC通过让水从多孔渗水的结构排出路面的方法提高了潮湿天气的驾驶条件。这种改良的面层排水系统降低了车轮打滑的情况,减少了车辆过后的水的飞溅和水雾的发生,提高了潮湿路面的抗滑力。随着交通水平的提高,对道路的功能性要求是当前道路设计者需要考虑的重要方面。排水路面有着比较好的抗滑能力,许多发达国家甚至规定高速公路的面层要设计成排水路面的形式。

我国于1988年首次引入该技术,目前已有众多研究和实践路段,对OGFC路面有了全面地认识和运用。在OGFC路面的基础上,以江苏省为主的几个地区开发了排水沥青路面(PAC路面)技术,整体与OGFC路面类似。我国目前对排水性路面的研究还处在起步阶段,还没有专门的OGFC的设计和施工规范,所以要进行OGFC的设计主要还需要参考国外的成功经验,在不断的探索中寻求适合我国的OGFC设计方法。

一、开级配沥青磨耗层配合比设计

OGFC沥青混合料的配合比设计,国际上尚无公认的成熟的方法,由于OGFC起源于美国,美国的方法普遍受到重视。但是因为美国的气候情况与我国不同,气候变化没有我国变化大,石料的性质也不一样,所以完全照搬美国的方法就会出问题。

现在通行的配合比设计方法仍然是马歇尔试验方法。考虑到OGFC的大孔隙的特点,要保证混合料的具有良好的黏结能力,沥青的用量将比较大。在这种情况下,采用谢伦堡析漏试验和肯塔堡飞散试验确定沥青的用量范围,并对混合料进行验证。参照美国OGFC配合比设计方法,制定出OGFC配合比设计流程,如图9-25所示。

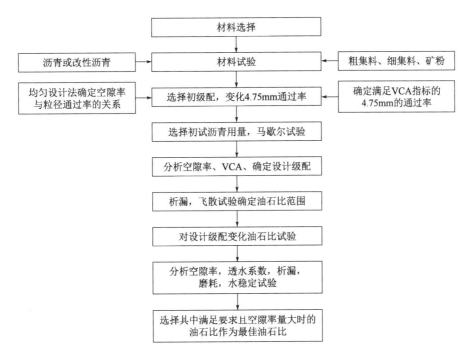

图 9-25 OGFC 配合比设计流程图

1.材料选择

抗滑表层暴露于大气,受自然界的各种腐蚀、老化和蜕变作用,同时又处于路面的顶面,直接承受车轮的磨光、磨耗、冲击和压碎作用,所以抗滑表层的材料要求是各路面层中最高的,抗滑表层的成败在很大程度上取决于其材料的品质。抗滑表层所用的沥青一定要符合重交通道路沥青的标准,在OGFC抗滑表层设计时应该采用改性沥青作为结合料。抗滑表层所用的粗集料除应满足沥青面层的一般要求外,还应满足表9-36所示的要求。因为OGFC抗滑表层属排水混合料,须要严格要求沥青的黏附性。石料磨光值指标要求石料磨不光,能保持较大的微观构造,磨耗值指标的意义是要求石料磨不掉,能保持宏观构造的耐久性,冲击值指标用于控制石料在冲击荷载作用下抵抗破碎作用的能力,也是保持宏观构造耐久性的必要条件。

我国SMA路面用集料质量技术要求 表9-36

种类	集料的物理特性	单位	要求
粗集料	石料压碎值	%	≤25
	洛杉矶磨耗损失	%	≤30
	视密度	t/m^3	≤2.60
	吸水率	%	≤2.0
	与沥青的黏附性	级	≥4

续上表

种类	集料的物理特性	单位	要求
粗集料	坚固性	%	≤12
	针片状颗粒含量	%	≤15
	水洗法<0.075mm颗粒含量	%	≤1
	软石含量	%	≤1
	石料磨光值	BPN	≥42
	具有一定破碎面的破碎砾石的含量	%	一个面:100 两个面:>90
细集料	视密度	t/m^3	≥2.50
	坚固性	%	≤12
	砂当量	%	≥60
	棱角性	%	≥45
填料	视密度	t/m^3	≥2.5
	含水率	%	≤1
	0.6mm通过率	%	100
	0.15mm通过率	%	>90
	0.075mm通过率	%	>75
	外观	—	无团粒、不结块

观构造耐久性的必要条件。控制针片状颗粒的含量对构造和结构的稳定性都有好处,而对沥青黏附性的要求,则主要是为了防止水对沥青的剥离作用,是防止水损害的重要指标。相对于中面层和下面层,抗滑表层的水损害问题要严重得多,除抗滑表层位于路表,受水的作用最大之外,抗滑表层所用集料的品质是个非常重要的原因。大部分集料的表面是带有负电荷的,水的极性较强,它会被很强的定向力吸附到带电荷的集料表面,而沥青的极性较弱,沥青与集料的化学黏结主要依靠相对较弱的分子力。所以集料表面或多或少具有亲水憎油的性能。而抗滑表层要求的符合磨光值要求的石料又多为酸性岩石,其亲水憎油的特性更加突出,因此在抗滑表层上防水与抗滑成了一对矛盾,集料与沥青黏附性成了一个突出的极为重要又必须解决的问题。

水置换沥青在不需要外界做功的情况下就可以自主发生,但水的单独和静态的作用本身对混合料的结构损害并不大,行车造成的动水压力将加速置换进程,使得沥青混合料受水的剥离危害将更加严重,对于排水性沥青面层该为体尤为突出。

在工程上,改善沥青与沥青黏附性的措施有三种:一是在沥青中掺加抗剥落剂;二是将粗集料用石灰水处理后再使用;三是在沥青混合料中用磨细的消石灰或生石灰粉、水泥代替一部分矿粉使用,其用量宜为矿料总量的1%~2%。

在设计OGFC抗滑表层时,考虑到OGFC既作为路面的抗滑表层又作为排水层的特点对材料进行选择。OGFC是一种大孔隙骨架结构,作为路面抗滑表层与SMA相似。两者都要形成石-石接触状态,同时又都作为路表面的功能层,对抗磨耗上要求相似。所以在对集料的选择上,可以参考我国关于SMA面层设计中对集料的相关要求。在此基础上比较原有OGFC使用成功经验的世界其他地区对集料的要求,分析其合理的选择方法,选择合理的材料。

(1)粗集料

从OGFC的成型机理可知,OGFC具备较高的高温稳定性是基于含量甚多的粗集料之间的嵌挤作用。集料嵌挤作用的好坏在很大程度上取决于集料石质的坚韧性、集料的颗粒形状和棱角性。可以说,粗集料的这些性质是OGFC成功与否的关键。因此,与普通的沥青混凝土相比,OGFC对粗集料的质量要求较高,粗集料必须使用坚韧的、有棱角的优质材料,必须严格限制集料扁平颗粒的含量。花岗岩、石英岩、砂岩等酸性岩石往往具有这些性质,但是它们与沥青的黏附性很差,必须采用掺加石灰、水泥及抗剥离剂等措施。相比较而言碱性岩石玄武岩能满足这些性质与沥青的黏附性能也不错,建议采用破碎较好的玄武岩作为OGFC的粗集料。

美国的试验证明,洛杉矶磨耗损失是粗集料的坚韧性的重要指标,与集料抗破碎性能有良好的关系,如果洛杉矶磨耗损失小于20%符合最小的VMA的要求就不困难。参考美国的规范,要满足洛杉矶磨耗损失不大于30%的要求。

粗集料的针片状颗粒含量是个重要指标。有研究表明,集料的破损情况与粗集料的针片状颗粒含量关系密切。我国采石场集料破碎机械比较落后,针片状颗粒含量超标比较的问题非常突出。参考美国对于针片状含量的要求与我国SMA对针片状含量要求,规定要求针片状含量不大于15%。为了达到这一要求,必须将颚板式破碎改变为锤击式才有可能。

考虑到OGFC是大孔隙混合物,我们建议要增加碎石料的压碎值的要求,我国在《公路沥青路面施工技术规范》(JTG F40—2004)规定的抗滑表层的基础上对抗压碎性能适当提高。因为OGFC要达到很好"石—石"接触状态,形成嵌挤结构与SMA在这方面的要求是一致的,参照我国对SMA的规定,要求压碎值不能超过25%,吸水率要求不大于2%。由于OGFC的粗集料在与SMA的粗集料在形成最终混合料的机理上是一致的,所以OGFC对粗集料要求可以参照SMA对粗集料要求。

(2)细集料

细集料最好使用坚硬的人工砂,是因为人工砂有相当好的粗糙度,混合料抗车辙能力强。人工砂是利用坚硬的石料反复破碎而制成的,它具有一定的粗细级配,不同于从石屑中筛分出来的细颗粒碎屑,但比石屑的石粉数量要少,在采用人工砂确实有困难时,细集料必须掺加一部分石质坚硬的石屑和粗砂,不宜全部使用天然砂。美国规范要求细集料应该满足坚固性、棱角含量的要求。我国的SMA对细集料有坚固性、表面粗糙度、棱角性、砂当量的要求。通过分析可以看出,细集料的坚固性越大则耐久性就越好;细集料的表面粗糙度和棱角性对提高马歇尔稳定度和车辙试验的动稳定度效果明显,对OGFC就非常重要。在这些要求上与SMA是一致的,因此在OGFC中对细集料的要求可以采用《公路沥青路面施工技术规范》(JTG F40—2004)中规定的指标。

(3)填料

矿粉在沥青混合料中的作用至关重要,沥青只有吸附在矿粉表面形成薄膜,才能对其他粗细集料产生黏附作用,所以沥青矿粉混合料才是真正的沥青结合料。因为OGFC是一种孔隙很大的混合料,提高其排水抗滑的同时降低了混合料的耐久性,要提高其耐久性黏结料的作用就非常重要,所以对矿粉的质量应该严格要求。尽量采用磨细的石灰石粉。采用磨细石灰石粉、石灰石矿粉的亲水系数都小于1,与沥青有良好的黏附性。同时矿粉的细度也应满足要求,小于0.075mm的含量应大于75%。矿粉必须存放在室内干燥的地方,在使用时必须干燥,不成团。

石粉必须表面干燥,能从矿粉仓中自由流动,矿粉的塑性指数不大于4。美国AASHTO规定矿粉可以是石灰岩破碎的石粉、石灰、粉煤灰,使用时须为干燥,能够从矿粉仓中自由流动,矿粉的塑性指数不大于4,0.075mm通过率必须大于70%。台湾地区也对0.075mm的通过率作出了相同的规定。在我国由于粉煤灰质量不一,含泥量较大,不得用于OGFC中做矿粉。通过比较分析,可以认为0.075mm通过率大于75%的矿粉能够满足要求,可以作为本次设计的要求指标。

综合上面对于集料的技术要求,考虑到OGFC中的粗、细集料需要满足的性能与SMA基本一致,并且SMA对集料的要求同时也能够满足许多其他国家对集料的要求。此外,SMA已经在我国得到广泛的应用,经验也比较成熟,故可采用SMA对集料的要求作为OGFC的要求。为此提出OGFC对集料的技术要求,如表9-37所示。

OGFC对集料的技术要求　　　　表9-37

种类	集料的物理特性	单位	要求
粗集料	石料压碎值	%	≤25
	洛杉矶磨耗损失	%	≤30
	吸水率	%	≤2.0
	坚固性	%	≤12
	针片状颗粒含量	%	≤10
	具有一定破碎面的破碎砾石的含量	%	一个面:100 两个面:>90
	坚固性	%	≤12
细集料	砂当量	%	≥60
	棱角性	%	≥45

续上表

种类	集料的物理特性	单位	要求
填料	含水率	%	≤1
	0.075mm通过率	%	>75
	外观	—	无团粒、不结块

(4)沥青结合料

OGFC混合料使用的沥青要有较高的黏度,符合一定的要求,以保证有足够的高温稳定性和低温韧性。美国规定沥青的质量必须符合AASHTO M226的标准或AASHTO MP ISHRP沥青结合料路用性能规范的要求。在我国,必须采用符合"重交通沥青技术要求"的沥青。

OGFC抗滑表层对沥青混合料要求要比普通的沥青混凝土要高。因为OGFC属于大孔隙的排水面层,在使用过程中将受到动水压力对沥青的剥离作用,如果沥青与石料的黏附性能差,则混合料会很快松散。美国在使用OGFC初期,对该问题认识不够,结果OGFC在使用时间很短后就出现松散破坏。现在高速公路面层所使用的沥青,改性沥青的比重越来越大。美国许多州对于OGFC的使用情况表明,在多数报道OGFC具有良好性能的州使用了聚合物改性沥青结合料和相对较粗的级配。通过许多国家对OGFC使用的成功经验表明,要想使OGFC具有很好的使用性能,必须使用改性沥青。

在改性沥青的技术要求上,我们可以参考日本用于排水性路面的改性沥青。日本已研制多年的专用于排水性路面的高稠度改性沥青,其裹握力强,品质稳定,故可以普遍用于OGFC路面,其技术要求如表9-38所示。添加剂使用木质纤维或矿物纤维。纤维稳定剂的用量一般在整个混合物的0.2%~0.5%之间。

高稠度改性沥青的技术要求 表9-38

指标	单位	技术要求
针入度(25℃)	0.1mm	>40
软化点	℃	>80
延展性(15℃)	cm	>50
闪点	℃	>260
弗拉斯脆点	℃	<-20
薄膜加热质量变化率损失	%	<0.6
薄膜加热针入度残留率	%	>65
强韧性(25℃)	N·m	>20
黏结力(25℃)	N·m	>15
60℃黏滞度	Pa·s	20000

考虑到我国的实际情况,我国所使用的沥青的分类与SHRP中对沥青的分类方法不一样,要求对我国所使用的沥青提出相应的技术要求。根据我国的情况,提出的聚合物改性沥青的技术要求见表9-39。

聚合物改性沥青的技术要求　　　　表9-39

指标	单位	SBS类(Ⅰ-C)	SBR类(Ⅱ-B)	SBR类(Ⅱ-C)
针入度(25℃)	0.1mm	≥60	≥80	≥60
针入度指数PI		≥-0.2	≥-0.8	≥-0.6
延度(5℃)	cm	≥30	≥50	≥40
软化点	℃	≥55	≥48	≥50
运动黏度(135℃)	Pa·s	3	3	3
闪点	℃	≥230	≥230	≥230
溶解度	%	≥99	≥99	≥99
离析,软化点差	℃	≤2.5		
弹性恢复(25℃)	%	≥65		
黏韧性	N·m		5	5
韧性	N·m		2.5	2.5
RTFOT后质量损失	%	≤1.0	≤1.0	≤1.0
RTFOT后针入度比(25℃)	%	≥60	≥55	≥60
RTFOT后延度(5℃)	cm	≥20	≥20	≥10

注：Ⅰ-C,Ⅱ-B,Ⅱ-C适合江苏地区的气候特点。

通过比较日本与我国的对于改性沥青的技术要求,两者之间要求的指标基本相同,但是对于技术要求上则存在一些差别。考虑到OGFC对改性沥青的要求比较高,加上江苏省的气温相比较日本要高一些,所以我们可以取符合两者的值作为相关设计的指标要求。然后再对所选取的改性沥青在加入纤维稳定剂之后分别进行析漏、老化磨耗、TSR、车辙等方面的试验选择最终所采用的改性沥青。本书试验采用的改性沥青为PG70-22,各项参数均满足表9-39的要求。

2.级配设计

OGFC混合料是一种大孔隙的沥青混合料,主要用于沥青路面的抗滑表层,是排水路面的一种。所以在对OGFC进行级配设计时有两个主要的控制指标,一是要保证OGFC混合料中的粗集料形成石-石接触状态,二是混合料的空隙率要满足目标空隙率的要求。

OGFC抗滑表层的厚度比较薄,车辆的水平荷载容易发生推挤,为了提高混合料的抗剪切能力,要求混合料中要形成互相紧密嵌挤的粗集料骨架结构。虽然粗细集料的划分是2.36mm筛孔,但在OGFC混合料中真正起嵌挤作用的是4.75mm以上部分,因而4.75mm通过率是个关键指标。OGFC混合料必须有充分的矿料间隙率(VMA),混合料中4.75mm以上的粗集料骨架间隙率（VCA）必须小于纯粗集料捣实状态的间隙率（VCA_{DRC}）。

OGFC作为路面的排水层，要求具备良好的排水性能，根据上第四章对排水路面排水性能的分析，路面的渗透系数越大排水性能越好。而渗透系数与混合料的空隙率成正比关系，空隙率越大，混合料的渗透系数越大。这样就要求OGFC混合料的空隙率较大，美国规范可接受的最小空隙率为18%。有些国家对排水路面空隙率的要求更高，达到20%～25%。这些规定都表明要想使沥青面层具备良好的排水性能，空隙率要大。考虑到这次试验路OGFC面层的厚度比较薄，空隙率过大会影响OGFC面层的其他面层，很可能会出现早期破坏。综合这些因素，确定目标空隙率为18%。

美国对于OGFC的成功经验表明OGFC混合料设计中控制4.75mm通过率的重要性。要想使OGFC具有良好的使用性能，要求4.75mm的通过率最好不要超过40%。但是通过率过小又容易发生离析的现象，所以，4.75mm的通过率不能够太低，根据美国规范建议的值，考虑到OGFC粗集料与SMA的相似性，我们初步规定4.75mm的通过率应该在15%至25%之间。最终的通过率再根据试验结果进行确定。

（1）对所用级配进行集料间隙率VCA_{DRC}与粗集料骨架间隙率VCA的比较

测定粗集料骨架部分的集料间隙率VCA_{DRC}和压实状态下沥青结合料中的粗集料骨架间隙率VCA，通过两者的关系判断混合料是否达到石-石接触状态。压实状态下沥青混合料中的粗集料骨架间隙率VCA必须等于或小于没有其他集料、结合料存在时的粗集料集合体在捣实状态下的间隙率VCA_{DRC}。如果做不到这一点，粗集料的嵌挤作用就不能形成，因此这是一个鉴别粗集料能否实现嵌挤的基本条件。因为在压实的情况下，形成的空隙率必然要小一些，如果反过来，VCA比VCA_{DRC}大，那就说明粗集料一定被填充的细集料、矿料给撑开了，粗集料也就形不成嵌挤作用。

均匀设计法确定出级配与空隙率的关系：

①试验方法

要确保沥青路面具有较好的使用品质，必须选择适合的材料、进行合理的混合料设计以及使用正确的方法进行铺筑。相对于材料的选择和铺筑方法的确定而言，混合料设计的可变性最大，目前路面出现的破坏，很大一部分原因是混合料设计不合理。当前沥青混合料级配设计的主要方法是经验法，即根据已有的混合料的级配确定出将要设计的混合料的级配的大致范围，然后在该范围内进行微调，最终确定出设计级配。该方法简单可行，但在处理新型沥青混合料时，为了能够设计出合理的级配要进行大量的试验，最一般的办法就是进行"全面试验法"，但如果因素很多，就难以实现。此时我们就要对试验进行设计，选择一种合理的试验方法会起到事半功倍的效果。

广泛应用的正交设计法及均匀设计法都是有效的试验设计方法。正交设计法目前使用较多。这种方法比较简单，结果处理也不复杂，但当因子数很多时要进行的试验数量也非常多。均匀设计是在正交设计的基础上提出的,已在诸多领域得到应用。正交设计法数据分析简单,可在正交表上进行,而均匀设计法的数据分析复杂,试验数据的处理不能在均匀设计表上进行;在多因子试验中,正交试验具有"均匀分散,整齐可比"的特点,但是水平数不能过多,均匀设计是一种适用于多水平的多因子试验的设计方法。文献检索表明,在混合料设计中使用较多的是正交设计法,均匀设计法正逐渐得到推广应用。对开级配沥青磨耗层(OGFC)中的级配设计采用均匀设计法进行设计,该方法的通过均匀设计法确定出集料级配与空隙率之间的关系,并回归出这两者之间的一个关系方程,从而用来对OGFC混合料空隙率进行一个预估,减少试验的次数。

均匀设计可表示为 $U_t(n^q)$,其中 U 表示均匀设计。t 表示有 t 个处理,n 表示每个因子都有 n 个水平,指数 q 表示最多允许安排 q 个因子。本次试验使用的均匀设计见表9-40。

$U_{13}(13^{12})$ 的使用表 表9-40

因子数	列号					
2	1	7	—	—	—	—
3	1	5	7	—	—	—
4	1	2	5	7	—	—
5	1	2	3	5	7	—
6	1	2	3	8	7	10

②均匀设计试验安排

在本次试验中,所采用的因子为13.2mm,9.5mm,4.75mm,2.36mm,0.075mm的通过率,每个因子采用5个水平进行均匀设计试验安排,见表9-41。

5因子5水平试验的因子水平表 表9-41

因子	编码水平				
	1	2	3	4	5
	实际水平				
13.2mm通过率	80	85	90	95	100
9.5mm通过率	60	65	70	75	80
4.75mm通过率	10	15	20	25	30
2.36mm通过率	5	10	15	20	25
0.075mm通过率	2	3	4	5	6

设计采用全面试验需要3125个处理。采用正交表 $L_{25}(5^6)$ 需要25个处理。采用均匀设计表 $U_{10}(10^5)$ 来安排试验需要10个处理,每个因子要安排10个水平,见表9-42。

$U_{10}(10^5)$ 试验方案 表9-42

试验号	列号					空隙率（%）
	1	2	3	4	5	
	A	B	C	D	E	
1	77.5	60	12.5	20	5	21.6
2	80	65	20	25	3	19.2
3	82.5	70	27.5	17.5	6.5	16.4
4	85	75	7.5	30	4.5	19.7
5	87.5	80	15	15	2.5	16.5
6	90	57.5	22.5	27.5	6	20.1
7	92.5	62.5	30	12.5	4	15.6
8	95	67.5	10	25	2	23.3
9	97.5	72.5	17.5	10	5.5	17.4
10	100	77.5	25	22.5	3.5	22.6

③试验结果分析

均匀设计由于舍弃了正交试验的"整齐可比"性，试验方案不满足正交性，一般采用回归分析方法。对于最大公称粒径13.2mm的10组试验结果，通过前进法筛选变量技术，对试验数据进行回归分析。以空隙率为应变量，13.2mm、9.5mm、4.75mm、2.36mm、0.075mm筛孔孔径的通过率 $P_{13.2}$，$P_{9.5}$，$P_{2.36}$，$P_{4.75}$，$P_{0.075}$ 为自变量，通过前进法筛选变量技术回归空隙率与各影响因素的关系。前进法筛选变量过程见表9-43。从该表可以看出，依据相关性的大小，依次进入回归方程的参数分别为 $P_{2.36}$，$P_{4.75}$，$P_{9.5}$，$P_{13.2}$，$P_{0.075}$。

前进法筛选变量过程 表9-43

考虑因素	联合变量与空隙率 y 之间的相关系数 R^2					选出参数
	$P_{13.2}$	$P_{9.5}$	$P_{4.75}$	$P_{2.36}$	$P_{0.075}$	
第一步	0.0225	0.0135	0.2082	0.7968	0.0036	$P_{2.36}$
第二步	0.8024	0.8053	0.8435	—	0.7991	$P_{4.75}$
第三步	0.86	0.8445	—	—	0.8446	$P_{13.2}$
第四步	—	0.8609	—	—	0.8607	$P_{9.5}$
第五步	—	—	—	—	0.8615	$P_{0.075}$

得到回归方程见式(9-81)：

$$y=0.2292+0.0005P_{13.2}-0.00013P_{9.5}-0.00097P_{4.75}-0.0029P_{2.36}-0.0001P_{0.075} \quad (9-81)$$

根据上面得到的回归公式，我们选择了三种级配进行试验并将实测结果与回归公式求得的结果进行比较，如表9-44所示。

实测空隙率与回归方程求得的空隙率比较　　　　　　　表9-44

筛孔直径(mm)	通过率(%)		
	方案Ⅰ	方案Ⅱ	方案Ⅲ
16.0	100	100	100
13.2	96	95	98
9.5	65	60	81.0
4.75	20	20	26.0
2.36	7.5	12	21.0
1.18	5.5	9	15.5
0.6	5.0	7	151.3
0.3	4.5	5.5	8.3
0.15	4.3	5	7
0.075	4.0	4.5	6.0
预估空隙率(%)	22.7	21.5	18.2
实测空隙率(%)	23.0	20.8	18.4

可以发现回归方程预估空隙率与实测空隙率的结果比较吻合,进而证明了回归方程可以用来进行混合料的设计。通过回归结果可以发现2.36mm筛的通过率对空隙率的影响最为显著,4.75mm筛的通过率次之,所以,可以通过调节2.36mm筛的通过率和4.75mm筛的通过率对空隙率进行调节。

(2)室内试验确定的集料配合比

通过已经得到的空隙率与级配的关系式,进行了配合比的选择。经过室内试验最终确定混合料的级配见表9-45。

室内试验确定的混合料级配　　　　　　　表9-45

筛孔(mm)		16	13.2	9.5	4.75	2.36	1.18	0.6	0.3	0.15	0.075
料仓筛分级配	1号	100.0	91.7	33.6	0.8	0.0	—	—	—	—	—
	2号	100.0	100.0	95.2	8.3	0.5	0.0	—	—	—	—
	3号	100.0	100.0	100.0	99.6	12.8	2.4	1.2	1.1	1.0	0.0
	4号	100.0	100.0	100.0	100.0	96.7	66.2	39.3	20.7	11.8	6.0
	矿粉	100.0	100.0	100.0	100.0	100.0	100.0	100.0	100.0	100.0	98.0
合成级配	1号	40.0	36.7	13.4	0.3	0.0	0.0	0.0	0.0	0.0	0.0
	2号	45.0	45.0	42.8	3.7	0.2	0.0	0.0	0.0	0.0	0.0

续上表

筛孔(mm)		16	13.2	9.5	4.75	2.36	1.18	0.6	0.3	0.15	0.075
合成级配	3号	7.0	7.0	7.0	7.0	0.9	0.2	0.1	0.1	0.1	0.0
	4号	4.0	4.0	4.0	4.0	3.9	2.6	1.6	0.8	0.5	0.2
	矿粉	4.0	4.0	4.0	4.0	4.0	4.0	4.0	4.0	4.0	3.9
合成级配		100.0	96.7	71.2	19.0	9.0	6.8	5.7	4.9	4.6	4.1
级配范围		100	90~100	62~81	13~30	10~22	6~18	4~15	3~12	3~8	2~5

对选定的级配进行马歇尔试验,用体积法测定出该级配混合料的空隙率为18.3%,满足了目标空隙率的要求。通过干捣试验确定混合料的VCA_{DRC},采用体积法对沥青混合料VCA进行测定。结果表明最终选取的级配能够满足要求。因为OGFC是一种大空隙率的混合料,在考虑其排水性能的同时也应该考虑OGFC的耐久性的要求。有研究表明沥青最佳用量在满足析漏试验要求的基础上越大越好,根据经验选取的最佳油石比比满足析漏试验所确定的最大油石比小零点一个百分点。根据经验OGFC混合料的最佳油石比在4.5%以上,试验设计时以油石比为4.5%为初始值进行混合料的配合比试验。

由于OGFC不同于一般的混合物,所以其油石比的选取也不同于一般的混合物。美国在多年的OGFC使用中,最主要的破坏有两个,其中之一是混合料之间容易出现分散。究其原因,问题出在沥青上,没有使用改性沥青以及沥青用量不足。针对这种情况在试验中用谢伦堡析漏试验和肯塔堡飞散试验确定沥青的最大用量和最小用量。

①沥青析漏试验

沥青析漏试验是德国谢伦堡研究所为沥青玛琋脂碎石混合料(SMA)的配合比设计而提出的,是专门用来确定SMA油石比的一种试样方法,通过试验确定沥青混合料中有无多余的自由沥青及沥青玛琋脂数量,进而确定最大油石比。该方法用到OGFC上同样合适。用已经确定的级配,按照油石比的范围,以0.5%为单位进行析漏试验。得出沥青黏附量与油石比的关系曲线,在曲线的拐点确定黏附甚少的沥青用量,作为最大油石比的限值。

②飞散试验计算沥青的最小用量

沥青混合料的飞散试验是西班牙肯塔堡大学为排水性开级配沥青混合料而开发的一种试验方法。现在经过许多国家的应用,已经扩展到用来确定沥青玛琋脂沥青碎石混合料、排水性大孔隙沥青混合料、抗滑表层混合料、沥青碎石和乳化沥青碎石混合料等用作路面的表层时是否发生集料飞散的通用试验方法。通过飞散试验可以确定沥青混合料的最小油石比。用已经确定的级配,按照油石比的范围,以0.5%为单位进行飞散试验。得出油石比与飞散损失之间的关系,在曲线的拐点确定最小油石比。

在室内我们进行了烧杯法的析漏试验与飞散试验,其结果见表9-46。并将其用数据图表示,见图9-26与图9-27,确定油石比范围。

析漏试验和飞散试验结果　　　　　　　　　　　　　表9-46

油石比(%)	3.5	4.0	4.5	5.0	5.5	6.0
析漏损失(%)	0.036	0.042	0.065	0.125	0.313	0.571
飞散损失(%)	0.132	0.085	0.056	0.032	0.014	—

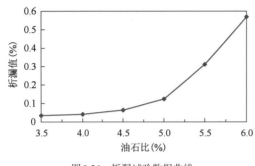

图9-26　析漏试验数据曲线　　　　　图9-27　飞散试验数据曲线

在得出的最大油石比与最小油石比之后,以0.5%为单位变化进行混合集料试件的制作。进行试验,如果试件满足下列条件,可以认为该沥青用量为最佳沥青用量:

①空隙率要大于18%;

②未老化试样的洛杉矶磨耗值小于20%;

③老化后试样的洛杉矶磨耗值小于30%;

④析漏试验测得的值要小于0.3%(占全部混合物质量)。

如果以上的混合物均不满足要求,要采取补救措施。可以减少油石比来增加空隙率;通过增加油石比来减小磨耗;通过调整改性剂的类型减小析漏。当这些条件都满足时,根据经验一般选取沥青用量比满足析漏试验所确定的最大沥青用量小零点一个百分点。

从试验结果可以看出确定的混合料的最佳油石比的范围在4.5%与4.7%之间。对混合料进行的老化试验、析漏试验结果表明,当油石比在4.5%与4.7%之间都能满足要求,分析其原因是本次试验所采用的改性沥青性能比较好,所以试验的飞散结果比要求的飞散值高出许多,沥青混合料的老化性能也远远满足要求。这样根据经验最终确定出混合料的最佳油石比为4.6%。

3.混合料性能试验

根据美国对于OGFC混合料的试验要求,见表9-47,对最终选取的混合料级配与沥青最佳油石比进行马歇尔成型试验。最后检验混合料的性能,室内试验得到的OGFC混合料试验结果见表9-48。

美国对于OGFC混合料的试验要求　　　　表9-47

测试项目	单位	要求
空隙率	%	>18
透水系数	cm/s	>10~2
肯塔堡磨耗量	%	<20
稳定度	kN	>3.5
流值	0.1mm	20~40
TSR值	%	>80
析漏	%	<0.3

OGFC混合料试验结果　　　　表9-48

测试项目	单位	结果
空隙率	%	18.3
透水系数	cm/s	0.7
肯塔堡磨耗量	%	0.05
稳定度	kN	4.45
流值	0.1mm	20~40
TSR值	%	
析漏	%	0.073

从试验结果上可以看出，由于使用改性沥青的缘故，OGFC混合料的磨耗值与析漏值都远远小于规定的值；OGFC的渗透系数也超出要求许多。通过室内试验，所选的混合料的级配与最佳油石比经受了试验的检验，满足了设计的要求。

二、试验路段设计与铺筑

为了进一步检验排水性沥青混合料的路用性能，在高速公路XS-SN23标路面上铺筑长300m的OGFC试验路。试验路混合料配合比采用室内性能试验中优选出的级配方案：最大公称粒径13.2mm、目标空隙率18%的OGFC沥青混合料。

1. 生产配合比设计与最佳沥青用量的选取

（1）生产配合比

为使混合料粒径大小符合排水性沥青混合料的粒径分布要求，经过筛分和计算，确定如下配合比：1号:2号:3号:43号:矿粉=22:57:0:15:6。生产配合比使用的集料级配见表9-49，根据经验初步选取4.6%的油石比。

生产配合比使用的集料级配 表9-49

筛孔(mm)		16	13.2	9.5	4.75	2.36	1.18	0.6	0.3	0.15	0.075
料仓筛分级配	1号	100.0	91.7	33.6	0.8	0.0	—	—	—	—	—
	2号	100.0	100.0	95.2	8.3	0.5	0.0	—	—	—	—
	3号	100.0	100.0	100.0	99.6	12.8	2.4	1.2	1.1	1.0	0.0
	4号	100.0	100.0	100.0	100.0	96.7	66.2	39.3	20.7	11.8	6.0
	矿粉	100.0	100.0	100.0	100.0	100.0	100.0	100.0	100.0	100.0	98.0
合成级配	1号	22.0	20.2	7.4	0.2	0.0	0.0	0.0	0.0	0.0	0.0
	2号	57.0	57.0	54.3	4.7	0.3	0.0	0.0	0.0	0.0	0.0
	3号	0.0	0.0	0.0	0.0	0.0	0.0	0.0	0.0	0.0	0.0
	4号	15.0	15.0	15.0	15.0	14.5	9.9	5.9	3.1	1.8	0.9
	矿粉	—	—	—	—	—	—	—	—	—	—
合成级配		100.0	98.2	82.7	25.9	20.8	15.9	11.9	9.1	7.8	6.8
级配范围		100	90~100	62~81	13~30	10~22	6~18	4~15	3~12	3~8	2~5

排水性混合料的空隙率受4.75mm和0.075mm通过率的影响最大，必须严格控制，保证级配处于4.75mm±3%、0.075mm±3%范围之内。

(2)最佳油石比

根据析漏试验与飞散试验确定出油石比的范围。通过室内试验，由于试验采用的改性沥青的，飞散试验的结果很小，在进行生产配合比时又加入了矿质纤维，以致飞散值会相当小，所以在进行生产配合比时只进行了析漏试验。本次试验路铺筑前所进行的混合料的析漏试验结果如表9-50所示。

析漏试验结果 表9-50

油石比(%)	4.5	5.0	5.5	6.0	6.5
析漏损失	0.071	0.079	0.115	0.184	0.215

将试验结果用数据曲线图来表示，确定最佳油石比，从图9-28中可以看出最大油石比为5.3%。

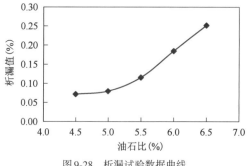

图9-28 析漏试验数据曲线

综上所述,该试验的结果与室内试验得到的最佳油石比相比大得多,原因是本次对于OGFC试验路的铺筑比较重视,考虑到国内还没有成功经验可以借鉴,决定在混合料中掺加0.3%的矿质纤维。因为本次试验采用了高性能的改性沥青,并且在混合料中加入了矿质纤维,从试验结果可以看出,选取的最佳油石比主要看析漏试验的结果。根据图9-28可以确定最终的最佳油石比为5.2%。

(3)混合料性能试验

由于本次试验采用了高性能的改性沥青PG-22,同时又掺加了矿质纤维,老化试验、析漏试验等都远远满足设计的要求。所以在试验路铺筑之前只对混合料的稳定度和流值做了检验,稳定度、流值试验结果见表9-51。

稳定度、流值试验结果　　　　　　　　　　表9-51

油石比(%)	5.0	5.3	5.6
稳定度(kN)	3.78	5.52	3.89
流值(mm)	2.97	2.9	3.45

由表9-51的结果可知,沥青混合料稳定度满足大于3.5kN的要求,试验的流值比较小满足设计的要求。

2.试验路的铺筑

考虑到OGFC路面施工在规范中还没有制定,综合考虑到OGFC混合料的特点,借鉴SMA施工规定,试验路在施工人员及监理人员的严格操作及监理下完成了铺筑。

(1)温度控制

严格掌握改性沥青和集料的加热温度以及改性沥青OGFC的出厂温度。OGFC的施工温度范围见表9-52。

OGFC的施工温度(℃)　　　　　　　　　　表9-52

沥青加热温度	165~175
集料温度	180~190
混合料出厂温度	170~180,超过185废弃
运到现场的温度	不低于165
摊铺温度	不低于160,低于140作为废料
初压开始温度	不低于150
复压最低温度	不低于130
碾压终了温度	不低于110

(2)施工准备

①施工前应对各种材料进行检查试验,经选择确定的材料在施工中应保持稳定,不得随意更换。

②混合料的现场配合比,应根据配合设计的结果进行试拌,并做必要的修正。排水性混合料的空隙率受2.36mm和0.075mm通过率的影响最大,必须严格控制,保证级配处于2.36mm±5%、0.075mm±3%范围之内。

(3)排水性沥青混合料的拌制

①OGFC沥青混合料可采用间歇式拌和机拌制。拌和机应有防止矿粉飞扬散失的密封性能及除尘设备,并有检测拌和温度的装置。

②PG改性沥青混合料的拌和温度一般在180℃左右。拌和时间应以混合料拌和均匀、所有矿料颗粒全部裹覆沥青结合料为度,并经试拌确定,一般在30~50s。如加入纤维素、消石灰等添加剂,拌和时间应相应延长。

③沥青用量应在±0.5%范围之内。

(4)排水性沥青混合料的运输

①为保证排水性混合料的高空隙率,应注意保温。运料车应用篷布覆盖,用以保温、防雨、防污染。

②为防止沥青与车厢板相黏结,车厢侧板和底板可涂一薄层油水(柴油与水的比例可为1:3)混合液,但不得有余液聚在车厢底部。

(5)排水性沥青混合料的摊铺及压实

①铺设沥青混合料前,应检查下封层的质量。当下封层质量不符合要求,或未按规定铺设下封层时,不得铺筑沥青面层。

②排水性沥青混合料应采用机械摊铺。

③摊铺温度一般在170℃左右。当施工气温低于5℃时,不宜摊铺。必须摊铺时,应适当提高混合料拌和温度,运料车必须覆盖保温,摊铺后紧接着碾压,缩短碾压长度。

④初压应在混合料摊铺后较高温度下进行,一般在150~165℃。可采用10~12t的三轮钢轮压路机压碾压2~3遍。复压应紧接初压进行,采用6~10t的双轮钢轮压路机进行压实3~4遍。

⑤为防止较高温度下混合料与胶轮压路机轮胎相黏结,终压应在路表温度60℃左右进行,使用8~15t的胶轮压路机碾压两遍。

⑥开放交通

排水性沥青混合料路面应待摊铺层完全自然冷却,混合料的表面温度低于50℃后,方可开放交通。需要提早开放交通时,可洒水冷却降低混合料温度。

三、试验路面功能性验证

沥青用量与级配的检测。用抽提法对试验路的沥青用量与级配进行检测,沥青用量与级配组成结果见表9-53及表9-54。

沥青用量(离心分离试验) 表9-53

试验次数	混合料质量(g)	容器中集料质量(g)	环形滤纸增加质量(g)	漏入抽提液中矿粉质量(g)	干矿料合计质量(g)	沥青质量(g)	油石比(%)	沥青用量(%)
1	1485.96	1359.48	52.18	1411.66	1406.75	74.3	5.26	5
2	1552.47	1415.14	58.93	1474.07	1469.23	78.4	5.32	5.05
平均	1519.22	1387.31	55.56	1442.87	1437.99	76.35	5.29	5.03

注:1.纤维重4.91g,含量为0.33%。
　　2.纤维重4.84g,含量为0.31%。

级配组成(平均值) 表9-54

孔径(mm)	16	13.2	9.5	4.75	2.36	1.18	0.6	0.3
筛余质量(g)	0	206.5	637.6	1285.85	227.78	86.85	94.33	82.83
分计筛余(%)	0	7.2	22.2	44.7	7.9	3	3.3	2.9
累计筛余(%)	0	7.2	29.4	74.1	82	85	88.3	91.2
通过量(%)	100	92.8	70.6	25.9	18	15	11.7	8.8
规范上限	100	100	81	30	22	18	15	12
规范下限	100	90	62	13	10	6	4	3

(1)试验路空隙率检验

对试验路的面层钻心取样,然后通过体积法进行空隙率的计算。试验段钻心取样的空隙率见表9-55。

试验段钻心取样的空隙率 表9-55

序号	试件高度(m)				试件质量(g)	毛体积密度(g/cm³)	空隙率(%)
1	2.54	2.53	2.61	2.55	426.52	2.167	18.1
2	2.55	2.5	2.61	2.54	433.74	2.21	16.5
3	2.21	2.28	2.2	2.21	385.84	2.253	18.9
4	1.98	1.95	1.99	2	325.87	2.138	19.2
5	2.44	2.45	2.43	2.44	416.82	2.219	16.2
6	3	3.05	3	3.05	534.29	2.295	17.3
7	2.48	2.46	2.44	2.44	414.06	2.191	17.2
8	2.65	2.71	2.71	2.71	471.11	2.271	16.8

通过分析试验结果可以看出,试验路的空隙率与目标空隙率基本一致,说明施工控制是合理的。

(2)渗水系数与抗滑能力检验

研究试验一共分为3段,每段300m,OGFC只是其中的一段,这三段的路面结构分别设计成:

①2～3cm OGFC+4cm AC-13+6cm AC-20+8cm AC-25;

②4cm AK-13+8cm AC-25+8cm AC-25;

③4cm AK-13+6cm AC-20+10cm AC-25。

为了验证OGFC的抗滑性能,分别对这三种不同的路面进行了渗水系数的检测与摩擦系数的检测。其中第2段的表层结构为OGFC。渗水系数和摩擦系数结果分别见表9-56及表9-57。

渗水系数结果　　　　　表9-56

检测路段	测点	渗水系数(mL/min)	平均值(mL/min)
1	K65+480	16.7	17
	K65+530	20.7	
	K65+580	15.3	
	K65+630	14.7	
2	K65+750	1600	1466
	K65+770	2181.8	
	K65+790	1714.3	
	K65+810	774.2	
	K65+830	857.1	
	K65+850	2400	
	K65+870	1714.3	
	K65+890	1846.2	
	K65+910	1090.9	
	K65+930	480	
3	K66+50	20.3	17
	K66+100	16.7	
	K66+150	14.3	
	K66+200	15.7	

摩擦系数结果　　　　　　　　　　　　　　　表 9-57

检测路段	测点	摩擦系数	平均值
1	K65+480	65、64、65、64、63	62
	K65+530	65、65、65、65、66	
	K65+580	62、61、61、63、62	
	K65+630	59、59、57、58、56	
2	K65+750	69、69、68、69、68	66
	K65+770	69、69、68、68、67	
	K65+790	69、69、71、71、71	
	K65+810	69、70、70、69、70	
	K65+830	66、67、64、65、64	
	K65+850	64、63、61、62、61	
	K65+870	67、65、65、64、65	
	K65+890	64、64、65、65、66	
	K65+910	66、65、64、65、64	
	K65+930	64、63、62、62、61	
3	K66+50	64、64、62、61、62	62
	K66+100	65、66、66、67、68	
	K66+150	61、60、61、59、60	
	K66+200	60、60、58、59、59	

为了验证OGFC抗滑表层的耐久性,分别对这三种不同的路面进行了渗水系数的检测与摩擦系数的检测,渗水系数及摩擦系数结果见表9-58及表9-59。

渗水系数结果　　　　　　　　　　　　　　　表 9-58

检测路段	测点	渗水系数(mL/min)	平均值(mL/min)
1	K65+480	17.7	15
	K65+530	13.8	
	K65+580	15.3	
	K65+630	12.7	
2	K65+750	1105.0	1042
	K65+800	1014.3	
	K65+850	957.1	
	K65+900	1090.9	
3	K66+50	19.3	16

续上表

检测路段	测点	渗水系数(mL/min)	平均值(mL/min)
3	K66+100	16.7	16
	K66+150	13.3	
	K66+200	15.7	

摩擦系数结果 表9-59

检测路段	测点	摩擦系数	平均值
1	K65+480	52、53、52、52、53	52
	K65+530	52、52、51、51、52	
	K65+580	53、52、52、51、52	
	K65+630	51、50、49、50、49	
2	K65+750	59、60、58、59、60	58
	K65+800	57、58、59、58、57	
	K65+850	58、59、57、59、56	
	K65+900	56、59、58、57、58	
3	K66+50	53、52、52、51、50	52
	K66+100	52、51、51、50、50	
	K66+150	52、51、51、52、53	
	K66+200	50、52、53、52、53	

通过现场对渗水系数与摩擦系数的检验,可以看出,OGFC作为抗滑表层的渗水系数远远超出AK-13作为表层的渗水系数;OGFC抗滑表层的摩擦系数也较AK-13抗滑表层大。试验路通车大约一年后的试验结果表明OGFC抗滑表层的摩擦系数的衰减是最慢的,但是渗水能力下降得较快,这可能是因为大气中的灰尘将OGFC中部分连通孔隙堵塞的缘故。总的说来,OGFC路面相比较其他形式的路面,有着较好的抗滑能力与排水能力,抗滑的衰减相对较慢,是一种很好的路面形式。

第六节 双层排水型沥青路面设计示例

一、双层排水沥青路面结构与材料设计

1.结构设计研究

双层排水沥青路面结构是在单层排水沥青路面结构的基础上发展起来的,单层与双层排

水沥青路面示意见图9-29。开发这种路面结构的最主要的原因是,克服单层排水沥青路面结构空隙易阻塞,路面耐久性低的问题。

a)单层　　　　　　　　　　　　　　b)双层

图9-29　单层与双层排水沥青路面示意

常见的单层排水沥青路面结构有欧洲PA(Porous asphalt)、美国OGFC(Open Grade Friction Course)和日本DP(Drainage Pavement);而双层排水沥青路面结构由上部较细的排水结构组成、下部由较粗的排水结构组成。上层细级配多孔结构起到过滤作用,可有效防止大粒径细颗粒下漏,而下层粗级配多孔结构则可在水流及行车荷载作用下,借助动水压力将细颗粒及时排至边沟。同时,表层采用细级配使得结构孔隙尺寸更小,相对于粗级配多孔结构而言,其耐久性和降噪能力更高。

双层排水沥青路面结构中上下层结构的不同组合,将会对其排水、抗滑和降噪性能产生重要影响。目前双层排水沥青路面的结构组成没有统一标准,各国根据自身的工程经验和路用要求,形成了不同的结构特点,各国双层排水沥青路面结构见表9-60。可以看出,双层结构上层常见厚度为20～25mm,下层常见厚度为30～60mm,而上下层的空隙率都在25%左右。

各国双层排水沥青路面结构　　　　　　　　　　　表9-60

国家	层厚(mm)		粒径范围(mm)		空隙率(%)	
	上层	下层	上层	下层	上层	下层
荷兰	25	45	4～8	11～16	—	—
	20	50	2～6	11～16	—	—
奥地利	25	45	4～8	11～16	23	23
	25	45	0～8	11～16	25	28
丹麦	25	45	5～8	11～16	30	25
	20	30	2～5	11～16	22	24
	25	65	2～5	16～22	23	25
法国	20	40	4～6	10～14	23	25
	20	30	4～6	10～14	23	25
	20	30	0～6	10～14	22	23

续上表

国家	层厚(mm)		粒径范围(mm)		空隙率(%)	
	上层	下层	上层	下层	上层	下层
日本	20	30	0～8	0～13	25	23
	15-20	30	0～5	0～13	23～25	20
德国	25	5	5～8	1～16	25	26
中国	3.5	6.5	0～10	0～6	22	23

上述双层排水沥青路面结构在欧洲已有多年的使用历史,而我国在实体高速公路上开展研究的还较少。根据广吉高速公路实际(尤其是玄武岩缺乏、石灰岩相对丰富),从排水、抗滑和降噪角度,同时考虑下层沥青面结构要求,设计合适的双层排水沥青路面结构。

2. 材料设计研究

与普通沥青混合料相比,排水沥青混合料的空隙率和最佳沥青用量的确定存在较大差别。相对于普通沥青混合料,排水沥青混合料在油石比与马歇尔稳定度曲线上不出现峰值。因此,各国针对本国的使用情况和经验,分别建立了不同的设计规范。其中比较有代表性的是比利时、美国和日本的设计方法。

(1)比利时设计方法

比利时使用的排水沥青混合料设计由其公路研究中心(Belgian Road Research Center)推荐,混合料采用间断级配并使用足够数量的粗集料作为集料,沥青黏结料应使混合料有较高的黏结力。比利时排水沥青混合料设计要求见表9-61。

比利时排水沥青混合料设计要求　　　表9-61

项目		技术要求
级配		0～14mm,间断级配
级配中比分组成	大于2mm的集料	83%
	碎石、砂(0.08～2mm)	12%
	填料(小于0.08mm)	5%
沥青结合料	80/100沥青	4%～5%
	改性沥青	4%～5%
	橡胶沥青	5.5%～6.5%
空隙率	平均值	19%～25%

(2)美国设计方法

美国的排水沥青混合料设计经历两个阶段。第一个阶段采用美国联邦公路局于1990年推荐的设计方法,建议设计空隙率15%,混合料最大公称粒径为9.5mm,采用析漏试验确定沥青用量。经过多年的使用,美国的开级配沥青磨耗层的级配设计变得更粗,目标空隙率更大,改性沥青和纤维添加剂得到普遍使用。2000年,经过Prithvi S.Kandhal等的不断完善,美国国家沥青技术中心(NCAT)提出了新的开级配沥青磨耗层的设计方法,标志着美国排水沥青混合料设计进入第二个阶段。其设计步骤如下:

①材料选取:集料、沥青黏结料和添加剂等。

②级配选取:在规定的级配范围内选择三个级配。美国排水沥青混合料设计级配范围见表9-62。其中两个分别接近上限和下限,一个接近级配中值,测定粗集料的空隙VCA_{DRC},然后采用旋转压实成型试件后测定VCA_{mix},当$VCA_{mix} \leq VCA_{DRC}$时,则为设计级配。

③确定最佳沥青含量:试件双面击实50次,通过Cantabro磨耗试验来确定沥青用量下限,由沥青流淌试验确定沥青用量上限。最佳沥青用量指标见表9-63。

④性能检测:进行5次冻融循环试验,随后测定劈裂抗拉强度TSR,要求TSR值大于75%为满足要求的级配设计。

美国排水沥青混合料设计级配范围 表9-62

筛孔尺寸(mm)	19.0	13.2	9.5	4.75	2.36	0.075
通过率(%)	100	100~80	60~35	25~10	10~5	4~2

最佳沥青用量设计指标 表9-63

项目	技术要求
改性沥青用量	6%~6.5%
空隙率	18%~20%
未老化试件Cantabro磨耗损失	<20%
老化试件Cantabro磨耗损失	<30%
流淌量	<0.3%
透水率	>100m/d

(3)日本设计方法

日本在刚引进排水沥青路面时照搬了美国方案,但效果并不理想。经过多年使用经验的积累,最终形成了一套完善的排水沥青路面设计方法。其《排水性路面技术指南》推荐,首先设计目标空隙率,以2.36mm筛孔通过率在中值±3%以内初选三个级配;采用试算法初步确定沥青用量,马歇尔试件的击实次数为50次,随后由析漏试验和Cantabro磨耗试验确定最佳沥青用量;最后通过密度试验、马歇尔稳定度试验、透水试验和车辙试验对试件的性能进行检测,日本排水沥青混合料设计指标见表9-64。

日本排水沥青混合料设计指标 表9-64

项目	技术要求
空隙率	20%
透水系数	>10cm/s
马歇尔稳定度	>3.5kN
动稳定度	>1500次/mm

二、双层排水沥青路面空隙阻塞及结构耐久性

1. 空隙阻塞研究

排水沥青路面在使用过程中,其空隙一方面受到荷载作用挤压变形减小,一方面受到细颗粒堵塞而损失。其中细颗粒堵塞对空隙的影响更大,细颗粒会逐渐积累堵塞空隙。加利福尼亚州对使用了1~8年的19条排水沥青路面进行了渗水性能测试,结果表明路面在阻塞后,其渗水能力大幅下降。当使用15年以上,排水沥青路面的渗透系数由新建时的4500mm/h,下降到100~1000mm/h左右,基本丧失排水性能。排水沥青路面的阻塞情况与排水沥青路面材料的类型无关,而和路面层设计以及气候情况有关,并由总积累体积和渗流速率共同决定。在雨水和车轮荷载共同作用下,排水沥青路面下层空隙率下降最严重,同时整个面层的渗透性能下降了40%~90%。

国内的研究表明,提高空隙率虽然可以减少路面阻塞,但是空隙率大的路面强度低,所以在保证路面强度前提下,解决路面空隙阻塞问题尤为重要;尽可能采用粗级配可以减少空隙阻塞;堵塞受到细颗粒的颗粒粒径的影响,有针对性地定期清理空隙成为保证排水沥青路面排水性能的关键。

因此,有必要研究双层排水沥青路面的空隙结构在荷载以及细颗粒堵塞作用下的衰变规律,进而分析空隙受阻塞后路面渗水能力的变化,以此优选双层排水沥青路面结构(包括上下层空隙率的合理匹配)。

2. 结构耐久性研究

(1)水损害

由于排水沥青路面空隙大,水容易进入路面层内部,同时水的表面张力很强,可以通过沥青自发的乳化作用穿透沥青膜进入沥青和矿料的界面,最终取代沥青膜,使排水沥青路面在使用过程中沥青松散剥落、掉粒产生坑洞,严重破坏路面结构。交通荷载和行车引起的水流冲刷对排水沥青路面的反复冲击比普通密级配混合料更为严重,这加剧了路用性能的下降。由水损坏引发的路面结构力学性能下降,是排水沥青路面早期的主要病害的诱因。

目前,国内外对于沥青混合料的水稳定性已经进行了大量研究。在众多试验方法中,冻融劈裂试验被认为与现场的关系良好,试验过程中试件经过冻融循环过程,使水充分进入试件中,空隙中的水状态发生了改变,水凝结和融化过程中的体积改变能更真实地模拟实际路面的水损害过程,是静态荷载试验中最贴近实际条件的方法。近年来,更加严格的水稳定性评价试验陆续被提出,如丁力和田胜定等提出的使用冲刷冻融循环试验,以模拟沥青混合料低温水损坏的状态。

因此，本书尝试采用冲刷条件下的冻融循环试验验证排水沥青混合料的水稳定性的衰变规律，以优化排水沥青混合料的结构与材料设计。

(2) 沥青老化

沥青老化是路面使用过程中的主要问题之一。由于沥青老化而使得沥青黏结力下降，沥青变硬变脆，对集料的黏附性下降，破坏了沥青混合料的稳定性，对沥青混合料的耐久性产生不利影响，缩短了沥青路面的使用寿命。因此，需要研究沥青老化对双层排水沥青混合料的耐久性的影响。

(3) 低温性能

沥青路面在受到长期温度循环作用或者温度应力的作用时，若沥青混合料的抗拉强度不足，则会产生开裂。评价沥青混合料低温性能最试验方法包括低温小梁弯曲(BBR)试验、直接拉伸(DTT)试验以及约束试件温度应力(TSRST)试验等。排水沥青路面空隙较大，若其低温稳定性不足将出现裂缝，在荷载与雨水共同作用下，裂缝会扩大加深，影响行车安全和舒适。因此，有必要对排水沥青路面材料进行低温稳定性研究。

(4) 疲劳性能

沥青路面在使用期间，在承受车轮荷载反复作用下，其应力和应变交替变化，当荷载重复作用超过一定次数后，路面就会产生疲劳开裂。排水沥青路面的大空隙结构，使得路面内部集料与集料间的接触面小，结构依靠沥青黏结的作用较大，同时混合料内部和水接触面比较大，随着沥青的老化剥落等影响，路面性能将大幅下降，有必要对排水沥青混合料的抗疲劳性能进行研究，并采用四点弯曲疲劳寿命试验进行评价。

三、双层排水沥青路面施工工艺研究

当前双层排水沥青路面的施工可采用以下两种方法进行：Hot-on-hot、Hot-on-cold。Hot-on-hot方法的含义是，采用特制的双层摊铺机，一次性摊铺、碾压双层排水路面的下层和上层。在Hot-on-cold方法中，下层粗级配排水沥青路面首先摊铺压实，上层排水沥青路面稍后或过一段时间再摊铺。研究发现：采用Hot-on-hot方法制备的试件，其渗透性优于采用Hot-on-cold方法制备的试件，路面性能也优于Hot-on-cold方法施工的路面性能。试验表明，上层与下层过渡区域是决定双层排水沥青路面渗水系数的关键。

铺筑双层排水沥青路面易受天气影响，尤其是采用Hot-on-cold方法铺筑时。在较冷的季节，较薄的上层沥青混合料很快就能冷却下来，从而影响施工质量及其路面使用性能。在这方面，Hot-on-hot铺筑方法备受喜爱，但是应对当前道路摊铺机械进行更新。

四、双层排水沥青路面适用路段分析

双层排水路面的主要功能是提供雨天行车的安全性和舒适性，但其本身由于空隙较大，

其路面结构整体强度和层间剪切强度低于常规密实性沥青路面的结构强度。因此,在应用双层排水路面时,应选择合适的路段,以发挥其排水降噪的优势,同时避免其强度相对较低的劣势。

从线形来划分,高速公路可划分为直线段、曲线段(缓和曲线段等);从坡度大小分,可分为缓坡段、陡坡段。不同路段组合(如直线缓坡段、曲线陡坡段)的高速公路,将会具有不同的排水能力,在同等降雨条件下,路表水膜厚度会有较大的差别。在相同的车速下,不同路面水膜厚度可能导致的路面水漂现象也将不同。现有的研究表明,水膜厚度越厚,在车速等其他因素相同的情况下,其发生水漂的危险就越大。

同时,相同的车辆以相同的车速行驶在不同路段的高速公路时,对路面本身的作用也存在很大差别。如在长大纵坡段,由行车荷载导致的层间剪切作用将较普通路段大得多;在曲线段,由行车荷载导致的离心力对路面结构的要求较普通路段大得多。因此,在这些路段应用双层排水路面前,应进行充分的力学分析。

五、双层排水沥青路面设计示例

1.试验路概况

江西省位于亚热带季风气候区,全年雨水充沛,属于中国多雨省份之一,年平均降雨量在1400~1900mm,且降雨量随季节变化差异较大,多集中在4~6月。针对江西省潮湿多雨的气候特征,同时为了检验上面层小粒径PAC-10,下面层大粒径PAC-16的双层排水路面的路用性能,基于江西省交通运输厅科技项目,于2018年10月底,在广吉高速CP2段铺设了一段1.1km的双层排水沥青试验路,具体标号为JK24+900~JK26+000,其中前500m为薄双层沥青路面,后500m为后双层沥青路面,中间100m为过渡段,试验路为双向四车道。试验段薄、厚双层排水路面结构如图9-30所示。

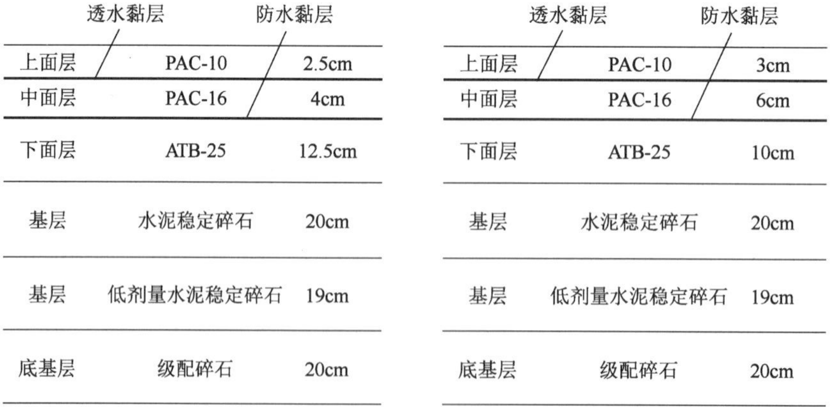

	透水黏层	防水黏层		透水黏层	防水黏层
上面层	PAC-10	2.5cm	上面层	PAC-10	3cm
中面层	PAC-16	4cm	中面层	PAC-16	6cm
下面层	ATB-25	12.5cm	下面层	ATB-25	10cm
基层	水泥稳定碎石	20cm	基层	水泥稳定碎石	20cm
基层	低剂量水泥稳定碎石	19cm	基层	低剂量水泥稳定碎石	19cm
底基层	级配碎石	20cm	底基层	级配碎石	20cm

图9-30 试验段薄、厚双层排水路面结构

2. 生产配合比设计

该试验段双层排水级配方案,采用本项目优选的两组级配,上面层PAC-10采用SBS改性沥青+10%HVA的沥青方案,下面层PAC-16采用成品高黏橡胶沥青(高黏改性剂含量8%)。对试验段的工程用料进行热料筛分,根据目标级配调整热料比例,PAC-10、PAC-16热料筛分以及级配调试结果见表9-65和表9-66。

PAC-10热料筛分以及级配调试结果 表9-65

材料规格(mm)		6~11	3~6	0~3	矿粉	合成级配
掺配比例(%)		52	32	11.5	4.5	100
筛孔尺寸(mm)	19	100	100	100	100	100.0
	16	100	100	100	100	100.0
	13.2	100	100	100	100	100.0
	9.5	99.5	100	100	100	99.7
	4.75	2.2	13.6	98.4	100	40.5
	2.36	0.2	1.8	85.6	100	15.0
	1.18	0.2	0.2	52.2	100	10.7
	0.6	0.2	0.2	32.4	100	8.4
	0.3	0.2	0.2	17.8	100	6.7
	0.15	0.2	0.2	14.8	93.2	6.1
	0.075	0.1	0.2	7.6	81.9	4.7

PAC-16热料筛分以及级配调试结果 表9-66

材料规格(mm)		17~28	11~17	6~11	3~6	0~3	矿粉	合成级配
掺配比例(%)		5	42	35.5	5	8	4.5	100
筛孔尺寸(mm)	19	93.4	100	100	100	100	100	99.7
	16	53.4	99.0	100	100	100	100	97.3
	13.2	7.4	66.7	100	100	100	100	81.4
	9.5	0.6	3.0	97.2	100	100	100	53.3
	4.75	0.2	0.1	4.2	91.2	98.4	100	18.5
	2.36	0.2	0.1	0.2	8.0	81.0	100	11.5
	1.18	0.2	0.1	0.2	1.4	54.9	100	9.1
	0.6	0.2	0.1	0.2	0.4	37.2	100	7.6
	0.3	0.2	0.1	0.2	0.3	20.4	100	6.3
	0.15	0.2	0.1	0.2	0.3	15.4	93.2	5.6
	0.075	0.2	0.1	0.1	0.3	8.4	81.9	4.5

按照《公路沥青路面施工技术规范》(JTG F40—2004)中的要求,取目标配合比设计的最佳油石比,以及±0.3%的3个沥青用量进行试拌,通过飞散、析漏、稳定度等室内试验,确定适

用于实际生产的最佳油石比,PAC-10取最佳油石比为4.9%,PAC-16取最佳油石比为4.4%。

3. 试验段施工工艺

(1)前期工作

①施工前对各种材料进行检查,保证材料充足,施工过程中不能随意更换。

②保证各种材料干燥、稳定,尤其是针对细集料、矿粉以及袋装高黏改性剂,做好防潮、防水工作,防止结块、凝固。

③制定详细的施工方案,明确拌和楼的上料速度、加热温度、拌和试件等,保证出料温度在规定范围内以及出料效率与摊铺效率相匹配。

④提前1天在沥青罐中准备沥青黏结料,防止加热时间过长导致的沥青老化。

⑤对相关设备进行提前调试、检测,对沥青热料进行试拌。

⑥提前1~2天做好防水黏层的施工,严禁人、车通行,保证防水黏层表面清洁、无垃圾。

(2)沥青混合料生产与运输

①拌和楼运转初期,集料温度、上料速度不稳定,前三盘混合料做废弃处理。

②对上面层PAC-10混合料,采用"干法"制备沥青混合料,将袋装高黏改性剂拆袋,倒入改性剂料仓,通过风机传送高黏改性剂并控制其用量,试验段拌和现场如图9-31所示。首先将改性剂与热料干拌15s,再将SBS改性剂加入,湿拌45s。尤其注意,高黏改性剂拆袋前,需人工对其进行碾压,踩碎结块,以防造成传送风机堵塞。

a)试验段拌和楼　　b)拌和楼电脑控制端

图9-31　试验段拌和现场图片

③对下面层PAC-16混合料,直接采用"湿法"制备混合料,直接泵送成品高黏橡胶沥青至拌和仓,湿拌55s。成品橡胶高黏沥青高温黏度较大,必须保证沥青罐的泵吸效率,防止沥青泵送过慢而造成的集料温度过高以及出料效率过低。

④运料车需清理干净,保持干燥,涂抹一层隔离油,不得有原来的旧料沉积在车厢里。装

料时,料车需按照前、后、中的顺序移动,分三次装载,保证混合料的均匀性。

⑤十月底天气转凉,而排水混合料散热较快。装料后需覆盖保温布,防止运输过程中热料温度下降过快。运料车装载完成后,需用插入式温度计对混合料温度进行检查,不满足出料温度的混合料需做整车废料处理。

⑥运料车到场后,再次用插入式温度计检测混合料温度,低于到场温度的,也要做废料处理。沥青混合料施工温度控制见表9-67。

沥青混合料施工温度控制　　　　　　　　　　　　　　　　表9-67

控温项目	温度要求(℃)
矿料加热温度	190~210
SBS改性沥青加热温度	170~180
成品高黏橡胶沥青加热温度	175~185
混合料出料温度	175~190,超过195废弃
混合料到场温度	≥165

规范中建议黏度为(0.17 ± 0.02)Pa·s时的温度作为拌和温度,而作为高黏改性沥青,从第二章的试验数据可知,190℃时的黏度都要远大于该黏度,尤其是橡胶沥青更大,但实际生产中可以发现,由于排水混合料细料较少,所以即使黏度很大,也不会存在拌和不匀,出现花白料的现象产生。因此,拌和温度不宜过高,防止加快沥青的老化。

⑦运料车在已完成铺设的面层上行驶时,禁止紧急制动及急转弯掉头,防止损坏面层。

(3)沥青混合料摊铺

①本试验段采用德国进口的福格勒VOGELE SUPER 2100-3型号的全幅摊铺机进行摊铺,摊铺宽度为11.75m,可以对单侧两车道以及应急车道进行同时摊铺,试验段摊铺、碾压现场如图9-32所示。摊铺前需对熨平板进行加热,温度控制在120℃左右。

a)

b)

图9-32　试验段摊铺、碾压现场图片

②试验段摊铺温度控制在170~185℃(高黏橡胶沥青比SBS改性沥青高5~10℃),摊铺速度为1.5~2.5m/min,松铺系数经试铺调整,PAC-16控制为1.15,PAC-10控制为1.17,摊铺过程中不得随意改变摊铺机速度,保证缓慢、均匀、连续。

③高黏橡胶沥青混合料在高温条件下,会产生一定的刺激性气味,需对现场施工人员做好气体防护隔离处理。

(4)沥青混合料碾压

①在以往工程经验的基础上,试验段采用的压实方案为:首先13t双钢轮压路机初压两遍,接着13t双钢轮压路机复压四遍,最终30t胶轮压路机终压1遍。

②初压需在混合料摊铺后,紧跟着在尽可能高的温度下进行,如果出现粘轮的现象,需向钢轮上涂抹隔离液。

③压路机要遵循"高温、紧跟"的原则,缓慢而匀速地碾压。沥青混合料初压、复压、终压的温度控制按照表9-68执行。

沥青混合料压实温度控制 表9-68

控温项目	温度要求(℃)
初压温度	≥155
复压温度	≥135
终压温度	70~90
碾压终了温度	≥50

4.试验段性能检测

施工过程中,对热料进行随机取样,并成型混合料试件进行室内试验。排水沥青混合料检测结果见表9-69。从表9-69可以看出,通过随机取样检查,试验段的混合料能够满足排水沥青路面规范要求。

排水沥青混合料检测结果 表9-69

技术指标	单位	PAC-10	PAC-16	技术要求
毛体积相对密度	—	2.131	2.054	—
最大理论密度	—	2.647	2.637	—
空隙率	%	19.5	22.1	18~25
连通空隙率	%	14.8	18.5	
稳定度	kN	5.26	6.52	≥5.0
飞散损失	%	7.1	11.0	<0.6
动稳定度	次/mm	7087	6900	≥6000
残留稳定度	%	95.6	99.2	≥85

上下面层摊铺、压实完成后,分别选择三处桩号进行渗水试验(现场试验如图9-33所示),采用施工方的电子渗水仪进行测试,渗水系数测试结果见表9-70。

a)上面层摊铺压实后的表面

b)电子渗水仪测渗水系数

图9-33 现场试验图片

渗水系数检测结果　　　　　　　　　　表9-70

层位	桩号	测试1 (mL/min)	测试2 (mL/min)	测试3 (mL/min)	平均值 (mL/min)
PAC-10 摊铺后	K25+108	6299.2	5700.7	5700.7	5900.2
	K25+402	7717.1	6451.6	6469.0	6879.2
	K25+892	7717.1	6469.0	6138.1	6774.7
PAC-16 摊铺后	K24+950	5985.0	5555.6	5568.5	5703.0
	K25+476	7717.1	7038.1	7038.1	7264.4
	K25+824	7476.6	7038.1	6837.6	7117.4

现场所测的渗水系数均能满足规范不小于5000mL/min的要求,该试验段具有较好的渗水性能。

第十章　高速公路沥青路面抗滑封层性能及实践

有效应用预防性养护措施可以极大地降低路面大、中修的工程量,减少因养护造成的交通封闭和交通拥堵,排除可能存在的道路安全隐患,能有效节约沥青混凝土路面使用和维修成本,提高公路服务水平,增强路面的使用性和安全性。因此,合理运用预防性养护措施具有良好的经济效益和社会效益。目前,微表处技术、薄层罩面技术等都是常用的沥青路面养护技术,但多数是从裂缝、车辙、坑洞等显而易见的路面病害出发,这些肉眼可见的病害本身就是对驾驶员谨慎驾驶的一种提醒。而抗滑能力不足这种隐蔽的病害往往更具安全隐患,将抗滑能力作为判断沥青路面预防性养护时机和养护成效的重要参考因素具有很大的现实意义。

第一节　沥青路面抗滑性能提升技术

路面预防性养护是指对结构未受破坏的路面,在不增加结构承载力的情况下,有计划地采取某种或某些措施,以达到保养路面、预防病害发生、改善当前路面功能特性等目的。路面的抗滑恢复需要在路面没有破坏的时候进行处治,均属于预防性养护范畴。路面的抗滑性能随着行车的磨耗和压密作用而逐渐降低,在潮湿多雨季节极容易造成交通事故。提高沥青路面的抗滑性能可以通过以下几种方法来实现:

(1)清除污染物和橡胶磨痕

进行污染物和橡胶磨痕的清除有利于路面纹理的及时恢复,保障路面行车安全。对于常见的泥沙等污染物,天然降水和行车荷载使得污染路面有一定的自清洁能力,污染较为严重的地区则需要人为干预进行清洗,目前常用的养护方式有人工清扫、高压水枪(洒水车)清洗和道路清扫车清扫(图10-1)。若道路上发生运输车辆倾倒,导致混凝土、油污等泄漏,则需要专门的摩擦辊或者使用特殊的清洗剂处理污染物。

(2)工艺型抗滑封面结构

采用特定工艺在原有路面的基础上铺设表面封层,具有代表性的工艺有刻槽技术、表面处治技术(微表处和精表处等)、封层技术(稀浆封层、透水封层和嵌压集料封层等)和树脂系高分子材料面层防滑处理技术(环氧树脂、聚氨基甲酸酯等)。

a)人工清扫

b)高压水枪清扫

c)道路清扫车清扫

图10-1 清除路面污染物作业方式

(3)修建抗滑表层

对原有路面进行铣刨重铺或者整平处理后加铺专门的抗滑表层，主要包括嵌压式抗滑表层、多碎石沥青混凝土(SAC)、沥青玛蹄脂碎石混合料(SMA)、易密实超薄面层混合料(ECA)、薄沥青混凝土(BBM)、多孔隙沥青混凝土(PAWC)、开级配抗滑磨耗层(OGFC)、超薄磨耗层(NovaChip)等技术。不同抗滑表层之间的区别主要体现在对沥青混合料中抗滑石料(也包括烧铝矾土、陶粒、矿渣等人造石料)及沥青的使用、级配的设计和优选、施工工艺的不同等。

其中，修筑抗滑表层是提高路面抗滑能力的各种方法中最行之有效、经济合理的措施。据英国1973年的统计资料，在M4号高速公路上修筑抗滑表层后，摩擦系数提高15%，雨天交通事故率从原来的56次/亿车公里降低到29次/亿车公里；1985年英国的调查研究指出：路面摩擦系数每提高0.1SFC(约10BPN)，雨天事故率就降低13%；我国的相关研究也表明了类似的规律。交通安全是各国道路管理部门最为头疼的问题，为了提高路面的抗滑能力，国内外对沥青路面材料和工艺进行了长时间、大范围的摸索，相继形成了一系列各具特色的抗滑表层结构。

一、热拌抗滑表层主要形式

(1)沥青玛蹄脂碎石混合料(SMA)

SMA于20世纪60年代初创立于联邦德国，到80年代初正式在德国推广应用，至今在德国的南部和巴伐利亚州使用较多。通常，德国的SMA只使用纯沥青和木质素纤维。即使在高速公路上，也仅有个别特殊路段使用改性沥青和木质素纤维。近年来，德国每年使用SMA铺筑的面积已占每年沥青混凝土面积的10%。国外的研究表明，SMA与传统连续式密级配沥青混凝土相比，具有抗永久变形能力强、表面粗糙度好(即构造深度TD)，以及老化和早期裂缝较少的优点。

(2)超薄磨耗层(NovaChip)

超薄磨耗层NovaChip技术是将间断级配热拌沥青混合料与改性沥青相结合的一项新型沥青路面技术,主要适用于交通量较大或路面性能要求较高的高等级路面的预防性养护,也可用于新建路面的表面磨耗层或轻微病害路面的修复性养护。2003年,我国首次引入NovaChip技术,目前已有不少工程实践经验,适用于中国国情的超薄磨耗层也逐渐被开发推广。

超薄磨耗层对沥青黏结料的技术要求比一般沥青路面要高,乳化沥青要有较高的固体含量,且蒸发后有较高的弹性、柔韧性和耐久性。根据设计理论,沥青黏结料需因地制宜,根据铺设路段的公路等级、气候条件、交通状况和施工工艺等因素等,结合沥青规范进行试验综合确定。铺设超薄磨耗层时必须先在路表采用乳化沥青铺设黏结层,同步施工时要求乳化沥青快裂快凝,使其充分进入沥青混合料,分步施工要求乳化沥青在刚铺洒到路表时黏附性较弱,待破乳后逐渐恢复变强。壳牌公司针对NovaChip系统专门研制了Novabind专用改性沥青和Novabond专用改性乳化沥青,常用的沥青黏结料还有SBS改性沥青和橡胶沥青等,沥青用量在5%左右。

因多用于交通荷载较为繁重的路面,所以超薄磨耗层对集料尤其是粗集料的品质要求较高,块状、坚硬、耐磨、棱角分明依然是基本评价指标,需同时满足狄法尔磨耗、洛杉矶磨耗和压碎值的相关要求,一般采用玄武岩,较少使用花岗岩、石灰岩等石料。细集料必须选用高温变形能力好的机制砂,矿粉采用亲水系数小、与沥青黏附性较好的石灰石,且小于0.075mm的部分需在85%以上,保证混合料的黏结性和稳定性。

超薄磨耗层的空隙率一般在10%~18%之间,采用间断级配进行设计。参照各工程实践,根据最大公称粒径的不同,一般分为4.75mmA型、9.5mmB型、13.2mmC型三种。不同类型NovaChip混合料典型级配见表10-1。实际道路养护中,B型和C型超薄磨耗层应用更加广泛。

不同类型NovaChip混合料典型级配 表10-1

混合料类型	不同尺寸筛孔(mm)									
	16	13.2	9.5	4.75	2.36	1.18	0.6	0.3	0.15	0.075
A型	100	100	100	40~55	20~30	15~25	8~16	6~12	5~10	4~7
B型	100	100	80~100	25~35	23~30	12~22	8~16	6~12	5~10	4~7
C型	100	85~100	60~80	25~35	23~30	12~22	8~16	6~12	5~10	4~7

成型的超薄磨耗层厚度在1.5~2.5cm之间,所以原路面或基层的承载力以及与基层之间的黏结强度是影响施工质量的重要因素。因此必须在施工前对原路面进行清洗,去除污染物,对较宽或较密的裂缝需进行填缝处理,车辙深度超过10mm或泛油严重的路段需整体铣刨,保证路表的平整性和承载强度。施工时路表温度需高于10℃,不应在雨天施工。

超薄磨耗层沥青混合料的拌和工序同普通沥青混合料,沥青加热温度为在165~175℃,石料加热温度为180~190℃,拌和温度为170~180℃,有效拌和时间控制在30~45s,拌和过程要谨防花白石子和沥青团块现象的出现。摊铺有同步和分步两种,采用Novapaver等专用设备同步完成乳化沥青黏层和超薄磨耗层的摊铺是最佳施工方式。乳化沥青的洒布温度控制在60~80℃之间,喷洒量为0.7~1.0L/m²;沥青混合料的摊铺温度控制在150~170℃之间,二者时间差不超过5s,摊铺速度在10~30m/min,并用电加热的振动熨平板进行熨平。摊铺后立刻用9~12t的双钢轮压路机进行碾压,以不产生推移和开裂为原则,温度在90℃以上时碾压三遍,使石料形成稳定嵌挤。路面温度低于50℃时即可开放交通。

超薄磨耗层需要用专用的设备,同时对沥青黏结料和集料的要求都很高,因此造价较高。但因为厚度薄,所需的硬质石料便可以减少1/3至一半,对资源有很好的节约作用,使用寿命多在4年以上,耐久性好,极大地降低了平均养护费用。超薄磨耗层特有的间断级配使其有良好的渗水性,高质量的集料提供了良好的路面纹理,使其在排水和抗滑性能方面优势突出,施工时间短、开放交通快、扬尘少、有一定降噪性能使其具有很高的社会效益。

(3)薄沥青混凝土(BBM)

薄沥青混凝土于20世纪80年代初创立于法国。开始它仅仅用于养护工程,后来扩大至应用于新建工程。法国20%~30%国道网的养护都采用纯沥青混凝土。法国对BBM的定义为:用纯沥青或改性沥青、集料(包括可能的矿质或有机的添加剂)制成的混合料,摊铺厚度为2.5~5cm。BBM的矿料级配在2~6.3mm间是全断的(即两者的集料通过量相等),大于6.3mm的颗粒含量为65%。其空隙率在6%~12%,为防止该面层透水,常用改性沥青在其下面做一层黏结层。BBM的表面构造深度大于0.6mm,具有良好的抗滑特性。

(4)多孔隙沥青混凝土(PAWC)

这种混合料包括大量集料(80%~90%)、少量填料(4%~6%)和少量沥青(4%~5%)。混合料有用纯沥青,也有用改性沥青,如荷兰的高速公路上规定必须用开级配磨耗层(OGFC),其中用改性沥青的仅占约40%,其他约60%用纯沥青。PAWC路面的铺筑层厚为2~4cm。OGFC路面也是PAWC路面,也可以说是PAWC路面的另一种称谓。

RAWC的主要特点是:高空隙率(一般具有18%~25%),形成多空隙表层,可避免表面积水;可防止水漂、射水和溅水,并能提高抗滑能力,其他优点为噪声较小、反光较小、滚动阻力较小和有良好的平整度;其缺点是强度和耐久性差。在美国,普遍认为PAWC的优点是改善潮湿气候(即降雨时)条件下和高速行驶时的抗滑能力。美国联邦公路局建议在交通量大的主要公路上使用PAWC,为车辆提供卓越的潮湿气候特性下高速行驶时的抗滑能力。

在我国北方地区,空气干燥,空气中粉尘颗粒含量高。如果使用PAWC,表面空隙容易被堵塞,造成这种类型混合料使用性能大大降低。

目前,热拌抗滑表层能够提高路面的抗滑性能,但仍存在各自的不足之处。如何降低养护造价,开发沥青路面抗滑性能提升新技术,仍然需要深入研究。

二、冷拌抗滑表层主要形式

(1)精表处恢复技术

表面处治是在稀浆封层的基础上发展起来的预防性养护方法,其中最具代表性的是微表处技术,它采用专用设备将聚合物改性乳化沥青、粗细集料、矿物、填料、水及添加剂,按一定级配和比例拌和成混合料,再将其以薄层的形式摊铺在原有沥青路面上,用来维修和填补路表车辙。

微表处是在稀浆封层基础上发展起来的预防性养护方法,始于德国,20世纪80年代传入美国,90年代传入我国。微表处具有施工速度快、可以迅速恢复和改善原沥青路面的平整度、提高防水性和抗滑性的特点。但是,微表处存在车外噪声偏大等问题,因此在微表处的基础上诞生了精表处技术。精表处(Super-surfacing)是一种由多组分液体聚氨酯环氧改性沥青和细集料组成,通过专用施工设备洒布到原路面上的薄层结构。针对微裂缝、麻面、老化、渗水、抗滑性能不足等沥青路面病害,精表处均有较好的处治表现,对于改善路面性能、延长道路寿命大有裨益。

为提升精表处的抗滑能力和稳定性,集料宜选用玄武岩等坚硬、耐磨的碱性或中性岩石,要求有较小的压碎值和洛杉矶磨耗值,较大的磨光值、砂当量和棱角性。主要使用两种沥青黏结料,I型黏结料主要由改性沥青、环氧复合改性剂、固化剂和功能助剂等组成,II型黏结料主要由沥青、SBS高聚物复合改性剂、水和功能助剂等组成。

根据不同的使用需求,精表处可以分为单层铺装结构和双层铺装结构两种(图10-2)。不同精表处铺装结构理论厚度如表10-2所示,精表处集料级配可以参考表10-3进行设计。

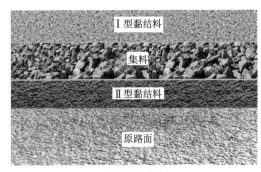 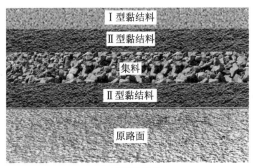

a) 单层铺装结构　　　　　　　　　　　　b) 双层铺装结构

图10-2　精表处不同铺装结构

精表处铺装结构理论厚度　　　　　　　　　　　　表10-2

铺装结构	类型	理论厚度(mm)
单层铺装结构	单层细粒式精表处	0.3~1
	单层中粒式精表处	3
	单层粗粒式精表处	5
双层铺装结构	双层细粒式精表处	5
	双层中粒式精表处	6
	双层粗粒式精表处	8

精表处集料级配 　　　　表10-3

规格代号	公称粒径(mm)	通过以下筛孔(mm)的质量百分率(%)					
		9.5	4.75	2.36	1.18	0.3	0.075
1	0~1	—	—	100	90~100	0~5	0~0.5
2	1~3	—	100	90~100	0~10	—	0~0.5
3	2~4	—	100	0~20	—	—	0~0.5
4	3~5	100	90~100	0~10	—	—	0~0.5

注：0~1mm规格集料应选用20~50目金刚砂。

精表处施工温度不低于15℃，且不得在雨天施工。单层铺装结构使用同步封层车将Ⅰ型黏结料和集料同步铺撒到原路面上，并在Ⅰ型黏结料凝胶前采用胶轮压路机缓慢匀速碾压两遍以上。采用指压法确认Ⅰ型黏结料表干后，再将Ⅱ型黏结料均匀喷洒到已铺材料上。双层铺装结构再加一道将Ⅱ型黏结料和集料同步铺洒的工序。碾压时可在胶轮上以雾状形式喷洒少量水或隔离剂，轮迹重叠不小于1/3轮宽，不得在已施工的路面上随意制动和掉头。施工结束后需养护1~2h，在黏结料完全干透不黏手之后即可开放交通。

精表处具有施工速度快、交通影响小、可以迅速恢复和改善原沥青路面的平整度、完全封水、提高抗滑性等特点，平均4~6mm的超薄结构也让其在费用上具有一定的优势。微表处的不足在于，使用时的噪声与热拌热铺沥青路面相比明显增大，大大影响了路面行驶舒适性，尤其在人口密集的村庄以及市区，由此产生的车外噪声也成为制约微表处技术进一步发展的瓶颈。

（2）碎石封层（Chip Seal）

早在19世纪，就有使用碎石养护病害道路的先例。20世纪80年代，法国率先出现了同步碎石封层技术，随后在欧美、大洋洲中的数十个国家推广应用。2002年，同步碎石封层工艺引入中国，目前已经成为世界范围内传统且有效的表层养护方法。

同步碎石封层是指使用专用的撒布设备将沥青黏结料和碎石同时撒布在路面上，在沥青仍处于高温时通过胶轮压路机或自然行车的荷载作用令沥青和碎石得到最充分的接触，保证混合料的黏结性，从而保护原有路面的沥青碎石磨耗层。对沥青路面出现脱落、轻微龟裂、车辙、贫油等病害，同步碎石封层具有比较好的预防性养护和修复性养护效果。其中，沥青应选用容易撒布均匀、温度下降较慢、与碎石有较好黏附性能的品种，常见的有乳化沥青、稀释沥青、橡胶改性沥青、SBS改性沥青和SBR改性沥青等。对沥青技术指标的要求主要是较高的软化点和弹性恢复能力，动力黏度不宜过高。

同步碎石封层在石料的选择上以耐久性和耐磨性好的玄武岩为最佳，花岗岩和石英岩也是常用的石料，碎石应选用洁净干燥的块状碎石，足够的耐磨性和棱角性依然是保证碎石封层纹理的重要指标。开级配和单一粒径是同步碎石封层常用的级配组成,根据原有路面状况和路面防滑性能要求的不用可分为2~4mm、4~6mm、6~10mm、8~12mm、10~14mm五档粒径,其中比较常用的是4~6mm和6~10mm两种。根据粒径范围大小的不同可将同步碎石封层分为三种级配类型,如表10-4所示。

同步碎石封层级配类型　　　　　　　　　　　　　　　　表10-4

级配类型	石料粒径(mm)	每千平方米石料撒铺量(m³)	成形厚度(mm)
细封层	3~6	4~6	5左右
粗封层	6~10	7~9	8左右
加粗封层	10~14	11~13	12左右

根据施工工艺的不同可将同步碎石封层分为单纯的同步碎石封层和与其他施工工艺结合的同步碎石封层两大类,并可细分为七种典型结构,如表10-5所示。

同步碎石封层典型结构　　　　　　　　　　　　　　　　表10-5

结构类型	典型结构	施工工艺	适用条件
单纯的同步碎石封层	单石单层结构	在洒布了沥青的路面上撒布一层单级配碎石	不需要特殊修复路面病害的路况
	双石双层结构	两次单石单层碎石封层,上层的碎石通常是下层碎石直径的一半	大交通量、长大斜坡的路况
	逆向双石双层结构	类似双石双层结构,但上层碎石封层的碎石直径要大于下层	用于修复路面泛油和横向车辙
与其他施工工艺结合的同步碎石封层	开普封层结构	在碎石封层的表面加铺稀浆封层	需要较高强度和抗剪能力的路面
	嵌入式结构	在单石单层结构的基础上临时撒布一层嵌空的碎石	弯道较多的路况
	土工布加强结构	在黏层上面铺设土工布,再做同步碎石封层	路面氧化或热裂缝严重的路况
	三明治结构	两层碎石之间撒布一层沥青	路面松散的路况

在同步碎石封层的基础上诞生了针对改善路面抗滑性能的精细抗滑碎石封层,该封层采用环氧基改性乳化沥青和3~5mm的单粒径碎石,具体施工流程如图10-3所示。

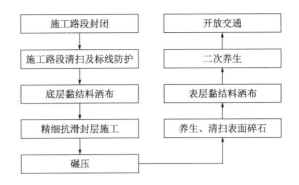

图10-3 精细抗滑碎石封层施工流程图

采用预喷洒工序进行测量放样和碎石预拌可以有效提高封层质量,对精细抗滑碎石封层车的碎石撒布系统和沥青洒布系统进行校正,确定作业参数后就可以开始进行碎石和沥青的撒(洒)布,晴朗、无风、湿度小、气温较高是施工的理想天气,可以保证持续高温使沥青和碎石充分胶结。撒布过程要尽量保持均匀,速度和宽度都要严格控制,碎石撒布较少或者漏撒的区域可以人工补撒。撒布完成后采用轻型胶轮压路机碾压2～3遍,压实速度不宜超过8km/h,保证轮胎不移动碎石,轮胎气压要能将碎石压入沥青且不破坏碎石。养生时间为2～4h,采用路面清扫车对道路表面多余的集料进行清扫。

精细抗滑碎石封层是典型的柔性结构,能增加路面抗裂性能,改善路面的平整度,较大提高路面摩擦系数,且造价低,施工速度快,开放交通快,适用于改善低交通量道路的抗滑性能,但不能用于机场跑道和重载交通路面。其寿命在2～3年左右,会提高路面噪声,防水性能不稳定。

(3)嵌压式抗滑表层

国内曾在砂粒式沥青混凝土上嵌入10～15mm或3～9mm抗滑性能好的碎石,形成了嵌压式抗滑表层。这种嵌压式磨耗层的优点是宏观构造度和耐久性好。因抗滑性能好的石料仅用于表面,需要的数量少,故在需远运石料的地区,使用嵌压式抗滑表层最经济。

三、规范中的抗滑性能评价技术标准

我国的规范分别从摩擦系数及表面构造深度两个角度规定路面抗滑性能。为了行车安全需要,路面在设计、质量检测评定以及养护阶段的抗滑性能都应当达到一定指标值。《公路沥青路面设计规范》(JTG D50—2017)中要求高速公路、一级公路在交工验收时,其表面层抗滑技术指标应满足表10-6的要求。

抗滑技术指标 表10-6

年平均降雨量(mm)	交工检测指标值	
	横向力系数SFC_{60}	构造深度TD(mm)
>1000	≥54	≥0.55
500～1000	≥50	≥0.50
250～500	≥45	≥0.45

《公路工程质量检验评定标准 第一册 土建工程》(JTG F80/1—2017)中要求沥青混凝土路面摩擦系数和构造深度应该达到设计要求。《公路技术状况评定标准》(JTG 5210—2018)提出了路面抗滑性能用路面抗滑性能指数(SRI)评价,其标准见表10-7,计算方法见式(10-1):

$$SRI = \frac{100 - SRI_{min}}{1 + a_0 \times e^{a_1 SFC}} + SRI_{min} \qquad (10\text{-}1)$$

式中:SFC——横向力系数;

SRI_{min}——标定参数,采用35.0;

a_0——模型参数,采用28.6;

a_1——模型参数,采用−0.105。

路面抗滑性能(SRI)评价标准 表10-7

评价指标	优	良	中	次	差
抗滑性能指数SRI	≥90	≥80,<90	≥70,<80	≥60,<70	<60
横向力系数SFC	≥48	≥40,<48	≥33.5,<40	≥27.5,<33.5	<27.5

《公路沥青路面养护设计规范》(JTG 5421—2018)提出高速公路和一级公路SRI小于75时应通过一定措施提升路面抗滑能力,经过反算,对应的SFC应该为36.4。《公路沥青路面养护技术规范》(JTG 5142—2019)则提出高速公路每个基本单位的SRI应大于或等于75,一级公路和二级公路每个基本单位的SRI应大于或等于70,对应的SFC则为33.4。《公路养护技术标准》(JTG 5110—2023)要求路面修复养护工程设计应满足路面结构强度、行驶性能和抗滑性能等要求。

由于检测方法不同,不同国家和地区对抗滑性能的检测方法和指标也有所不同,这给开展路面抗滑性能检测与评价等方面的研究造成了许多障碍,带来许多问题。为了在公路上提供一个统一指标,1992年9—10月期间,世界道路协会(PIARC)在比利时和西班牙的公路路面上进行了一次实地测量。这次试验总的目的是协调世界上不同国家路面摩擦的测量方法,建立在不同测试条件下(包括路面构造、行车速度、滑移角、测试轮胎、气候和路面材料)不同的摩擦和路面构造测量工具间的数据联系,并发展一个国际摩擦指标IFI(International Friction Index),以便所有测量工具测得的数据都能统一到此指标上来。国际摩擦指标IFI包含两个参数F60和S_p,建立此指标后,参与试验的每一种测量工具都可将各自的测量数据换算为IFI。

路面抗滑性能评价指标的不统一使技术交流变得困难,随着我国对外技术文化交流的进一步发展,在道路检测和评价中采用国际摩擦指标IFI与国际接轨也有着非常重要的意义。因此,有必要将国际摩擦指标IFI引进我国并与我国的规范值建立联系。

第二节 基于快速养护的新型抗滑封层技术

一、新型抗滑封层设计理念

现有路面抗滑性能提升技术可分为两类,即采用热拌类沥青混合料和冷拌类沥青混合料。热拌类一般造价较高,交通影响大且需要对原路面进行铣刨;冷拌类一般造价较低但耐久性较差,性能衰减过快。此外,不同交通量下的抗滑需求存在较大的差异,而现有抗滑提升技术在针对这个问题上鲜有研究。课题组针对现有抗滑性能提升技术中所存在的问题,研发了一种新型的抗滑封层混合料,该混合料具有交通影响小、耐久性好、适用范围广等特点。

为了能够有针对性地制定抗滑不足处治方案,项目组对抗滑性能提升技术进行了调研,目前常用的抗滑性能提升技术如表10-8所示。

常用的抗滑提升技术 表10-8

内容	封层类	微表处类	极薄铺装类	超薄铺装类
级配特征	单一粒径	连续密级配	间断开级配	间断密级配
厚度(cm)	0.5	1.0	1.2	2.0
关键原材料	高性能黏结料底层、单一粒径碎石、黏结料上封层	纤维,慢裂快凝乳化沥青	专用改性沥青黏结料、特制改性乳化量黏层	不黏轮乳化沥青、复合增效剂
施工设备	同步磨耗层车	纤维改性专用摊铺车	一体化摊铺机	常规摊铺机
预期寿命(年)	3~5	3~5	4~5	5~6
优点	1.厚度较小,节省了大量沥青和集料的用量,养护成本低; 2.可以进行单车道与罩面施工; 3.施工时无废料产生,符合绿色施工的要求; 4.冷拌施工能耗排放低	1.抗滑封水效果较好; 2.掺加纤维能提高路面的抗裂性能及降低噪声; 3.施工速度快,交通影响小; 4.可以进行单车道或罩面施工; 5.冷拌施工能耗排放低	1.开级配能有效减少雨天行车水雾,提高雨天行车安全性; 2.较大的构造深度能减少路面噪声; 3.厚度薄,适用于高程限制路段	1.抗滑耐久性好,噪声小,采用密级配有效防止水损害; 2.可以进行单车道与罩面施工; 3.不黏轮乳化沥青能有效提高层间黏结效果; 4.施工设备简单

续上表

内容	封层类	微表处类	极薄铺装类	超薄铺装类
缺点	对黏结料及碎石的质量要求高	1.相对其他三种混合料,通车噪声仍然较大; 2.层间黏结效果不如其他几种混合料	1.施工要求高,若不能较好地控制施工质量,易出现早期水损害; 2.只能进行罩面施工; 3.需采用专用施工设备及沥青,成本高	1.采用密级配,雨天路面水雾消除能力稍低; 2.成本较高
单价(元/m²)	28~38	20~30	60	44
推荐形式	推荐	比选	比选	比选
处治长度(m)	3000			

通过以上抗滑性能提升处治技术调研可知,封层类材料施工工艺简单,造价相对较低,抗滑性能改善明显,且行车噪声略低于微表处。因此,本项目采用封层类技术作为快速养护材料。针对封层类材料的技术特点及现状,拟从以下方面确立材料设计的基本理念和原则。

(1)设计目标:快速、耐久

本项目所研究封层材料总体上应达到施工快速、使用耐久的目标,通过材料、工艺的研究,达到两个目标的平衡,既不能一味追求快速施工导致材料使用性能下降、寿命偏低,又不能因为较长的施工时间对交通流产生较大的影响。

(2)设计两种适用于不同交通等级的材料

针对不同高速公路以及不同车道的交通荷载特征,设计两种不同的封层材料,分别适用于一般交通量路段和重载路段,使得技术具有一定选择性,提高实际应用的性价比。

(3)材料黏结料

黏结料是封层材料的核心,应具有充分的黏结性能和抗老化性能,包括黏结料与集料的黏结、黏结料与原路面之间的黏结。

(4)集料及级配

封层材料的抗滑性能主要由集料直接提供,集料应具有良好的耐磨耗性能、耐压碎性能。从级配角度来说,应采用较为均匀的单一级配,提高封层表面的平整度,降低行车噪声。

(5)封层结构

封层材料往往由黏结料与石料分层撒布组合而成,其材料结构虽然简单,但对封层整体的路用性能影响较大,在黏结料性能提升有限的情况下,合理设计封层结构会起到事半功倍的效果。

(6)路用性能

从实际路用性能的角度,封层材料应具有抗松散性强、高温性能好、噪声低的效果。

二、环氧基抗滑封层材料设计

首先进行环氧基抗滑封层材料设计,确定黏结料的类型;在此基础上确立石料的满铺率,即理论上铺筑单一层石料时每平米的石料用量,测试相同和不同底层黏结料撒布量下能稳定吸附的石料量;参考微表处混合料性能试验方法,选取湿轮磨耗试验和负荷轮黏砂试验,测试评价精细抗滑封层室内条件下的路用性能。

1. 原材料选择

环氧树脂是泛指分子中含有两个或两个以上环氧基团的有机高分子化合物,属于热塑性树脂。由于其分子结构中含有活泼的环氧基团,使它们可与多种类型的固化剂发生交联反应形成不溶、不熔的三向网状结构高聚物,从而表现出环氧树脂优异的物理、化学性能和实际应用价值。环氧基乳化沥青是采用环氧树脂进行改性形成的改性乳化沥青,具有超高的黏附性和强度,适用于大交通量下的交通荷载作用。

本书采用专用的环氧基改性乳化沥青,固化后需具有较高的黏结力,将磨耗层碎石稳固在路面上,同时具有较好的延展性和强度,不出现脆化现象,可有效防止裂缝的产生,并能抵抗较大交通荷载下的层间剪切力。此外,在采用高剂量情况下,环氧基抗滑磨耗层不出现泛油病害。研究采用的环氧基乳化沥青包括水性环氧树脂和固化剂、阴离子乳化沥青,主要检验沥青针入度、延度和软化点及老化后的各项指标,所测结果满足相应规范的技术指标要求。阴离子乳化沥青技术要求见表10-9,水性环氧树脂与固化剂技术指标见表10-10。

阴离子乳化沥青技术要求 表10-9

试验项目		单位	指标要求	试验方法
破乳速度		—	中裂	T 0658
筛上剩余量(1.18mm筛)		%	≤0.1	T 0652
电荷性质		—	阳离子正电(+)	T 0653
恩格拉黏度(25℃),E25		—	1~10	T 0622
标准黏度(25,3)		s	15~20	T 0621
蒸发残留物含量		%	≥62	T 0651
与集料的黏附性,裹覆面积		—	≥2/3	T 0654
蒸发残留物性质	针入度(100g,25℃,5s)	0.1mm	40~70	T 0604
	软化点	℃	≥50	T 0606
	延度(5℃)	cm	≥100	T 0605
	溶解度(三氯乙烯)	%	≥97.5	T 0607
储存稳定性	1d	%	≤1	T 0655
	5d	%	≤5	T 0658

水性环氧树脂和固化剂技术指标　　　　　　　　　　　表10-10

测试项目	水性环氧树脂	水性环氧固化剂
固体含量(%)	98±2	50±3
环氧当量(总量)	190	—
氨氢当量(总量)	—	285

石料均采用玄武岩石料,为获取3~5mm的单粒径碎石,可采用工程中常用的3~5mm碎石并过拌和楼筛得到。研究用3~5mm的玄武岩碎石过标准筛后的级配见表10-11,其技术指标应满足表10-12的要求。

石料级配要求　　　　　　　　　　表10-11

筛孔孔径(mm)	9.5	4.75	2.36	1.18	0.6	0.3
通过率(%)	100	70~75	0	0	0	0

石料技术要求　　　　　　　　　　表10-12

指标	单位	技术要求	试验方法
集料的压碎值	%	≤26	T 0316
洛杉矶磨耗损失	%	≤28	T 0317
坚固性	%	≤12	T 0314
针片状颗粒含量	%	≤5	T 0312
水洗法<0.075mm颗粒含量	%	≤1	T 0310
软石含量	%	≤2	T 0320

为保证过筛后的单级配碎石洁净度和黏结料的黏附性,碎石在使用前裹覆质量0.5%的普通基质沥青,采用拌和楼进行预裹覆处理,实验室条件下可以采用沥青混合料拌合锅进行裹覆处理。预拌的目的一是通过拌和楼强力除尘,二是在碎石表面裹覆薄层沥青。预拌后的碎石不能成团,便于撒布,同时碎石表面必须满裹覆沥青以提高黏结力。

2. 撒布试验

精细抗滑碎石封层采用3~5mm单一粒径碎石,碎石设计铺筑厚度为(5±1)mm,理论上的碎石最佳分布状态为每个碎石相邻但不重叠,形成一个碎石层,此时的状态又称为满铺状态。为预估3~5mm单一粒径碎石满铺状态,课题组通过人工计算撒布一定面积上的单层碎石量来预估碎石在满铺状态时的撒布量。此外,通过计算不同底层黏结料撒布量,用所能黏附碎石的量来预估实际状态下的碎石最佳撒布量。综合两者的结果,即为碎石的较佳用量。

(1)人工计算满铺撒布量

计算公式为:满铺撒布量=碎石质量/碎石分布面积,预估方法见图10-4。经计算,人工计算条件下的碎石满铺撒布量为5.6~6.2kg/m²。

图 10-4 碎石满铺值预估方法

(2)不同黏结料下的碎石满铺量

结合人工计算的碎石满铺量范围,设计不同底层黏结料撒布量下所能黏附的碎石,试验结果见图 10-5 ~ 图 10-8。

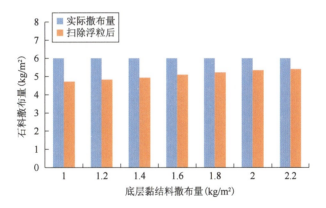

图 10-5 不同底层黏结料撒布量下石料撒布 6kg/m² 的满铺撒布量

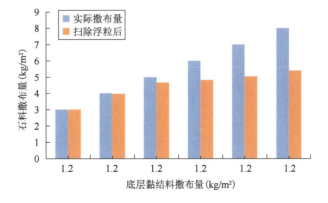

图 10-6 底层黏结料撒布 1.2kg/m² 下不同石料撒布量的满铺撒布量

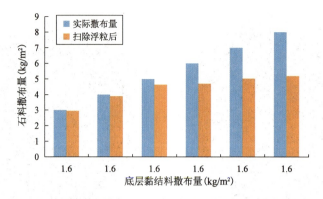

图 10-7　底层黏结料撒布 1.6kg/m² 下不同石料撒布量的满铺撒布量

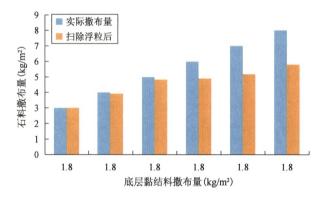

图 10-8　底层黏结料撒布 1.8kg/m² 下不同石料撒布量的满铺撒布量

试验结果分析如下：

①由图 10-5 可知，随单位面积上黏结料用量的增加，碎石黏附量也逐渐增大，但增幅较小。底层黏结料撒布量为 1.0~2.2kg/m² 时能吸附的石料量在 4.7~5.4kg/m² 之间。

②由图 10-6~图 10-8 可知，在相同黏结料撒布量情况下，碎石黏附量先增加后趋于稳定，稳定范围为 4.7~5.4kg/m²。

综上可知，当底层黏结料撒布量小于 2.2kg/m² 时，石料撒布范围为 5~6kg/m²。当小于该范围时，会导致部分区域仍是原路面，碎石撒布量不足，碎石之间无法形成整体封层，极易在行车作用下脱落；当大于该范围时，导致施工时清扫工作量增大，增加了清扫的工作量和难度。结合上述分析结果，选取碎石撒布量为 5kg/m² 作为后续室内研究时的碎石撒布量。

拉拔试验又称附着力试验，通过拉拔试验评价不同底层黏结料用量时碎石与原路面的黏结力，用以评价精细抗滑碎石封层混合料抵抗车轮产生的层间剪切力。不同底层黏结料撒布量下的拉拔试验设计见表 10-12，拉拔应力试验结果见图 10-9。

不同底层黏结料撒布量下的拉拔试验设计　　　　表10-12

序号	底层黏结料撒布量(kg/m²)	石料撒布量(kg/m²)	表层黏结料撒布量(kg/m²)
1	1.0	5	0.6
2	1.2	5	0.6
3	1.4	5	0.6
4	1.6	5	0.6
5	1.8	5	0.6
6	2.0	5	0.6
7	2.2	5	0.6

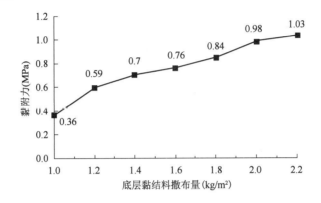

图10-9　不同底层黏结料撒布量下的拉拔应力

由图10-9可知,随着底层黏结料撒布量的增加,石料与底层黏结料的黏附力增大。当底层黏结料撒布量大于2kg/m²时,石料与底层黏结料的黏附应力的增加趋于稳定,在1.0MPa左右;结合试验过程,此时部分碎石撒布后已经完全被乳化沥青覆盖,容易经行车碾压后产生泛油,因此底层黏结料的适宜撒布量范围定为1.2~1.8kg/m²。

3.抗滑试验

室内条件下,采用摆式摩擦仪对不同碎石撒布量下形成的抗滑碎石封层进行测试,研究碎石分布密度对抗滑性能的影响。摩擦摆值试验方案见表10-13、表10-14,试验结果见图10-10、图10-11。

不同石料撒布量下的摩擦摆值试验方案　　　　表10-13

序号	底层黏结料撒布量(kg/m²)	石料撒布量(kg/m²)	表层黏结料撒布量(kg/m²)
1	1.4/1.6/1.8	3	0.6
2	1.4/1.6/1.8	4	0.6
3	1.4/1.6/1.8	5	0.6
4	1.4/1.6/1.8	6	0.6
5	1.4/1.6/1.8	7	0.6
6	1.4/1.6/1.8	8	0.6

不同表层黏结料撒布量下的摩擦摆值试验方案　　　　　　　　表 10-14

序号	底层黏结料撒布量(kg/m²)	石料撒布量(kg/m²)	表层黏结料撒布量(kg/m²)
1	1.4	5	0
2	1.4	5	0.2
3	1.4	5	0.4
4	1.4	5	0.6
5	1.4	5	0.8
6	1.4	5	1
7	1.4	5	1.2

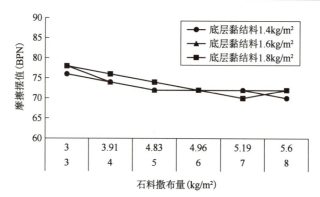

图 10-10　不同石料撒布量下的摩擦摆值

注：横坐标第一栏为清扫浮粒后的撒布量，第二栏为设计撒布量。

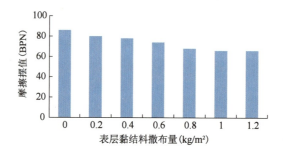

图 10-11　不同表层黏结料撒布量下的摩擦摆值

试验结果分析如下：

(1)由图 10-10 可知,在底层黏结料的撒布量为 1.4~1.8kg/m² 时,不同底层黏结料撒布量对摩擦摆值无影响；当碎石的撒布量不在满铺量状态下时,其摩擦摆值较大,且铺筑的抗滑封层表面构造较大,碎石成单个状态黏附在路面上,碎石间相互嵌挤作用几乎为零,极易被行车作用下脱落。

(2)由表 10-14 和图 10-11 可知,表层黏结料的撒布量对精细抗滑封层的抗滑性能有较明显的影响,随表层乳化沥青用量的增加,精细抗滑碎石封层抗滑性能逐渐减小。

4. 湿轮磨耗试验

湿轮磨耗试验用于评价精细抗滑碎石封层混合料成型后的磨耗性能,同时也可以确定最小沥青用量。浸水1h湿轮磨耗值不仅可以评价最小沥青用量,也可以评价混合料的耐磨耗能力和抗水损害能力。不同底层、不同表层黏结料撒布量方案见表10-15和表10-16,湿轮摩耗值试验结果见图10-12和图10-13。不同表面黏结料撒布量下的精细抗滑碎石封层外观见图10-14。

不同底层黏结料撒布量方案　　　　　　　　　表10-15

序号	底层黏结料撒布量(kg/m²)	石料撒布量(kg/m²)	表层黏结料撒布量(kg/m²)
1	1.0	5	0.6
2	1.2	5	0.6
3	1.4	5	0.6
4	1.6	5	0.6
5	1.8	5	0.6
6	2.0	5	0.6
7	2.2	5	0.6

不同表层黏结料撒布量方案　　　　　　　　　表10-16

序号	底层黏结料撒布量(kg/m²)	石料撒布量(kg/m²)	表层黏结料撒布量(kg/m²)
1	1.6	5	0
2	1.6	5	0.2
3	1.6	5	0.4
4	1.6	5	0.6
5	1.6	5	0.8
6	1.6	5	1.0
7	1.6	5	1.2

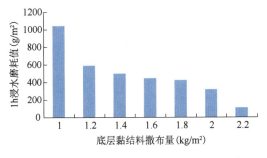

图10-12　不同底层黏结料撒布量下的湿轮磨耗值

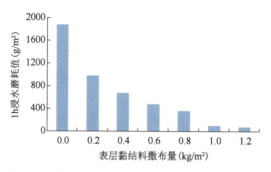

图 10-13　不同表层底层黏结料撒布量下的湿轮磨耗值

图 10-14　不同表面黏结料撒布量下的精细抗滑碎石封层外观

试验结果分析如下：

(1) 由图 10-12 可知，随底层黏结料用量的增大，碎石与黏结料的黏附性能越好，且具有较好的抗磨耗、抗水损性能；参考现有微表处湿轮磨耗试验技术要求，精细抗滑碎石封层混合料的底层黏结料的适宜撒布量不小于 1.2 kg/m²。

(2) 由图 10-13 和图 10-14 可知，表层黏结料撒布量对精细抗滑碎石封层混合料的抗湿轮磨耗性能具有较大的影响。当表层黏结料小于 0.2 kg/m² 时，乳化沥青无法有效覆盖在碎石表面，进而无法与底层乳化沥青有效裹覆碎石，极易在磨耗轮下发生脱粒现象。

综上，对精细抗滑碎石封层混合料，底层黏结料的最小撒布量为 1.2 kg/m²，表层黏结料最小撒布量为 0.4 kg/m²。

5. 负荷轮黏砂试验

由于精细抗滑碎石封层混合料为单粒径碎石封层，在高温环境下不会有车辙和波浪，但上下层黏结料撒布量过多时，精细抗滑封层混合料路面容易出现泛油，导致失去抗滑性能。为了避免泛油病害现象的出现，在完全成型的精细抗滑碎石封层混合料上用负荷轮试验仪模拟车轮碾压,经过一定碾压次数后计量试件单位负荷面积黏附砂量,以 g/m^2 表示,可以确定精细抗滑碎石封层混合料的上下层黏结料的最大撒布量。负荷轮黏砂试验方案见表10-17和表10-18,负荷轮黏砂量试验结果见图10-15、图10-16。

不同底层黏结料撒布量下的负荷轮黏砂试验方案　　　　表10-17

序号	底层黏结料撒布量(kg/m^2)	石料撒布量(kg/m^2)	表层黏结料撒布量(kg/m^2)
1	1.0	5	0.6
2	1.2	5	0.6
3	1.4	5	0.6
4	1.6	5	0.6
5	1.8	5	0.6
6	2.0	5	0.6
7	2.2	5	0.6

不同表层黏结料撒布量下的负荷轮黏砂试验方案　　　　表10-18

序号	底层黏结料撒布量(kg/m^2)	石料撒布量(kg/m^2)	表层黏结料撒布量(kg/m^2)
1	1.6	5	0
2	1.6	5	0.2
3	1.6	5	0.4
4	1.6	5	0.6
5	1.6	5	0.8
6	1.6	5	1
7	1.6	5	1.2

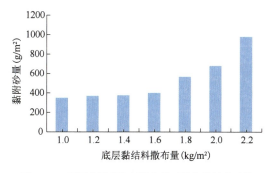

图10-15　不同底层黏结料撒布量下的负荷轮黏砂量

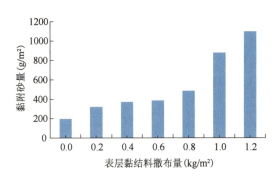

图10-16 不同表层黏结料撒布量下的负荷轮黏砂量

试验结果分析如下:

(1)由图10-15可知,当表层黏结料撒布量一定、底层黏结料撒布量小于$1.8kg/m^2$时,负荷轮黏砂量无变化,说明此时已影响了精细抗滑碎石封层表面的构造,已处于泛油边缘。因此,负荷轮黏砂下的底层黏结料最大撒布量应小于$1.8kg/m^2$。

(2)由图10-16可知,当表层黏结料撒布量大于$0.8kg/m^2$时,负荷轮黏砂量显著增加。说明此时表面层的油膜已经较厚,容易在行车碾压下产生表面泛油,降低了精细抗滑碎石封层混合料的抗滑性能。因此,负荷轮黏砂下的表层黏结料最大值应小于或等于$0.8kg/m^2$。

综上,对精细抗滑碎石封层混合料,底层黏结料的最大撒布量应为$1.8kg/m^2$,表层黏结料最大撒布量应为$0.8kg/m^2$。

三、沥青基抗滑封层材料设计

环氧基抗滑封层材料设计时,首先要确定黏结料的类型,在此基础上确定石料的满铺率,即理论上铺筑单一层石料时每平方米的石料用量,通过测试相同和不同底层黏结料撒布量时能稳定吸附的石料量。参考微表处混合料性能试验方法,选取湿轮磨耗试验和负荷轮黏砂试验,测试评价精细抗滑封层室内条件下的路用性能。

1. 原材料选择

高浓乳化沥青为由普通乳化沥青制备的具有较高浓度的乳化沥青,能满足一般交通量下的使用要求,与环氧基具有较高的黏附性,其指标需符合表10-19技术要求。石料技术特性与环氧基抗滑封层材料相同。

高浓乳化沥青技术要求 表10-19

试验项目	单位	指标要求	试验方法
破乳速度	—	中裂	T 0658
筛上剩余量(1.18mm筛)	%	≤0.1	T 0652
电荷性质	—	阳离子正电(+)	T 0653
恩格拉黏度(25℃),E_{25}	—	1~10	T 0622

续上表

试验项目		单位	指标要求	试验方法
标准黏度 C25,3		s	15~20	T 0621
蒸发残留物含量		%	≥65	T 0651
与集料的黏附性,裹覆面积		—	≥2/3	T 0654
蒸发残留物性质	针入度(100g,25℃,5s)	0.1mm	40~70	T 0604
	软化点(℃)	℃	≥50	T 0606
	延度(cm,5℃)	cm	≥45	T 0605
	溶解度(三氯乙烯)	%	≥97.5	T 0607
贮存稳定性(%)	1d	%	≤0.5	T 0655
	5d	%	≤2	T 0658

2. 拉拔试验

拉拔试验,又称附着力试验,通过拉拔试验评价不同底层黏结料用量时碎石与原路面的黏结力,用以评价精细抗滑碎石封层混合料抵抗车轮产生的层间剪切力。拉拔试验方案见表10-20,拉拔压力试验结果见图10-17。

不同底层黏结料撒布量下的拉拔试验方案　　　　表10-20

序号	底层黏结料撒布量(kg/m²)	石料撒布量(kg/m²)	表层黏结料撒布量(kg/m²)
1	1.0	5	0.6
2	1.2	5	0.6
3	1.4	5	0.6
4	1.6	5	0.6
5	1.8	5	0.6
6	2.0	5	0.6
7	2.2	5	0.6

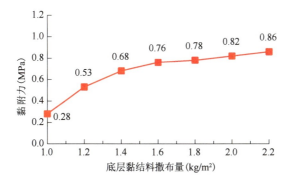

图10-17　不同底层黏结料撒布量下的拉拔应力

由图10-17可知,随底层黏结料撒布量的增加,石料与底层黏结料的黏附力增大;当底层黏结料撒布量大于1.8kg/m²时,石料与底层黏结料的黏附力的增加趋于稳定,在0.9MPa左右;结合试验过程,当底层黏结料撒布量大于2.0kg/m²时,部分碎石撒布后已经完全被乳化沥青覆盖,容易经行车碾压后产生泛油,因此底层黏结料的适宜撒布量范围定为1.4~1.8kg/m²。

3. 抗滑试验

室内条件下,采用摆式摩擦仪对不同碎石撒布量下的形成的抗滑碎石封层进行了测试,研究碎石分布密度对抗滑性能的影响。摩擦摆值试验方案见表10-21、表10-22,试验结果见图10-18、图10-19。

不同石料撒布量下的摩擦摆值试验方案 表10-21

序号	底层黏结料撒布量(kg/m²)	石料撒布量(kg/m²)	表层黏结料撒布量(kg/m²)
1	1.4/1.6/1.8	3	0.6
2	1.4/1.6/1.8	4	0.6
3	1.4/1.6/1.8	5	0.6
4	1.4/1.6/1.8	6	0.6
5	1.4/1.6/1.8	7	0.6
6	1.4/1.6/1.8	8	0.6

不同表层黏结料撒布量下的摩擦摆值试验方案 表10-22

序号	底层黏结料撒布量(kg/m²)	石料撒布量(kg/m²)	表层黏结料撒布量(kg/m²)
1	1.4	5	0
2	1.4	5	0.2
3	1.4	5	0.4
4	1.4	5	0.6
5	1.4	5	0.8
6	1.4	5	1
7	1.4	5	1.2

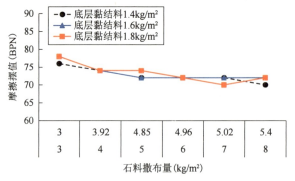

图10-18 不同石料撒布量下的摩擦摆值

注:横坐标第一栏为清扫浮粒后的撒布量,第二栏为设计撒布量。

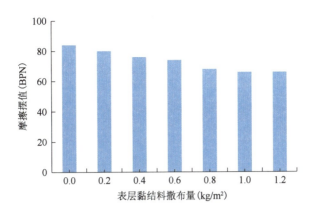

图 10-19 不同表层黏结料撒布量下的摩擦摆值

试验结果分析如下：

（1）由图 10-18 可知，在底层黏结料的撒布量为 1.4～1.8kg/m² 时，不同底层黏结料撒布量对摩擦摆值无影响；当碎石的撒布量不在满铺量状态下时，其摩擦摆值较大，且铺筑的抗滑封层表面构造较大，但碎石成单个状态黏附在路面上，碎石间相互嵌挤作用几乎为零，极易在行车作用下脱落。

（2）由图 10-19 可知，表层黏结料的撒布量对精细抗滑封层的抗滑性能有较明显的影响，随表层乳化沥青用量的增加，精细抗滑碎石封层抗滑性能逐渐降低。

4. 湿轮磨耗试验

湿轮磨耗试验用于评价精细抗滑碎石封层混合料成型后的磨耗性能，同时也可以确定最小沥青用量。浸水 1h 湿轮磨耗值不仅可以评价最小沥青用量，也可以评价混合料的耐磨耗能力和抗水损害能力。湿轮磨耗试验方案见表 10-23 和表 10-24，试验结果见图 10-20 和图 10-21。

不同底层黏结料撒布量下的湿轮磨耗试验方案 表 10-23

序号	底层黏结料撒布量(kg/m²)	石料撒布量(kg/m²)	表层黏结料撒布量(kg/m²)
1	1.0	5	0.6
2	1.2	5	0.6
3	1.4	5	0.6
4	1.6	5	0.6
5	1.8	5	0.6
6	2.0	5	0.6
7	2.2	5	0.6

不同表层黏结料撒布量下的湿轮磨耗试验方案　　　　　　　　　　　　表10-24

序号	底层黏结料撒布量(kg/m²)	石料撒布量(kg/m²)	表层黏结料撒布量(kg/m²)
1	1.6	5	0
2	1.6	5	0.2
3	1.6	5	0.4
4	1.6	5	0.6
5	1.6	5	0.8
6	1.6	5	1.0
7	1.6	5	1.2

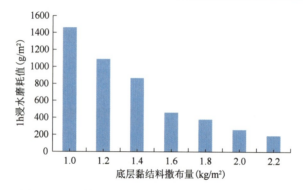

图 10-20　不同底层黏结料撒布量下的湿轮磨耗值试验结果

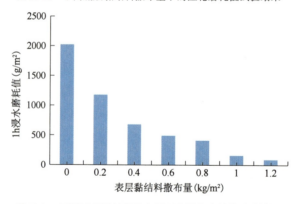

图 10-21　不同表层黏结料撒布量下的湿轮磨耗值试验结果

试验结果分析如下：

（1）由图 10-20 可知，随底层黏结料用量的增大，碎石与黏结料的黏附性能越好，具有更好的抗磨耗、抗水损性能；参考现有微表处湿轮磨耗试验技术要求，精细抗滑碎石封层混合料的底层黏结料的适宜撒布量不小于 1.4kg/m²。

（2）由图 10-21 可知，表层黏结料撒布量对精细抗滑碎石封层混合料的抗湿轮磨耗性能具有较大的影响，当表层黏结料小于 0.4kg/m² 时乳化沥青无法有效覆盖在碎石表面，进而无法与底层乳化沥青有效裹覆碎石，极易在磨耗轮下发生脱粒现象。

综上，精细抗滑碎石封层混合料，底层黏结料的最小撒布量为 1.4kg/m²，表层黏结料最小撒布量为 0.4kg/m²。

5. 负荷轮黏砂试验

由于精细抗滑碎石封层混合料为单粒径碎石封层，在高温环境下不会有车辙和波浪，但上下层黏结料撒布量过多时，精细抗滑封层混合料路面容易出现泛油，导致其失去抗滑性能。为了避免泛油病害出现，在完全成型的精细抗滑碎石封层混合料上用负荷轮试验仪模拟车轮碾压，经过一定碾压次数后计量试件单位负荷面积的黏附砂量，以 g/m² 表示，可以确定精细抗滑碎石封层混合料的上下层黏结料的最大撒布量。负荷轮黏砂试验方案见表 10-25 和表 10-26，负荷轮黏砂量试验结果见图 10-22 和图 10-23。

不同底层黏结料撒布量下的负荷轮黏砂试验方案　　表 10-25

序号	底层黏结料撒布量(kg/m²)	石料撒布量(kg/m²)	表层黏结料撒布量(kg/m²)
1	1.0	5	0.6
2	1.2	5	0.6
3	1.4	5	0.6
4	1.6	5	0.6
5	1.8	5	0.6
6	2.0	5	0.6
7	2.2	5	0.6

不同表层黏结料撒布量下的负荷轮黏砂试验方案　　表 10-26

序号	底层黏结料撒布量(kg/m²)	石料撒布量(kg/m²)	表层黏结料撒布量(kg/m²)
1	1.6	5	0
2	1.6	5	0.2
3	1.6	5	0.4
4	1.6	5	0.6
5	1.6	5	0.8
6	1.6	5	1
7	1.6	5	1.2

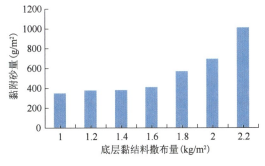

图 10-22　不同底层黏结料撒布量下的负荷轮黏砂量

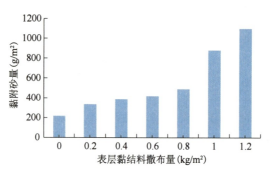

图 10-23　不同表层黏结料撒布量下的负荷轮黏砂量

试验结果分析如下：

(1)由图 10-22 可知,当表层黏结料撒布量一定时,底层黏结料撒布量小于 1.8kg/m² 时,负荷轮黏砂量无变化,说明此时已影响了精细抗滑碎石封层表面的构造,已处于泛油边缘。因此,负荷轮黏砂下的底层黏结料最大撒布量应小于 1.8kg/m²。

(2)由图 10-23 可知,当表层黏结料撒布量大于 0.8kg/m² 时,负荷轮黏砂量显著增加,说明此时表面层的油膜已经较厚,容易在行车碾压下产生表面泛油,降低了精细抗滑碎石封层混合料的抗滑性能。因此,负荷轮黏砂下的表层黏结料最大值应小于或等于 0.8kg/m²。

综上,对精细抗滑碎石封层混合料,底层黏结料的最大撒布量应为 1.8 kg/m²,表层黏结料最大撒布量应为 0.8kg/m²。

第三节　抗滑封层技术施工工艺

精细抗滑封层的施工工艺与普通沥青混合料拌和、摊铺、压实过程相差较多,具有一定的特殊性。在精细抗滑封层的施工过程中应严格按照设计要求进行,其中任意一步没有到达设计要求,均可能会导致精细抗滑封层的早期破坏情况。以沿海高速公路为依托,根据沿海高速公路抗滑不足路段的实际情况提出处治方案。

江苏沿海高速公路已通车 10 年以上,随着使用年限的增加,在车辆荷载、环境等因素的综合长期作用下,部分路段的抗滑性能下降明显。在制定抗滑性能提升技术养护方案研究之前,首先应对原路面的抗滑性能检测数据进行分析,详细分析不同路段及车道的抗滑现状。其次,分析影响沿海高速公路抗滑性能的影响因素及基本成因。第三,根据历年养护历史,对沿海高速公路采用不同养护方案的路面抗滑性能变化规律进行总结,对不同养护方案的实施效果进行评价,为后期抗滑性能的提升提供基础。最后,综合沿海高速公路实际路况,分析沿海高速公路不同路段及车道的抗滑性能养护需求。

路面抗滑性能的评价按以下方法和标准计算。路面抗滑性能采用抗滑系数作为评价指标,抗滑系数以横向力系数(SFC)或摆式仪的摆值(BPN)表示。路面抗滑性能评价标准应符合表10-27的规定,根据前期资料收集,对沿海高速公路、汾灌高速公路、宁靖盐高速公路、宁常镇溧高速公路的抗滑性能现状进行分析与评价。

路面抗滑性能评价标准 表10-27

指标	优	良	中	次	差
横向力系数SFC	≥50	≥40,<50	≥30,<40	≥20,<30	<20
摆值BPN	≥42	≥37,<42	≥32,<37	≥27,<32	<27
构造深度(mm)	≥0.55	≥0.5,<0.55	≥0.45,<0.5	≥0.4,<0.45	<0.4

一、沿海高速公路抗滑性能现状分析

(1)原路面设计状况

沿海高速公路在建设期采用了多种路面结构组合方式,上面层主要以SMA-13、AK-13、OGFC-13混合料类型为主,各类型上面层分布情况见表10-28。

不同类型上面层分布一览表 表10-28

上面层类型	起点桩号	终点桩号	方向	长度(km)
SMA-13	K845+330	K914+882	双向	69.552
	K996+416	K1040+196	双向	43.78
	K1126+742	K1163+488	双向	36.746
	合计			150.078
AK-13	K914+882	K996+416	双向	81.534
	K1040+196	K1109+906	双向	69.71
	K1109+906	K1126+742	连通方向	16.836
	合计			168.08
OGFC-13	K1109+906	K1126+742	通连方向	16.836

(2)沿海高速公路抗滑现状分析

对沿海高速公路第二车道、第三车道2016年横向力系数检测数据进行分析,SFC分布结果如图10-24所示。

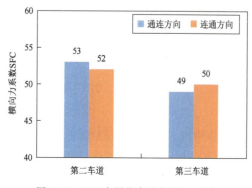

图10-24 2016年沿海高速公路SFC分布

由图10-24分析可知,沿海高速公路第二车道连通方向SFC均值为52,通连方向SFC均值为53,第三车道连通方向SFC均值为50,通连方向SFC均值为49。从整体来看,沿海高速公路目前抗滑性能较好,且第二车道抗滑水平高于第三车道,这与第三车道较大的交通量有直接关系。为了详细地了解沿海高速公路SFC数据的分布情况,根据路面抗滑性能评价标准对SFC数据区间进行统计,统计见表10-29。

沿海高速公路SFC区间分布表　　　　表10-29

SFC	第二车道			第三车道		
	连通方向(%)	通连方向(%)	双向(%)	连通方向(%)	通连方向(%)	双向(%)
<20	0.0	0.0	0.0	0.0	0.0	0.0
[20,30)	0.0	0.0	0.0	0.0	0.0	0.0
[30,40)	0.8	0.8	0.8	1.3	1.4	1.3
[40,50)	30.1	24.5	27.3	44.8	54.5	49.7
≥50	69.1	74.7	71.9	53.8	44.1	49.0

根据对第二车道、第三车道的SFC数据(图10-25与图10-26)分析可知,第二车道SFC小于40的比例为0.8%,第三车道SFC小于40的比例为1.3%,说明沿海高速公路第二及第三车道均存在抗滑性能较差的路段。

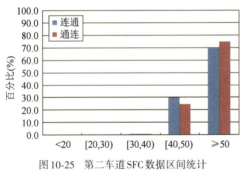

图10-25　第二车道SFC数据区间统计　　　　图10-26　第三车道SFC数据区间统计

(3)沿海高速公路抗滑性能发展规律分析

从图10-27分析可知,沿海高速公路第二车道路面抗滑状况在2009—2011年衰减较快;2012—2014年针对性地进行了专项养护维修,抗滑性能上升较为明显,随后又出现了缓慢下降的情况,这主要与局部路段抗滑衰减较快有关。2017年,对局部路段进行抗滑性能提升处治,因此SFC值又出现轻微上升。

为了进一步说明沿海高速公路抗滑性能衰减的规律,选择了连通方向K1060处进行百米值抗滑性能发展规律分析,SFC百米值随时间的变化如图10-28所示,SFC平均百米值随时间的变化如图10-29所示。通连方向K1081~K1082抗滑性能见表10-30。

第十章 ▶ 高速公路沥青路面抗滑封层性能及实践

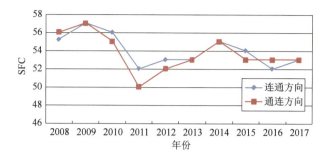

图10-27　2008—2017年路面第二车道SEC衰减图

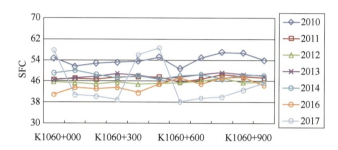

图10-28　通连方向K1060 SFC百米值随时间的变化

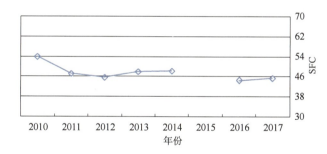

图10-29　通连方向K1060 SFC平均百米值随时间的变化

通连方向K1081~K1082抗滑性能一览　　　　表10-30

路段	长度(m)	时间(年)	SFC平均值	SFC<40测点数(个)	总检测点数(个)
K1060+000~K1061+000（连通方向）	1000	2010	54	0	50
		2011	47	0	
		2012	45	0	
		2013	48	0	
		2014	48	0	
		2016	44	3	
		2017	45	12	

471

由图 10-29 分析可知,连通方向 K1080 的各点百米值均随着时间逐渐衰减,2010—2011 年衰减速度最快,随后衰减速度逐渐减慢;2016 年局部点出现 SFC 值<40 的情况,进行抗滑处治后,2017 年整体抗滑性能有所提升,但个别点的百米值仍在继续衰减。

(4)不同上面层抗滑性能发展规律分析

通过图 10-30 分析可知,结构 3 面层为 OGFC-13 的路面抗滑性能衰减最快;其次是结构 2,在 2014 年后衰减速度逐渐加快,结构 1 面层为 SMA-13,其整体抗滑性能相对较为稳定。

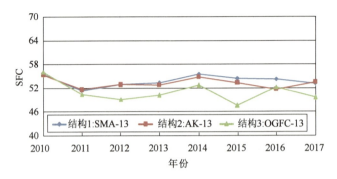

图 10-30　沿海高速公路不同路面结构形式 SFC 值随时间变化

二、抗滑性能影响因素及成因分析

1. 抗滑不足路段微观纹理分析

通过现场调研,选取抗滑不足和抗滑较好的典型路段进行取芯观测,并对观测样品中的典型抗滑不足和抗滑较好的路面结果进行微观观测试验,定性对比两者之间的差异性。

(1)微观纹理观测手段

采用金相显微镜对抗滑不足的路段进行微观观测,如图 10-31 所示。从微观层次上揭示抗滑不足路面与抗滑性能较好路面之间的区别。

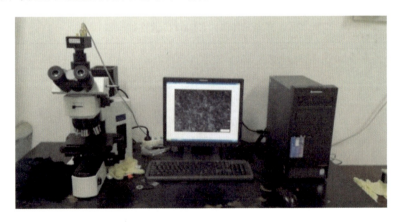

图 10-31　金相显微镜微观观测

(2)芯样特征

沿海高速公路路表集料被磨光和路面构造深度的消失是沿海高速公路路面出现抗滑不足的主要原因之一,其典型特征见图10-32。具有良好构造的路段或者路面石料受车轮磨耗度较低时,原路面一般具有较好的抗滑性能,其典型特征见图10-33。

图10-32 沿海高速公路路段抗滑不足处路表典型特征

图10-33 沿海高速公路路段抗滑较好路段处典型特征

(3)微观观测分析

项目利用金相显微镜分别对抗滑不足和抗滑较好路段进行观测,其典型特征见图10-34和图10-35中标记的位置。由图10-34a)~d)可知,抗滑不足处的石料表面具有较好的微观纹理,但细小纹理表面均被磨光,进而反映到路面上就是石料的外观被磨平;同样由图10-35a)~d)可知,抗滑较好处的石料表面微观纹理具有较明显的微观纹理。

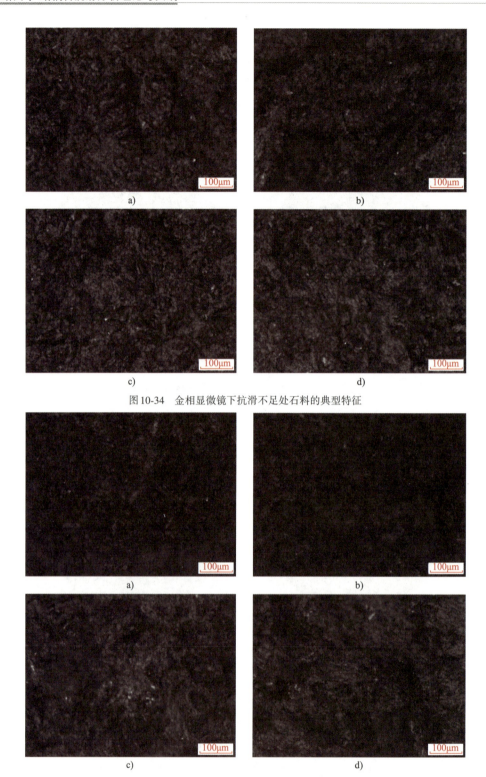

图10-34 金相显微镜下抗滑不足处石料的典型特征

图10-35 金相显微镜下抗滑较好处石料的典型特征

2.抗滑不足原因分析与评价

通过现场调研,对影响沿海高速公路抗滑不足路段的主要因素进行总结,发现沿海高速公路抗滑不足的影响因素主要有以下四点,见图10-36~图10-39。

(1)路面构造深度小,路面出现轻微或严重泛油。

a)连通K847+880~K848+020处　　　　b)连通K847+880~K848+020处

c)连通K1030+040~K1030+180处　　　　d)构造深度小,严重泛油

图10-36　路面构造深度小,路面泛油

(2)原路面材料磨光。

a)通连K1113+940~K1113+920　　　　b)粗集料棱角磨光

图　10-37

c) 通连K1113+940~K1113+920

d) 粗集料沥青膜脱落、磨光

e) 连通K1138+460~K1139+160

f) SMA-13抗滑不足路段细部图

g) 构造深度检测值0.7mm

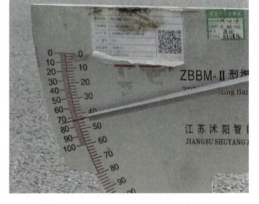

h) 摩擦系数检测值44BPN

图 10-37　原路面材料磨光

(3)维修养护后材料磨光(石灰岩)。

a)连通K1053+000~K1053+040　　　　　b)维养材料磨光细部图1

c)连通K994+560~K994+540　　　　　d)维养材料磨光细部图2

图10-38　维修养护材料磨光

(4)PAC-13养护路段沥青膜脱落、抗滑不足。

a)PAC-13养护段落前后对比　　　　　b)PAC-13养护段细部图

图10-39　PAC-13养护路段沥青膜脱落、抗滑不足

根据微观扫描及现场观测,分析认为高速公路抗滑性能不足的影响因素主要有四点:①构造深度小,路面有泛油;②原路面材料磨光;③维养后的材料磨光(石灰岩);④沥青膜脱落引起抗滑不足。

3. 抗滑性能评价指标合理性分析

为了准确评价抗滑性能,应对横向力系数SFC进行合理性分析,从而形成更为具体、细化的横向力系数SFC分级指标。分析构造深度、摆值与横向力系数的相关性(表10-31、图10-40、图10-41),并根据分析结果,进一步优化评价指标,从而提高指标的合理性。

构造深度、摆值及横向力系数相关性统计表　　　　表10-31

桩号	方向	车道	构造深度(mm)	BPN	SFC	备注
K1082+960	通连	第三车道	0.70	48	46	
K1082+940	通连	第三车道	0.61	43	41	
K1082+880	通连	第三车道	0.62	40	39	
K1082+840	通连	第三车道	0.63	42	40	
K1082+740	通连	第三车道	0.61	42	38	
K1082+720	通连	第三车道	0.63	44	41	
K1082+660	通连	第三车道	0.70	48	43	
K1120+640	通连	第三车道	1.55	43	40	排水路面
K1120+660	通连	第三车道	1.75	39	40	排水路面
K1120+680	通连	第三车道	1.88	44	38	排水路面
K1120+740	通连	第三车道	1.79	44	40	排水路面
K1120+780	通连	第三车道	1.67	43	42	排水路面
K1120+800	通连	第三车道	1.79	49	44	排水路面
K1120+880	通连	第三车道	1.71	48	43	排水路面
K1120+900	通连	第三车道	1.63	43	42	排水路面
K1120+940	通连	第三车道	1.66	47	43	排水路面
K1138+260	连通	第三车道	0.65	46	42	
K1138+420	连通	第三车道	0.66	47	44	
K1138+440	连通	第三车道	0.63	45	43	
K1138+700	连通	第三车道	0.65	40	39	
K1138+720	连通	第三车道	0.66	43	39	
K1138+722	连通	第三车道	0.64	44	39	

续上表

桩号	方向	车道	构造深度（mm）	BPN	SFC	备注
K1138+740	连通	第三车道	0.66	37	40	
K1138+760	连通	第三车道	0.67	43	41	
K1138+780	连通	第三车道	0.63	40	41	
K1139+040	连通	第三车道	0.70	44	40	
K1139+100	连通	第三车道	0.63	43	38	
K1139+120	连通	第三车道	0.66	43	40	
K1139+140	连通	第三车道	0.64	44	41	
K1139+160	连通	第三车道	0.64	44	40	
K1139+180	连通	第三车道	0.95	47	45	
K1139+280	连通	第三车道	0.75	47	43	
K1064+280	连通	第三车道	0.45	49	53	
K1064+380	连通	第三车道	0.42	56	54	
K1064+410	连通	第三车道	0.17	37	38	
K1064+430	连通	第三车道	0.16	37	34	
K1064+450	连通	第三车道	0.16	37	35	
K1064+540	连通	第三车道	0.18	37	40	
K1064+550	连通	第三车道	0.18	36	40	
K1064+634	连通	第三车道	0.14	43	35	
K1064+900	连通	第三车道	0.49	48	52	

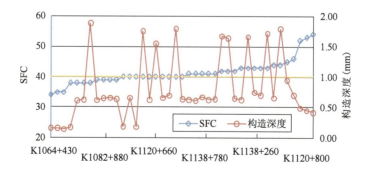

图10-40 横向力系数与构造深度相关性分析

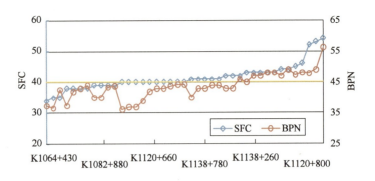

图 10-41 横向力系数与摆值相关性分析

通过上图 10-40 和图 10-41 分析可知:

(1)构造深度与横向力系数之间相关性较差,当路面表面磨光时,抗滑性能会明显下降,但构造深度不一定偏小,如排水路面。

(2)当横向力系数≥40时,仍存在摆值偏小的情况,摆值的波动较大;但当横向力系数≥42时,摆值均>45,说明此时抗滑评价指标之间相关性较好,横向力系数对于抗滑性能评价的可靠性更高,也更加合理。

三、抗滑不足路段处治方案选择

根据前文抗滑性能不足的指标合理性分析,当SFC<42时,需要进行抗滑性能提升。课题组依托沿海高速公路抗滑现状,以SFC<42为主要控制标准,进行抗滑不足路段的选择,见表10-32。

沿海高速公路抗滑不足路段分布　　　表10-32

序号	方向	第二车道			
		起点桩号	终点桩号	长度(m)	SFC平均值	SFC<42的测点数
1	通连	K1155+520	K1155+420	100	51	1
2	通连	K1120+720	K1120+560	160	39	8
3	通连	K1054+180	K1054+080	100	46	2
4	通连	K1053+520	K1053+420	100	48	1
5	通连	K932+820	K932+720	100	42	1
6	通连	K926+160	K926+060	100	40	1
7	通连	K925+460	K925+360	100	43	2
8	通连	K923+100	K923+000	100	41	1
9	通连	K921+300	K921+160	140	40	4
10	连通	K1032+260	K1032+360	100	45	2
11	连通	K1052+100	K1052+200	100	48	1
12	连通	K1082+200	K1082+300	100	40	2
13	连通	K1084+780	K1084+880	100	42	1
14	连通	K1090+360	K1090+460	100	41	1
15	连通	K1128+140	K1128+240	100	40	3
合计				1600	—	31

续上表

序号	方向	第三车道				
		起点桩号	终点桩号	长度(m)	SFC	SFC<42的测点数
1	通连	K1150+520	K1150+020	500	39	13
2	通连	K1148+060	K1147+960	100	47	1
3	通连	K1143+300	K1143+200	100	43	1
4	通连	K1138+320	K1138+220	100	41	1
5	通连	K1137+400	K1136+940	460	39	15
6	通连	K1135+720	K1135+600	120	43	1
7	通连	K1132+420	K1132+320	100	41	1
8	通连	K1127+340	K1127+240	100	41	1
9	通连	K1120+760	K1120+460	300	38	11
10	通连	K1119+440	K1119+340	100	42	1
11	通连	K1118+340	K1118+240	100	41	2
12	通连	K1117+540	K1117+440	100	41	2
13	通连	K1117+160	K1116+520	640	40	9
14	通连	K1113+980	K1113+880	100	42	1
15	通连	K1113+360	K1113+260	100	43	1
16	通连	K1110+900	K1110+800	100	42	1
17	通连	K1082+920	K1081+700	1220	40	14
18	通连	K1079+720	K1079+620	100	41	3
19	通连	K1079+120	K1079+020	100	44	1
20	通连	K1057+440	K1057+340	100	42	1
21	通连	K1036+480	K1036+160	320	46	5
22	通连	K1035+820	K1035+720	100	37	6
23	通连	K1031+680	K1031+580	100	46	1
24	通连	K1001+000	K1000+900	100	45	1
25	通连	K994+600	K994+500	100	45	1
26	通连	K983+640	K983+520	120	39	5
27	通连	K979+960	K979+860	100	45	1
28	通连	K939+640	K939+540	100	41	3
29	通连	K939+420	K939+320	100	44	1

续上表

序号	方向	第三车道				
		起点桩号	终点桩号	长度(m)	SFC	SFC<42的测点数
30	通连	K932+620	K932+520	100	44	1
31	通连	K932+440	K932+340	100	42	1
32	通连	K932+200	K932+100	100	45	1
33	通连	K925+700	K925+400	300	39	10
34	通连	K918+500	K918+400	100	45	1
35	通连	K918+240	K918+140	100	47	1
36	通连	K894+900	K894+800	100	40	1
37	通连	K887+460	K887+360	100	43	2
38	通连	K885+620	K885+460	160	40	4
39	通连	K884+000	K883+900	100	48	1
40	通连	K876+880	K876+780	100	46	1
41	通连	K875+940	K875+500	440	40	13
42	通连	K871+260	K871+160	100	46	2
43	通连	K868+160	K868+060	100	47	1
44	通连	K865+120	K865+020	100	43	3
45	通连	K860+480	K860+380	100	48	1
46	通连	K851+140	K851+040	100	44	1
47	通连	K850+740	K850+640	100	43	2
48	通连	K849+900	K849+800	100	45	1
49	连通	K844+700	K844+800	100	44	1
50	连通	K847+900	K848+000	100	38	5
51	连通	K848+280	K848+380	100	45	1
52	连通	K851+860	K851+960	100	45	1
53	连通	K862+940	K863+040	100	44	1
54	连通	K869+660	K869+760	100	40	3
55	连通	K871+300	K871+400	100	44	1
56	连通	K873+120	K873+220	100	45	1

续上表

序号	方向	第三车道				
		起点桩号	终点桩号	长度(m)	SFC	SFC<42的测点数
57	连通	K874+500	K874+600	100	44	1
58	连通	K875+100	K875+200	100	45	1
59	连通	K875+620	K876+100	480	39	14
60	连通	K881+740	K881+840	100	43	1
61	连通	K881+980	K882+080	100	47	1
62	连通	K882+860	K883+000	140	40	3
63	连通	K883+580	K883+680	100	43	2
64	连通	K885+020	K885+400	380	41	5
65	连通	K925+380	K925+600	220	40	4
66	连通	K964+340	K964+440	100	49	1
67	连通	K1019+040	K1019+140	100	45	1
68	连通	K1025+520	K1025+620	100	44	1
69	连通	K1026+760	K1026+860	100	47	1
70	连通	K1035+140	K1035+240	100	44	1
71	连通	K1036+460	K1036+560	100	44	1
72	连通	K1037+060	K1037+180	120	43	3
73	连通	K1052+980	K1053+080	100	48	1
74	连通	K1060+080	K1060+180	100	43	1
75	连通	K1060+580	K1060+680	100	43	1
76	连通	K1064+300	K1064+860	560	38	22
77	连通	K1071+000	K1071+100	100	43	1
78	连通	K1076+460	K1076+880	420	40	6
79	连通	K1079+740	K1079+840	100	47	1
80	连通	K1083+740	K1083+900	160	38	8
81	连通	K1086+140	K1086+240	100	42	1
82	连通	K1089+200	K1089+300	100	41	2
83	连通	K1089+400	K1089+500	100	44	1

续上表

序号	方向	第三车道				
		起点桩号	终点桩号	长度(m)	SFC	SFC<42的测点数
84	连通	K1090+600	K1090+720	120	42	2
85	连通	K1095+500	K1095+600	100	45	1
86	连通	K1105+300	K1105+400	100	41	3
87	连通	K1109+940	K1110+040	100	41	2
88	连通	K1126+820	K1129+520	2700	40	20
89	连通	K1138+500	K1139+100	600	39	22
90	连通	K1143+020	K1143+160	140	41	4
91	连通	K1143+880	K1143+980	100	41	2
92	连通	K1146+240	K1146+340	100	47	1
93	连通	K1154+980	K1155+080	100	41	2
合计				17620	—	312

四、抗滑封层施工工艺及控制要点

1. 施工工艺流程

精细抗滑磨封层的底部封层洒布如图10-42所示,施工工艺流程如图10-43所示,具体实施过程如下。

 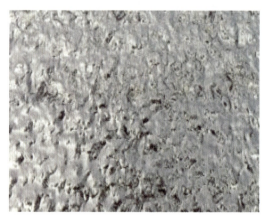

图10-42 底部封层洒布

1)施工路段的封闭、清扫及标线防护

精细防滑磨耗层施工前应进行交通管制,清理所有工作面上的泥浆、油污等杂物,必要时使用高压水或风机进行清理。保护标线设施,防止施工对路面标线造成污染。根据路幅宽度调整洒布宽度,沿摊铺方向划出控制线。也可以直接以车道线、路缘石等为参照,保证走线顺直、美观。

2)底部黏结剂撒布(沥青基抗滑磨耗层无这一施工环节)

在进行同步碎石车封层撒布前,环氧基抗滑磨耗层需在拉毛路段路面表面撒布一层环氧黏结剂,洒布量为$0.4kg/m^2$,同时需待乳化沥青完全破乳后方可进行下一步工序(破乳时间需根据现场天气条件确定)。

3)精细抗滑磨耗层施工

(1)预拌碎石。

过筛:采用工程中常用的3~5mm、5~10mm玄武岩碎石通过拌和楼过6mm筛网,筛下部分(即3~5mm集料)为磨耗层碎石,这样保证碎石为单粒径,同时起到初次除尘作用。

预拌:过筛后的单级配碎石洁净度仍不能满足要求,因此必须采用拌和楼进行预拌。预拌的目的一是通过拌和楼强力除尘;二是在碎石表面裹覆薄层沥青,预拌后的碎石不能成团、便于撒布,同时碎石表面必须裹覆满沥青,以提高黏结力。裹覆沥青采用普通基质沥青,沥青用量以0.5%控制。碎石预拌工作采用MARINI4000拌和楼进行预拌,预拌碎石现场及砂石外观见图10-44及图10-45。

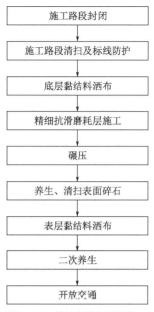

图10-43 精细抗滑磨耗层施工工艺流程图

图10-44 预拌碎石现场

图10-45 预拌碎石外观

(2)同步碎石撒布。

为保证黏结剂与磨耗层的有效黏结,必须采用同步磨耗层车施工,即将预拌碎石及黏结材料同步铺洒在路面上,可以使碎石颗粒立即与刚喷洒的黏结剂相接触,增加集料颗料与黏结剂的裹覆面积。在本次施工中,确定碎石洒布量为$8kg/m^2$,高浓改性乳化沥青洒布量为$1.4kg/m^2$。

①改性乳化沥青同步磨耗层车应保证对沥青喷洒均匀,形成等厚度的沥青薄膜,必须保持改性乳化沥青温度在合适的温度区间,且喷洒高度适宜。碎石撒布应均匀一致,局部采用人工辅助方法不使碎石上下重叠。

②同步碎石车在施工过程中要保持车速稳定,走线顺直。在施工的起点和终点要铺设油毡以保证起点和终点整齐美观,避免污染施工区外的路面。同步碎石封层车施工行驶速度为4~5km/h(一般为4km/h)。同步碎石撒布及撒布碎石后外观见图10-46和图10-47。

图10-46 同步碎石撒布

图10-47 撒布碎石后外观

4)碾压

在全段撒布完成后采用1台30t胶轮压路机以5~6km/h速度碾压2~3遍,见图10-48。

5)养生、清扫

完成施工路段碾压后进行养生,开放交通前禁止一切车辆和行人通行。养生时间为2~4h,具体可根据施工期间的天气情况(气温、湿度、风力等)进行适当调整。养生后,采用路面清扫车对道路表面多余的集料进行清扫,见图10-49。

图 10-48 胶轮碾压

图 10-49 表面清扫

6）表层黏结料洒布

采用同步碎石封层车进行表层黏结料的洒布（图 10-50），其中高浓改性乳化沥青洒布量为 0.5kg/m²，环氧改性乳化沥青洒布量为 0.6kg/m²。洒布车走线要顺直，车速要稳定。

图 10-50 表层黏结料洒布

7）二次养生

表层黏结料洒布后进行二次养生，养生期内禁止任何车辆驶入路面。养生时间根据天气情况确定。

8）开放交通

待养生成型后即可开放交通。施工完成后外观见图 10-51。

图 10-51　施工完成后外观

2.路表抗滑封层施工控制要点

精细抗滑封层性能受施工工艺的影响较大,在施工中应严格控制以下要点,减少施工对精细抗滑封层性能的影响。

(1)同步碎石撒布车撒布前,应检查其撒布料的均匀性,不能满足撒布均匀性时不得使用。

(2)待底层乳化沥青破乳后进行碾压,应保证碾压的均匀性,注意检查是否有漏压现象,发现时应及时补压。

(3)能否清扫干净浮粒(未能有效与底层黏结料的石料)对精细抗滑封层的外观和使用性能均具有较大的影响,注意检查清扫车漏扫的地方,及时进行人工清扫干净。

第四节　抗滑封层质量检测及抗滑提升效果

一、抗滑封层施工质量检测

为了解沿海高速公路拉毛路段采用的基于沥青基和环氧基的两种磨耗层技术试验段的抗滑提升效果,项目组针对此次采用的两种处治方案在已完工路段进行路面渗水、构造深度、路面抗滑以及噪声状况的检测,具体内容如下。

(1)厚度

采用钢尺分别测量基于乳化沥青黏结剂的磨耗层技术处理路段以及基于环氧黏结剂的磨耗层技术处理路段的罩面厚度,见图 10-52。

图10-52　厚度测量

(2)摩擦系数

采用摆式摩擦仪分别对基于乳化沥青黏结剂的磨耗层技术处理路段以及基于环氧黏结剂的磨耗层技术处理路段进行路面摩擦系数检测,见图10-53。

(3)路面渗水系数

采用路面透水仪分别对基于乳化沥青黏结剂的磨耗层技术处理路段以及基于环氧黏结剂的磨耗层技术处理路段进行路面渗水系数的试验检测,见图10-54。

图10-53　摩擦系数检测　　　　　　　　图10-54　路面渗水系数检测

(4)路面构造深度

采用手动铺砂法分别针对基于乳化沥青黏结剂的磨耗层技术处理路段以及基于环氧黏结剂的磨耗层技术处理路段进行路面构造深度的试验检测,见图10-55。

(5)路面噪声状况

采用噪声检测仪法分别针对基于乳化沥青黏结剂的磨耗层技术处理段、基于环氧黏结剂的磨耗层技术处理段、路面拉毛段以及原路面四种不同路段进行噪声状况检测,见图10-56。检测车内保持安静,将噪声检测仪置于驾驶员耳边,以80km/h的速度尽量匀速通过检测路段,并记录车内的噪声数据。

图 10-55　路面构造深度检测

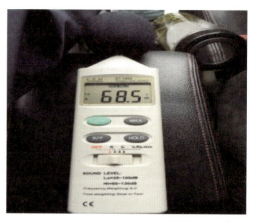

图 10-56　路面噪声状况检测

二、施工质量控制要点

根据本次试验段的实施,提出精细抗滑磨耗层的施工过程质量控制与验收标准,见表 10-33 和表 10-34。

施工过程质量控制标准　　　　　　　　　　　　　　　表 10-33

项目	检查频度及单点检验评价方法	质量要求或允许偏差	试验方法
外观	随时	集料嵌挤密实,沥青洒布均匀,无花白料,接头无油包	目测
集料及沥青用量	每日1次逐日评定	±10%	每日施工长度的实际用量与计划用量比较,T 0982
厚度	不少于每2000m²一点,逐点评定	±1mm	钢尺测量或其他有效手段,每幅中间及两侧各1点,取平均值作为检测结果
宽度	检测每个断面逐个评定	±30mm	T 0911

施工验收标准　　　　　　　　　　　　　　　表 10-34

项目			质量要求	检测频率	方法
表观状况			无漏洒、无流淌、色泽均匀	全线连续	目测
洒布宽度			满足设计要求	5个点/km	米尺测量
摆值Fb(BPN)			≥45	5个点/km	T 0964
构造深度（TD）	年平均降雨量(mm)	≥1000	≥0.55	5个点/km	T 0961
		500~1000	≥0.50		
		250~500	≥0.45		
渗水系数(mL/min)			≤10	5个点/km	T 0971

三、抗滑封层效果观测分析

在试验室研究的基础上,项目组进行了精细抗滑封层混合料试验段的铺筑。结合试验段实施,针对精细抗滑封层的长期路用性能进行研究,研究分析精细抗滑封层的性能衰减规律。

以摩擦摆值和路面构造深度来评价精细抗滑碎石封层混合料的抗滑性能,精细抗滑碎石封层混合料选取通连方向 K1138+660~K1138+060、K1137+980~K1137+520、K1080+022~K1083+400 三个路段(表10-35),对比研究原路面状况对精细抗滑碎石封层混合料性能的影响,包括铺筑厚度、摩擦摆值、构造深度等。依据段落长度,采取了不同的检测频率,以保证检测数据具有代表性。

抗滑性能试验观测路段　　　　　　　　　　　　　　　表10-35

序号	起点桩号	终点桩号	长度(m)	方向	车道	原路面处治方式	处治方案	检测频率
1	K1138+660	K1138+060	600	通连	二	拉毛	沥青基	100m/处
2	K1137+980	K1137+520	460	通连	二	拉毛	环氧基	50m/处
3	K1083+400	K1080+022	3378	通连	三	不处理	环氧基	100m/处

(1)精细抗滑封层厚度检测数据

为对比研究原路面状况对精细抗滑碎石封层混合料铺筑厚度的影响,对各路段的厚度进行检测,检测数据如表10-36所示。

路面厚度检测数据　　　　　　　　　　　　　　　　表10-36

序号	点位桩号	方向	车道	处治方案类型	原路面处治方式	厚度(mm)
1	K1138+600	通连方向	二	沥青基	拉毛	4
2	K1138+500	通连方向	二	沥青基	拉毛	5
3	K1138+400	通连方向	二	沥青基	拉毛	5
4	K1138+300	通连方向	二	沥青基	拉毛	6
5	K1138+200	通连方向	二	沥青基	拉毛	6
6	K1038+100	通连方向	二	沥青基	拉毛	6
平均值						5.3
7	K1137+900	通连方向	二	环氧基	拉毛	6
8	K1137+850	通连方向	二	环氧基	拉毛	5
9	K1137+800	通连方向	二	环氧基	拉毛	5
10	K1137+750	通连方向	二	环氧基	拉毛	6
11	K1037+700	通连方向	二	环氧基	拉毛	5
12	K1037+650	通连方向	二	环氧基	拉毛	6
平均值						5.5

续上表

序号	点位桩号	方向	车道	处治方案类型	原路面处治方式	厚度(mm)
13	K1083+400	通连方向	三	环氧基	不处理	5
14	K1083+300	通连方向	三	环氧基	不处理	4
15	K1083+200	通连方向	三	环氧基	不处理	5
16	K1083+100	通连方向	三	环氧基	不处理	5
17	K1082+800	通连方向	三	环氧基	不处理	5
18	K1082+700	通连方向	三	环氧基	不处理	4
19	K1082+600	通连方向	三	环氧基	不处理	5
20	K1082+500	通连方向	三	环氧基	不处理	5
21	K1082+400	通连方向	三	环氧基	不处理	5
22	K1081+800	通连方向	三	环氧基	不处理	5
23	K1081+700	通连方向	三	环氧基	不处理	4
24	K1081+600	通连方向	三	环氧基	不处理	5
25	K1081+500	通连方向	三	环氧基	不处理	5
26	K1081+400	通连方向	三	环氧基	不处理	4
27	K1081+300	通连方向	三	环氧基	不处理	5
平均值						4.7

通过表10-36可知,路面经过拉毛后,铺筑的精细抗滑碎石封层厚度要略大于不处理直接铺筑情况;三种精细抗滑磨耗层厚度在4~6mm之间,未出现厚度偏大或不足的情况。

(2)路面摩擦摆值

各路段不同抗滑性能提升技术的路面摩擦摆值检测数据见表10-37。

路面摩擦摆值检测数据　　　　表10-37

序号	点位桩号	方向	车道	处治方案类型	摩擦系数(BPN)			
					0	1个月	3个月	7个月
1	K1138+600	通连方向	二	沥青基	80	68	68	63
2	K1138+500	通连方向	二	沥青基	84	70	69	62
3	K1138+400	通连方向	二	沥青基	82	70	67	64
4	K1138+300	通连方向	二	沥青基	86	68	67	62
5	K1138+200	通连方向	二	沥青基	86	68	70	64
6	K1038+100	通连方向	二	沥青基	82	68	68	64
平均值					83	69	68	63
7	K1137+900	通连方向	二	环氧基	82	69	67	64

续上表

序号	点位桩号	方向	车道	处治方案类型	摩擦系数(BPN)			
					0	1个月	3个月	7个月
8	K1137+850	通连方向	二	环氧基	84	70	67	62
9	K1137+800	通连方向	二	环氧基	82	70	69	62
10	K1137+750	通连方向	二	环氧基	82	71	69	64
11	K1037+700	通连方向	二	环氧基	82	69	68	64
12	K1037+650	通连方向	二	环氧基	84	70	69	62
	平均值				82	69	68	63
13	K1082+900	通连方向	三	环氧基	86	68	66	60
14	K1082+800	通连方向	三	环氧基	84	68	64	64
15	K1082+700	通连方向	三	环氧基	82	70	67	62
16	K1082+600	通连方向	三	环氧基	84	68	64	62
17	K1082+500	通连方向	三	环氧基	82	66	64	60
18	K1082+400	通连方向	三	环氧基	82	68	68	60
19	K1082+300	通连方向	三	环氧基	82	69	64	60
20	K1082+200	通连方向	三	环氧基	84	70	66	62
21	K1082+100	通连方向	三	环氧基	82	70	67	62
22	K1082+000	通连方向	三	环氧基	82	70	69	64
23	K1081+900	通连方向	三	环氧基	84	71	69	64
24	K1081+800	通连方向	三	环氧基	84	69	68	62
25	K1081+700	通连方向	三	环氧基	82	70	69	62
26	K1081+600	通连方向	三	环氧基	82	69	68	62
27	K1081+500	通连方向	三	环氧基	80	68	68	62
28	K1081+400	通连方向	三	环氧基	80	70	69	62
29	K1081+300	通连方向	三	环氧基	82	70	69	62
30	K1081+200	通连方向	三	环氧基	82	68	67	60
31	K1081+100	通连方向	三	环氧基	84	68	70	60
	平均值				82	68	67	62

通过表10-37可知,三种不同路段抗滑磨耗层路面摩擦系数开放交通前均较大,大于80BPN;随着通车时间的增加,精细抗滑磨耗层的碎石在行车荷载碾压下分布状态趋于稳定,摩擦摆值稳定在60BPN前后。通过对比可知,原路面经过处理后的抗滑性能略高于未经处理的抗滑性能,说明构造深度的变化会对原路面的抗滑性能产生一定影响。

（3）路面构造深度

本次路面构造深度采用手动铺砂法分别针对基于乳化沥青黏结剂的磨耗层技术处理路段以及基于环氧黏结剂的磨耗层技术处理路段进行试验检测。路面构造深度检测数据见表10-38。

路面构造深度检测数据　　　　　　表10-38

序号	点位桩号	方向	车道	处治方案类型	构造深度（mm）			
					0	1个月	3个月	7个月
1	K1138+600	通连方向	二	沥青基	2.2	0.9	0.9	0.8
2	K1138+500	通连方向	二	沥青基	2.2	1.0	0.8	0.8
3	K1138+400	通连方向	二	沥青基	2.3	0.9	0.8	0.7
4	K1138+300	通连方向	二	沥青基	2.3	1.1	0.9	0.9
5	K1138+200	通连方向	二	沥青基	2.3	0.9	0.9	0.8
6	K1038+100	通连方向	二	沥青基	2.4	1.1	0.9	0.9
	平均值				2.3	1.0	0.9	0.8
7	K1137+900	通连方向	二	环氧基	2.4	1.2	0.8	0.8
8	K1137+850	通连方向	二	环氧基	2.3	1.2	0.8	0.8
9	K1137+800	通连方向	二	环氧基	2.3	1.3	0.9	0.8
10	K1137+750	通连方向	二	环氧基	2.2	1.1	0.8	0.6
11	K1037+700	通连方向	二	环氧基	2.4	1.2	0.9	0.7
12	K1037+650	通连方向	二	环氧基	2.3	1.1	0.9	0.8
	平均值				2.3	1.2	0.9	0.8
13	K1082+900	通连方向	三	环氧基	2.4	1.0	0.8	—
14	K1082+800	通连方向	三	环氧基	2.0	1.1	0.8	—
15	K1082+700	通连方向	三	环氧基	1.9	0.9	0.7	—
16	K1082+600	通连方向	三	环氧基	2.0	1.1	0.9	—
17	K1082+500	通连方向	三	环氧基	2.3	0.7	0.8	—
18	K1082+400	通连方向	三	环氧基	2.0	0.9	0.9	—
19	K1082+300	通连方向	三	环氧基	2.0	1.0	0.8	—
20	K1082+200	通连方向	三	环氧基	2.3	0.7	0.8	—
21	K1082+100	通连方向	三	环氧基	2.0	1.1	0.9	—
22	K1082+000	通连方向	三	环氧基	2.0	0.9	0.8	—
23	K1081+900	通连方向	三	环氧基	2.4	1.1	0.9	—
24	K1081+800	通连方向	三	环氧基	2.0	1.0	0.8	—

续上表

序号	点位桩号	方向	车道	处治方案类型	构造深度(mm)			
					0	1个月	3个月	7个月
25	K1081+700	通连方向	三	环氧基	2.0	1.2	0.8	—
26	K1081+600	通连方向	三	环氧基	2.3	1.2	0.7	—
27	K1081+500	通连方向	三	环氧基	2.0	1.1	0.9	—
28	K1081+400	通连方向	三	环氧基	2.0	1.1	0.8	—
29	K1081+300	通连方向	三	环氧基	2.0	1.2	0.9	—
30	K1081+200	通连方向	三	环氧基	2.0	1.1	0.7	—
31	K1081+100	通连方向	三	环氧基	2.0	1.2	0.8	—
		平均值			2.1	1.1	0.8	—

通过表10-38可知,开放交通前碎石未经过行车碾压,碎石之间的相互嵌挤与压密状态未达到稳定,形成的精细抗滑磨耗层构造深度极大。随着通车时间的增加,两种不同路面处治方式的抗滑磨耗层构造深度均有一定程度的衰减,但仍具有较大的构造深度,说明精细抗滑碎石封层混合料的表面具有良好的构造深度。对比拉毛和未拉毛路段的构造深度值可知,原路面经过处理后,路面本身的构造深度大于未经处理的路面构造深度,在铺筑精细抗滑碎石封层时,碎石填筑在拉毛划痕上,但形成的总体抗滑构造深度也要略大于未经处理的路段。

项目组通过渗水情况来检查精细抗滑碎石封层混合料的碎石之间黏结状况,满足设计要求的抗滑碎石封层混合料应具有良好的整体性。由于是单层碎石封层,其应有良好的密封性能。本次精细抗滑碎石封层混合料选取了通连方向K1138+660~K1138+060、K1137+980~K1137+520、K1080+022~K1083+400三个路段进行了渗水试验的检测。路面渗水系数检测数据见表10-39。

路面渗水系数检测数据　　　　　表10-39

序号	点位桩号	方向	车道	处治方案类型	路面处治方式	渗水系数	
						0	3个月
1	K1138+600	通连方向	二	沥青基	拉毛	0	0
2	K1138+500	通连方向	二	沥青基	拉毛	0	0
3	K1138+400	通连方向	二	沥青基	拉毛	0	0
4	K1138+300	通连方向	二	沥青基	拉毛	0	0
5	K1138+200	通连方向	二	沥青基	拉毛	0	0
6	K1038+100	通连方向	二	沥青基	拉毛	0	0
		平均值				0	0

续上表

序号	点位桩号	方向	车道	处治方案类型	路面处治方式	渗水系数 0	渗水系数 3个月
7	K1137+900	通连方向	二	环氧基	拉毛	0	0
8	K1137+850	通连方向	二	环氧基	拉毛	0	0
9	K1137+800	通连方向	二	环氧基	拉毛	0	0
10	K1137+750	通连方向	二	环氧基	拉毛	0	0
11	K1037+700	通连方向	二	环氧基	拉毛	0	0
12	K1037+650	通连方向	二	环氧基	拉毛	0	0
平均值						0	0
13	K1083+200	通连方向	二	环氧基	未处理	0	0
14	K1082+900	通连方向	二	环氧基	未处理	0	0
15	K1082+500	通连方向	二	环氧基	未处理	0	0
16	K1081+900	通连方向	二	环氧基	未处理	0	0
17	K1081+500	通连方向	二	环氧基	未处理	0	0
18	K1081+700	通连方向	二	环氧基	未处理	0	0
19	K1080+000	通连方向	二	环氧基	未处理	0	0
平均值						0	0

通过表10-39可知,基于乳化沥青黏结剂的磨耗层技术处理路段路面以及基于环氧黏结剂的磨耗层技术处理路段渗水系数均为0,路面基本不渗水,密水状况良好。

第五节 高速公路抗滑封层抗滑性能指标分析

高速公路抗滑封层具有快速、耐久的特性,可有效提升路面抗滑性能,具有广阔的应用前景,有必要对其抗滑性能展开深入分析。本章第三节指出了路面抗滑性能指标间存在矛盾现象,本章第四节获取了抗滑封层的摩擦摆值与构造深度这类传统抗滑性能指标。为全面评估高速公路抗滑封层的抗滑性能,本节通过获取路表纹理点云,计算路表纹理指标与速度-摩擦系数曲线,进一步分析不同抗滑性能指标间关系,为评价抗滑性能提供更为客观准确的方式。

一、抗滑封层典型结构方案

近年来,冷拌抗滑封层因具有造价较低、交通影响小、耐久性好、适用范围广等特点,在路面预防性养护领域得到了广泛应用,本章第二节所提出的环氧基抗滑封层、沥青基抗滑封层就是典型的代表。从结构类型来看,这两种新型抗滑封层属于"两油一砂"型,即包含如

图10-57a)所示的底层黏结料、表层黏结料以及碎石集料。基于这一结构,目前衍生出了"三油两砂"型抗滑封层结构,以应对更高的交通荷载水平与路面抗滑需求,如图10-57b)所示。

a)"两油一砂"型抗滑封层结构　　b)"三油两砂"型抗滑封层结构

图10-57　典型抗滑封层结构示意图

对于图10-57b)所示的"三油两砂"型结构,为了利用集料间相互嵌挤作用以增强层间黏结效果,一般采用不同粒径范围的两层碎石集料。本节将基于这两种典型抗滑封层结构铺筑试验段,进行抗滑性能指标分析。同时,设置微表处罩面与SMA面层作为对照,具体结构如表10-40所示。

抗滑封层试验段结构　　　　　表10-40

编号	结构类型	具体结构	
试验段1	"两油一砂"环氧基	表层黏结料	高黏改性乳化沥青 $0.6kg/m^2$
		碎石集料	$3\sim5mm$ 玄武岩 $5kg/m^2$
		底层黏结料	环氧基改性乳化沥青 $1.2kg/m^2$
试验段2	"两油一砂"沥青基	表层黏结料	高黏改性乳化沥青 $0.6kg/m^2$
		碎石集料	$3\sim5mm$ 玄武岩 $5kg/m^2$
		底层黏结料	高黏改性乳化沥青 $1.6kg/m^2$
试验段3	"三油两砂""上细下粗"	表层黏结料	高黏改性乳化沥青 $0.6kg/m^2$
		碎石集料	$1\sim3mm$ 玄武岩 $3kg/m^2$
		中间层黏结料	高黏改性乳化沥青 $0.6kg/m^2$
		碎石集料	$3\sim5mm$ 玄武岩 $3kg/m^2$
		底层黏结料	高黏改性乳化沥青 $0.6kg/m^2$
试验段4	"三油两砂""下细上粗"	表层黏结料	高黏改性乳化沥青 $0.6kg/m^2$
		碎石集料	$3\sim5mm$ 玄武岩 $4kg/m^2$
		中间层黏结料	高黏改性乳化沥青 $0.8kg/m^2$
		碎石集料	$1\sim3mm$ 玄武岩 $3kg/m^2$
		底层黏结料	高黏改性乳化沥青 $0.4kg/m^2$
试验段5	微表处罩面	主要材料	$3\sim5mm$ 玄武岩+SBS改性乳化沥青
试验段6	SMA面层	级配类型	SMA-13

二、抗滑封层抗滑性能指标计算

按照表10-40所示结构铺筑各试验段,待其充分固化干燥后进行路表纹理采集,获得抗滑封层的路表数字化纹理点云,计算其纹理指标与动摩擦系数。具体方法参照第四章第五节对于激光扫描技术的描述,纹理采集过程如图10-58所示。

图10-58 激光扫描采集纹理过程

1. 抗滑封层纹理指标

依据常见纹理指标进行计算,各试验段纹理指标计算结果见表10-41。

抗滑封层纹理指标计算结果　　　　　　表10-41

结构类型		试验段1 "两油一砂" 环氧基	试验段2 "两油一砂" 沥青基	试验段3 "三油两砂" "上细下粗"	试验段4 "三油两砂" "下细上粗"	试验段5 微表处罩面	试验段6 SMA面层
平均断面深度MPD	平均值	1.4474	1.3808	1.1776	1.3539	0.8613	1.0372
	标准差	0.0397	0.0904	0.1123	0.0257	0.0186	0.1107
算术平均值 R_a	平均值	0.6506	0.5609	0.3862	0.5119	0.3382	0.7267
	标准差	0.0202	0.0288	0.0537	0.0047	0.0135	0.0557
算术均方根 R_q	平均值	0.8026	0.6781	0.4851	0.6351	0.4388	0.9421
	标准差	0.0242	0.0356	0.0695	0.0028	0.0163	0.0712
偏度 R_{sk}	平均值	0.0347	0.1100	0.4510	0.1839	−0.1297	−1.2896
	标准差	0.0186	0.0278	0.1415	0.1079	0.1048	0.1508

续上表

结构类型		试验段1 "两油一砂"环氧基	试验段2 "两油一砂"沥青基	试验段3 "三油两砂""上细下粗"	试验段4 "三油两砂""下细上粗"	试验段5 微表处罩面	试验段6 SMA面层
算术平均波长 λ_a	平均值	10.4735	8.7079	7.4067	8.3690	13.4655	13.8119
	标准差	0.1373	0.5137	1.0959	0.3821	1.2358	1.0449
均方根波长 λ_q	平均值	8.3257	6.6894	6.4374	7.0029	12.4222	8.4802
	标准差	0.1501	0.7693	0.9854	0.5852	1.1860	1.1407
算术平均斜率 Δ_a	平均值	0.3904	0.4074	0.3282	0.3853	0.1586	0.3322
	标准差	0.0126	0.0459	0.0043	0.0214	0.0090	0.0323
均方根斜率 Δ_q	平均值	0.6062	0.6500	0.4745	0.5743	0.2232	0.7098
	标准差	0.0267	0.1128	0.0084	0.0514	0.0135	0.0849

通过纹理指标计算结果可知，相比微表处罩面与SMA面层，四种新型抗滑封层具有更大的平均断面深度，宏观上表现为构造深度更大、抗滑性能优良。微表处罩面与SMA面层纹理偏度 R_{sk} 均小于0，符合负纹理路面特性，而四种新型抗滑封层纹理偏度 R_{sk} 均大于0，符合正纹理路面特性，实现了通过增大上凸纹理的比例来增强路面抗滑性能的正纹理设计目标。就路面纹理间距特征而言，微表处罩面与SMA面层的算术平均波长 λ_a、均方根波长 λ_q 显著大于其余四种抗滑封层，说明其表面更加平整，抗滑性能的提升效果不明显。

试验段1、试验段2为"两油一砂"型抗滑封层，纹理指标结果较为相近。其中，沥青基路面平均断面深度MPD、算术平均值 R_a 与算术均方根 R_q 更小，表明其表面不如环氧基粗糙，这可能与沥青基使用了更多的底层黏结料有关，黏结料填充了集料间的空隙，使表面趋于平整。试验段3、试验段4为"三油两砂"型抗滑封层，除纹理正负性指标偏度 R_{sk} 外，"下细上粗"型结构的各项纹理指标均大于"下粗上细"型结构，"下细上粗"型结构表面粗糙度更高，但这种结构上层集料间嵌挤作用较弱，易存在层间脱落起皮的隐患，还需进一步研究。从纹理指标计算结果来看，"两油一砂"型结构与"三油两砂"型结构各指标间并未出现显著差异，可认为其纹理水平相近，实际应用中可从力学、耐久性等方面进行选择。

2.抗滑封层动摩擦系数

本节参照第五章所述基于功率谱密度求解动摩擦系数，获取速度-摩擦系数曲线，各试验段动摩擦系数计算结果见表10-42。

抗滑封层动摩擦系数计算结果 表10-42

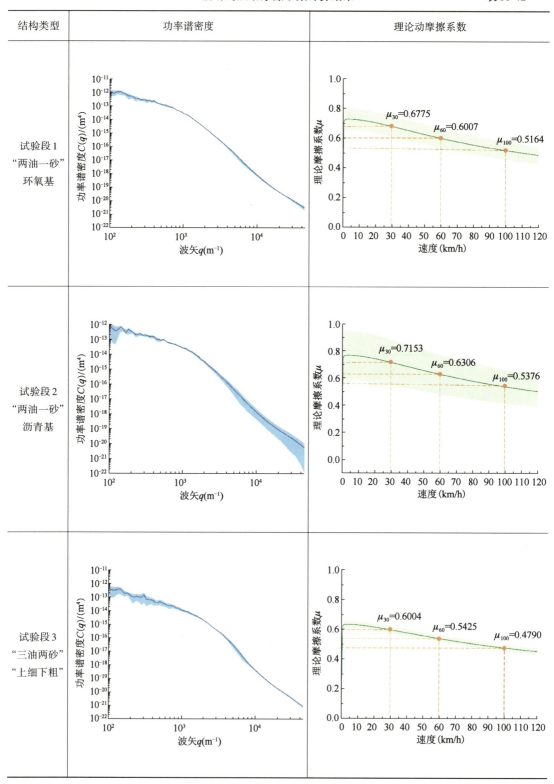

续上表

结构类型	功率谱密度	理论动摩擦系数
试验段4 "三油两砂" "下细上粗"		$\mu_{30}=0.6179$, $\mu_{60}=0.5446$, $\mu_{100}=0.4641$
试验段5 微表处罩面		$\mu_{30}=0.4236$, $\mu_{60}=0.3962$, $\mu_{100}=0.3661$
试验段6 SMA面层		$\mu_{30}=0.7157$, $\mu_{60}=0.5955$, $\mu_{100}=0.4844$

通过动摩擦系数计算可知,各结构的理论摩擦系数差异较为显著。其中,"两油一砂"型抗滑封层的理论摩擦系数与SMA面层的理论摩擦系数相对较大,"三油两砂"型抗滑封层的理论摩擦系数次之,微表处罩面理论摩擦系数相对最小。"两油一砂"结构中,沥青基摩擦系数高于环氧基,说明其抗滑性能更好,补充了本章第四节对抗滑封层路用效果的分析。"三油两砂"结构中,"下细上粗"型与"下粗上细"型抗滑封层的摩擦系数没有显著差异,但"下细上粗"型的标准差更大,表明其摩擦系数变化范围较大,这与"下细上粗"型封层上层集料粒径较大有关。由于"两油一砂"沥青基抗滑封层的理论摩擦系数随速度下降较SMA面层更平稳,故"两油一砂"沥青基的抗滑性能最好,微表处罩面的抗滑性能相对较差。

各试验段理论摩擦系数随着速度的增大而下降,符合摩擦学中的Stribeck效应,但其下降剧烈程度有所差异。因此,选择速度30km/h、60km/h与100km/h下的理论摩擦系数μ_{30}、μ_{60}、μ_{100}作为日常行车的低速、中速与高速对应的摩擦系数进一步研究。摩擦系数随速度变化幅度比较见表10-43。

摩擦系数随速度变化幅度比较 表10-43

摩擦系数	试验段1 "两油一砂" 环氧基	试验段2 "两油一砂" 沥青基	试验段3 "三油两砂" "上细下粗"	试验段4 "三油两砂" "下细上粗"	试验段5 微表处 罩面	试验段6 SMA 面层
μ_{30}	0.6755	0.7153	0.6004	0.6179	0.4236	0.7157
μ_{60}	0.6007	0.6306	0.5425	0.5446	0.3962	0.5955
μ_{100}	0.5164	0.5376	0.4790	0.4641	0.3661	0.4844
$(\mu_{30}-\mu_{60})/\mu_{30}$	11.07%	11.84%	9.64%	11.86%	6.47%	16.79%
$(\mu_{60}-\mu_{100})/\mu_{60}$	14.03%	14.75%	11.71%	14.78%	7.60%	18.66%
$(\mu_{30}-\mu_{100})/\mu_{30}$	23.55%	24.84%	20.22%	24.89%	13.57%	32.32%

由表10-43可知,在低速行车状态下,"两油一砂"沥青基抗滑封层与SMA面层摩擦系数最高;在中速与高速状态下,"两油一砂"沥青基抗滑封层摩擦系数最高,抗滑性能最好。在各种速度变化过程中,微表处罩面的摩擦系数下降比例最低,抗滑性能最稳定;而SMA罩面摩擦系数下降比例最高,抗滑性能下降受速度影响程度最高。对于试验段1~4的抗滑封层结构,"三油两砂""上细下粗"型在各速度变化阶段摩擦系数下降比例均为最低,其余3种抗滑封层结构的摩擦系数下降比例相近,可以认为"三油两砂""上细下粗"型是抗滑性能最为稳定的新型抗滑封层结构。

综合上述分析,"两油一砂"沥青基抗滑封层的摩擦系数最高,"三油两砂""上细下粗"型抗滑封层的抗滑性能最为稳定,SMA罩面摩擦系数虽高但随速度下降过快,微表处罩面抗滑性能虽稳定但其摩擦系数相对较低。

三、抗滑封层抗滑性能指标分析

为进一步厘清纹理指标、摩擦系数等抗滑性能指标之间的关系,本节通过Pearson相关系数与显著性检验进行分析,评价高度相关的抗滑指标,并评价抗滑指标间的相关性真实水平。

1. 抗滑封层纹理指标分析

对表10-41所示的抗滑封层纹理指标进行相关性分析与显著性检验,结果分别如图10-59、图10-60所示。

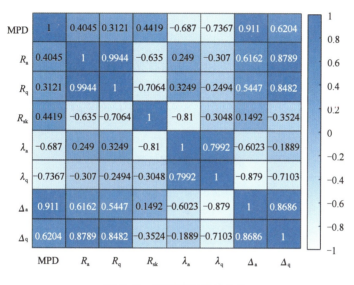

图10-59 纹理指标相关性分析

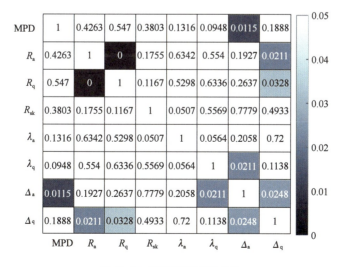

图10-60 纹理指标显著性检验

由纹理指标分析结果可知,算术平均值 R_a 与算术均方根 R_q 相关系数高达 0.9944,显著性检验结果为 0,说明具有极显著的强正相关性;平均断面深度 MPD 与算术平均斜率 Δ_a 相关性高达 0.9110,显著性检验结果<0.05,说明具有显著的强相关性。均方根波长 λ_q 与算术平均斜率 Δ_a 间相关系数为-0.879,显著性检验结果<0.05,说明之前具有显著的强负相关性。此外,均方根斜率 Δ_q 与算术平均值 R_a、算术均方根 R_q、算术平均斜率 Δ_a 之间的显著性检验结果<0.05,可认为是具有显著统计学差异的。

因此,在相关系数绝对值均高于 0.9 的纹理指标中保留某一个,以排除高度相关的指标。故剔除算术平均值 R_a、算术平均斜率 Δ_a,保留平均断面深度 MPD、算术均方根 R_q、偏度 R_{sk}、算术平均波长 λ_a、均方根波长 λ_q、均方根斜率 Δ_q 进行后续分析。

2. 抗滑封层摩擦系数分析

摆式摩擦仪测得的摆值是广泛应用于路面抗滑性能测试的一种路面摩擦系数指标,本节引入摆值进行分析,各试验段抗滑封层的摆值如表 10-44 所示。对表 10-43 所示的抗滑封层理论摩擦系数及其变化幅度、表 10-44 所示摆值进行相关性分析与显著性检验,结果分别如图 10-61、图 10-62 所示。

试验段抗滑封层摆值 BPN　　　　表 10-44

结构类型	试验段 1	试验段 2	试验段 3	试验段 4	试验段 5	试验段 6
	"两油一砂" 环氧基	"两油一砂" 沥青基	"三油两砂" "上细下粗"	"三油两砂" "下细上粗"	微表处 罩面	SMA 面层
摆值 BPN	62	78	70	76	60	76

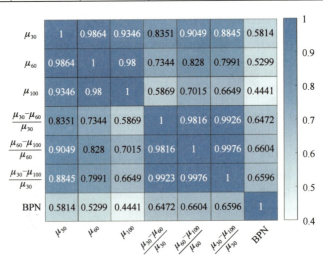

图 10-61　摩擦系数相关性分析

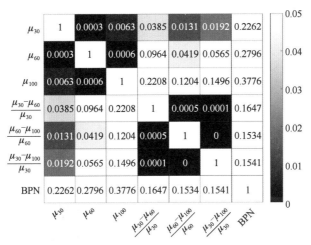

图 10-62 摩擦系数显著性检验

由摩擦系数相关性分析结果可知,不同速度下的摩擦系数 μ_{30}、μ_{60}、μ_{100} 两两之间的相关系数均>0.9,且显著性检验结果均<0.01,表明具有极显著的强正相关性;各速度变化过程中摩擦系数下降的比例 $\dfrac{\mu_{30}-\mu_{60}}{\mu_{30}}$、$\dfrac{\mu_{60}-\mu_{100}}{\mu_{100}}$、$\dfrac{\mu_{30}-\mu_{100}}{\mu_{30}}$ 两两之间的相关系数均>0.9,且显著性检验结果均<0.01,同样具有极显著的强正相关性;30km/h 下的摩擦系数 μ_{30} 与由中速变化至高速状态过程中摩擦系数下降比例 $\dfrac{\mu_{60}-\mu_{100}}{\mu_{100}}$ 的相关系数>0.9,且显著性检验结果<0.05,也表现出了显著的强正相关性;而 BPN 值并未与各理论摩擦系数及其变化幅度间产生较为显著的相关性,这说明了摆式仪测摩擦系数这一方法的局限性,即与行车速度之间缺乏关联,对路面抗滑性能表征不够全面。

综合上述分析,剔除摩擦系数 μ_{30} 与 μ_{100}、摩擦系数下降比例 $\dfrac{\mu_{30}-\mu_{60}}{\mu_{30}}$ 与 $\dfrac{\mu_{60}-\mu_{100}}{\mu_{100}}$,保留摩擦系数 μ_{60}、摩擦系数下降比例 $\dfrac{\mu_{30}-\mu_{100}}{\mu_{30}}$ 与摆值 BPN 进行后续分析。

3.抗滑封层纹理指标与摩擦系数关系分析

对各自剔除高相关性的抗滑封层纹理指标与摩擦系数进行相关性分析与显著性检验,结果分别如图 10-63、图 10-64 所示。

由纹理指标与摩擦系数相关性分析可知,纹理均方根斜率 Δ_q 与 60km/h 下的摩擦系数 μ_{60}、摩擦系数下降比例 $\dfrac{\mu_{30}-\mu_{100}}{\mu_{30}}$ 间的相关系数>0.9,且显著性检验结果<0.01,表明具有极显著的强正相关性;算术均方根 R_q 与摩擦系数下降比例 $\dfrac{\mu_{30}-\mu_{100}}{\mu_{30}}$ 间的相关系数接近0.9,且显著性检验结果<0.05,表现出显著的强正相关性。而摆值 BPN 与各纹理指标间无显著的相关关系。

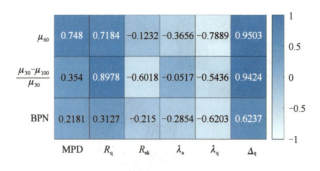

图 10-63 纹理指标与摩擦系数相关性分析

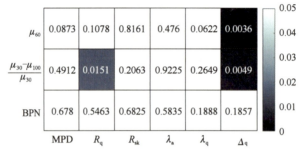

图 10-64 纹理指标与摩擦系数显著性检验

综合上述分析，随着纹理均方根斜率 Δ_q 与算术均方根 R_q 的增大，摩擦系数下降比例 $\dfrac{\mu_{30}-\mu_{100}}{\mu_{30}}$ 将会显著增大，纹理均方根斜率 Δ_q 比算术均方根 R_q 影响更为显著；随着纹理均方根斜率 Δ_q 的增大，60km/h 下的摩擦系数 μ_{60} 也会显著增大。而理想的路面抗滑性能要求在提供较高摩擦系数的同时摩擦系数随速度下降幅度要尽可能小，即 μ_{60} 增大的同时 $\dfrac{\mu_{30}-\mu_{100}}{\mu_{30}}$ 减小。后续研究可通过优化路表纹理设计，求解最优的均方根斜率 Δ_q 与算术均方根 R_q 以实现摩擦系数 μ_{60} 与摩擦系数下降比例 $\dfrac{\mu_{30}-\mu_{100}}{\mu_{30}}$ 之间的平衡。

第六节　高速公路抗滑封层养护设计

为了规范抗滑养护设计的基本方法，需要建立相应的高速公路沥青路面抗滑养护设计标准，从抗滑评价、段落选取原则、设计目标等方面着手，研究标准体系。抗滑评价方面，重点考虑了评价单元的设置、抗滑指标的建立、抗滑性能不足的阈值等；段落选取原则方面重点考虑零散路段的处理、最小施工长度等。最后，从抗滑性能提升幅度、使用寿命等方面进行研究，确定养护设计目标及其具体标准。

一、沥青路面养护路段选择

(1)通过对沿海高速公路使用性能现状调查分析可知,目前沿海高速公路部分路段存在抗滑性能偏低的情况,对行车安全造成影响。根据前文分析可知,当横向力系数SFC<42时,应进行维修处治。

(2)当处治路段附近存在单点SFC<36.4时,将段落延长进行一并处治。

(3)当处治路段内仅有单个SFC的点小于36.4时,考虑到抗滑不足仅为单点,段落较短暂不进行处治。

(4)当在车辙深度较大(大于10mm)、横向裂缝间距较为密集的路段时,应采用具有针对性的养护措施进行维修处治,保证维修效果。

二、精细抗滑封层设计

1.原材料选择标准

阴离子乳化沥青的技术要求见表10-45,水性环氧树脂和固化剂的技术指标见表10-46。

阴离子乳化沥青技术要求 表10-45

试验项目		单位	指标要求	试验方法
破乳速度		—	中裂	T 0658
筛上剩余量(1.18mm筛)		%	≤0.1	T 0652
电荷性质		—	阳离子正电(+)	T 0653
恩格拉黏度(25℃),E25		—	1~10	T 0622
标准黏度C25,3		s	15~20	T 0621
蒸发残留物含量		%	≥62	T 0651
与集料的黏附性,裹覆面积		—	≥2/3	T 0654
蒸发残留物性质	针入度(100g,25℃,5s)	0.1mm	40~70	T 0604
	软化点(℃)	℃	≥50	T 0606
	延度(cm,5℃)	cm	≥100	T 0605
	溶解度(三氯乙烯)	%	≥97.5	T 0607
储存稳定性	1d	%	≤1	T 0655
	5d	%	≤5	T 0658

水性环氧树脂和固化剂技术指标 表10-46

测试项目	水性环氧树脂	水性环氧固化剂
固体含量(%)	98±2	50±3
环氧当量(总量)	190	—
氨氢当量(总量)	—	285

石料均采用玄武岩石料,为获取3～5mm的单粒径碎石,可采用工程中常用的3～5mm碎石并过拌和楼筛得到。石料技术要求见表10-47。

石料技术要求 表10-47

指标	单位	技术要求	试验方法
集料的压碎值	%	≤26	T 0316
洛杉矶磨耗损失	%	≤28	T 0317
坚固性	%	≤12	T 0314
针片状颗粒含量	%	≤5	T 0312
水洗法<0.075mm颗粒含量	%	≤1	T 0310
软石含量	%	≤2	T 0320

2.封层设计标准

(1)环氧基精细抗滑碎石封层混合料,湿轮磨耗试验下底层黏结料的最小撒布量为$1.2kg/m^2$,表层黏结料最小撒布量为$0.4kg/m^2$;负荷轮黏砂下底层黏结料的最大撒布量应为$1.8kg/m^2$,表层黏结料最大撒布量应为$0.8kg/m^2$。

(2)沥青基精细抗滑碎石封层混合料,底层黏结料的最小撒布量为$1.4kg/m^2$,表层黏结料最小撒布量为$0.4kg/m^2$;底层黏结料的最大撒布量应为$1.8kg/m^2$,表层黏结料最大撒布量应为$0.8kg/m^2$。

3.路用性能标准

对应的路用性能评价标准见表10-48。

路用性能标准 表10-48

性能指标	沥青基	环氧基
拉拔强度(MPa)	≥0.6	≥0.8
湿轮磨耗(浸水 1h)(g/m^2)	≤540	
负荷轮黏砂(g/m^2)	≤450	
初始构造深度(mm)	≥1.8	
初始噪声(dB)	≤68	

三、社会经济效益分析

1.社会效益分析

路面抗滑性能是运营期高速公路提高服务品质的关键评价指标之一,并且直接关系到高速公路的行车安全性。良好的抗滑性能能够大幅减少交通事故的产生,减少人力物力的损失。而精细抗滑磨耗层具有以下特点:

(1)精细抗滑磨耗层能够有效提高路面的抗滑性能,从而提升路面的行车安全性。
(2)具有较好的耐久性,从而减少了抗滑性能提升的重复养护次数。
(3)由于其施工快速的特点,因此施工过程对交通流的影响较小。
(4)精细抗滑磨耗层采用冷拌工艺,施工过程中减少了对于环境的污染,因此具有较好的社会效益。

2. 经济效益分析

目前抗滑性能提升的技术共分为四种:

(1)铣刨上面层,回铺改性沥青混合料。该工艺在原路面病害较少时,易造成面层的浪费,而且若采用常规混合料回铺时,仍存在抗滑性能衰减过快的问题。
(2)进行薄层罩面。薄层罩面能够有效提升抗滑性能,但薄层罩面所采用的混合料易出现成本偏高的情况。
(3)微表处技术由于采用了稀浆封层同步车进行施工,施工速度快,因此能够快速提高路面抗滑性能,但仍存在行车噪声偏大、抗滑性能衰减过快的问题。

本书将精细抗滑磨耗层技术与其他三种抗滑性能提升技术进行了成本分析,分析结果如表10-49。

抗滑性能提升技术成本对比分析 表10-49

技术方案	铣刨回铺上面层	薄层罩面	微表处	精细抗滑磨耗层
单价(元/m²)	75	45	25	28
厚度(cm)	4.0	2.5	1.0	0.5

通过成本对比分析可知,精细抗滑磨耗层比传统的铣刨回铺上面层节约成本63%;比薄层罩面节约成本38%;虽比微表处成本略高12%,但精细抗滑磨耗层行车噪声更小,抗滑耐久性更好,因此具有较高的经济效益。

第十一章 基于路表纹理特性的沥青路面抗滑决策技术

第一节 概　　述

国内外对养护技术已经有了比较多的研究,有很多种方法和材料可供使用。技术成熟之后,养护技术的选择和决策就成为下一个研究的重点。决策是指为了达到预期目的,从多个可供选择的方案中选取最好或满意的方案。目前,路面养护的决策多从路面病害出发,从路面抗滑出发的较少。微表处技术、薄层罩面技术等都是常用的沥青路面养护技术,但多数时候是从裂缝、车辙、坑洞等显而易见的路面病害出发,这些肉眼可见的病害本身就是对驾驶员谨慎驾驶的一种提醒,而抗滑能力不足这种"深藏不露"的病害往往更具安全隐患,将抗滑能力作为判断沥青路面预防性养护时机和养护成效的重要参考因素,具有很大的现实意义。

一、沥青路面养护决策方法

目前,常用的养护决策方法主要有优先次序法、数学规划法、层次分析法及人工智能算法模型等。

(1)优先次序法

优先次序法是公路养护管理者最早使用的决策方法,其代表方法为决策树法。决策树法目前在国内外路面养护决策中被广泛应用,如美国多个州、加拿大安大略省等地的路面管理系统均采用决策树法。

(2)数学规划法

用数学模型来研究系统管理中决策问题的数学规划法也是常用的决策方法。沥青路面养护决策的数学规划模型由一系列约束条件和一组目标函数组成,通过求解对应方程来确定特定路段的养护修复方案,这样不需要逐一评价各个可能项目,就可得到满足养护中约束条件的最终结果。

(3)层次分析法

层次分析法,简称AHP,是指将与决策总是有关的元素分解成目标、准则、方案等层次,在此基础之上进行定性和定量分析的决策方法。Farhan 通过对真实网络级沥青路面养护问题的研究,发现层次分析法在对比大量不同养护对策,确定养护优先级时具有比其他方法更好的表现。

(4)人工智能算法模型

由于养护对策的选择需要综合考虑多个变量的存在,近年来人工智能和计算机技术的发展使得路面养护决策中有很多的方法可以利用,其中最具代表性的是人工神经网络和专家系统。早在1994年,Alsugair 就提出运用神经网络和专家系统来辅助路面养护决策。近年来,在路面管理领域,人工神经网络及与其密切联系的深度学习得到了迅速的发展,已经被成功应用于使用状况评估、劣化建模、使用性能预测、养护措施选择及优化和事故预测等方面。Elbagalati 等人基于人工神经网络,以路面状况指数(PCI)为控制指标,开发了一种可用于网络级别路面管理系统的决策工具,并验证了其高预测精度。

专家系统是另一个重要的人工智能算法模型,它实现了人工智能从理论研究走向实际应用的重大突破。路面管理系统(PMS)就是典型的将专家系统运用在道路工程中的案例。作为 PMS 的一个子系统,路面养护管理系统(PMMS)是专家系统在道路养护决策中的一种体现。

二、沥青路面抗滑养护决策方法比选

美国 AASHO 道路试验是路面养护决策的起源,路面抗滑养护决策的核心内容是在路面抗滑能力恢复到满足使用要求的前提下,根据预算资金等资源的约束条件,探寻最优养护策略,追求目标效益的最大化或最终成本的最小化。

沥青路面抗滑恢复技术决策属于多目标非确定性问题,为方便研究,研究中要抓住核心矛盾,将目标确定为在保障抗滑能力足够的情况下,根据道路工况和适用特性,从四种抗滑恢复技术中选择最优解,使路面养护费用最小。基于此目标,本文采用的沥青路面抗滑预防性养护技术决策过程如图11-1所示。

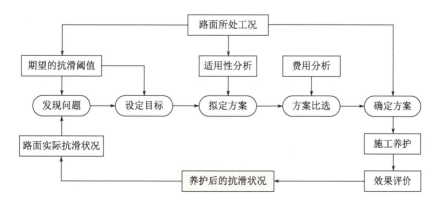

图 11-1　预防性抗滑养护技术决策过程

经过半个多世纪的发展,越来越多的方法被运用到项目级和网级路面养护的决策中,20世纪70年代之前,国外基本都采用排序法和决策树法进行路面养护的决策。随着数学理论的发展和工程应用,通过数学规划进行决策,开始被人们广泛使用,线性规划法、动态规划法和马尔科夫决策法等方法被尝试应用在路面养护决策中,取得了一定的成效。

近年来,随着计算机技术和人工智能飞速发展,模糊集合、遗传算法、强化学习和人工神经网络等高效可靠的现代算法应运而生,并开始被运用到路面养护管理中。

(1)排序法

排序法是最早被应用到路面养护决策的方法之一,根据一定约束和准则对各路段或不同养护方法进行重要性和紧急度的最优排序,为养护决策的制定提供指导。参考指标和排序方式是排序法的核心,路面养护决策中通常将道路在路网中的地位、路面状况指数PCI等使用性能表征指标、交通量等因素作为排序法的参考指标,排序方式有很多种,总的可分为按使用性能评价和按经济效益评价两大类型。排序法已有大量工程经验作为支撑,但决策时并未进行养护时间在规划期内的统筹,养护方法决策也比较绝对化,故渐渐被新的决策方法所代替。

(2)决策树法

决策树本质上是直观运用概率分析的一种图解法,也属于监督学习,可用于预测和分类,而机器学习的分类可以很好地帮助人类进行决策。在道路养护决策中,根据交通量、道路等级、路面使用性能等影响养护的因素将路网转化为树形结构,不断细化,对各组合条件综合考虑,在"枝末"给出该项目可能的养护方法。决策树的决策过程简明直观,方便项目参与者理解,并且可以较好融入工程师的主观经验,具有较高的灵活性和适用性。但是,决策树法往往分枝的标准较为粗放,无法完全考虑到所有影响因素,难以进行多种复杂工况下的养护决策。

(3)线性规划法

线性规划是运筹学的一个重要分支,是研究线性约束条件下线性目标函数极值问题的数学理论和方法,单纯形算法、Khacyina多项式算法、Kamrarka内点算法、Todd算法等多种求解线性规划的算法被广泛应用。运用在路面养护决策中的主要是整数规划,最具代表性的是0-1规划,通过隐枚举法和全枚举法求解。美国俄亥俄州曾经的路面管理系统就是线性规划模型的典型例子,但随着道路的发展,线性规划越来越难满足复杂的系统,难以求解。

(4)动态规划法

动态规划以Bellman的最优化原理为基础,是一种求解多阶段决策问题的有效方法,其在工程技术等领域的资源分配、复杂系统可靠性等问题上被广泛应用,和道路养护决策十分契合,最为典型的,养护决策中的资金分配就属于离散时间动态规划问题。动态规划的求解思路有顺序解法和逆序解法两类,包括函数逼近法、分层解法等多种方法,但并不存在通用解法。动态规划一定程度上解决了线性规划只能考虑道路现状的问题,可以在全寿命周期内考虑长期效益,但依然存在求解速度缓慢的问题。

(5)马尔科夫决策法

马尔科夫决策是利用马尔科夫过程理论,对由一系列决策控制的随机动态系统的优化问题进行研究的理论与方法,属于增强学习,目前已有折扣模型、连续时间模型和无界报酬模型等多种形式的马尔科夫决策模型。马尔科夫决策过程由状态集合、一组动作、状态概率、阻尼系数和一个回报构成的五元组组成,主要用于离散事件动态系统的相关研究,而路面养护就可以看成各因素组成的离散事件随时间变化的动态系统。近年来,马尔科夫决策已被多国用于网级路面养护管理决策问题中。

(6)强化学习

无论是动态规划法还是马尔科夫决策法,在实际运用时均存在求解难度大,计算缓慢的问题,而随着机器学习的蓬勃发展,为解决上述问题提供了很好的方法。强化学习是机器学习中用于决策的典型范式之一,它是一种"试错"的过程,不要求任何预先数据,而是通过在不断尝试获得环境的反馈中获得学习信息,更新模型参数,最终获得精度很高的决策模型。马尔科夫决策过程是常见的强化学习模型,也是强化学习被用于路面养护决策中最常见的模型,虽然案例不多,但已有一些研究表明基于马尔科夫决策过程的强化学习可以很好地运用到网级决策中,并能较快地进行计算求解,实现路面养护的决策智能化。

从抗滑养护一个角度出发,实现项目级道路抗滑养护的决策,强化学习并不适用,但后续进行网级道路抗滑养护决策时可考虑使用强化学习。

(7)人工神经网络

人工神经网络(Artificial Neural Networks,ANN)是模仿人类和动物神经网络,模拟人脑思维进行信息处理和判断的算法数学模型,和强化学习一样是机器学习的典型范式之一,主要可用于预测和分类,已有BP神经网络(Back Popagation Neural Network)、卷积神经网络(CNN)、循环神经网络(RNN)等多种形式,被广泛应用于各个领域。

近年来,道路管理人员也开始关注人工神经网络的强大计算能力,取得了一定的应用成果,神经网络的本质可以当作一个复合函数,通过特征的输入计算得到对应的标签,与本书研究的抗滑养护决策十分契合,故本书采用BP神经网络建立沥青路面抗滑恢复技术决策模型。

第二节 路表纹理特性与抗滑性的联系

一、路面抗滑性能大小影响因素

路面功率谱 $C(q)$ 与路面纹理息息相关,路面纹理的形成虽然是个随机多变的过程,但通过对沥青路面表层的混合料设计和施工过程中各材料和各环节的控制,可以在一定范围内获得比较好的路面纹理,从而提升沥青路面的抗滑能力。具体可从以下几个方面进行把控:

(1)矿料品质

矿料表面性质是微观纹理的主要来源,矿料间的排列组合是影响宏观纹理的主要因素。棱角性越好、颗粒形貌相差越大的矿料可以形成越好的路面纹理,而磨光值越高、颗粒与基质间硬度相差越大的矿料可以提供越好的长期抗滑性能。所以选择种类和规格好的矿料,注重破碎过程矿料品质的控制,是做好路面抗滑的第一步,也是关键一步。

(2)集料级配

集料之间的咬合力和内摩阻力不仅是路面承载力的主要来源,也是摩擦力的主要来源,同时通过集料级配保证沥青混合料的孔隙率尤其是连通孔隙,对于及时排出路面积水,保证路面抗滑能力大有裨益。OGFC路面即为典型的从级配角度出发,提升路面抗滑性能的工艺。

(3)沥青性质和用量

沥青各项性质中对抗滑影响最大的是高温性能和黏度,沥青用量过大或高温性能较差的沥青在夏季容易出现泛油现象,黏度不够容易出现脱落和坑洞现象,使得表面宏观纹理和微观纹理下降,且很多开级配和半开级配抗滑磨耗层都需要用到高黏改性沥青保证沥青混合料的路用性能。

(4)储存和运输

沥青和集料的存储和运输环境要注意洁净、通风,控制好温度和湿度,防止水分和粉尘的影响导致表面微观纹理损失。

(5)拌和

施工过程是路面纹理最终形成的关键时期,合理规范的施工是路面抗滑能力的重要保障。拌和时间可适当加长,防止沥青混合料出现拌和不均匀的情况,速度不宜过快,保证集料的棱角性不被破坏,拌和后沥青混合料的坍落度可以测定其流动性、黏聚性和保水性,是在拌和过程保证沥青路面抗滑能力的重要指标。

(6)摊铺

摊铺碾压过程主要决定了路面宏观纹理的形成,摊铺过程要严格保证温度,充分发挥沥青的流动性和黏结性,减少后期病害出现的可能性。摊铺一定要均匀平整,防止路面纹理不协调甚至导致路表大构造的出现。

(7)碾压

初压和终压过程中碾压设备荷载的大小、速度和遍数,以及碾压后路表的平整度都对路面纹理产生影响,压实度过大会降低路面的构造深度并减少孔隙率,导致路面排水不足易产生水损害,影响路面抗滑的耐久性。

选材与施工过程的监控是确保交工验收时的路面抗滑能力的关键,众所周知,沥青路面投入使用之后,受自然环境和交通荷载的共同作用,随着时间的推移,衰减成为路面抗滑能力的主要趋势。路面抗滑衰减的主要影响因素有以下几个方面:

(1) 表面污染物

沥青路面通车过程中难以避免有外来的灰尘、泥沙、磨损的轮胎橡胶颗粒和润滑油等污染物潜入路面纹理之中,这些污染物会形成轮胎-路面间的接触区域介质薄膜,减少路面有效纹理,削弱抗滑能力。武汉理工大学的曹平依据路面污染物的多少将路面污染程度划分为清洁路面、轻度污染、中度污染和重度污染四个等级,并通过试验研究了不同污染物在不同污染程度下对干燥路面、潮湿路面抗滑性能的影响,结果如表11-1、表11-2所示。

不同污染物对干燥路面抗滑能力衰减的影响 表11-1

污染物	污染程度		
	轻度污染	中度污染	重度污染
粗砂	下降13%~17%	下降33%~39%	下降39%~49%
沙	下降9%~16%	下降29%~32%	下降30%~33%
灰尘	下降7%~14%	下降14%~26%	下降27%~32%
润滑油	下降16%	下降37%	下降50%

不同污染物对潮湿路面抗滑能力衰减的影响 表11-2

污染物	污染程度		
	轻度污染	中度污染	重度污染
粗砂	下降4%~10%	下降12%~15%	下降14%~20%
沙	下降4%~10%	下降8%~12%	下降10%~14%
灰尘	下降6%~10%	下降10%~14%	下降18%~20%
润滑油	下降26%	下降32%	下降40%

通过对比可知,污染物对干燥路面的抗滑影响比潮湿路面更大,这是因为水也是轮胎与路面之间的介质,尤其是形成水膜容易造成水漂现象使得路面摩擦系数大幅下降,同时灰尘等污染物易溶于水,二者的影响会产生中和,所以污染物对摩擦系数的相对下降量较小。

值得一提的是,随着行车荷载和自然环境的作用,尤其是高速情况下,部分污染物会从路面中被轮胎带出并较为均匀地散布在路面全域,从实际观察中也可得出,除了污染十分严重的特殊路段,其他路段很难达到重度污染的程度,故实际应用中考虑轻度污染和中度污染更贴近现实。污染物尤其是颗粒较小的污染物对路面纹理的影响主要体现在负纹理的减少上。

(2) 自然环境

自然环境对路面抗滑的影响主要体现在季节温度和降水结冰两个方面。沥青混合料是典型的黏弹性体,温度越高,黏性越强,抗滑性能越差,所以对于干燥路面,冬季的摩擦系数大于夏季,随着一年四季交替变化,路面抗滑能力对于季节单一因素呈正弦周期性变化,但在周期性变化过程中沥青不断老化,整体抗滑水平呈下降趋势。路面结冰使得轮胎-路面完全脱离接触,类似于路面完全滑水现象,但鉴于目前路面除冰技术的及时性和有效性,可作为潮湿路面进行分析处理。降水对路面污染物有冲刷清洗能力,在路面抗滑方面有一定的积极影响,但水膜的产生会使路面抗滑能力下降,随着水分蒸发,路面抗滑能力会恢复到降水前干燥路面水平,所以降水对路面抗滑能力的衰减主要考虑可能发生的水损害。

(3)交通荷载

交通荷载的作用是路面抗滑能力衰减最主要的因素。道路运营初期,路面会在交通荷载的作用下形成二次压实,导致路面宏观纹理的减少,同时有研究表明,通车短时间内会因为沥青薄膜的破损,集料表面显露,导致摩擦系数明显增大。但随着交通荷载的不断作用,暴露的集料棱角会被不断磨损,使得路面越来越光滑,微观纹理和宏观纹理都呈不断下降趋势,且磨光主要影响路面正纹理,对路面整体抗滑性能有较大影响。交通荷载对路面抗滑的影响主要取决于轴载大小和轴载作用次数,《公路沥青路面设计规范》(JTG D50—2017)中将沥青路面设计交通荷载等级分为轻、中等、重、特重、极重五类(表11-3),国内外学者基于实测数据和磨耗试验对不同路面受交通荷载影响的抗滑衰减进行了分析,本书为方便归纳,后续对交通量采用设计交通荷载等级进行分析。

设计交通荷载等级 表11-3

设计交通荷载等级	极重	特重	重	中等	轻
设计使用年限内设计车道累计大型客车和货车交通量($\times 10^6$,辆)	≥50.0	50.0~19.0	19.0~8.0	8.0~4.0	<4.0

二、路面抗滑性能阈值影响因素

不同气候条件、不同道路线形及设计速度等道路基本信息都会对路面抗滑性能提出不同的要求,即对动摩擦系数的阈值大小有所影响。

(1)气候条件

在气候条件中,降水是影响路面抗滑性能阈值的主要因素,雨天或路面排水不及时时会在表面形成一层水膜,使得路面有效纹理减少,同时车辆在行驶时挤压水膜会产生动水压力将轮胎托起,减少轮胎-路面间的接触面积。此时,轮胎-路面间的附着系数显著降低,车辆的转向和制动性能下降,影响行车安全,而水膜厚度越大,产生完全滑水现象的可能性就越大,所以及时排水是多雨地区沥青路面设计时必须重点考虑的因素。《公路沥青路面施工技术规范》(JTG F40—2004)使用年降雨量作为分区指标,将沥青路面使用性能划分为四个气候分区(表11-4)。依据地区降水情况合理判断潮湿状态下不同路面的抗滑阈值十分必要。

沥青路面使用性能气候分区(按降雨量) 表11-4

降雨量(mm)	>1000	500~1000	250~500	<250
气候分区	潮湿	湿润	半干	干旱

(2)道路基本信息

沥青路面抗滑特性主要保证车辆在行驶和制动过程中不发生打滑、侧翻和制动距离过长等危险现象,所以和道路设计时的基本信息息息相关,主要包括道路设计速度、圆曲线半径、道路纵坡等。同时,桥梁上因为水汽凝聚,隧道中因为通风不便、污染物和大型货车制动喷淋设备遗留在道路上的水不易排除,二者往往需要更好的抗滑性能。

第三节　沥青路面抗滑恢复技术优选示例

沥青路面抗滑性能的恢复技术逐渐趋于成熟。国内部分区域交通量较大、载重车较多的城市道路、高速公路,由于重载交通荷载反复作用,道路抗滑性衰变较为迅速。为了提升道路运营安全性及增长使用寿命周期,沥青路面抗滑恢复技术的要求逐渐提升。鉴于此,通过对比分析常用沥青路面抗滑恢复技术的特点及养护效果,选取精表处、碎石封层、抗滑表层和超薄磨耗层四种代表性的抗滑恢复处置方式为研究对象,采用前期创建的ACRP系统对四种方式处理后的路面进行三维纹理模型建立及路表抗滑性能分析,综合考虑养护费用、使用寿命、适用范围等因素进行抗滑恢复技术的比选和适用性分析,为后续抗滑恢复技术决策模型的建立提供依据。

一、不同抗滑恢复技术的路表抗滑性能

基于ACRP系统,采用打造车辙板、铺设试验段或实用路面采集等方法配合图像分析法,对四种典型的抗滑恢复技术修复后的路面进行了干燥和潮湿状态下的抗滑性能分析,主要体现养护交工验收时路面抗滑性能,并通过已有的实际或磨耗试验数据对不同恢复技术的抗滑衰减进行分析。由于实测数据多以现标准中横向力系数SFC、构造深度TD以及摆式仪摆值BPN表示,为统一标准,均采用下降百分率来表征抗滑性能的衰减。

1.精表处技术

精表处技术采用与课题组合作的重庆诚邦公司在重庆铺设的试验段加以分析,试验段采用单层粗粒式结构,现场照片与三维重构过程如图11-2所示,不同路面状态下精表处路面动摩擦系数曲线如图11-3所示。

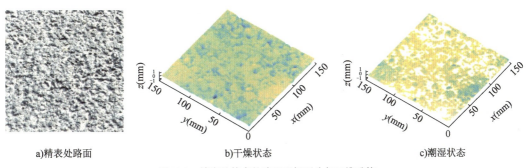

a)精表处路面　　b)干燥状态　　c)潮湿状态

图11-2　精表处技术的路面现场照片与三维重构

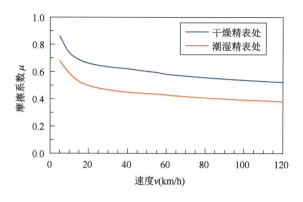

图 11-3 不同路面状态下精表处路面动摩擦系数曲线

对已铺设单层粗粒式结构精表处的港口大道、S412汝但路回龙寨至狮子滩段、S103线万忠路、渝涪高速公路(G50)东环立交和璧山区G319路段的摆值BPN进行监测。精表处不同路段不同运营时间施工前后摆值BPN数据如表11-5所示。

精表处不同路段不同运营时间施工前后摆值BPN数据　　　　表11-5

桩号	港口大道		S412		S103		G50		G319	
	原路	一年	原路	一年	原路	一年	原路	半年	原路	半年
K0+000	54	70	49	69	50	76	54	76	54	76
K0+200	48	68	46	64	48	74	56	78	55	78
K0+400	52	72	44	69	51	78	52	78	55	76
K0+600	50	70	52	67	50	74	54	78	56	77
K0+800	48	68	46	66	48	74	52	76	57	75
均值	50.4	69.6	47.4	67	49	62	53.6	77.2	55.4	76.4
标准差	2.33	1.5	2.8	1.9	1.2	1.6	1.5	0.98	1.02	1.02
变异系数	0.05	0.02	0.06	0.03	0.02	0.03	0.03	0.01	0.02	0.01

对数据进行归纳整理，不同路段交通量、气候属性和摆值随时间变化趋势如表11-6和图11-4所示。

精表处不同路段交通量、气候属性和摆值BPN变化　　　　表11-6

路段	交通量	气候	不同时段摆值BPN均值			
			施工完成时	半年	一年	两年
港口大道	重	潮湿	75.5	76.2	69.6	61.3
S412	中	潮湿	72	71.7	67	60.6
S103	中	潮湿	68	70.2	62	56
G50	重	潮湿	74.6	77.2	66.3	58.6
G319	重	潮湿	75.1	76.4	68.4	59.7

虽然摆值BPN不能精确地反映路面摩擦系数，但数值的变化在一定程度上可以描述路面抗滑性能的变化，通过实测数据分析可知，精表处在运营初期会因黏结料破乳等因素导致抗

滑性能不变或小幅度上升,随着车辆荷载和气候环境的反复作用,重交通量路段每年抗滑下降比例在10%左右,中交通量路段每年抗滑下降比例在8%左右。

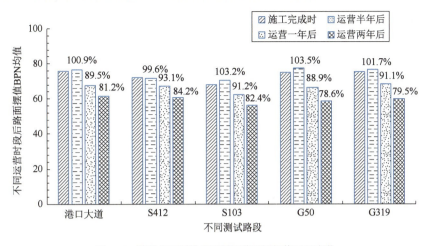

图11-4 精表处不同路段不同运营时间摆值BPN变化

2. 精细抗滑碎石封层技术

精细抗滑碎石封层采用江苏沿海高速公路部分路段加以分析,现场照片与三维重构过程如图11-5所示,不同状态下精细抗滑碎石封层动摩擦系数曲线如图11-6所示。

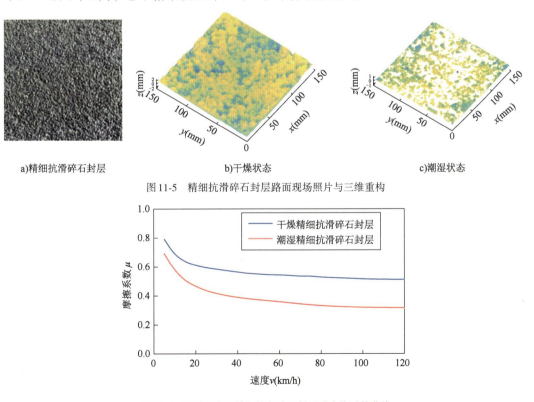

图11-5 精细抗滑碎石封层路面现场照片与三维重构

图11-6 不同状态下精细抗滑碎石封层动摩擦系数曲线

对已铺设精细抗滑碎石封层的沿海高速公路南通—连云港方向三个路段的摆值BPN进行监测。精细抗滑碎石封层不同路段不同运营时间摆值BPN数据如表11-7所示。

精细抗滑碎石封层不同路段不同运营时间摆值BPN数据　　　　表11-7

点位桩号	方向	车道	处治方案类型	不同时段摆值BPN			
				施工完成时	1个月	3个月	7个月
K1138+600	通连方向	二	沥青基	80	68	68	63
K1138+500	通连方向	二	沥青基	84	70	69	62
K1138+400	通连方向	二	沥青基	82	70	67	64
K1138+300	通连方向	一	沥青基	86	68	67	62
K1138+200	通连方向	二	沥青基	86	68	70	64
K1138+100	通连方向	二	沥青基	82	68	68	64
平均值				83	69	68	63
K1137+900	通连方向	二	环氧基	82	69	67	64
K1137+850	通连方向	二	环氧基	84	70	67	62
K1137+800	通连方向	二	环氧基	82	70	69	62
K1137+750	通连方向	二	环氧基	82	71	69	64
K1137+700	通连方向	二	环氧基	82	69	68	64
K1137+650	通连方向	二	环氧基	84	70	69	62
平均值				82	69	68	63
K1082+900	通连方向	三	环氧基	86	68	66	60
K1082+800	通连方向	三	环氧基	84	68	64	64
K1082+700	通连方向	三	环氧基	82	70	67	62
K1082+600	通连方向	三	环氧基	84	68	64	62
K1082+500	通连方向	三	环氧基	82	66	64	60
K1082+400	通连方向	三	环氧基	82	68	68	60
K1082+300	通连方向	三	环氧基	82	69	64	60
K1082+200	通连方向	三	环氧基	84	70	66	62
K1082+100	通连方向	三	环氧基	82	70	67	62
K1082+000	通连方向	三	环氧基	82	70	69	64
K1081+900	通连方向	三	环氧基	84	71	69	64
K1081+800	通连方向	三	环氧基	84	69	68	62
K1081+700	通连方向	三	环氧基	82	70	69	62
K1081+600	通连方向	三	环氧基	82	69	68	62
K1081+500	通连方向	三	环氧基	80	68	68	62
K1081+400	通连方向	三	环氧基	80	70	69	62
K1081+300	通连方向	三	环氧基	82	70	67	62

续上表

点位桩号	方向	车道	处治方案类型	不同时段摆值BPN			
				施工完成时	1个月	3个月	7个月
K1081+200	通连方向	三	环氧基	82	68	67	60
K1081+100	通连方向	三	环氧基	84	68	70	60
平均值				82	68	67	61

根据摆值可知,三条不同路段精细抗滑碎石封层在开放交通前均较大,达到80以上,但随着交通荷载的作用,碎石在行车碾压过程中分布状态趋于稳定,路面摆值BPN逐步稳定到68左右,故选取运营一个月后的摆值BPN作为初始值,对数据处理分析得到精细抗滑碎石封层的抗滑衰减规律,不同路段不同运营时间摆值BPN变化如表11-8和图11-7所示。

沿海高速公路精细抗滑碎石封层不同路段不同运营时间摆值BPN变化　　表11-8

路段	交通量	气候	施工完成时	不同时段摆值BPN均值				
				1个月	3个月	7个月	一年	两年
1	中	湿润	83	69	68	63	54	45
2	中	湿润	82	69	68	63	56	48
3	中	湿润	82	68	67	61	52	40

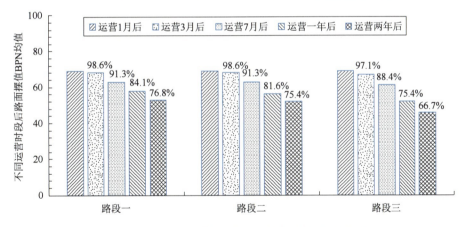

图11-7　沿海高速公路精细抗滑碎石封层不同路段不同运营时间摆值BPN变化

通过实测数据分析可知,精细抗滑碎石封层在运营初期抗滑性能变化幅度不大,但随着车辆荷载和气候环境的反复作用,运营第一年抗滑性能有一定下降,重交通量路段下降比例在25%左右,中交通量路段下降比例在17%左右。第二年抗滑性能下降有所减缓,重交通量路段下降比例在8%左右,中交通量路段下降比例在7%左右。

3.排水沥青路面

排水沥青路面(PAC-13)采用江苏盐靖高速公路部分路段加以分析,现场照片与三维重构过程如图11-8所示,不同状态下排水沥青路面动摩擦系数曲线如图11-9所示。

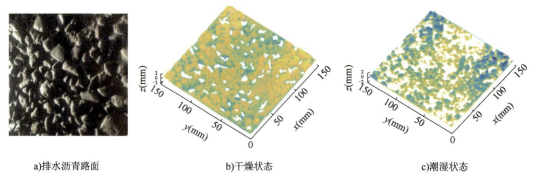

a) 排水沥青路面　　b) 干燥状态　　c) 潮湿状态

图 11-8　排水沥青路面现场照片与三维重构

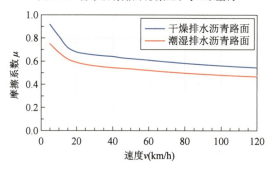

图 11-9　不同状态下排水沥青路面动摩擦系数曲线

排水沥青路面自2014年开始在江苏高速公路养护工程中进行应用,对已铺设PAC-13的盐靖高速公路两个路段的摆置BPN进行监测,排水沥青路面不同路段不同运营时间摆值BPN数据如表11-9所示。

排水沥青路面不同路段不同运营时间摆值BPN数据　　表11-9

路段一	日期	2014.9.29	2014.10.13	2014.10.14	2014.10.15	2014.10.17	2014.10.19
	摆值	77	76	77	78	77	77
	日期	2014.10.20	2014.10.23	2014.10.25	2014.10.26	2015.8.26	2015.8.27
	摆值	78	79	80	79	70	69
	日期	2015.8.29	2015.8.30	2015.9.9	2015.9.10	2015.9.11	2015.9.12
	摆值	69	70	68	69	69	69
	日期	2015.9.13	2015.9.16	2015.10.19	2016.11.8	2017.9.20	2017.9.22
	摆值	70	69	64	65	62	62
路段二	日期	2014.9.18	2014.10.11	2015.10.17	2015.11.8	2015.11.10	2015.11.11
	摆值	78	78	72	70	70	69
	日期	2016.8.1	2016.8.2	2016.8.3	2016.8.7	2016.8.8	2016.8.12
	摆值	67	67	67	66	67	66
	日期	2017.8.15	2017.8.22	2017.8.23	2017.8.24	2017.8.27	2017.8.28
	摆值	63	64	64	63	63	62
	日期	2017.9.10	2017.9.15	2017.9.17	2017.9.18	2017.9.20	2017.9.22
	摆值	62	61	61	60	59	59

对数据进行归纳整理,排水沥青路面不同路段交通量、气候属性和摆值 BPN 随时间变化趋势如表 11-10 和图 11-10 所示。

排水路面不同路段不同运营时间摆值 BPN 变化　　　　表 11-10

路段	交通量	气候	不同时段摆值 BPN 均值				
			施工完成时	半年	一年	两年	三年
一	重	湿润	77	79	70	65	58
二	重	湿润	78	78	71	67	60

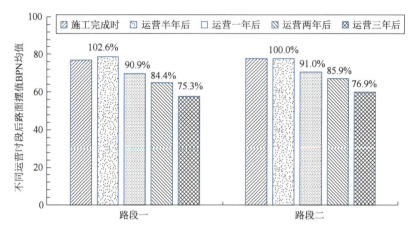

图 11-10　盐靖高速公路排水沥青路面不同路段不同运营时间摆值 BPN 变化

依据实测数据分析可知,排水沥青路面在运营初期抗滑性能变化幅度不大,随着车辆荷载和气候环境的反复作用,运营第一年抗滑性能下降较快,重交通量路段下降比例在 9% 左右,之后抗滑性能下降速率减缓,年平均下降 5% 左右。

4. 超薄磨耗层技术

超薄磨耗层技术采用广东某高速公路部分路段加以分析,成型厚度为 20mm,现场照片与三维重构过程如图 11-11 所示,不同状态下超薄磨耗层动摩擦系数曲线如图 11-12 所示。

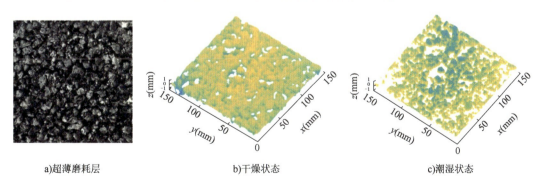

a) 超薄磨耗层　　　　b) 干燥状态　　　　c) 潮湿状态

图 11-11　超薄磨耗层现场照片与三维重构

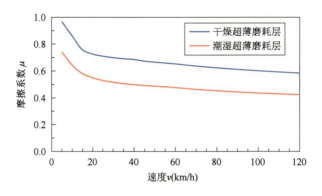

图 11-12　不同状态下超薄磨耗层动摩擦系数曲线

对两个路段的摆值 BPN 进行监测,超薄磨耗层不同路段交通量、气候属性和摆值 BPN 随时间变化趋势如表 11-11 和图 11-13 所示。

超薄磨耗层不同路段不同运营时间摆值 BPN 变化　　　表 11-11

路段	交通量	气候	不同时段摆值 BPN 均值				
			施工完成时	半年	一年	两年	三年
一	重	潮湿	79	73	70	66	56
二	重	潮湿	80	78	72	67	58

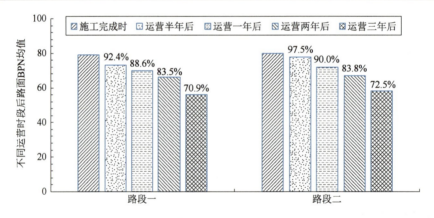

图 11-13　超薄磨耗层不同路段不同运营时间摆值 BPN 变化

依据实测数据分析可知,超薄磨耗层没有在运营初期显示出抗滑能力增加的特性,抗滑性能下降速度比较均衡,年平均下降比例在 10% 左右。

二、不同抗滑恢复技术效果对比

对精表处、精细抗滑碎石封层、排水沥青路面和超薄磨耗层四种沥青路面抗滑恢复技术进行介绍,并以动摩擦系数为指标分析了抗滑性能,基于实测数据总结四种技术的抗滑性能衰减规律。理论分析和实际应用都已证明四种技术都能较好地恢复路面抗滑,并有不错的路用性能,但在材料用量、适用条件和造价等方面都有差异,对四种抗滑恢复技术进行详细的对比和优缺点分析,对于工程实践中技术的选用具有指导性意义。

1. 路表抗滑性能变化特点

对四种抗滑恢复技术的抗滑性能和抗滑衰减特性整合分析,得到不同抗滑恢复技术下轮胎-路面间抗滑特性曲线如图11-14所示,不同时间均值对比、抗滑衰减率如表11-12和表11-13所示。

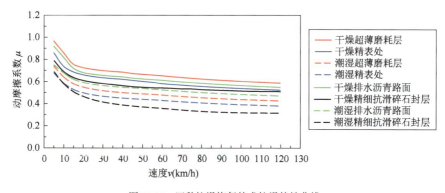

图11-14 四种抗滑恢复技术抗滑特性曲线

不同抗滑恢复技术不同时间均值对比　　　　　　　　　　表11-12

抗滑恢复技术	施工完成时摆值BPN均值	不同时间摆值BPN均值			
		半年	一年	两年	三年
精表处	73.0	74.3	66.1	58.8	没有测
精细抗滑碎石封层	68.7	62.3	54.0	44.3	没有测
排水沥青路面	77.5	78.5	70.5	66.0	59
超薄磨耗层	79.5	75.5	71.0	66.5	57

不同抗滑恢复技术抗滑衰减率对比　　　　　　　　　　表11-13

抗滑恢复技术	施工完成时摆值BPN均值	不同时间抗滑衰减率			
		半年	一年	两年	三年
精表处	73.0	101.8%	90.6%	80.5%	没有测
精细抗滑碎石封层	68.7	90.7%	78.6%	64.5%	没有测
排水沥青路面	77.5	101.1%	91.0%	85.2%	76.1%
超薄磨耗层	79.5	95.0%	89.3%	83.6%	71.7%

观察不同恢复技术下路表抗滑特性曲线变化特点及随时间抗滑衰减速率数据,对比分析发现:

(1)通过不同路面条件下(干燥和潮湿)动摩擦系数变化曲线可知,四种抗滑恢复技术的动摩擦系数变化趋势基本一致,随着速度的增大,动摩擦系数逐渐降低,说明有着相似的分形特性;当速度在0~15km/h时,摩擦系数下降明显,与微观纹理的作用以及部分滑动摩擦向全部滚动摩擦转换有关;当速度超过30km/h时,变化趋势逐渐平缓且斜率几乎一致,表面速度较大时摩擦力主要来源于滞后力,由宏观纹理提供,轮胎-路面间的实际接触面积趋于稳定。

(2)四种沥青路面潮湿条件下动摩擦系数均明显小于干燥条件下,证明水膜的存在对于轮胎-路面间的附着力有着明显影响。

(3)干燥条件下不同类型新建沥青路面的动摩擦系数μ大小排序为:超薄磨耗层>排水沥青路面>精表处>精细抗滑碎石封层,且除精细抗滑碎石封层外,摩擦力均大于AC-13路面,表明开级配和半开级配比密级配多数时候有着更好的宏观纹理。

(4)潮湿条件下不同类型新建沥青路面的动摩擦系数μ大小排序为:排水沥青路面>超薄磨耗层>精表处>精细抗滑碎石封层,表明在雨天条件下,路面排水对保持附着特性起着十分关键的作用,连通孔隙率越多,排水性能越好,潮湿状态下动摩擦系数越大。

(5)与干燥条件下相比,不同路面潮湿状态下动摩擦系数降低幅度$\Delta\mu$均随速度的不断提高而逐渐增大,最终趋于稳定,四种沥青路面降低幅度的大小排序为:精细抗滑碎石封层>超薄磨耗层≈精表处>排水沥青路面。

(6)通过对新建路面实测摆值BPN数据进行排序可得,四种沥青路面抗滑能力大小为:超薄磨耗层>排水沥青路面>精表处>精细抗滑碎石封层,与计算得到的动摩擦系数规律一致,一定程度上证明了使用动摩擦系数标定路面抗滑性能和使用ACRP系统检测路面抗滑性能的正确性。

(7)抗滑衰减的速率大小排序为:精细抗滑碎石封层>精表处>超薄磨耗层>排水沥青路面。经过分析可得,路面表层厚度和抗滑衰减速率在一定程度上呈反相关。在抗滑性能的绝对数值上,超薄磨耗层和排水沥青路面几乎保持一致。

2.不同抗滑恢复技术的适用性

除与抗滑性能有关的对比分析外,从全寿命周期角度出发,对精表处、精细抗滑碎石封层、排水沥青路面和超薄磨耗层四种抗滑恢复技术进行了综合对比分析,并对优缺点进行了提炼,具体结果如表11-14、表11-15所示。

不同抗滑恢复技术综合对比分析 表11-14

抗滑恢复技术	精表处	精细抗滑碎石封层	排水沥青路面	超薄磨耗层
级配特征	间断级配	单一粒径	开级配	间断半开级配
厚度(mm)	5~8	5	40	20
适用气候	所有	湿润、干旱、半干	潮湿、湿润	所有
适用交通量	重、中、轻	中、轻	所有	所有
关键原材料	环氧复合改性沥青、高品质集料	高性能沥青黏结料封层、单一粒径碎石	高黏沥青黏结料、特制改性乳化沥青黏层、与沥青黏附性好的集料	专用改性沥青、乳化改性沥青、耐磨集料
主要施工设备	精表处专用智能洒布车	同步封层车	常规摊铺机	专用设备Novapaver

续上表

抗滑恢复技术	精表处	精细抗滑碎石封层	排水沥青路面	超薄磨耗层
预期寿命(年)	2~4	2~4	4~6	4~5
单价(元/m²)	35~45	28~38	80~100	55~65

不同抗滑恢复技术的优缺点分析　　　　　　　　　　表11-15

抗滑恢复技术	优点	缺点
精表处	①厚度较薄,可节省较多沥青和集料用量; ②抗滑封水效果较好,有一定降噪性能; ③快速成型,交通影响小; ④可以进行单车道或罩面施工; ⑤冷拌能耗排放低,养护成本较低	①层间黏结效果需要严格把控,可能出现层间易脱皮问题; ②对原路面的性能和平整度有较高的要求; ③抗滑耐久性较差; ④无法承受极重交通
精细抗滑碎石封层	①厚度极薄,节省大量的沥青和集料用量; ②可以进行单车道与罩面施工; ③采用冷拌工艺,对环境污染小,且施工时无废料产生,符合绿色施工要求; ④养护成本低; ⑤施工简便,开放交通较快	①对黏结料及碎石质量要求高; ②相对其他二种恢复技术,抗滑性能差,抗滑耐久性差; ③可承担的交通荷载小,容易碎石飞散; ④噪声较大
排水沥青路面	①开级配能有效减少雨天行车水雾,大幅增加潮湿路面抗滑性能,并改善路面标志的可见度,提高雨天行车安全性; ②较大的构造深度能减少路面噪声; ③抗滑耐久性好,预期寿命长; ④可承担较重交通荷载,适用性较高; ⑤无须特制的施工设备; ⑥高程受限也可以采用开级配磨耗层(OGFC)	①施工要求高,若不能较好地控制施工质量,易出现飞散和坑洞现象; ②厚度大,受路面结构影响大,多数需要对原路面进行铣刨,成本高; ③孔隙容易被堵塞,需经常清理且难度较大; ④材料用量大,能耗高,施工时间长,对交通影响大
超薄磨耗层	①干燥、潮湿条件下抗滑性能均好,但干燥状态优于潮湿状态,抗滑耐久性较高; ②适于所有荷载、气候,应用条件广泛; ③能有效防止水损害; ④可以进行单车道与罩面施工; ⑤乳化沥青能有效提高层间黏结效果	①无足够的连通孔隙,在降雨量较大时路面水雾消除能力稍低; ②与精表处和精细抗滑碎石封层相比,施工时间较长; ③用料较多,需要专门的施工设备,热拌能耗大,成本较高

综合分析,四种抗滑恢复技术都有各自的适用性和优缺点,造价也有较大差异。总的来说,根据工程的实际情况因地制宜,在满足交通、气候等条件的基础上,选择造价最低的方法是问题的关键所在:

(1)降水充足,排水是路面关键需求,排水沥青路面或开级配磨耗层(OGFC)就可作为养护第一选择。但如果高程限制,则需要进行旧路铣刨,或者在结构物处拉坡,保证路面平顺。

(2)交通量较大,暴雨较少,对交通开放时间要求严格,路段高程受限,表面除了抗滑不足,其他病害较轻,精表处可以作为养护最优方案。

(3)交通量大,重车多,对路面的抗滑性能要求很高,如长下坡或者隧道路段,路面也容易磨损,超薄磨耗层或者开级配磨耗层(OGFC)可以作为养护方案。

(4)交通量不大,降水量中等,路面平整但抗滑不足,可以选择造价较低的精表处或精细抗滑碎石封层进行养护。

也可通过在所需养护路段铺设不同抗滑恢复技术试验段的方式验证适用性,进行方案比选,得到最优措施。

第四节 基于车辆动力学的路表抗滑阈值计算

确定沥青路面的养护时机一直是道路管理部门面临的一个难点,如何做到路表抗滑养护的及时性和适时性,需要实时监测路表抗滑性能的临界点,即所谓的抗滑阈值。结合动摩擦系数指标和路表纹理识别ACRP系统可以实时评价沥青路面的抗滑性能。在此基础上,确定沥青路面动摩擦系数阈值,判断沥青路面抗滑性能是否满足行车安全需求是及时性和适时性养护的重点问题。利用典型的车辆动力学软件CarSim/TruckSim模拟了不同类型车辆在不同行驶道路工况下的行车、制动安全过程,以制动距离长短、轮胎是否侧滑为评价指标判断行车安全性,仿真得到不同类型车辆在直线、下坡及弯道路段上路表抗滑性能阈值,建立了不同路段上沥青路面抗滑阈值数据。

实际上,难以直观地判别不同抗滑能力的路段上实测车辆是否会侧滑和车辆的制动距离。因此,使用仿真模拟技术进行沥青路面抗滑阈值研究,具有很好的经济效益和社会效益。

一、基于仿真软件的车辆动力学模型建立

1. 不同类型车辆车体模型建立

近年来,CarSim/TruckSim软件越来越受到道路工程领域专家学者的关注,在路线设计、道路安全评价、路面工程检测养护等方面取得了良好的仿真效果。选用CarSim/TruckSim进行沥青路面抗滑阈值研究的优势主要体现在以下几个方面:

(1)作为独立应用程序运行,不需要任何其他软件来参与执行和模拟,操作便利。

(2)仿真精度高,仿真结果可靠度高,业内认可度高。

(3)允许用户构建复杂的场景,具有直观的用户界面和强大的分析工具。

(4)与Excel有较好耦合,便于道路线形数据的导入。

(5)CarSim/TruckSim中采用考虑轮胎-路面附着特性的摩擦系数作为路面抗滑能力的评价指标,与本书分析建立的动摩擦系数评价体系结合良好。

《汽车、挂车及汽车列车的术语和定义 第1部分:类型》(GB/T 3730.1—2022)将道路车辆分为汽车、挂车和汽车列车三类四十五种,为研究方便,将汽车类型简化为乘用汽车和商用货车两类,分别代表路上行驶的小型车辆和大型车辆。由于典型的SUV车辆底盘和车身均比普通小汽车高,重心高、车身长等特点使得SUV需要更好的道路线形和行车稳定性,防止侧滑侧翻等事故,故采用中大型SUV车型作为小型车辆的代表,参考常用的宝马X5等车辆,通过设置单元对车体参数进行输入。CarSim软件车体参数设置单元如图11-15所示,车体建模参数设置如表11-16所示。

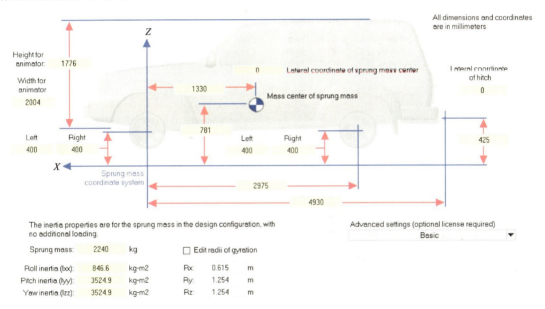

图11-15 CarSim软件车体参数设置单元截图

小型车车体建模参数设置 表11-16

车辆物理参数	单位	参数取值	车辆物理参数	单位	参数取值
整车质量 M	kg	2240	轮胎轴距 l	mm	2975
车长 L	mm	4930	质心距前轴的距离 l_a	mm	1330
车宽 W	mm	2004	整车绕 X 轴转动惯量 I_{xx}	kg·m²	846.6
车高 H	mm	1776	整车绕 Y 轴转动惯量 I_{yy}	kg·m²	3524.9
质心高度 h	mm	781	整车绕 Z 轴转动惯量 I_{zz}	kg·m²	3524.9

选取常见的四轴十二轮的重型卡车作为大型车的代表车型,以东风天龙载货车等车型为参考,TruckSim软件车体参数设置单元如图11-16所示,货物参数设置单元如图11-17所示,车体建模参数设置如表11-17所示。

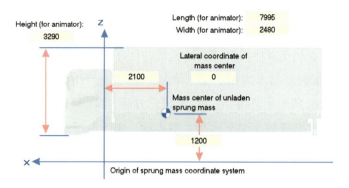

图 11-16　TruckSim 软件车体参数设置单元截图

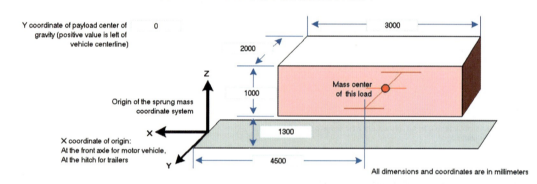

图 11-17　TruckSim 软件货物参数设置单元截图

大型车车体建模参数设置　　　　　　　　　　　　　　　　表 11-17

车辆物理参数	单位	参数取值	车辆物理参数	单位	参数取值
整车质量 M	kg	8870	质心距前轴的距离 l_a	mm	2100
车长 L	mm	7995	质心横向距离 l_b	mm	0
车宽 W	mm	2480	整车绕 X 轴转动惯量 I_{xx}	kg·m²	12772.8
车高 H	mm	3290	整车绕 Y 轴转动惯量 I_{yy}	kg·m²	51946.3
质心高度 h	mm	1200	整车绕 Z 轴转动惯量 I_{zz}	kg·m²	39116.7

2. 不同类型车辆动力学参数设置

轮胎与路面之间的相互作用是沥青路面抗滑研究的重点,本书在CarSim中内置轮胎模型的基础上,参考相关车型对轮胎参数进行了调整,使得整车动力学特性分析更加符合真实情况。其中,小型车轮胎参数设置如图11-18所示,大型车轮胎参数设置如图11-19所示。

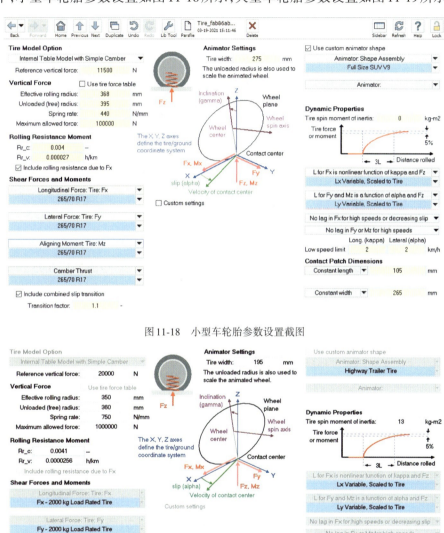

图11-18　小型车轮胎参数设置截图

图11-19　大型车轮胎参数设置截图

为使CarSim和TruckSim中的动摩擦系数与前文所研究的动摩擦系数保持一致,导入了和前文所对应的轮胎-路面附着特性曲线,从纵向力和侧向力两个方向进行考虑,并将轮胎-路面摩擦系数转化率设置为1。因为考虑车辆侧滑侧翻和制动距离,所以对空气动力学参数进行设置,空气密度为1.206kg/m³,小型车迎风面面积3.3m²,大型车迎风面面积7.3m²。

二、基于路表特性的安全性评价标准

从路表抗滑性角度考虑,车辆行驶安全性主要从制动距离、行驶过程是否发生侧滑侧翻现象两个角度来评价。其中,直线路段和下坡路段主要从制动距离出发,弯道路段主要考虑避免侧滑侧翻的发生。

(1)直线与下坡路段

新旧交通法都对安全车距有一定要求,但当车速在100km/h以上时,安全车距在100m以上等规定比较模糊,研究采用钟勇等提出的临界安全车距模型。则临界安全车距$S_\text{安}$见式(11-1):

$$S_\text{安} \geq 0.36(v_\text{b} - v_\text{a}) + 0.33v_\text{b} + \frac{(v_\text{b} - v_\text{a})(v_\text{b} + v_\text{a})}{25.92 j_\text{max}} \tag{11-1}$$

式中:v_a——前车车速(km/h);

v_b——后车车速(km/h);

j_max——最大持续减速度(m/s)。

最不利制动情况为临时发现前方有静止车辆或障碍物,故取$v_\text{a}=0$,一般汽车最大减速度为8m/s,考虑我国实际驾驶情况,即跟车距离较小,确定最大制动距离采用0.95的安全系数,计算得出不同速度下最大制动距离,其推荐值如表11-18所示。

最大制动距离推荐值 表11-18

行驶速度(km/h)	临界安全车距(m)	最大制动距离(m)
20.0	15.7	14.9
40.0	35.3	33.6
60.0	58.8	55.8
80.0	86.1	81.8
100.0	117.2	111.4
120.0	152.2	144.6

不同工况下的制动距离可以通过CarSim/TruckSim中开始制动到制动结束时的车辆纵向行车距离进行表征。CarSim中最大制动距离取值方法如图11-20所示。

(2)弯道路段

弯道路段因其线形的特殊性,也是交通事故的高、频发路段,是交通安全问题关注的重点。除去不按规定车道行驶等人为因素,路面抗滑不足导致车辆发生侧滑是引发弯道事故的主要原因。此外,有研究表明,在抗滑能力足够的情况下,弯道紧急制动与直线路段制动距离类似,而当有侧滑发生时,紧急制动会加大侧滑的幅度,同时由于视距等因素的限制,驾驶员在弯道超车和紧跟前车的情况减少,故在直线路段动摩擦系数阈值的基础上,防止侧滑的发生是弯道路段行车安全所需考虑的重点。

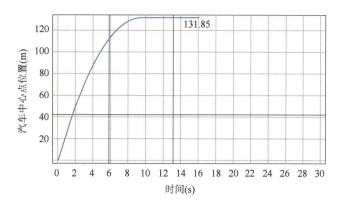

图 11-20 CarSim中最大制动距离取值方法

一般路面宽度为3.5~3.75m,模拟所用大型车辆车宽为2.48m,车辆偏移出本车道即可能发生碰撞危险,故将车辆行驶过程中偏移超过0.4m评判为发生侧滑,本书以设计速度下车辆发生侧滑的临界点作为评判指标,通过CarSim模拟仿真得到弯道路段动摩擦系数阈值。

《公路工程技术标准》(JTG B01—2014)中规定了不同超高下圆曲线最小半径的极限值,如表11-19所示。

圆曲线最小半径极限值(m)　　　　　　　　　　　　　　　　表11-19

超高	设计速度(km/h)					
	20	40	60	80	100	120
6%	15	60	135	270	440	710
8%	15	60	125	250	400	650
10%	15	50	115	220	360	570

侧滑侧翻可以通过CarSim/TruckSim中可视化图像直接观察,或通过plot生成的行车轨迹线以及侧向滑移距离变化曲线进行直观地判断,如图11-21所示。

a)CarSim中小型车侧滑可视化

b)TruckSim中大型车侧翻可视化

图 11-21

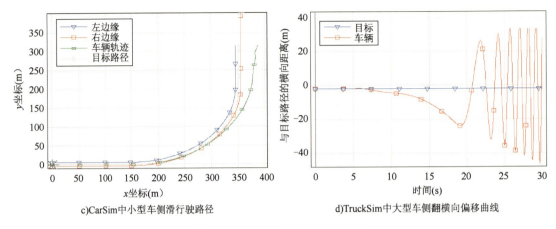

图 11-21 CarSim 中侧滑侧翻判断方法

三、直线路段沥青路面抗滑阈值计算

直线是道路中最常见的线形,也是最简单的行驶工况,根据交通事故的统计,直线路段追尾事故占比 90% 以上,变道中的侧滑现象较少,故在直线路段主要考虑制动距离。本书选取不同的动摩擦系数在 CarSim/TruckSim 中模拟计算制动用时和制动距离,与表 11-18 中最大制动距离进行比较,判断动摩擦系数是否满足要求,再通过二分法逼近临界动摩擦系数,求得不同设计速度下直线道路抗滑阈值 μ_t,并向上取值确保行车安全和经济效益。需要强调的设定有:

(1)根据道路最小纵坡的规定,设定 0.3% 的直线下坡路段。

(2)参考紧急制动工况,设定小型车制动总缸压力为 10MPa,大型车制动总缸压力为 12MPa,并打开 ABS 防抱死制动系统,保障行车安全。

(3)将事件设定为车辆以特定速度行驶 3s 后开始制动,因为正常人制动反应时间在 0.5 ~ 1.5s 范围内,故设定制动反应时间为 1s(取中值),模拟过程中制动用时和制动距离按行车后 2s 到车辆停止的整个过程计算。

(4)根据规范规定,选取常用的设计速度进行分析,其中针对小型车选取 20、40、60、80、100、120km/h 六种速度,大型车选取 100km/h 为设计速度上限值。

以小型车在设计速度为 20km/h 的工况下为例,根据第三章中对不同路面动摩擦系数的分析可知,一般动摩擦系数在 0 ~ 1,根据二分法设定动摩擦系数为 0.5 进行制动模拟。通过路程-时间曲线得出 4.38s 时路程不再改变,车辆完全停止,故制动时长为 2.38s,该时间内制动距离为 3.1m,满足最大制动距离 14.9m 的要求,故选择 0 ~ 0.5 中值 0.25 作为动摩擦系数取值,进行第二次仿真分析。以此类推,动摩擦系数取值为 0.125 时制动距离为 13.1m,接近最大制动距离,故取附近值 0.1 进行分析,发现并不满足制动距离要求,再取 0.1 和 0.125 的中值 0.1125 作为动摩擦系数,仿真得出的制动距离为 14.6m,接近 14.9m,向上取值确定 0.115 为小型车在20km/h行车速度下的动摩擦系数阈值μ_t,设计速度20km/h下制动性能分析如图11-22所示。

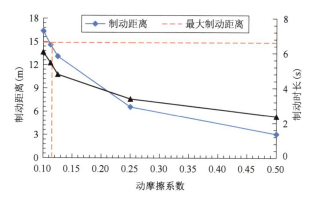

图11-22 小型车在20km/h速度下制动性能分析

类似地,分析小型车、大型车在其他设计速度下的制动性能,分别如图11-23和图11-24所示。汇总小型车和大型车在不同设计速度下直线路段动摩擦系数阈值μ_t,分别见表11-20和表11-21。

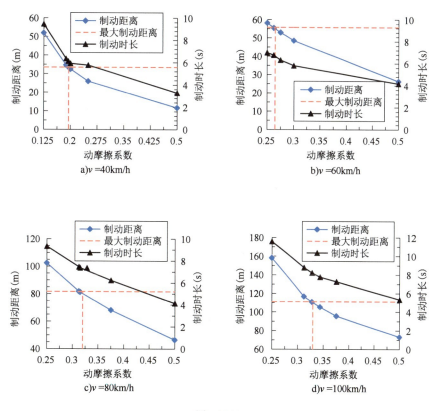

图 11-23

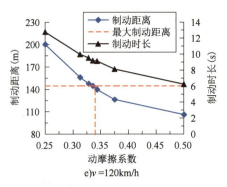

e)v =120km/h

图 11-23　小型车在不同速度下的制动性能分析

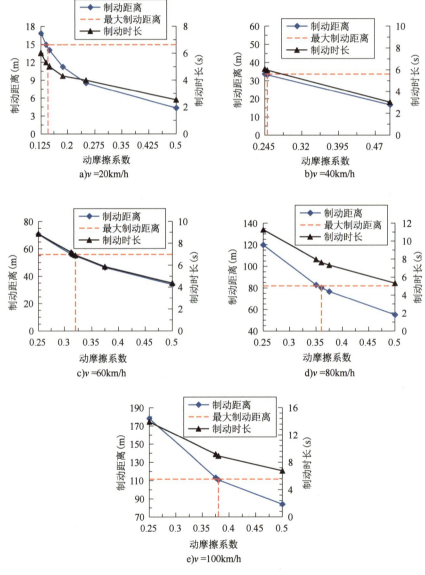

图 11-24　大型车在不同速度下的制动性能分析

小型车在不同设计速度下直线路段动摩擦系数阈值　　　　表11-20

设计速度(km/h)	20	40	60	80	100	120
动摩擦系数阈值μ_t	0.115	0.195	0.265	0.320	0.330	0.340
μ_t增长幅度(%)	—	69.6	130.4	178.3	187.0	195.7

大型车在不同设计速度下直线路段动摩擦系数阈值　　　　表11-21

设计速度(km/h)	20	40	60	80	100
动摩擦系数阈值μ_t	0.145	0.250	0.320	0.360	0.380
μ_t增长幅度(%)	—	72.4	120.1	148.3	162.1

对比表11-20和表11-21中小型车、大型车在不同设计速度下的抗滑阈值变化情况,进一步分析可得以下结论:

(1)针对小型车,当行车速度由20km/h提高到100km/h时,动摩擦系数阈值由0.115增大到0.340,提高了0.225;同样速度变化条件下,大型车动摩擦系数阈值由0.145增大到0.380,提高了0.235。由此可知,相比小型车,大型车对路表抗滑性需求更高,这主要是由于车辆动力特性、车体参数、载重量等相关因素决定的。

(2)随着行车速度的不断提高,路表抗滑阈值逐渐变大,小型车和大型车都需要更大的动摩擦系数来使制动距离满足安全车距的要求。这与路面速度越大,动摩擦系数越小的规律相反,故设计速度越大的路面,越需要及时关注路面抗滑能力。

(3)速度较低($v \leq 60$km/h)的情况下,动摩擦系数阈值随速度增大增幅较大,而高速行驶($v \geq 60$km/h)时,动摩擦系数阈值随速度增大增幅变缓。因此,在设计速度较低时,需更多考虑抗滑恢复技术对动摩擦系数的变异性,而在设计速度较高时,需要更多考虑抗滑恢复技术对动摩擦系数的基准值。

(4)相同行车速度下,大型车比小型车有较大的动摩擦系数阈值,当速度为40km/h时,两者相差最大,大型车所需要的抗滑阈值比小型车增大了28.21%。在实际进行养护施工时,需要根据不同车道、不同交通分布特征进行养护时机的确定和养护方法的选择。

四、下坡路段沥青路面抗滑阈值计算

长大下坡路段由于惯性和重力作用,有更长的制动距离,是追尾等事故频发的高危路段,因此,需要轮胎-路面间更大的摩擦系数保障行车安全。根据《公路路线设计规范》(JTG D20—2017)中对最大纵坡的相关规定(表11-22),在直线路段分析方法的基础上对不同速度、不同坡度的下坡直线路段抗滑阈值进行了分析。

各级公路最大纵坡规定值　　　　表11-22

设计速度(km/h)	120	100	80	60	40	20
最大纵坡(%)	3	4	5	6	7	9

同样地，以小型车在设计速度为20km/h的工况下为例，可取纵坡设计值为0.3%～9%。其中，根据直线路段分析结果，已得纵坡为0.3%时动摩擦系数阈值为0.115，依次取纵坡为1%、2%、3%、4%、5%、6%、7%、8%、9%，通过与直线路段相同的方法得到不同纵坡i下的动摩擦系数阈值μ_t。20km/h速度下小型车动摩擦系数阈值变化曲线如图11-25所示。

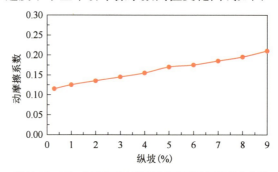

图11-25　20km/h速度下小型车动摩擦系数阈值变化曲线

类似地，通过仿真求得小型车和大型车在其他设计速度下不同纵坡上轮胎-路面间动摩擦系数阈值，随纵坡变化规律如图11-26、图11-27所示。

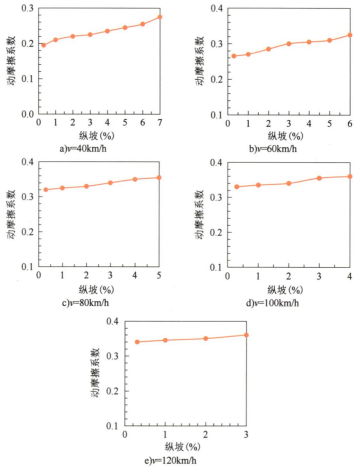

图11-26　不同速度下小型车动摩擦系数阈值随纵坡变化规律

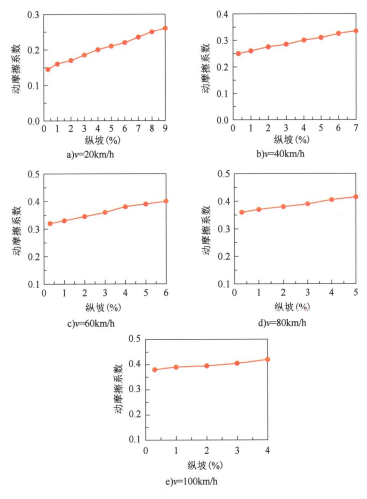

图 11-27 不同速度下大型车动摩擦系数阈值随纵坡变化规律

为贴近实际工程中纵坡取值,回归分析拟合求解得到最小纵坡到最大纵坡范围内任一坡度 i 下动摩擦系数阈值 μ_t,小型车和大型车的下坡路段动摩擦系数阈值分别如表11-23和表12-24所示。

小型车下坡路段动摩擦系数阈值　　　　表11-23

设计速度(km/h)	拟合函数	R^2 值
20	$\mu_t=-0.00003i^2+0.0107i+0.1132(i\in[0.3,9])$	0.996
40	$\mu_t=0.0003i^2+0.0083i+0.1975(i\in[0.3,7])$	0.979
60	$\mu_t=-0.0005i^2+0.0134i+0.2599(i\in[0.3,6])$	0.981
80	$\mu_t=0.0002i^2+0.007i+0.3175(i\in[0.3,5])$	0.989
100	$\mu_t=0.0004i^2+0.0069i+0.3275(i\in[0.3,4])$	0.969
120	$\mu_t=0.001i^2+0.0037i+0.3392(i\in[0.3,3])$	0.991

大型车下坡路段动摩擦系数阈值　　　　表 11-24

设计速度(km/h)	拟合函数	R^2 值
20	$\mu_t=-0.0001i^2+0.0141i+0.1432(i\in[0.3,9])$	0.997
40	$\mu_t=-0.0002i^2+0.0139i+0.2463(i\in[0.3,7])$	0.998
60	$\mu_t=-0.0005i^2+0.0178i+0.3133(i\in[0.3,6])$	0.995
80	$\mu_t=0.00008i^2+0.0112i+0.3574(i\in[0.3,5])$	0.996
100	$\mu_t=0.0009i^2+0.0061i+0.3798(i\in[0.3,4])$	0.982

观察图 11-26 和图 11-27 中轮胎-路面间动摩擦系数阈值在不同工况下的变化曲线，并结合表 11-23 和表 11-24 的回归分析结果，可得下坡路段上不同车型行驶条件下路表的抗滑需求，具体结果阐述如下：

（1）以设计速度 20km/h 为例，大型车在纵坡为 9% 时与纵坡为 0.3% 时路表动摩擦系数阈值差值 $\Delta\mu_t$ 为 0.120，相应的小型车为 0.105，大型车有着更高的增幅；通过相同速度下动摩擦系数阈值随纵坡的变化速率对比可知，相比小型车，大型车对道路纵坡变化更加敏感。因此，对于大型车较多的下坡路段，在条件允许的情况下可尽量设计较小纵坡以提高行车安全性。

（2）以小型车为例，设计速度为 20km/h 时，平均纵坡提升 1%，动摩擦系数阈值增长 0.013；相应地，设计速度为 120km/h 时，平均纵坡提升 1%，动摩擦系数阈值增长 0.010。大型车辆也有类似规律。因此，从整体分析来看，速度越小，动摩擦系数阈值越受纵坡的影响。

（3）当纵坡相同（$i=1\%$），行车速度由 20km/h 提高到 100km/h 时，小型车对路表抗滑阈值增大了 0.211，大型车相应地增大了 0.230，表明在下坡路段上大型车对路面抗滑需求更高，这是由于大型车的整车质量重心向前偏移较大，在同样的行驶速度下其惯性加速度较大，为了保证下坡过程中行驶的安全性，需要较大的路表摩阻力。

五、弯道路段沥青路面抗滑阈值计算

在《公路工程技术标准》(JTG B01—2014) 规定的基础上，研究了不同速度、超高和半径下轮胎-路面间动摩擦系数阈值。《公路工程技术标准》(JTG B01—2014) 中规定除四级公路外，其余公路均需设置缓和曲线。因此，为使道路设计更贴近实际情况，除在设计速度为 20km/h 的工况下采取直线-圆曲线-直线线形进行研究外，其余均在 DICAD 中采用直线-缓和曲线-圆曲线-缓和曲线-直线五单元法进行道路设计，通过逐桩坐标表导出十米桩的各点坐标（图 11-28），再导入 CarSim 中的路线设置模块完成弯道路段的建立。同时，在超高单元完成对道路宽度和超高变化的设定。

例如，当设计速度 $v=40$km/h、弯道半径 $R=60$m、超高 $i_h=8\%$ 时，弯道路段的线形设计和超高设计分别如图 11-29 和图 11-30 所示。

逐桩坐标表

桩号	坐标 X	坐标 Y	路线切向方位角	桩号	坐标 X	坐标 Y	路线切向方位角
1	2	3	4	1	2	3	4
AK0+360	-104.015	-478.003	89°45′49″	AK0+690	-24.199	-194.280	2°38′40″
AK0+370	-103.974	-468.003	89°45′49″	AK0+700	-14.203	-194.026	0°32′20″
AK0+380	-103.933	-458.003	89°45′49″	AK0+708.2298	-5.973	-194.000	0°0′0″
AK0+390	-103.892	-448.003	89°45′49″	AK0+710	-4.203	-194.000	0°0′0″
AK0+400	-103.851	-438.003	89°45′49″	AK0+720	5.797	-194.000	0°0′0″
AK0+410	-103.809	-428.003	89°45′49″	AK0+730	15.797	-194.000	0°0′0″
AK0+420	-103.768	-418.004	89°45′49″	AK0+740	25.797	-194.000	0°0′0″
AK0+430	-103.727	-408.004	89°45′49″	AK0+750	35.797	-194.000	0°0′0″
AK0+440	-103.686	-398.004	89°45′49″	AK0+760	45.797	-194.000	0°0′0″
AK0+450	-103.644	-388.004	89°45′49″	AK0+770	55.797	-194.000	0°0′0″
AK0+460	-103.603	-378.004	89°45′49″	AK0+780	65.797	-194.000	0°0′0″
AK0+470	-103.562	-368.004	89°45′49″	AK0+790	75.797	-194.000	0°0′0″
AK0+480	-103.521	-358.004	89°45′49″	AK0+800	85.797	-194.000	0°0′0″
AK0+490	-103.479	-348.004	89°45′49″	AK0+810	95.797	-194.000	0°0′0″
AK0+500	-103.438	-338.004	89°45′49″	AK0+820	105.797	-194.000	0°0′0″

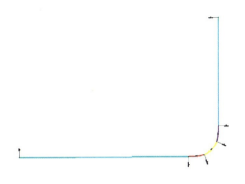

a) DICAD路线几何设计　　　　b) 路线十米桩的坐标点

图11-28　弯道路线几何设计及坐标点

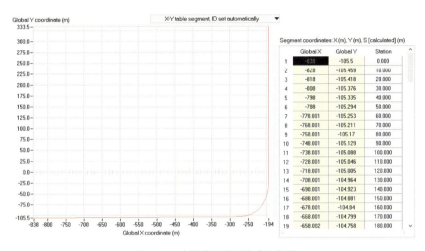

图11-29　弯道路段线形设计示意图

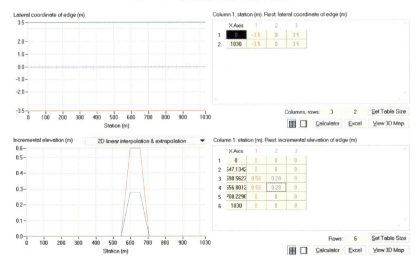

图11-30　弯道路段超高设计示意图

同样地,通过二分法逼近弯道路段轮胎-路面间动摩擦系数阈值,以设计速度v=120km/h、弯道半径R=650m、超高i_h=8%的工况为例,阈值求解示意如图11-31所示。

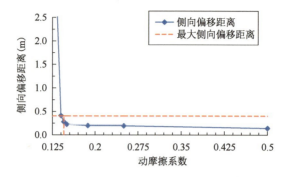

图11-31 弯道路段动摩擦系数阈值求解示意图

从最小半径极限值出发,以50m为步长,研究了相同设计速度、相同超高下动摩擦系数阈值随半径增长的变化规律,小型车和大型车在不同设计速度下动摩擦系数阈值变化规律如图11-32和图11-33所示。

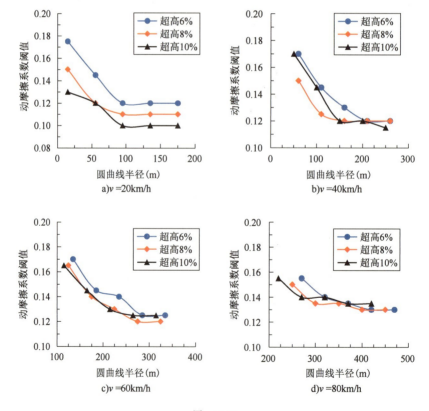

图 11-32

第十一章 基于路表纹理特性的沥青路面抗滑决策技术

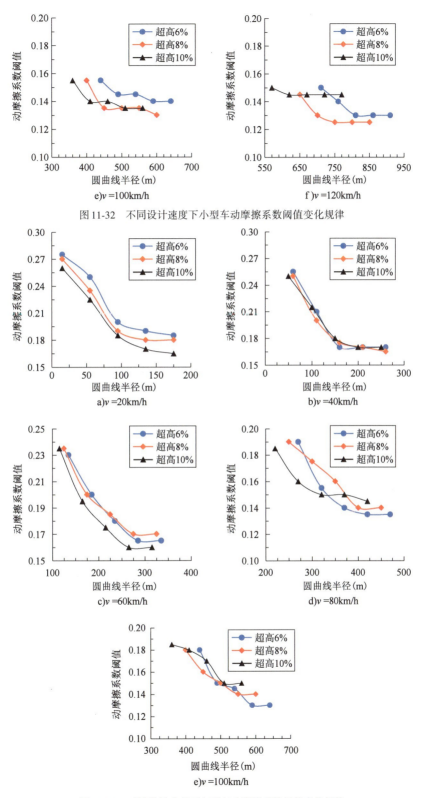

e) $v=100$km/h   f) $v=120$km/h

图 11-32　不同设计速度下小型车动摩擦系数阈值变化规律

a) $v=20$km/h   b) $v=40$km/h

c) $v=60$km/h   d) $v=80$km/h

e) $v=100$km/h

图 11-33　不同设计速度下大型车动摩擦系数阈值变化规律

提取不同速度、不同超高下极限最小半径值对应的动摩擦系数阈值μ_t,小型车和大型车的变化规律分别如图11-34和图11-35所示。结合图11-32～图11-35中仿真模拟结果,观察大型车、小型车在不同行车速度下轮胎-路面间动摩擦系数随超高值变化曲线,并对比分析极限最小、最大半径下的差异性,具体得出下列结论:

(1)以大型车为例,超高相同时,随着设计速度的增大,圆曲线极限最小半径对应的动摩擦系数阈值μ_t不断减小,同时在相同设计速度下,速度越小时,随着弯道半径的增大,动摩擦系数阈值μ_t下降率越大。因此,在半径很小的路段,设计速度越低越需关注沥青路面抗侧滑能力,但在半径相对较大的路段,设计速度越高越需关注沥青路面抗侧滑能力。

(2)以设计速度v=20km/h、弯道半径R=15m、超高i_h=8%的工况为例,小型车对应的轮胎-路面间动摩擦系数阈值为0.15,大型车对应的轮胎-路面间动摩擦系数阈值为0.27,增长了80%;在设计速度v=100km/h、弯道半径R=400m、超高i_h=8%的工况下,相应的,大型车对小型车增长了24%。因此,在有大型车辆行驶的弯道路段,道路圆曲线半径或转弯半径较小时,主要考虑满足大型车转弯需求的动摩擦系数阈值,尤其是在等级较低的道路上。

(3)以小型车在设计速度v=20km/h的弯道上行驶为例,不同超高对应的圆曲线极限最小半径均为15m,超高i_h为6%、8%和10%时,对应的轮胎-路面间动摩擦系数阈值μ_t分别为0.175、0.15和0.13;相应的,设计速度v=120km/h时,不同超高对应的圆曲线极限最小半径有较大差异,超高i_h为6%、8%和10%时,对应的轮胎-路面间动摩擦系数阈值μ_t分别为0.15、0.145和0.15。因此,按照规范取较小的圆曲线半径时,设计速度越低的弯道路段,越需关注抗滑和超高的关系。

(4)以小型车在设计速度v=20km/h、超高i_h=8%的弯道上行驶为例,弯道半径R为15m和55m时,动摩擦系数阈值μ_t分别为0.15和0.12,当弯道半径R达到95m之后,动摩擦系数阈值μ_t稳定在0.11。因此,对于弯道路段,当弯道半径到达一定大小时,动摩擦系数阈值μ_t会趋于稳定。

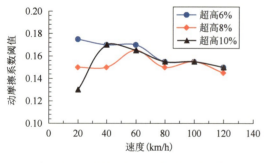

图11-34 极限最小半径下小型车动摩擦系数阈值变化规律

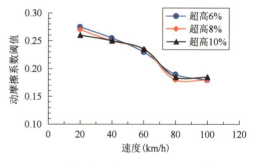

图11-35 极限最大半径下大型车动摩擦系数阈值变化规律

第五节 沥青路面抗滑养护时机决策模型

沥青路面的预防性养护是一个十分复杂的系统工程,在最恰当的时机对应修路段进行合理养护是资源协调、安全可靠的有机统一。因此,建立沥青路面抗滑养护时机决策模型十分必要。

一、不同规范中沥青路面抗滑阈值的规定

(1)《公路养护技术规范》(JTG H10—2009)

《公路养护技术规范》(JTG H10—2009)的第4.2.3条规定:沥青路面养护质量的评定等级分为优、良、中、次、差5个等级,按现行《公路技术状况评定标准》(JTG H20)评定,并应按以下情况分别采取各种养护对策。同时专门针对抗滑提出了第4款要求:高速公路及一级公路的抗滑能力不足(SFC<40)的路段,或二级及二级以下公路抗滑能力不足(SFC<35.5)的路段,应采取加铺罩面层等措施提高路表面的抗滑能力。

(2)《城镇道路路面设计规范》(CJJ 169—2011)

《城镇道路路面设计规范》(CJJ 169—2011)的第3.2.8条规定:快速路、主干路沥青路面在质量验收时抗滑性能指标应符合表11-25的规定,次干路、支路、非机动车道、人行道及步行街可按表11-25执行。水泥混凝土路面抗滑性能在质量验收时,构造深度应符合表11-26的规定。

沥青路面抗滑性能指标 表11-25

年平均降雨量 (mm)	质量验收值	
	横向力系数SFC_{60}	构造深度TD (mm)
>1000	≥54	≥0.55
500~1000	≥50	≥0.50
250~500	≥45	≥0.45

注:1.应采用测定速度为60km/h±1km/h时的横向力系数SFC_{60}作为控制指标;没有横向力系数测定设备时,可用动态摩擦系数测试仪(DFT)或摆式摩擦系数测定仪测量。用DFT测量时以速度为60km/h时的摩擦系数为标准测试值。
2.路面宏观构造深度可用铺砂法或激光构造深度仪测定。

水泥混凝土面层的表面构造深度(mm)要求 表11-26

道路等级	快速路、主干路	次干路、支路
一般路段	0.70~1.10	0.50~0.90

续上表

道路等级	快速路、主干路	次干路、支路
特殊路段	0.80~1.20	0.60~1.00

注:1.对于快速路和主干路,特殊路段是指立交、平交或变速车道等处;对于次干路、支路,特殊路段是指急弯、陡坡、交叉口或集镇附近。
2.年降雨量600mm以下的地区,表列数值可适当降低。
3.非机动车道、人行道及步行街可参照执行。

(3)《公路沥青路面设计规范》(JTG D50—2017)

《公路沥青路面设计规范》(JTG D50—2017)第3.0.7条规定:高速公路、一级公路以及山岭重丘区二级和三级公路的路面交工验收时,其抗滑技术指标应满足表11-27的技术要求。

抗滑技术指标要求　　　　　　　　　表11-27

年平均降雨量 (mm)	交工检测指标值	
	横向力系数SFC_{60}	构造深度TD (mm)
>1000	≥54	≥0.55
500~1000	≥50	≥0.50
250~500	≥45	≥0.45

注:1.横向力系数SFC_{60}:用横向力系数测试车,在60km/h±1km/h车速下测定。
2.构造深度TD:用铺砂法测定。

(4)《公路沥青路面养护设计规范》(JTG 5421—2018)

《公路沥青路面养护设计规范》(JTG 5421—2018)第4.3.7条规定:路面抗滑性能数据应采用自动化检测设备或人工检测得到,并根据现行《公路技术状况评定标准》(JTG H20)的计算方法,计算单位路段长度路面抗滑性能指数(SRI)。第4.3.8条规定:横向力系数(SFC_{60})、构造深度(TD)、摆值(BPN)及动态摩擦系数(DFT_{60})等检测指标可与交工验收标准相比较,分析路面抗滑性能。第4.4.3规定:抗滑性能不良的设计单元,应对其路表纹理特征及表面层集料性能进行调查,判断引起路面抗滑性能不良的原因。第5.2.2条规定:各指标值域应根据各评价单元的建养历史、交通状况、养护水平、路况现状及养护目标等因素综合确定。在缺少相关数据及经验的情况下,养护标准值可参考表11-28的取值范围。规范明确了SRI的阈值为75,结合SRI的计算公式,SFC的阈值为36.4。

养护标准值参考范围　　　　　　　　　表11-28

公路等级	值域范围						
	PCI		RQI		RDI	SRI
	A1	A2	B1	B2	C	D
高速公路、一级公路	90	85	90	85	80	75

续上表

公路等级	值域范围					
	PCI		RQI		RDI	SRI
	A1	A2	B1	B2	C	D
二级公路、三级公路	85	80	85	80	80	—
四级公路	80	75	—	—	—	—

(5)《公路沥青路面养护技术规范》(JTG 5142—2019)

《公路沥青路面养护技术规范》(JTG 5142—2019)第3.2.1条的第2款规定:每个基本单元沥青路面技术状况指数(PQI)及其分项指标应满足表11-29的要求。每个基本单元沥青路面技术状况指数(PQI)及其分项指标不满足表11-29的要求时,应安排日常维修、养护工程或改扩建工程,恢复沥青路面技术状况。规范明确了高速公路SRI的阈值为75,结合SRI的计算公式,SFC的阈值为36.4。一级及二级公路SRI的阈值为70,结合SRI的计算公式,SFC的阈值为33.4。

每个基本单元沥青路面技术状况 表11-29

路况指标	高速公路	一级及二级公路	三级及四级公路
PQI	≥80	≥75	≥70
PCI	≥80	≥75	≥70
RQI	≥80	≥75	≥70
RDI	≥75	≥70	—
SRI	≥75	≥70	—

二、多工况下沥青路面抗滑阈值计算

以控制变量法对直线路段、下坡路段和弯道路段不同工况下的沥青路面抗滑阈值进行了仿真分析,得到了不同设计速度、坡度和转弯半径下轮胎-路面间动摩擦系数阈值。综合直线路段、下坡路段和弯道路段的动摩擦系数阈值分析结果,在设计速度较高的情况下,主要根据制动距离来确定路面抗滑阈值;设计速度较低时,在路线半径较小的情况下,主要根据防止车辆发生侧滑来确定路面抗滑阈值,不同工况下沥青路面动摩擦系数阈值如表11-30所示。

不同工况下沥青路面动摩擦系数阈值 表11-30

设计速度(km/h)	纵坡(%)	半径(m)	超高(%)	仅小型车	动摩擦系数阈值
20	0.3~6.0	<95	6	是	0.175
	0.3~3.5	<95	8		0.15
	0.3~1.5	<95	10		0.13
	0.3~9.0	—	—		$\mu_t=-0.00003i^2+0.0107i+0.1132$

续上表

设计速度(km/h)	纵坡(%)	半径(m)	超高(%)	仅小型车	动摩擦系数阈值
40	0.3~7.0	—	—	是	$\mu_t=0.0003i^2+0.0083i+0.1975$
60	0.3~6.0	—	—	是	$\mu_t=-0.0005i^2+0.0134i+0.2599$
80	0.3~5.0	—	—	是	$\mu_t=0.0002i^2+0.007i+0.3175$
100	0.3~4.0	—	—	是	$\mu_t=0.0004i^2+0.0069i+0.3275$
120	0.3~3.0	—	—	是	$\mu_t=0.001i^2+0.0037i+0.3392$
20	0.3~9.0	<135	6	否	0.275
20	0.3~9.0	<135	8	否	0.27
20	0.3~9.0	<135	10	否	0.26
20	0.3~9.0	—	—	否	$\mu_t=-0.0001i^2+0.0141i+0.1432$
40	0.3~7.0	<110	6	否	0.255
40	0.3~7.0	—	—	否	$\mu_t=-0.0002i^2+0.0139i+0.2463$
60	0.3~6.0	—	—	否	$\mu_t=-0.0005i^2+0.0178i+0.3133$
80	0.3~5.0	—	—	否	$\mu_t=0.00008i^2+0.0112i+0.3574$
100	0.3~4.0	—	—	否	$\mu_t=0.0009i^2+0.0061i+0.3798$
120	0.3~3.0	—	—	否	$\mu_t=0.0009i^2+0.0061i+0.3798$

三、抗滑养护时机决策模型建立

通过快速的检测方法得到路面当前的动摩擦系数,与根据道路所处工况求解出的动摩擦系数阈值进行对比,即可高效地对该路段是否需要进行抗滑养护做出判断。制定合适的时长,定时对路面的动摩擦系数进行检测,即能及时发现沥青路面抗滑不足的路段,准确把握抗滑养护时机。通过Python编程进行沥青路面抗滑阈值的快速求解,在开发的可视化窗口中输入设计速度、道路半径、纵坡、超高等参数,即可在后台得到对应的阈值,再依据ACRP系统分析得到当前路表的动摩擦系数,输入可视化窗口动摩擦系数一栏,可对是否需要抗滑养护进行快速判断。可视化窗口将在第六节具体介绍,抗滑养护决策系统如图11-36所示,抗滑养护时机决策算法流程如图11-37所示,基于sys库的部分代码如下:

```
def onLoginClicked(self):
    littercar = self.comboBox_littlecar.currentText() #self.mTextUserName.text()
    speed = self.comboBox_speed.currentText()
    i = float(self.doubleSpinBox_i.text())
    rub = float(self.doubleSpinBox_rub.text())
    switch_yes = {
        "20":
```

```
lambda i: -0.00003*i**2 + 0.0107*i + 0.1132,
        "40":
lambda i: 0.0003*i**2 + 0.0083*i + 0.1975,
        "60":
lambda i: -0.0005*i**2 + 0.0134*i + 0.2599,
        "80":
lambda i: 0.0002*i**2 + 0.007*i + 0.3175,
        "100":
lambda i: 0.0004*i**2 + 0.0069*i + 0.3275,
        "120":lambda i: 0.001*i**2 + 0.0037*i + 0.3392
}
        switch_no = {
        "20":
lambda i: -0.0001*i**2 + 0.0141*i + 0.1432,
        "40":
lambda i: -0.0002*i**2 + 0.0139*i + 0.2463,
        "60":
lambda i: -0.0005*i**2 + 0.0178*i + 0.3133,
        "80":
lambda i: 0.00008*i**2 + 0.0112*i + 0.3574,
        "100":
lambda i: 0.0009*i**2 + 0.0061*i + 0.3798,
        "120": lambda i: 0.0009*i**2 + 0.0061*i + 0.3798
}
```

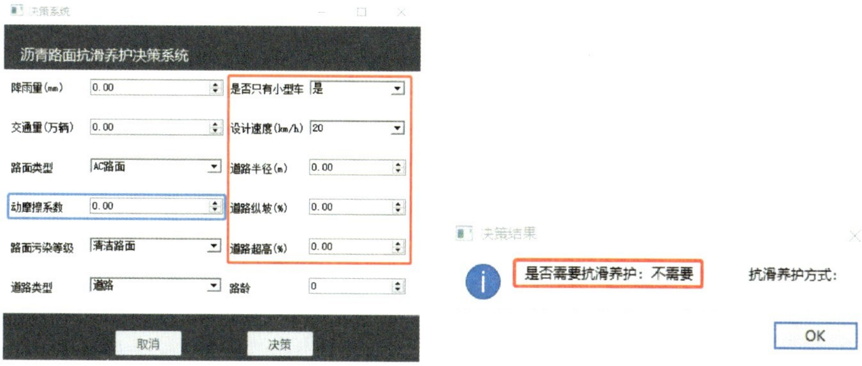

图 11-36 沥青路面抗滑养护决策系统示意图

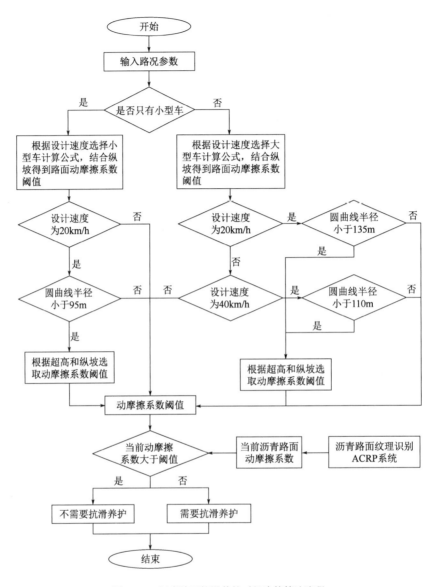

图 11-37 沥青路面抗滑养护时机决策算法流程

第六节 沥青路面抗滑恢复技术决策模型

判断完养护时机,确定好需要进行抗滑养护的路段后,选择合适的养护技术是沥青路面抗滑恢复决策的最后一环。为方便研究,将养护技术着眼于针对抗滑恢复的精表处、精细抗滑碎石封层、排水沥青路面和超薄磨耗层四种,将人类决策问题转化为机器学习分类问题,即将四种技术当作标签,通过 BP 神经网络的训练辅助决策。

一、BP神经网络的基本原理

BP神经网络(图11-38)是一个多层网状结构,主要分为输入层(Input Layer)、隐藏层(Hidden Layers)和输出层(Output Layer),每一层的输出变量都是下一层的输入变量,变量与变量间存在紧密关联。输入层是将外部信息转化为特征与神经网络连接的通道,隐藏层对每一层的数据进行计算和传输,输出层将所有运算结果汇总并根据权重进行加权输出,得到输入对应的标签。输入层和输出层都是单层结构,隐藏层可以是单层结构,也可以是多层结构。神经元、权重和偏置项是BP神经网络的主要组成部分,神经元是接收上一层数据,执行包含权重和偏置项计算的单元,权重和偏置项是决定神经网络学习和更新的重要内容。

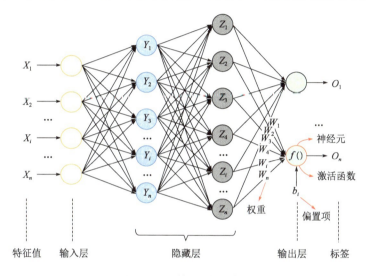

图11-38 BP神经网络示意图

原始数据所包含的不同特征被区分为多个维度的参数,作为输入单元(input units)输入X_1、X_i、X_n(特征数量可以为任意值)。Y_i、Z_i是中间单元,它们获取上一层中的数据,根据权重和激励函数对数据进行计算,再将计算结果输入到下一层。输出单元获取上一层传递的数据及权重,根据本层的函数进行计算,输出最终结果$O_W(X)$。

以输入层有四个神经元、隐藏层有三个神经元、输出层有一个神经元的三层神经网络为例,对于第一隐藏层的第一个神经元,它的值主要由两部分组成,输入层参数的线性组合$p_1^{(2)} = W_{11}^{(1)}X_1 + W_{12}^{(1)}X_2 + W_{13}^{(1)}X_3 + W_{14}^{(1)}X_4$,以及激励函数$f(p_1^{(2)})$。激活单元和输出分别表达为式(11-2)~式(11-5):

$$Y_1^{(2)} = f(W_{11}^{(1)}X_1 + W_{12}^{(1)}X_2 + W_{13}^{(1)}X_3 + W_{14}^{(1)}X_4) \quad (11\text{-}2)$$

$$Y_2^{(2)} = f(W_{21}^{(1)}X_1 + W_{22}^{(1)}X_2 + W_{23}^{(1)}X_3 + W_{24}^{(1)}X_4) \quad (11\text{-}3)$$

$$Y_3^{(2)} = f(W_{31}^{(1)}X_1 + W_{32}^{(1)}X_2 + W_{33}^{(1)}X_3 + W_{34}^{(1)}X_4) \quad (11\text{-}4)$$

$$O_W(X) = f(W_{11}^{(2)}Y_1 + W_{12}^{(2)}Y_2 + W_{13}^{(2)}Y_3) \quad (11-5)$$

以此类推，可求解任意层数任意单元数的BP神经网络，增加层数和各层单元数量可以增加神经网络输出的非线性，求解更复杂的问题。但对于简单问题，层数过多会增加不必要的复杂性且影响求解精度，并可能出现无法拟合或过拟合的现象。

反向传播算法（Back propagation）是训练人工神经网络的核心方法，也是建立人工神经网络的最后一步。反向传播算法的原理是梯度下降，即利用微分的链式法则将输出层和所有隐藏神经元建立连接，该连接将网络的损失反向传回网络的任何层或节点，从而通过调整参数来最小化代价函数。

误差指任意单元的预测值与实际值之间的差值，通常用δ表示，以三层神经元网络为例，有式（11-6）：

$$\delta^{(3)} = Y^{(3)} - y^{(3)} = O_W(X) - y \quad (11-6)$$

获取输出层的误差值之后，即可利用式（11-7）推导出前一层（即隐藏层）的误差：

$$\delta^{(2)} = (W^{(2)})^T \delta^{(3)} \times f'(p^{(2)}) \quad (11-7)$$

式中：$f'(p^{(2)})$——激励函数的导数，$f'(p^{(2)}) = Y^{(2)} \times (1 - Y^{(2)})$。

权重导致的误差的和使用$(W^{(2)})^T \delta^{(3)}$来表示。隐藏层的上一层是输入层，不存在误差。获取所有层所有单元的误差表达式后，下一步是计算代价函数的偏导数，见式（11-8）：

$$\frac{\partial}{\partial W_{ij}^{(l)}} J(W) = p_j^{(l)} \delta_i^{l+1} \quad (11-8)$$

获取代价函数的偏导数后，即可使用梯度下降法来调整权重值，完成神经网络的训练，通过迭代运算即可获得权重最优解。

二、输入参量和输出参量确定

沥青路面抗滑性能是针对某一块或者某一段路面的评价指标，故首先要对路段长度进行定义，规范中对横向力系数的检测以20m为路段单元进行保存记录，沥青路面进行养护施工时，一般要求养护路段长度不低于500m，综合二者考虑，本书选定100m路段为抗滑养护决策的基本单元。

因为抗滑性能是路表功能性性能，故在选择输入参量及特征时暂不考虑基层厚度、基层类型等路面中和结构性相关的因素。交通荷载更多考虑荷载作用次数，忽略轴载谱的分布，温度主要考虑使沥青路面容易产生泛油的高温天气，结合对沥青路面抗滑性能影响因素的相关分析，加上可用的样本量有限，不宜考虑过多参数，最终将输入特征定位在设计速度等十三项，分为数值型和文本型两类，在神经网络中有不同的表述方式，将文本型采用独立编码One-Hot Encoding进行处理，抗滑恢复技术决策神经网络输入特征如表11-31所示。

抗滑恢复技术决策神经网络输入特征　　　　　表11-31

输入参量	变量类型	单位	说明及定义
设计速度	数值型	km/h	共有20、40、60、80、100、120六种
车道	文本型	—	快车道(只有小型车):(1,0);混合车道:(0,1)
路桥隧信息	文本型	—	路面:(1,0,0);桥面:(0,1,0);隧道:(0,0,1)
交通量	数值型	万辆	采用年平均交通量
降雨量	数值型	mm	采用年平均降雨量
原路面类型	文本型	—	分SMA、AC、排水沥青路面等,定义与车道类似
道路纵坡	数值型	%	±0.3-9(正负代表上下坡)
道路半径	数值型	m	直线路段设定半径为10000
道路超高	数值型	%	不设超高路段定义为0
高温状况	数值型	%	以一年内月平均气温高于30℃的月份百分比表征30
路表污染	文本型	—	分清洁路面、轻度污染、中度污染和重度污染四种
路龄	数值型	年	若有抗滑养护历史,从养护时开始计算路龄
抗滑参数	数值型	—	以进行养护前的摆值表征

根据沿海高速公路、沪陕高速公路(平潮至广陵段)、宁盐靖高速公路、渝涪高速公路、重庆港口大道、万忠路等19条道路,整理出了3000多组路段数据用于输入。针对数值型特征,不同数据取值范围会相差很大,使得不同特征的影响力有较大差异,影响结果的准确性和神经网络的学习效率,故先通过min max normalization归一化[式(11-9)]对数据进行预处理,将交通量等取值跨度大的特征数据进行浓缩,将纵坡等跨度小的特征数据扩展,使得所有特征数据均位于[0,1]的区间内。

$$x' = \frac{x - \min(x)}{\max(x) - \min(x)} \tag{11-9}$$

将神经网络的输出参量定义为抗滑恢复措施,即精表处、精细抗滑碎石封层、排水沥青路面和超薄磨耗层,同样采用独热编码,分别用(1,0,0,0)、(0,1,0,0)、(0,0,1,0)和(0,0,0,1)表征。

三、抗滑恢复技术决策模型建立

基于TensorFlow库进行神经网络的搭建,输入层为13个神经元,输出层为4个神经元,经过尝试,单隐藏层拟合结果差,误差较大,故采用双隐藏层结构。隐藏层的节点数对神经网络十分重要,节点数过少会使神经网络无法训练,节点过多会容易产生"过拟合"现象,即模型在训练集上拟合很好,但用在验证集和实际中则出现较大误差,导致模型泛化能力低。隐藏层节点数的选择没有通用的方法,经过"试错"对比分析loss值,最终选择第一隐藏层为30个节点,第二隐藏层为17个节点。具体代码如下:

```
xs = tf.placeholder(tf.float32, [None, 13])
ys = tf.placeholder(tf.float32, [None, 13])
l1 = add_layer(xs, 13, 30, activation_function=tf.nn.relu)
l2 = add_layer(l1, 30, 17, activation_function=tf.nn.relu)
prediction = add_layer(l2, 17, 4, activation_function=None)
```

为解决许多工况不能用简单的线性回归来分类和处理的问题，BP神经网络在神经元间的线性运算中加入了激励函数，使得神经网络的"多层"有了实际意义，求解能力更加强大。常见的有恒等函数、阶跃函数、sigmoid函数、tanh函数、ReLU函数、Leaky ReLU函数等激励函数，复杂多层的神经网络不能随意用激励函数，否则可能会产生梯度爆炸和梯度消失。考虑到所输入的所有特征和标签，如设计速度、交通量和降雨量等特征值都具有非负性，选用ReLU函数(图11-39)作为激励函数。

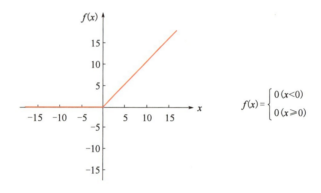

图11-39 ReLU函数示意图

神经网络通过损失函数来表示模型预测值和训练样本之间的误差，常用的有均方误差(Mean Squared Error, MSE)、交叉熵和自定义损失函数三种。本书采用均方误差作为损失函数，见式(11-10)：

$$\text{MSE} = \frac{1}{N} \sum_{i=1}^{N} (y_i - Y_i)^2 \qquad (11-10)$$

BP神经网络在建立时有一些必须通过手动设置的参数，统称超参数，除神经网络层数和各层神经元数外，还有每批数据的大小batch size、学习速率lr、学习的回合数epoch和正则化参数λ等。

数据量过大的时候可以将数据打包分成一定数量的batch喂入神经网络，加大计算效率，batch size一般选用2的幂次数，建立的神经网络中设定batch size为32。学习速率决定了权重变化，学习速率过小，训练时间过长，学习速率过大，神经网络不稳定，可能无法收敛，参考其他程序经验，将学习速率定为0.1。学习回合数即神经网络经过了一次反向传播，回合数越多，模型越准确，由于ReLU函数收敛较慢，需取较大的学习回合数，设定每50回合输出一次

loss，将学习回合设定为4000，保证模型精度。

正则化是防止过拟合的一种方法，调整正则化参数 λ 是常用的一种，也可以使用 L_1 正则化、L_2 正则化、dropout 等方法，建立的神经网络训练完成后并未出现过拟合现象，故并未进行正则化。

建立神经网络后，将整理好的数据中70%作为训练集、30%作为测试集喂入神经网络，并通过matplotlib库中的pyplot模块得到训练集和测试集的损失和精度曲线（图11-40），可知测试集的精确度稳定在0.88左右，BP神经网络训练得到的模型精度较高，可用于抗滑恢复技术的决策。

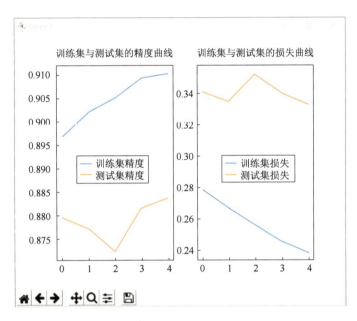

图11-40　BP神经网络模型损失和精度曲线

利用训练好的神经网络建立决策模型，输入对应特征后神经网络即可自动预测和选择抗滑恢复技术，为决策提供指导。具体代码如下：

```
def prediction(inputs):
    y_ = sess.run(prediction, feed_dict={xs: inputs})
    output = (y_ == y_.max(keepdims=1)).astype(float)
    return output
```

将训练好的神经网络决策模型与可视化程序相耦合，完成输入参数和抗滑恢复技术决策的窗口化（图11-41），方便使用。表11-32为部分技术决策结果示例。

图 11-41　沥青路面抗滑恢复技术决策结果窗口示意图

沥青路面抗滑恢复技术决策结果示例　　　　　　　　表 11-32

输入参数	案例1	案例2	案例3	案例4	案例5
设计速度(km/h)	20	40	60	80	100
是否只有小型车	否	否	否	否	否
道路类型	路面	路面	路面	路面	路面
交通量(万辆)	40	600	900	1200	2000
降雨量(mm)	560	350	1250	750	900
原路面类型	AC路面	AC路面	AC路面	AC路面	AC路面
道路纵坡(%)	5	4	3	2	2
道路半径(m)	10000	100	10000	10000	10000
道路超高(%)	0	6	0	0	0
路表污染等级	清洁路面	清洁路面	清洁路面	清洁路面	清洁路面
路龄(年)	2	5	3	4	4
当前路面动摩擦系数	0.35	0.19	0.35	0.36	0.37
抗滑恢复技术	不需要	精细抗滑碎石封层	排水沥青路面	精表处	超薄磨耗层

第十二章　未来智慧道路建设及路面养护管理

智慧道路是交通新基建的重要组成部分，是综合交通运输高质量发展的重要方向，也是发展数字经济、推动数字经济和实体经济深度融合发展的重要业态。2023年9月20日，中国交通运输部印发《交通运输部关于推进公路数字化转型加快智慧公路建设发展的意见》，明确指出到2027年，公路数字化转型取得明显进展，构建公路设计、施工、养护、运营等"一套模型、一套数据"，基本实现全生命周期数字化。

2022年1月1日起，上海嘉定区率先实施了《智慧道路建设技术导则》，导则中统筹考虑了行人、非机动车、机动车、交叉路口管理等因素，通过在路侧部署多个或多类感知设备，配合边缘计算设备、通信设施和云服务平台等，对交通参与者、交通事件和交通运行状况等信息进行识别和定位。相关信息数据不仅可以发送到车辆端，辅助车辆安全驾驶乃至自动驾驶，还可帮助实现动态信号控制优化、交通事件及时处置、交通流优化控制等，从而提高交通通行效率。

高速公路作为我国路网的重要组成部分，其代表了我国道路建设的最高水平。目前，我国高速公路正朝着智能化方向快速发展，逐步形成智慧高速公路的理念。智慧高速公路提出引入互联网思维和技术，对传统高速公路机电系统和管理服务进行重构再造，初期建设任务是通过信息交换与共享、数据融合与挖掘，提升高速公路运营管理水平和出行服务质量，实现省域高速公路监控管理、应急指挥、辅助决策、业务办理、出行指引等服务的信息化和智能化。未来发展趋势是引入车路通信技术，实现人-车-路-环境协同，实现智慧道路建设的不断发展与推广。

2017年12月20日，江西省首条智慧高速公路——宁定高速公路建成试运营。宁定高速公路沿线枢纽分布着交通调度站，对车流情况实时监测；在重点路段隧道、高边坡等处布设监测系统，还设有弯道车辆监测预警、道路结冰预警及自动除冰等功能。通过云计算、大数据、物联网、移动互联网等技术构建智慧高速公路生态圈。

2018年11月16日，广西首个高速公路物联网智慧警示系统在合那高速公路装备，其能主动感知路上异常状态，及时将事故地点通过汽车导航发布预警信息。

2019年6月6日，国家发展改革委、交通运输部两部门印发《加快推进高速公路电子不停车快捷收费应用服务实施方案》，提出的发展目标为：2019年12月底，高速公路收费站ETC全覆盖，货车实现不停车收费，不停车收费率达90%以上，所有人工收费车道支持移动支付等电子收费方式。中国高速公路科技创新体现在道路设施和行车设备细节上，如在纳黔高速公路中，应用雾区行车诱导系统引导车辆在大雾天气下行车，既保障安全又避免交通中断；建立了ETC门架收费系统，提高收费站疏通效率；利用了5G技术促进高速公路智能化发展。

第一节　互联网背景下智慧道路建设特点

一、智慧道路的基本能内涵

在当前车路协同、人工智能、物联网等创新技术的驱动下，车与路的关系正在被重新定义，传统道路正在变"聪明"，传统道路环境正在被重构，向数字化、电气化、集成化的方向发展，为交通出行提供更安全、更高效、更多元的信息服务。

基于智慧道路的特性，我们将其定义为：通过应用5G、大数据、人工智能、物联网等新一代互联网信息技术，建设感知、计算、管控、诱导和服务设施，实现交通环境的"全息感知、在线研判、一体管控、全程服务"，致力于改善公众的出行体验，提升政府的治理能力。智慧道路是人工智能、物联网等技术发展潮流下城市基础设施建设的必然选择，是集交通管理和信息服务于一体的高品质道路新基建。智慧道路的发展建设，将助推交通运输系统实现感知、管控、服务和数据四个体系的转变。感知体系从"单一性、碎片化"向"集约式、一体化"转变，管控体系从"被动响应"向"主动调控"转变，服务体系从"通用性、片段式"向"综合性、在线化"转变。智慧道路将新技术与交通出行需求深度融合，为城市交通治理和交通出行服务提供丰富的应用场景，解决市民出行的痛点，提升公众出行体验。

二、智慧道路的主要应用场景

智慧道路应用场景主要体现在一体化出行、运行效率提高、公交服务升级、慢行体验提升、交通安全改善等五个方面。

（1）一体化出行应用场景

基于智慧道路平台对轨道、公交、共享单车等多源数据进行融合分析，并以MaaS[在共享交通模式和智能信息技术的基础之上，城市出现了全新的交通理念——出行即服务（Mobility-as-a-Service，简称MaaS）]小程序为服务接口，为不同需求场景下的出行者制定最佳路径及换乘方案，实现全链条一体化出行服务，具体智能体现见表12-1。

一体化出行服务的智能体现 表 12-1

项目	服务对象	应用优势
轨道接驳按需响应公交	轨道的接驳需求	实现轨道与公交无缝衔接的出行体验,减少轨道出行最后一公里的出行时间
轨道疏运点对点精准公交	轨道疏运需求	精准识别出行需求,在客流高峰开行点对点公交,大幅减少出行时间
MaaS全链条出行服务	公交线路与出行距离配错问题	提升交通出行服务与城市生活服务水平
路外停车泊位预约服务	停车场动态管理	对接地下停车场导航系统,实现室内外导航一体化,实现支付、导航切换"双无感"

(2)运行效率提高应用场景

针对不同道路的交通需求特征,在路口完善车流和人流感知设备,实时采集道路运行数据。运行效率提高的具体体现见表12-2。通过改造智能信控设施,应用 AI(人工智能)信控算法,同时结合交通组织优化,实现拥堵防溢控制、主路优先控制、慢行过街感应控制,提升路口运行效率。同时建立道路规划、设计的客观评价体系,分析制约交通高效运行的因素,针对性进行优化。

运行效率提高的具体体现 表 12-2

项目	服务对象	应用优势
拥堵防溢控制	常发拥堵交叉路口	减少停车次数与排队长度,减少高峰时段车流积聚,缓解路段排队压力
主路优先控制	主路支路节点	降低交叉口的平均延误及提高通行能力
时空一体化控制	饱和状态的路口	通过动态车道划分、动态交通组织的方式进行时空一体化管理
慢行过街动态管理	停车场动态管理	通过导入过街特征来实施动态管控,实现过街效率最大化;实施"慢行轨迹跟踪""慢行绿波"等控制策略,降低行人过街平均等待时间

(3)公交服务升级应用场景

针对公交服务不均的片区,提供面向商业、娱乐、文化等多元化出行服务,营造友好的公交出行环境;应用智能网联新技术,提升信息服务的时效性和精准性,提升公共交通对广大市民的吸引力。一方面,大力支持智慧公交。建设智慧公交站,以交通微枢纽的理念,集成报站LED(发光二极管)屏、USB(通用串行总线)充电、Wi-Fi等服务设施,面向市民提供便捷的公交信息服务,舒适安全的空间体验,可为公交线路优化、车辆调度提供数据支撑,助力打造贴合需求的公交运营服务。另一方面,为车路协同提供精准公交服务。以智慧杆为载体,在道路公交运行关键节点布设5G和车路协同设备,实现路口感应设备和公交的高速通信,根据每辆公交的实时位置、速度信息进行精细化的动态信号调整及公交车速诱导,提高线路准点率,提升公交服务水平。

(4) 慢行交通体验应用场景

面向步行、骑行过程中的出行不顺畅问题,通过建设智慧设施,提升慢行交通体验的便捷性和舒适性。主要包括立体化步行AR(增强现实)导航、自行车立体过街、智慧绿道。其中,智慧绿道,主要是智能辅助设备,面向绿道慢行需求,在沿线建设智慧杆、公共服务亭等设施,基于智慧杆可变信息屏实时发布当前位置、路线、天气、空气质量、出入口、服务亭等信息。基于智慧杆设置应急报警按钮,通过AI语音交互技术,为行人提供安全保障。

(5) 交通安全改善应用场景

针对人车、车车冲突点,通过智慧手段增强限速管理、安全警示、执法监管,提升市民出行的安全体验。交通安全改善的具体体现见表12-3。

交通安全性改善的具体体现 表12-3

项目	服务对象	应用优势
动态限速管理	道路限速标志	将所有道路的限速标志升级为动态限速标志;实施动态限速管理,降低道路安全隐患,提升道路资源的可调控能力
行人过街安全警示	行人路过路口	路口布设新型"地面红绿灯"装置,提高过街行人注意力;检测老年人、儿童过街需求,自动延长清空时间,提高安全指数
交通违法全程监控	交警的执法设备	对道路全线实现超速、违停、压实线、跨线行驶、套牌等交通违法行为的全程实时监管
智能网联碰撞预警	碰撞事故预警	实时感知行人过街信息,并即时推送给智能网联车辆,实现碰撞预警

第二节 智慧道路的基础设施交通安全应用

一、智能驾驶车辆的发展现状

美国国家公路交通安全管理局(National Highway Traffic Safety Administration,NHTSA)研究表明,在美国交通事故中大约90%是由于驾驶员的操作失误,其余为车辆本身或道路环境等因素造成的。世界卫生组织研究报告指出,交通事故占死亡原因中第9位,其每年造成的死亡人数约占全球的2.2%。因此,如何有效改善车辆行驶安全性、降低交通事故已成为世界各国交通领域面临的重要问题。信息与通信技术的快速发展促进了智能交通系统(ITS)的不断进步,为了满足交通安全的发展需求与驾驶员的安全性,无人驾驶汽车(AV)应运而生。无人驾驶车辆通过车载传感器实时感知交通道路环境信息,如路面标识、车辆位置及障碍物等信息,由电子控制单元发出指令实现车辆自主转向、制动行为。

无人驾驶汽车可以有效避免因驾驶员操作不当而导致的交通事故;同时,车路协同机制下可以显著提高道路通行率,减少交通拥堵、节省燃油及通行时间。无人驾驶技术概念最早由美国工业设计师 Norman Bel Geddes 于 1940 年提出。20 世纪中期,一些发达国家相继开展无人驾驶汽车领域的研究并取得了一定的进展。美国公司率先研制出世界上第一辆自主驾驶的智能车 AGVS,该车不依靠驾驶员操作,完全摆脱了传统交通的"人-车-路"的控制模式。其中,具有代表性的是谷歌公司研发的无人驾驶汽车(图 12-1),其组成结构见图 12-2。

图 12-1 谷歌无人驾驶汽车

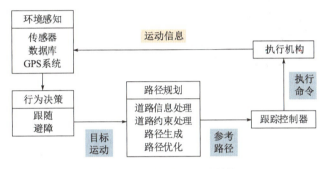

图 12-2 无人驾驶车辆组成结构

美国谷歌无人驾驶汽车公司 Waymo 于 2017 年 11 月对不配备安全驾驶员的无人驾驶汽车进行测试,于 2018 年加速测试活动并在公路上部署多辆完全无人驾驶的汽车。现阶段,无人驾驶车辆有紧急运营、正常及故障运营模式,涉及的门控技术趋于成熟。

结合发达国家的无人驾驶技术,无人驾驶汽车发展特点如下:

(1)无人驾驶车辆逐步标准化、统一化,提高与其他事物的信息交互能力,实现子系统统一化。美国和欧洲制定了统一的无人驾驶车辆规范,规范无人驾驶汽车实现无线信息交互、安全性等。

(2)注重无人驾驶基础理论技术的研发,为无人驾驶车辆发展提供平台与技术支持,如图像处理、感知系统、电子通信等。

(3)无人驾驶车辆向减小体型、隐形化、自主判断并处理问题的方向发展,其导航系统与计算机判断处理系统相结合,并通过图像处理识别道路行驶环境,从而进一步实现车辆行驶自主导航。

相比国外无人驾驶技术的发展,国内尚处于试验研发阶段并未形成市场;谷歌重点为基于导航技术的研发路线,而国防科技大学主要依赖计算机识别道路标线,采用车载智能行为决策、控制系统实现高速公路车流中无人驾驶行为。我国于 20 世纪 80 年代末开始进入无人驾驶汽车领域,相对国外,我国关于无人驾驶汽车的研究起步较晚,目前仍处于研发试验的阶段。ATB系列在试验场特定环境下实现了低速短程的结构、非结构化环境无人驾驶。1987年,国防科技大学研究学者开始致力于无人驾驶技术的研发,并于1991年研制出具有低速自主驾驶功能的无人驾驶汽车平台,第二年成功改装我国首辆无人驾驶汽车。在网络通信、感知技术及智能交通迅速发展的前提下,国内外均致力于全无人驾驶技术的研制中,如MathWorks公司开发了自动驾驶系统ADST,用MATLAB设计自动驾驶系统(图12-3)。

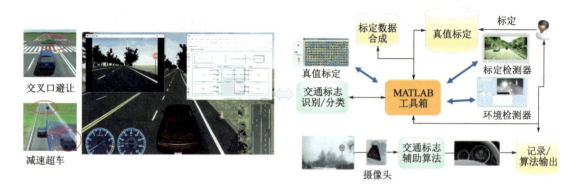

图12-3 MATLAB设计自动驾驶系统ADST

根据国际无人机工程师学会SAE J3016标准和NHTSA标准,无人驾驶技术的发展历程分为了不同的6等级(Level 0 ~ Level 5),分别为传统驾驶、驾驶员辅助驾驶、部分无人、有条件无人、高度无人及完全无人状态。无人驾驶安全性主要受环境、人和车的影响,具体表现为:

(1)辅助驾驶员由于操作失误对无人驾驶汽车正常行驶的影响;
(2)对于Level 3等级,紧急行驶状况下辅助驾驶员对交通环境的快速识别;
(3)外部环境对无人驾驶车辆的干扰,如道路条件、天气变化及周边交通条件;
(4)无人驾驶汽车各感知系统的自身局限性。

二、智能驾驶汽车的行驶安全性问题

近五年来,以谷歌、特斯拉及Uber为主的无人驾驶汽车交通事故不断,其中谷歌6年间发生18起交通事故,图12-4为无人驾驶汽车事故现场。2016年5月7日,一辆Model S车因自动监测系统失误与白色货车相撞,导致Model S驾驶员死亡,当时Model S的Autopilot无人驾驶模式处于开启状态,见图12-4a);事故原因为货车颜色是白色与天空颜色类似,当时光线较强以及货车拖车高度较高使得特斯拉的自动驾驶系统没有给予正确判断,导致无法及时安全制动。2018年3月20日美国晚上10点,Uber的一辆无人驾驶汽车在亚利桑那州Tempe市与一名横穿马路的行人相撞,Uber车辆在发生事故时处于无人驾驶模式,见图12-4b)。

a)2016年5月7日Model S事故现场　　　　　　b)2018年3月20日Uber事故现场

图 12-4　无人驾驶汽车事故现场

目前,无人驾驶技术的提出至今已有半个多世纪,基于复杂环境与感知识别系统的融合处理鲁棒性比较难以控制,使得无人驾驶技术仍处于摸索阶段。基于已有的无人驾驶车辆研究进度,无人驾驶关键技术流程如图 12-5 所示。无人驾驶技术的核心问题是视觉能力,主要问题在于:

(1)无人驾驶汽车上配备的激光检测设备存在功能缺陷,无法扫略过固体障碍物;

(2)无法及时检测周围行人、车道、停止线、交通信号灯的变化等一些综合影响因素;

(3)无法实时预测行车前方道路上的其他车辆何时会采取制动行为;

(4)针对道路上存在覆盖物(比如积雪、雨水、沙尘或固体废弃物等)时,无人驾驶汽车无法识别道路标线或因路面抗滑性能降低发生延迟制动或减速行为,从而发生碰撞或侧滑倾翻事故等。因此,无人驾驶汽车的研发应以解决安全性问题的制动特性理论研究为重点方向。

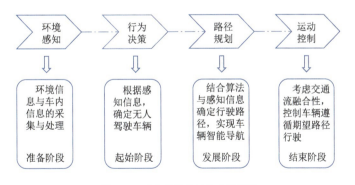

图 12-5　无人驾驶关键技术流程图

无人驾驶汽车成为当今的热门研究课题之一,同时,研发无人安全技术也成为必然趋势与关键所在,如何保证行车安全尤其是保证制动稳定性是无人驾驶汽车推广使用的先决条件。据相关数据统计,公路上约70%的交通事故是因汽车自身的制动性能失效(如轮胎爆胎、制动失灵等)引起的,而且类似交通事故的发生在世界各国也屡见不鲜。汽车在高速行驶中,最早用于有效防止爆胎的为轮胎压力监测系统(TPMS)。相比传统车辆,无人驾驶汽车制动系统要求具备更多的冗余功能、故障无人检测功能及远程操作等功能,以确保行驶安全性。作为无人驾驶技术核心系统的制动系统,将结合不同道路行驶环境要求不断增加系统的可靠性与功能,逐步适应无人驾驶汽车安全行驶的需求。

近年来,关于无人驾驶汽车制动稳定性研究主要从横向控制器着手,防止车辆转弯或紧急制动时发生侧滑、倾翻等现象。如Onieva基于迭代遗传算法设计了一种无人调整模糊控制器进行车轮转向调节;印度Boopathi根据萤火虫算法设计了模糊推理点加权PID(比例、积分、微分)控制器,使得模糊推理系统参数为最佳值,该控制器在仿真过程中对外部干扰与初始条件较其他控制器有较小的积分平方误差,使得制动效果更接近于实际运行状态。

国内关于无人驾驶汽车项目的研发均采用国外控制系统,在传统车辆制动系统基础上使用控制算法或闭环系统进行改造制动系统改造。对于制动系统控制算法,多采用PID算法或模糊PID算法;在制动控制系统闭环设计上一般使用踏板位置闭环或制动系统压力闭环,研究表明位置闭环与压力闭环均能良好实现制动系统的控制。目前,国内对无人驾驶汽车制动系统的改造一般分为对车辆ABS的改造、加装机械机构控制制动踏板,如清华大学设计的无人驾驶车辆THMR-V采用的就是加装机械机构的改造方式,无人驾驶汽车控制系统组成见图12-6。

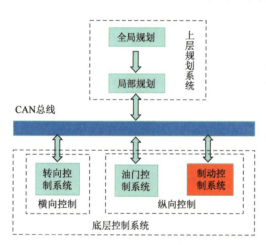

图12-6　无人驾驶汽车控制系统组成

现阶段,国内外对无人驾驶技术的研究以智能控制领域与计算机领域为主探讨其自动控制方法。在路面领域,仅从宏观影响因素(如道路环境信息、交通通行能力及驾驶环境等)考虑建立车路耦合模型,缺少从路面抗滑特性方面分析无人驾驶车辆制动行为的研究,忽略了不同路况条件下轮胎-路面的附着特性对车辆制动性能(车路滑移率、制动距离)的决定性影响。未来可从车路协同作用角度出发,将路表纹理特性因素纳入智慧道路设计的范畴。

三、基于智慧道路的车路协同应用

智慧道路建设利用先进技术对道路基础设施进行全要素改造,提升道路服务水平,改善道路空间环境,是人工智能、物联网等技术发展潮流下城市基础设施建设的必然选择。多功能智能杆作为智慧道路的主要载体,集成边缘计算网关、视频、信息屏、照明、微基站、应急广播和各类传感器,可实现城市道路的智能感知、高效传输、分析研判和远程控制功能,提供智慧出行服务,并为车路协同及无人驾驶应用提供技术支撑。

车路协同是智能交通系统的重要组成部分,在城市道路空间受限背景下,是改善道路交通安全、提高通行效率和缓解交通拥堵的重要手段,也是提高交通智能化水平和加快建设交通强国的必由之路。

1. 交通信号控制服务

信号控制是城市交通中车路协同的重要一环，目前车路协同的应用主要是进行单车优先的尝试，而实际路口的信号控制是对各分支随机到达车辆通行权的综合处理。因此，获取路口的全息数据和实际交通需求，是信号精准控制的重要前提。运行效率提高的具体体现见表12-4。

运行效率提高的具体体现　　　　表12-4

项目	服务对象	功能
周期性数据	包括流量、速度、绿灯占有率、密度、车头时距等交通参数	用于信号优化算法的周期性数据输入
固定时长数据	协调优化时长	边缘计算网关可根据需求形成固定时间间隔内的交通参数数据结果
特定时刻数据	信号机需要的时刻数据	网关按标准数据格式向信号机进行即时推送
路口范围	路段车辆实时轨迹数据	实时形成路口各个分支方向的需求预测，便于信号控制即时调整和反馈
交通事件数据	道路交通事故数据的影响范围	计算道路通行能力下降数据
非数据型服务	多功能智能杆	利用多功能智能杆挂载的信息屏动态发布绿波协调建议速度

2. 车辆出行信息服务

车路协同场景应用中，行业内正从信息服务类应用向交通安全和效率类应用发展。智慧道路的车路协同应用基于大量的路侧多功能智能杆挂载设备，提供范围广、精度高、延迟小的多元化数据，涵盖信息服务、交通安全和交通效率的各个方面应用。

(1) 信息服务方面

边缘计算网关基于通信模块实现交通事件和信号灯实时状态推送，以及来源于智慧道路平台的交通标志标线信息推送，尤其是动态可变的控制方式，如可变车道、逆向可变车道等。目前，道路异常状态感知（如交通事故、道路结冰等）通常来源于第三方平台，消息延迟较大。智慧道路建设融合高覆盖面积的视频、雷达、微波采集车辆行驶方向和轨迹等动态数据，通过多种传感器对同一目标感知数据进行融合，在边缘计算网关设备中快速完成多元异构数据的精准分析，应用于车路协同的决策。路侧设备和车载设备是全向通信的，在实际环境下，联网车辆多且路侧设备也很多，对边缘计算网关与车载设备之间的全向通信造成消息干扰。在智慧道路场景下，车辆位置信标携带车辆本身特征，路侧智慧灯杆视频通过识别车辆特征与信标携带特征进行对比，建立特定边缘计算网关与视域内车辆的通信链路，通过算法处理排除无关消息。

(2)交通安全方面

目前行业内车辆高精度定位是一个重要的难点,GPS定位-差分定位技术成本高、应用范围受限。智慧道路条件下,利用视频进行车辆特征识别,结合车辆本身的定位信息,以北斗定位的卡尔曼滤波方式可大大提高定位精度。

(3)交通效率方面

在交通效率方面,边缘计算网关通信模块可发布道路拥堵信息、交通流溢出等交通事件信息,以及绿波协调车速引导,紧急车辆提醒(提醒社会车辆给特殊车辆变道让行)的服务。

此外,在公交的车路协同场景中,以边缘计算网关为节点,充分利用信号机、信息屏,通过信号优先、车道优先和站台管理,实现公交线路全覆盖的时空通行保障。其他特殊车辆如消防车、救护车等,边缘网关可在车辆通行路径向社会车辆定向发送让道信息、借用公交车道或临时逆向车道,确保安全的情况下,从时空层面增强特殊车辆的通行权。

第三节　智能交通背景下智慧道路养护管理

一、智能交通的核心组成部分

道路交通系统包括"人、车、路、环境"四个组成部分,其中车是智慧交通的组成部分,道路是智慧交通的核心。道路是发挥作用的场所,将其进行智慧化改造,使道路有效运行,智慧道路是实现交通智慧化的重要前提,对智慧交通的发展起到至关重要的作用。智慧道路可通过交通资讯信息的收集和传递,对车流在时间和空间上进行引导、分流,避免道路拥堵现象,加强公路用户的安全,以减少交通事故的发生,改善了道路交通运输环境,促使车辆和司乘人员在道路上安全、快速、畅通、舒适运行。与传统道路管理相比,智慧公路最大的特点在于运用多种信息传输设备,以信息的及时收集、处理、分析、实时发布为主线,为交通参与者提供多样化的服务。

目前智慧道路在国内很多城市中进行了应用,主要有以下体现:

(1)交叉口信号灯控制设施可根据实时交通量自动感应,并调整红绿灯时间;

(2)路面埋设传感器智能感应大货车、大客车的超重、超载违章;

(3)道路附属设施,如路灯杆等,具有感应和提醒功能;

(4)智能电力道路实现对电动汽车的自动充电;

(5)智能化斑马线实现路口行人的安全过街。

2019年7月,深圳市建设了第一条智慧道路——侨香路,道路管理更智能,智慧路灯及智能控制系统以及道路管理平台的建设,将使侨香路完工以后的交通管理更加智能化。在部分过街路段实现"车多放车、人多放人"的感应控制,将更好地提升行人夜间过街的安全性,很大程度上降低交通事故的风险。

二、智能化道路养护管理策略

为配合智慧交通的发展,智慧养护应运而生,在道路养护行业,智慧道路养护与云计算、大数据和物联网、人工智能等新一代互联网技术融合,实现对道路透彻全面、实时准确地感知和预测。目前,部分道路管养部门已建设了协同共享、强大高效的道路养护管理平台,促使养护业务管理、应急处置实现可视化、移动化、智能化、精准化,最终可实现"互联网+"模式下的道路巡查、道路检测、养护监测、评定分析和养护决策。

我国已经建设了多个管辖区域的智慧道路养护系统平台,通过该平台为决策者提供强有力的数据分析及决策依据,实现养护管理精细化、数字化、网格化。提高道路管理效率对路况信息进行统一管理,保证信息在各部门之间传递的快速性和数据传递的实时性、准确性。随着我国公路和城市道路的不断发展,社会对道路性能的要求增高,要求道路具有快速、安全、高效的道交通运输条件。

传统道路养护存在一定的固有问题,如施工现场监督管控不及时、现场机械设备人员调度不完善、项目资金管理不够可视化等,无法实时控制管理道路建设各阶段的完成情况,浪费大量人力资源、物资等,造成昂贵的经济损失。针对传统养护问题,智能化优势更加突出。智慧化道路养护主要体现在以下几个方面:

(1)建设智慧化工地

通过大数据统计进行工地信息化管理,完善对施工质量、施工安全、进度管理、计量支付、人员管理等生产要素的管理,可以就施工单位、业主和监理关心的成本、资金、合同、进度、分包、质量、安全等环节进行实时跟踪与控制。智慧工地的建设可以实现施工作业流程的规范化,通过提供的工程数据,为决策者科学全面地掌握工程信息、分析企业运营状况等提供支持。

(2)道路智能化养护施工设备

运用人工智能技术建立一套智能化路面施工设备机群,如可以自动精确调整施工速度、材料用量;自动感知路面温度、各施工环节温度,自动优化施工参数;无人驾驶设备操作等,将是未来施工设备发展的必然趋势。例如,2019年12月3日,由国内3家企业共同研发的"国内首套无人驾驶智能沥青道路摊铺压实设备",在上海道路改建项目中完成了首秀。道路养护设备可实现一条面向智能化、精细化施工养护的新目标,为道路建设带来更优质、高效的智能化养护,如道路路基路面的智能压实工艺等。

(3)智慧养护作业安全方案

运用物联网技术建立智慧养护作业安全方案,结合高精度定位、一键事故上报、智慧施工标志,对传统的交通安全设施进行改造,与高德地图数据平台无缝对接。在施工作业区起、终点布设智慧锥桶,通过高德地图及时发送,使得驾驶员预先获知信息、主动减速。该方案可实现道路施工、事故和封闭道路管制信息的实时精准采集和发布,提升道路出行者的安全和出行效率,并保障施工作业人员的安全,减少施工事故损失。

(4)研发智能养护材料

应着力构建中国特色安全、便捷、高效、绿色、经济的现代化综合交通运输体系。为打造绿色交通,倡导交通运输工具采用绿色清洁无污染的能源,新能源电动汽车的推广应用是智慧交通的发展必然之一。

通过运输网、信息网、能源网的融合,使道路具有蓄电功能,对行驶的电动汽车实现动态充电。带动了新型路面材料的研发,多孔、低污染、可进行热转化的静音路面材料将是研究方向。

(5)道路养护与智能化改造于一体

治理路面病害,提升道路使用性能的同时,配合道路智能化设施,实现智慧道路。将道路养护与智能交通协同设计、协同施工,如在道路事故高发路段、易违章路段或电子监控密集路段,采用彩色的路面材料或标识以起到辅助提醒的作用。在路面养护时,埋设测试带或智能传感器等,加强车辆的违章管理,强化道路的精细智能感知能力,保障道路交通安全。

参 考 文 献

[1] 赵娜,岳天祥,范泽孟,等.基于HASM-SSOR模型的近60年来中国气温与降水变化趋势模拟[J].地理与地理信息科学,2013,29(01):86-90+113.

[2] 王米雪,延军平.1960—2012年中国东南沿海地区降水变化特征及重涝灾害趋势判断[J].地球与环境,2015,43(06):667-674.

[3] 张平,延军平,唐宝琪,等.中国东南沿海大雨、暴雨时空变化特征[J].中国农业大学学报,2018,23(01):44-53.

[4] 李荣.非饱和渗透下沥青混凝土路面内部动水压力分布规律研究[D].重庆:重庆交通大学,2013.

[5] PERSSON B N J, SCARAGGI M. Lubricated sliding dynamics: Flow factors and Stribeck curve [J]. European Physical Journal E, 2011, 34(10):113-119.

[6] RAYMOND O G P. Hydroplaning and skid resistance analysis using numerical modeling [D]. Ph. D. thesis, 2006.

[7] SCARAGGI M, ANGERHAUSEN J, DOROGIN L, et al. Influence of anisotropic surface roughness on lubricated rubber friction: Extended theory and an application to hydraulic seals [J]. Wear, 2018:S0043164817305793.

[8] CEREZO V, DO M T, KANE M, et al. Influence of thin waterfilm on skid resistance [J]. Journal of Traffic & Transportation Engineering, 2014(2):36-44.

[9] 李强.路表动水压力计算研究[D].重庆:重庆交通大学,2012.

[10] 季天剑,黄晓明,刘清泉,等.道路表面水膜厚度预测模型[J].交通运输工程学报,2004(03):1-3.

[11] 张璠,程迎迎.沥青路面的雨天行车安全性分析[J].南通航运职业技术学院学报,2009,8(01):80-83.

[12] 王祎祚,李光元,张泽垚,等.雨天公路水膜厚度模型验证及行车安全性[J].科学技术与工程,2017,17(29):128-132.

[13] 罗京,刘建蓓,王元庆.路面水膜深度预测模型验证试验[J].中国公路学报,2015,28(12):57-63.

[14] SRIRANGAM S K, ANUPAM K, SCARPAS A, et al. Safety aspects of wet asphalt pavement surfaces through field and numerical modeling investigations [J]. Transportation Research Record: Journal of the Transportation Research Board, 2014, 2446:37-51.

[15] 王艳.水膜厚度传感器的可靠性分析与应用[D].南京:东南大学,2016.

[16] GRESZIK D, YANG H, DREIER T, et al. Laser-based diagnostics for the measurement of liquid water film thickness[J]. Applied Optics, 2011, 50(4): A60-7.

[17] 周琼. 路表水膜厚度计算及其对路面抗滑性能影响研究[D]. 南京: 南京林业大学, 2013.

[18] 刘建蓓, 罗京, 郭腾峰. 基于安全容许速度的雨天公路可变限速方法[J]. 中国公路学报, 2015, 28(12): 128-133.

[19] 王辉, 漆晓琼, 谢亮. 基于光纤传感测量公路路面表层水膜厚度的方法[P]. 北京: CN102692191A, 2012-09-26.

[20] GRESZIK D, YANG H, DREIER T, et al. Measurement of water film thickness by laser-induced fluorescence and Raman imaging[J]. Applied Physics B, 2011, 102(1): 123-132.

[21] Permanent International Association of Road Congresses (PIARC), 1987. Report of the Committee on Surface Characteristics. Proceedings of the 18th World Road Congress[C]. Brussels, Belgium.

[22] SILVIA. Guidance Manual for the Implementation of Low-Noise Road Surfaces[C]. FEHRL Report 2006/02. Forum of European National Highway Research Laboratories. Brussels, Belgium.

[23] 陈洪兴, 何兆益. 基于国际平整度指数IRI的路面不平度仿真研究[J]. 公路, 2008(11): 155-160.

[24] 彭旭东, 谢友柏, 郭孔辉. 轮胎摩擦学的研究与发展[J]. 中国机械工程, 1999(02): 215-219+243-244.

[25] 张嗣伟. 摩擦学基础知识(第二讲): 固体的表面特性[J]. 石油机械, 1986, 14(2), 49-54.

[26] 丁全如, 秦关林. 固体表面化学[M]. 上海: 上海科技出版社, 1982.

[27] 克拉孟尔斯基. 摩擦、磨损与润滑手册[M]. 北京: 机械工业出版社, 1985.

[28] 李建明. 磨损金属学[M]. 北京: 冶金工业出版社, 1990.

[29] BUCKLEY D H. Surface Effects in Adhesion, Friction, Wear and Lubrication[M]. Amsterdam: Elsevier Scientific Pub-lishing Co, 1981.

[30] LATANISOIN R M. Fundamentals of Tribology[J]. Suh N P and Saka N(eds), MIT Press, 1980, 225.

[31] SAKAI H. Friction and Wear of Tire Tread Rubber[J]. Tire Science and Technology. 1996, 21(3): 252-275.

[32] VEITH AG. A Review of Important Factors Affecting Treadwear[J]. Rubber Chemistry and Technology, 1992.65(3): 601-658.

[33] WALTERS M H. Uneven Wear of Vehicle Tires[J]. Tire Science and Technology, 1993, 21(4): 202-219.

[34] 刘澔. 路面抗滑性能评价指标的相关性研究[J]. 公路交通科技(应用技术版), 2018, 14(03): 78-81.

[35] 何嘉晨.纹理特性对潮湿路面抗滑性能影响研究[D].南京:东南大学,2017.

[36] 姬战勇.沥青路面构造深度检测技术研究[J].公路交通科技(应用技术版),2018,14(07):132-134.

[37] CHESTERTON J. The use of the Gallaway formula for aquaplaning evaluation in New Zealand [C]. ARRB. Transportation in the Pursuit of Excellence: Transit NZ and NZIHT 8th Annual Conference. Vermont South: ARRB Group Limited, 2006:1-22.

[38] WANG K C P, LUO W, LI J Q. Hydroplaning risk evaluation of highway pavements based on IMU and 1 mm 3D texture data [J]. ASCE: the Transportation & Development Institute, 2014:511-522.

[39] SLIMANE A B, KHOUDEIR M, BROCHARD J, et al. Characterization of road microtexture by means of image analysis [J]. Wear, 2008(264):464-468.

[40] ERGUN M, LYINAM S, LYINAM A F. Prediction of Road Surface Friction Coefficient Using Only Macro-and Microtexture Measurements [J]. Journal of Transportation Engineering. 2005,131(4):311-319.

[41] ZAHOUANI H, VARGIOLU R, DO M. Characterization of Microtexture related to Wet Road/Tire Friction [J]. SURF 2000: Fourth International Symposium on Pavement Surface Characteristics on Roads and Airfields.2000:195-205.

[42] DO M T, ZAHOUANI H, VARGIOLU R. Angular Parameter for Characterizing Road Surface Microtexture [J]. Transportation Research Record 1723.2000-1399:66-72.

[43] JACKSON N, CHOUBANE B, HOLZSCHUHER C. "Assessment of Precision of Circular Track Meter and Dynamic Friction Tester." Transportation Research Record: Journal of the Transportation Research Board, No. 2093, Transportation Research Board of the National Academies, Washington, D.C., 2009:118-127.

[44] GILES C G, SABEY B E, Cardew K H F. "Development and Performance of the Portable Skid Resistance Tester." American Society for Testing and Materials (ASTM), ASTM Special Technical Publication No. 326, Philadelphia, Pennsylvania, 1962.

[45] LOSA M, LEANDRI P. "The Reliability of Tests and Data Processing Procedures for Pavement Macrotexture Evaluation." International Journal of Pavement Engineering, 11(4), 2010.

[46] FLINTSCH G, HUANG M, MCGHEE K. "Harmonization of Macrotexture Measuring Devices." Journal of ASTM International, American Society of Testing and Materials, 2(9), 2005.

[47] ISO. Characterization of Pavement Texture by Use of Surface Profiles-Part 3: Specification and Classification of Profilometers, Standard No. 13473-3, International Organization for Standardization, 2004.

[48] 中华人民共和国交通运输部.公路路基路面现场测试规程:JTG E60—2008[S].北京:人

民交通出版社,2008.

[49] ISO. Characterization of Pavement Texture by Use of Surface Profiles - Part 1: Determination of Mean Profile Depth, Standard No. 13473-1, International Organization for Standardization, 2004.

[50] ISO. Characterization of Pavement Texture by Use of Surface Profiles - Part 2: Terminology and Basic Requirements Related to Pavement Texture Profile Analysis, Standard No. 13473-2, International Organization for Standardization, 2002.

[51] ISO. Charactcrization of Pavement Texture by Use of Surface Profiles - Part 4: Spectral Analysis of Texture Profiles, Standard No. 13473-4, International Organization for Standardization, 2008.

[52] 杨万福.汽车理论[M].广州:华南理工大学出版社,2010.

[53] GENDY A, SHALABY A. "Image Requirements for Three-Dimensional Measurements of Pavement Macrotexture." Transportation Research Record: Journal of the Transportation Research Board, No. 2068 Transportation Research Board of the National Academies, Washington, D.C., 2008:126-134.

[54] GRANSBERG D, PIDWERBESKY B, STEMPROK R, et al. "Measuring Chip Seal Surface Texture with Digital Imagery." Surface Friction Conference, Christchurch, New Zealand, 2005.

[55] REZAEI A, MASAD E, Chowdhury A, et al. "Predicting Asphalt Mixture Skid Resistance by Aggregate Characteristics and Gradation." Transportation Research Record: Journal of the Transportation Research Board, No. 2104, Transportation Research Board of the National Academies, Washington, D.C., 2009:24-33.

[56] PIDWERBESKY B, WATERS J, GRANSBERG D, et al. "Road Surface Texture Measurement Using Digital Image Processing and Information Theory." Land Transport New Zealand, Research Report 290, Wellington, New Zealand, 2006.

[57] VILAÇA J L, FONSECA J C, PINHO A, et al. 3D surface profile equipment for the characterization of the pavement texture- TexScan[J]. Mechatronics, 2010, 20(6):674-685.

[58] 中华人民共和国国家质量监督检验检疫总局.汽车轮胎滚动阻力限值:JB/T 29042—2012[S].北京:中国标准出版社,2012.

[59] 黄晓明,赵永利,高英.土木工程材料[M].南京:东南大学出版社,2007.

[60] ISO. Geometrical product specifications (GPS)—Surface texture:Areal—Part 1: Indication of surface texture[S]. International Organization for Standardization 25178-1:2016.

[61] 中华人民共和国交通运输部.公路沥青路面设计规范:JTG D50—2017[S].北京:人民交通出版社股份有限公司,2017.

[62] 中华人民共和国交通运输部.公路路基路面现场测试规程:JTG 3450—2019[S].北京:

人民交通出版社股份有限公司,2019.

[63] ZAHOUANI H, VARGIOLU R, DO M T. Characterization of microtexture related to wet road/tire friction[C].SURF 2000: Fourth International Symposium on Pavement Surface Characteristics on Roads and AirfieldsWorld Road Association-PIARC, 2000.

[64] KHOUDEIR M, BROCHARD J, LEGEAY V, et al. Roughness Characterization through 3D Textured Image Analysis: Contribution to the Study of Road Wear Level[J]. Computer-aided Civil & Infrastructure Engineering, 2010, 19(2):93-104.

[65] MANDELBROT B B. The fractal geometry of nature[M]. New York: WH freeman, 1982.

[66] PERSSON B N. Rubber Friction: Role of the Flash Temperature[J]. J Phys Condens Matter. 2006, 18(32):7789-7823.

[67] PERSSON B N. Rolling Friction for Hard Cylinder and Sphere On Viscoelastic Solid[J]. Eur Phys J E Soft Matter.2010,33(4):327-333.

[68] 张肖宁,孙杨勇.粗集料的表面微观纹理的激光测量方法及分形性质研究[J].公路交通科技,2011,28(1):19-24.

[69] KHLYUPIN A N, DINARIEV O Y. Fractal analysis of the 3D microstructure of porous materials[J]. Technical Physics, 2015, 60(6):805-810.

[70] LI Q, YANG G, WANG K C P, et al. Novel macro-and microtexture indicators for pavement friction by using high-resolution three-dimensional surface data[J]. Journal of the Transportation Research Board, 2017, 2641:164-176.

[71] LIU Q, SHALABY A. Relating concrete pavement noise and friction to three-dimensional texture parameters[J]. International Journal of Pavement Engineering, 2017, 18(5):450-458.

[72] ZUNIGA GARCIA N. Predicting friction with improved texture characterization[D]. Austin: The University of Texas, 2017.

[73] 陈德.沥青混合料表面构造图像评价方法及抗滑降噪性能预测研究[D].西安:长安大学,2015.

[74] SUN L, WANG Y. Three-dimensional reconstruction of macrotexture and microtexture morphology of pavement surface using six light sources-based photometric stereo with low-rank approximation[J]. Journal of Computing in Civil Engineering.2016,31:04016054.

[75] VILAÇA J L, FONSECA J C, PINHO A C M, et al. 3D surface profile equipment for the characterization of the pavement texture-TexScan[J]. Mechatronics.2010,20:674-685.

[76] 王端宜,王刚,李智,等.基于压力胶片技术的沥青混合料抗滑耐久性评价[J].中国公路学报,2017,30(09):1-9.

[77] 童申家,谢祥兵,赵大勇.沥青路面纹理分布的分形描述及抗滑性能评价[J].中国公路学报,2016,29(02):1-7.

[78] 宋永朝,闫功喜,隋永芹,等.基于数字图像处理技术的沥青路面表面纹理构造分布[J].中南大学学报(自然科学版),2014,45(11):4075-4080.

[79] MACHIKHIN A S, GOREVOY A V. Calibration of miniature prism-based stereoscopic imagers for precise spatial measurements [C]. International Society for Optics and Photonics; City. 2016,991707.

[80] WU C. Critical configurations for radial distortion self-calibration [C]. City.2014,25-32.

[81] KUKELOVA Z, HELLER J, BUJNAK M, et al. Radial distortion homography [C]. City. 2015,639-647.

[82] LENZ R, LENZ U. Calibration of a color CCD camera with 3000x2300 picture elements [C]. City.2017,104.

[83] WENG J, COHEN P, Herniou M. Camera calibration with distortion models and accuracy evaluation [J]. IEEE Transactions on Pattern Analysis & Machine Intelligence.1992, 965-980.

[84] Al Y Y B E. Interactive Graph Cuts for Optimal Boundary & Region Segmentation of Objects in N-D Images [J]. Iccv,2001,1:105-112.

[85] DONOHO D L, JOHNSTONE I M. ideal spatial adaptation by wavelet shrinkage [J]. Biometrika, 1994,81(3):425-455.

[86] VILAçA J L, FONSECA J C, PINHO A C M, et al. 3D surface profile equipment for the characterization of the pavement texture-TexScan [J]. Mechatronics,2010,674-685.

[87] WU C. Towards Linear-Time Incremental Structure from Motion[C]. 2013 International Conference on 3D Vision-3DV 2013.IEEE,2013.

[88] HOU Z, WANG K C P, GONG W. Experimentation of 3D Pavement Imaging through Stereovision [C]. City.2007,376-381.

[89] GORDON I, LOWE D G. What and Where: 3D Object Recognition with Accurate Pose [J].2006,4170:67-82.

[90] LOWE D G. Distinctive Image Features from Scale-Invariant Key-points [J]. International Journal of Computer Vision [J].2004,60(2):91-110.

[91] GOESELE M, CURLESS B, SEITZ S M. Multi-View Stereo Revisited [C]. City. 2006, 2402-2409.

[92] KHALEGHIAN S, EMAMI A, TAHERI S. A technical survey on tire-road friction estimation [J]. Friction,2017,5(2):123-146.

[93] HAN K, CHOI M, CHOI S. Estimation of tire cornering stiffness as a road surface classification indicator using understeering characteristics [J]. IEEE Transactions on Vehicular Technology, 2018,67(8):6851-6860.

[94] CUNAO F, DEKUN Z, KAI C, et al. Real-time dynamic observation of micro-friction on the

contact interface of friction lining[J]. Materials,2018,11(3):369-382.

[95] PENG Y, CHEN J, YU J, et al. Nonlinear observer for vehicle velocity and tire-road friction coefficient estimation[C]. American Control Conference (ACC). IEEE,2017:2606-2611.

[96] YAMAZAKI S, FURUKAWA O, SUZUKI T. Study on real time estimation of tire to road friction [J]. Vehicle System Dynamics,1997,27(sup001):225-233.

[97] KLÜPPEL, MANFRED, HEINRICH G. Rubber friction on self-affine road tracks [J]. Rubber Chemistry and Technology,2000,73(4):578-606.

[98] JORGE Y, DANIEL G P, VICENTE D, et al. A strain-based method to detect tires' Loss of grip and estimate lateral friction coefficient from experimental data by Fuzzy logic for intelligent tire development [J]. Sensors,2018,18(2):490-508.

[99] PERSSON B N J. Theory of rubber friction and contact mechanics [J]. Journal of Chemical Physics,2001,115(8):3840-3861.

[100] LANG A, KLÜPPEL M. Influences of temperature and load on the dry friction behaviour of tire tread compounds in contact with rough granite [J]. Wear,2017,380:15-25.

[101] PERSSON B N J. Adhesion between an elastic body and a randomly rough hard surface [J]. The European Physical Journal E-Soft Matter,2002,8(4):385-401.

[102] PERSSON B N J. Theory of rubber friction and contact mechanics [J]. Journal of Chemical Physics,2007,115(8):3840-3861.

[103] NAYAK P R. Random process model of rough surfaces [J]. Journal of Lubrication Technology. 1971,93(3):398-407.

[104] 杨挺青.黏弹性力学[M].武汉:华中理工大学出版社,1990.

[105] MICHELE C. A simplified version of Persson's multiscale theory for rubber friction due to viscoelastic losses [J]. Journal of Tribology,2018,140(1):1-20.

[106] MANDELBROT B B. The fractal geometry of nature [M]. New York: WH freeman,1983: 170-180.

[107] FALCONER K. Fractal geometry: mathematical foundations and applications [M]. John Wiley and Sons,2014:27-41.

[108] 陈尚江,张肖宁.基于数字图像处理技术的沥青混合料分形特性[J].建筑材料学报,2013,16(3):451-455.

[109] 冉茂平,肖旺新,周兴林,等.基于三维分形维数的沥青路面抗滑性能研究[J].公路交通科技,2016,33(2):28-32.

[110] 钱振东,薛永超,张令刚.沥青路面三维纹理分形维数及其抗滑性能[J].中南大学学报(自然科学版),2016,47(10):3590-3596.

[111] JAIN R, PITCHUMANI R. Fabrication and characterization of multiscale, fractal textured

solar selective coatings [J]. Solar Energy Materials & Solar Cells,2017,172:213-219.

[112] CHEN Z, LIU Y, ZHOU P. A comparative study of fractal dimension calculation methods for rough surface profiles [J]. Chaos Solitons & Fractals,2018,112:24-30.

[113] BRAUN O M, STEENWYK B, WARHADPANDE A, et al. On the dependency of friction on load: theory and experiment [J]. A Letters Journal Exoloring the Frontiers of Physics, 2016,113(5):1-8.

[114] PERSSON B N J. On the Fractal Dimension of Rough Surfaces[J]. Tribology Letters, 2014, 54(1):99-106.

[115] PERSSON B N J, SPENCER N D. Sliding Friction: Physical Principles and Applications [J]. Physics Today,1999,52(1):66-68.

[116] PRESS C. Fundamentals of fluid film lubrication [J]. Florida: Crc Press,2004.

[117] JOHANNESSON P, RYCHLIK I. Laplace processes for describing road profiles[J]. Procedia Engineering.2013,66:464-473.

[118] 黄晓明,曹青青,刘修宇,等.基于路表分形摩擦理论的整车雨天制动性能模拟[J].吉林大学学报(工学版),2019:1-9.

[119] 陈搏,张肖宁,虞将苗.轮胎与路面接触应力的非均匀性分布试验研究[J].建筑材料学报,2018,21(03):452-456+464.

[120] JAFARI K, TOUFIGH V. Interface between tire and pavement[J]. Journal of Materials in Civil Engineering,2017,29(9):1-10.

[121] 孔令云,尹果果,林雄伟,等.基于集料力学指标的沥青路面抗滑性能衰减模型[J].长沙理工大学学报:(自然科学版),2017,14(03):13-20.

[122] HERNANDEZ J A, Al-Qadi I L. Tire-pavement interaction modelling: hyperelastic tire and elastic pavement [J]. Road Materials and Pavement Design, 2016, 18(5):1067-1083.

[123] POPOV V L. Contact mechanics and friction: physical principles and applications [J]. Tribology Letters,2010,40(3):91-98

[124] JIANG X, ZENG C, GAO X, et al. 3D FEM analysis of flexible base asphalt pavement structure under non-uniform tyre contact pressure [J]. International Journal of Pavement Engineering, 2017:1-13.

[125] DONG Z, MA X. Analytical solutions of asphalt pavement responses under moving loads with arbitrary non-uniform tire contact pressure and irregular tire imprint [J]. Road Materials & Pavement Design,2017:1-17.

[126] SIEWERT C, PANNING L, WALLASCHEK J, et al. Multiharmonic forced response analysis of a turbine blading coupled by nonlinear contact forces[C]. Asme Turbo Expo.2010.

[127] 李伟雄,张肖宁,陈搏,等.基于接触应力集中的沥青路面抗滑性能评价[J].科学技术

与工程,2018,18(16):107-113.

[128] WANG D, WANG G. Designing a skid-resistant anddurable asphalt mixture based on the stress concentration distribution Rate[J]. Arabian Journal for Science & Engineering,2017,42(4):1-14.

[129] 闫天昊.轮胎复杂接触荷载作用下的路面永久变形研究[D].南京:东南大学,2017.

[130] 孙凤艳,黄璐,汪林兵.轮胎与沥青路面微观摩擦接触特性的分子动力学模拟[J].工程科学学报,2016,38(06):847-852.

[131] 初秀民,李永,严新平,等.基于微观形貌特征的沥青路面抗滑性能评价研究进展[J].交通与计算机,2007(01):61-65.

[132] 杜修力,金浏.基于随机多尺度力学模型的混凝土力学特性研究[J].工程力学,2011,28(S1):151-155.

[133] 吴学前.重型轮胎-沥青路面接触力学模型研究[D].西安:长安大学,2018.

[134] 陈搏.基于胎/路有效接触特性的沥青路面抗滑性能评价方法研究[D].广州:华南理工大学,2018.

[135] V.L.POPOV.接触力学与摩擦学的原理及其应用[M].李强,译.北京:清华大学出版社,2010.

[136] YEOH O H. Characterization of elastic properties of carbon-black-filled rubber vulcanizates [J]. Rubber Chemistry & Technology.1990,63(5):792-805.

[137] 曹青青.路表抗滑特性对整车稳定性影响分析[D].南京:东南大学,2018.

[138] 张志达,李韶华,周军魏.重型汽车轮胎径向刚度实验研究[J].石家庄铁道大学学报(自然科学版),2018,31(02):35-39+64.

[139] 缪红燕.子午线轮胎刚度和侧偏性能的有限元分析[D].北京:北京化工大学,2000.

[140] WANG H, OZER H, AL-QADI I L, et al. Analysis of near-surface cracking under critical loading conditions using uncracked and cracked pavement models[J]. Journal of Transportation Engineering,2013,139(10):992-1000.

[141] 焦云龙.润湿接触线的移动机制及轮胎-路面抗湿滑特性研究[D].合肥:合肥工业大学,2017.

[142] 詹特(Gent A D),沃特(Walter J D).轮胎理论与技术[M].北京:清华大学出版社,2013.

[143] PUTIGNANO C, AFFERRANTE L, CARBONE G, et al. A new efficient numerical method for contact mechanics of rough surfaces [J]. International Journal of Solids and Structures,2012,49(2):338-343.

[144] SCARAGGI M, PERSSON B N J. Time-Dependent Fluid Squeeze-Out Between Soft Elastic Solids with Randomly Rough Surfaces[J]. Tribology Letters,2012,47(3):409-416.

[145] LORENZ B, CARBONE G, SCHULZE C. Average separation between a rough surface and a rubber block: Comparison between theories and experiments[J]. Wear,2010,268(7):

984-990.

[146] 朱永刚.考虑动压与路面粗糙度时轮胎的薄膜湿牵引性能研究[D].合肥:合肥工业大学,2006.

[147] JI T, AN J, HE S, et al. Depth Prediction of Rain Water On Road Surface Based On Artificial Neural Network[J]. Transactions of Nanjing University of Aeronautics & Astronautics, 2006,23(2):115-119.

[148] BOER A D, ZUIJLEN A H V, BIJL H. Review of coupling methods for non-matching meshes [J]. Computer Methods in Applied Mechanics & Engineering,2007,196(8):1515-1525.

[149] WANG Y, DONG Q, CHEN Y. Seepage simulation using pipe network flow model in a discrete element system[J]. Computers and Geotechnics,2017,92:201-209.

[150] SETA E, NAKAJIMA Y, KAMEGAWA T, et al. Hydroplaning analysis by FEM and FVM: effect of tire rolling and tire pattern on hydroplaning[J]. Tire Science and Technology,2000, 28(3):140-156.

[151] YAGER T J. Comparative Braking Performance of Various Aircraft On Grooved and Ungrooved Pavements at the Landing Research Runway, Nasa Wallops Station[C]// Pavement Grooving and Traction Studies. Pavement Grooving and Traction Studies,1969.

[152] 张海泉.沥青路面潮湿与积水条件下典型车辆制动行为研究[D].南京:东南大学,2016.

[153] 刘修宇,曹青青,陈嘉颖,等.基于轮胎滑水与摩擦能量耗散的潮湿沥青路面车辆制动行为模拟(英文)[J].Journal of Southeast University(English Edition),2018,34(04):500-507.

[154] 中华人民共和国交通运输部.交通运输行业发展统计公报[R].2009—2019.

[155] 王丽君.沥青路面预防性养护时机与对策一体优化研究[D].西安:长安大学,2011.

[156] 中华人民共和国交通部.公路沥青路面施工技术规范:JTG F40—2004[S].北京:人民交通出版社,2004.

[157] 中华人民共和国交通部.公路沥青路面设计规范:JTG D50—2006[S].北京:人民交通出版社,2006.

[158] 中华人民共和国交通运输部.公路工程沥青及沥青混合料试验规程:JTG E20—2011 [S].北京:人民交通出版社,2011.

[159] 赵海霞.沥青混凝土路面预防性养护技术研究[J].低碳世界,2020,10(12):199-200.

[160] SONG Y, WEI L Y, LIU P. The Research of Pavement Preventive Maintenance[J]. Applied Mechanics and Materials,2013,353-356:2341-2344.

[161] 居浩,黄晓明.微表处混合料性能影响因素研究[J].公路,2007(07):212-218.

[162] 刘贤惠,武泽锋,李巍,等.同步碎石封层技术简介[J].东北公路,2003(01):21-24.

[163] QUINLAN J R. Induction on decision tree[J]. Machine Learning,1986,1.

[164] ABO-HASHEMA, MOSTAFA, SHARAF, et al.Development of maintenance decision model

for flexible pavements[J].The International Journal of Pavement Engineernng,2009,10(3):173-187.

[165] MYUNGOOK K, MINKWAN K, JOO H L.Analysis of rigid pavement distresses on interstate highway using decision tree algorithms[C].KSCE Journal of Civil Engineering,2010,14(2):123-130.

[166] FARHAN J, FWA T F. Pavement Maintenance Prioritization Using Analytic Hierarchy Process[J]. Asia and the Pacific,2009,2093:12-24.

[167] ALSUGAIR A M, SHARAF E. An Artificial Neural Network Approach to Pavement Maintenance Decision Support System[J]. American Society of Civil Engineers,1994.

[168] ELBAGALATI O, ELSEIFI M A, GASPARD K, et al. Development of an Enhanced Decision-Making Tool for Pavement Management Using a Neural Network Pattern-Recognition Algorithm[J]. Journal of Transportation Engineering,2018,144(2).

[169] LECUN Y, BENGIO Y, HINTON G. Deep learning[J] Nature,2015.521(7553):436.

[170] 曹平.表面形貌与污染物对沥青路面抗滑性能影响的研究[D].武汉:武汉理工大学,2009.

[171] 中华人民共和国交通部.公路沥青路面施工技术规范:JTG F40—2004[S].北京:人民交通出版社,2004.

[172] ZHAO S, ZHU L. Cruise Control System Based on Joint Simulation of CarSim and Simulink[J]. Open Access Library Journal.2018,5(7):1-8.

[173] JOSHI A. Real-Time Implementation and Validation for Automated Path Following Lateral Control Using Hardware-in-the-Loop (HIL) Simulation[J]. SAE Technical Paper,2017-01-1683.

[174] HAMIDI A, AGHABAYK K. Introducing a New Curve with Symmetrical Parabolic Curvature for Horizontal Alignment[J]. Journal of Transportation Engineering, Part A:Systems. 2020,146(6),04020047.

[175] ABDI A, AGHAMOHAMMADI P, SALEHFARD R, et al. Dynamic Modelling of the Effects of Combined Horizontal and Vertical Curves on Side Friction Factor and Lateral Acceleration[J]. IOP Conference Series:Materials ence and Engineering,2019,471:062001.

[176] 中华人民共和国国家质量监督检验检疫总局.汽车和挂车类型的术语和定义:GB/T 3730.1—2001[S].北京:中国标准出版社,2001.

[177] 钟勇,姚剑峰.行进中车辆临界安全车距的探讨[J].湖南大学学报(自然科学版),2001(06):54-58.

[178] 中华人民共和国交通运输部.公路工程技术标准:JTG B01—2014[S].北京:人民交通出版社股份有限公司,2014.

[179] 中华人民共和国交通运输部.公路路线设计规范:JTG D20—2017[S].北京:人民交通出版社股份有限公司,2017.

[180] 黄晓明,蒋永茂,郑彬双,等.基于路表摩擦特性的无人驾驶车辆安全制动原理与方法[J].科学通报,2020,65(30):3328-3341.

[181] 陈嘉颖,黄晓明,郑彬双,等.基于近景摄影测量技术的沥青路面纹理实时识别系统[J].东南大学学报(自然科学版),2019,49(05):973-980.

[182] ONIEVA E, NARANJO J E, MILANÉS V, et al. Automatic lateral control for unmanned vehicles via genetic algorithms [J]. Applied Soft Computing Journal,2011,11(1):1303-1309.

[183] BOOPATHI M. Firefly algorithm tuned fuzzy set-point weighted PID controller for antilock braking systems [J]. Kuwait Journal of Science & Engineering,2015,3(2):79-94.

[184] BOOPATHI A M, ABUDHAHIR A. Adaptive fuzzy sliding mode controller for wheel slip control in antilock braking system [J].2016,4(2):132-150.

[185] 卓桂荣,王宁波.无人驾驶汽车制动系统研究[J].公路交通科技,2005(5):20-22.

[186] 贺汉根,孙振平,徐昕.智能交通条件下车辆自主驾驶技术展望[J].中国科学基金,2016,30(02):106-111.

[187] ZHANG X, HAO S, RONG W G, et al. Intelligent transportation systems for smart cities: a progress review [J]. Science China Information Sciences,2012,55(12):2908-2914.

[188] 蒋玮.透水性沥青路面混合料配合比设计方法与路用性能研究[D].西安:长安大学,2008.

[189] 黄建德,田浩洋.新基建背景下智慧道路内涵与应用场景研究[J].交通与运输,2020,33(S2):185-189.

[190] 冯国臣.基于智慧道路的车路协同应用研究[A].中国智能交通协会.第十五届中国智能交通年会科技论文集(2)[C].中国智能交通协会:中国智能交通协会,2020:10.

[191] 杨盼盼.智慧交通下的智能道路养护分析[J].智能城市,2021,7(01):128-129.